教育部人文社会科学重点研究基地北京师范大学史学理论与史学史研究中心重大项目

·白话本·

资治通鉴

（全十册）

第十册

卷第二百六十六至卷第二百九十四（后梁纪一至后周纪五）

（宋）司马光　编著
张大可　语译

商务印书馆
创于1897　The Commercial Press

第十册目录

后梁纪一

后梁太祖开平元年至二年（公元907—公元908）

【起强圉单阏（丁卯，公元907年），尽著雍执徐（戊辰，公元908年）七月，凡一年有奇】

【大事提要】

本卷记事起公元907年，讫公元908年七月，载述史事凡一年又七个月，当后梁太祖开平元年至二年七月，此时期，一年有余，中原易代，朱全忠受禅篡唐，建立后梁。朱全忠改名朱晃，史称后梁太祖。四方军阀，太原晋王李克用、淮南弘农王杨渥、凤翔岐王李茂贞仍奉唐年号“天祐”，蜀王王建称“天复”。随后四镇各发生重大事变。晋王李克用辞世，嗣子李存勖继位，发生李克宁未遂政变。淮南兵变，张颢杀杨渥，徐温奉杨隆演为弘农王。蜀王建称帝，诛跋扈大臣太师王宗佶，自固根本。李茂贞地狭兵弱，自顾不暇。其余诸镇皆臣服于后梁。后梁太祖初即位，理应有一番新气象。但后梁开国伊始即无善政可陈。后梁太祖弑唐哀帝，灭王师范一门二百余口，皆非帝王气度。后梁太祖的文治武功皆不足道，由于可与后梁抗衡的强镇恰又多事，晋、吴两镇内讧削弱了抗衡后梁的力量，于是一个德薄奸险的朱晃得以篡国成功。晋王李存勖亲自率兵救潞州，大破梁兵，崭露头角，后梁太祖的潜在敌手正升起，后梁太祖失落长叹曰：“克用为不亡矣。”

太祖神武元圣孝皇帝上

后梁太祖开平元年（丁卯，公元907年）

春季，正月初四日辛巳，梁王朱全忠率领军队在贝州进行休整。

淮南节度使兼侍中、东面诸道行营都统弘农郡王杨渥取得江西以后，更加骄横奢侈，对节度判官周隐说：“你出卖别人的国家，还有什么脸和我再相见！”于是把周隐杀了。因此部下将领、佐吏都人人自危，恐惧不安。

黑云都指挥使吕师周和副指挥使綦章率领军队驻扎在上高镇。吕师周与湖南马殷作战，多次立功，杨渥嫉恨他。吕师周很害怕，和綦章商量说：“马殷为人宽厚，我想逃命去归附他，可以吗？”綦章说：“这件事您自己做决定，我的舌头可以断掉，决不会泄露给别人知道的！”吕师周于是投奔湖南马殷，綦章放了吕师周的妻子儿女让他们一齐逃走。吕师周是扬州人。

杨渥在服父丧期间，白天黑夜饮酒作乐，点燃十围粗的蜡烛照明，以便击毬，一支蜡烛要花费几万钱。有时单独骑马出去游玩，随从侍卫在路上四处寻找，不知道他到哪里去了。左、右牙指挥使张颢、徐温哭着劝谏，杨渥发怒说："你们认为我没有才能，为什么不杀死我，自己当节度使！"张颢、徐温两人听了很害怕。杨渥挑选壮士号称"东院马军"，大量安排亲信担任将领、官吏。被安排的这些人仗着杨渥的势力骄傲专横，欺凌蔑视功臣旧友。张颢、徐温密谋叛乱。杨渥父亲杨行密在世时，有亲军几千人驻扎在节度使居住的牙城之内，杨渥把他们迁往城外，用腾出的空地作为骑射的场地。张颢、徐温于是没有顾忌了。

杨渥镇守宣州时，命令指挥使朱思勍、范思从、陈璠率领亲兵三千人。等到继位以后，把他们召回广陵。张颢、徐温让他们三人跟随秦裴去攻打江西，当时戍守在洪州。张、徐二人诬陷他们阴谋叛变，命令别将陈祐前去诛杀他们。陈祐从小路快速前进，六天就到达洪州，穿着平民衣服拿着短兵器直接进入秦裴营帐中，秦裴大吃一惊。陈祐告诉秦裴前来的任务，于是把朱思勍等三人召来饮酒。陈祐数说他们的罪行，逮捕后处斩了。杨渥听说他的三员心腹将领被杀，更加嫉恨张颢、徐温，想要除掉他们。正月初九日丙戌，杨渥早晨处理政事，张颢、徐温率领牙兵二百人，刀剑都出了鞘，直接进入内庭之中。杨渥说："你们果然想要杀我吗？"张颢、徐温回答说："不敢这样做，只是想杀死您左右那些扰乱政事的人而已！"于是述说杨渥亲信十多人的罪行，把他们全部拖下去，用铁鞭打死，称这件事是"兵谏"。各将领中不和二人合作的，张颢、徐温逐渐设法将他们一一杀死，于是军政大权全部都归二人掌握，杨渥不能控制。

（以上为第一段，写杨渥既得江西，骄侈益甚，牙将张颢、徐温杀杨渥亲信十余人，称为"兵谏"，于是军政全归于二人，杨渥不能制。）

起初，梁王朱全忠因河北各藩镇全部归服，只有幽州刘仁恭、沧州刘守文没有攻下来，所以大举讨伐他们，想要以此来坚定各藩镇归服之心。后来潞州丁会背叛他，向李克用投降，朱全忠烧毁营寨返回，威望受到很大的损害。朱全忠担心内外因此离心离德，想要赶快接受唐昭宣帝禅让来震慑他们。正月初十日丁亥，朱全忠进驻魏州，患病，在魏博节度使府中休息。罗绍威害怕朱全忠在魏州袭击自己，进见朱全忠说："现在四方发兵成为大王祸患的人，都以拥戴唐皇室为名义。大王不如及早把唐朝灭了，让他们断了这个心。"朱全忠虽然没有同意，但心里却很感激他，于是急忙回去了。正月二十五日壬寅，到达大梁。

正月二十七日甲辰，唐昭宣帝派遣御史大夫薛贻矩到大梁慰问朱全忠。薛贻矩请求用臣子的礼节来进见，朱全忠拱手揖让，请他上台阶。薛贻矩说："殿下的功业德行都在人们心里，天、地、人三灵都已归属于您。皇上正要像舜、禹一样行禅让之事，臣怎么敢违抗呢？”于是面朝北在庭中行朝拜皇帝之礼。朱全忠侧身避开。薛贻矩回到洛阳，对唐昭宣帝说：“朱全忠已经有接受禅让帝位的意思了！”唐昭宣帝于是颁下诏书，在二月把帝位禅让给梁王朱全忠。又派遣宰相拿着书信告诉朱全忠；朱全忠推辞不受。

河东军队仍然驻扎在长子县，想要进犯泽州。朱全忠命令保平节度使康怀贞征发全部京兆、同州、华州的军队驻扎在晋州来防御守卫。

二月，唐朝大臣共同上奏请求唐昭宣帝退位。二月初五日壬子，诏令宰相率领文武百官前往元帅府劝朱全忠即帝位。朱全忠派遣使者到洛阳推辞不受。于是朝中大臣、各地藩镇乃至湖南、岭南都上表劝朱全忠即帝位的连续不断。

（以上为第二段，写唐昭宣帝下诏在二月禅位于梁，朱全忠表辞。昭宣帝再下诏宰相率百官到元帅府劝进，于是朝臣、藩镇等劝进者相继。）

三月初六日癸未，朱全忠任命亳州刺史李思安为北路行军都统，率领军队攻打幽州。

三月十三日庚寅，唐昭宣帝下诏命令薛贻矩再次前往大梁向朱全忠告知禅让帝位的意愿，又下诏命令礼部尚书苏循携带文武百官劝朱全忠即帝位的奏笺到大梁去。

镇海、镇东节度使吴王钱镠派遣他的儿子钱传璙、钱传瓘率领军队到温州去讨伐卢佶。

三月二十七日甲辰，唐昭宣帝颁下手令禅让帝位给梁王朱全忠。任命代理中书令张文蔚为册礼使，礼部尚书苏循为副使；任命代理侍中杨涉为押传国宝使，翰林学士张策为副使；任命御史大夫薛贻矩为押金宝使，尚书左丞赵光逢为副使；率领文武百官准备皇帝的车驾前往大梁。

杨涉的儿子、直史馆杨凝式对杨涉说：“大人身为唐朝的宰相，国家到了这个地步，不能说没有过错。何况亲手拿着皇上的玉玺丝带送给别人，虽然保住了荣华富贵，但千载以后人们会怎么说？何不辞掉这个差使呢！”杨涉听了大吃一惊，说：“你要灭掉我全族啊！”接连好几天都神色不安。

张策是敦煌人。赵光逢是赵隐的儿子。

（以上为第三段，写朱全忠逼使唐昭宣帝降御札禅位，百官备法驾诣大梁。）

卢龙节度使刘仁恭骄傲奢侈，贪婪凶暴，常常担心幽州城不够坚固，在大安山上修筑馆舍，说：“这座山四面都是悬崖绝壁，防守可以少制众。”馆舍宏伟壮丽，几乎可以和皇帝的宫殿相比。挑选美女住在里面，和方士一起炼丹药，以求长生不死。把四境之内的钱全部搜括来，埋在山顶上；命令老百姓用黏土做钱使用。又禁止江南茶商入境买卖，自采山中草木制茶，卖给百姓。

刘仁恭有爱妾罗氏，刘仁恭的儿子刘守光和罗氏通奸。刘仁恭用大竹板拷打刘守光并把他赶走，不再承认他这个儿子。李思安率领军队攻入幽州境内，经过的地方烧杀焚掠一空。夏季，四月初三日己酉，李思安一直打到幽州城下。刘仁恭仍在大安山，幽州城中没有防备，几乎守不住。刘守光从外面带领军队进入，登上幽州城抵御防守，又派出军队和李思安作战，李思安被打败退走。刘守光于是自称为节度使，命令部将李小喜、元行钦率领军队攻打大安山。刘仁恭派遣军队抵抗，被李小喜打败。李小喜俘虏了刘仁恭返回幽州，把刘仁恭囚禁在别室中。刘仁恭的将领佐吏以及左右亲信，凡是刘守光厌恶的全部被杀死。

银胡簶都指挥使王思同率领部下三千人，山后八军巡检使李承约率领部下二千人，投奔河东李克用。刘守光的弟弟刘守奇投奔契丹，不久，也投奔李克用。河东节度使晋王李克用任命李承约为匡霸指挥使，王思同为飞腾指挥使。王思同的母亲是刘仁恭的女儿。

（以上为第四段，写刘守光囚禁其父刘仁恭，自为卢龙节度使。）

梁王朱全忠首次登上金祥殿，接受文武百官称臣朝拜，所颁下的文书称为教令，自称寡人。四月初五日辛亥，命令各种笺、表、簿、籍都去掉唐朝年号，只称月、日。四月初十日丙辰，张文蔚等人到达大梁。

卢佶听说钱传瑛等率领的军队将要到达，带领水军在青澳抵抗。钱传瓘说：“卢佶的精锐部队都在这里了，不能与他交战。”于是从安固弃舟登岸，走小路袭击温州。四月十二日戊午，温州军队逃散，擒获卢佶，把他斩了。吴王钱镠任命都监使吴璋为温州制置使，命令钱传瑛等率领军队去处州讨伐卢约。

四月十六日壬戌，梁王朱全忠改名为晃。朱全忠的哥哥朱全昱听说朱全忠将要即皇帝位，对他说：“朱三，你能当皇帝吗！”

四月十八日甲子，张文蔚、杨涉从上源驿乘坐辂车带着禅位册书和传国玉玺等物，各司都准备仪仗、卫士等在前面开道，文武百官随从在后，到金祥殿前排列成队。朱全忠身穿皇帝的礼服，头戴皇冠，即皇帝位。张文蔚、苏循捧着禅位册书登殿，宣读册文，杨涉、张策、薛贻矩、赵光逢按照次序捧着传国玉玺和皇后太子的金印登殿。册文读完了，一起下殿，率领文武百官跪拜祝贺。后梁太祖于是在玄德殿宴请张文蔚等人。后梁太祖举起酒杯说：“朕辅佐朝廷大政不久，这都靠了你们大家推举拥戴的力量。”张文蔚等惭愧恐惧，俯伏在地不能回答，只有苏循、薛贻矩及刑部尚书张祎盛赞皇帝功德宏大，理应顺从天命人心即皇帝位。

后梁太祖又和同宗亲戚在宫中饮酒博戏。酒喝得正畅快时，朱全昱忽然拿起骰子扔向盆中，骰子四处乱滚，他斜眼瞪着后梁太祖说：“朱三，你本来是砀山一个老百姓，跟随黄巢做强盗，唐朝皇帝任用你为四镇节度使，荣华富贵到了极点，为什么一下子就把唐朝三百年江山毁灭了，自己称为帝王！你这样做全族都要被诛灭，还玩什么博戏呢！”后梁太祖不高兴，就散了酒宴。

四月十九日乙丑，命令有关部门祭告天地、宗庙、社稷。四月二十一日丁卯，派遣使者向各州、各藩镇宣布禅位称帝。四月二十二日戊辰，大赦天下，改年号为开平，国号大梁；尊奉唐昭宣帝为济阴王，都按照前代的成例。唐朝里里外外的旧臣，官职爵位都和过去一样。以汴州为开封府，命名为东都；以原来的东都洛阳为西都；废除原来的西京长安，以京兆府为大安府，在大安府设置佑国军。改魏博名为天雄军。把济阴王李柷迁往曹州，用荆棘把他住的地方围起来，派遣全副武装的士兵守卫。

（以上为第五段，写梁王朱全忠受禅篡唐，国号大梁，改名晃，史称后梁太祖。奉唐昭宣帝为济阴王，幽禁于曹州。）

四月二十五日辛未，册封武安节度使马殷为楚王。

任命宣武掌书记、太府卿敬翔主管崇政院的事务，做后梁太祖的顾问参谋，商量谋划大事，在宫中接受后梁太祖的旨意，传达给宰相执行。宰相在非进宫奏对时的紧急奏请以及已经接受旨意需要再请示的，都详细记载，通过崇政院向后梁太祖奏报，得到后梁太祖旨意后，再传达给宰相。敬翔为人深沉有智谋，在朱全忠幕府二十多年，军事谋划、民政事务，朱全忠一切都委托他办理。敬翔尽心尽力，白天黑夜几乎不睡觉，自己说只有骑在马上才能稍微休息一会儿。后梁太祖性情残暴乖戾，难以接近，大家猜测不到他的意图，只有敬翔能够知道他的心意旨趣。有时有不能办的事情，敬翔并不明显说出，只是略微表示有一些疑问；后梁太祖就已经理解，大多予以改变。后梁太祖接受唐昭宣帝禅位之际，敬翔替他出主意最多。

追尊皇高祖父、高祖母以后各代祖先都为皇帝、皇后；皇上父亲朱诚为烈祖文穆皇帝，母王氏为文惠皇后。

起初，朱全忠担任四镇节度使的时候，仓库里的所有簿籍账目，设置建昌院来管理；到这时候，皇上任命自己的养子宣武节度副使朱友文为开封尹，兼管建昌院的事务，掌理全国的钱财粮食。朱友文本来是康氏的儿子。

四月二十九日乙亥，颁下制书削夺李克用的官职爵位。当时只有河东、凤翔、淮南三镇用唐昭宣帝“天祐”年号，西川用唐昭宗“天复”年号；其余各藩镇都采用后梁年号，向后梁称臣入贡。

蜀王王建和弘农王杨渥移送檄文告知天下，说要和岐王李茂贞、晋王李克用共同出兵兴复唐朝，但终究没有人响应。蜀王王建于是谋划称帝，颁下文书告诉统治区内的官吏百姓；又写信对晋王李克用说：“请各称帝一方，等到平定了朱温，再寻访唐朝宗室立为皇帝，我们仍退到藩镇的地位。”晋王李克用回信表示不同意，说：“我发誓这一生不丧失做臣子的节操。”

唐末诛杀宦官时，诏书到了河东，晋王李克用把监军张承业藏到斛律寺，斩杀罪犯来应付皇帝的命令。到这时候，又任命张承业为监军，对待他更加优厚，张承业也为李克用尽力办事。

岐王李茂贞治理军队很宽大，对待士兵也平和坦诚。有人告诉他部将符昭要造反，岐王李茂贞就直接到符昭家里，让左右的人全部离开，自己在符昭家里熟睡一夜才回去，由此部众都心悦诚服；但他指挥军队却没有纪律。等到听说唐朝灭亡，由于士兵衰弱地盘狭小，不敢自称皇帝，只是扩建岐王府，设置文武百官，把居住的地方称为宫殿，妻子称为皇后，将领官吏上书称为笺表，鸣鞭、持扇、号令等多数按照皇帝的规格。

镇海节度判官罗隐劝告吴王钱镠出动军队讨伐后梁，说：“即使不能成功，还是可以退保杭州、越州，自己在东边称帝；为什么要拱手侍奉贼寇，成为永远的耻辱呢！”钱镠开始以为罗隐在唐朝没有得到重用，心中一定有怨恨，等到听了罗隐的话，虽然没有采纳，心里还是很称赞他。

五月初一日丁丑，任命御史大夫薛贻矩为中书侍郎、同平章事。

加封武顺节度使赵王王镕守太师，天雄节度使邺王罗绍威守太傅，义武节度使王处直兼任侍中。

（以上为第六段，写蜀王王建亦图谋称帝，称“天复”年号。河东李克用、凤翔李茂贞、淮南杨渥仍称“天祐”年号，以示尊奉唐室。其余诸镇皆称臣于梁。梁封武安节度使马殷为楚王。）

契丹派遣使臣梅老穿朝服执笏到后梁互通友好，后梁太祖派遣太府少卿高颀到契丹回访。

起初，契丹有八个部，每个部都有大人，共同商定，推举一人为王，建置旗鼓用来号令各部，每三年一任，依次轮流担任。唐懿宗咸通末年，有个叫习尔的为王，疆土开始扩大。这以后钦德为王，乘着中原地区战乱不断，经常入侵在边境一带掠夺抢劫。到阿保机为王时，他尤其威武勇猛，五姓奚和七姓室韦、鞑靼都归附于他。阿保机姓耶律氏，倚仗着自己强大，三年任满后不肯接受替代。过了很久，阿保机攻打黄头室韦回来，其他七部的人在边境劫持他，要求他遵守三年一任换王的约定。阿保机没有办法，把旗鼓等交了出来，并且说：“我当王已经九年，得到汉人很多，请率领同种部落住到古汉城去，与汉人共同守护，另外自立一部。”其他七部答应了阿保机的要求。汉城就是北魏时期的滑盐县。那里土地适合种植五谷，又有盐池可以煮盐获利。这以后阿保机逐渐发动军队灭掉了其他七部，把契丹合并成为一个国家。阿保机又向北侵犯室韦、女真，向西攻取突厥旧地，攻打奚部落，把他们灭亡了，后来再选立奚王而让契丹监督他们的军队，东北各部族都害怕并臣服于阿保机。

这一年，阿保机率领部众三十万人入侵云州，晋王李克用与他联合讲和，在云州的东城会面，互相约为兄弟。李克用把阿保机请入营帐中，纵情饮酒，握手尽欢，约定在这一年冬天共同出兵进攻后梁。有人劝晋王李克用说："乘着阿保机前来的机会，可以把他捉住。"李克用说："仇敌朱全忠还没有消灭，而对阿保机他们失信，是自取灭亡的道路啊！"阿保机留了十天才离开云州，晋王李克用送给他金银绸缎有好几万。阿保机也留下三千匹马和几万头其他牲畜来作为答礼。阿保机回去以后就背叛了盟约，又归附了后梁，晋王李克用因此非常怨恨他。

五月初三日己卯，进封河南尹兼河阳节度使张全义为魏王；进封镇海、镇东节度使吴王钱镠为吴越王；加授清海节度使刘隐、威武节度使王审知兼任侍中，仍封刘隐为大彭王。

五月初七日癸未，任命暂时代理荆南留后的高季昌为荆南节度使。荆南过去辖有荆、归、硖、夔、忠、万、澧、朗八个州，唐僖宗乾符年间以来，外寇内乱接连发生，各州都被邻近各道并吞占据，只剩下江陵。高季昌到任时，城邑都残破毁坏，人口也大量减少。高季昌安抚流散的百姓，大家才安居下来，恢复了旧有的生业。

（以上为第七段，写契丹主耶律阿保机率三十万众入侵云州，李克用与之和，约定共击后梁，阿保机归而背盟，派使者通好于后梁。）

五月初九日乙酉，后梁太祖封他的哥哥朱全昱为广王，儿子朱友文为博王，朱友珪为郢王，朱友璋为福王，朱友贞为均王，朱友雍为贺王，朱友徽为建王。

五月十五日辛卯，把东都的旧居改称为建昌宫，原来的主管官吏判建昌院事改称为建昌宫使。

五月十六日壬辰，命令保平节度使康怀贞率领军队八万人会合魏博镇的军队去攻打潞州。

五月十八日甲午，下诏废除枢密院，其职掌事务全部归入崇政院，任命原知院事敬翔为院使。

礼部尚书苏循和他的儿子起居郎苏楷自认为对后梁建立有功劳，应当受到越级提升；苏循日夜盼望着当宰相。后梁太祖看不起他的为人，敬翔和殿中监李振也瞧不起他。敬翔对后梁太祖说："苏循是残害唐朝的鸱枭之徒，出卖国家，谋求私利，不可以让这样的人立足于新朝。"五月二十二日戊戌，后梁太祖下诏书命令苏循和刑部尚书张祎等十五人一起立即退职，苏楷驱逐回乡。苏循父子于是到河中去依附朱友谦。

卢约献出处州投降吴越王钱镠。

弘农王杨渥任命鄂岳观察使刘存为西南面都招讨使，岳州刺史陈知新为岳州团练使，庐州观察使刘威为应援使，别将许玄应为监军，率领水军三万人攻打楚王马殷。楚王马殷很害怕，静江军使杨定真祝贺说："我们军队就要胜利了！"马殷问这是什么缘故，杨定真说："双方作战，能知道害怕而尽力对待的一定能胜利，骄傲轻敌的就会失败。现在淮南军队直接奔赴我们城下，是骄傲轻敌的表现；而您有害怕的神色，我因此知道我们一定能打胜仗。"

马殷命令在城都指挥使秦彦晖率领水军三万人顺着长江而下，水军副指挥使黄璠率领战舰三百艘驻扎在浏阳口。六月，刘存等遇到大雨，带兵回到越堤北面，秦彦晖追击他们。刘存打了几仗都失败了，于是写了一封信给马殷假装投降。秦彦晖派人对马殷说："这一定是诈降，不要接受！"刘存与秦彦晖夹水列阵，刘存在水那边远远呼叫说："杀降不祥，明公难道不为子孙考虑吗！"秦彦晖说："如果贼寇侵入了我境而不还击，还说什么顾及子孙？"擂鼓呐喊着前进。刘存等败走，黄璠从浏阳带兵渡过长江，与秦彦晖合力攻击，把淮南军队打得大败，捉住了刘存和陈知新，杀死裨将一百多人士兵好几万人，缴获战舰八百艘。刘威带着剩下的部众逃了回去，秦彦晖于是攻下了岳州。马殷解开捆绑刘存、陈知新两人的绳索，想劝他们投降。两人破口大骂说："大丈夫以死报答主人，怎么能投降事奉贼寇！"于是把两人斩首。许玄应是弘农王杨渥的心腹，经常参与政事，张颢、徐温因为许玄应战败，把他收捕后杀了。

楚王马殷派遣军队会合吉州刺史彭玕攻打洪州，没有打下来。

（以上为第八段，写楚王马殷大败犯境的淮南军队。）

康怀贞到达潞州，晋昭义节度使李嗣昭、副使李嗣弼紧闭城门进行抵抗。康怀贞白天黑夜攻打，半个月也没有打下来，于是筑起堡垒，挖了如同蚰蜒行地形状的壕沟，准备长期围城，潞州城和外面隔绝了。晋王李克用任命蕃汉都指挥使周德威为行营都指挥使，率领马军都指挥使李嗣本、马步都虞候李存璋、先锋指挥使史建瑭、铁林都指挥使安元信、横冲指挥使李嗣源、骑将安金全救援潞州。李嗣弼是李克用弟弟李克修的儿子。李嗣本，本姓张；史建瑭是史敬思的儿子；安金全是代北人。

晋王李克用的军队攻打泽州，后梁太祖派遣左神勇军使范居实率领军队前往救援。

六月初九日甲寅，任命平卢节度使韩建为守司徒、同平章事。

武贞节度使雷彦恭会合楚军进攻江陵，荆南节度使高季昌率领军队驻扎公安，断绝他们的运粮通道。雷彦恭被打败，楚军也撤回去了。

刘守光囚禁他的父亲刘仁恭后，自称卢龙留后，派遣使者到后梁请求任命。秋季，七月十九日甲午，后梁太祖任命刘守光为卢龙节度使、同平章事。

静海节度使曲裕去世，七月二十一日丙申，任命他的儿子暂时代理留后的曲颢为静海节度使。

雷彦恭攻打岳州，没打下来。

八月初一日丙午，后梁太祖赐河南尹张全义名字叫宗奭。

八月初六日辛亥，任命吴越王钱镠兼淮南节度使，楚王马殷兼武昌节度使，各担任本道的招讨制置使。

晋周德威在高河扎营，康怀贞派遣亲骑都头秦武率领军队去攻打他，秦武吃了败仗。

八月十二日丁巳，后梁太祖任命亳州刺史李思安代替康怀贞为潞州行营都统，贬黜康怀贞为行营都虞候。李思安率领河北军队西上，到了潞州城下，又修筑两重城墙，内为防止城里军队突围出去，外为防止援兵进入，这种城墙称为夹寨。李思安调发山东百姓运送军粮，周德威天天派轻骑兵拦击他们，李思安于是从东南山口修筑甬道，与夹寨连接。周德威又和各将领轮流出击，推倒城墙，填平壕沟，一昼夜之间出发几十次，后梁军队防不胜防，疲于奔命。夹寨中有出来割草放牧的，周德威就袭击他们，于是后梁军队紧闭营垒不敢出来。

（以上为第九段，写潞州城下梁晋大交兵。后梁太祖加封吴越王钱镠兼淮南节度使，楚王马殷兼武昌节度使，各充本道招讨制置使，夹击淮南。）

九月，雷彦恭攻打涔阳、公安，高季昌打败了他。雷彦恭贪婪残暴像他父亲雷满一样，专门以焚烧抢掠为业，荆湖之间常常受到他的祸害；他又依附于淮南的弘农王杨渥。九月二十二日丙申，后梁太祖下诏削除雷彦恭的官职爵位，命令高季昌会合楚王马殷讨伐他。

蜀王王建召集将领佐吏商议称帝之事，大家都说："大王您虽然忠于唐皇室，但是唐朝已经灭亡了，这就是所说的'上天要赐给你，你不能不接受'这样的情况了！"唯独冯涓建议王建以蜀王的名义行使皇帝的职务，说："这样，唐朝复兴则没有违背做臣子的礼节，贼寇存在也没有和他们一起叛逆作恶。"王建没有听从，冯涓于是闭门不出。王建采用安抚副使、掌书记韦庄的计谋，率领官吏、百姓大哭三天，九月二十五日己亥，即皇帝位，国号大蜀。九月二十七日辛丑，任命前东川节度使兼侍中王宗佶为中书令，韦庄为左散骑常侍、判中书门下事，阆州防御使唐道袭为内枢密使。韦庄是唐玄宗天宝末年宰相韦见素的孙子。

前蜀主王建虽然不识字，但喜欢和读书人谈论，粗略知道书中的道理。当时唐朝的官宦世族大多到蜀地来躲避战乱，王建对他们以礼相待，并重用他们，使他们研究讨论唐朝的典章制度，所以前蜀的法令和其他制度有唐朝的遗风。

前蜀主王建的长子、校书郎王宗仁小时候因病致残成了残疾人，就立他的次子、秘书少监王宗懿为遂王。

冬季，十月，高季昌派遣他的部将倪可福会同楚将秦彦晖攻打朗州。雷彦恭派遣使者到淮南向弘农王杨渥乞求投降，并且报告情况危急。弘农王杨渥派遣部将泠业率领水军驻扎平江，李饶率领步兵、骑兵驻扎浏阳，用来救援雷彦恭。楚王马殷派遣岳州刺史许德勋率领军队进行抵抗。泠业进军驻扎朗口，许德勋派五十个善于游泳的人，用木枝、树叶遮盖头部，拿着长刀在长江中顺流而下，夜里袭击泠业的军营，并且放火，泠业军中大乱，惊慌失措。许德勋率领大军进攻，把泠业打得大败，一直追到鹿角镇，活捉泠业；又攻破了浏阳寨，擒获李饶；在上高、唐年抢掠了一番后才返回。在长沙的街市上斩杀了泠业、李饶两人。

十一月十一日甲申，后梁夹马指挥使尹皓攻打晋王李克用的江猪岭寨，攻下了这个寨子。

义昌节度刘守文听说他的弟弟刘守光囚禁了他们的父亲刘仁恭，集合将吏大哭说："想不到我家竟生了这样不孝的禽兽！我生还不如死，发誓与你们一起讨伐刘守光！"于是发动军队去攻打刘守光，双方互有胜负。

天雄节度使邺王罗绍威对他的部下说："刘守光因为窘困危急，所以投降我们梁朝，刘守文孤立无援，他的沧州可以不战就降服了。"于是写信给刘守文，对他讲清祸福。刘守文也担心后梁乘虚袭击他的后方，十一月十五日戊子，派遣使者向后梁请求投降，以独生子刘延祐作为人质。后梁太祖高兴地拍着手说："罗绍威一封书信，胜过十万军队！"加授刘守文为中书令，并且抚慰他，接受他的归顺。

起初，后梁太祖在藩镇时，执法严厉，将校有战死的，他的部下士兵全部斩首，称为"跋队斩"。士兵失去了主将，大多逃跑不敢回来。后梁太祖于是命令所有的士兵都要在面部刺上部队的番号。有的士兵思念家乡逃跑，关卡渡口常常把他们捉住送回原先部队，没有不被处死的，他们的家乡也不敢收容。因此逃跑的人都聚集到山林川泽之中去做强盗，成为州县的大害。十一月二十九日壬寅，后梁太祖下诏令赦免他们的罪过，从此以后即使脸上刺了字的也准许他们返回家乡。盗贼减少了十分之七八。

淮南右都押牙米志诚等率领军队渡过淮河袭击颍州，攻克了颍州外城。颍州刺史张实死守内城进行抵抗。

晋王李克用命令李存璋攻打晋州，来分散后梁攻打上党的兵力。十二月十九日壬戌，后梁太祖下诏命令河中、陕州发兵救援晋州。

十二月二十一日甲子，后梁太祖下诏派遣步兵、骑兵五千人救援颍州，米志诚等退走了。

十二月二十四日丁卯，晋王李克用的军队侵犯洺州。

淮南军攻打信州，信州刺史危仔昌向吴越王钱镠请求救援。

（以上为第十段，写王建称帝于蜀，楚王马殷再败淮南军。沧州刘守文降梁。后梁太祖诏令赦免逃兵罪。）

后梁太祖开平二年（戊辰，公元 908 年）

春季，正月初一日癸酉，前蜀主王建登上兴义楼。有个僧人挖出自己一只眼睛献给王建，王建命令招待一万个僧人吃饭来作为回报。翰林学士张格说：“僧人无缘无故地自己残害身体，赦免他的罪过已经是幸运的，不应该再推崇奖赏他而败坏了风气。”王建这才作罢。

正月初五日丁丑，前蜀主王建任命韦庄为门下侍郎、同平章事。

正月初九日辛巳，前蜀主王建到南郊祭天。正月初十日壬午，下令大赦，改年号为武成。

晋王李克用头上长了毒疮，病情严重。周德威等退到乱柳驻扎。晋王李克用命令他的弟弟内外蕃汉都知兵马使、振武节度使李克宁，监军张承业，大将李存璋、吴珙，掌书记卢质等人拥立他的儿子晋州刺史李存勖为嗣王，说：“这个儿子志向远大，一定能完成我的事业，你们要好好教导他！”正月十九日辛卯，晋王对李存勖说：“李嗣昭被梁兵围困在潞州，我来不及和他相见了。等办完我的丧事，你和周德威等人赶快尽力去救援他！”又对李克宁等说：“把亚子托付给你们照管了！”亚子是李存勖的小名。李克用说完话就去世了。李克宁治理军府，内外没有人敢喧哗。

李克宁长久以来掌握军权，有兄死弟立之势。当时上党围困还没有解除，军队中认为李存勖年纪小，私下都在议论，人心浮动不定。李存勖害怕，要把王位让给李克宁。李克宁说：“你是嗣子，又有先王临终的遗命，谁敢违抗！”将领、官吏们想要谒见李存勖，李存勖正在悲伤哭泣，没有出来。张承业进去对李存勖说：“最大的孝顺是能够继承父亲的事业不让它失去，多哭又有什么用呢！”于是就扶着李存勖出来，继位为河东节度使、晋王。李克宁首先率领各将领拜贺，晋王李存勖把军府事务全部托付李克宁掌管。

晋王李存勖任命李存璋为河东军城使、马步都虞候。先王李克用时，大多宠信胡人和军士，这些人侵犯骚扰市集店铺。李存璋任职以后，抓了其中最残暴蛮横的杀头治罪，一个月的时间城里就安定了，没人再敢闹事。

吴越王钱镠派遣军队进攻淮南甘露镇，以救援信州的危仔昌。

前蜀中书令王宗佶，在前蜀主王建的养子中年纪最大，并且倚仗着有功劳，独揽大权，骄奢放纵。唐道袭已经担任枢密使，王宗佶仍然叫他名字。唐道袭心里对王宗佶非常怨恨，但表面上侍奉他却更加恭敬。王宗佶广结党羽，前蜀主王建也憎恶他。二月初三日甲辰，任命王宗佶为太师，但停止他参与国家的政事。

前蜀任命户部侍郎张格为中书侍郎、同平章事。张格当宰相，多迎合前蜀主王建的意思；看到朝廷中有能力超过自己的人，一定千方百计地把他排挤走。

（以上为第十一段，写蜀主以韦庄为门下侍郎、同平章事，祀南郊，改元武成。河东节度使李克用死，其子李存勖继立。）

起初，晋王李克用收养了很多军中的壮士为养子，宠信待遇和亲生儿子一样。等到晋王李存勖继位，各养子年纪都比他大并且握有兵权，都心里闷闷不乐不服气，有的托病不出来，有的见到新王也不参拜。李克宁位高权重，人心多归向他。养子李存颢暗中劝李克宁说："哥哥死了弟弟继位，自古以来就有这样的。以叔叔的身份去叩拜侄子，道理上说得通吗！上天要给你，你不去取得，后悔也就来不及了！"李克宁说："我家世世代代以父慈子孝闻名天下，先王的基业如果有人继承，我还求什么呢！你不要再胡言乱语了，不然我就要杀了你！"李克宁的妻子孟氏，一向刚强凶悍，各养子分别派遣自己的妻子去劝说孟氏，孟氏认为有道理，并且担心这些话泄露出去会带来灾祸，多次逼迫李克宁采取行动。李克宁生性怯弱，从早到晚被这些人的话蛊惑，不能不动心；又和张承业、李存璋不和，多次责备他们；又因故擅自杀了都虞候李存质；又要求兼任大同节度使，以蔚州、朔州、应州为属地。晋王李存勖都听从了他。

李存颢等为李克宁谋划，准备趁晋王李存勖到他家探望时，杀死张承业、李存璋，拥立李克宁为河东节度使，率河东所属九个州归顺后梁，抓住晋王李存勖和太夫人曹氏送往大梁。太原人史敬镕，年轻时侍奉晋王李克用，在李克用的帐下听差，受到信任。李克宁想要知道王府中的秘密事情，召见史敬镕，秘密地把计划告诉了他。史敬镕表面上答应了李克宁，入府报告太夫人曹氏。太夫人大惊，召见张承业，指着晋王李存勖对他说："先王抓着这个孩子的手把他托付给你们，如果听到外面有人谋划想要背叛他，只求有个地方安置我母子两人，不要把我们送往大梁，其他不敢劳累您。"张承业惶恐地说："老奴以死来遵奉先王的遗命，这是什么话！"晋王李存勖把李克宁的阴谋告诉他，并且说："至亲不可以自相残杀，我如果让位，祸乱就不会发生了。"张承业说："李克宁想要把大王母子投入虎口，这种人不除去，难道还有道理吗！"于是召见李存璋、吴珙以及养子李存敬、长直军使朱守殷，让他们暗中部署准备。二月二十一日壬戌，在王府设置酒宴招待各将领，埋伏的全副武装的士兵在座位上把李克宁、李存颢逮捕。晋王李存勖流着泪数说他们的罪状："我以前把节度使让给叔父，叔父不接受。现在事情已经定下来了，为什么又有这样的阴谋，忍心要把我们母子两人送给仇敌呢？"李克宁说："这些都是说坏话的奸邪小人挑拨离间造成的，我还有什么话好说呢？"当天，杀了李克宁和李存颢。

二月二十二日癸亥，后梁太祖在曹州用毒酒害死了济阴王李柷，追谥他为唐哀皇帝。

二月二十三日甲子，前蜀军队进入归州，活捉了归州刺史张瑭。

二月三十日辛未，后梁太祖任命韩建为侍中，兼建昌宫使。

李思安等攻打潞州，很久也没有攻下来，士兵疲惫困乏，多数都逃亡了。晋兵仍驻扎在余吾寨。后梁太祖怀疑晋王李克用是假死，想要召回军队，又担心晋兵尾随追击；于是商议亲自到泽州接应退回的军队，并且下令匡国节度使刘知俊率领军队迅速赶往泽州。三月初一日壬申，后梁太祖从大梁出发。三月初六日丁丑，到达泽州驻扎。三月初十日辛巳，刘知俊的军队也到了。三月十一日壬午，后梁太祖任命刘知俊为潞州行营招讨使。

（以上为第十二段，写李克用弟李克宁谋作乱，被杀，后梁太祖鸩杀济阴王李柷于曹州，谥为哀帝。）

三月二十二日癸巳，门下侍郎、同平章事张文蔚去世。

后梁太祖因为李思安攻打潞州时间很长没有立功，还损失了四十多名将校，士兵以万来计算，又关闭营垒只守不攻，于是派遣使者召李思安到泽州行营。三月二十三日甲午，革除李思安官职爵位，命令他返回原籍应差充役；杀了监押杨敏贞。

晋李嗣昭在潞州坚守了一年多，城里物资用品快完了，李嗣昭登上城楼宴请各将领取乐。有流矢射中了他的脚，李嗣昭偷偷地把它拔掉，座中的人都没有发觉。后梁太祖多次派遣使者赐给他诏书，劝他投降后梁。李嗣昭把诏书烧了，把使者也杀了。

后梁太祖在泽州停留了十多天，想要召回上党的军队，派遣使者前去和各将领商量。各将领认为李克用已经死了，余吾寨的晋兵将要撤退，上党是一座孤城没有援兵，请求再留一个月来等待机会。后梁太祖听从了大家的意见，命令增运粮草来支援军队。刘知俊率领精兵一万多人攻击晋军，斩杀俘获的很多，上表请求自己留下攻打上党，请后梁太祖返回京师大梁。后梁太祖因为关中空虚，担心岐州李茂贞侵犯同州、华州，命令刘知俊让军队在长子县休息十天，然后撤退到晋州驻扎，等到五月再返回藩镇。

前蜀太师王宗佶被罢免宰相职务后，心中怨恨，暗中养了一批敢死之士，阴谋作乱。他向前蜀主王建上表认为："臣官列大臣，论骨肉之亲又是陛下的长子，国家的事情，和臣休戚相关。如今太子还没有确定，一定会发生祸乱。陛下如果认为王宗懿的才干能够继承皇位，应该早日举行册封大礼，任用臣为元帅，并且统领全国的军队；倘若认为时势还动荡不安，王宗懿又年幼不能任事，臣怎么敢保持谦逊不去承担重任呢！陛下已经南面称帝，军队事务应该委托臣来掌管。臣请求设置元帅府，铸造指挥全国军队的印信，征战守边，征发徭役，都由臣独自施行。太子在宫中早晚服侍您的饮食，臣掌握军权在四周保卫，这是万世的基业，请陛下考虑决定。”蜀主王建大怒，暗中忍耐没有发作，拿这件事问唐道袭。唐道袭回答说：“王宗佶有威望，朝廷内外都畏惧顺从，有足够能力统御各将领。”蜀主王建更加怀疑王宗佶。三月二十八日己亥，王宗佶入宫朝见，对蜀主态度很傲慢；蜀主向他指出，王宗佶不退让。蜀主不能按捺自己的怒气，命令卫士把王宗佶打死。又把他的党羽御史中丞郑骞贬为维州司户，卫尉少卿李钢贬为汶川尉，都在路上把他们赐死。

（以上为第十三段，写蜀主王建斩杀桀骜不驯的太师王宗佶。）

当初，晋王李克用去世，周德威掌握重兵在外面，国中人都怀疑周德威。晋王李存勖下令召周德威率领军队返回晋阳。夏季，四月初一日辛丑，周德威到达晋阳，他把军队留在城外，独自步行入城，伏在先王李克用的灵柩上哭得很悲伤；退出后，拜见嗣位的晋王李存勖，礼节非常恭敬。大家心里的疑虑于是消释了。

四月初三日癸卯，后梁门下侍郎、同平章事杨涉被免职降为右仆射；任命吏部侍郎于兢为中书侍郎，翰林学士承旨张策为刑部侍郎，都为同平章事。于兢是于琮哥哥的儿子。

在潞州夹寨的后梁将领上奏说余吾寨的晋兵已经退走，后梁太祖认为晋军援兵不能再来，潞州一定可以攻克。四月初六日丙午，从泽州南下返回。四月十二日壬子，到达大梁。后梁留在夹寨的军队也不再设防。晋王李存勖与各将领商议说：“上党是河东的屏障，没有上党，也就没有河东。况且朱温惧怕的只是先王，听说我新登王位，以为小孩子不熟悉带兵打仗，一定有骄傲懈怠的心理。如果挑选精锐部队急速前去进攻，出其不意，必定可以打败他们。取得威势确定霸业，在此一举了，这个机会不能失去啊！”张承业也劝他亲自出征。于是派遣张承业和判官王缄到凤翔请求李茂贞出兵援助，又派遣使者贿赂契丹王阿保机请求借给骑兵。岐王李茂贞已经衰老，军队衰弱，财力困难，最终未能相助。晋王李存勖大规模检阅军队，任命前昭义节度使丁会为都招讨使。四月二十四日甲子，率领周德威等从晋阳出发。

淮南弘农王杨渥派遣军队侵犯石首，襄州军队在浐港把他们打败了。淮南又派遣将领李厚率领水军一万五千人奔赴荆南，高季昌迎战，在马头把李厚也打败了。

四月二十九日己巳，晋王李存勖率领军队驻扎在黄碾，距离上党有四十五里。五月初一日辛未，晋王埋伏军队在三垂冈下，第二天早上起了大雾，进兵直达夹寨。梁军没有派出侦察人员，料想不到晋兵会到来，将士们都还未起床，军营中惊慌骚动。晋王命令周德威、李嗣源分兵两路，周德威攻西北角，李嗣源攻东北角，晋兵填起壕沟，放火烧寨，擂鼓呐喊长驱直入。梁军大败，向南逃走。招讨使符道昭的坐骑跌倒，被晋兵杀死；逃失死亡的将士有几万人；丢弃的物资、粮草、器械堆积如山。

周德威等到了潞州城下，呼唤李嗣昭说："先王已经去世，继位的晋王亲自前来，攻破了敌人的夹寨。敌人已经逃走了，可以打开城门！"李嗣昭不相信，说："这一定是被敌人俘虏了，派来欺骗我。"想要用箭射周德威，左右的人连忙劝止。李嗣昭说："继位的晋王如果真的来了，可以见见吗？"晋王李存勖亲自到城下呼唤李嗣昭。李嗣昭见晋王穿着白色丧服，放声大哭悲痛欲绝，城中的晋兵也都哭了，于是打开了城门。起初，周德威和李嗣昭有仇怨，晋王李克用临死时对李存勖说："李进通生性忠孝，我很喜欢他。现在他被困在重围中，难道是周德威忘不了旧日的仇怨而不肯尽力救援他吗？你替我把这个意思告诉他。如果潞州不能解围，我死也不能瞑目。"进通是李嗣昭的小名。晋王李存勖把这话告诉了周德威，周德威感激哭泣，于是攻打夹寨特别尽力；在与李嗣昭相见后，两人重新和好像最初一样。

康怀贞率领骑兵一百多人从天井关逃回大梁。后梁太祖听说夹寨失守，大吃一惊，过了一会儿长叹说："生儿子要生像李亚子一样的，李克用等于不死了！至于我的儿子，就像猪狗一般没有用！"下诏命令各地安抚召集逃散的士兵。

周德威、李存璋乘胜进逼泽州，泽州刺史王班一向失去民心，老百姓都不肯为他效力。龙虎统军牛存节从西都率领军队来接应夹寨败退下来的士兵，到了天井关，对他的部下说："泽州是要害之地，不能失陷；即使没有皇上的诏旨，也应当救援它。"部下都不愿意，说："晋兵正在乘胜追击，士气旺盛，况且我们和他们众寡悬殊，难以对抗。"牛存节说："见到危难不救，是不义；害怕敌人强大而躲避，是不勇。"于是就挥起马鞭带领大家向前。到达泽州，城里的人已经放火，并且喧哗骚动，想要响应晋王，王班关闭牙城坚守，牛存节到了以后，才安定下来。晋兵随即到达，沿着城墙挖掘地道攻城，牛存节日夜抵抗作战，一共三天。刘知俊从晋州带领军队前来救援，周德威烧毁攻城器具，撤退守卫高平县。

晋王李存勖回到晋阳，休整军队，论功行赏，任命周德威为振武节度使、同平章事。下令各州县推荐有才德的人，罢黜贪婪残暴的官吏，减轻百姓的田租赋税，抚恤慰问孤苦穷困的人，为受冤枉委屈的人申冤雪耻，严禁作奸和盗窃，所统治的区域内人民安居乐业。又因为河东地狭兵少，于是严格训练士兵，命令骑兵如果没有见到敌人不能骑马；各军队部署已定，应各守本职，不能互相超越和交换，不能停留不前躲避危险；分路前进，约定会合的时间不能相差片刻。如有违反，一定斩首不赦免。所以晋王能够兼并山东，攻取河南，这是由于士兵精锐严整的缘故。

起初，晋王李克用平定了王行瑜，唐昭宗准许李克用承用制书任命官职、拜授爵位。当时各藩镇多用墨制自行任命官吏，李克用耻于和他们相同，每次任命官吏都要上表奏报皇帝。到这时候，晋王李存勖才开始用制书自己任命官吏。

晋王李存勖感激张承业的恩德，把他当作兄长来侍奉，每次到张承业的家中，一定要进入内堂拜见张承业的母亲，赐给他的物品非常丰厚。

潞州被围困超过了一年，老百姓因冻饿死了一大半，街市萧条冷落。李嗣昭鼓励督促老百姓耕地纺织，减轻赋税，放宽刑罚，几年之中，潞州完全恢复了原来的繁荣。

（以上为第十四段，写晋王李存勖解潞州之围，大破梁军。而后休兵行赏，励精图治。）

静江节度使、同平章事李琼去世，楚王马殷任命李琼的弟弟永州刺史李存主管桂州事务。

五月初二日壬申，梁朝把许州忠武军改称为匡国军，同州匡国军改称为忠武军，陕州保义军改称为镇国军。

五月初五日乙亥，楚王马殷的军队侵犯鄂州，淮南弘农王杨渥任命的知州秦裴把他们击败。

淮南左牙指挥使张颢、右牙指挥使徐温把持军政大权，弘农威王杨渥心中不平，想要除掉他们两人，但一直没有机会。张颢、徐温自感不安，共同谋划杀死杨渥，瓜分他的国土来向后梁投降称臣。五月初八日戊寅，张颢派遣他的党羽纪祥等人在寝室里把杨渥杀死，对外欺骗说杨渥得了暴病突然去世。

五月初九日己卯，张颢在节度使府庭院召集各将领、官吏，夹道、庭院和大堂上都排满了刀斧手，命令各将领把随从的侍卫留在外面然后才能进入。张颢大声喝问说："嗣王已经去世，节度使府应当由谁来主持？"问了三次，无人答应，张颢更加生气。幕僚严可求向前小声地开导他说："节度使府这样大，四方边境多作乱，非要明公您来主持不可。但是要在今天做决定恐怕太急了。"张颢说："为什么太急了？"严可求说："刘威、陶雅、李遇、李简都是和先王同等地位的人，您今天如果自立为王，这些人能做您的下属吗？不如先立幼主辅佐他，各将领谁敢不听从！"张颢沉默了很久。严可求于是屏退左右的人，很快写了一张纸放在袖子里，指挥大家前往节度使住宅去祝贺，大家都猜不出他要做什么。到了节度使住宅，严可求跪在地上宣读这张纸，原来是杨渥母亲太夫人史氏的教谕。大意是说："先王杨行密创业艰难，嗣王杨渥不幸早早去世，杨隆演依次序应当继位。各将领不要辜负杨氏，要好好地开导教诲他。"文辞意思明白恳切。张颢的气色很沮丧，因为教谕说的合乎道理，张颢无法强取，于是尊奉弘农威王杨渥的弟弟杨隆演为淮南留后、东面诸道行营都统。事情完了以后，副都统朱瑾前往严可求的住所，对他说："我十六七岁就横戈跃马，冲犯强大的敌人，从来没有害怕过；今天面对张颢，不觉流汗。而您当面指责张颢像没有人一样；这才知道我只是匹夫之勇，比您差得太远了。"从此就用兄长的礼节来侍奉严可求。

张颢派徐温为浙西观察使，镇守润州。严可求对徐温说："您放弃统率牙兵而到外面去镇守，张颢一定会把杀死君王的罪名加在您身上。"徐温大惊，说："既然是这样，我该怎么办呢？"严可求说："张颢刚愎自用而又不明白事理。您如能听我的话，我愿意为您谋划。"当时副使李承嗣也参与节度使府的军政事务，严可求又对李承嗣说："张颢凶狠威风到这个地步，现在把徐温派到外面去镇守，恐怕张颢的意图还不只是这样，对您也会不利。"李承嗣认为说得很有道理。严可求又去见张颢说："您把徐温派到外面去镇守，大家都说您想要夺取徐温的兵权并把他杀死，这样说多了也是很可怕的。"张颢说："徐温自己想出去，不是我的意思。事情已经这样了，怎么办呢？"严可求说："要阻止他很容易的。"第二天，严可求邀请张颢和李承嗣一起去看望徐温，严可求瞪着眼睛责问徐温说："古人不忘记一顿饭的恩德，况且您是杨氏的老将领了！现在幼主刚刚继位，正是多事的时候，却想到外面去自求安宁，能这样吗？"徐温谢罪说："如果你们能宽容我，我怎么敢擅自做主！"因此徐温没有去润州。张颢知道严可求暗地里依附徐温，夜里派遣刺客前去刺杀严可求。严可求知道逃不掉，请刺客允许他写一封信和嗣王杨隆演诀别。刺客拿刀对着他，严可求挥笔疾书一点也没有惧色。刺客能识字，看到他写的文辞忠诚壮烈，说："您是年高有德行的人，我不忍心杀你。"于是抢走他的财物回去复命，说："到处都搜遍了，没有找到严可求。"张颢大怒说："我要的是严可求的脑袋，要这些财物干什么！"

徐温和严可求商量要杀死张颢，严可求说："要办这件事非锺泰章不可。"锺泰章是合肥人，当时担任左监门卫将军。徐温派遣心腹部将彭城人翟虔去告诉锺泰章。锺泰章听后很高兴，秘密结交壮士三十人，夜里刺血互饮立下盟誓。五月十七日丁亥早晨，直接进入牙堂斩杀了张颢和他的亲信。徐温于是公布了张颢杀死弘农威王杨渥的罪行，并在街市上把纪祥等人车裂处死。徐温前往西宫禀告太夫人史氏。太夫人听了心中害怕，大哭着说："我的儿子年纪幼小，现在遭到这样的灾难，希望保全我家一百口人的性命回到庐州去，就是你给我们的恩惠了！"徐温说："张颢叛逆杀主，不能不杀死他。夫人您尽管放心！"起初，徐温与张颢商量杀死弘农威王杨渥，徐温说："如果参用左、右牙兵，恐怕不会同心；不如单独用我手下的士兵。"张颢不同意，徐温说："那么就单独用您手下的士兵。"张颢答应了。到这时候，彻底惩治叛逆党徒，都是张颢的左牙兵，因此人们都认为徐温确实不知道张颢的密谋。杨隆演任命徐温为左、右牙都指挥使，军府中的大小事务都由他决定。任命严可求为扬州司马。

徐温性格沉稳坚毅，生活简朴，虽然不识字，但是叫人读诉讼文书而做出判决，都合情合理。起初，张颢专权的时候，刑罚严酷泛滥，放纵亲信士兵掠夺街市乡里。徐温对严可求说："大事已定了，我与您应该努力实行善政，使得老百姓晚上都能脱掉衣服安心睡觉。"于是制定法律，禁止强暴，提出治理大纲，军心、民心都安定了下来。徐温把军队事务委托给严可求，把财政赋税事务委托给支计官骆知祥，都很称职，淮南人把他们并称为“严骆”。

五月十九日己丑，契丹王阿保机派遣使臣随后梁使者高颀到京城进献物品，并且请求册封为王。后梁太祖又派遣司农卿浑特到契丹，赐给契丹王阿保机亲笔诏书，约定共同消灭沙陀李存勖，再册封他为王。

（以上为第十五段，写淮南兵变，牙将张颢杀杨渥，徐温奉其弟杨隆演为弘农王。）

五月二十二日壬辰，从潞州夹寨逃出的各将领到皇宫外请罪，后梁太祖全部赦免了他们。后梁太祖赏赐牛存节保全泽州的功劳，任命他为六军马步都指挥使。

雷彦恭引沅江水环绕朗州来加强守卫，秦彦晖驻扎军队一个多月不发动进攻，雷彦恭守卫戒备逐渐松懈。秦彦晖派副将曹德昌率领壮士晚上从水洞里潜入城内，内外点火相应，朗州城中大乱，秦彦晖擂鼓呐喊毁坏城门进入城中。雷彦恭乘坐轻快的小船逃奔广陵。秦彦晖俘虏了雷彦恭的弟弟雷彦雄，送到大梁。淮南杨隆演任命雷彦恭为节度副使。先前，澧州刺史向瓌与雷彦恭互相依靠呼应，到这时也投降了楚王。楚王于是得到了澧、朗两个州。

前蜀主王建派遣将领率领军队会合岐王李茂贞的军队五万人攻打雍州，晋监军张承业也率军响应他们。六月初三日壬寅，梁朝任命刘知俊为西路行营都招讨使进行抵抗。

金吾上将军王师范家在洛阳。朱友宁的妻子在后梁太祖面前哭诉说：“陛下您化家为国，宗族的人都蒙荣耀恩宠。唯有我的丈夫遭难，因为王师范的叛逆，死在战场上。如今仇人还在，我实在痛心！”后梁太祖说：“朕几乎忘了这个逆贼！”六月初十日己酉，派遣使者到洛阳把王师范的全族处死。使者先在王师范的住宅旁挖了坑，这才向王师范宣读后梁太祖的诏书。王师范大摆酒席，和宗族的人依次入座，对使者说：“死是每个人都不能免除的，何况还有罪呢！我不想让尸体胡乱堆积，长幼没有次序。”于是开始喝酒，命令宗族的人从幼到长，依序被带到坑中去杀头。总共死了二百人。

六月十七日丙辰，刘知俊和佑国节度使王重师在幕谷大败岐王李茂贞的军队，晋、前蜀的军队都退回去了。

前蜀主王建立遂王王宗懿为太子。

后梁太祖想要亲自率领军队去攻打潞州。六月二十八日丁卯，下诏令集合各道的军队。

湖南判官高郁建议允许百姓自己采茶卖给北方的客商，征收他们的赋税来供给军队，楚王马殷同意了。秋季，七月，马殷奏请在汴州、荆州、襄州、唐州、郢州、复州设置叫作“回图务”的贸易场所，运茶到黄河南北，卖茶换回丝棉织品和战马，仍然每年向朝廷进贡茶叶二十五万斤。后梁太祖下诏书应允了他。湖南从此富足起来。

七月初三日壬申，淮南的将领、官吏向江淮宣谕使李俨请求，承用制书任命杨隆演为淮南节度使、东面诸道行营都统、同平章事、弘农王。

锺泰章杀死张颢得到赏赐很少，锺泰章自己也没有说。过了一年多，因为喝醉酒和各将领争论，谈到了这件事。有人报告徐温，认为锺泰章怨恨长官，应该杀头治罪。徐温说：“这是我的过错。”于是提拔锺泰章为滁州刺史。

（以上为第十六段，写后梁太祖与契丹约共灭沙陀。楚王马殷攻取澧、朗两州。前蜀主王建会同凤翔节度使李茂贞，并结晋王李存勖合兵攻梁雍州，军败。后梁太祖灭王师范一门二百余人。）

【点评】

本卷点评朱全忠篡唐、李存勖嗣位晋王、王建称帝三件史事。

朱全忠篡唐。朱全忠，原名朱温，排行第三，宋州砀山县午沟里人。父亲朱诚，是乡间私塾教师，有三子，长子朱全昱，次子朱存，三子朱温。朱温凶悍狡诈，纯粹一个乡间流氓。参加黄巢起义，官至同州防御使，为黄巢看守东大门。公元 882 年，朱温看到黄巢形势不利，向河中节度使王重荣投降，说母亲姓王，认王重荣为母舅，唐僖宗任命朱温为同华节度使，赐名朱全忠。公元 883 年，唐朝任命朱全忠为汴州刺史，宣武军节度使，并加任命东北面都招讨使，堵塞黄巢向东的退路。朱全忠被黄巢打败，向李克用求救。公元 884 年，李克用到河南打败黄巢，还军路过汴州，朱全忠请李克用入城相会，企图谋杀李克用未遂，朱、李从此交恶。由此可见朱全忠之凶狡。

朱全忠经过二十年的经营，据有广大中原地区，环四周诸镇，李克用、李茂贞、杨行密均不能与之争，篡唐条件成熟，迁昭宗于洛阳，随而弑帝立幼，大杀朝士，唐皇室朝臣为之一空。唐哀帝天祐四年四月十六日壬戌，朱全忠改名朱晃，四月十八日甲子黄袍加身，在汴京金祥殿即皇帝位，史称后梁太祖。四月二十二日戊辰，大赦，改元，国号大梁。废唐哀帝为济阳王。朱晃长兄朱全昱在家宴上斥责朱晃说：“朱三，你原本是砀山的一个平民，跟随黄巢为盗，唐朝天子任用你为四镇节度使，富贵已极，为什你还要夺取人家的三百年天下，恩将仇报，自称皇帝，你的行为，该当灭族。”朱全昱不失忠厚平民本色，他的斥责，代表了平民对后梁太祖朱晃的评价。

李存勖嗣位晋王。李存勖，李克用嗣子，少小聪明过人，及长，善骑射，胆壮骁勇，年十一，从李克用讨王行瑜，昭宗见之称奇，赐以翡翠盘。李存勖习《春秋》，明大义，是其所长，但沉迷于歌舞俳优之戏，是其所短。

天祐五年（公元 908 年）正月，李克用卒，李存勖即王位于太原，时年二十四岁。李存勖以王位让其叔父李克宁，李克宁不许，随后听信夫人及诸将之言，谋作乱，夺王位，以晋依附后梁。在这千钧一发之际，李存勖在监军张承业辅佐下，果断出击，诛李克宁，稳定了众心。接着，李存勖整顿纲纪，诛杀悍卒扰民罪大者，全军肃静。此时，汴晋两军争潞州，攻战一年，汴军仍未攻下潞州。后梁太祖趁着晋丧主少，亲率大军来取潞州，志在必得。李存勖与诸将谋议说："潞州上党是河东的屏障，不可丢失。朱温听说我新立，不熟悉军旅，一定认为是夺取上党的好时机。我将带领精兵，倍道兼行，出其不意入援上党，一定能打败汴军。取威定霸，在此一举。"四月二十日甲子，晋王李存勖亲率周德威等大将从晋阳出发，直趋上党，大败汴军。后梁太祖闻讯大惊，长叹说："生子当如李亚子，李克用没有死。说起我的儿子，只是一群猪狗罢了。"后梁太祖身经百战，他最害怕的人是李克用，认为李克用之死，是梁朝灭晋的好时机，他做梦也没想到李存勖年少英勇，如此有大局观，如此善抓时机，竟然抢在自己的前头到达潞州，一战使后梁太祖丧胆。取威定霸，一战成功，少年晋王李存勖达到了他的目的。

王建称帝。王建目不知书，以行伍拼杀一生，居然打斗出了一片天下。唐昭宗大顺二年（公元 891 年），王建割据西川，后来兼并了东川和汉中等地，共有四十六州，四境有重山之险，蜀地称天府之国，中原多事，西川可立国。古有巴国、蜀国，东汉末有蜀汉。公元 907 年，朱晃篡唐称帝于中原，王建随后也称帝于西川，国号蜀，史称前蜀，建都于成都。唐玄宗、唐僖宗先后蒙尘入蜀，许多名人朝士大夫相随入蜀，尤其唐末中原大乱，许多名家世族避乱蜀中。韦庄、张格、毛文锡等一百多中原士人受到王建优待。史称王建喜欢与文士交游，前蜀"典章文物有唐之遗风"。王建称帝，多次改元，加尊号，宠信宦官，喜听祥瑞之言，经常有龙出现，这些都是"唐之遗风"，其实是正在被扫荡的腐朽文化。王建好女色，多内宠，疏于理政，又教子无方，前有太师王宗佶强求大司马之事，后有皇太子元膺擅杀太子少保唐道袭的事发生。唐道袭原本是一个舞僮见幸于王建，嬖臣小人，王建用为枢密使，又为太子少保，王宗佶和王元膺正眼瞧不起唐道袭，哪能相容。王建杀王宗佶和王元膺，丧其两子，仍未得教训。晚年，军政大权交给宦官唐文扆，公元 918 年王建死，养子王宗弼杀唐文扆。少子王宗衍嗣位，比其父更加荒淫，国政完全交给宋光嗣、宋光葆、景润澄等一群宦官，自己整日与狎客韩昭等游宴赋诗，前蜀政治由此可知。公元 925 年，后唐庄宗李存勖派兵灭了前蜀。王建所立之蜀国，前后只存在了三十五年。

后梁纪二

后梁太祖开平二年至乾化元年（公元908—公元911）

【起著雍执徐（戊辰，公元908年）八月，尽重光协洽（辛未，公元911年）二月，凡二年有奇】

【大事提要】

本卷记事起公元908年八月，讫公元911年二月，载述史事凡二年又七个月。当后梁太祖开平二年八月至乾化元年二月。此时期后梁太祖朱晃已步入他的晚年，猜忌心日增，先是枉杀佑国节度使王师重，逼反忠武节度使刘知俊以同州叛附岐王李茂贞，北联晋王共讨梁。继之尽诛赵王深州戍兵，逼反王镕与梁绝，依附晋王李存勖，导致梁晋双方在赵州大战，晋王大胜梁军，乘胜逐北攻取河北梁属州县。燕王刘守光声言南下讨梁，要当盟主，晋王退兵，决心先北后南，铲除刘守光再专意南下讨梁，舒缓了后梁受攻的压力。这一时期，地区混战，刘守光破沧州，一统卢龙旧境，势力增强。吴王将周本大败危全讽于洪州，江西地尽归杨隆演所有。钱镠破湖州，叛将高澧奔吴。钱镠筑捍海石塘，拓广杭州城，从此钱塘富甲东南。楚王马殷势力达于岭表，唐宁远节度使庞巨昭、高州防御使刘昌鲁臣附楚王。后梁颁行《梁律令格式》。

太祖神武元圣孝皇帝中

后梁太祖开平二年（戊辰，公元908年）

八月，吴越王钱镠派遣宁国节度使王景仁带着奏表前往大梁，向后梁太祖陈述攻取淮南的策略。王景仁就是王茂章，因为避后梁太祖曾祖父朱茂琳讳而改名的。

淮南派遣步军都指挥使周本、南面统军使吕师造进攻吴越。九月，包围了苏州。吴越将领张仁保攻打常州的东洲镇，把它打下来了，淮南士兵死的有一万多。淮南任命池州团练使陈璋为水陆行营都招讨使，率领柴再用等各将领救援东洲镇，在鱼荡把张仁保打得大败，又夺回了东洲镇。柴再用正在打仗，船坏了，他靠着长矛浮托，才没有淹死，到了岸上。家人因此要为柴再用招待一千个僧人吃饭，柴再用把食物全部拿来犒劳士兵，说："是士兵救我上岸的，僧人出了什么力呢？"

九月初八日丙子，前蜀主册立皇后周氏。周皇后是许州人。

晋周德威、李嗣昭率领军队三万人从阴地关出发，攻打晋州。晋州刺史徐怀玉防御抵抗，后梁太祖亲自前往救援。九月初九日丁丑，从大梁出发。九月十七日乙酉，到达陕州。九月二十日戊子，岐王李茂贞所任命的延州节度使胡敬璋侵犯上平关，刘知俊把他打败了。周德威等听说后梁太祖要到来，九月二十七日乙未，撤退到隰州防守。

荆南节度使高季昌派遣军队在汉口驻扎，断绝了楚到后梁进贡的道路。楚王马殷派遣他的部将许德勋率领水军前去攻打，到了沙头，高季昌害怕了，请求讲和。马殷又派遣步军都指挥使吕师周率领军队攻打岭南，与清海节度使刘隐打了十多个仗，攻下了昭、贺、梧、蒙、龚、富等六个州。马殷的疆域越来越大，于是就让士兵和百姓休养生息，湖南这个地方安居乐业了。

冬季，十月，前蜀主王建册立后宫张氏为贵妃，徐氏为贤妃，徐氏的妹妹为德妃。张氏是郪人，太子王宗懿的母亲。两位徐妃是徐耕的女儿。

华原地方的盗贼首领温韬聚集部众在嵯峨山，侵犯掠夺雍州的各县，唐朝皇帝的陵墓几乎都被他挖遍了。

十月十二日庚戌，前蜀主王建在星宿山演习军队，参加的步兵、骑兵共有三十万人。

十月十九日丁巳，后梁太祖回到大梁。

十月二十三日辛酉，后梁任命刘隐为清海、静海节度使，派膳部郎中赵光裔、右补阙李殷衡充任官告使，刘隐把他们都留下了。赵光裔是赵光逢的弟弟，李殷衡是李德裕的孙子。

邛州依政县的进士梁震在唐朝末年考中，到这时候要回到蜀地去，路过江陵，高季昌欣赏梁震的才能识见，把他留下来，想要奏请后梁太祖任命他为判官。梁震耻于在他手下当官，想要离开，又担心遭到祸害，于是说：“我向来不羡慕做官，您如果不认为我愚昧无知，一定要让我参与谋划计议，只要让我以平民的身份在您身边侍奉办事就可以了，何必一定要在幕府任职呢！”高季昌答应了梁震。梁震终身只自称为前进士，不接受高季昌所委派的官职。高季昌很看重他，用他作谋主，称他为先辈。

后梁太祖依从吴越王钱镠的请求，任命亳州团练使寇彦卿为东南面行营都指挥使，进攻淮南。十一月，寇彦卿率领军队二千人袭击霍丘，被霍丘地方豪强朱景打败。又攻打庐州、寿州，都没有取胜。淮南派遣滁州刺史史俨进行抵抗，寇彦卿率领军队退回。

定难节度使李思谏去世。十一月初六日甲戌，他的儿子李彝昌自立为留后。

刘守文发动沧州、德州的军队进攻幽州，刘守光向晋王李存勖求救，晋王派遣士兵五千人援助刘守光。十一月十九日丁亥，刘守文的军队到了卢台军，被刘守光打败。又攻打玉田县，也失败了。刘守文这才退回。

十一月二十五日癸巳，中书侍郎、同平章事张策以刑部尚书的官职退休回家；任命左仆射杨涉为同平章事。

保塞节度使胡敬璋去世，静难节度使李继徽委任他的部将刘万子代为镇守延州。

这一年，弘农王杨隆演派遣军将万全感带着书信从小路前往晋阳和岐州，把自己嗣位的事告诉晋王李存勖和岐王李茂贞。

后梁太祖准备迁都洛阳。

（以上为第一段，写淮南王与吴越王交战，晋王与后梁交战，互有胜败。楚王马殷北败高季昌，南败刘隐，湖南遂安。梁震为荆南谋主，不受高氏辟署，终身只称前进士。）

后梁太祖开平三年（己巳，公元909年）

春季，正月初二日己巳，后梁太祖把太庙的祖宗牌位迁到洛阳。正月初五日壬申，任命博王朱友文为东都留守。正月初七日甲戌，后梁太祖从大梁出发。正月十二日己卯，后梁太祖到达洛阳。正月十四日辛巳，在圜丘祭祀上天，大赦天下。正月二十三日庚寅，祭祀太庙。

正月二十九日丙申，后梁由于费用开支渐渐宽裕，开始给文武百官发放全俸。

二月初一日丁酉，发生日食。

保塞节度使刘万子凶狠残暴，失去人心，并且图谋投降后梁，李继徽派遣延州牙将李延实设法除掉他。李延实乘刘万子埋葬胡敬璋的机会，发动攻击把刘万子杀了，于是占据了延州。马军都指挥使河西人高万兴和他的弟弟高万金听说变乱，率领他们的部众几千人到刘知俊的军营投降梁朝。岐王李茂贞在鄜城设置翟州，守城的将领也投降了梁朝。

三月初九日甲戌，后梁太祖从洛阳出发。任命山南东道节度使杨师厚兼潞州四面行营招讨使。

三月十五日庚辰，后梁太祖到河中，征调步兵、骑兵会同高万兴的军队攻取丹州、延州。

三月二十一日丙戌，封朔方节度使兼中书令韩逊为颍川王。韩逊本来是灵州牙校，唐朝末年占据灵州，朝廷因此授给他符节斧钺。

三月二十六日辛卯，丹州刺史崔公实请求投降。

徐温因为金陵地势优越，又是战舰聚集之地，于是自任淮南行军副使兼领昇州刺史，留驻广陵，任命自己的养子元从指挥使徐知诰为昇州防遏兼楼船副使，前去治理升州。

夏季，四月初一日丙申，刘知俊调遣军队进攻延州，李延实绕城进行防守；刘知俊派白水镇使刘儒分兵包围坊州。

四月初五日庚子，后梁太祖封王审知为闽王，刘隐为南平王。

刘知俊攻下延州，李延实投降。

（以上为第二段，写后梁太祖迁都洛阳，以博王朱友文为东都留守。梁始给百官全俸。加封威武节度使王审知为闽王，清海、镇海节度使刘隐为南平王。）

淮南军队包围苏州，推着洞屋攻城。吴越将领临海人孙琰在竹竿头上放置滑轮，垂下粗绳绑上利锥把洞屋上蒙盖的牛皮掀开，使攻城的淮南军队完全暴露；炮石打来就张网拦阻，淮南军队未能攻下苏州。吴越王钱镠派遣牙内指挥使钱镖、行军副使杜建徽等率领军队救援苏州。

苏州城外有水道通到城里，淮南军队张网挂铃悬在水中，鱼鳖通过都能知道。吴越游弈都虞候司马福想要潜水进入城里，故意用竹竿去触网子。淮南军队听到铃响举起网子，司马福因此得以通过。一共在水中藏了三天，才进入城里。从此城里的号令和救援的军队相呼应，淮南军队以为有神灵在帮助他们。

吴越王钱镠曾经到府园游玩，看到园丁陆仁章种植花草树木很有本领，就记在心里。到苏州被围困，派陆仁章到城里去通消息，果然成功地得到答复回来了，钱镠把陆仁章当作孙子辈看待，一直升到镇海、镇东两府军粮都监使，终于有了用处。陆仁章是睦州人。

四月十六日辛亥，吴越军队里应外合攻打淮南军队，把他们打得大败，擒获淮南将领何朗等三十多人，夺取战舰二百艘。周本乘着黑夜逃走后，吴越军队追到皇天荡又把周本打败了。淮南将领锺泰章率领精兵两百人走在队伍的最后，在水边菰草中竖起很多旗帜，吴越军队恐怕有埋伏不敢追赶而返回。

岐王李茂贞任命的保大节度使李彦博、坊州刺史李彦昱都抛弃了守城逃回凤翔，鄜州都将严弘倚献出守城投降梁朝。四月二十四日己未，后梁太祖任命高万兴为保塞节度使，任命绛州刺史牛存节为保大节度使。

淮南开始建立选拔官吏的制度，任命骆知祥掌管此事。

五月初三日丁卯，后梁太祖命令刘知俊乘胜攻取邠州。刘知俊认为很难成功，以缺乏军粮为借口推辞，于是后梁太祖将他召回。

佑国节度使王重师镇守长安多年，后梁太祖在河中，对他不按时进贡感到恼怒。五月初五日己巳，下诏要王重师回到朝廷，任命左龙虎统军刘捍为佑国留后。

五月初九日癸酉，后梁太祖从河中出发。五月十五日己卯，到达洛阳。

刘捍到了长安，王重师不以礼相待。刘捍在后梁太祖面前进谗言，说王重师暗中和邠州、岐州互相往来。五月二十日甲申，贬王重师为溪州刺史，不久赐令王重师自尽，诛杀他的全族。

刘守文连年进攻刘守光，未能攻下，于是发动大批军队，并且用重赂招请契丹、吐谷浑的军队，合计四万人驻扎在蓟州。刘守光在鸡苏迎战，被刘守文打败。刘守文单人匹马立在阵前，哭着对他的部下说："不要杀死我的弟弟。"刘守光的部将元行钦认识刘守文，冲上前去把他捉住，刘守文的沧德军队全部溃散了。刘守光把刘守文囚禁在别室，用一丛丛的荆棘把屋子堵塞，乘胜进攻沧州。沧州节度判官吕兖、孙鹤推举刘守文的儿子刘延祚为统帅，登城防御抵抗。吕兖是安次人。

（以上为第三段，写吴越军在苏州大败淮南军。）

忠武节度使兼侍中刘知俊，功绩名声越来越大，由于后梁太祖对他一天比一天猜疑，内心感到很不安。等到王重师被杀，刘知俊更加恐惧。后梁太祖将要攻打河东，紧急征召刘知俊到朝廷来，想任命他为河东西面行营都统，并且因为刘知俊有攻取丹州、延州的功劳，要重赏他。刘知俊的弟弟右保胜指挥使刘知浣跟随后梁太祖在洛阳，秘密派人告诉刘知俊说："到朝廷来一定死。"又禀告后梁太祖，请求率领弟侄前去迎接刘知俊，后梁太祖同意了。六月初一日乙未，刘知俊上奏说："被军队、百姓所挽留不能到朝廷来。"于是率领同州军队、百姓归附岐王李茂贞，拘捕监军以及不听从命令的将领、佐吏，把他们戴上刑具押送凤翔。刘知俊派兵袭击华州，驱逐刺史蔡敬思，再派军队守卫潼关。又暗中派人用重利引诱在长安的各将领，捉住刘捍，把他送到凤翔杀了。刘知俊派遣使者向岐王李茂贞请求增援部队，又派遣使者前往晋阳请求晋王李存勖出兵攻打晋州、绛州。刘知俊写给晋王的信中说："要不了十天，就可以攻取两京，恢复唐朝社稷。"

六月十三日丁未，朔方节度使韩逊奏报攻克盐州，斩杀岐王李茂贞任命的盐州刺史李继直。

后梁太祖派遣亲近官员告谕刘知俊说："朕对你一向很好，为什么忽然要背叛？"刘知俊回答说："臣不会忘恩背德，只是害怕像王重师那样被灭族。"后梁太祖又派遣使者对刘知俊说："刘捍造谣说王重师暗中勾结邠州、岐州，朕一直到现在也很后悔。刘捍死了不足以偿还他的罪责。"刘知俊没有答复。六月十六日庚戌，后梁太祖下诏革除刘知俊的官职爵位，任命山南东道节度使杨师厚为西路行营招讨使，率领侍卫马步军都指挥使刘鄩等去讨伐刘知俊。

六月十七日辛亥，后梁太祖从洛阳出发。

刘鄩到了潼关东边，俘获刘知俊埋伏在路上侦察敌人的士兵蔺如海等三十人，把他们放了让他们在前面当向导。刘知浣迷了路，走了好几天才到潼关下，关内的军吏把他们放进关去。蔺如海等人也到了，关内的军吏不知道他们已被刘鄩俘虏了，也放他们进关。刘鄩的军队乘着开门一直往前冲，于是攻下了潼关，又追上刘知浣，把他活捉了。六月十九日癸丑，后梁太祖到达陕州。

丹州马军都头王行思等发动叛乱，丹州刺史宋知诲逃回。

后梁太祖派遣刘知俊的侄子刘嗣业拿着诏书前往同州招抚刘知俊；刘知俊想要轻骑前往后梁太祖的住地请罪，刘知俊的弟弟刘知偃阻止了他。杨师厚等到了华州，刘知俊的部将聂赏开城门投降。刘知俊听说潼关失守，梁军马上就要到了，慌慌张张失去了主意，六月二十一日乙卯夜里，带领全族投奔岐州。杨师厚到长安时，岐王李茂贞的军队已占据了长安城，杨师厚出其不意沿着南山快速前进，从西门入长安城，于是攻占了长安。六月二十六日庚申，后梁太祖任命刘鄩代理佑国留后的职务。岐王李茂贞厚待刘知俊，任命他为中书令。由于岐州地域狭窄，没有藩镇可以安置刘知俊，只是给他很优厚的俸禄罢了。

刘守光派遣使者向后梁太祖上表报告大捷，并且说："等到沧州、德州的事情完了，为陛下扫平并州的贼寇。"刘守光同时又送信给晋王李存勖，说想要和他共同消灭篡唐的后梁。

（以上为第四段，写后梁忠武节度使刘知俊因后梁太祖猜忌日甚，遂以同州附于岐王李茂贞。）

抚州刺史危全讽自称为镇南节度使，率领抚、信、袁、吉四州的军队号称十万人攻打洪州。洪州的淮南军队只有一千人，将吏们都非常害怕，节度使刘威秘密派遣使者到广陵告急求援，自己每天召集部下将吏若无其事地饮酒作乐。危全讽听说这情况，驻扎在象牙潭，不敢前进，向楚王请求增援。楚王马殷派遣指挥使苑玫会同袁州刺史彭彦章包围高安来援助危全讽。苑玫是蔡州人；彭彦章是彭玕哥哥的儿子。

徐温向严可求询问将领人选，严可求推荐周本。徐温于是任命周本为西南面行营招讨应援使，率领军队七千人救援高安。周本以前攻打苏州没有立功，就推说有病不愿出征，严可求到周本的卧室逼他起来。周本说："苏州这场战役，本来敌人是不能胜我们的，只是我这个主将权力太轻了。今天一定要用我，希望不要设置副职才可以。"严可求答应了周本的要求。周本说："楚兵只是为危全讽声援罢了，不是想要夺取高安。我打败危全讽，援兵一定会撤回的。"于是急速奔赴象牙潭。经过洪州时，刘威想要犒劳军队，周本不肯停留，有人说："危全讽的军队很强大，您应当观察形势后再进攻。"周本说："敌人军队比我们多十倍，我军听说这情况后一定很害怕，不如乘大家士气旺盛时使用他们。”

秋季，七月初一日甲子，后梁太祖封刘守光为燕王。

梁军攻克丹州，活捉了王行思。

商州刺史李稠驱赶士民向西逃跑，商州的将领、佐吏追上李稠，把他杀了，推举都押牙李玟主持商州的事务。

七月初七日庚午，把佑国军改称为永平。

河东军队侵犯晋州，抢劫掠夺一直到尧祠才退回去。

七月初十日癸酉，后梁太祖从陕州出发。七月十二日乙亥，到达洛阳，病得很重。

当初，后梁太祖召来山南东道节度使杨师厚，想要杨师厚督率各将领攻打潞州，委任前兖海留后王班为山南东道留后，镇守襄州。杨师厚多次对王班讲牙兵王求等人凶猛强悍，应当防备他们。王班自恃左右有壮士保护，并不在意，而且常常当众侮辱他们。七月十五日戊寅，把王求贬谪到西部边境戍守。这一天晚上，王求等人作乱，杀了王班，推举都指挥使雍丘人刘玘为留后。刘玘假装答应他们，第二天，与指挥使王延顺逃到后梁太祖那里。作乱的部队奉平淮指挥使李洪为留后，归附蜀主王建。不久，房州刺史杨虔也叛变投降前蜀。

危全讽在象牙潭，靠着溪边营建栅栏，连绵几十里。七月十七日庚辰，周本隔着溪水列阵，先派老弱的士兵挑战来试探。危全讽的军队渡溪水追击，周本乘他们渡到一半时，发动军队猛攻。危全讽的军队大败，自相践踏，溺水死的人很多。周本又分出一部分军队切断他们的归路，活捉危全讽和将领及士兵五千人。周本率领军队乘胜攻克袁州，擒获袁州刺史彭彦章，又进攻吉州。歙州刺史陶雅派遣他的儿子陶敬昭以及都指挥使徐章率领军队袭击饶州、信州，信州刺史危仔倡请求投降，饶州刺史唐宝弃城逃走。行营都指挥使米志诚、都尉吕师造等在上高打败苑玫。吉州刺史彭玕率领部众几千人逃奔到楚，楚王马殷上表后梁太祖任命彭玕为郴州刺史，为自己的儿子马希范娶彭玕的女儿为妻。淮南任命左先锋指挥使张景思掌管信州的事务，派遣行营都虞候骨言率领军队五千人送张景思赴任。危仔倡听说淮南军队到了，急忙逃奔吴越。吴越王钱镠任命危仔倡为淮南节度副使，把他的姓改为元氏。危全讽被押到广陵，弘农王杨隆演因为危全讽过去曾经帮助过先王杨行密，于是释放了危全讽，还给了他丰厚的财物。八月，虔州刺史卢光稠献出虔州归附淮南。于是江西之地全部落入淮南杨氏手中。卢光稠也派遣使者到后梁归附称臣。

（以上为第五段，写刘守光骑墙于梁晋之间，接受梁封燕王。淮南兼并江西。）

八月二十一日甲寅，后梁太祖的病逐渐好转，开始恢复上朝听政。

后梁任命镇国节度使康怀贞为西路行营副招讨使。

前蜀主王建命太子王宗懿兼领六军，设置永和府，精心选择朝廷官吏做他的属僚。

八月二十八日辛酉，均州刺史张敬方上奏报告攻克了房州。

岐王李茂贞想要派遣刘知俊率领军队攻打灵州、夏州，并且约请晋王李存勖攻打晋州、绛州。晋王李存勖率领军队南下，先派遣周德威等率领军队出阴地关攻打晋州，晋州刺史边继威全力防守。晋兵挖穿地道，城墙塌陷二十多步，城中军队浴血奋战进行抵抗，一个晚上又把城墙修好了。后梁太祖下诏命令杨师厚率领军队救援晋州，周德威派骑兵守住蒙坑这个险要的地方，杨师厚把周德威打败了，进军抵达晋州，晋兵解除对晋州的包围逃走了。

李洪侵犯荆南，高季昌派遣他的将领倪可福把李洪打败。后梁太祖下诏命令马步都指挥使陈晖率领士兵会同荆南军队讨伐李洪。

蜀主王建任命御史中丞王锴为中书侍郎、同平章事。

陈晖军队到达襄州，李洪迎战，被打得大败，王求战死。九月初五日丁酉，陈晖攻占了襄州，斩杀叛变的士兵一千人，擒获李洪、杨虔等送到洛阳，把他们斩首。

九月十五日丁未，梁朝任命保义节度使王檀为潞州东面行营招讨使。

刘守光上奏后梁太祖派遣他的儿子中军兵马使刘继威安抚沧州的官吏、百姓。九月十六日戊申，任命刘继威为义昌留后。

九月十九日辛亥，侍中韩建被罢免宰相职务，署守太保；左仆射、同平章事杨涉被罢免宰相职务，守任本官。任命太常卿赵光逢为中书侍郎，翰林奉旨工部侍郎杜晓为户部侍郎，都为同平章事。杜晓是杜让能的儿子。

淮南杨隆演派遣使者张知远到福建和闽王王审知建立友好关系。张知远骄横傲慢，闽王王审知把他杀了，并把淮南的书信呈送给后梁太祖，开始和淮南断绝关系。王审知生性俭朴，常常穿着麻制的鞋，官府房屋低矮狭小，也不下令修建，刑罚宽松，赋税也很轻，公家私人都富裕充实，境内因此很安定。每年由海路经过登州、莱州向后梁太祖进贡，因为海上风浪很大，有十分之四五的船只都沉没了。

冬季，十月初二日甲子，前蜀司天监胡秀林呈献《永昌历》，前蜀主王建下令颁行全国。

湖州刺史高澧性情凶狠残忍，曾经召集州吏商议说："我想要把百姓全部杀死，可以吗？"州吏说："这样做，田租赋税从哪里出？只应当选择可以杀的人杀死罢了。"当时高澧纠集百姓当兵，有人说这些人叹息抱怨，高澧就把他们全部集中到开元寺，欺骗说是犒劳款待；实际上一进去就被杀掉。死的人已超过了一半，在寺外的人发觉了，便放火作乱。高澧下令关闭城门大肆搜索，总共杀了三千人。吴越王钱镠想要杀死高澧。十月初六日戊辰，高澧叛变，献出湖州归附淮南杨隆演，又派兵放火焚烧义和县的临平镇。钱镠命令指挥使钱镖去讨伐高澧。

（以上为第六段，写前蜀主王建颁行《永昌历》。闽王王审知绝淮南由海路入贡后梁。吴越王湖州刺史高澧叛附淮南。）

十一月初二日甲午，后梁太祖到南郊圜丘祭天告谢天帝。十一月初六日戊戌，大赦天下。

邺王罗绍威得了风痹病，上表奏称："魏州原来是大镇，多外来的军队，希望能派有功劳的重臣来镇守，臣乞求辞官回家。"后梁太祖听了这些话，抚着桌子大受感动。十一月初七日己亥，任命罗绍威的儿子罗周翰为天雄节度副使，主持节度使府事务。对罗绍威的使者说："赶快回去告诉你的主子；为朕多吃些饭，好好保重身体！如果万一有不测，朕一定世世代代重用罗氏子孙作为报答。现在先让罗周翰掌管节度使府，还希望你罗绍威恢复健康啊。"

岐王李茂贞想要攻取灵州来安置刘知俊，并且把灵州作为放牧马匹的地方，让刘知俊亲自率领军队去攻打灵州。朔方节度使韩逊派遣使者向后梁太祖告急。后梁太祖颁下诏令让镇国节度使康怀贞、感化节度使寇彦卿率领军队攻打邠宁来救援灵州。康怀贞等接连打胜仗，攻克了宁州、衍州，夺取了庆州南城，庆州刺史李彦广出城投降。梁朝的游兵侵犯骚扰到泾州的边境，刘知俊听说这情况，十二月二十八日己丑，解除对灵州的包围，率领军队回去了。后梁太祖急召康怀贞等回去，派遣军队在三原县的青谷接应援助他们。康怀贞等回师，到达三水县。刘知俊派遣军队占据险要地方进行拦击，左龙骧军使寿张人王彦章奋勇作战，康怀贞等才能通过。康怀贞与副将李德遇、许从实、王审权分道前进，都没有和接应援助的军队相遇。到了升平县，刘知俊在山口埋伏军队，康怀贞大败，只有自己逃了回去，李德遇等军队全部覆灭。岐王李茂贞任命刘知俊为彰义节度使，镇守泾州。

王彦章骁勇无比，每次打仗都用两杆铁枪，各重一百斤，一杆挂在马鞍上，一杆拿在手里，所到之处，无人能挡，当时人称他为"王铁枪"。

前蜀的蜀州刺史王宗弁声称有病，自己辞官回到成都，闭门不出。前蜀主王建怀疑王宗弁居功自傲，心怀不满，加封他为检校太保。王宗弁坚决推辞不接受，对人说："廉洁的人很知足所以没有忧愁，贪婪的人天天忧愁而不知道满足。我是个小人物，官位到此也就满足了，怎么能要求提升没有止境呢！"前蜀主王建赞许王宗弁的志向并答应了他，给了他很多赏赐。

刘守光包围沧州久攻不下，把刘守文押解到城下给城里的人看，守兵还是坚守不肯投降。城里的食物吃完了，老百姓只好吃黏土，士兵吃人，驴马互相吃鬃毛、尾巴。吕兖挑选瘦弱的男人、女人，给他们吃酒曲麦粉，然后把他们杀了煮熟，供给士兵食用，把这叫作“宰杀务”。

（以上为第七段，写岐王李茂贞派刘知俊攻灵州，大破救援之梁军，岐王以刘知俊为彰义节度使镇泾州。）

后梁太祖开平四年（庚午，公元910年）

春季，正月初四日乙未，刘延祚无力再防守，出城投降。当时刘继威年龄还小，刘守光派大将张万进、周知裕辅佐他镇守沧州，把刘延祚和他的部将、佐吏带回幽州；杀了吕兖的全族；释放孙鹤。

吕兖的儿子吕琦，年十五岁，门下客赵玉欺骗监督行刑的人说：“这是我的弟弟，不要乱杀。”监督行刑的人相信了他的话，于是赵玉带着吕琦逃走。吕琦脚痛不能行走，赵玉背着他，改名换姓，在路上讨饭充饥，终于逃过了大难。吕琦感慨家族灭绝，努力学习自立。晋王李存勖得知吕琦的名字，任命吕琦为代州判官。

正月初十日辛丑，后梁任命卢光稠为镇南留后。

刘守光替他的父亲刘仁恭请求退休。正月十五日丙午，后梁太祖下令刘仁恭以太师的官衔退休。刘守光不久派人暗杀他的哥哥刘守文，然后把罪名归于受他指挥去暗杀的人，并把他处死。

二月，万全感从岐州回到广陵。岐王李茂贞承用制书加封弘农王杨隆演兼中书令，嗣位为吴王。于是吴王杨隆演在淮南境内实行大赦。

高澧向吴王求救，吴常州刺史李简等率领军队前去接应。湖州将领盛师友、沈行思关闭城门不肯接纳援军，高澧率领部下五千人投奔吴王。三月初三日癸巳，吴越王钱镠巡视湖州，任命钱镖为湖州刺史。

（以上为第八段，写卢龙节度使刘守光逼父刘仁恭致仕，又杀其兄刘守文。岐王李茂贞承制加弘农王杨隆演嗣吴王，于是吴王大赦境内。吴越将钱镖破湖州，高澧奔吴。）

前蜀太子王宗懿骄傲横暴，喜好凌辱欺侮旧臣。内枢密使唐道袭，是前蜀主王建的宠臣，太子王宗懿多次在朝廷上戏谑他，因此两人有了裂痕，互相向前蜀主告状。前蜀主害怕他们彼此憎恨仇视，任命唐道袭为山南西道节度使、同平章事。唐道袭推荐宣徽北院使郑顼为内枢密使。郑顼接受任命那天，就要调查唐道袭兄弟盗用内库金银绢帛的事。唐道袭害怕了，上奏说郑顼气量狭隘，性情急躁，不能担当大任。三月十六日丙午，调郑顼出任果州刺史，任命宣徽南院使潘炕为内枢密使。

夏州都指挥使高宗益发动叛乱，杀死节度使李彝昌。将吏们共同诛杀高宗益，推举李彝昌族父蕃汉都指挥使李仁福为统帅。三月二十三日癸丑，李仁福向后梁太祖上表报告。夏季，四月初五日甲子，后梁太祖任命李仁福为定难节度使。

四月初八日丁卯，宋州节度使衡王朱友谅进献瑞麦，一根麦茎上长了三个穗。后梁太祖说："如果是丰年，这是最祥瑞的吉兆。现在宋州发大水，进献这个有什么用！"下诏免去这个县的县令官职，派遣使者去责问查究朱友谅，任命兖海留后惠王朱友能代理宋州留后。朱友谅、朱友能，都是后梁太祖哥哥广王朱全昱的儿子。

后梁太祖因为晋州刺史下邑人华温琪抵抗晋王李存勖的军队有功，想要奖赏他。刚好护国节度使冀王朱友谦上奏说晋州、绛州与河东接界，请求另外建立节镇。四月十三日壬申，后梁太祖下令以晋、绛、沁三个州为定昌军，任命华温琪为定昌节度使。

左金吾大将军寇彦卿进京朝见，到了天津桥，有个老百姓没有躲避让路，被他扔到桥栏外摔死了。寇彦卿向后梁太祖报告了这件事。后梁太祖因为寇彦卿很有才干，立过功劳，长期以来一直跟随左右，命令寇彦卿用自己的钱财送给死者家属来赎罪。御史司宪崔沂上奏弹劾："寇彦卿在皇宫前杀人，请求依照法律来定罪。"后梁太祖命寇彦卿自己答辩。寇彦卿回答说："我让随从把他举起放到桥的栏杆外面，没料到误伤死去。"后梁太祖想按照过失定罪，崔沂上奏说："按照法律，依仗权势下命令的人是首犯，服从命令具体办事的人是从犯，不能把罪责都归到从犯的身上。不是因为互相争斗而故意殴伤别人，应该加伤罪一等，不能作为过失看待。"四月二十二日辛巳，后梁太祖下令寇彦卿因罪改任游击将军、左卫中郎将。寇彦卿扬言说："有得崔沂首级的人，赏钱一万缗。"崔沂把寇彦卿的话报告后梁太祖，后梁太祖派人对寇彦卿说："崔沂如果有一毫一发的伤害，朕就杀灭你的全族！"当时功臣骄傲专横，从此稍微收敛了一些。崔沂是崔沆的弟弟。

（以上为第九段，写前蜀太子王宗懿骄暴。夏州发生兵变，李仁福任定难节度使。后梁御史司宪崔沂依法制横暴功臣，正气稍伸。）

五月，吴徐温的母亲周氏去世，将领官吏前去吊祭，做了一个木偶人，高好几尺，替它穿上罗锦做的衣服。徐温说："这些都出于老百姓的劳动，怎么能拿来在这里烧掉，应当取下来给贫苦的人穿。"不久，徐温又被起用为内外马步军都军使，兼任润州观察使。

岐王李茂贞多次向前蜀索求财物，前蜀主王建都给了他。李茂贞又索求巴、剑两个州，王建说："我侍奉李茂贞，可说是仁至义尽了；如果给他土地，就是抛弃老百姓，宁可多给他财物。"于是又送给李茂贞丝、茶、布、帛共七万。

五月十一日己亥，任命刘继威为义昌节度使。

五月二十五日癸丑，天雄节度使兼中书令邺贞庄王罗绍威去世。后梁太祖下诏任命罗绍威的儿子罗周翰为天雄留后。

匡国节度使、长乐忠敬王冯行袭病得很重，上表请求任命代替自己的人。许州牙兵二千人，都是秦宗权的余党，后梁太祖深为忧虑。六月，命令崇政院直学士李珽赶往许州去探视冯行袭的病情，说："好好地传达朕的旨意，不要乱了朕的邻近藩镇。"李珽到达许州，对将领官吏们说："后梁太祖手里掌管着一百万军队，离这里并不远。冯行袭对朝廷一向忠诚，不要使后梁太祖有所怀疑。你们赤胆忠心报效国家，何愁没有荣华富贵！"因此大家不敢提出不同意见。冯行袭想派人代替自己接受诏书，李珽说："你只要头朝着东方穿上朝服，就可算是接受诏书的礼仪了。"于是就在冯行袭的卧室里宣读诏书，对冯行袭说："你好好地保养身体，不要再处理公务，这是你子孙的福气。"冯行袭哭着谢恩，于是解下节度使、观察使的大印交给李珽，让他代管军府事务。后梁太祖听到这情况，说："我本来就知道李珽能办事，冯行袭一族不会灭亡了。"六月二十二日庚辰，冯行袭去世。六月二十六日甲申，任命李珽暂时代理匡国留后，把冯行袭的军队分别归属其他部队，冒冯姓的养子全部返归原来各家。

楚王马殷请求担任天策上将，后梁太祖下诏加封他为天策上将军。马殷开始设置天策府，任命他的弟弟马賨为左相，马存为右相。马殷又派遣将领率领军队侵犯荆南，驻扎在油口。高季昌把他们打败了，斩首五千级，乘胜追击到白田才返回。

（以上为第十段，写天雄节度使罗绍威卒，诏以子代，嘉其忠直，匡国节度使冯行袭病笃，诏以大臣更代，控制跋扈之镇自为留后。）

吴水军指挥使敖骈在赤石洞包围了吉州刺史彭玕的弟弟彭瑊，楚军前往救援，俘虏了敖骈就回去了。

秋季，七月初一日戊子，前蜀门下侍郎兼吏部尚书、同平章事韦庄去世。

吴越王钱镠上表说："宦官周延诰等二十五人，唐末避祸到这里，他们不是刘季述、韩全海的党羽，请求赦免他们。"后梁太祖说："这些宦官朕知道他们没有什么罪过，但现在革除宦官专权的弊端刚刚才开始，不想把他们安置在宫中，可暂且让他们留在那里，把朕这个意思告诉他们。"

岐王李茂贞与邠州李继徽、泾州刘知俊两帅各派遣使者通告晋王李存勖，请求合兵攻打定难节度使李仁福。李存勖派遣振武节度使周德威率领军队和他们会合，一共五万人包围夏州，李仁福绕着全城进行防守。

八月，任命刘守光兼任义昌节度使。

镇州、定州自后梁太祖即位以来，虽然没有定期输送赋税，但进献物品很殷勤。

适逢赵王王镕的母亲何氏去世，八月初三日庚申，后梁太祖派遣使者前去吊唁，并且在王镕守丧期间仍恢复他的原来官职。当时邻近各道吊唁的使者都住在馆舍，后梁太祖派去的使者看见李存勖的使者也在，回到洛阳后，对后梁太祖说："王镕暗中和李存勖往来，镇州、定州势力强大，恐怕终究难以控制。"后梁太祖认为他说得很对。

八月初五日壬戌，李仁福前来告急。八月初七日甲子，任命河南尹兼中书令张宗奭为西京留守。后梁太祖担心李存勖的军队袭击西京洛阳，任命宣化留后李思安为东北面行营都指挥使，率领军队一万人驻扎在河阳。八月初九日丙寅，后梁太祖从洛阳出发。八月十二日己巳，到达陕州。八月十四日辛未，任命镇国节度使杨师厚为西路行营招讨使，会同感化节度使康怀贞率领军队三万人驻扎在三原。后梁太祖担心李存勖的军队出泽州进逼怀州，后来听说晋军在绥州、银州的沙漠里，说："不用忧虑了。"八月二十七日甲申，派遣夹马指挥使李遇、刘绾从鄜州、延州直奔银州、夏州，截断晋军的归路。

吴越王钱镠修筑防止海潮的石塘，扩大杭州城，大规模修建楼台馆舍。从此钱塘在东南一带最为富庶。

九月初三日己丑，后梁太祖从陕州出发。九月初八日甲午，回到洛阳，病又发作。

李遇等到了夏州，岐王李茂贞、晋王李存勖的军队都解围撤走了。

（以上为第十一段，写岐、晋两王与邠、泾二帅联兵五万攻梁夏州，不胜退兵。吴越王钱镠筑捍海石塘，拓广杭州城，从此钱塘富庶甲于东南。）

冬季，十月，后梁派遣镇国节度使杨师厚、相州刺史李思安率领军队驻扎泽州，准备进攻上党。

吴越王钱镠巡视湖州时，留下沈行思担任巡检使，与盛师友一起回杭州。沈行思对他的同僚陈瓌说："吴越王如果任命盛师友为刺史，怎么来安置我？"当时陈瓌已经得到吴越王钱镠派遣沈行思到镇海军府去的密旨，但却欺骗沈行思说："为什么不自己到吴越王那里去说明！"沈行思听从了陈瓌的话。到达军府后几天，陈瓌把沈行思的家人也送到了，沈行思怨恨陈瓌出卖了自己。钱镠从家乡衣锦军回来，将领官吏前去迎接谒见，沈行思取出锻锤朝陈瓌打去，把陈瓌打死了；又跑到钱镠面前，和盛师友争论功劳大小，夺下了左右侍从手中的长矛，想要刺杀盛师友，大家把沈行思抓住了。钱镠杀了沈行思，任命盛师友为婺州刺史。

十一月初三日己丑，后梁太祖任命宁国节度使、同平章事王景仁为北面行营都指挥招讨使，潞州副招讨使韩勍为副使，又任命李思安为先锋将，奔赴上党。不久又派遣王景仁等驻扎魏州，杨师厚回到陕州。

前蜀主王建把太子王宗懿的名字改为王元坦。十一月二十四日庚戌，立养子王宗裕为通王，王宗范为夔王，王宗锷为昌王，王宗寿为嘉王，王宗翰为集王；立自己的儿子王宗仁为普王，王宗辂为雅王，王宗纪为褒王，王宗智为荣王，王宗泽为兴王，王宗鼎为彭王，王宗杰为信王，王宗衍为郑王。

起初，唐朝末年掌管军权的宦官大多收养军中的壮士做儿子来加强自己的力量，后来军队中各将领也仿效他们。其中前蜀主王建的养子尤其多，只有王宗懿等九人以及王宗特、王宗平是他的亲生儿子；王宗裕、王宗锷、王宗寿都是他的族人；王宗翰姓孟，是王建姐姐的儿子，王宗范姓张，他的母亲周氏是王建的妾；其余养子一百二十人都是功臣，虽然冒称王姓并且兄弟连名，但不禁止互相通婚。

后梁太祖的病稍微好了一些。十一月二十五日辛亥，到伊水、洛水之间设围打猎。

后梁太祖怀疑赵王王镕私通李存勖，并且想乘着邺王罗绍威去世的机会调动镇、定两处节度使。刚好燕王刘守光发动军队驻扎涞水，想要侵犯定州。后梁太祖派遣供奉官杜廷隐、丁延徽监督魏博军队三千人分别驻扎深州、冀州，声称担心燕王军队南犯，帮助赵王防守；又说把军队分到粮食多的地方就地取得给养。赵王的将领石公立守卫深州，向赵王王镕报告，请求拒绝他们驻扎。王镕立即下令打开城门，把石公立调到城外不与梁朝军队见面，石公立出了深州城门，指着深州城流眼泪说："姓朱的把唐朝的社稷灭了，连三尺高的孩子都知道他的为人。但是我们赵王仗恃着和他联姻通好，善心期望他成为长者，这就是所说的开门揖盗。可惜啊，这城里的人现在成为俘虏了！"

后梁有人逃亡投奔真定，把后梁太祖想要调动镇、定两处节度使的谋划告诉王镕。王镕非常恐惧，又不敢由自己先断绝和梁朝的关系；只是派遣使者到洛阳，向后梁太祖诉说："燕王刘守光的军队已经撤走，我和定州王处直讲和像从前一样。深州、冀州的老百姓看到魏博军队进城，惊慌得四处奔跑，乞求后梁太祖把魏博军队召回去。"后梁太祖派遣使者到真定慰劳宣谕王镕。不久，杜廷隐等关闭城门把戍守的赵兵全部杀死，登上城楼进行防守。王镕这才命令石公立攻打，没有打下来。于是派遣使者向燕王刘守光、晋王李存勖请求救援。

王镕的使者到了晋阳，义武节度使王处直的使者也到了，想共同推举晋王李存勖为盟主，联合起来攻打后梁。晋王召集将领佐吏商量，都说："王镕长期向朱温称臣，每年都进贡大批财物，还结为儿女姻亲，他们的交情太深了；这一定是欺骗手段，应该慢慢地察看他们的动静。"李存勖说："王镕也是衡量利害关系后才这样做的。王氏在唐朝时有时候归顺，有时候叛变，怎么肯始终做朱氏的臣子呢？他朱温的女儿怎么比得上寿安公主！现在救死都来不及，哪里还顾得上婚姻关系！我假如怀疑王镕而不去救援，那就正好中了朱温的诡计。应该急速派兵前往，晋、赵同心协力，打败梁军是肯定的了。”于是发动军队，派遣周德威率领，从井陉出发，驻扎在赵州。

王镕的使者到了幽州，燕王刘守光正在野外打猎，幕僚孙鹤驰往野外对刘守光说：“赵王派人前来请求援兵，这是上天想要成全大王的功业了。”刘守光说：“这是什么缘故？”孙鹤回答说：“近来常常担心王镕与朱温关系牢固。朱温的志向不吞并完河朔这个地方是不会罢休的。现在他们自己成为仇敌，大王假如和王镕并力打败梁朝军队，那么镇州、定州都要整一整衣袖恭恭敬敬地朝见您了。如果大王不出兵，只怕晋王抢在我们前面先发兵了。”刘守光说：“王镕多次背弃盟约，现在让他与梁自己相斗两败俱伤，我可以坐收其利，救他干什么！”赵王的使者在路上络绎不绝，刘守光最终没有发兵救援。从此以后，镇州、定州又恢复使用唐朝天祐的年号，再把武顺军改为成德军，不避后梁的庙讳。

（以上为第十二段，写前蜀主王建收功臣壮士一百二十人为养子以自强。后梁太祖朱晃疑心而杀深州赵王戍兵，逼反赵王王镕与晋连合。）

后梁主管观察天象的官员说：“下个月月亮亏缺，不利于在外面驻扎军队。”后梁太祖召王景仁等返回洛阳，十二月初三日己未，后梁太祖听说赵王王镕和晋王李存勖联合，晋兵已经驻扎在赵州，于是命令王景仁等率领军队前去攻打。十二月初四日庚申，王景仁等从河阳渡过黄河，会合罗周翰的军队共四万人，驻扎在邢州、洺州。

虔州刺史卢光稠病重，想把职位授给谭全播，谭全播不肯接受。卢光稠去世，他的儿子韶州刺史卢延昌到虔州奔丧，谭全播立他为刺史并事奉他。吴王杨隆演派遣使者任命卢延昌为虔州刺史，卢延昌接受了，又通过楚王马殷秘密向梁朝上表，说：“我接受淮南的官职，是想缓和他们图谋我的野心，今后一定为朝廷治理江西。”十二月初十日丙寅，后梁太祖任命卢延昌为镇南留后。卢延昌上表奏请任命他的部将廖爽为韶州刺史。廖爽是赣州人。吴淮南节度使判官严可求请求在新淦县设立制置使，派遣军队戍守，以便谋取虔州。每次军队轮换交替，常常暗中增加新淦县的军队，虔州的人一点也没有发觉。

十二月十四日庚午，前蜀主王建任命御史中丞周庠、户部侍郎判度支庾传素同为中书侍郎、同平章事。

太常卿李燕等人刊定《梁律令格式》。十二月十七日癸酉，颁布全国施行。

十二月二十一日丁丑，王景仁等进军柏乡。

十二月二十五日辛巳，前蜀实行大赦，改明年年号为永平。

赵王王镕再次向晋王李存勖告急。晋王李存勖命令蕃汉副总管李存审守卫晋阳，亲自率领军队从赞皇县向东进发，王处直派遣部将率领军队五千人跟从。十二月二十五日辛巳，李存勖到达赵州，和周德威的军队会合，俘获割草打柴的梁军士兵二百人，问他们说："你们刚从洛阳出发时，梁主有什么号令？"被俘获的梁军士兵回答说："皇上告诫大将：'镇州王镕反复无常，终究要成为子孙的祸患。如今把全部精锐部队交给你，镇州城即使是用铁铸的，也一定要为我夺取它。'"李存勖命令把这些俘虏送到赵王王镕那里去。

十二月二十六日壬午，晋王李存勖下令军队前进，距离柏乡三十里路，派遣周德威等率领胡人骑兵逼近梁军军营挑战，梁军不出来应战。十二月二十七日癸未，又向前推进，距离柏乡只有五里路了，在野河的北面扎营，又派遣胡人骑兵逼近梁军军营纵马射箭骚扰，并且辱骂他们。梁军将领韩勍等率领步兵、骑兵三万人，分三路追击挑战晋兵。梁军的铠甲头盔都披着华丽的丝绸，雕刻着金银，光彩耀目；晋兵望见，未交战就丧失了士气。周德威对李存璋说："梁军看起来不是真想作战，只是在炫耀他们的兵力罢了。不挫伤他们的锐气，我军就不能振作起来。"于是在军中宣布说："梁军都是汴州的天武军，是些屠夫、酒徒、佣工、商贩而已，衣服铠甲虽然鲜艳夺目，十个人也不能抵挡你们一个人。擒获他们一个人，足以使自己发财了，这是奇货，不可以失去机会啊！"周德威亲自率领精锐骑兵一千多人攻击梁军的两头，左冲右突，进进出出多次，俘获一百多人，且战且退，一直到野河方停止；梁军也退回去了。

周德威对晋王李存勖说："敌人的声势很盛，应当按兵不动来等待他们士气衰退。"晋王李存勖说："我们是孤军远道而来，解救别人的危急；镇州、定州和河东三镇军队合而为一，是临时的组合，利于速战速决。你现在却要按兵不动持重求稳，这是什么道理？"周德威说："镇州、定州的军队，善于据城防守，而不擅长在郊野作战。而我们所依仗的是骑兵，在平原旷野里打仗最为有利，可以纵马奔驰，左冲右突。现在逼近敌人的营垒寨门，战马不能伸展它的四足；况且敌我之间的兵力相差太悬殊，假如让敌人知道了我军的虚实，那么事情就危险了。"晋王很不高兴，退入帐中卧床休息，各将领没有人敢再说什么。周德威前去见张承业，说："大王突然打了个大胜仗就轻敌了，不仔细衡量敌我双方的力量而想速战速决。现在我们离敌人只有咫尺之远，中间所隔的只是一条野河罢了。他们假如造桥过河攻打我们，我们部众就会被消灭。不如退兵到高邑县，引诱敌人离开营寨，他们出战我们就退回去，他们回营我们就出战；另外派轻骑兵去截取他们的粮饷，不过一个多月，就一定可以打败敌人了。"张承业进去，揭起帐子拍着晋王李存勖说："现在哪里是大王安稳睡觉的时候啊！周德威是老将军，通晓军事，他说的话不能忽视啊！”李存勖突然站起来说：“我正在考虑这件事。”当时梁军关闭营垒不出战，有来投降的，便询问他们，回答说：“王景仁正赶着在造许多浮桥。”李存勖对周德威说：“果然像你说的那样。”这一天，晋军立即撤除营寨，退到高邑县守卫。

辰州蛮的首领宋邺、溆州蛮的首领潘金盛，倚仗他们所居住的地方在深山险要之处，多次侵扰楚的边境。到这时候，宋邺侵犯湘乡县，潘金盛掠夺武冈县。楚王马殷派遣昭州刺史吕师周率领衡山的军队五千人去讨伐他们。

宁远节度使庞巨昭、高州防御使刘昌鲁，都是唐朝官员。黄巢侵犯岭南时，庞巨昭正担任容管观察使，刘昌鲁则是高州刺史，率领各蛮族占据险要的地方进行抵抗，黄巢的军队不敢进入他们防守的区域。唐朝嘉奖他们的功劳，在容州设置宁远军，任命庞巨昭为节度使，又任命刘昌鲁为高州防御使。到刘隐占据岭南，这两个州不肯服从他。刘隐派遣他的弟弟刘岩攻打高州，被刘昌鲁打得大败；又攻打容州，也没有打下来。刘昌鲁自己估计终究不是刘隐的敌手，这一年，写信给楚王马殷请求归附。楚王马殷大喜，派遣横州刺史姚彦章率领军队去迎接他。姚彦章到了容州，庞巨昭的副将莫彦昭劝庞巨昭说：“湖南的军队远道赶来疲劳困乏，我们最好撤走储备的物资，放弃容州城，隐藏在山谷里等待他们。他们一定要进入容州城，我们再用全军袭击他们，趁他们外面没有援军，就可以擒获了。”庞巨昭说：“马殷正在兴起，现在就算打败了马殷，以后将怎么办！不如准备牛酒饭食迎接他们。”莫彦昭不肯听从，庞巨昭把莫彦昭杀了，率领容州军民向姚彦章投降。姚彦章率领军队到达高州，派军队护送庞巨昭、刘昌鲁的族人及士兵一千多人回长沙。楚王马殷任命姚彦章掌管容州的事务，任命刘昌鲁为永顺节度副使。刘昌鲁是邺人。

（以上为第十三段，写梁晋两军相持于赵州。后梁颁行《梁律令格式》。唐宁远节度使庞巨昭、高州防御使刘昌鲁附于楚王马殷。）

后梁太祖乾化元年（辛未，公元911年）

春季，正月初一日丙戌，发生日食。

柏乡近来没有贮存喂马的草料，梁军只能割草供应自己的马匹。晋军每天用游击部队攻击他们，梁军不敢出营寨。周德威派遣胡人骑兵环绕后梁军营奔驰射箭并且辱骂他们，梁军疑心有埋伏，更加不敢出来，只好割屋上的茅草和坐的席垫来喂马，马匹多有饿死的。正月初二日丁亥，周德威和别将史建瑭、李嗣源率领精锐骑兵三千人到梁军的军营门口叫骂，王景仁、韩勍大怒，率领全体部众出战。周德威等转战到高邑南边。李存璋率领步兵在野河岸边列阵，梁军绵延几里长，争着向前抢夺桥梁，镇州、定州的步兵抵御他们，眼看抵挡不住了。晋王李存勖对匡卫都指挥使李建及说："贼人过了桥就不能再遏制他们了。"李建及挑选士兵二百人，手执长枪大声叫喊着冲上去，奋力作战把梁军打退。李建及是许州人，本姓王，是李罕之的养子。晋王登上小土山观察两军作战情形后说："梁军争先恐后、吵吵嚷嚷；我军整齐有序、严肃安静，我军一定能获胜。"战斗从上午巳时一直打到午未时，还没有分出胜负。晋王对周德威说："双方军队已经战在一起，很难再分开了。我们的兴亡，就在此一举。我替你打前锋，你可以随后跟上。"周德威抓住晋王的马缰劝告说："我看梁军的形势，可以以逸待劳去制服他们；不能拼死力去战胜他们。他们离开营垒三十多里，即使随身带着干粮，也没有空闲时间吃。日落以后，一方面饥渴交迫，一方面要抵挡兵刃箭矢，士兵劳累疲倦，一定会有退兵的打算。到那个时候，我们用精锐骑兵追击他们，必定大获全胜。现在不可以攻击。"晋王于是停止向前冲锋。

当时魏州、滑州的梁军在东边列阵，宋州、汴州的梁军在西边列阵。到太阳下山时，梁军没有吃东西，士兵没有斗志，王景仁等带领士兵逐渐退却。周德威大声喊叫说："梁军逃跑了！"晋军鼓噪着争先恐后地前进。魏州、滑州军队先撤退，李嗣源率领部众在西边阵前高喊道："东边的军队都战败退走了，你们为什么还要久留！"梁军惊慌恐怖，整个部队都溃散了。李存璋率领步兵乘胜追击，呼喊说："梁人也是我们的人，父兄子弟运送军粮的不杀。"于是梁军士兵都脱下铠甲，扔掉兵器，吵闹声惊天动地。赵人因为深州、冀州两城的守军被梁军所杀而怀恨在心，顾不上掠夺财物，只是挥舞利刃追杀梁军士兵。后梁的龙骧、神捷两军精锐几乎全部被歼灭了，从野河至柏乡，尸体遍地。王景仁、韩勍、李思安只带着几十名骑兵逃走。晋军夜里到达柏乡，梁军已经逃跑，抛弃的粮食、资财、器械数也数不清，总共斩杀梁军两万个首级。李嗣源等一直追赶到邢州，河朔一带大为震动。保义节度使王檀严密戒备，然后打开城门接纳败退下来的梁军士兵，给他们路费粮食，分别遣送返回原来的驻地。晋王李存勖收兵驻扎在赵州。

杜廷隐等听说梁军吃了败仗，就抛下深州、冀州两城，撤退回去。走时，把所有的丁壮一起带走，作为奴仆，把老弱没有用的，全部活埋了。城里只剩下断墙残壁而已。

正月初八日癸巳，后梁太祖再任命杨师厚为北面都招讨使，率领军队驻扎河阳，收集失散的士兵，十多天，收得一万人。正月十四日己亥，晋王李存勖派遣周德威、史建瑭率领骑兵三千人进攻澶州、魏州，张承业、李存璋率领步兵攻打邢州，并亲自统率大军在后面跟随，分别移送讨伐的檄文给河北各州县，向他们说明利害关系。后梁太祖派遣别将徐仁溥率领军队一千人，从西山在夜里进入邢州城，帮助王檀守卫。正月二十四日己酉，罢免王景仁招讨使的职务，原来的平章事职位也一起削除了。

（以上为第十四段，写晋军在柏乡大破梁军，斩杀二万人，梁军丢弃粮食、资财、器械，不可胜计。）

前蜀主王建的女儿普慈公主嫁给了岐王李茂贞的侄子秦州节度使李继崇。普慈公主派遣宦官宋光嗣带着写在白绢上的书信送给王建，说李继崇骄傲自大，又喜欢饮酒，要求返回成都。前蜀主王建于是召普慈公主回成都。正月二十六日辛亥，普慈公主到达成都，王建让她留下居住，任命宋光嗣为閤门南院使。岐王李茂贞知道后大怒，开始与前蜀断绝交往。宋光嗣是福州人。

吕师周带领军队攀缘藤条沿着山崖进入飞山洞袭击潘金盛，把潘金盛擒获押送到武冈斩首。

二月初四日己未，晋王李存勖到达魏州，开始攻城，没有攻下。后梁太祖认为天雄留后罗周翰年纪轻，并且对他父亲罗绍威留下的将领佐吏也不信任，二月初五日庚申，任命户部尚书李振为天雄节度副使，命令杜廷隐率领士兵一千人保卫他，从杨刘镇渡过黄河，走小路在夜晚进入魏州，帮助罗周翰防守。二月初八日癸亥，晋王李存勖到黎阳观看黄河。梁军一万多人将要渡过黄河，听说晋王到来，都抛下船只逃走了。

后梁太祖把蔡州刺史张慎思召到洛阳，过了很久也没有派人接替张慎思的职位。蔡州右厢指挥使刘行琮发动叛乱，放纵士兵烧杀抢掠，将要投奔淮南。顺化指挥使王存俨杀死刘行琮，安抚制止他的部众，自己主管蔡州的事务，并且以受众人拥护为由向朝廷奏报。当时东京留守博王朱友文没有向后梁太祖请示，立刻就发兵讨伐王存俨，军队到了鄢陵。后梁太祖说："王存俨心里正害怕，假如用军队去攻打他，就要背叛而去了。"派遣使者飞驰前去召回朱友文。二月初九日甲子，任命王存俨暂时主持蔡州的事务。

二月初十日乙丑，周德威从临清攻打贝州，攻下了夏津、高唐；又攻打博州，攻下了东武、朝城；又攻打澶州，澶州刺史张可臻弃城逃跑，后梁太祖把张可臻杀了。周德威进攻黎阳，攻下了临河、淇门；进逼卫州，抢掠新乡、共城。二月十五日庚午，后梁太祖亲自率领军队驻扎在洛阳城北的白司马阪来防备晋军的进攻。

卢龙、义昌节度使兼中书令燕王刘守光攻下沧州以后，自认为得到上天的帮助，荒淫暴虐更加厉害。每次对人行刑，总要把人关在铁笼子里，然后用火来烤；又做铁刷子刷人的脸。刘守光听说梁军在柏乡被打败，派人前去对赵王王镕和王处直说："我听说你们两镇和晋王联合打败了梁军，正准备率领军队南下追击，我也有精锐骑兵三万人，想亲自率领他们替你们各位打先锋。但是四镇的军队联合，一定要有盟主，我如果前来参加，你们怎么对待我呢？”赵王王镕很担忧，派遣使者向晋王李存勖报告。晋王笑着说：“赵人告急求援时，刘守光不出一兵一卒前去救援；现在我们打胜了，却又想要用军队的力量来威胁离间我们之间的关系，真是愚蠢到极点了！”各将领说：“云州、代州与燕相邻接，他们如果侵扰我们的边境，就会动摇人心。我们千里出征，缓急之间很难应付，这也是心腹之患。不如先去攻打刘守光。然后可以专心一意地南下讨伐了。”晋王说：“好！”恰好杨师厚从磁州、相州率领军队前来救援邢州、魏州。二月十七日壬申，晋军解除包围离去。杨师厚进行追击，越过漳水才返回，邢州的包围也解除了。杨师厚留在魏州驻扎。

赵王王镕亲自到赵州进见晋王李存勖，大大地犒赏了将士们。从此以后，就派遣他的养子王德明率领三十七都的军队时时跟随晋王李存勖出征讨伐。王德明本来姓张，名叫文礼，是燕人。

二月二十七日壬午，晋王李存勖从赵州出发，返回晋阳，留下周德威等率领军队三千人守卫赵州。

（以上为第十五段，写前蜀主召回普慈公主，岐王怒，始与前蜀绝。燕王刘守光扬言领兵南下讨梁，欲为盟主。晋王退兵，决意先除刘守光，然后专意南讨。）

【点评】

本卷点评梁震不受高氏辟署、南平王刘隐、后梁太祖猜疑逼反刘知俊、刘守光囚父杀兄四件史事。

梁震不受高氏辟署。梁震，唐末进士，邛州依政县人。依政在今四川邛崃县东南。后梁开平二年（公元 908 年）十月，梁震不仕后梁而归前蜀，路过江陵，荆南节度使高季昌雅爱梁震才识，强留之以为判官。高季昌，陕州硖石人。入唐，避唐隐帝李国昌讳改名季兴。硖石，在今河南孟县西。少从朱全忠征伐，官至毅勇军指挥使。天复二年（公元 902 年），朱全忠攻凤翔，李茂贞坚壁不出，高季昌献计诱岐兵出战而败，朱全忠奇之。及至篡唐，后梁逐走荆南节度使赵匡凝，朱全忠委高季昌为荆南节度使。梁震鄙薄高季昌事奉朱梁，耻为其官。如果强行拒绝，又恐遭毒手。梁震于是对高季昌说：“我梁震一向淡泊名利，不愿做官，如果明公认为我还有可取，我愿意以一个平民身份在明公身边传递杯盘，何必一定要在幕府任职呢！”梁震效法唐德宗朝李泌，以布衣为帝王宾客，合则留，不合则去。个人没有名利，不遭受猜疑，既安全又自尊。梁震在高氏幕府始终称前进士，不接受高氏的辟署，受到高季昌的礼敬。高季昌在荆南，保境安民，使一个处四战之地而残破的荆南日渐富庶起来。梁震也尽心辅佐。梁亡，后唐庄宗入洛，高季昌要入朝京师，梁震认为不可，劝其不行。高季昌没有听从，差点被后唐庄宗幽囚。郭崇韬劝谏后唐庄宗要示信于天下，要优礼高季昌以讽劝后来者。后唐庄宗这才放归高季昌还镇，随即后悔，想劫杀之于半道。高季昌回到荆南，心有余悸地向梁震致谢。梁震的劝阻，使高季昌提高了警惕，行动迅疾才没有被暗害。高季昌朝见后唐庄宗，目睹后唐庄宗的为人，自矜功伐，荒于游畋，不会有大作为，荆南的前途没有危险了。

梁震处于乱世，既坚持了原则，不仕伪朝，不做梁臣，只称前进士，依旧为大唐之臣，又有灵活性，以宾友为高氏谋主而尽职守以酬知己，明哲保身，可以说是一个智士。

南平王刘隐。刘隐，祖父上蔡人，后徙闽中，因经商而居广州。隐父刘谦为广州牙将，有三子，长子即刘隐，次子刘台、三子刘岩。刘谦官至封州刺史，谦死，刘隐继其位。唐昭宗乾宁三年，任命薛王李知柔为岭南东道节度使，行至湖南，广州牙将抗拒朝命，阻止李知柔入境。刘隐以封州之众杀叛将，迎李知柔入广州，李知柔任刘隐为行军司马。其后徐彦若代李知柔为岭南东道节度使，公元905年徐彦若死，众推刘隐为节度使。公元907年，朱温代唐，刘隐奉后梁年号，后梁太祖封刘隐为大彭郡王，兼静海军节度使，安南都护。刘隐父子兴起于封州，能审时度势，建功于岭南。刘隐重视人才，中原士人避难岭南者，或唐名臣谪死南方而子孙在岭南者，或任官岭南因中原纷乱而不得还者，皆受到刘隐礼遇。刘隐保境岭南，不参加扩张的战争，维持一方安静，是南汉的奠基人。后梁乾化元年（公元911年），刘隐死，弟刘岩继位，改名龑。后梁末帝贞明三年（公元917年），刘龑称帝，岭南成为一割据小国。

后梁太祖猜疑逼反刘知俊。刘知俊，字希贤，徐州沛县人。姿貌雄杰，倜傥有大志，起初为徐州留后时溥列校，亦因以勇略为时溥所忌。唐昭宗大顺二年（公元891年），刘知俊率所部二千人投附朱全忠，勇冠诸将，朱全忠用为左开道指挥使，故时人称他叫“刘开道”。刘知俊从朱全忠征讨秦忠权、时溥，多立战功，天复元年（公元901年）因功授同州节度使，朱全忠倚为干城腹心。唐哀帝天祐三年（公元906年），刘知俊以五千之众，大破岐兵六万于美原，进克鄜、延等五州，加官检校太傅、平章事。入梁，开平二年（公元908年）六月，刘知俊大破岐兵于幕谷，李茂贞仅以身免。开平三年（公元909年）六月，刘知俊加官检校太尉，兼侍中，封大彭郡王。

刘知俊功高震主，威望日隆，引起后梁太祖的猜忌。恰好佑国军节度使王重师亦因猜忌无罪被诛，刘知俊心不自安，于是以同州叛附李茂贞。李茂贞厚给刘知俊俸禄，加官检校太尉、兼中书令。不久，刘知俊率师救灵武，打败梁兵，李茂贞署为泾州节度使。李茂贞左右谗毁刘知俊，刘知俊被猜疑，解除兵权。后蜀岐大交兵，刘知俊奔蜀，王建最初待之甚厚，署刘知俊为武信军节度使。王建厚待刘知俊，貌恭而心忌，曾经对近侍说："我王建日渐衰老，五年后没人能驾驭刘知俊，要趁早安排他的去处。"前蜀天汉元年（公元 917 年）冬十二月，王建捕斩刘知俊于成都府的炭市中。可怜一世雄杰以悲剧终。

刘知俊雄略善战，未尽其才。前后历仕时溥、朱全忠、李茂贞、王建四主，均遭猜疑，当时世风，过于恶劣，贤才遭忌是一个普遍现象。贤俊自保，一有机会就逐杀主人，自为主帅。于是跋扈与猜疑形成恶性循环，像刘知俊这样的大才无立身之地，发人深思。

刘守光囚父杀兄。刘守光，刘仁恭次子，兄刘守文。刘仁恭，深州人，其父刘晟客居范阳为李可举巡属镇将。李可举死，众推牙将李全忠为范阳留后，唐僖宗光启元年（公元 885 年），李全忠进为节度使，未几卒，其子李匡威代为留后，进为节度使。刘仁恭为李匡威蔚州镇将，逾期未代，刘仁恭借士卒怨怒，反叛李匡威，拥众攻幽州，为李匡威之弟李匡筹所败，逃奔晋阳，投靠李克用。李克用优礼待之，任为寿阳镇将。李克用灭李匡筹，取幽州，留刘仁恭为守将。唐昭宗乾宁二年（公元 895 年），李克用表奏朝廷以刘仁恭为检校司空、卢龙节度使。第二年，李克用攻魏州，征兵幽州，刘仁恭托词不往。公元 897 年，李克用救朱瑄、朱瑾，再次征兵幽州，刘仁恭不应，使客数十往，刘仁恭执其以叛。李克用往讨，大败而归，刘仁恭献馘于朱全忠，朱全忠表刘仁恭同中书门下平章事。

刘仁恭战胜李克用，兵马日益强盛。唐昭宗兴化元年（公元 898 年），刘仁恭使其长子刘守文逐走沧州节度使卢彦威，刘守文自为沧州节度使，拥有沧、景、德三州之地。幽沧合计步骑十万，号三十万，南徇魏镇，屠贝州，清水为之不流。

刘仁恭性凶残，反复无常，为李匡威将，反叛李匡威，为李克用将，反叛李克用。有其父必有其子。刘仁恭次子刘守光比其父更加无行无耻，烝嬖父妾，事觉而恼羞成怒，以兵攻劫其父，囚于别室，杀左右婢媵，自称卢龙节度使。刘守文致讨，刘守光战场落马，刘守文恐乱兵伤其弟，立马往救，反被刘守光擒获。刘守文攻守光，一是救其父，二是教训守光，未想灭其弟。结果是，对敌人的仁慈，就是对自己的凶残。刘守光逼父致仕，用暗杀手段灭其兄刘守文。刘守光之凶暴，禽兽不如，其子刘继威凶虐类其父。刘守光兼并沧景之地，令刘继威主留务，刘继威淫乱于僚属张万进之家，被张万进所杀，刘守光得了现世报。刘守光并未从子死事件中吸取教训，凶狡人不懂得付学费，刘守光继续为恶，晋人虎视其旁，刘守光的现世报将及其身。晋王李存勖报不共戴天之父仇，虐杀刘守光及其父刘仁恭，为凶狡人的最后下场画上句号。

资治通鉴（白话本） 卷第二百六十八

后梁纪三

后梁太祖乾化元年至后梁均王乾化三年（公元911—公元913）

【起重光协洽（辛未，公元911年）三月，尽昭阳作噩（癸酉，公元913年）十一月，凡二年又九个月】

【大事提要】

本卷记事起公元911年三月，讫公元913年十一月，载述史事凡两年又九个月。当后梁太祖乾化元年三月至后梁均王乾化三年十一月。此时期后梁急剧衰落。后梁太祖朱晃晚年暴戾荒淫，声威下跌，人心崩离。朱晃两次北讨，梁军败北，朱晃愧恨交加，疾病沉重。义子朱友珪惧怕朱晃传位朱友文而弑父自立。护国军节度使朱友谦不服朱友珪而反，附晋求救，呼晋王李存勖为舅舅。大梁均王朱友贞联合禁军杀友珪，在大梁即位，是为末帝，大权旁落武臣杨师厚之手。后梁一年之间，两次宫廷政变，父子相杀，兄弟自残，君臣不肃，已非晋王敌手。晋王李存勖趁机灭了刘守光，势力大振，已有问鼎中原之志。蜀岐大交兵，岐王李茂贞落败，残存力量已不堪一击。南方割据格局态势，淮南杨氏、杭州钱氏、福州王氏、潭州马氏，无大变故。荆南高季昌兴起，后梁加爵为渤海王。

太祖神武元圣孝皇帝下

后梁太祖乾化元年（辛未，公元911年）

三月初一日乙酉，任命天雄留后罗周翰为节度使。

清海、静海节度使兼中书令南平襄王刘隐病重，上表奏请让他的弟弟节度副使刘岩暂时代理留后的职务。三月初三日丁亥，刘隐去世，刘岩继位。

岐王李茂贞聚集军队临近前蜀东部边界。前蜀主王建对群臣说："自从李茂贞被朱温侵犯以来，我常常接济他的困乏；如今他忘恩负义反而来攻打我，你们谁替我去击败他？"兼中书令王宗侃请求出征。前蜀主王建任命王宗侃为北路行营都统。司天少监赵温珪劝谏说："李茂贞现在还没有侵犯我们边界，各将领贪图立功想要率领军队深入，运粮道路险阻遥远，恐怕不是国家的利益所在。"王建不听，任命兼侍中王宗祐、太子少师王宗贺、山南节度使唐道袭为三路兵马的招讨使，左金吾大将军王宗绍为王宗祐的副手，率领步兵、骑兵十二万人讨伐岐王李茂贞。三月初八日壬辰，王宗侃等从成都出发，旌旗招展前后有几百里长。

岐王李茂贞招募华原的强盗头子温韬作为养子，在华原设置耀州，美原设置鼎州。又设立义胜军，任命温韬为节度使，派他率领邠州、岐州的军队进攻长安。后梁太祖下诏命令感化节度使康怀贞、忠武节度使牛存节率领同州、华州、河中的军队前去讨伐。三月二十五日己酉，康怀贞等奏报在同州车度这个地方攻打温韬，把他打跑了。

夏季，四月初一日乙卯，岐王李茂贞的军队侵犯前蜀兴元。唐道袭把他们击退了。

后梁太祖因为长期患病不能康复，五月初一日甲申，大赦天下，改元乾化。

五月二十一日甲辰，任命清海留后刘岩为节度使。刘岩多方延请中原地区的读书人安置在自己的幕府里，也有派出去担任刺史的，所以岭南的刺史中没有武人。

前蜀主王建前往利州，命令太子监国。六月初一日癸丑，王建到达利州。

（以上为第一段，写静海节度使南平王刘隐死，弟刘岩袭位。五月，后梁改元乾化。蜀岐大交兵。前蜀主亲临利州督战。）

燕王刘守光曾经穿着唐朝皇帝所穿的赭红色袍子看着将吏们说："现在天下大乱，四方英雄争霸，我兵马强壮，所占的地势又险要，我也想自己称帝。你们看怎么样？"孙鹤说："现在内部危难刚刚平定，公家私人财力物力都很困乏，太原的晋王李存勖窥伺我们的西部，契丹王阿保机窥伺我们的北部，匆匆忙忙谋划自己称帝，我看不到它可行的地方。大王只要好好休养爱护士民，训练军队贮备粮食，修行德政，四方自然就归服了。"刘守光听了很不高兴。

刘守光又派人去暗示镇州王镕、定州王处直，要求他们尊奉自己为尚父，赵王王镕把这件事告诉晋王李存勖。晋王大怒，准备讨伐刘守光，各将领都说："这个人作恶到极点了，很快就会诛灭全族，不如假装推尊他为尚父来加重他的恶行。"于是和赵王王镕、义武节度使王处直、昭义节度使李嗣昭、振武节度使周德威、天德节度使宋瑶六个节度使共同奉上册文推尊刘守光为尚书令、尚父。

刘守光还不醒悟，以为六镇节度使确实畏惧自己，更加骄横，于是向后梁太祖上表报告说："晋王李存勖等推尊我，我蒙受陛下的深恩，没有敢接受。我私下考虑合适的办法，不如陛下任命我为河北都统，那么并州、镇州都不值得平定了。"后梁太祖也知道刘守光狂妄愚昧，于是任命刘守光为河北道采访使，派遣閤门使王瞳、受旨史彦群前去颁赐册命。

刘守光命令属官草拟接受册封尚父、采访使的礼仪。六月初三日乙卯，属官取唐朝册封太尉的礼仪进献，刘守光看了以后，问为什么没有南郊祀天、改变年号这些礼仪。属官回答说："尚父的地位虽然尊贵，还是臣子，怎么能南郊祀天、改变年号呢？”刘守光发怒了，把册子扔在地上，说：“我控制的地方有两千里，全副武装的士兵有三十万，就算做河北的天子，有谁能禁止我！尚父有什么值得做的！”命令赶快准备即皇帝位的礼仪，把王瞳、史彦群和各道来的使者用刑具拘禁，关入监狱中，不久又把他们都释放了。

后梁太祖命令杨师厚率领军队三万人驻扎在邢州。

前蜀各将领攻击岐王李茂贞的军队，多次打败李茂贞。秋季，七月，前蜀主王建西还成都，留下御营使昌王王宗鍔在利州驻扎。

（以上为第二段，写燕王刘守光狂愚欲称帝，晋王、赵王及义武王处直等六节度使尊奉刘守光为尚父以骄其志，后梁太祖加刘守光为河北道采访使。）

七月二十日辛丑，后梁太祖到张宗奭的住宅里避暑，把张家的妇女几乎都奸淫了。张宗奭的儿子张继祚不能忍受这个耻辱，愤怒得想要杀死后梁太祖。张宗奭阻止他说：“我家过去在河阳时，被李罕之包围，靠吃木屑勉强度日，依赖他救援我，才能有今天，这个恩情不可以忘记。”张继祚方才作罢。七月二十三日甲辰，后梁太祖回宫。

赵王王镕因为杨师厚在邢州，很害怕，就到承天军去会见晋王李存勖。晋王认为王镕是父亲李克用的朋友，侍奉他很恭敬。王镕为后梁的侵犯忧虑，晋王说：“朱温的罪恶到了极点，上天马上就要诛灭他了，即使有杨师厚等人也不能救他。假使他来侵犯，我亲自率领军队抵挡他，叔父不要因为这事担心。”王镕捧起酒杯向晋王敬酒，祝他长寿，称他为四十六舅。王镕幼子王昭诲随行在侧，晋王撕断衣襟结盟，答应把女儿嫁给王昭诲。从此晋、赵的交情更加巩固了。

八月初九日庚申，前蜀主王建回到成都。

燕王刘守光将要自称皇帝，将领佐吏大多私下议论认为不可。刘守光于是在大厅里放置斧头和砧板，说：“有敢劝谏的斩首！”孙鹤说：“沧州被攻破的时候，我就应该死了，蒙大王保全性命，一直到今天，岂敢贪生怕死而忘掉恩情！我认为今天称帝是不可以的。”刘守光大怒，把孙鹤按在砧板上，命令军士割下他的肉来吃掉。孙鹤大声呼喊说：“用不了一百天，大军就要到来了！”刘守光命令军士用土塞住他的嘴，将他一寸寸地剐掉。

八月十三日甲子，刘守光即皇帝位，国号大燕，改年号为应天。任命后梁使者王瞳为左相，卢龙判官齐涉为右相，史彦群为御史大夫。受册命的这一天，契丹攻陷了平州，燕国人都惊慌骚动。

（以上为第三段，写刘守光称帝，国号大燕，改元应天。）

岐王李茂贞派刘知俊、李继崇率领军队攻打前蜀。八月二十四日乙亥，王宗侃、王宗贺、唐道袭、王宗绍在青泥岭与他们交战，蜀军大败，马步使王宗浩逃奔兴州，淹死在嘉陵江中，唐道袭逃奔兴元。在这以前，步军都指挥使王宗绾在西县筑城驻防，号称安远军。王宗侃、王宗贺等收集逃散的士兵奔赴西县防守，刘知俊、李继崇追击包围了他们。将领们商量想要放弃兴元，唐道袭说："没有兴元就没有安远，利州就成为敌人的地方了。我们一定要拼死来守卫它。"蜀主王建任命昌王王宗钞为应援招讨使，定戎团练使王宗播为四招讨马步都指挥使，率领军队救援安远军，在廉水、让水之间筑壁扎营，与唐道袭合力攻打岐王李茂贞的军队，在明珠曲把他们打败了。第二天又在凫口交战，斩杀李茂贞手下的成州刺史李彦琛。

九月，后梁太祖的病稍微好一些，听说晋、赵图谋进犯，亲自统率军队迎战。九月十八日戊戌，任命张宗奭为西都留守。九月二十日庚子，后梁太祖从洛阳出发。九月二十四日甲辰，到达卫州，正在吃饭，先头部队报告说晋军已出井陉关。后梁太祖马上命令乘坐辇车向北奔赴邢、洺，日夜加倍赶路。九月二十六日丙午，到达相州，听说晋军没有出来，这才停止前进。相州刺史李思安没有料到后梁太祖突然到来，慌慌忙忙，一切没有准备，因此被削夺官职爵位。

湖州刺史钱镖喝醉了酒杀人，害怕吴越王钱镠治他的罪。冬季，十月初一日辛亥，杀死都监潘长、推官锺安德，投奔吴王杨隆演。

晋王李存勖听说燕王刘守光自称皇帝，大笑着说："等他卜算在位年数时，我应该灭掉他取而代之了。"张承业请求晋王派遣使者表示祝贺，使刘守光更加骄横，晋王派遣太原少尹李承勋前往。李承勋到达幽州，用相邻藩国交往通使的礼仪。燕国的礼宾人员说："我大王已经即位称帝了，你应该用臣子的礼节在朝廷上觐见。"李承勋说："我受唐朝的册命担任太原少尹，燕王自可统属他自己境内的百姓，怎么可以统属其他国家的使者呢！"刘守光大怒，就把李承勋关起来，几天后才放出，问他说："向我称臣吗？"李承勋说："燕王如果能让我晋王称臣，那么我请求称臣；不然，只有一死而已！"刘守光最终也不能使李承勋屈服。

蜀主王建前往利州，命令太子监国。决云军虞候王琮打败了岐王李茂贞的军队，捉住他的将领李彦太，俘获斩杀岐兵三千五百人。十月初五日乙卯，捉生将彭君集攻破了岐军的两个营寨，俘获斩杀岐兵三千人。王宗侃派遣副将林思谔从中巴穿小路到达泥溪，晋见王建报告紧急军情。王建命令开道都指挥使王宗弼率领军队救援安远，与刘知俊在斜谷交战，把刘知俊打败了。

十月初四日甲寅夜里，后梁太祖从相州出发。十月初五日乙卯，到达洹水镇。这天晚上，边境上的官吏报告晋王李存勖、赵王王镕的军队南下，后梁太祖立即下令进军。十月初六日丙辰，到达魏县。有人报告说："沙陀军队到了！"士兵们都惊慌恐惧，很多人逃跑了，下令严刑惩罚也不能禁止。不久又报告说没有敌人，上上下下这才安定下来。十月二十日戊午，贝州奏报晋军侵犯东武，后又撤离。后梁太祖因潞州夹寨、柏乡多次失利，所以撑着病体巡视北部边界，想要洗刷以前战败的耻辱，心情忧郁烦闷，常常急躁发怒，功臣宿将往往因为小的过失而被斩杀，大家心里更加畏惧。不久发现晋军、赵军并未出来。十一月初二日壬午，后梁太祖南下返回。

（以上为第四段，写岐兵击蜀，大破蜀兵于青泥岭。后梁太祖举兵北巡至相州，晋兵不出还至洛阳。）

燕主刘守光召集将领官吏商量攻打易州、定州，幽州参军景城人冯道认为不可行。刘守光大怒，把冯道关进监狱中，有人求情营救，才免治他的罪。冯道逃奔到晋，张承业向晋王李存勖推荐他，任命为掌书记。十一月初七日丁亥，王处直向晋王告急求救。

怀州刺史开封人段明远的妹妹是宫中的美人。十一月初八日戊子，后梁太祖到达获嘉，段明远进献的物品丰富完备，后梁太祖非常高兴。

十一月初十日庚寅，保塞节度使高万兴上奏说派遣都指挥使高万金率领军队攻打盐州，盐州刺史高行存投降。

十一月十二日壬辰，后梁太祖回到洛阳，病又发作了。

前蜀将领王宗弼在金牛打败了岐王李茂贞的军队，攻下了十六座营寨，俘获斩杀六千多人，生擒他们的将领郭存等。十一月十六日丙申，王宗钞、王宗播在黄牛川又打败了岐军，生擒他们的将领苏厚等。十一月十七日丁酉，前蜀主王建从利州前往兴元。救援的军队已经集结，安远军看见了援军的旗帜，王宗侃等人喧哗叫喊着往外冲，与援军夹攻岐军，把岐军打得大败，攻克了二十一个营寨，斩杀岐军将领李廷志等。十一月十九日己亥，岐军解除对安远军的包围逃走。唐道袭预先在斜谷埋伏军队进行拦击，又打败了他们。十一月二十日庚子，王建向西返回成都。

岐王李茂贞的部下石简颙向李茂贞说刘知俊的坏话，李茂贞削夺了刘知俊的兵权。李继崇对李茂贞说："刘知俊是一位壮士，遇到困难来投靠我们，不应该因为谗言毁谤就废弃他不用。"李茂贞为此杀了石简颙来安抚刘知俊。李继崇召请刘知俊率领他的全族迁居到自己的驻地秦州。

十一月二十八日戊申，燕主刘守光率领军队二万人侵犯易州、定州，攻打容城。王处直向晋王告急求救。

十二月初五日乙卯，后梁任命朗州留后马賨为永顺节度使、同平章事。

镇南留后卢延昌游乐打猎没有节制，百胜军指挥使黎球把他杀了，自立为留后。黎球将要杀谭全播，谭全播称说有病请求告老，方免去杀身之祸。十二月初六日丙辰，任命黎球为虔州防御使。不久，黎球去世，牙将李彦图代理主持虔州事务，谭全播更声称病得很严重。刘岩听说谭全播病重，发动军队攻打韶州，把韶州打下来了。韶州刺史廖爽投奔楚王，楚王马殷上表后梁太祖任命廖爽为永州刺史。

十二月初七日丁巳，前蜀主王建回到成都。

十二月初八日戊午，后梁任命静海留后曲美为静海节度使。

十二月十三日癸亥，后梁任命静江行军司马姚彦章为宁远节度副使，暂时主持容州事务，这是依从楚王马殷的请求而任命的。刘岩派遣军队攻打容州，马殷派遣都指挥使许德勋率领桂州军队前去救援。姚彦章守不住容州，迁移容州士民和府库中的财物投奔长沙，刘岩于是取得了容管和高州。

十二月十四日甲子，晋王李存勖派遣蕃汉马步总管周德威率领军队三万人攻打燕国，以此来救援易州、定州。

这一年，前蜀主王建任命内枢密使潘炕为武泰节度使，潘炕的堂弟宣徽南院使潘峭为内枢密使。

（以上为第五段，写前蜀军大破岐军，岐王先后损四将、三十余寨后退军。燕主刘守光南犯易、定，晋王发兵三万攻燕以救易、定。）

后梁太祖乾化二年（壬申，公元 912 年）

春季，正月，周德威率领军队自代州东出飞狐县，与赵王王镕的部将王德明、义武节度使王处直的部将程岩在易水会合。正月初七日丙戌，三镇军队进攻燕国的祁沟关，把它攻下来了。正月初九日戊子，包围了涿州。涿州刺史刘知温据城防守，刘守奇的门客刘去非在城下大声呼喊，对刘知温说："河东的刘守奇现在回来为他的父亲讨伐贼人，和你有什么关系，你为什么要替贼人坚守它呢？"刘守奇脱下甲胄慰劳他，刘知温在城上叩拜，于是投降了。周德威妒忌刘守奇的功劳，在晋王李存勖面前诬陷毁谤刘守奇。晋王召见刘守奇。刘守奇担心获罪，与刘去非及进士赵凤投奔梁朝。后梁太祖任命刘守奇为博州刺史。刘去非、赵凤都是幽州人。起先，燕主刘守光登记境内的成年男子，全部在他们脸上刺字编入军队，即使是读书人也不能免除。赵凤假装是僧人逃奔晋地，刘守奇收下赵凤为门客。

正月十八日丁酉，周德威率领军队到达幽州城下，刘守光派人来请求救援。二月，后梁太祖的病稍有起色，商议要亲自出征攻打镇州、定州来救援刘守光。

后梁太祖听说岐王李茂贞、前蜀主王建互相攻打，二月十二日辛酉，派遣光禄卿卢玭等出使前蜀，给前蜀主王建书信，称他为兄。

二月十五日甲子，后梁太祖从洛阳出发。随从的官员因为后梁太祖随意杀戮，大多害怕跟着去，后梁太祖听到这件事，更加愤怒。这一天，到达白马顿，赏赐随从的官员吃饭，大多没有到，派遣骑兵在路上催促。左散骑常侍孙骘、右谏议大夫张衍、兵部郎中张儁最后到达，后梁太祖命令把他们杀死。张衍是张宗奭的侄子。

二月十七日丙寅，后梁太祖到达武陟。段明远供应进献的物品比以前更加丰盛。

二月十八日丁卯，到达获嘉，后梁太祖追想李思安去年供应进献的物品短缺，把他贬为柳州司户，诏书中称赞段明远的能力说："看到段明远如此忠诚勤勉，更可以想见李思安是何等狂悖怠慢了！"不久又把李思安流放到崖州，赐他自尽。段明远后来改名段凝。

二月二十六日乙亥，后梁太祖到达魏州，命令都招讨使、宣义节度使杨师厚，副使、前河阳节度使李周彝包围枣强；招讨应接使、平卢节度使贺德伦，副使、天平留后袁象先包围蓨县。贺德伦是河西胡人；袁象先是下邑人。

二月二十九日戊寅，后梁太祖到达贝州。

辰州蛮首领宋邺、昌师益率领部众投降楚王马殷。楚王马殷任命宋邺为辰州刺史，昌师益为溆州刺史。

（以上为第六段，写晋赵联兵攻燕，后梁太祖朱晃亲自率军往救。）

后梁太祖日夜赶路，三月初二日辛巳，到达下博县南面，登上观津冢。赵王王镕的部将符习带领几百名骑兵巡逻到这里，不知道是后梁太祖，立即逼近到前面。有人报告说："晋军大队人马到了！"后梁太祖抛弃行军时使用的帐篷，赶快率领军队奔赴枣强，与杨师厚的军队会合。符习是赵州人。

枣强城虽小，但很坚固，赵人聚集了几千名精锐的士兵防守。杨师厚猛攻了几天没有攻下来，城墙打坏了立刻被修好，攻城的梁朝军队死伤的以万计。城里防守的箭矢石块快要用完，商量出城投降。有一个士兵奋力高呼说："贼人自从柏乡失败以来，见到我们镇州人恨得眼眶都要裂开出血。现在去投降他们，如同自己投入虎狼口中一样。局势艰难窘迫到了这个地步，我还爱惜生命做什么！我请求独自前去试试。"夜里，用绳索缒出城外，到梁军营中假装投降。李周彝召唤他来询问城中守备情况，他回答说："没有半个月的时间是不容易攻下的。"于是建议说："我既然已经来归顺你们了。希望能得到一把宝剑，拼死去抢先登城，取下守城将领的首级。"李周彝没有答应他，派他挑着担子随从军队。这个士兵得到机会举起扁担猛击李周彝的脑袋，李周彝跌倒在地，左右的人前来营救，才没有被击死。后梁太祖听说这件事，更加愤怒，命令杨师厚日夜加紧攻城。三月初七日丙戌，把城攻下来了，把城中人不分老幼，全部杀死，鲜血流满全城。

起初，后梁太祖率领军队渡过黄河，声称有五十万人。晋忻州刺史李存审驻扎在赵州，担心守军人数少；副将赵行实请求退入土门躲避梁朝军队的攻击，李存审不同意。等到贺德伦攻打蓨县，李存审对史建瑭、李嗣肱说："我王正在幽州、蓟州有事，分不出军队到这里来，南方的战事委托给我们这几个人。如今蓨县正告急，我们怎么能坐视不救！假如贼兵夺得蓨县，一定会继续西进侵犯深州、冀州，灾祸更加严重了。应当和你们用奇计去打败他们。"李存审于是率领军队扼守下博桥，派史建瑭、李嗣肱分路去捉拿梁军俘虏。史建瑭把自己的部下分为五队，每队各一百人，一队派往衡水，一队派往南宫，一队派往信都，一队派往阜城，自己亲自带领一队深入敌境，与李嗣肱遇到出来砍柴割草的梁军士兵，全部抓了起来，俘获了几百人。第二天会合于下博桥，把他们都杀死，只留下几个人砍断手臂后放他们走，说："回去替我告诉姓朱的，晋王的大军到了！"当时蓨县还没有被攻下，后梁太祖率领杨师厚的军队五万人，会同贺德伦一起攻城。三月初八日丁亥，刚到蓨县的西边，还没有来得及安营，史建瑭、李嗣肱各率领骑兵三百人，冒用梁军的旗帜服色，和砍柴割草的梁军士兵混杂行走。太阳快要落山时，到达贺德伦的营门，杀死守门人，到处放火起哄，弓箭乱射，左冲右突。天黑以后，斩下敌人首级割去左耳带着俘虏离去了。梁军营中大乱，不知道发生了什么事。被晋军砍断手臂的梁军士兵又回来报告："晋军大队人马到了！"后梁太祖大惊，烧毁营垒连夜逃跑，又迷失了道路，弯弯曲曲行走了一百五十里，三月初九日戊子天亮才回到冀州。蓨县的百姓都拿着锄头举着棍棒追击梁军，梁军抛弃的军用物资器械多得数不清。不久后梁太祖又派出骑兵侦察晋军的动静，回来报告说："晋军大队人马并没有来，这只是先锋指挥使史建瑭派出的流动骑兵罢了。"后梁太祖听了心中既羞愧又愤恨，从此病情加重，连轿子都不能坐。后梁太祖在贝州留住十多天，各路军队才聚集。

（以上为第七段，写后梁太祖朱晃连战损兵，惶惧退军至冀州，病情加重。）

义昌节度使刘继威年纪轻，却像他父亲刘守光一样荒淫暴虐。他在都指挥使张万进家淫乱，张万进大怒，把刘继威杀了。第二天早上，张万进召请大将周知裕，告诉他杀死刘继威的缘故。张万进自称为义昌留后，任命周知裕为左都押牙。三月二十一日庚子，张万进派遣使者上表向后梁太祖请求投降，也派遣使者向晋王李存勖投降。晋王命令周德威安抚他。周知裕心里感到不安，请求担任景州刺史，于是就投奔梁朝。后梁太祖为他设置了归化军，任命周知裕为指挥使，凡是从河朔来归顺的军士都隶属于他。三月二十二日辛丑，任命张万进为义昌留后。三月二十五日甲辰，改义昌为顺化军，任命张万进为节度使。

三月二十六日乙巳，后梁太祖从贝州出发。三月二十八日丁未，到达魏州。

三月二十九日戊申，周德威派遣副将李存晖等进攻瓦桥关，关内的将领官吏以及莫州刺史李严都投降了。李严是幽州人，广泛阅读过各种书籍。晋王李存勖让他教授自己的儿子李继岌，李严坚决推辞。晋王发怒了，要杀死李严。教练使孟知祥赤着脚跑到王府劝谏说："强敌还没有消灭，大王怎么能因一时愤怒而杀了来归顺的义士呢！"于是晋王赦免了李严。孟知祥是孟迁弟弟的儿子，李克用弟弟李克让的女婿。

吴镇南节度使刘威，歙州观察使陶雅，宣州观察使李遇，常州刺史李简，都是武忠王杨行密的旧将，立有大功，因为徐温是由牙将升官直至主持国政的，心中都愤愤不平；李遇尤其生气，常常说："徐温是什么人，我还认不得；一朝得意，竟然主持国政了！"

馆驿使徐玠出使吴越，路过宣州，徐温让徐玠劝李遇到广陵朝见新王杨隆演，李遇开始答应了。徐玠说："您不这样做，别人会说您谋反的。"李遇发怒说："您说我李遇谋反，难道杀死侍中的人不是谋反吗！"侍中指的是威王杨渥。徐温也生气了，任命淮南节度副使王檀为宣州制置使，数说李遇不到朝廷来的罪状，派遣都指挥使柴再用率领昇州、润州、池州、歙州的军队护送王檀到宣州上任，昇州副使徐知诰担任王檀的副手。李遇不肯接受替代。柴再用攻打宣州，一个月也没有打下来。

夏季，四月初五日癸丑，后梁太祖任命楚王马殷为武安、武昌、静江、宁远节度使，洪、鄂四面行营都统。

四月初七日乙卯，博王朱友文到魏州行宫朝见后梁太祖，请后梁太祖回东都。四月初九日丁巳，后梁太祖从魏州出发。四月十一日己未，到达黎阳，因为生病停留了几天。四月十七日乙丑，到达滑州。

维州羌胡董琢反叛，前蜀主王建派遣保銮军使赵绰前往讨伐，把他平定了。

四月二十一日己巳，后梁太祖到达大梁。

后梁太祖听说岭南刘岩和马殷互相攻伐，四月二十六日甲戌，派右散骑常侍韦戬等为潭、广和叶使，前往调解。

四月三十日戊寅，后梁太祖从大梁出发。

周德威向晋王李存勖报告说兵力太少不足以攻打幽州城，晋王派遣李存审率领吐谷浑、契苾的骑兵前去会合。李嗣源攻打瀛州，刺史赵敬投降。

五月初六日甲申，后梁太祖回到洛阳，病情更加严重了。

司空、门下侍郎、同平章事薛贻矩去世。

燕主刘守光派遣他的部将单廷珪率领精兵一万人出战，在龙头冈与周德威相遇。单廷珪说："今天一定要活捉周杨五回去献捷。"杨五是周德威的小名。双方交战后，单廷珪看到周德威在阵中，拿着枪骑着马就追了过来，枪尖刺向周德威的背部；周德威侧着身子避开了，奋力挥动马鞭把单廷珪打下马来，活捉了单廷珪，放置在军营门前。燕军向后退走，周德威率领骑兵追击，燕军大败，被斩杀的有三千人。单廷珪是燕国勇将，燕军失去他以后，士气大受影响。

（以上为第八段，写义昌军将张万进杀刘守光子节度使刘继威，自为留后，梁改义昌军为顺化军，以张万进为节度使。周德威大破燕军，生擒其骁将单廷珪，燕人夺气。）

五月十一日己丑，前蜀实行大赦。

李遇的小儿子担任淮南的牙将，李遇最喜欢他，徐温把他抓住，押到宣州城下给李遇看；李遇的小儿子大声痛哭求父亲救他，李遇因此不忍心再战。徐温派典客何荛进入宣州城内，用吴王杨隆演的命令劝告他，说："您如果本意就是要造反，请杀了我向大家宣布；如果不是这样，请跟随我出城向朝廷表明忠心。"李遇于是打开城门请求投降。徐温命令柴再用把李遇斩首，灭了他的全族。于是各将领开始畏惧徐温，没有人敢于违抗徐温的命令。

徐知诰因为有功劳昇任升州刺史。徐知诰侍奉徐温很恭谨，任劳任怨，有时整夜都不解衣休息，徐温因此特别喜爱他，经常对儿子们说："你们侍奉我能像徐知诰那样吗？"当时各州长官大多是武夫，只以征战为职责，不体恤老百姓的疾苦。徐知诰在升州，独独注意选用廉能的官吏，修明政治教化，招请四方贤士大夫，用尽所有家财也毫不吝惜。洪州进士宋齐丘，喜好纵横家计谋游说之术，来拜谒徐知诰，徐知诰认为他是个奇才，任用为推官，和判官王令谋、参军王翃专门替他出主意，以牙吏马仁裕、周宗、曹悰为左右心腹。马仁裕是彭城人；周宗是涟水人。

闰五月十五日壬戌，后梁太祖的病情更加严重了，对亲信大臣们说："我经营天下已有三十年，想不到太原李克用的余孽竟如此强大！我看李存勖的志向不小，上天又不给我长寿，我死后，我的儿子们不是他的对手，我没有葬身之地！"于是哽咽失声，一度昏死过去后才苏醒过来。

高季昌暗中有占据荆南的志向，于是上奏说要修筑江陵的外城，并扩大城的范围。

闰五月十九日丙寅，前蜀门下侍郎、同平章事王锴被免去原职，降为兵部尚书。

后梁太祖的长子郴王朱友裕早死，其次是养子博王朱友文，后梁太祖特别宠爱他，常命他留守东都大梁，兼任建昌宫使。其次是郢王朱友珪，他的母亲是亳州的营妓，担任左右控鹤都指挥使，不受到宠爱。其次是均王朱友贞，担任东都马步都指挥使。

起初，元贞张皇后严肃端正，聪明多智，后梁太祖又敬重她又害怕她。张皇后去世以后，后梁太祖就纵情歌舞女色；他的儿子们就是在外地，也常常征召他们的妻子入宫侍奉，后梁太祖往往和她们淫乱。朱友文的妻子王氏容貌美丽，后梁太祖尤其宠爱她；虽然没有立朱友文为太子，心里却特别中意他。朱友珪心中愤愤不平。朱友珪曾经有过失，后梁太祖用鞭子打了他，朱友珪更加感到不安。后梁太祖的病越来越严重，命令王氏把在东都大梁的朱友文召回来，想要和他诀别，并且托付后事。朱友珪的妻子张氏也日夜侍奉在后梁太祖身边，知道了这件事，秘密地告诉朱友珪说："皇上已经把传国宝玺交给王氏带往东都大梁了，我们马上就要死了。"夫妻两人对着流泪。左右有人劝告他们说："事情急迫办法就有了，为什么不另外做打算呢，机不可失啊！"

六月初一日丁丑，后梁太祖命敬翔将朱友珪调出京城到莱州当刺史，立即让他赴任。已经宣布这个任命了，但还没有颁发敕书。当时贬官的大多随后就赐死，朱友珪更加恐惧。

六月初二日戊寅，朱友珪改换服装偷偷进入左龙虎军，会见统军韩勍，把情况告诉他。韩勍也看到功臣旧将们往往因为小的过失而被后梁太祖杀死，害怕不能保全自己，于是和朱友珪共同谋划。韩勍命牙兵五百人跟随朱友珪混杂在侍卫亲军控鹤军的士兵中进入皇宫，埋伏在宫内，等到半夜，砍断门闩入内，到达后梁太祖的寝殿，侍候的人都逃散了。后梁太祖惊起，问："谋反的是谁？"朱友珪说："不是别人，是我。"后梁太祖说："我原来就怀疑你这个贼子，只恨没有早把你杀死。你如此叛逆，天地怎么能容得下你！"朱友珪说："老贼你该碎尸万段！"朱友珪的仆人冯廷谔刺后梁太祖的腹部，刀尖从背上穿出。朱友珪自己拿了条破毯子把后梁太祖尸体包裹起来，埋在寝殿里，对外秘不发丧。又派遣供奉官丁昭溥驰往东都大梁，命令均王朱友贞杀死朱友文。

六月初三日己卯，朱友珪假传诏书宣称："博王朱友文阴谋叛逆，派遣军队冲入殿中，朕依赖郢王朱友珪忠孝，率领军队把朱友文杀了，保全了朕的性命。然而朕的病因为受到惊吓，更加严重了，应该让朱友珪代替朕暂时主持军国大事。"韩勍替朱友珪出主意，大量取出府库里的金帛赐给各路军队和文武百官以收买人心。

六月初五日辛巳，丁昭溥从东都大梁返回，朱友珪听说朱友文已死，这才发丧，宣布先帝的遗诏，即位称帝。

当时朝廷因新近发生变乱，内外都人心惶惶。许州军士轮番报告朝廷发生变乱，匡国节度使韩建都不去了解，也不防备。六月二十日丙申，马步都指挥使张厚作乱，杀死韩建，朱友珪不敢追查。六月二十八日甲辰，任命张厚为陈州刺史。

秋季，七月初二日丁未，大赦天下。

（以上为第九段，写后梁太祖次子郢王朱友珪弑父自立，又矫诏杀博王朱友文。）

天雄节度使罗周翰年幼懦弱，军府事务都由牙内都指挥使潘晏决定。北面都招讨使、宣义节度使杨师厚在魏州驻扎，很久以来就想谋取天雄，只是害怕后梁太祖的威严，不敢动手。到这时，杨师厚在铜雀驿暂住，潘晏进见，杨师厚把他抓起来杀了，带领军队进入牙城，占据天雄节度使的职位主持事务。七月初七日壬子，下制书任命杨师厚为天雄节度使，调任罗周翰为宣义节度使。

任命侍卫诸军使韩勍兼领匡国节度使。

七月初九日甲寅，加封吴越王钱镠为尚父。

七月十九日甲子，任命均王朱友贞为开封尹、东都留守。

前蜀太子王元坦改名元膺。

七月二十一日丙寅，废除建昌宫使，任命河南尹张宗奭为国计使，凡是天下金银钱谷过去隶属于建昌宫的都由张宗奭掌管。

八月，驻扎在怀州的龙骧军三千人，溃散后向东流窜，抢劫掠夺所经过的地方。八月十三日戊子，派遣东京马步军都指挥使霍彦威、左耀武指挥使杜晏球讨伐他们。八月十五日庚寅，霍彦威等打败了乱军，在鄢陵活捉了他们的都将刘重遇。八月十九日甲午，把刘重遇斩首。

郢王朱友珪篡位当了皇帝后，各旧将大多愤恨不平；虽然朱友珪极力给他们增加恩赏礼遇，他们心中仍然不高兴。告哀使到了河中，护国节度使、冀王朱友谦哭着说："先帝经过几十年时间才开创了这个基业，前些日子宫中发生变乱，外面传说很不好听，我位居藩镇，内心感到耻辱。"朱友珪加封朱友谦为侍中、中书令，用诏书替自己辩解，并且召他到京城去。朱友谦对使者说："继位的人是谁？先帝去世很多事情不合常理，我正想到洛阳去问他的罪，要他征召干什么！"八月二十三日戊戌，朱友珪任命侍卫诸军使韩勍为西面行营招讨使，率领督促各路军队去讨伐朱友谦。朱友谦以河中归附于晋为条件请求晋王李存勖救援。九月初三日丁未，朱友珪任命感化节度使康怀贞为河中都招讨使，改命韩勍为他的副手。

朱友珪因兵部尚书、知崇政院事敬翔是太祖的心腹，担心敬翔对自己不利，想要解除他知崇政院事的职务，但又怕因此失去人心。九月二十六日庚午，任命敬翔为中书侍郎、同平章事。九月二十八日壬申，任命户部尚书李振充任崇政院使。敬翔于是常常声称有病不再参与政事。

康怀贞等与忠武节度使牛存节合兵五万人驻扎在河中城西，猛烈攻打河中。晋王李存勖派遣他的部将李存审、李嗣肱、李嗣恩率领军队前往救援朱友谦，在胡壁镇打败了梁朝军队。李嗣恩原本是吐谷浑部骆氏的儿子。

吴武忠王杨行密病重的时候，周隐请求召回刘威，刘威因此受到广陵帅府里人的嫉恨。有人在徐温面前诬陷刘威，徐温将要讨伐他。刘威的幕客黄讷劝告刘威说："您受到诽谤虽然很厉害，但没有什么具体的谋反事实，如果您乘坐轻便小船到广陵去觐见，那么嫌疑自然就会消除了。"刘威听从了他的话。陶雅听说李遇败亡，也很惧怕，与刘威一起前往广陵。徐温待他们很恭敬，礼节如同侍奉武忠王杨行密一样，并且优厚地赏赐他们官职爵位；陶雅等心悦诚服，因此大家都推崇徐温。黄讷是苏州人。徐温与刘威、陶雅率领将领官吏向李俨请求，请他承用制书加封吴王继承人杨隆演为太师、吴王，任命徐温为镇海节度使、同平章事，淮南行军司马的职务如旧。徐温派遣刘威、陶雅各回本镇守卫。

（以上为第十段，写后梁冀王朱友谦附晋。）

十月初七日辛巳，前蜀把剑南、东川改称为武德军。

朱友谦再次向晋王李存勖告急。冬季，十月，晋王亲自率领军队从泽潞向西进发，在解县遇到了康怀贞的军队，把康怀贞打得大败，斩杀一千人，一直追到白径岭才返回。梁军解除了对河中的包围，撤退回陕州。朱友谦亲自到猗氏县去感谢晋王李存勖，跟随的只有几十个人，除去武装，到晋王的营帐，拜晋王为舅舅。晋王在晚上设置酒宴演奏音乐招待朱友谦，朱友谦喝得大醉。晋王留他睡在自己的营帐中，朱友谦睡得很安稳，鼾声平常自如。第二天早晨晋王又摆酒招待才尽兴而散。

杨师厚得到魏博的军队后，又兼任都招讨使，宫中警卫的精壮士兵大多在他的手下，各镇的军队也能够调发，威势显赫，心中轻视郢王朱友珪，遇到事情往往独断专行不顾及后果。朱友珪很担心杨师厚，颁发诏书召唤他进京，说："有关于北边的重要军事机密，想要和卿当面商量。"杨师厚正准备出发，他的心腹都劝谏说："去了恐怕会遭到不测。"杨师厚说："我知道朱友珪的为人，即使去了，他能拿我怎么办！"于是率领精锐部队一万人，渡过黄河直奔洛阳，朱友珪大为恐惧。十月十三日丁亥，杨师厚率领军队到达洛阳外城的都门，把部队留在城外，只带着十多个人入城进见。朱友珪很高兴，用甜言蜜语讨好杨师厚，赏赐的财物上万。十月十九日癸巳，送他返回。

十一月，赵将王德明率领军队三万人抢掠武城县，一直到了临清县，攻打宗城县，把它攻下来了。十一月初九日癸丑，杨师厚在唐店埋伏军队，进行拦击，把赵军打得大败，斩杀五千多人。

十一月初十日甲寅，后梁安葬神武元圣孝皇帝于宣陵，庙号太祖。

吴淮南节度副使陈璋等率领水军袭击楚的岳州，捉住了岳州刺史苑玫。楚王马殷派遣水军都指挥使杨定真救援岳州。陈璋等进攻荆南，高季昌派遣他的部将倪可福进行抵抗。吴国担心楚人救援荆南，又派遣抚州刺史刘信率领江、抚、袁、吉、信五个州的军队驻扎在吉州，作为陈璋的声援。

十二月初五日戊寅，前蜀的行营都指挥使王宗汾攻打岐王李茂贞的文州，把它打下来了，文州守将李继夔逃走。

这一年，隰州都将刘训杀死刺史，献出隰州投降晋王李存勖。晋王任命刘训为瀛州刺史。刘训是永和人。

虔州防御使李彦图去世，州里的人推举谭全播主持州中事务，派遣使者到后梁请求归附。朱友珪下诏任命谭全播为百胜防御使、虔韶二州节度开通使。

高季昌出兵，声称要帮助后梁讨伐晋王李存勖，于是进攻襄州，山南东道节度使孔勍把高季昌打败了。从此高季昌到后梁进贡的道路被切断。孔勍是兖州人。

（以上为第十一段，写晋王李存勖亲自率军救朱友谦，大破梁军，友谦拜晋王为舅。隰州附于晋。虔州将士奉谭全播知州事。）

均王上上

后梁均王乾化三年（癸酉，公元 913 年）

春季，正月十四日丁巳，晋周德威攻下了燕国的顺州。

正月二十日癸亥，郢王朱友珪祭祀太庙。正月二十一日甲子，在圜丘祭天，实行大赦，改年号为凤历。

吴国的陈璋攻打荆南，没有打下就撤退回去。荆南的军队和楚王马殷的军队在荆江口会合准备拦击。陈璋了解这情况，把二百艘船并列连在一起，夜间过江。荆南、楚二镇的军队立即出来追赶他们，但是没有追上。

晋周德威攻下了燕国的安远军。蓟州将领成行言等向晋王李存勖投降。

二月初九日壬午，前蜀实行大赦。

郢王朱友珪得志以后，马上变得荒淫无道，朝廷内外一片愤怒。朱友珪虽然用金银丝帛引诱拉拢，大家始终没有诚心拥护他。驸马都尉赵岩是赵犨的儿子，后梁太祖朱温的女婿；左龙虎统军、侍卫亲军都指挥使袁象先是后梁太祖朱温的外甥。赵岩奉命出使到大梁，均王朱友贞秘密地与他商量谋划诛杀朱友珪。赵岩说："这件事的成败，操在都招讨使杨师厚的手中。只要他一句话鼓动禁军，我们的事马上就可以成功。"均王朱友贞于是派遣心腹马慎交到魏州去劝导杨师厚，说："郢王朱友珪杀父篡位，天下人都希望归属大梁的均王朱友贞。您如果因势助成这件事情，这是非凡的功劳啊！"并且答应事情成功之日赏赐给他犒劳军队的钱五十万缗。杨师厚与将领佐吏商量这件事，说："当郢王杀父篡位时，我没有立即去讨伐他，如今君臣的名分都已经定了，无缘无故地再改变主意，这样好吗？"有人说："郢王亲自杀死君王父亲，这是贼人；均王发兵复仇，这是义士。尊奉正义、归从义士去讨伐贼人，还计较什么君臣的名分呢！他们如果一旦打败贼人，您将怎样安顿自己呢？"杨师厚说："我差一点失误了。"于是派遣他的部将王舜贤前往洛阳，暗中和袁象先商量；派遣招讨马步都虞候谯人朱汉宾率领军队驻扎在滑州作为外应。赵岩回到洛阳，也和袁象先秘密制定计策。

朱友珪惩治龙骧军中溃散作乱的人，搜捕他们的余党，抓获的灭族，过了年仍不停止。当时龙骧军有戍守大梁的，朱友珪召他们回洛阳，均王朱友贞于是派人去激怒他们说："天子因为驻扎在怀州的龙骧军的反叛，准备追拿你们全部坑杀。"龙骧军的士兵都很害怕，不知道应该怎么办。二月十三日丙戌，均王上奏说大梁的龙骧军士兵都怀疑恐惧，不肯出发前往洛阳。二月十五日戊子，龙骧军的将领们进见均王，哭着请求指示他们一条生路。均王说："先帝和你们南征北战三十多年，才经营了这一份帝王事业。如今先帝尚且被人杀死，你们怎么能够逃脱死亡呢！"于是拿出后梁太祖朱温的画像给他们看，并且流着泪说："你们能够到洛阳去为先帝报仇雪耻，就可以转祸为福了。”大家都跳跃欢呼万岁，请求发给兵器，均王就供应了他们武器。

二月十七日庚寅早上，袁象先率领禁兵几千人冲入宫中。朱友珪听说有变乱，和妻子张氏及冯廷谔跑到北垣墙楼下，准备翻城墙出去。朱友珪估计自己终究不能免于一死，于是命令冯廷谔先把妻子张氏杀死，再杀死他，冯廷谔也自杀了。各路军队十多万人在街市上大肆掠夺，百官都逃散，中书侍郎、同平章事杜晓，侍讲学士李珽都被乱兵杀死，门下侍郎、同平章事于兢，宣政使李振也被打伤。一直到太阳落山才安定下来。

袁象先和赵岩带着传国宝玺到大梁去迎接均王朱友贞，均王说：“大梁是国家创立基业的地方，何必要到洛阳去呢！”于是在大梁即皇帝位，仍把年号称为乾化三年，追废朱友珪为平民，恢复博王朱友文的官职爵位。

二月二十三日丙申，晋将李存晖攻打燕国的檀州。檀州刺史陈确献城投降。

前蜀唐道袭从兴元罢免回到成都，又担任枢密使的职务。太子王元膺在朝廷述说唐道袭的过失罪恶，认为不应当让他再掌管国家的机密要事，前蜀主王建很不高兴。二月二十七日庚子，任命唐道袭为太子太保。

三月初一日甲辰，晋周德威攻下了燕国的卢台军。

三月初四日丁未，后梁末帝朱友贞改名为锽；过了很久，又改名为瑱。

三月初七日庚戌，加封杨师厚兼任中书令，赐爵邺王；下诏书给杨师厚时不直呼他的名字以表示尊重；无论大小事情一定要先征求他的意见然后才施行。

后梁末帝朱友贞派遣使者招抚朱友谦。朱友谦仍旧称为藩镇，并奉行梁朝的年号。

三月十三日丙辰，立皇弟朱友敬为康王。

三月二十二日乙丑，晋王李存勖的将领刘光濬攻克了古北口。燕国居庸关使胡令圭等人投奔晋王。

（以上为第十二段，写后梁均王朱友贞灭朱友珪，即帝位于大梁，改名锽，后又改名瑱，是为后梁末帝。）

三月二十五日戊辰，任命保义留后戴思远为节度使，镇守邢州。

燕主刘守光命令大将元行钦率领骑兵七千人，在山北牧马，招募山北的士兵来接应契丹的援军；又任命骑兵将领高行珪为武州刺史，作为外援。晋将李嗣源分出一部分军队攻打山后的八军，全部攻下来了。晋王李存勖任命他的弟弟李存矩为新州刺史来总管山后的八军，委任燕纳降军使卢文进为副将。李嗣源进攻武州，高行珪献出武州城投降。元行钦听到高行珪投降，率领军队攻打高行珪。高行珪派他的弟弟高行周到晋军营中作人质，请求晋军救援。李嗣源率领军队救援高行珪，元行钦解除包围离开了。李嗣源和高行周追赶到广边军，一共打了八仗，元行钦无力再战，只好投降。李嗣源喜爱元行钦勇猛善战，收他为养子。李嗣源攻打儒州，把它打下来了，任命高行珪为代州刺史。高行周留下侍奉李嗣源，常常和李嗣源的养子李从珂分别率领牙兵随从出征。李从珂的母亲魏氏是镇州人，先嫁给王氏，生下从珂。李嗣源跟随晋王李克用在河北作战，得到魏氏，收为妾，所以李从珂成为李嗣源的儿子，长大了以后，以勇敢健壮善于作战而出名，李嗣源很喜爱他。

吴国行营招讨使李涛率领军队二万人出千秋岭，攻打吴越的衣锦军。吴越王钱镠任命他的儿子湖州刺史钱传瓘为北面应援都指挥使前往救援，睦州刺史钱传璙为招讨收复都指挥使，率领水军攻打吴国的东洲来分散吴军的兵力。

夏季，四月十一日癸未，任命袁象先兼领镇南节度使、同平章事。

晋将周德威率领军队进逼幽州南门。四月二十日壬辰，燕主刘守光派遣使者送信给周德威请求讲和，言辞卑下悲哀。周德威说："大燕皇帝还没有来得及到南郊祭天，怎么像这样低三下四呢！我奉命来讨伐有罪的人，至于结盟修好，我没有听说过。"没有回信。刘守光畏惧，又派人前来苦苦哀求，周德威这才把这件事向晋王李存勖报告。

千秋岭道路险峻狭窄，钱传瓘派人砍伐树木切断吴军的后路，然后发动攻击。吴军大败，钱传瓘俘虏了李涛和士兵三千多人返回。

四月二十七日己亥，晋将刘光濬攻下了燕国的平州，捉住平州刺史张在吉。五月，刘光浚攻打营州，营州刺史杨靖投降。

五月初四日乙巳，前蜀主王建任命兵部尚书王锴为中书侍郎、同平章事。

杨师厚与刘守奇率领汴州、滑州、徐州、兖州、魏州、博州、邢州、洺州的军队总共十万人大肆掠夺赵地。杨师厚从柏乡进入攻土门，进逼赵州，刘守奇从贝州进逼冀州，所经过的地方都焚烧抢掠。五月初九日庚戌，杨师厚到达镇州，在南门外扎营，焚烧城外街道和居民区。五月十一日壬子，杨师厚从九门撤退到下博，刘守奇带领军队与杨师厚会合进攻下博，把它攻下来了。晋将李存审、史建瑭戍守在赵州，军队很少，赵王王镕于是向周德威告急。周德威派遣骑兵将领李绍衡会合赵王部将王德明一起抵御梁朝军队。杨师厚、刘守奇从弓高渡过御河向东进发，逼近沧州，张万进害怕了，请求迁往河南。杨师厚上表请求调张万进镇守青州，任命刘守奇为顺化节度使。

吴国派遣宣州副指挥使花虔率领军队会合广德镇遏使涡信驻防广德，准备再次进攻衣锦军。吴越钱传瓘知道了先向他们发动攻击。

六月初一日壬申，晋王李存勖派遣张承业前往幽州，与周德威商议军事。

六月初五日丙子，前蜀主王建任命道士杜光庭为金紫光禄大夫、左谏议大夫，封蔡国公，进号广成先生。杜光庭博学多闻，又善于写文章，王建很器重他，常常和他商议政事。

吴越钱传瓘攻下了广德，俘虏了花虔、涡信返回。

六月十七日戊子，梁朝任命张万进为平卢节度使。

六月二十日辛卯，燕主刘守光派遣使者到张承业那里，请求开城投降。张承业认为刘守光没有信用，不答应。

（以上为第十三段，写吴越军大败淮南军于千秋岭。燕王刘守光力屈，请降于晋，不许。）

前蜀太子王元膺，生了一张公猪嘴，牙齿外露，眼睛斜视，但是却机警敏捷，通晓诗书，擅长于骑马射箭，性情急躁，多疑而且狠毒。前蜀主王建命令杜光庭选择性情平和、品德高尚的人去侍奉太子。杜光庭推荐了儒生许寂、徐简夫，但太子从未与他们交谈过，成天与乐工下人玩耍，没有节制，属官没有人敢劝谏。

秋季，七月，前蜀主王建准备在七夕出去游玩。七月初六日丙午，太子召集各王和大臣宴饮，集王王宗翰、内枢密使潘峭、翰林学士承旨高阳人毛文锡没有到，太子大怒，说："集王王宗翰不来，一定是潘峭和毛文锡在中间挑拨离间。"大昌军使徐瑶、常谦，一向被太子亲近信任，饮酒的时候，多次盯着少保唐道袭，唐道袭心里害怕赶快起身告退。七月初七日丁未早上，太子入宫禀报前蜀主王建说："潘峭、毛文锡挑拨离间我们兄弟。"王建大怒，命令将潘峭、毛文锡贬官放逐出去，任命前武泰节度使兼侍中潘炕为内枢密使。

太子王元膺出宫后，唐道袭入宫进见，前蜀主王建把这件事告诉他。唐道袭说："太子阴谋作乱，想要召集各将领和各王，派兵把他们都监禁起来，然后发动叛乱。"王建听了心中疑惧，七夕就不出游了。唐道袭请求召集屯营兵进入皇宫守卫，王建答应了。皇宫内外戒备得十分森严。

太子王元膺起初没有什么防备，听说唐道袭召集军队，于是用天甲武士进行自卫，把潘峭、毛文锡抓来，打得他们快要死了，囚禁在东宫内；又逮捕成都尹潘峤，囚禁在得贤门。七月初八日戊申，徐瑶、常谦和怀胜军使严璘等各率领所属部队随从太子攻打唐道袭。到了清风楼，唐道袭率领屯营兵出来迎战。唐道袭被乱箭射中，太子等一直追到城西，把唐道袭斩杀，并且杀死了很多屯营兵。朝廷内外都惊慌骚乱。

潘炕向王建进言说："太子是为了和唐道袭争权而已，没有其他的心思。陛下应该当面晓谕文武大臣以安定社稷。"王建于是召兼中书令王宗侃、王宗贺，前利州团练使王宗鲁，命他们发兵讨伐叛乱的徐瑶、常谦等人。王宗侃等在西毬场门列阵。兼侍中王宗黯从大安门搭梯翻过城墙进入宫中，与徐瑶、常谦在会同殿前进行战斗，杀死几十人，其余的人都溃散了。徐瑶战死，常谦和太子逃往龙跃池，藏身在船中。

七月初九日己酉早晨，太子从船中出来向船夫乞讨食物，船夫把这事报告王建。王建急忙派遣集王王宗翰前往慰问安抚，到了那里，太子已经被身边的卫士杀死。王建怀疑是王宗翰杀了太子，痛哭不止。左右的将吏担心发生事变，刚好张格把拟好的慰问安抚军民的告示献上来，读到“不对叛逆作乱的人实行诛杀，就要贻误国家的大事”这一句时，蜀主王建擦干眼泪说：“朕怎么能因私情危害国家公事！”于是颁下诏书把太子王元膺废为庶人。王宗翰上奏请求把杀死太子的人斩首，王元膺左右侍从因这事被杀的有几十人，被降职流放的人更多。

七月初十日庚戌，前蜀主王建追赠唐道袭太师，谥号忠壮；重新任命潘峭为枢密使。

（以上为第十四段，写前蜀太子王元膺日与群小嬉戏无度，与大臣唐道袭交恶，两人相攻，俱亡。）

七月二十四日甲子，晋五院军使李信攻下了莫州，擒获燕国将领毕元福。八月初六日乙亥，李信又攻下了瀛州。

后梁赐高季昌爵为勃海王。

晋王李存勖和赵王王镕在天长镇会面。

楚宁远节度使姚彦章率领水军进攻吴国的鄂州。吴国任命池州团练使吕师造为水陆行营应援使，还没有到达，楚军就撤回去了。

九月初五日甲辰，后梁任命御史大夫姚洎为中书侍郎、同平章事。

燕主刘守光率领军队在夜晚出击，又夺回了顺州。

吴越王钱镠派遣他的儿子钱传瓘、钱传璙及大同节度使钱传瑛攻打吴国常州，在潘葑扎营。徐温说：“浙人轻浮而且怯懦。”率领各将领日夜赶路前去迎战。到了无锡，黑云都将陈祐对徐温说：“他们以为我们远路赶来一定疲惫不堪，不能马上决战。请允许我带领我的部下乘他们没有戒备攻击他们。”于是从别条道路绕到敌人后面，徐温率领大军正面进逼，前后夹攻。吴越军队大败，被杀死、俘获的吴越士兵很多。

高季昌制造战舰五百艘，修筑城墙沟堑，整治铠甲器械，作为进攻和守卫的工具，召集逃亡在外的人，和吴国、前蜀互相往来。梁朝渐渐不能控制高季昌了。

（以上为第十五段，写后梁封荆南节度使高季昌为勃海王。高季昌招聚亡命，交通吴蜀，梁不能制。吴人在常州大败来犯的吴越兵。）

冬季，十月初一日己巳，燕主刘守光率领部下五千人在夜里出发，将要进入檀州。十月初二日庚午，周德威从涿州率领军队拦击，把他打得大败。刘守光带领一百多名骑兵逃回幽州，他的将领、士兵都相继向晋军投降。

前蜀潘炕多次请求蜀主王建选立太子。王建认为雅王王宗辂像自己，信王王宗杰才思敏捷，想要在两人中挑选一人立为太子。郑王王宗衍年龄最小，他的母亲徐贤妃受到王建宠爱，想立自己的儿子，派飞龙使唐文扆暗示张格向王建上表奏请册立王宗衍。张格在夜里把写好的表章给功臣王宗侃等人看，欺骗他们说是接受了王建的密旨要他这样做，王宗侃等人都在表上署了名。王建让相面的人看各个儿子的面貌，相面的人也迎合说郑王王宗衍的相貌最尊贵。王建以为大家确实想要立王宗衍为太子，不得已答应了大家，说："王宗衍年幼懦弱，能够胜任他的职务吗？"十月二十六日甲午，立王宗衍为太子。受册完毕，潘炕认为朝廷已没有什么重要大事要他效力了，声称自己有病，请求告老辞官，王建不答应；潘炕流着眼泪坚决请求，王建才答应他。国家有了大的疑难事情，王建常常派遣使者到潘炕家里去征询他的意见。

岭南节度使刘岩向楚王马殷求婚，楚王马殷答应把女儿嫁给刘岩。

卢龙所管辖的地方全部被晋王李存勖占有，燕主刘守光独自据守幽州城，向契丹请求救援。契丹认为刘守光没有信用，最终没有前来救援。刘守光多次向晋军请求投降，晋人怀疑他有诈，始终不接受他投降。到这时候，刘守光登上城楼对周德威说："等晋王到了，我就打开城门俯首听命。"周德威派遣使者禀报晋王李存勖。十一月初六日甲辰，晋王任命监军张承业暂时代理主持军府事务，自己亲往幽州。十一月二十三日辛酉，晋王单骑到达幽州城下，对刘守光说："朱温叛变篡唐，我本来要和你会合潞、镇、定、幽、沧五镇的军队共同复兴唐朝，可是你图谋不轨，竟然效法朱温狂妄僭越。镇州王镕、定州王处直二帅都很恭敬地侍奉你，而你从来也不体恤他们，所以才有了今天这一场战斗。男子汉无论成功还是失败，必须决定去向，你现在打算怎么办？"刘守光说："今天我已经是砧板上的肉了，全看大王您的决定。"晋王怜悯刘守光，就和刘守光折断弓箭起誓，说："只要你出城相见，我就保证你平安无事。"刘守光推辞说改日再谈。

起先，刘守光的爱将李小喜大多赞成附和刘守光所干的坏事，刘守光对李小喜言听计从，李小喜的权势在燕国超过其他一切人。到这时候，刘守光准备出城投降，李小喜阻止了刘守光。当晚，李小喜翻越城墙到晋军营中投降，并且说幽州城内力量已经用尽了。十一月二十四日壬戌，晋王李存勖统率各路军队从四面同时攻城，攻下了幽州城，活捉了刘仁恭和他的妻妾，刘守光带着妻子儿女逃跑了。十一月二十五日癸亥，晋王进入幽州城。

后梁任命宁国节度使王景仁为淮南西北行营招讨应接使，率领军队一万多人攻打庐州、寿州。

（以上为第十六段，写晋王李存勖克幽州，擒刘仁恭，刘守光逃亡，燕亡。）

【点评】

本卷点评蜀岐大交兵、李遇救子遭灭全族、后梁太祖为子所弑三件史事。

蜀岐大交兵。前蜀主王建，岐王李茂贞，陇蜀地望相接，势不两立。李茂贞据陇挡住了王建的出路。李茂贞成为王建的首要之敌。李茂贞只守陇地，唐王室在关中，地处边陲，狭小人寡，死路一条。李茂贞自雄，兼吞巴蜀，是首选的攻击目标。蜀岐交兵，形势必然。当朱全忠围攻凤翔之时，王建乘机夺取李茂贞山南之地。当昭宗东迁，朱全忠篡唐之志明朗，一是列镇受唐昭宗诏令勤王，二是列镇要自保，适应形势，蜀岐为唇齿之邦，不宜自相攻伐。李茂贞释嫌与王建交好，结为婚姻，一致共讨朱全忠。李茂贞在前沿，王建为之后援，供给岐兵衣粮器械。不久，朱全忠篡唐，忙于内务，随即受到晋王李存勖进攻，后梁减轻了西向的压力，蜀岐“蜜月”结束，双方爆发了更大的争斗，蜀岐大交兵。李茂贞向王建索取山南之地，无异于虎口夺食，甚至是与虎谋皮，这是最不理智的妄动。李茂贞兴兵强夺，王建亲率大军与之争。岐军弱小，本来就不是蜀军对手，先胜而后大败，被迫和解，李茂贞势力进一步衰落。

李遇救子遭灭族。李遇，淮南宣州观察使，杨行密旧将，位在牙将徐温之上。杨行密旧将镇南使刘威，歙州观察使陶雅，常州刺史李简，位亦在徐温之上。杨行密死，徐温秉政，历杨渥、杨隆演，贵重日隆，甚至操废立大权，四人心内不平，李遇尤甚，散布言论说：“徐温是什么人，我们这些旧人连徐温的面都没有见过，他凭什么主持政务。”徐温派馆驿使徐玠出使吴越，路过宣州，劝李遇入淮南面见新主杨隆演。李遇已经答应了，徐玠多说了一句：“公不入见新主，落下话柄，说你造反。”李遇大怒说：“你凭什么说我李遇造反，杀侍中的人反而不是造反的人！”侍中，指杨渥，杀侍中的人指徐温。李遇直斥徐温是造反者。徐温大怒，委派淮南节度副使王檀为宣州制置使，宣布李遇不入见新主之罪，令柴再用率升、调、池、歙诸州之兵送王檀到宣州赴任，李遇反叛，起兵相拒。柴再用围攻宣州一月有余，没能取胜。李遇的小儿子为淮南牙将，李遇最疼爱。徐温执送李遇少子到宣州城下啼号求生，李遇为了救子，不战而降，徐温族灭李遇一门。

李遇才薄，不服徐温当政，取死之道。既然反叛，宜举义旗声讨徐温弑主之罪，传檄诸州共同清君之侧，或有侥幸，即使败亡，也留得英名。争天下者不顾家，岂能以不战而能救子者乎？三尺童子皆知，李遇不知，可见其无能为也。李遇救子出降，父子俱死。李遇不出降，子死父存，激励全军一战，不失为大丈夫。李遇使性大言，轻率反叛，临事而惧，是一个无智无勇的小丑，祸害全家，虽死不足悲也！

后梁太祖为子所弑。后梁太祖朱晃，晚年猜忌，多杀功臣，又纵情声色，诸子在外，令儿媳入侍，乱伦纵淫。后梁太祖长子朱友裕早卒，次子博王朱友文为义子，后梁太祖绝爱之，于是属意立朱友文为太子。郢王朱友珪亦后梁太祖义子，年次朱友文。朱友珪任控鹤都指挥使，侍奉在后梁太祖左右。乾化二年（公元 912 年）六月，后梁太祖病重，召博王朱友文欲托以后事，郢王朱友珪妇侍侧，知其事以告朱友珪说："大家把传国玺交给王氏怀揣着到东都，我们不知哪一天就要死了。"夫妻相向哭泣。朱友珪身边的人说："事情紧急，赶快拿定主意找出路，机不可失。"一句话点醒朱友珪，他赶紧去联络那些被后梁太祖诛杀的功臣子弟，又召来亲信左龙虎军统军韩勍，告以实情，趁朱友文还在东都，立即发动政变。韩勍率领五百牙兵，在朱友珪及其亲兵控鹤士的带领下埋伏在宫中。到了夜半，伏兵齐出，杀死守门卫士，朱友珪带头冲入后梁太祖寝殿，守候的人全都逃走。后梁太祖惊惧起身，问："是谁造反？"朱友珪应声回答说："不是别人，是我朱友珪。"后梁太祖说："我本来就怀疑你，只恨早没有杀你，你犯上作乱，天地不容。"朱友珪反唇相讥说："天地不容的是老贼，应该碎尸万段。"随着朱友珪的骂声，朱友珪仆人冯廷谔狠狠一刀从后梁太祖腹部刺入，刀尖穿透到背部。朱友珪用破毡包裹后梁太祖，就地掩埋在寝殿内，秘不发丧。朱友珪矫诏杀了朱友文，这才发丧，宣布遗诏，朱友珪继承帝位。

朱友珪用残忍的手段弑父弑君，非法夺取帝位，毫不珍惜，即位伊始不为一善政，效其父荒淫好杀，内外愤怒，不久就被均王朱友贞诛杀。

后梁太祖病重之时，曾对左右亲近说："我经营天下三十多年，想不到太原贼势更加猖獗，我看李存勖小儿志向不小，老天又要夺我的命，我死，儿子们没有一个是李存勖的对手，我死无葬身之地啊！"后梁太祖万万没有想到，死无葬身之地，却遭的是儿子的毒手。

资治通鉴（白话本） 卷第二百六十九

后梁纪四

后梁均王乾化三年至贞明三年（公元 913—公元 917）

【起昭阳作噩（癸酉，公元 913 年）十二月，尽强圉赤奋若（丁丑，公元 917 年）六月，凡三年有奇】

【大事提要】

本卷记事起于公元 913 年十二月，讫于公元 917 年六月，凡三年又七个月。当后梁末帝乾化三年十二月至末帝贞明三年六月。后梁势衰，南与吴交战不胜，岭南刘岩绝贡，宫廷未遂政变削弱梁室统治力量。晋王李存勖破幽州，杀燕主刘守光父子，势力大增，全力攻梁。恰在此时，后梁末帝趁天雄节度使杨师厚之死欲削弱魏博大镇，一分为二，魏博反叛投晋，晋王亲临魏州受降与后梁名将刘鄩对峙。当时，势均力敌。后梁末帝听小人蛊惑，遥控前线军事，多次督促刘鄩出战。刘鄩坚守以疲晋师的策略遭受干扰，在不利的形势下屡战屡败，刘鄩一败于偷袭晋阳，再败于莘县，三败于魏州城下，全军覆没，后梁河北之地尽失，国势动摇。前蜀主王建趁晋梁交兵，大举进攻岐王，岐国土地大部丧失。王建又大败高季昌及南诏军，前蜀势力达于鼎盛。南方吴越与闽通婚交好。北方契丹兴起，助梁攻晋，兵围幽州。吴国徐知诰无意得镇润州，为南唐建立张本。

均王上

后梁均王乾化三年（癸酉，公元 913 年）

十二月，吴国镇海节度使徐温、平卢节度使朱瑾率领将领们迎战王景仁，两军在赵步遭遇。吴国征召的军队还没会合，徐温率领四千人和王景仁作战，结果没能取胜，就往后撤退。王景仁率兵从后追击，快追到隘口时，吴国的官兵们吓得脸都变了色，这时左骁卫大将军宛人陈绍挺着枪大叫说："我们已经把敌人引诱得很深入了，可以反击了。"说完，跃马冲了回去，大家也都跟着他往回冲，梁军于是往后退去。事后，徐温拍着陈绍的背说："要不是你有勇有谋，我们差点被困住了。"于是赐给他很多金帛财物，陈绍把这些赏赐品全部拿出来分给部下。吴军集结完毕之后，又和王景仁部在霍丘展开大战，梁军大败，王景仁率领数骑殿后，吴军不敢逼近追击。梁军渡过淮河南下的时候，曾在可以涉水而过的津口处做有标记，吴国霍丘守将朱景把这些标记浮置在木头上，然后再把这些木头移到深水处。到了梁军败退回来的时候，他们看到标记，就对着标记涉水，结果淹死了一大半，吴国人把梁军的尸体聚拢在一起封土，在霍丘筑成京观。

十二月初三日庚午，晋王任命周德威为卢龙节度使，兼侍中，另外任命李嗣本为振武节度使。

燕主刘守光准备逃奔到沧州去投靠刘守奇，因涉水遇寒，脚都冻肿了，又迷了路，到了燕乐县境内，白天藏匿在土坑或山谷中，几天没吃饭，便叫他的妻子祝氏到一个名叫张师造的农夫家去讨饭。张师造怀疑这个来讨饭的妇女不是普通人，追问之下，知道了刘守光藏身的地方，于是就把他连同三个儿子一并活捉。十二月初六日癸酉，晋王正在大宴宾客，这时将吏们把刘守光押到，晋王对刘守光说："主人为回避客人怎么藏得这样远呀！"把他和刘仁恭一起安置在馆舍里，并赐给他们饮食、衣服、器物。晋王命令掌书记王缄草拟告捷露布，王缄不知露布的掌故，竟然把它写在布上，然后再让人拉着。

晋王准备从云州、代州回晋阳去，赵王王镕和王处直都请求从中山、真定等地前往井陉，晋王答应了。十二月十三日庚辰，晋王一行从幽州出发，刘仁恭父子都戴着刑具站在露布之下。刘守光父母把口水吐到刘守光脸上并骂他说："逆贼，你把我家害到这种地步！"刘守光只是低着头，不敢吭声。十二月十七日甲申，到达定州，住在城中。十二月十九日丙戌，晋王和王处直一起去拜谒北岳庙；当天，到达行唐县，赵王王镕在路上迎接。

（以上为第一段，写淮南吴国大败梁军，晋王李存勖破幽州，俘获燕主刘守光及其父刘仁恭而归。）

后梁均王乾化四年（甲戌，公元914年）

春季，正月初一日戊戌，赵王王镕到晋王的营帐中摆设酒宴，敬酒祝寿。王镕表示想见识一下刘仁恭太师，晋王于是令人卸掉刘仁恭和刘守光的刑具，把他们带到席上一起饮宴；王镕不仅对他们的回拜答礼，又赠送给他们衣服鞍马酒食等东西。正月初二日己亥，晋王和王镕在行唐县西边打猎，王镕把晋王一直送到边境上才告辞回去。

[正月初九日丙午]，前蜀主命令太子掌领六军，开设崇勋府，并且设置属官，后来又改称天策府。

正月十五日壬子，晋王用链索绑着刘仁恭父子，一路奏着凯歌回到晋阳城，正月十九日丙辰，到太庙祭祖告捷，并亲自监斩刘守光。刘守光大叫说："我死了没有什么遗憾的，但是叫我不要投降的，是李小喜。"晋王于是把李小喜叫来当面对质，李小喜怒目叱喝刘守光说："你像禽兽一样胡作非为，难道也都是我教你的吗！"晋王见他对旧主这般无礼，非常生气，就把他先斩杀了。刘守光说：“我擅长骑马射箭，大王要想成就霸业，何不留我一条性命，让我为你效劳呢？”他的两个妻子李氏和祝氏责备他说：“皇上，事情已经到了这般地步，活着又有什么用！”说完，就伸长了脖子就刑。而刘守光却一直到死都在不停地哭喊哀求。晋王命令节度副使卢汝弼等人押解刘仁恭到代州，先刺取他的心血祭奠在先王墓前，然后又把他斩杀了。

有人向赵王王镕建议说：“大王的官爵是尚书令，这其实是梁朝的官名，大王既然已经和梁朝成为仇敌了，就不应该再用它的官名。况且自唐朝太宗登基以来，一直没人敢再用这个官名。现在晋王是盟主，功勋很高而职位却很低，不如把尚书令让给他。”王镕说：“很好！”于是就和王处直分头派遣使者公推晋王为尚书令，晋王再三推辞，最后还是接受了，于是开始建府设署，按照唐太宗的旧例设立行台。

高季昌认为蜀国的夔州、万州、忠州、涪州这四个州从前是荆南的辖地，于是发动军队想要攻取这四个地方，他首先率领水军进攻夔州。当时蜀国的镇江节度使兼侍中嘉王王宗寿镇守在忠州，夔州刺史王成先向他请求调拨些盔甲，王宗寿却只给了王成先一些白布袍。王成先率领军队迎战，高季昌放火船顺风过来，想烧毁蜀军的浮桥，蜀招讨副使张武用大铁索在长江峡中一拦，火船都过不去了。不久碰上风向倒转，荆南的水军被火烧死的和掉到江里淹死的非常多。高季昌乘一艘蒙着牛皮以作保护的战舰，一块飞来的石块把船尾打坏，高季昌只好换上另一条小船逃走。荆南的军队吃了一个大败仗，被俘虏和被斩杀的达五千人。事后，王成先秘密地派人向蜀主劾奏王宗寿不肯调拨盔甲这件事，派出的人被王宗寿抓获，王宗寿于是就把王成先叫来斩杀了。

（以上为第二段，写晋王斩杀刘仁恭父子，高季昌兵败于蜀。）

后梁末帝因为岐军老是入侵，于是就在二月把感化节度使康怀英调任为永平节度使，镇守长安。康怀英就是康怀贞，是避后梁末帝的名讳而更改的。

夏季，四月初十日丙子，蜀主把镇江军的治所迁移到夔州。

四月十一日丁丑，司空兼门下侍郎、同平章事于兢因为升迁将校时有私心而被治罪，被免去原职降为工部侍郎，又被贬为莱州司马。

吴国袁州刺史刘崇景反叛，归降楚国。刘崇景是刘威的儿子。楚国将领许贞率领一万名军队去接应他，吴国的都指挥使柴再用和米志诚则率领将领们前往讨伐刘崇景。

楚国岳州刺史许德勋率领水军巡防边境，到了夜半时分，忽然刮起了一阵强烈的南风，都指挥使王环于是乘着风势一直进逼到吴国的黄州，利用绳梯登上城墙，直取州署，活捉了吴国刺史马邺，并且大肆掠夺了一番才撤退。许德勋说：“鄂州的敌军会拦击我们的，最好注意防备一下。”王环说：“我们的军队攻入黄州，鄂州的人没能得到消息，现在忽然间从他们的城外经过，他们恐怕自救都来不及，哪里还敢拦击我们！”于是就张旗击鼓，浩浩荡荡地经过鄂州城，城里的人竟然没敢进逼。

五月，朔方节度使兼中书令颍川王韩逊去世，军中的将领们公推他的儿子韩洙为留后。五月十七日癸丑，后梁末帝下诏任命韩洙为节度使。

吴国的柴再用等人同刘崇景、许贞在万胜冈大战，把他们打得大败，刘崇景和许贞放弃袁州逃走。

（以上为第三段，写梁将康怀英守长安，楚将王环顺风掠吴黄州，吴将柴再用平定袁州之乱。）

晋王攻克幽州之后，便计划入侵后梁。秋季，七月，和赵王王镕及周德威在赵州会师，南侵邢州，李嗣昭也率领昭义军前来会合。杨师厚率兵来解救邢州，屯驻在漳水东边。晋军到达张公桥，副将曹进金前来投顺后梁。晋军于是就撤退了，各路兵马也相继回到自己的驻地去了。八月，晋王回到晋阳。

前蜀武泰节度使王宗训镇守黔州，一向贪婪残暴，不守国法；又擅离职守，回到成都，八月十六日庚辰，晋见前蜀主王建，对提出多项要求，言谈之间态度又很狂妄无礼。王建大怒，立刻命令左右卫士把他当场打死。八月二十四日戊子，另行任命内枢密使潘峭为武泰节度使、同平章事，又任命翰林学士承旨毛文锡为礼部尚书，并兼管枢密院的事务。

三峡上有堤堰，有人向前蜀主建议应乘夏秋之际江水上涨的时候，决堤淹灌江陵，毛文锡进谏说：“高季昌虽然不肯归服，但是他的老百姓又有什么罪过呢？陛下正要以德来怀柔天下，怎么能忍心让邻国的老百姓成为鱼鳖的食物？”王建听从，只好作罢。

后梁均王任命福王朱友璋为武宁节度使。前任节度使王殷，是朱友珪任命的，心里感到害怕，不肯交接，于是反叛投靠了吴国；九月，后梁末帝命令淮南西北面招讨应接使牛存节和开封府尹刘鄩率兵前往讨伐。冬季，十月，牛存节等把军队屯驻在宿州。吴国平卢节度使朱瑾等率兵援救徐州，牛存节等迎战，打败了朱瑾，吴军只好撤退回去了。

十一月十三日乙巳，南诏入侵黎州，前蜀主王建任命夔王王宗范、兼中书令王宗播、嘉王王宗寿三人为三路招讨使前去迎击。十一月二十四日丙辰，在潘仓嶂把南诏军打败，并斩杀了南诏军的酋长赵嵯政等人；十一月三十日壬戌，又在山口城再次打败了南诏军；十二月十三日乙亥，攻破了武侯岭的十三个营寨；十二月十九日辛巳，又在大渡河打败南诏军，俘虏和斩杀了南诏军数万人，蛮人们都争先恐后地渡河，河上的桥断了，掉在河里淹死的也有好几万人。王宗范等人准备搭浮桥渡过大渡河继续追击，王建下令让他们班师回去。

十二月二十一日癸未，前蜀兴州刺史兼北路制置指挥使王宗铎进攻岐国的阶州和固镇，攻破了细砂等十一座营寨，斩首四千级。十二月二十二日甲申，指挥使王宗俨攻破岐国长城关等四座营寨，斩首二千级。

岐国静难节度使李继徽被他的儿子李彦鲁毒死，李彦鲁自立为留后。

（以上为第四段，写后梁与吴，前蜀与岐交兵。前蜀主王建大败南诏军。）

后梁均王贞明元年（乙亥，公元 915 年）

春季，正月初八日己亥，前蜀主登上得贤门举行接受献俘的仪式，下令大赦境内。起先，黎、雅两州蛮酋刘昌嗣、郝玄鉴、杨师泰等人，虽然臣服于唐朝，并且接受爵位赏赐，号称㶉金堡三王，但却私下里勾结南诏，替他们刺探军情；过去镇守蜀地的多是文臣，虽然知道这一情况，也没人敢责问他们。到这时，前蜀主将他们以泄漏军情治罪，在成都街市上斩首，并毁掉㶉金堡。从此以后，南诏再也不敢来侵犯边境了。

二月，牛存节等攻下了彭城，王殷全族放火自焚。

三月初七日丁卯，任命右仆射兼门下侍郎、同平章事赵光逢为太子太保，并且准许他告老还乡。

天雄节度使兼中书令邺王杨师厚去世。杨师厚晚年倚仗着功劳和部众多，擅自搜刮钱财和赋税，并且挑选军中骁勇的壮士，设置了银枪效节都几千人，并给以优厚的待遇和赏赐，想要恢复过去牙兵的盛况。后梁末帝虽然表面上对他很尊敬礼遇，内心却很疑忌他，到了杨师厚一去世，后梁末帝就私下在宫中接受近臣的恭贺。租庸使赵岩、判官邵赞向后梁末帝建议说："魏博这个地方之所以成为唐朝的心腹大患，两百多年都没办法除去，正是因为它地盘广大、兵强马壮的缘故。罗绍威、杨师厚先后盘踞这个地方，朝廷都没有办法控制他们。陛下如果不趁这个时候有个好的打算，那就正如俗语所说的'弹疽不严，必将复聚'了，谁能知道后继者不会当第二个杨师厚呢？最好把魏博六州分为两个镇，以便削弱它的实力。"后梁末帝觉得有道理，于是任命平卢节度使贺德伦为天雄节度使；在相州设置昭德军，把澶、卫二州隶属于昭德军，以宣徽使张筠为昭德节度使，并把魏州将士人马和府库财富的一半给相州。张筠是海州人。两人上任以后，朝廷担心魏州的人不服气，于是派开封尹刘鄩率领六万名士兵从白马津渡过黄河，虽然名义上是要讨伐镇州、定州，实际是对魏州人摆出威胁镇压的架势。

魏博军队都是父子相承有几百年了，相互之间的宗族、姻亲关系盘根错节，大家都不愿意分离迁徙。贺德伦屡次催促他们，被安排要迁出的人都在怨叹，军营里到处都有人们聚在一块儿大哭。三月二十九日己丑，刘鄩率兵进驻南乐，并在此前派遣了澶州刺史王彦章率领龙骧骑兵五百人进入魏州，屯驻在金波亭。魏州的军人们相互商量说："朝廷忌恨我们军府力量强盛，所以变着法子想使我们残破。我们这六个州历代都是藩镇，军队从来也没有远出到河门以外的地方，现在却要骨肉离散，真是生不如死。"当晚，军中开始骚乱，乱兵到处放火抢劫，并包围金波亭，王彦章杀出重围逃跑了。第二天一大早，乱兵攻进牙城，杀了贺德伦的亲兵五百人，劫持了贺德伦并把他安置在城楼上。有个名叫张彦的效节军校，率领他的部属，拔出白刃，制止乱兵们继续掠夺。

夏季，四月，后梁末帝派遣供奉官扈异去安抚魏州的军队，并答应要任命张彦为刺史。张彦请求把相、澶、卫三州恢复如过去一样归天雄军管辖的建制。扈异回朝后，向后梁末帝报告说张彦这个人容易对付，只要让刘鄩再多加派些兵力，立刻就可以把张彦斩首传送到京师来。后梁末帝听信了这些话，因此也就没有任命张彦为刺史，只是颁发了一道充满褒扬之意的诏书给他。朝廷的使者再次回到魏州，张彦把诏书撕裂了丢在地上，用手指着南方大肆辱骂朝廷，并且对贺德伦说："天子愚昧，让人牵着鼻子走。现在我们的兵力虽然强大，如果没有外援，恐怕还是不能独立支撑，我看最好还是向晋国投诚归顺吧。"于是逼迫贺德伦写信向晋国求援。

李继徽的养子李保衡杀死了李彦鲁，自称为静难留后，率领邠、宁两州来归附梁朝。后梁末帝下诏任命李保衡为感化节度使，同时任命河阳留后霍彦威为静难节度使。

吴国徐温任命他的儿子牙内都指挥使徐知训为淮南行军副使、内外马步诸军副使。

晋王收到贺德伦的信后，命令马步副总管李存审从赵州进兵占据临清。五月，李存审到达临清，刘鄩则屯驻在洹水。贺德伦又派遣使者向晋国告急，晋王于是率领大军从黄泽岭往东而下，和李存审在临清会师，但是还有点怀疑魏州人是不是在使诈，于是就按兵不动。贺德伦派遣判官司空颋前去犒劳晋军，偷偷地向晋王表示："除乱应当从根本上消除。"接着就报告了张彦凶狠残暴的情状，劝晋王只要先把他除掉，就没有什么可担心的事了。晋王听了之后没有明确表态。司空颋是贝州人。

晋王进驻到永济，张彦挑选了银枪效节五百人，都拿着兵器自卫，到永济请求晋见，晋王登上驿楼，对他说："你欺凌、胁逼主帅，又残害、虐待老百姓，几天来到我马前来诉冤的已有一百多人了。我这次率兵而来，是为了安定老百姓的，并不是贪取土地。你虽然对我来说是有功劳的，但我也不得不杀你好向魏州的人有个交代。"于是就下令斩杀张彦和他的死党七人，其余的人都吓得两腿发抖。晋王把他们召集到一起对他们说："有罪的只有这八个人，其余的人概不追究。从今天起你们应该竭力为我效劳。"众人都拜伏在地上，高呼万岁。第二天。晋王穿着宽松轻便的服装继续往前进军，命令张彦的部属们穿着甲胄，拿着兵器，在坐骑两旁随行保护，并且仍然重用他们为帐前银枪都。众人由此对晋王大为佩服。

刘鄩听说晋军到了，于是就挑选了一万多名精锐，从洹水赶赴魏县；晋王留李存审屯守临清，派遣史建瑭屯驻魏县以抵御刘鄩，而自己则率领亲军到达魏县，和刘鄩隔着漳河相对扎营。

后梁末帝听说魏博叛变了，大为后悔，又十分恐惧，于是派遣天平节度使牛存节率兵屯驻杨刘，算是为刘鄩声援。恰遇牛存节生病去世，于是另外任命匡国节度使王檀代替他。

岐王派遣彰义节度使刘知俊围攻邠州，霍彦威坚守城池抵御他。

（以上为第五段，写梁魏博叛梁附晋，晋王提兵亲赴魏州与梁将刘鄩对峙。）

六月初一日庚寅，贺德伦率领文官武将们请晋王进入府城慰劳军队。进入府城后，贺德伦奉上府印旌节，请求晋王兼领天雄军，晋王坚决推辞，他说："最近我听说汴梁的贼人侵逼你们，所以亲自率领属下们，远道赶来救援；后来又听说城中百姓新近遭到敌兵的祸害，所以入城来慰抚他们。您不能体察诚心和信任，竟然要把府印和旌节让给我，这实在不是我的本意啊！"贺德伦再拜请求说："现在敌寇已迫在眼前了，军城中最近又发生过大的变乱，人心还不安定，德伦的心腹下属又都被张彦杀光了，我现在的处境非常孤单，力量微弱，怎么能够统率部众呢？一旦要发生变故，恐怕就要辜负您的大恩大德了。"晋王只好接受了。贺德伦率领一班文臣武将向晋王恭贺，晋王则以唐朝天子的名义，任命贺德伦为大同节度使，并让他马上去就任。贺德伦到了晋阳，被张承业留住了。

当时银枪效节都在魏州城还十分骄横，晋王于是就下令："从今以后有敢结党、造谣或者抢劫老百姓的，杀无赦！"为此任命了沁州刺史李存进为天雄都巡按使。凡是有散播流言动摇人心者，或者强行索取人钱一文以上者，李存进把他们都抓来在街市上斩首分尸示众。十来天中，城中便恢复了秩序，没有人再敢喧哗起哄了。李存进本姓孙，名叫重进，振武人。

晋王经常外出征讨，天雄军府的大小事务都委托给判官司空颋去决定。司空颋仗着有才气又有权势，于是对任何小仇怨都实行报复，又收受贿赂，极端骄横奢侈。他有个侄子在黄河以南的梁朝境内，便秘密地派人把他召来，都虞候张裕抓到了他的使者，并报告了晋王，晋王责备司空颋说："自从我得到魏博以来，大小事务都委托给你，你怎么还这样欺骗我呢？为什么不事先和我说一声呢？"于是作揖，命令司空颋回到府第，当天，就下令把司空颋全族的人都抓到军门前斩首，另外任命判官王正言代替他的职务。王正言是郓州人。

魏州孔目吏孔谦，勤劳敏捷，长于计算，特别擅长管理账目和文书，晋王任命他为支度务使。孔谦能巴结权贵，并因此得到进一步的宠信。魏州在不久前的变乱之后，府库空虚，百姓也疲惫不堪，但是，会集三镇的兵马，在黄河一带作战，将近有十年之久，军需粮饷的供应，不曾有过短缺，这些都是孔谦的功劳。然而横征暴敛，使得六州的老百姓穷愁困苦，怨恨晋王，这些也是孔谦所造成的。

张彦以魏博镇归附晋国的时候，贝州刺史张源德不肯服从，他北面结交沧、德，南边联合刘鄩，共同抵抗晋军，并且几次切断镇州、定州之间的粮道。有人向晋王建议说："请先派一万多军队攻取张源德，然后再往东兼并沧、景，那么一直到海边一带的土地都将归我们所有了。"晋王说："这可不见得。贝州城池坚固，守军又多，仓促之间不容易攻下来。德州隶属于沧州，平时又没有什么戒备，如果能拿下来并派军队驻守的话，那么沧州、贝州之间就不能互通消息了，两个城如果被孤立，那么就很容易把它们攻下了。"于是派遣五百名骑兵，日夜兼程，袭击德州。德州刺史没想到晋兵一下子就到了，翻墙逃走，于是晋军就攻下了德州，并且任命辽州守捉将马通为刺史。

秋季，七月，晋王军队利用夜晚偷袭澶州，把它攻下了。刺史王彦章当时在刘鄩的军营中，晋军抓到了他的妻子儿女，对待他们很优厚，并且派遣秘密使者前去诱降王彦章，王彦章把晋王的使者杀了，晋王于是也把王彦章的全家大小都杀了。晋王任命魏州的部将李岩为澶州刺史。

晋王到魏县劳军，于是就率领百余名骑兵沿着漳河往上游去侦察刘鄩的阵地。碰上那天天气阴沉昏暗，刘鄩在河道转弯处的丛林里埋伏了五千名士兵，鼓噪而出，把晋王团团围住。晋王于是纵马大叫，率领骑兵们冲刺突围，所到之处梁军被打得落花流水。副将夏鲁奇等人手拿短刀奋战，从午时一直战到申时才冲出重围，共损失了七名骑兵，夏鲁奇亲手杀死了一百多名敌人，但是自己全身也伤痕累累，刚好李存审率领救兵赶到，最后才得以脱身。晋王回头对随从们说："差一点给贼人们笑话。"左右都说："这样也正好使敌人见识一下大王的英勇。"夏鲁奇是青州人，晋王从此以后更加喜爱他，赐他姓名为李绍奇。

（以上为第六段，写晋王李存勖兼领天雄节度使，智取德州、澶州。）

刘鄩认为晋军都在魏州，晋阳一定空虚，于是想用奇计来攻取它，就偷偷地率军从黄泽西进。晋军正在奇怪刘鄩的军队几天都没出战，营中又静悄悄的，便派出骑兵前去窥探，只见城中没有烟火，但城上却不时地出现旗帜来回走动，晋王说：

“我听说刘鄩用兵，走一步路都会想出一百种计谋，这里面一定有什么名堂。”又派人前去侦察，这次算是看清楚了，原来是绑了草人让它拿着旗帜，坐在驴子上在城上来回走动。又抓到城中的老弱，追问之下，说是刘鄩的军队离开此地已有两天了。晋王说：“刘鄩带兵擅长偷袭，不擅长对面决战，算算他的行程最多也才走到山下。”随即派出骑兵追赶。碰上十几天都是阴雨连绵，黄泽一带的道路又很险要，泥泞有一尺多深，士兵们只能抓着藤葛艰难行进，这样一来不是肚子痛，就是脚被雨水泡得肿了起来，死的人有十分之二三。晋军将领李嗣恩兼程赶路先期到达晋阳，于是晋阳城内也知道了这一情况，布置军队防守。刘鄩到达乐平，部队的粮草快要用光了；又听说晋军已经有了防备，后面又有追兵，大家都害怕起来，整个部队几乎就要溃散了，刘鄩训勉他们说：“现在离家千里，深入到敌人后方来了，前后都有敌军夹击，山高谷深，就像掉在井里面一样，我们又能往哪里逃呢？现在只有努力奋战，或许还有一线希望，不然的话只有用战死来报答皇上和亲人们了。”大家听了都激动得掉下眼泪，这才停止骚动。周德威听说刘鄩率军西进，便从幽州率领千余名骑兵前往晋阳救援，到达土门时，刘鄩已经整顿部队撤退下山，从邢州陈宋口渡过漳河东进，屯住在宗城。这一来一往，刘鄩军队的马匹死了将近一半。

当时晋军缺乏粮食，刘鄩知道临清有囤积，就想占据该地以断绝晋军的粮道。周德威火速追赶刘鄩，两天之后就赶到了南宫，派出骑兵把刘鄩的侦察部队抓了数十个人去，砍断了他们的手腕再放回，让他们带话回去对刘鄩说：“周侍中已经占领临清了！”刘鄩军队大为震惊。第二天清晨，周德威的军队从刘鄩的营边掠过，抢先进入临清，刘鄩只好率领部队前往贝州。当时晋王出兵屯驻在博州，刘鄩则扎营在堂邑，周德威攻击他，没能攻下。第二天，刘鄩的军队在莘县扎营，晋军随后就追了上来，刘鄩于是整治莘县城防，挖了很多战壕以供守备，又从莘县一直到黄河边修筑了一条甬道以运输粮饷；晋王的大营驻扎在莘县西边三十里的地方，两军相近到可以互相看见对方的烟火，一天之中双方交战好几次。

晋王欣赏元行钦骁勇善战，于是就向代州刺史李嗣源要求把他调来，李嗣源虽然舍不得但也只好把他奉献给晋王，晋王任命元行钦为散员都部署，并且赐名为李绍荣。李绍荣曾经深入敌境奋战，被剑砍中了脸部，不能脱身，靠高行周的解救才保住性命。晋王想再向李嗣源要高行周，又不好意思开口，于是就私下里派人以高官厚禄引诱高行周，高行周推辞说：“代州蓄养壮士，也算是为了要效忠大王，高行周侍奉代州，也就等于侍奉大王了。代州曾经救我们兄弟免于一死，我实在不忍心辜负他。”晋王只好作罢。

绛州刺史尹皓进攻晋国隰州，八月，又进攻慈州，都没能够攻下。王檀和昭义留后贺瓌进攻澶州，攻下了澶州，活捉了李岩，解送到东都。后梁末帝任命杨师厚的旧将杨延直为澶州刺史，让杨延直率领一万名士兵前去帮助刘鄩，并且招降魏州人。

晋王派遣李存审率领五千名士兵进攻贝州。张德源在贝州有三千名士兵，每晚都分头出来抢劫，贝州的老百姓都苦不堪言，于是请求挖壕沟把州城和外界隔绝起来，以便能够安心地从事生产。李存审于是发动贝州所属八个县的老百姓挖沟筑壕，把贝州城团团围了起来。

刘鄩驻扎在莘县已经很久了，粮饷时常接济不上，晋军多次逼近到营寨前面来挑战，刘鄩都坚守寨中不肯出来。晋军于是攻击并截断梁军运粮通道，又用千余把斧子砍斫梁军营寨的木栏，梁军受惊骚动，有的冲出寨门，被晋军俘获而回。

（以上为第七段，写梁名将刘鄩偷袭晋阳兵败，退守莘县与晋王对峙。）

后梁末帝下诏书责备刘鄩使军队长期在外疲于征战，耗费粮饷，损失很多，却又不肯和敌人速战速决，刘鄩上奏说：“臣本来想用奇兵直捣敌人的腹心，然后回头再攻取镇州、定州，预计用十天左右的时间来扫清河朔地区。怎奈天不遂人愿，接连下了十来天大雨，我军粮食缺乏，士卒也疲惫不堪。后来又打算占据临清以切断敌人的粮饷供应，却被周杨五迅速赶上了，他的军队快得有如神助一般。臣现在撤退回来坚守莘县，让战士们休整一下，同时训练一下士兵，也是为了等待时机再打击敌人。臣观察到敌军人数众多，都擅长骑马射箭，实在是一支劲敌，不能随便地小瞧了他们。假如有隙可乘的话，臣又怎么敢苟且偷安而让敌人逍遥自在呢？”后梁末帝又问他有什么取胜的计谋没有，刘鄩回奏说：“臣现在还没什么计谋，只希望能给每个士兵拨发十斛粮饷，那么敌人是一定能够打败的。”后梁末帝一听大怒，责问刘鄩说：“将军这样积攒大米，是为了破敌呢，还是为了救饥呢？”于是就派遣中使前往督战。

刘鄩召集将领，询问他们说：“主上深居宫禁之中，不了解军旅中的实际情况，只是和几个年轻新进之辈商议。打仗这件事关键在于随机应变，不可能事先把一切都预料得好好的。现在敌人的势力还很强盛，与他们交战对我们肯定不利，这事该怎么办呢？”将领们都说：“不管胜负都应当进行一次决战，老是这样拖下去还要拖到什么时候呢？”刘鄩默不作声，心里很不愉快，回来后对自己的亲信们说：“主上愚暗，臣下们又阿谀逢迎，将领们狂妄气盛，而士卒又怠惰偷安，这样下去我们要死无葬身之地了！”又一天，刘鄩又把将领们召集到军营门前，在每个人的面前摆上一容器河水，让大家喝下去，大家都猜不到这是怎么一回事。刘鄩这才告诉他们说：“一容器的水都不容易喝下去，更何况滔滔的河水，又怎么能够喝完呢？”众人一听，都大惊失色。

几天后，刘鄩率领万余名军队逼近镇州、定州的营寨，引起了镇州、定州军民的一阵惊扰骚动。晋国的李存审率领两千名骑兵拦截梁军，李建及又率领一千名银枪效节军前来助战，刘鄩的军队被打得大败，赶紧撤退回来。晋国的军队乘胜追击，一直追到梁军的营寨下，又俘虏和斩杀了数以千计的梁军。

刘岩到楚国去迎娶新娘，楚王马殷派遣永顺节度使马存护送刘岩回去。

（以上为第八段，写梁将刘鄩与晋军决战，再次败北。）

八月初七日乙未，前蜀主王建任命兼中书令王宗绾为北路行营都制置使，兼中书令王宗播为招讨使，进攻秦州；兼中书令王宗瑶为东北面招讨使，同平章事王宗翰为副使，进攻凤州。

八月二十二日庚戌，吴国任命镇海节度使徐温为管内水陆马步诸军都指挥使、两浙都招讨使、守侍中、齐国公，镇守润州，管辖昇、润、常、宣、歙、池六个州，并且仍旧参与军国大事的决策；而把徐知训留在广陵主持国政。

当初，后梁末帝当均王的时候，娶了河阳节度使张归霸的女儿为王妃，到了登基时，想要立她为皇后，张妃认为后梁末帝还没有正式去南郊祭天，就坚决推辞。九月二十四日壬午，张妃病得很厉害，后梁末帝册封她为德妃，当晚，她就去世了。

康王朱友敬，眼睛里面有两个瞳孔，自认为应该当皇帝，于是就阴谋作乱。冬季，十月二十四日辛亥夜里，德妃将要出殡，朱友敬派了几个心腹躲在后梁末帝的寝宫内，后梁末帝发觉了，立刻光着脚翻墙逃了出去，召唤禁卫军搜索寝宫，抓到刺客后亲手把他们一一杀死。十月二十五日壬子，逮捕朱友敬，并且把他杀了。

后梁末帝从此以后开始疏远宗室，只信任赵岩和德妃的兄弟张汉鼎、张汉杰，堂兄弟张汉伦、张汉融等人，这些人都官居要职，并参与军国大事的谋划，一旦有军队出征，也一定指派他们监军。赵岩等人依仗得势，就玩法弄权，公开卖官，因讼得贿，又在旧日的大臣之间挑拨是非，敬翔和李振虽然名义上是执政大臣，但所建议的事情大多不被采用。李振时常推说有病，不参与国事，为的是避开赵、张两家的势力，从此后梁的国政一天乱似一天，一直乱到它灭亡为止。

（以上为第九段，写后梁政局不稳，宫廷发生未遂政变。）

刘鄩派遣士兵假装投降晋国，阴谋收买厨师毒杀晋王。这件事后来败露了，晋王把厨师和同党五个人全杀了。

十一月初三日己未夜晚，前蜀宫中发生火灾。前蜀自从占领成都以来，所有的宝物都藏在百尺楼里，这回全被大火烧为灰烬。诸军都指挥使兼中书令王宗侃等人率领卫兵们想入宫救火，前蜀主却关闭宫门不放他们进去。十一月初四日庚申早晨，大火还没有熄灭，前蜀主从义兴门出来和群臣见面，又命令主管官员把太庙的神主收拢到一块儿，并分头到都城里各处去巡查以加强警卫，说完，又进宫把门关上。大臣们没有别的事情可做，大家都纷纷献上帷幕、饮食等物品。

十一月初六日壬戌，前蜀大赦境内。

十一月初九日乙丑，后梁改年号为贞明。

十一月十三日己巳，前蜀王宗翰率兵出青泥岭，攻克了固镇，和秦州将领郭守谦大战于泥阳川；蜀军大败，退守到鹿台山。十一月十五日辛未，王宗绾等人在金沙谷击败了秦州的军队，活捉了他们的将领李彦巢等人，随即乘胜进击秦州。兴州刺史王宗铎攻下了阶州，刺史李彦安投降。十一月十八日甲戌，王宗绾攻下了成州，活捉了刺史李彦德。蜀军挺进到上染坊，秦州节度使李继崇派他的儿子李彦秀捧着牌印出来投降。王宗绾进入秦州，上表启奏蜀主任命排阵使王宗俦为留后。刘知俊进攻邠州的霍彦威，半年没攻下来，这时听说秦州投降了蜀国，自己的妻子儿子都被迁往成都；刘知俊于是解除了对邠州的包围回到凤翔，想来想去，最后还是害怕会被治罪，于是连夜率领七十名亲兵，闯出关门逃走，十一月二十四日庚辰，投奔到蜀军那边去了。王宗绾率军从河池、两当同时进军，和王宗瑶会师后一同进攻凤州，十一月二十七日癸未，攻下了凤州。

岐国义胜节度使、同平章事李彦韬知道岐王的势力已经衰弱了，十二月，就率领耀州、鼎州两地来投降后梁。李彦韬就是温韬。十二月初九日乙未，后梁末帝下诏改称耀州为崇州，鼎州为裕州，义胜军为静胜军，并且让李彦韬恢复温姓，改名叫昭图，所任的官职照旧。

十二月二十一日丁未，前蜀大赦境内；改明年的年号为通正。又在凤州设置了武兴军，划出了文、兴两州归它管辖，任命前利州团练使王宗鲁为节度使。

这一年，清海、建武节度使兼中书令刘岩，认为吴越王钱镠已被封为国王，而唯独自己还是郡王一级的南平王，于是就上表请求封他为南越王并加都统的称号，后梁末帝不答应。刘岩对他的属僚们说："目前中原战事纷纷，哪一个人能算是真正的天子呢？我们又何必跋山涉水不远万里地去侍奉伪朝廷呢？"从此就不再和梁朝通使入贡了。

（以上为第十段，写前蜀宫中大火。蜀军两路攻岐，岐王李茂贞势衰。刘岩与后梁绝交，不再入贡。）

后梁均王贞明二年（丙子，公元916年）

春季，正月，宣武节度使、守中书令、广德靖王朱全昱去世。

后梁末帝听说前河南府参军李愚的学问人品都很好，就征召他为左拾遗，并充任崇政院直学士。衡王朱友谅地位极其尊贵，李振等大臣见到他，都行跪拜之礼，唯有李愚见到他只是拱手作揖而已，后梁末帝听说了这一情况之后就责备他说："衡王是朕的兄长，朕都向他行拜见礼，而你只是拱手作揖，合适吗？"李愚回答说："陛下用家里的人相见之礼接见衡王，拜他是应当的。李振等人也是陛下的家臣，而臣过去和衡王又没有什么来往，所以不能随便地表示过分的谦卑。"过了一段时间，李愚终因性情耿直不讨欢心被贬为邓州观察判官。

前蜀主任命李继崇为武泰节度使、兼中书令、陇西王。

二月十六日辛丑，晚上，吴国宿卫将马谦、李球劫持吴王登上城楼，调拨武库中的武器要讨伐徐知训；徐知训知道消息后准备逃走，严可求对他说："军城发生叛乱，你带头抛弃大家自己先逃走，我们还能依靠谁来领导呢？"徐知训这才放弃逃跑的念头。大家都还在疑虑害怕，只有严可求关起门来睡大觉，打鼾的声音在门外都能听得见，大家看到他这样，府中才稍微安定了下来。二月十七日壬寅，马谦等人在天兴门外摆开了阵势，这时诸道副都统朱瑾从润州赶回，看了一下阵势，说："没有什么好害怕的。"回过头对着城外的士兵们，抬起手大声高呼，叛军们立刻就溃散了，于是活捉了马谦、李球两人，并将两人斩首。

后梁末帝多次催促刘鄩出战，刘鄩却坚守壁垒，不肯出战。晋王于是留下副总管李存审守卫大营，自己到贝州去劳军，并且声称要回晋阳去了。刘鄩听到这一消息，就向后梁末帝上奏请求进攻魏州，后梁末帝回复他说："现在把国内的一切人力物力都调归将军指挥了，国家的存亡，在此一举了，将军你要好自为之啊！"刘鄩命令澶州刺史杨延直率领一万名军队到魏州会合，杨延直半夜赶到了魏州城南，城里却挑选了五百名壮士悄悄地出城攻杀梁军，杨延直事前没做防备，结果整个军队被击溃了，只好往后面逃去。第二天清晨，刘鄩从莘县倾巢出动，到达魏州城东，和杨延直的残余部队会合，李存审从营中率兵跟在他的后面，李嗣源率领城中的军队出击，晋王也从贝州赶回来，和李嗣源从正面攻击。刘鄩一看，大吃一惊说："这是晋王啊！"就率军往后撤退，晋王跟在后面穷追不舍，一直到了故元城的西边，又和李存审的军队遭遇。晋王在西北面布下方阵，李存审在东南面布下方阵，刘鄩在二者之间布下圆阵，四面都受敌；双方混战了很长时间，梁军终于大败，刘鄩率领数十名亲兵突围逃走。梁军的步兵大约有七万人，被晋军团团围住四面攻击，败兵们争先恐后地往树上爬，树都被压断了，一路追杀到了黄河边，梁军几乎全被杀死和淹死了。刘鄩收容失散的残兵从黎阳渡过黄河，退守滑州。

匡国节度使王檀秘密地上了一个奏折，请求调发关西地区的军队袭击晋阳，后梁末帝允许了，于是就征调河中、陕、同华各镇的军队合计有三万人，经过阴地关，迅速地到达晋阳城下，并且日夜不停地猛烈攻城；晋阳城中没有防备，只好临时征调各衙门中的差役、工匠，并且驱赶城里的百姓登城应战，有好几次城池要被攻陷，张承业感到非常害怕。代北的旧将安金全住在太原，这时赶到晋阳见张承业说：“晋阳是国家的根本之地，如果失守的话，那么大势就去了。老奴虽然年老多病，但是也经常忧国忧家，请你把武库的盔甲兵器拨交给我，我愿意替您去击退梁兵。”张承业当即就给了他。安金全率领他的子弟和原先将领们的子弟家丁共有几百人，乘着夜色从北门出击，进攻羊马城的梁军；梁军大吃一惊，只好后撤。昭义节度使李嗣昭听说晋阳有敌寇入侵，就派牙将石君立率领五百名骑兵前去救援；石君立早晨从上党出发，晚上就到了晋阳。梁兵扼守在汾河桥，石君立把他们击溃了，一直冲到城下，大声喊道：“昭义侍中的大军来了。”于是就进入城中。晚上，石君立和安金全等人分别从各城门出击梁军，梁军死伤了十分之二三。第二天一早，王檀率兵在各地大肆抢劫一番后就撤退了。晋王生性自负其才能，因为晋阳解围的计策不是他自己谋划的，所以对于安金全等人都没有行赏。

梁军兵临晋阳城下的时候，大同节度使贺德伦部的士兵很多都逃回到梁军那里去了，张承业担心会生变故，就逮捕了贺德伦，并把贺德伦杀了。

后梁末帝听说刘鄩吃了败仗，又听说王檀无功而回，叹气说：“我的大势去了！”

（以上为第十一段，写梁将刘鄩兵败魏州，全军覆没。）

三月初一日乙卯，晋王进攻卫州，初八日壬戌，刺史米昭投降。接着晋王又进攻惠州，刺史靳绍逃走，被活捉后斩首，又把惠州改称为磁州。晋王返回魏州。

后梁末帝屡次召刘鄩入朝不到，三月十五日己巳，就任命刘鄩为宣义节度使，让他率兵屯驻在黎阳。

夏季，四月，晋军攻下洺州，任命魏州都巡检使袁建丰为洺州刺史。

刘鄩战败以后，黄河以南地区大为恐慌，刘鄩仍然不遵照后梁末帝的召唤入朝，因此将士们都人心动摇。后梁末帝派遣捉生都指挥使李霸所属的一千名军队前去戍守杨刘，四月十九日癸卯，他们从宋门出发，当晚，又从水门回到都城，乘机起哄，大肆放火抢劫，并进攻皇宫的建国门，后梁末帝亲自登上城楼应战。龙骧四军都指挥使杜晏球率领五百名骑兵驻守在毬场，乱兵们把油浇在幕布上，再用长竿挑着，准备要放火烧楼，情况十分危急；杜晏球从门缝里往外偷看，看见乱兵们都没有穿戴盔甲，于是就率领骑兵出击，奋力死战，不大一会儿乱兵就溃败逃走了。后梁末帝看见骑兵在追杀乱兵，大声喊叫说：“那不是我龙骧军的战士吗？带头作乱的人是谁？”杜晏球回答说：“作乱的只有李霸那一部，其余的都没有动，陛下只管率领控鹤军士们守住宫城，等到天亮，臣一定能打败乱兵。”接着杜晏球就讨伐乱军，把乱军全营的人都灭族治罪，因为这次功劳，杜晏球被任命为单州刺史。

五月，吴越王钱镠派遣浙抚判官皮光业从建州、汀州、虔州、郴州、潭州、岳州、荆南这一条路线前来入贡。皮光业是皮日休的儿子。

六月，晋军进攻邢州，保义节度使阎宝坚守防御；后梁末帝派遣捉生都指挥使张温率领五百名军士前往救援，张温却率领他的部众投降了晋国。

秋季，七月初一日甲寅，晋王到达魏州。

后梁末帝褒奖吴越王钱镠能殷勤入贡，七月初九日壬戌，加任钱镠为诸道兵马元帅。朝臣们的议论多认为钱镠的入贡，只是因为顺道来做生意有利可图，不应该过分地给他名器爵位；翰林学士窦梦徵甚至拿着麻布丧服前来泣谏，因此被贬为蓬莱县尉。窦梦徵是棣州人。

七月十一日甲子，吴国润州牙将周郊发动叛乱，攻进州府中，杀死了大将秦师权等人，大将陈祐等人平定了叛乱，并把周郊斩首。

八月十五日丁酉，后梁末帝任命以太子少保退休的赵光逢为司空兼门下侍郎、同平章事。

八月二十四日丙午，前蜀主任命王宗绾为东北面都招讨，集王王宗翰、嘉王王宗寿分别为第一、第二招讨，率领十万名士兵从凤州出发；任命王宗播为西北面都招讨，武信军节度使刘知俊、天雄节度使王宗俦、匡国军使唐文裔分别为第一、第二、第三招讨，率领十二万士兵从秦州出发，前去讨伐岐国。

晋王亲自率军进攻邢州，昭德节度使张筠放弃相州逃走；晋国又把相州重新划归天雄军府，任命李嗣源为刺史。晋王派人告诉邢州的阎宝说相州已经被晋军攻下了，又派遣降将张温率领原来的援军到城下告诉他自己已投降晋国了，阎宝于是只好开城投降；晋王任命阎宝为东南面招讨使，遥领天平节度使、同平章事；任命李存审为安国节度使，镇守邢州。

契丹王阿保机率领各部落的军队三十万人，号称一百万，从麟州、胜州进攻晋国的蔚州，攻陷了北地，俘虏振武节度使李嗣本。派遣使者拿着木板文书到大同防御使李存璋处要求财货，李存璋斩杀了来使；于是契丹对云州发动了进攻，李存璋竭力防守。

九月，晋王回到晋阳。晋王天性仁孝，所以虽然经营河北，但仍然多次回到晋阳探望生母曹夫人，每年总要探望好几次。

晋军进逼沧州，顺化节度使戴思远放弃城池逃往东都；沧州的部将毛璋占据城池投降了晋国，晋王任命李嗣源率兵前去镇守沧州安抚降卒，李嗣源派遣毛璋到晋阳去。晋王把李存审迁任为横海节度使，镇守沧州，而任命李嗣源为安国节度使。李嗣源任命安重诲为中门使，把他当作心腹，安重诲也为李嗣源尽心尽力。安重诲是应州胡人。

晋王亲自率兵救援云州。军队行进到代州的时候，契丹人听说了，就率军撤走，晋王也随即回师。任命李存璋为大同节度使。

晋军围困贝州已经有一年多，张源德听说河北各州都已被晋国占据，就打算投降，便和部属们商议，大家认为走投无路了再投降，恐怕免不了一死，都不赞成，随后大家共同杀死张源德，继续坚守城池。城中的粮食吃光了，只好吃人肉充饥，最后他们只得对晋军将领说："我们想出城投降但又怕被杀死，请让我们穿着盔甲拿着武器出来投降，事情平定了之后再解除武装。"晋军将领答应了他们的要求，城内的梁军有三千人都出来投降，等他们解除了武装之后，晋军把他们围起来进行屠杀，一个不留地全部杀光。晋王任命毛璋为贝州刺史。到这时，黄河以北都归入晋国版图，只有黎阳一处还在梁军手中。

晋王回到魏州。

吴国光州将领王言杀了刺史载肇，吴王派楚州团练使李厚前往讨伐。庐州观察使张崇不等吴王下命令，自己就率兵进攻光州，王言丢下城池逃走。吴王任命李厚临时代理光州的事务。张崇是慎县人。

（以上为第十二段，写晋王尽有后梁河北之地，北退契丹。）

九月初八日庚申，前蜀新皇宫落成，位置在旧皇宫的北面。

天平节度使兼中书令琅邪忠毅王王檀，招募了很多强盗，安置在自己的帐下当作亲兵。九月二十七日己卯，这些强盗乘着王檀没有防备，冲进军府杀死了王檀。节度副使裴彦率领府兵讨伐诛杀了这群强盗，军府从此才安定下来。

冬季，十月初二日甲申，蜀国王宗绾等人出大散关，大破岐军，俘获和斩杀了数以万计的敌兵，随即攻取了宝鸡。十月初七日己丑，王宗播等人出故关，到达陇州。保胜节度使兼侍中李继岌害怕岐王对他猜忌，率领部属二万人，放弃陇州投奔了蜀军。蜀军进攻陇州，任命李继岌为西北面行营第四招讨。刘知俊会合王宗绾等人围攻凤翔，岐军坚持不出战。碰上天下起了大雪，蜀主就把军队召回去了。蜀主恢复了李继岌原来的姓名桑弘志。桑弘志是黎阳人。

十月十五日丁酉，后梁末帝任命礼部侍郎郑珏为中书侍郎、同平章事。郑珏是郑綮的侄孙。

十月十七日己亥，前蜀大赦境内。

晋王派遣使者到吴国去，希望和吴军联合攻打后梁。十一月，吴国任命行军副使徐知训为淮北行营都招讨使，和朱瑾等人率兵进攻宋州、亳州，以与晋军相呼应。吴军渡过淮河以后，便移送讨伐檄文到各个州县，并围攻颍州。

十二月二十七日戊申，蜀国大赦境内，并改明年的年号为天汉，国号为大汉。

楚王马殷听说晋王平定了黄河以北地区，就派遣使者前来表示友好，晋王也派遣使者回报楚王。

这一年，庆州背叛后梁投靠了岐国，岐国将领李继陟就占据了该地。后梁末帝下诏任命左龙虎统军贺瓌为西面行营马步都指挥使，率兵前去讨伐，击败了岐国的军队，攻下了宁、衍两州。

河东监军张承业在晋国获得了尊贵的地位并且掌了权，他的侄子张瓘等五人从同州前去投靠他，晋王因为张承业的缘故，也都提拔重用了他们。张承业治理家人十分严厉，有个侄子当强盗，杀了贩牛的人，张承业知道后当即将他斩首，晋王急忙派人去说情，已经来不及了。晋王任命张瓘为麟州刺史，张承业对张瓘说："你原来不过是车度地方的一个小民百姓，和刘开道一块儿当过强盗，总是干些不法的勾当；现在如果你还不痛改前非的话，死期就不远了。"从此以后张瓘在所到之处再也不敢贪婪残暴了。

吴越的牙内先锋都指挥使钱传珦娶了闽国的女子，从此闽国和吴越非常友好。

闽国铸造铅钱，和铜钱同时使用。

起初，燕国人苦于刘守光的残暴，很多军士都逃奔契丹；到了刘守光被晋军围困在幽州的时候，燕国北面国境的军民又多被契丹所劫掠；契丹的势力日益强大起来。契丹王阿保机开始自称皇帝，阿保机的国人尊称他为天皇王，阿保机册封他的妻子述律氏为皇后，并且设置了百官；到这时候，改年号为神册。

（以上为第十三段，写前蜀国主王建趁晋梁大战，侵夺岐国大部分土地。河东监军张承业严于治家。吴越与闽通婚交好。）

述律皇后勇敢果断，善于随机应变，阿保机行军打仗统御部众，述律皇后经常帮着出谋划策。阿保机曾经横越沙漠去攻打党项，把述律皇后留下来守卫后方，这时黄头、臭泊两个室韦部落乘着契丹后方空虚联合起来入侵。述律皇后事先得知了消息，就布置了人马等待他们的到来，交战之后奋勇杀敌，把来犯之敌打得大败。经过这次战斗，她的声名威震各个夷人部落。述律皇后有母亲也有婆婆，她们都一概坐在榻上接受述律皇后的跪拜，并且说："我只拜天，不拜人。"晋王当时正在经营河北，想结交契丹作为后援，所以时常以叔父的礼节侍奉阿保机，以叔母的礼节侍奉述律皇后。

刘守光晚年势力衰败，就派遣参军韩延徽到契丹去求援，契丹主对韩延徽不肯下拜非常恼怒，于是就罚他到郊野去牧马。韩延徽是幽州人，有智慧谋略，又擅长写文章。述律皇后对契丹主建议说："韩延徽能够守节而不屈服，这正是当今的贤者，为什么要让他牧马来侮辱他呢？应该礼遇重用他。”于是契丹主把韩延徽叫来谈话，非常欣赏他，把他当作智囊，一举一动都要征求他的意见。韩延徽开始教契丹建立幕府，设置僚属，建筑城郭，建立城市里巷，用来安置汉人，让他们都有配偶，开垦种植荒地。从此以后，汉人都能够安居乐业，逃亡的人更加少了。契丹的国力能够威慑各国，其中韩延徽出了不少力。

不久，韩延徽逃到晋阳。晋王想把他安排在幕府，掌书记王缄妒忌他，韩延徽觉得很不安，就求东行去看望母亲，途中经过真定，投宿在同乡王德明的家中，王德明问他今后到哪里去，韩延徽说：“现在黄河以北地区都归晋国所有，我看我只能再回到契丹去。”王德明说：“你背叛了他们，现在又要回去，这不是自己找死吗？”韩延徽说：“他们自从我走了以后，就像失去了手和眼一样；现在我再回去，他们的手和眼就又完整了，怎么肯杀害我呢？”看望了母亲之后，韩延徽返回契丹。契丹主听说他的到来，十分欢喜，就像他是自天而降，拍着他的背说：“前一阵子你到哪里去了？”韩延徽回答说：“思念老母，想要告假回去，又怕大王不允许，所以我就私自回去了。”从此，契丹主待他更好了。到了契丹主称皇帝的时候，就任命韩延徽为宰相，后来一直提拔到中书令。

晋王派遣使者到契丹，韩延徽就托他们带信给晋王，解释了自己当初之所以北去契丹的原因，并且说：“不是我不留恋英明的主公，也不是我不想念故乡，之所以不愿留在那里，正是害怕王缄的谗言。”同时又把老母亲拜托给晋王照顾，信中又说道：“有我韩延徽在这里，契丹一定不会南下侵边。”所以一直到晋王称帝的整个同光年间，契丹都没有深入国境侵扰，这主要是韩延徽出了力。

（以上为第十四段，写契丹兴起，汉人韩延徽为相，加速契丹人的汉化进程。）

后梁均王贞明三年（丁丑，公元917年）

春季，正月，后梁末帝下诏命令宣武节度使袁象先救援颍州，到达颍州之后，吴国的军队就自动撤退了。

二月初五日甲申，晋王进攻黎阳，刘鄩率兵抵抗，双方交战了好几天，没有攻下来，晋军只好撤走了。

晋王的弟弟威塞军防御使李存矩驻守在新州，骄横怠惰，不理政事，却让手下的侍从奴婢们干预政事。晋王命令他招募燕山北面部落中勇敢善战的人以及刘守光的逃兵，用来扩充南讨的军队；李存矩又强迫百姓出马，百姓中有的人卖十头牛才能换得一匹战马，加上期限非常紧迫，边境的老百姓都怨声载道。李存矩征得五百匹战马，就亲自押送，并且任命寿州刺史卢文进为他的副将，一道前往。前去送马的人都害怕这趟长途差役，而李存矩对他们又不加体恤。二月十五日甲午，到达祁沟关，小校宫彦璋和士兵们商量说：“听说晋王正和梁国人在旗鼓相当地苦战，骑兵又死伤不少。我们撇下父母妻子儿女，替别人在异乡作战，这真是千里来送死，而使长又不体恤我们，我们该怎么办呢？”大家都说：“把使长杀掉，保护着卢将军回新州，占据城池防守，看他们能把我们怎么样？”于是拿起武器，大声疾呼，直奔驿站的房舍而去，第二天一大早，李存矩睡觉还没有起床，就被杀了。卢文进控制不住这种局面，只好捶胸抚着李存矩的尸首大哭说：“奴才们害死了郎君，叫我还有什么脸面再去见晋王啊！”接着卢文进被大家簇拥着回到新州，新州守将杨全章不让这股晋军进城，于是这股晋军就转而攻打武州，结果被雁门以北都知防御兵马使李嗣肱打败。周德威派遣军队追击讨伐这股晋军，卢文进只好率领众人投奔契丹去了。晋王得知是因为李存矩暴虐无道才引起了乱子，于是就下令杀了李存矩的侍从奴婢以及幕僚数人。

当初，在幽州北面七百里的地方有一个渝关，关下有一条渝水通往大海。从渝关的东北方向沿着海有一条路，路的狭窄处只有几尺宽，两旁都是乱石山，山势高峻不可攀越。从这里往北一直到进牛口，过去曾设置有八防御军，招募当地士兵把守，这里的田租都供给军用，不需送缴到蓟州，幽州每年往这里运送布匹和棉絮以供士兵们衣用之需。当地每年都提前收割，坚壁清野后等待契丹来犯，契丹军一到，他们就紧闭壁垒不出战，等到契丹军离开的时候，他们就挑选一些勇敢善战的士兵占据隘口拦击他们，契丹军常常一无所获而败逃。这些当地士兵都自己耕种田园，勇敢作战立了功的，会得到加倍封赏，因此契丹人不敢轻易来犯。到了周德威任卢龙节度使的时候，他依仗着自己勇敢而不注意加强边防建设，结果终于丧失了渝关这个天险，契丹人也时常来营州、平州一带割草放牧。周德威还妒忌幽州旧将领中有名望的人，往往找借口把他们杀掉。

（以上为第十五段，写晋将李存矩守新州，不恤士卒，激起兵变；周德威守幽州，疏于守备，又猜疑杀贤，丢失渝关，契丹主乘势南侵。）

吴王派使者送给契丹主猛火油，说：“攻城的时候，用这种油点燃烧城楼，敌人用水来浇它，火会烧得更旺。”契丹主听了之后特别高兴，当即就挑选了三万名骑兵准备进攻幽州，述律皇后讥笑他说：“哪里有为试验油的效果而去攻打一个国家的道理呢？”于是就指着军帐前的树对契丹主问道：“这棵树没有了树皮，它还能生长吗？”契丹主回答说：“不能。”述律皇后接着说：“幽州城也和这棵树的情况一样。我们只要用三千名骑兵埋伏在幽州城的旁边，抢掠它的四周郊野，使城里没有粮食吃，不用几年，幽州城自然就会处于困境，何必要像你这样轻举妄动呢？万一要是打不胜，只能给中原增添笑料，我们的部落也就要解体了。”契丹主于是停止了对幽州的进攻。

三月，卢文进带领契丹军队猛攻新州，新州刺史安金全无法防守，只好弃城逃跑。卢文进任命他的部将刘殷为新州刺史，让他坚守新州。晋王命令周德威会合河东、镇州、定州的军队向新州发起进攻，十几天时间都没能攻下。契丹主又率领三十万大军前来救援新州，周德威寡不敌众，被契丹打得大败，逃了回去。

楚王马殷派遣他的弟弟马存进攻吴国上高，俘获了很多人口财物而回。

契丹乘胜进军包围了幽州，扬言有百万大军，挂着毡毯的大车和毡帐漫山遍野。卢文进教他们攻城池的方法，挖地道，日夜不停地从四面一起掘进，城里则挖地穴点燃膏油来阻截他们；城外的人又在城边堆起土山以居高临城，城里的人则用熔化的铜汁投洒敌人，这样每天杀死有上千个敌人，但城外的人仍然攻城不止。周德威派出秘密使者到晋王那里告急，这时晋王正和梁军在黄河流域相持不下，想分兵去救援又怕这里的兵力太少了不行，不去救援又担心会失去幽州，只好和诸位将领们商量，只有李嗣源、李存审、阎宝劝晋王派兵前去救援。晋王高兴地说："从前唐太宗得到一个李靖还能活捉颉利，现在我有三位猛将，还有什么好担心的呢！"李存审、阎宝认为敌人没有带足够的粮草补给，他们的进攻势头不可能坚持很久，等到野外再也没有什么可供他们掠夺的时候，粮食吃完了就会自己撤回去，那个时候我们就可以紧跟其后攻击敌人。李嗣源说："周德威是国家重臣，现在幽州城朝不保夕，恐怕城中要发生变故，哪里还能等到敌人衰弱呢？臣请求担任前锋立刻赶赴幽州。"晋王说："你说得很对。"当天就让李嗣源调兵遣将。夏季，四月，晋王命令李嗣源率领部队先行出发，驻扎在涞水。阎宝则率领镇州、定州的部队随后赶去。

（以上为第十六段，写吴王北连契丹，加之卢文进勾引，契丹主发兵三十万南犯幽州。）

吴国昇州刺史徐知诰把州城街市府署和房屋都建造得非常壮观。五月，徐温巡视到达昇州，喜欢上了这里的繁华和富裕。润州司马陈彦谦劝说徐温把镇海军的治所迁到昇州，徐温听从了他的意见，就把徐知诰调任为润州团练使。徐知诰请求调到宣州去任职，徐温不答应，徐知诰心里很不高兴。宋齐丘私下里对徐知诰说："三郎骄傲放纵，早晚是要败亡的。润州距广陵仅一水之隔，这真是天赐良机啊！"徐知诰听了这话很高兴，马上就去上任了。三郎，指的是徐温的长子徐知训。徐温任命陈彦谦为镇海节度判官。徐温只抓大事情，具体事务全部委托给陈彦谦去办理，从此江淮地区被治理得井井有条。陈彦谦是常州人。

高季昌和孔勍重新和好，又恢复了过去的进奉。

（以上为第十七段，写徐知诰无意中得镇润州，为南唐建立张本。）

【点评】

本卷点评刘仁恭父子之死、梁将刘鄩不敌晋王李存勖、毛文锡明大义、蜀主王建丧胆四件史事。

刘仁恭父子之死。刘仁恭初事幽州节镇李可举为军校，勇猛善战，性奸巧机智，处世八面玲珑，成为李可举及其子李匡威爱将。刘仁恭及其次子刘守光均是凶狡人，父子两人都野心勃勃，贪恋权势到极点，为了达到目的，不只是不择手段，而且背离做人原则。刘仁恭恩将仇报，先是背叛李匡威，投靠李克用谋得了幽州镇，既而背叛李克用，助梁为虐。刘守光生性之凶残胜过乃父，真可谓有过之而无不及。刘守光囚父杀兄，狂妄称帝，猜忍好杀，众叛亲离，他的灭亡是注定的。父子两人显赫时乖张暴戾，不可一世，当刘守光用铁刷刷人之脸、寸斩孙鹤之时，是何等的残暴，当其成为阶下囚时，摇尾乞怜，又是何等的不知羞耻，正如柏杨所说："无耻的程度，即令在人渣中，也属下品。"（柏杨:《现代语文版资治通鉴》点评语）在中国大混乱，尤其是大黑暗时代，刘仁恭父子一类的人渣总是大批出笼，黑白颠倒，阴阳错位，给社会带来无穷灾难。天道好还，刘守光父子，这对人渣的结局也至为悲惨，从幽州解押到晋阳，千里示众，最终处以极刑 。刘仁恭父子之死，大快人心，他们被永远地钉在历史的耻辱柱上，为忘恩负义者戒。

梁将刘鄩不敌晋王李存勖。刘鄩是一位天才将领，其智慧勇略，在梁军中无人可比，也是后梁的一根顶梁柱。晋王李存勖，英勇果敢，天下无敌。后梁魏博镇反叛投晋，晋王李存勖亲临魏州受降与刘鄩对阵，当时形势，势均力敌，双方胜败，各百分之五十。刘鄩坚守以疲晋师的策略使梁军占了上风。可惜后梁末帝听信小人蛊惑，遥控前线军事，屡屡强令刘鄩出城，刘鄩无奈地选择冒险战术，于是接连败北，一败于偷袭晋阳，再败于莘县，三败于魏州城下，全军覆没，后梁河北之地尽失，国势急剧衰落。刘鄩之败，非败于战，而是败于后梁的腐朽政治。

毛文锡明大义。荆南高季昌认为夔、万、忠、涪四州之地，原来隶属荆南，兴兵伐蜀，欲用武力夺取。荆南本非前蜀之敌，损兵折将，大败而回，高季昌乘小舟逃走，差点成了俘虏。当时前蜀四面受敌，北面遭受岐王李茂贞的压力，南面与南诏大战，也无力灭荆南。于是有人建言，趁夏秋江水上涨，决峡江水坝，引江水灌江陵城。前蜀翰林学士承旨毛文锡劝谏说："荆南高季昌一个人不归附皇上，他所属人民有什么罪过，皇上正用仁德来号召天下，怎么忍心让邻国的百姓成为鱼鳖呢！"蜀主王建听取了毛文锡的谏言，没有水灌江陵城。毛文锡不仅明大义，而且善谏，以仁德来劝谏王建，化解了一场大战。

蜀主王建丧胆。梁贞明元年十一月初三日，前蜀宫中发生火灾，蜀宫中的百尺楼化为灰烬。蜀主王建贪财货，把聚敛来的珍宝都收藏在百尺楼，一场大火化为乌有。禁军指挥使兼中书令王宗侃率领警卫宫门的卫兵入宫救火，王建不允许，紧闭宫门，让百尺楼的大火自生自灭，烧了整整一夜，到第二天早上，大火还没有完全熄灭。蜀主王建在义兴门召见群臣，命令主管部门收拢太庙的神主，分派使者巡察都城各处，加强戒备，如临大敌。王建害怕入宫救火的禁军乘机作乱，胆寒心惊。第二天，采取戒严措施后仍禁闭宫门。出身行伍的王建，一旦走到权力顶峰，也就脱离了军民大众，没有一个可以让他信赖的人，真正成了孤家寡人。

后梁纪五

后梁均王贞明三年至五年（公元917—公元919）

【起强圉赤奋若（丁丑，公元917年）七月，尽屠维单阏（己卯，公元919年）九月，凡二年有奇】

【大事提要】

本卷记事起于公元917年七月，讫于公元919年九月，凡两年又三个月。当后梁末帝贞明三年七月至五年九月。此时期晋梁双方进行大规模主力决战，势均力敌，晋军南渡黄河及于梁郊而还。晋王李存勖失误于轻躁冒进，死拼硬打，梁兵人众，双方打消耗，晋军丧失了优势，还折了一个大将周德威。但后梁末帝昏庸无能，忠奸不分，大将内讧，自毁长城，总是在优势中打败仗。契丹南下攻晋幽州，长达半年，后梁未能乘势收复河北，反而让晋王从容北退契丹，南进渡河。晋王受挫北还，后梁只是获得了苟延残喘，后梁之灭亡，不可避免。前蜀国主王建猜疑杀功臣，晚年嬖于群小，大臣争权，太子王衍荒淫，继位后，大权旁落，前蜀急剧衰落。南方吴国与吴越大战，先败后胜，徐温得胜退兵，吴国和吴越两国和好，江南黎民此后数十年免于兵祸。

均王中

后梁均王贞明三年（丁丑，公元917年）

秋季，七月初三日庚戌，前蜀主任命桑弘志为西北面第一招讨，王宗宏为东北面第二招讨。七月十二日己未，任命兼中书令王宗侃为东北面都招讨，武信节度使刘知俊为西北面都招讨。

晋王认为李嗣源、阎宝的兵力太少，不足以与契丹抗衡，于是就在七月二十四日辛未，加派李存审率兵前去增援。

前蜀飞龙使唐文扆在宫廷中得势掌权，张格依附他，与司徒、判枢密院事毛文锡争夺权力。毛文锡准备把女儿嫁给左仆射兼中书侍郎、同平章事庾传素的儿子，于是把亲戚族人们聚集在枢密院演奏音乐，没有事先奏明前蜀主，前蜀主听到了音乐声，感到很奇怪，唐文扆乘机说毛文锡的坏话。八月十三日庚寅，下诏贬毛文锡为茂州司马，把他的儿子司封员外郎毛询流放到维州，并且没收了他的全部家产；贬毛文锡的弟弟翰林学士毛文晏为荣经县尉。把庾传素降为工部尚书，让翰林学士承旨庾凝绩暂时代理枢密院事务。庾凝绩是庾传素的堂弟。

清海、建武节度使刘岩在番禺称帝，国号为大越，大赦境内，并且改年号为乾亨。任命后梁使者赵光裔为兵部尚书，节度副使杨洞潜为兵部侍郎，节度判官李殷衡为礼部侍郎，三人都为同平章事。并修建了三座祖庙，追尊祖父刘安仁为太祖文皇帝，父亲李谦为代祖圣武皇帝，哥哥刘隐为烈宗襄皇帝。改广州为兴王府。

（以上为第一段，写前蜀大臣争权，刘岩建立南汉。）

契丹军围攻幽州城将近有二百天了，城里非常危急。李嗣源、阎宝、李存审率领步兵骑兵七万人在易州会师，李存审说："敌众我寡，敌人的骑兵多，我们的步兵多，如果在平原地带和他们相遇，敌人用一万名骑兵践踏我们阵地，那我们就一个也别想活了。"李嗣源说："敌人没有多少军需，而我们行军必须拉着粮食随军，如果在平原地带和他们相遇，敌人一定会抢我们的粮食，我军就不战自溃了。不如从山中秘密地前进赶赴幽州，与城里的军队里应外合，如果半路上碰到敌人，我们就占据险要的地势抵御他们。"八月十七日甲午，三人率兵从易州向北出发，八月二十三日庚子，翻越大房岭，沿着山涧向东行进。李嗣源和他的养子李从珂率领三千名骑兵为前锋部队，在离幽州地还有六十里远的地方，和契丹军队遭遇了，契丹军队因为感到意外而向后退去，晋军在其侧面尾随其后。契丹军在山上行进，晋军则在山涧下行进，每到一处谷口，契丹军都要拦击一下晋军，李嗣源父子奋力拼杀，才能够继续行进。到达山口时，契丹军用一万名骑兵挡住去路，晋军将士吓得脸都变了色；李嗣源率领一百多名骑兵作前锋，他脱去头盔，舞着马鞭，用契丹语对契丹人说："你们无缘无故地侵犯我们的疆土，晋王命令我率兵百万直捣你们的老巢西楼，灭绝你们的种族。"随即跃马挥动着木树，多次冲进敌人军阵，斩杀契丹酋长一人。后面的军队跟着向前推进，契丹军向后退去，晋军才得以走出山口。李存审命令步兵砍伐树木，做成鹿角，每人拿着一枝，部队停下来时鹿角就可用来围成一个营寨。契丹骑兵从营寨外面经过，寨中的晋军万箭齐发，飞出的箭镞遮天蔽日，契丹军死伤的人马把路都堵塞了。快要到达幽州城时，契丹军已摆好阵势等待他们的到来。李存审命令步兵在后面摆好阵势，告诫他们不要轻举妄动，先让一些老弱士兵拖着树枝和燃烧的枯草在前面走，一时烟尘遮天滚滚而来，契丹军搞不清晋军到底来了多少人马；于是两军呐喊着混战成一团，这时李存审才督促后面的步兵冲向前去加入拼杀，结果契丹军被打得大败，收拾了残余人马从北山逃走，丢弃的战车、帐篷、铠甲、仪仗、羊、马等漫山遍野，晋军从后面乘胜追击，俘虏和斩杀了数以万计的契丹兵。八月二十四日辛丑，李嗣源等人进入幽州城，周德威看到他们，握着他们的手激动得流出了眼泪。

契丹任命卢文进为幽州留后，后来又改任他为卢龙节度使，卢文进经常居住在平州，每年他都要率领奚族骑兵进入晋国北部边境，杀害官吏抢夺当地的百姓。晋国人从瓦桥运送粮食到蓟城，虽然有军队护送，但仍然免不了要被卢文进抢劫。每当契丹人入侵时，卢文进就率领汉人士兵给他们当向导，卢龙所属各州因此都残破不堪。

（以上为第二段，写晋将李嗣源大破契丹军，解幽州之围。）

刘鄩从滑州回到京城，朝廷公议要追究他失守河朔的责任，九月，解除刘鄩的平章事，贬为亳州团练使。

冬季，十月二十三日己亥，后梁末帝加封吴越王钱镠为天下兵马元帅。

晋王回到晋阳。晋王连年出征在外，把军府中的事务一概委托给监军使张承业办理，张承业积极鼓励农桑生产，储备钱粮，招兵买马，他征收租税，执行法令，就是对皇亲国戚也不例外，因此军城内外秩序井然，军队粮饷从不缺乏。晋王有时需要钱去赌博或者赏赐给伶人，张承业都舍不得，因此晋王也拿不到钱。于是晋王就在钱库里摆起了酒筵，让他的儿子李继岌给张承业跳舞，张承业赠送给他镶有珠宝的带子和一匹马作为答谢。晋王指着钱库里的钱堆喊着李继岌的小名对张承业说："和哥缺钱，七哥应该给他一堆钱，宝带和马匹可不算厚礼啊！"张承业回答说："给公子的礼物都是从我的俸禄中支出的，这些钱，都是大王用来抚养战士们用的，张承业不敢拿公家的财物作为私人的送礼。"晋王听了这话不高兴，就借着几分酒意出言挖苦张承业，张承业生气地说道："我只不过是个老差官罢了！并不是为了自己的儿孙作打算，珍惜这些库钱也是为了要帮助大王成就霸业，要不然的话，大王你自己拿去用好了，还来问我干什么？大不了钱财用完了，百姓散伙了，一事无成而已。"晋王听后十分恼怒，回过头来向李绍荣要剑，张承业站了起来，拉着晋王的衣服流着泪说："我受了先王的临终嘱托，发誓要为国家诛灭汴梁贼子，如果因为吝惜国库中的钱物而死在大王手下，我在九泉之下见到先王心里也无愧。今日就请大王处死好了！"阎宝在一旁掰开张承业的手叫他退下去，张承业挥起拳头把阎宝打倒在地，大骂他说："阎宝，你这个朱温的同党，受了我们晋国的大恩大德，还没有尽忠报国，反而想用谄媚来求安身吗？"曹太夫人听到了这件事，急忙找人来召晋王过去，晋王一听慌了神，赶忙叩头向张承业赔罪说："我因为多喝了点酒冒犯了七哥，这事一定要被太夫人怪罪，现在请七哥为了我痛饮几杯也好替我分担点罪过。"说完，晋王一连喝了四杯，张承业到底连一杯也没有喝。晋王入宫后，曹太夫人派人来向张承业道歉说："小儿冒犯了特进，刚才我已经打了他一顿。"第二天，曹太夫人又和晋王一道来张承业府上赔罪。不久，晋王又代行唐朝天子的旨意授予张承业开府仪同三司、左卫上将军、燕国公。张承业一再推辞不接受，终其一生都自称是唐朝的官吏。

掌书记卢质，嗜好喝酒，举止轻佻傲慢，曾经称呼晋王的弟弟们为猪狗，晋王怀恨在心；张承业害怕他招惹祸害，便找机会对晋王说："卢质这个人多次对大王无礼，请让我为大王把他杀了吧。"晋王说："我正在招纳天下的贤才来帮助我成就大业，七哥为什么说这种过头话？"张承业立刻站起来向晋王祝贺说："大王能够如此，还怕得不到天下吗？"卢质因此得以免祸。

晋王的元妃是卫国的韩夫人，其次是燕国伊夫人，又其次是魏国的刘夫人。刘夫人最受晋王宠爱，她的父亲是成安人，以行医占卜为业。刘夫人小时候，被晋国将领袁建丰抢了回来，把她送进了王宫，刘夫人生性狡诈强悍、放荡、好妒忌人，这时跟随晋王在魏州。她的父亲听说她已经显贵了，就到魏宫来求见，晋王把袁建丰召来辨认。袁建丰说："当初得到刘夫人的时候，是有一个黄胡子老汉保护着她，就是这个人。"晋王把这些话告诉了刘夫人，刘夫人当时正与其他几位夫人争宠，互相比门第的高低，对自己寒微的出身感到耻辱，于是她非常生气地说："我离开家乡时的情景还大概能够记得，我的父亲不幸死于乱兵，我曾守着他的尸体大哭一番后才离开那里，今天这个乡巴佬是个什么东西，竟敢来这里胡言乱语！"于是下令把刘老汉在宫门口鞭打了一顿。

（以上为第三段，写张承业尽心于国事，为晋之萧何。晋王宠信狡悍淫妇刘夫人，为不保英雄晚节张本。）

大越国主刘岩派遣客省使刘瑭出使吴国，告诉吴王他已经即位，并且劝吴王也称帝。

闰十月初二日戊申，前蜀主任命判内枢密院庾凝绩为吏部尚书、内枢密使。

十一月初一日丙子，冬至，前蜀主在圜丘祭天。

晋王听说黄河河面上已经全部结满了冰，说道："打仗好多年了，就是因为一水之隔不能渡河作战，现在河面上自然结冰，这是上天在帮助我们。"于是他立刻赶往魏州。

前蜀主任命刘知俊为都招讨使，所统帅的将领都是过去的有功之臣，很多人都不听从他的指挥，而且还妒忌他，所以他没建立什么战功。唐文扆经常诋毁他；蜀主也妒忌他的才能，曾经对身边的亲信说："我老了，刘知俊不是你们这些人所能驾驭得了的。"十二月初六日辛亥，逮捕了刘知俊，说他要阴谋叛乱，把他在炭市上斩首。

十二月初八日癸丑，前蜀大赦境内，把明年的年号改为光天。

十二月十七日壬戌，后梁末帝任命张宗奭为天下兵马副元帅。

后梁末帝论平定庆州的战功，十二月二十二日丁卯，任命左龙虎统军贺瓌为宣义节度使、同平章事，不久又任命他为北面行营招讨使。

十二月二十三日戊辰，晋王在朝城打猎。这一天，天气特别寒冷，晋王看到黄河上的冰已经冻得很结实了，就率领步兵骑兵试探渡河。后梁有甲士三千人驻扎在杨刘城，沿着河数十里都筑有一连串的栅栏，晋王发起猛烈的攻击，把栅栏全部攻了下来。接着进攻杨刘城，先命令步兵砍除梁军营寨外的鹿角，然后背着芦苇去填塞壕沟，从四面发起进攻，当天就攻下了杨刘城，俘虏了城中守将安彦之。

在这以前，租庸使、户部尚书赵岩向后梁末帝启奏说："陛下即位以来，还没有去南郊祭天，谈起这件事人们都认为这样就和地方诸侯没有什么区别了，会被天下各国所轻视。恳请陛下临幸西都举行效祀礼，顺便也可以拜谒一下宣陵。"敬翔却劝谏说："自从刘鄩作战失利以来，不论是朝廷还是老百姓都非常穷困，人心惶惶；现在圜丘举行大礼，势必要大行赏赐，这样做实际上是贪慕虚名而活受罪。况且强敌就近在黄河边上，皇上的大驾哪能轻易出动！等到北方的形势平定之后，再去效祀也不算晚。"后梁末帝不听他的劝谏。十二月二十四日己巳，后梁末帝到了洛阳，视察了车驾礼服，修饰了宫殿。离郊祀的日子没有几天了，突然听说杨刘城失守，路人谣传晋军已经到了大梁，并且扼住汜水了，随行的官员们都在担忧自己的家人，大家相对垂泪；后梁末帝惶恐之中没了主意，只好停止郊祀，赶快逃回大梁。

十二月二十九日甲戌，后梁末帝任命河南尹张宗奭为西都留守。

这一年，闽王王审知给儿子牙内都指挥使王延钧娶了越主刘岩的女儿。

（以上为第四段，写前蜀主王建猜疑杀功臣，后梁末帝在大敌当前祀南郊，昏庸之至。）

后梁均王贞明四年（戊寅，公元 918 年）

春季，正月初一日乙亥，前蜀大赦境内，恢复国号为蜀。

后梁末帝回到大梁。晋军一直深入境内抢劫了郓州、濮州以后才撤回去。敬翔向后梁末帝上了个奏章说："国家连年战争失利，疆土日益缩小。陛下深居宫中，和您一起商量大事的都是左右亲信，这样怎么能估量到敌我的胜负呢？先帝在世的时候，拥有黄河以北的全部疆土，又亲自统帅着豪杰猛将，尽管这样还不能处处顺利如意。现在敌人已经到了郓州，陛下好像还不太在意。我听说李存勖继承王位以来，到现在已经有十年时间了，不论攻城还是野战，他都是亲自冲锋陷阵，就拿最近进攻杨刘城来说，他亲自背着成捆的柴草冲在士卒的前面，所以一鼓作气地攻下了杨刘城。陛下却儒雅斯文，一副不慌不忙的样子，只派贺瓌等人去抵抗敌人，指望他们驱逐敌寇，我真不知道他们能做些什么。陛下最好去咨询一下老臣们，另外寻找一个别的御敌之策；要不然的话，边患恐怕是难以平息的。我虽然愚笨怯弱，但也受过国家的厚恩，陛下如果实在缺少人才的话，我请求让我到边疆去为国效力。”奏章呈上去了以后，赵岩、张汉鼎之流说敬翔是在借机发泄不满，因此后梁末帝没有采纳他的意见。

吴国任命右都押牙王祺为虔州行营都指挥使，让他率领洪州、抚州、袁州、吉州的军队去攻打谭全播。严可求用厚利招募熟悉水道的赣石水工，所以直到吴军全部兵临虔州城下时，虔州人才发觉。

前蜀太子王衍嗜酒好色，喜欢游戏。有一次前蜀主从夹城路过，听到墙内太子和诸王斗鸡击毬的喧闹之声，叹了口气说：“我身经百战才创立这份基业，这些人能守得住吗？”从此以后厌恶当初主张拥立王衍的张格，但内宫有徐贤妃为他做主，所以也没有办法把他赶走。信王王宗杰有才干有谋略，经常上表陈述对时政的看法，前蜀主很器重他，因此产生了废王衍改立王宗杰的想法；二月二十日癸亥，王宗杰突然病死，前蜀主对他的死感到很可疑。

后梁河阳节度使、北面行营排阵使谢彦章率领数万名军队进攻杨刘城。

二月二十一日甲子，晋王率轻骑从魏州赶到黄河边；谢彦章修筑起营垒以作防守，并且决开了黄河堤防，河水淹没了方圆好几里，用来阻挡晋军，晋军无法前进。谢彦章是许州人。安彦之被打败以后，他的散兵游勇大多聚集在兖州、郓州一带当强盗，坐观梁晋两国的胜负，晋王派人去招募他们，其中有不少人就归顺了晋国。

二月己亥日，前蜀主任命东面招讨使王宗侃为东、西两路诸军都统。

三月，吴越王钱镠开始设立元帅府，并设置属僚。

夏季，四月初一日癸卯，前蜀主册立他的儿子王宗平为忠王，王宗特为资王。

岐王又派遣使者到前蜀请求和好。

四月初七日己酉，后梁末帝任命吏部侍郎萧顷为中书侍郎、同平章事。

后梁保大节度使高万金去世。四月二十一日癸亥，任命忠义节度使高万兴兼任保大节度使，同时镇守鄜州和延州。

后梁司空兼门下侍郎、同平章事赵光逢要告老还乡，四月二十七日己巳，同意他以司徒的官位退休。

（以上为第五段，写后梁末帝拒谏，临事偏听小人之言。蜀太子王衍沉湎酒色。）

前蜀主自永平末年得病以来，神志有些昏乱，此时发展更加厉害了；因为北面行营招讨使兼中书令王宗弼沉着冷静有谋略，五月，就把他召回成都，任他为马步都指挥使。五月初三日乙亥，蜀主召大臣们到他的寝殿，告诉他们说：“太子生性仁慈懦弱没有什么能耐，朕当年无法拒绝各位的请求，超越了长幼的次序而立了他；如果他今后不堪继承大业的话，你们可以把他安置到别宫去，但是希望别杀了他。只要是王氏子弟，诸位可以从中选择一人辅佐他掌政。徐妃的兄弟们，将来只能给他们优厚的俸禄和爵位，千万不能让他们执掌军队或参与政事，这样才能保全他们宗族。”

内飞龙使唐文扆长期以来一直掌管禁卫军，并且参与国家机密大事，他打算除掉诸位大臣，于是就派人把守住宫门；王宗弼等三十多人每天都到朝堂，但就是不能进去看望前蜀主，唐文扆每次都以前蜀主的命令安抚他们，企图等蜀主一死，他就发难。于是派遣他的同党内皇城使潘在迎侦察宫外的动静，潘在迎把他的阴谋报告了王宗弼等人；王宗弼等人于是夺门而入，向前蜀主述说了唐文扆的罪状，前蜀主让天册府掌书记崔延昌暂管六军事，并且召太子入宫服侍。五月初四日丙子，把唐文扆贬为眉州刺史。翰林学士承旨王保晦因为依附唐文扆，也被削去官爵，流放泸州。潘在迎是潘炕的儿子。

五月二十四日丙申，前蜀主下诏，把朝廷内外的财赋、中枢人事的任免、各官署的案件公文全部委托给庾凝绩办理，把都城的安全管理和行营军旅等事务委托给宣徽南院使宋光嗣负责。

五月二十五日丁酉，削去唐文扆的官爵，流放到雅州。五月二十九日辛丑，任命宋光嗣为内枢密使，并和兼中书令王宗弼、王宗瑶、王宗绾、王宗夔四人一同受遗诏辅政。当初，前蜀主虽然依照唐代的官制设置了枢密使，但是却专门任用文人，到了唐文扆犯了罪以后，前蜀主认为将领中很多都是家乡许州的故人，怕他们将来不听从幼主的使唤，所以任用宦官宋光嗣取代文人做枢密使。从此宦官开始掌权。

六月初一日壬寅，前蜀主王建去世。六月初二日癸卯，太子王衍即皇帝位。尊奉徐贤妃为皇太后，徐淑妃为皇太妃。任命宋光嗣兼管六军诸卫的事务。

六月十四日乙卯，杀唐文扆、王保晦。又命令西面招讨副使王全昱在秦州杀了天雄节度使唐文裔，免去左保胜军使领右街使唐道崇的官职。

吴国内外马步都军使、昌化节度使、同平章事徐知训，倨傲荒淫而又残暴。威武节度使、知抚州李德诚家中有家伎几十人，徐知训向他要，李德诚派人前去道歉说：“我家的家伎年纪都大了，有的又有了孩子，实在不够格来侍奉贵人，我再另外为您挑选一些年轻美貌的。”徐知训对此十分生气，便对来使说：“等到我杀了李德诚的时候，我要连他的老婆一起要过来。”

（以上为第六段，写前蜀发生不流血宫廷政变，太子王衍即位。）

徐知训对吴王戏弄侮辱，根本就不顾君臣之礼。曾经和吴王一起演戏，他自己扮演主角参军，却让吴王当个丑角苍鹘，把头发扎成两个角，穿着破旧的衣服、拿着帽子跟在他的后边。又曾经在浊河划船游玩，吴王先上了岸，徐知训就用弹弓打他。又有一次在禅智寺赏花，徐知训借酒装疯，态度粗暴，吴王被他吓得哭了起来，在座的其他人也都吓得两腿发抖；吴王左右侍从赶忙扶着吴王登船先回去，徐知训就乘着一只轻便的船在后面追赶，没追上，就用铁器打死吴王身边的亲信。文臣武将们没有人敢谈论这些事情，徐知训的父亲徐温对此一点都不知道。

徐知训和他的弟弟徐知询都对徐知诰毫不礼貌，唯独三弟徐知谏对待徐知诰像亲兄长一样尊敬。徐知训曾经召集兄弟们在一起喝酒，徐知诰没有到，徐知训大发脾气说："这个叫花子不想喝酒，难道想吃我的剑吗！"后来有一次徐知训和徐知诰在一起喝酒，他埋伏了甲士，想乘机杀死徐知诰，徐知谏暗地里踩徐知诰的脚以示意，徐知诰于是假装起身上厕所，逃了出去，徐知训把剑交给他的亲信刁彦能让他追上去把徐知诰杀掉；刁彦能骑马在半路上追到了徐知诰，只是举起剑来让徐知诰看了看就回去了，回来后报告徐知训说是没有追上。

平卢节度使、同平章事、诸道副都统朱瑾派家里的家伎到徐知训处表示问候，徐知训想要强行霸占她，朱瑾对这件事已经很不高兴了。徐知训对朱瑾的地位比自己高感到很不舒服，于是就在泗州设立了静淮军，派朱瑾出任静淮节度使，朱瑾因此更加仇恨徐知训，但是在外表上他对徐知训却显得更加恭敬了。朱瑾有一匹非常喜爱的马，冬天把它圈在篷帐里，夏天就把它养在纱帐中；又有个宠伎长得非常漂亮。徐知训到朱瑾家中来向他道别，朱瑾摆下了酒宴，亲自举杯向徐知训敬酒，让那位漂亮的宠伎出来唱歌助兴，又把自己所喜爱的马送给徐知训作为祝寿礼，徐知训大为高兴。朱瑾随后延请徐知训到中堂，在门后埋伏下了壮士，让他的妻子陶氏出来拜见客人，徐知训回拜，就在这时，朱瑾用笏板从后面把徐知训打倒在地，又喊出壮士冲上前来砍下了他的头。朱瑾事先在廊下拴了两匹生性暴躁的马，在准备干掉徐知训的时候，偷偷地让家人把马解开，两匹暴躁的马互相踢咬着，声音很大，所以外面的人一直没有听见里面的动静。当朱瑾提着徐知训的脑袋走出门外时，徐知训的随从数百人都吓得四处逃散。朱瑾骑着马直奔吴王府，把徐知训的头拿出来对吴王说："我已经为大王除掉了祸害。"吴王感到害怕，拉起衣服遮着脸不敢看，一边往里屋走一边说："舅舅，你自己看着办吧，我不想知道这件事！"朱瑾看到这情景，大骂说："这奴才真是不足以和他共成大事！"说完就把徐知训的脑袋向柱子上掼去，就在他要拔出剑来走出吴王府的时候，子城使翟虔等人已经把王府大门关上，正调集军队要讨伐他，朱瑾只好从后面翻越城墙，结果跳下去时把脚骨摔断，跑不动了，他回过头对追赶的人说："我替万人除害，却由我一个人担当灾祸。"说完就刎颈自杀了。

徐知诰在润州听到变乱，就采用了宋齐丘的计策，当天率兵渡过长江。当时朱瑾已死，于是只好前去安抚军府内外。这时徐温的几个儿子都还没有什么能耐，徐温只好让徐知诰代替徐知训执掌吴国的大政，把朱瑾的尸体沉到了雷塘里，并且诛灭了他的家族。

朱瑾杀徐知训的时候，泰宁节度使米志诚带着十来名骑兵打听朱瑾的去向，听说他已经死了，才返了回去；宣谕使李俨当时非常贫困，居住在海陵；徐温怀疑他们与朱瑾同谋，所以把他们都杀掉。严可求担心米志诚不肯接受命令前来，就谎称袁州兵把楚军打得大败，各地的将吏们都入宫祝贺，同时在戟门内埋伏了壮士，结果活捉了米志诚，把他杀了，同时被杀的还有米志诚的几个儿子。

（以上为第七段，写吴国发生政变，徐知诰执掌吴国大政。）

六月二十一日壬戌，晋王从魏州去杨刘慰劳军队，他亲自划船到黄河中测量水的深浅，当时河水的深度仅能淹没一支枪。晋王对诸位将领们说："梁军无意作战，只是想凭借黄河拖垮我们，应该涉水过河去进攻他们。"六月二十三日甲子，晋王率领亲信部队带头过河，其他部队都紧跟其后，大家都提起甲衣，横着枪，组成军阵向前推进。这一天河水又落了许多，水深刚到膝盖。匡国节度使、北面行营排阵使谢彦章率领士卒在河对岸抵御晋军，使得晋军不能继续前进，只得稍稍向后退却，梁军就下河追击。到了河中心的时候，晋军突然击鼓呐喊回头反击，谢彦章顶不住，只好撤退上岸；晋军乘势进攻，梁军被打得大败，死伤的士卒不可胜数，黄河的水都被血染红了，谢彦章本人算逃了一条命。这一天，晋军接连攻下了靠近黄河边的四个梁军营寨。

前蜀唐文扆死了以后，太傅、门下侍郎、同平章事张格心里感到不安，有人劝张格不如声称有病待在家里等候发落，礼部尚书杨玢害怕自己因此失去势力，便对张格说："您有拥立皇上的大功劳，不必担忧。"六月二十九日庚午，蜀主把张格贬为茂州刺史，杨玢贬为荣经县尉；吏部侍郎许寂、户部侍郎潘峤都因为是张格的同党也被贬官。张格不久又被贬为维州司户，庾凝绩奏请把张格迁移到合水镇，并且命令茂州刺史顾承郾负责侦察张格的隐私。王宗侃的妻子因为和张格是同姓，就想保全张格，她对顾承郾的母亲说："提醒你的儿子，别替别人报仇，有朝一日别人会归罪于你。"顾承郾听从了她的话，庾凝绩知道后十分生气，另外借着公事失职的名义治了他的罪。

秋季，七月初一日壬申，前蜀主册封兼中书令王宗弼为巨鹿王，王宗瑶为临淄王，王宗绾为临洮王，王宗播为临颍王，王宗裔、王宗夔及兼侍中王宗黯都为琅邪郡王。七月初三日甲戌，册封王宗侃为乐安王。七月初五日丙子，任命兵部尚书庾传素为太子少保兼中书侍郎、同平章事。蜀主不亲自处理政事，朝廷内外官员的人事任免都由王宗弼决定。王宗弼营私舞弊，上上下下都有怨气。宋光嗣为人机灵而且又善于迎合主上的心意，因而前蜀主十分宠爱信任他，前蜀的国势从此就逐渐衰弱了。

（以上为第八段，写晋军渡过黄河。前蜀国主王衍垂拱，大权旁落王宗弼之手，上下愤怨，前蜀由是衰落。）

吴国的徐温从升州到广陵入朝，他怀疑诸位将领们都参与了朱瑾的谋划，准备大开杀戒。徐知诰、严可求两人全面地向他报告了徐知训的过错、罪恶以及导致被杀的原因，这样徐温的怒气才稍微缓解了一些，于是让人用渔网把朱瑾的尸骨从雷塘里打捞出来另行安葬，并且追究徐知训左右的将领和幕僚没能竭力辅佐的过失，把他们都治了罪；唯独刁彦能过去经常上书劝谏徐知训，徐温特别奖赏了他。七月二十七日戊戌，任命徐知诰为淮南节度行军副使、内外马步都军副使、通判府事，兼任江州团练使。又任命徐知谏暂时代理润州团练事务。徐温仍然回到金陵镇守，总掌吴国的大政，其他的具体事务，全部都由徐知诰去决定。

徐知诰的所作所为和徐知训完全不同，侍奉吴王非常恭敬，对待士大夫们十分谦和，统御部下特别宽容，自己的生活也很俭朴。他以吴王的名义下令，全部免除百姓在天祐十三年以前所拖欠的租税，在此年以后所欠的租税等到年景丰收时再交纳。他访求贤才，接受建议，铲除奸猾，杜绝请托。从此以后百姓们都一致归心于他，就连那些功臣老将和强悍的武夫们也无不心悦诚服。在此以前，吴国有一种按人口征收的丁口钱，田赋也是按照耕种田地的多少交钱，这样钱就贵了，货物反而轻贱，老百姓都觉得是个沉重负担。宋齐丘劝说徐知诰，他认为："钱并不是耕田种桑能直接收获得到的，现在让老百姓交纳现钱，这是迫使他们去舍本逐末。希望能免除丁口钱；其余的租税全部用谷物布帛等实物交纳，绸绢每匹值一千钱的可以抵交税金三千钱。"有人反对说："这样的话，朝廷每年要损失数以万计的钱。"宋齐丘说："哪有百姓富足了而国家还贫穷的道理呢？"徐知诰采纳了他的建议。从此以后，江淮之间的空旷土地都得到了开垦，漫山遍野都种上了桑柘树，国家因此也富强了起来。

徐知诰想提拔重用宋齐丘，但是徐温却很厌恶他，于是只好任命他为殿直、军判官。徐知诰每天晚上都把宋齐丘领到水亭中屏退左右密谈，常常谈到半夜，有时候在殿堂上，把堂中的殿障全部撤去，只摆上一个大火炉，两人对面而坐，谁都不说话，用拨火用的铁筷子在灰烬上写字，随即又用灰铲把字抹掉，所以他俩谋划的事情，外人无法得知。

虔州城险要而又坚固，吴军围攻了很久没能攻下，这时军中瘟疫流行，王祺也病倒了，吴国只好任命镇南节度使刘信为虔州行营招讨使，没过多久，王祺就去世了。谭全播向吴越、闽、楚三国求救。吴越王钱镠任命统军使钱传球为西南面行营应援使，率领二万名士兵进攻吴国的信州；楚国将领张可求率领一万名士兵驻扎在古亭，闽国的军队则驻扎在雩都准备救援谭全播。吴国信州的守军只有几百人，出来迎战吴越军，不利；吴越军于是包围了信州城。信州刺史周本，打开城门，在城门里面又支起了空帐篷，然后召集幕僚将佐们登上城楼饮酒奏乐，城外射来的飞箭像雨点一样密集，周本他们仍然安坐不动；吴越军怀疑他们另有埋伏，到了半夜，便解除了包围撤了回去。吴国任命前舒州刺史陈璋为东南面应援招讨使，让他率兵深入吴越境内的苏州、湖州，钱传球从信州南下驻扎在汀州。晋王派遣密使带着帛书到吴国请求会师攻梁，吴国以虔州有战事而推辞。

（以上为第九段，写徐知诰执吴政，一反徐知训之所为，以结人心。）

晋王准备大举入侵后梁，周德威率领幽州的军队三万人，李存审率领沧州、景州的军队一万人，李嗣源率领邢州、洺州的军队一万人，王处直派遣部将率领易州、定州的军队一万人，以及麟、胜、云、蔚、新、武等州的奚、契丹、室韦、吐谷浑各部族，把兵会合起来。八月，连同河东、魏博的军队，在魏州举行了盛大的检阅。

前蜀的亲王们都担任统军的军使，彭王王宗鼎对自己的兄弟们说："亲王执掌军队，是引起祸乱的根源。现在主上年少而群臣的权力又很大，挑拨离间的事情会很多，修缮武器训练士兵，也不是我们这些人所适宜做的。"于是他向前蜀主坚决地请求辞去军使的职务，前蜀主答应了他的请求，于是他就一心一意营建自己的书房，种植些松竹来自寻其乐。

梁泰宁节度使张万进，轻佻奸诈喜欢作乱。当时朝廷正是小人专权，很多人都向张万进索求贿赂，张万进听说晋国快要出兵前来，八月初九日己酉，他就派出使者前去表示归降晋国，并请求他们救援。后梁末帝任命亳州团练使刘鄩为兖州安抚制置使，率兵前往讨伐张万进。

八月二十四日甲子，前蜀顺德皇后去世。

八月二十五日乙丑，前蜀主任命内给事王廷绍、欧阳晃、李周辂、朱光葆、宋承蕴、田鲁俦等为将军及军使，让他们都参与国家政事，这些人既骄横放纵又贪婪残暴，成了前蜀的大祸害，周庠多次向前蜀主痛切地劝谏，前蜀主不听。欧阳晃嫌自己的住所不够宽广，在一天夜间，他借风纵火，把宅第西边的军营也烧掉了几百间，第二天一早，他就招来工匠扩建房子；前蜀主对这件事不闻不问。朱光葆是朱光嗣的堂弟。

晋王从魏州到了杨刘，率兵抢掠了郓州、濮州之后又回到驻地，接着又沿着黄河向上游进军，驻扎在麻家渡。贺瓌、谢彦章率领梁朝的军队驻扎在濮州北面的行台村，与晋军相持而不主动出战。

晋王喜欢亲自率领轻装骑兵到敌营跟前去挑战，有好几次都陷入险境，多亏有李绍荣在身边拼命死战保护他，才得以脱身。赵王王镕和王处直都不约而同地派来使者送信劝告他说："百姓的前途命运维系在大王身上，我们唐朝的中兴也维系在大王身上，大王怎能这样不看重自身的安全呢？"晋王笑着对来使说："平定天下，不身经百战哪能办得到呢？怎么可以深居帷房中把自己养得白白胖胖的呢？"

一天清晨，晋王正准备出营挑战，都营使李存审拉住他的马头哭着劝谏说："大王应当为天下的百姓而自己保重。那些攻城略地冲锋陷阵的事，是将士们的职责，是我李存审这类人所应该做的，而不是大王应该做的。”晋王被他说了一顿，只好拉着马缰绳掉头回来。又一天，晋王乘李存审不在，骑上马急忙跑出营外，并回过头对他的左右亲兵们说：“那老家伙就会妨碍别人出去耍耍！”晋王率领数百名骑兵直奔梁军营寨，谢彦章在河堤下埋伏了五千名精兵；晋王率领十余名骑兵正要过河堤，梁军的伏兵冲了上来，把晋王一行里里外外地包围了几十重，晋王在重围中拼力死战，后来跟上来的骑兵在包围圈外拼杀，这样晋王才冲出包围。这时李存审率领的救兵也赶到了，梁兵只好撤了回去，晋王到这时才认识到李存审原先讲的那一番话完全出自一片忠心。

（以上为第十段，写晋王李存勖轻躁逞强，冒冲敌阵，几乎丧生。）

吴国刘信派遣他的部将张宣等人在夜间率领三千名士兵偷袭在古亭的楚国将领张可求，取得了胜利；刘信又派遣梁诠等人率兵进攻吴越和闽国的军队，两国听说楚国的军队已被打败，都把军队撤了回去。

梅山蛮人入侵邵州，楚国将领樊须率兵把他们击退了。

九月十二日壬午，蜀国内枢密使宋光嗣把兼管六军的职务让给兼中书令王宗弼，蜀主同意了。

吴国刘信日夜不停地猛攻虔州城，虽然斩首数千级，但还是没能攻下；于是派人前去向谭全播游说，让他送来人质交出财物后就撤军了。徐温知道了以后大发雷霆，把刘信的使者狠狠地揍了一顿。刘信的儿子刘英彦当时正统领亲兵，徐温派给他三千名士兵，对他说：“你的父亲处在上游的地方，又率领着十倍于敌人的兵力，居然攻不下虔州这座城池，这是存心要造反！你可以率领这些人马前去，也和你父亲一起造反吧！”又派遣升州牙内指挥使朱景瑜和他一同前往，对他们说：“谭全播守城的士兵都是农夫，被围得饥寒交迫已有一年多时间了，妻子儿女又都在城外，现在重重包围已经解除，他们一定相互庆贺然后离城回家，如果听到大军又杀了回去，肯定会四散逃命，那样谭全播所守卫的只是一座空城，你们再去的话一定能够攻下来。”

冬季，十一月初三日壬申，前蜀把神武圣文孝德明惠皇帝王建安葬在永陵，庙号为高祖。

越主刘岩在南郊祭祀，大赦境内，把国号改为汉。

刘信听到了徐温所说的话以后，十分害怕，赶忙率兵回头攻打虔州。先头部队刚刚到达，虔州的守兵便溃逃了，谭全播逃到雩都，也被吴国的追兵活捉了。吴国任命谭全播为右威卫将军，领百胜节度使。

在此以前，吴越王钱镠经常是从虔州到后梁入贡，现在这条路断绝了，只好从海路在登州或莱州上岸，到达大梁。

起初，吴国徐温认为自己权力虽大，但是地位却很低，他就劝吴王说："现在大王和各位将领们都是节度使，虽然大王在节度使之上还有都统的名义，但总的说来还是不足以辖制他们；希望大王建立吴国，即位称帝，也好便于治理。"吴王没有答应。

严可求多次劝说徐温，让他任用次子徐知询以取代徐知诰来管理吴国的大政，徐知诰和骆知祥经过一番谋划，决定把严可求派出去担任楚州刺史。严可求接受了命令，到达金陵，晋见徐温，对徐温游说："我们尊奉唐朝的正朔，常常以兴复唐室为号召。现在朱、李两家正争斗得不可开交，看情势，朱氏一天天衰落下去，李氏一天天兴旺起来。有朝一日李氏取得了天下，我们能甘心向他北面称臣吗？不如抢先一步建立吴国以便维系民心。"徐温听了这一番话非常高兴，又把严可求留了下来让他参与负责国家政务，并且让他草拟建立国家时所需的各项礼仪。通过这件事，徐知诰深深认识到不可能把严可求排挤出去，于是就把自己的女儿嫁给了严可求的儿子严续。

（以上为第十一段，写吴兵攻破虔州。徐知诰结好严可求。）

晋王想要进攻大梁，但是梁军却阻挡在他的前面，坚守壁垒不肯出战，已经有一百多天了。十二月初一日庚子，晋王率兵推进，在距离梁军营寨只有十里的地方扎了营。

当初，北面行营招讨使贺瓌擅长指挥步兵，排陈使谢彦章擅长指挥骑兵，但是贺瓌对谢彦章与自己齐名一直耿耿于怀。一天，贺瓌和谢彦章在野外一起练兵，贺瓌指着一块高地说："这个地方可以设立一个栅寨。"后来晋军恰好就在这块高地上建了一处栅寨，于是贺瓌就怀疑谢彦章私下跟晋军通谋。贺瓌几次都想率兵出战，对谢彦章说："皇上把国家的全部军队都交给了我们两人，可以说国家的命运都依靠我们了。现在强大的敌人已经欺负到我们家门口，而我们却拖延着不肯出战，这怎么可以呢？"谢彦章回答说："强敌入侵，速战速决最有利于他们，现在我们深沟高垒，占据着战略要地，敌人岂敢再深入一步？如果我们轻率地和他们交战，万一有个什么闪失，那么大势就全完了。"贺瓌听了这话对他更起了疑心，于是就偷偷地在后梁末帝那里毁谤谢彦章，并和行营马步都虞候曹州刺史朱珪进行谋划，趁着犒劳士兵的时机，埋伏下了甲士，杀了谢彦章和濮州刺史孟审澄、别将侯温裕，对外界说是这些人企图阴谋叛乱。孟审澄、侯温裕，也都是骑兵将领中的佼佼者。十二月初八日丁未，后梁末帝任命朱珪为匡国留后，十二月十四日癸丑，又任命他为平卢节度使兼行营马步副指挥使，作为对他的奖赏。

晋王听说谢彦章被杀死了，高兴地说："他们的将领自相残杀，要不了多久就会灭亡。贺瓌凶残暴虐，已经失去了士卒的心，我们如果率兵直捣他的国都，他们怎么能坚守壁垒不出来呢？如果能有幸和他们决一死战，可以保证战无不胜。”晋王准备亲自率领一万名骑兵直捣大梁，周德威劝他说：“梁人虽然杀了他们的大将，但是军队还是完好无缺的，如果我们轻率行动想占便宜，未必能有好处。”晋王没有听从他的意见。十二月十九日戊午，下令让军中的老弱将士全部回魏州去，发兵直奔汴梁。十二月二十一日庚申，把军营全部毁掉，率兵进军，号称有十万大军。

（以上为第十二段，写梁将贺瓌不识大体，不懂战略，擅杀大将，自毁长城，招致速败。）

十二月二十二日辛酉，前蜀把明年的年号改为乾德。

贺瓌听说晋王已经率军西行了，马上也放弃营寨紧跟其后追了上去。晋王征调了魏博三万名平民随军，让他们为军队修筑营垒栅寨，所以晋军所到之处，营垒栅寨马上就修了起来。十二月二十三日壬戌，晋军到达胡柳陂。

十二月二十四日癸亥清晨，探子报告说梁军从后面追上来了。周德威说：“敌人兼程赶来，还没有安身的地方，而我们的营栅已经很牢固了，用来守备是没有什么问题的，但是，我们是深入敌境，一举一动都要考虑得十分周全，不能轻举妄动。这里离大梁很近，梁军的士兵都很思念他们的家人，心情是激动而又愤慨的，如果不用个很好的方法来对付他们，恐怕很难如愿以偿。大王最好按兵不动，让我周德威率领骑兵先去骚扰他们一下，使他们不能休息，一直拖到黄昏营垒建立不起来，柴火锅灶也没准备齐全，那时再乘他们疲乏不堪，可以一举把他们消灭。”晋王说：“前一阵子在黄河边上只可惜没能和贼军正面交手，现在贼军来了又不打，还等待什么呢？您也太胆小了吧！”晋王回过头来对李存审说：“下令让运粮草的车子先出发，我替你们殿后，打败贼军后我就赶上来！”说完，就率领亲兵冲出营寨。周德威没有办法，只好率领幽州的军队随后跟了上去，边走边对儿子说：“我今天不知道会死在什么地方。”

贺瓌率领梁军排着战阵赶到，连绵有几十里路长。晋王率领银枪都冲入战阵，左右冲杀，来来回回地跑了有十多里路程。梁军的行营左厢马军都指挥使、郑州防御使王彦章的骑兵先被击溃，向西逃往濮阳。晋军运粮草的车队在阵地的西面，他们远远地看见梁军的旗帜向这边奔来，吓得四处逃散，散兵又冲进幽州军队的阵营中，幽州军队也被搅得乱作一团，自相践踏；周德威控制不了这种混乱局面，父子二人都在混乱中战死。魏博节度副使王缄和运粮草的车队一起走，结果也死于乱军之中。

晋军已经乱得没有队形了。这时梁军又从四面八方围抄了过来，攻势很猛。晋王占据一个高丘收罗散兵，到了中午的时候，晋军才又重新振作起来。坡中有一座土山，贺瓌率兵占领了它。晋王对他的将士们说："今天能得到这座山的人就能取得胜利，我和各位把它夺下来。"说完，就率兵先攻了上去，李从珂和银枪大将李建及率领步兵紧跟其后，梁军纷纷退却，于是晋军夺取了这座山。

黄昏时刻，贺瓌的军队在土山西面摆好了阵势，晋兵远远看去心里都有点儿害怕。晋军很多将领们都认为，各路大军还没有完全集结，不如先收兵回营去，明天一早再继续战斗。天平节度使、东南面招讨使阎宝说："王彦章的骑兵已经逃到濮阳，山下的梁军只有步兵了，天快黑了都想收兵回去，我们如果居高临下冲下去，肯定能把他们打败。如今大王已经深入敌境，侧翼部队又已经失利了，如果再率军撤退，一定会被敌人乘机攻击。我们的那些还没有集结好的军队一听说梁军又打了胜仗，一定会不战自溃。凡是在决战的时候判断敌情，只能认真观察敌我双方的总的情况，如果总的情况搞清楚了，决断时就要毫不犹豫。大王的成功与失败，就在这一战了；如果不奋力死战夺取胜利的话，就算是收拾残兵北返，恐怕河朔一带也就不归大王所有了。"昭义节度使李嗣昭说："梁贼还没有修好营垒，天一黑都想收兵回去，我们只要用精锐的骑兵去骚扰他们，使他们吃不上晚饭，等他们撤退的时候，我们就在后面追击，这样就可以打败他们。我们如果收兵回营，他们就会回去调整好军队杀向我们，到那时谁胜谁负就很难说了。"李建及穿着盔甲横握长矛一边向前走一边说："梁贼的大将已经逃了，而大王的骑兵则毫无损失，现在去攻打这些疲乏不堪的敌军步兵，简直像摧枯拉朽那样容易。大王只管待在山上，看臣为大王破贼。"晋王恍然大悟说："不是诸位提醒我，我差点判断失误。"李嗣昭、李建及率领骑兵呐喊着冲向山下的梁军阵地，其他部队也紧跟其后冲了上去，梁军大败。元城县令吴琼、贵乡县令胡装，各率一万名平民，在山下拉着树枝扬起漫天尘土，大声喊叫着为晋军助威。梁军士兵自相践踏，丢弃的盔甲堆得像小山一样高，死亡士卒将近有三万人。胡装是胡证的曾孙。这一天，两军都损失三分之二的士卒，一时都难以恢复元气。

晋王回到宫营，听说周德威父子二人都战死了，哭得非常悲恸，说："折损了我的一员好将领，这都是我的罪过。"于是任命周德威的另一个儿子幽州中军兵马使周光辅为岚州刺史。

李嗣源和李从珂失散了，李嗣源看见晋军被打败，也不知道晋王到哪里去了，有人告诉他："大王已经北上渡过黄河了。"于是李嗣源也乘着河面结冰渡河北上，准备前往相州。这一天，李从珂跟随晋王攻夺土山，在攻取土山和傍晚的战斗中都立有战功。十二月二十五日甲子，晋王进攻濮阳，攻了下来，李嗣源听说晋军打了胜仗，又到濮阳来见晋王，晋王很不高兴，说道："您以为我死了吗？过了黄河准备去哪里？"李嗣源赶忙叩头请罪。晋王看在他的儿子李从珂有功的份上，只有赐给他一大杯酒喝以示惩罚；但是从此以后晋王对待李嗣源也逐渐冷淡了。

起初，契丹主的弟弟撒剌阿拨号称北大王，在他们国内阴谋作乱。事情败露之后，契丹主责备他说："我和你是手足之亲，而你竟然起了这种念头，我如果杀了你，那又和你有什么差别？"于是把撒剌阿拨囚禁了一年之后又释放了。后来撒剌阿拨率领他的部众投奔了晋国，晋王对他很优厚，把他收为养子，任命他为刺史；在这次胡柳战役的时候，他又带领妻子儿女前来投奔后梁。

晋军到了德胜渡，王彦章部队的败兵有逃到大梁的，他们说："晋国的人打胜了，不久就要赶到这里。"不一会儿，晋军失散的士兵也有冒冒失失闯到大梁打听住处的，在整个京城引起了一阵大恐慌，后梁末帝立刻驱赶京城的人登城防守，同时又想逃到洛阳去，只是因为天黑了下来才只好作罢。梁军被击溃的士兵回来的不到一千人，作战中受伤的士兵都逃回了他们的家乡，过了一个多月时间才勉勉强强再凑集一支军队。

（以上为第十三段，写晋梁两军大战，晋王侥幸取胜，丧失大将周德威。）

后梁均王贞明五年（己卯，公元 919 年）

春季，正月十二日辛巳，蜀主到城南郊外祭祀上天，大赦境内。

晋国李存审在德胜渡的黄河南北两岸都修筑了城池用作防守。晋王任命李存审代替周德威为内外蕃汉马步总管。晋王回到魏州，派遣李嗣昭暂时主持幽州军府的事务。

南汉主刘岩册立越国夫人马氏为皇后，马氏是楚王马殷的女儿。

三月十八日丙戌，前蜀北路行营都招讨、武德节度使王宗播等从散关进攻岐国，他们渡过渭水，打败了岐国将领孟铁山；后来赶上连日下大雨才把部队撤回来，分兵驻守兴元、凤州和威武城三地。三月二十日戊子，天雄节度使、同平章事王宗昱进攻陇州，没有攻下来。

前蜀主奢侈放纵毫无节制，每天和太后、太妃一起在显贵的大臣家里游玩饮宴，又到附近的名山去游览，饮酒作诗，所耗费的财物简直无法计算。仗内教坊使严旭强行夺取平民百姓家的女子送入宫中，如果有人送上厚礼就能幸免，因此他的官一直升到蓬州刺史。太后、太妃分别下令公开出卖刺史、县令、录事参军等官职，所以每当有一个官位出现空缺，总有好多人抢着送礼去争取，自然是送礼多的人能得到官职。

晋王自己兼领卢龙节度使，任命中门使李绍宏掌管军府的事务，以代替李嗣昭。李绍宏是宦官，本来姓马，晋王赐给了他现在的姓名，让他和主持岚州事务的孟知祥一同担任中门使；孟知祥又推荐教练使雁门人郭崇韬，说他善于处理繁杂的事务，晋王任命郭崇韬为中门副使。郭崇韬风流倜傥，又有才智谋略，判断事情非常果断，晋王日渐宠信他。在此以前，中门使吴珪、张虔厚两人都先后因不能得晋王欢心而被治罪，现在李绍宏出任幽州，孟知祥害怕引起祸端，就推说生病请求辞职，晋王于是改派孟知祥任河东马步都虞候，从此以后，郭崇韬就一个人独掌国家机密大事。

后梁末帝下诏，命令吴越王钱镠大举讨伐淮南。钱镠任命节度副大使钱传瓘为诸军都指挥使，率领五百艘战船，从东洲出发攻打吴国。吴国派遣舒州刺史彭彦章和副将陈汾抵御吴越军队。

吴国徐温率领将帅官吏和各路藩镇请求吴王称帝，吴王不答应。夏季，四月初一日戊戌，吴王登吴国王位。大赦境内，改年号为武义；修建了宗庙和社稷坛，设置百官，宫中的一切礼乐典章都用天子的礼制。以金德继承唐代的土德，腊月祭祀祖先和百神用太牢祭礼。改谥武忠王杨行密为孝武王，庙号为太祖，改谥威王杨渥为景王，尊奉母亲为太妃；任命徐温为大丞相、都督中外诸军事、诸道都统、镇海与宁国节度使，仍担任太尉兼中书令、东海郡王。任命徐知诰为左仆射、参政事兼知内外诸军事，仍旧领管江州团练使。任命扬府左司马王令谋为内枢密使，营田副使严可求为门下侍郎，盐铁判官骆知祥为中书侍郎，前中书舍人卢择为吏部尚书兼太常卿，掌书记殷文珪为翰林学士，馆驿巡官游恭为知制诰，前驾部员外郎杨迢为给事中。卢择是醴泉人。杨迢是杨敬之的孙子。

钱传瓘和彭彦章两军遭遇。钱传瓘命令每只船上都要装载灰土、豆子和沙子。四月初八日乙巳，两军大战于狼山附近的江面上。吴军船队乘风前进，钱传瓘率领船只躲避开吴船，等到吴军船队过去之后，他又从吴船后面跟了上去。吴军船队掉转头来和他们交战，钱传瓘下令士卒们顺风扬灰，弄得吴军士卒睁不开眼睛；等到两军的船舷靠在一起的时候，钱传瓘又让士卒们在自己的船上撒上沙子，而向吴军的甲板上撒豆子，豆子上沾满了战斗中流的血，吴军士卒踩上这些豆子都摔得四脚朝天。钱传瓘于是放火焚烧吴国船队，结果吴军大败。彭彦章拼杀十分用力，武器用坏后又抓起木头继续抵抗，身上有数十处受伤，陈汾按兵不动，不前来救援；彭彦章知道免不了一死，于是自杀了。钱传瓘共计俘虏了吴军副将七十人，斩杀了一千多人，焚毁敌战船四百艘。吴国人后来诛杀了陈汾，没收了他的全部家产，将其中的一半赐给了彭彦章的家属，并给彭彦章的妻子儿女以终身抚恤。

（以上为第十四段，写蜀国主淫乱政荒，吴国杨隆演即王位。吴越王钱镠伐吴，大败吴师。）

贺瓌进攻德胜南城，分兵多路一起推进，用竹索把十多艘战船连接在一起，蒙上生牛皮，并且像城墙一样在上面设置了防御敌军进攻的短墙和木栅栏，把它们横在黄河上，用以阻断晋军救兵，使他们无法渡过黄河。晋王亲自率兵前来救援，列阵于黄河北岸，但无法前进；于是派遣善于游泳的马破龙泅过河去到南城，见守将氏延赏，氏延赏对他说这里的弓箭和石块马上就要用完了，城池不用多久就要陷落。

晋王在军营门前堆了大批金银布帛，悬赏招募能够击破梁军战船的人；大家都不知道该怎么办才好，这时晋王的亲军将领李建及说："贺瓌率领他的全部人马而来，就是希望能打胜这一仗；如果我们的大军不渡过黄河，那么他们就要得逞。今天的事态，我李建及请求和他们拼死决个胜负。"说完，他就从晋王亲军效节都中挑选了敢死的士卒共三百人，都披上铠甲，拿着斧子，由李建及带领乘着小船向江中进发。快接近梁军战船的时候，迎面的流矢像雨点一样射向他们，李建及让拿斧子的士兵冲上战船，砍断连接战船的竹索，又用木罂装上柴草，浇上油点燃，从上游顺流下来，随后又用大战船载满士卒，大声呐喊着向梁军战船进攻。梁军连接战船的竹索被砍以后，战船顺着河水往下漂，士卒被烧死的和淹死的将近有一半，这时晋军才渡过了黄河。贺瓌突围逃跑，晋军在后面追击，一直追到濮州才收兵。贺瓌撤退驻守在行台村。

前蜀主命令天策府的各位将领们不得擅自离开驻防之地。五月初一日丁卯，左散旗军使王承谔、王承勋、王承会违犯命令，前蜀主都原谅了他们。从此以后前蜀主所颁布的禁令就行不通了。

楚军向荆南发起进攻，高季昌向吴国请求救援，吴国命令镇南节度使刘信等率领洪州、吉州、抚州、信州的步兵从浏阳进逼潭州，命令武昌节度使李简等率领水军进攻复州。刘信等大军到达潭州的东部边境，楚军就停止对荆南的进攻而撤退回去。李简等攻入复州，活捉了知州鲍唐。

六月，吴军在沙山打败吴越军。

秋季，七月，吴越王钱镠派遣钱传瓘率领三万名士兵进攻吴国常州，徐温率领各军将领进行抵御，右雄武统军陈璋率领水军从海门入海绕到了敌人后方。七月初七日壬申，两军在无锡交战。不巧这时徐温生病，不能指挥军队，吴越军就专门进攻徐温所在的中军，流矢像雨点一样密集，镇海节度判官陈彦谦于是把中军的旗鼓转移到了左军，又找了一个长相酷似徐温的人，穿上铠甲，在那里发号施令，这样徐温才稍微能够休息一下；很快，徐温的病好了一点，又出来指挥作战。当时长期干旱，草木枯萎，吴军就借着风势放起火来，吴越军队乱作一团，结果被打得大败。吴军杀死了吴越军将领何逢、吴建，斩杀吴越士兵一万名。钱传瓘逃走，吴军一直追击到山南，又把他打败了。陈璋在香弯也打败了吴越军队。

徐温招募能够活捉叛将陈绍的人，赏钱是一百万，结果指挥使崔彦章抓获了陈绍。陈绍这个人作战勇敢又有谋略，徐温又让他统领军队。

当初，在衣锦战役中，吴国的马军指挥曹筠叛变投奔吴越，徐温赦免了他的妻子儿女，反而对待他们很好，并且派去密使告诉曹筠说："让你不称心如意而离开吴国，这都是我的过错，你不必为妻子儿女操心。"在这次战役中，曹筠又回到了吴军。徐温再三地责备自己过去没有采纳曹筠建议的过错，却绝口不提及曹筠叛逃的罪过，并归还了他的田地房宅，恢复了他的军职。曹筠惭愧而死。

徐知诰请求率领两千名步兵，换上吴越军的旗帜、铠甲和仪仗，跟在吴越的败兵后面向东进发，偷袭苏州。徐温说："你的计策是很好的；但是我现在只想休兵，没有时间照你说的去做。"将领们都认为："吴越军队所依靠的主要是舟船，现在气候大旱，河道都干涸了，这是老天要灭亡他们的时候，我们应该发挥步兵和骑兵的优势，一举消灭他们。"徐温感叹地说："天下战乱已经很长时间了，老百姓够贫困的了，而且钱公也是不能轻易小看的；如果战争再延续不停的话，才正是各位所应担忧的事。现在我们打胜了让他们害怕，我们又停止继续进攻来怀柔他们，使两国的老百姓都能够安居乐业，君臣们都高枕无忧，难道不是好事吗？打仗多杀人又为的是什么？"于是就率军回去了。

吴越王钱镠看到何逢的战马回来了，万分悲伤，所以将士们都衷心拥戴他。他的宠姬郑氏的父亲违犯了法律应当处死，左右大臣们都替他求情，钱镠说："怎么能因为一个妇人就乱了我的国法！"于是把郑氏逐出宫去，然后把她的父亲处斩了。钱镠从小就在军旅中生活，夜里从未上床睡过觉，实在困极了就靠在一个用圆木做的小枕头上，或者枕在一个大铃上休息，睡熟后小木枕或大铃一斜他就会醒过来，他把这种枕头叫作"警枕"。又在卧房内放置了一个粉盘，有什么事情要记下来的话就写在盘子里，一直到老都是这样孜孜不倦。有时候睡得正熟，外面有人来报告事情，侍女抖动一下纸张就能醒过来。有时他把铜丸弹射到楼墙外面去，以提醒打更的人提高警觉。有一次他微服出行，半夜里回来要敲开北城门，守门的官吏不肯开门，说："就是大王来了也不能开。"于是他只好从另一个城门进城。第二天，他把北城门的官吏召来，给了其很丰厚的赏赐。

七月二十一日丙戌，吴王封他的弟弟杨濛为庐江郡公，杨溥为丹阳郡公，杨浔为新安郡公，杨澈为鄱阳郡公，儿子杨继明为庐陵郡公。

（以上为第十五段，写吴徐温大败吴越王钱镠，得胜退兵。）

晋王回到晋阳，任命巡官冯道为掌书记。中门使郭崇韬认为陪晋王吃饭的人太多了，请求减少一些人数。晋王听了生气地说："我为打仗不怕死的将领们准备一点饭菜，难道也做不了主吗？那干脆让军中另外推选一个河北的主帅吧，我自己回太原去好了！"说完就把冯道召来让他草拟告示通知大家。冯道拿着笔迟疑徘徊，一直没有写，说："大王正要平定河南，安定天下，郭崇韬所请求的也不算是大的过错；大王不听他的也就算了，何必拿这件小事去惊动远近的部属呢？如果让敌国知道了，就会说大王君臣不和，这恐怕不是扩大威望的做法。"正巧这时郭崇韬又进来赔罪，晋王只好作罢。

当初，唐朝灭了高丽，天祐初年，高丽石窟寺的独眼和尚躬乂聚集了一批部众占据开州在那里自称为王，国号大封，到了这个时候，就派佐良尉金立奇来向吴国入贡。

八月初一日乙未，宣义节度使贺瓌去世。任命开封尹王瓒为北面行营招讨使。王瓒率领了五万名军队，从黎阳渡过黄河准备奇袭澶州、魏州，在攻打顿丘时，发现晋军有了准备才把军队撤了回来。王瓒治军非常严格，令行禁止，占据了晋军德胜城上游十八里处的杨村，在黄河的两岸修筑了营垒，从洛阳运来竹子 、木材搭造浮桥，从滑州接连不断地运来粮饷。晋国蕃汉马步副总管、振武节度使李存进也要在德胜渡建造浮桥，有人劝他说："建浮桥需要竹笮、铁牛和石囷，而这些东西我们都没有，怎么能建成浮桥！"李存进不听这些人的话，他用芦苇做成的绳索拴住大战船，另一头则固定在土山的大树上，一个多月时间浮桥就修成了，大家都很佩服他的聪明。

吴国徐温派遣使者带着吴王的信把无锡战役中的俘虏送到吴越去，吴越王钱镠也派遣使者来吴国请求和好。从此以后，吴国罢兵，老百姓也得以休养生息，三十多个州的老百姓得以安居乐业长达二十多年。吴王和徐温多次写信给吴越王钱镠，劝钱镠在吴越称王；钱镠没有听从他们的意见。

九月初二日丙寅，后梁末帝下诏书削去刘岩的官爵，并且命令吴越王钱镠去讨伐他。钱镠虽然表面上接受了这项命令，但是实际上并没有采取什么行动。

吴国的庐江郡公杨濛很有才气，他常常感叹地说："我们的国和家竟被外姓人所把持，这怎么可以呢？"徐温知道这话后，就对杨濛怀恨在心。

（以上为第十六段，写梁晋双方大战后各自休整。吴与吴越两国和好。）

【点评】

本卷点评晋将李嗣源大破契丹军；吴国与吴越大战，徐温得胜退兵，两件史事。

李嗣源大破契丹军。后梁末帝贞明三年（公元 917 年），契丹南侵，助后梁攻打晋王，围困幽州半年有余。晋王李存勖派李存审、李嗣源、阎宝率步骑七万往救。主将为李存审，李嗣源为先锋。晋军骑兵少步兵多，而契丹军十余万皆为骑兵。两军若在旷野相遇，步兵不敌骑兵，晋军必败无疑。晋军于是从山路秘密靠近幽州。贞明三年八月十七日，晋军从易州出发，沿着山路向幽州推进。经过七天的急行军，到八月二十三日，在离幽州还有六十里的地方与契丹军相遇。晋军的出其不意，使契丹军惊恐后退。契丹军派一万骑兵拦截晋军。李嗣源率领三千骑兵与契丹骑兵在山口对峙。契丹军挡住了晋军的出路，由于敌众我寡，被堵在山口的晋军被吓得面无人色。在这危急关头，李嗣源挺身而出，组织了一百多名敢死骑兵，亲自率领他们冲击契丹军。两强相遇勇者胜。李嗣源脱掉头盔，表达出决一死战的气势，用契丹语斥责契丹军说："你们无故侵犯我们疆土，我奉晋王命令，率领百万大军，要灭掉你们。”说话间，李嗣源挥动木楇，冲入契丹军中，斩杀酋长一名。晋军乘势冲击，杀退堵截山口的契丹骑兵，冲出山口。七万晋军乘胜追击，与幽州守军里应外合，大败契丹军。由于李嗣源冲击山口之战的胜利，大长晋军士气，灭了契丹军的威风，奠定了大胜的基础。所以这次战斗史称李嗣源破契丹于幽州。《孙子兵法》说：多算胜少算。李存审的前后谋划也是取胜的重要因素。

吴国与吴越大战，徐温得胜退兵。后梁末帝贞明五年（公元 919 年）四月至七月，割据淮南的吴国与割据钱塘、吴中的吴越展开大战。先是吴越军大胜，随后吴军占据上风。七月，吴军统帅徐温在常州大破吴越军，三万吴越军全军覆没。徐温养子徐知诰请求率领两千步兵，化装成吴越军，奔袭苏州，意欲一举灭掉吴越。徐温没有准许，因为当时正值天旱，饥民遍地，如果战事延长，势必令百姓遭殃。徐温以此为由，下令退军，是十分英明的战略决策。当时吴越王钱镠是创业之主，英勇善战，割据一方已经二十余年，未可轻易破灭。徐温见好就收，得胜退军，占了道义制高点，赢得民心，为其养子徐知诰日后夺取吴国政权，建立南唐打下了基础。所以徐温是一时人杰。

后梁纪六

后梁均王贞明五年至龙德二年（公元919—公元922）

【起屠维单阏（己卯，公元919年）十月，尽玄黓敦牂（壬午，公元922年），凡三年有奇】

【大事提要】

本卷记事起公元919年十月，讫公元922年，凡三年又三个月。当后梁末帝贞明五年十月至龙德二年。此三年间，主要战争仍是晋梁双方夹河大战，势均力敌。后梁末帝甘听群小之言，处事不当逼反冀王朱友谦，失河中之地，国势日衰。河北成德镇将杀赵王镕，投附后梁，后梁末帝坐视不救，丧失了收复河北诸镇的一次大好时机。契丹南下，为晋王所败，晋王乘势破镇州，打破均势，晋王取得了对后梁的压倒优势，谋称帝，张承业因谏不听，张承业忧郁而死。南方吴、闽、南汉、吴越诸国保境安民。吴国徐温忠于旧主，奉杨溥即吴王位，祀南郊。前蜀主王衍轻启边衅伐岐，骄奢淫逸，荒于政务，民心尽失。

均王下

后梁均王贞明五年（己卯，公元919年）

冬季，十月，吴国派杨濛出任楚州团练使。

晋王到魏州，征调了几万名民工，扩建德胜北城，每天都和梁军进行争夺战，大大小小打了一百多仗，双方各有胜负。左射军使石敬瑭和梁军在黄河边大战，梁军攻击石敬瑭，砍断了他的战马的披甲，横冲兵马使刘知远把自己所骑的战马让给了石敬瑭，而自己却换上了那匹断了甲的马慢慢地走在队伍的最后面掩护撤退；梁军怀疑前面有埋伏，没敢追得太紧，于是两人都幸免于难，石敬瑭从此以后就非常喜爱刘知远了。石敬瑭、刘知远，他们的祖先都是沙陀人。石敬瑭是李嗣源的女婿。

刘鄩围攻兖州的张万进已经有一年多时间了，城里面的情况非常危急，晋王这时正和梁军在黄河一线作战，没有力量前来救援。张万进派遣他的亲信将领刘处让来向晋王请求援兵，晋王没有答应，刘处让在军营门口割下自己的耳朵，说："如果请不到救兵，活着还不如死了的好！"晋王被他的义气所感动，答应准备出兵救援，这时得知刘鄩已经对兖州屠城，并且杀了张万进全家，才停止出兵。晋王任命刘处让为行台左骁卫将军。刘处让是沧州人。

十一月，吴国武宁节度使张崇入侵安州。

十一月十三日丁丑，后梁末帝任命刘鄩为泰宁节度使、同平章事。

十一月二十七日辛卯，王瓒率兵到达戚城，与李嗣源交战，没有取得胜利。

梁军在潘张修筑营垒，储备粮食，这里距离杨村有五十里路。十二月，晋王亲自率领骑兵从黄河南岸向西行进，拦截梁军的粮饷，缴获了粮饷就要回去；梁军在他们回去的要道上设下了埋伏，结果晋军被打得大败。晋王带领几名骑兵想逃走，却被梁军的几百名骑兵团团包围，李绍荣认出晋王的旗帜，就单枪匹马冲入重围前往救驾，晋王这才勉强脱身。十二月初五日戊戌，晋王又和王瓒在黄河南岸交战，开始是王瓒取胜，俘虏了晋军将领石君立等人，不久王瓒又被打得大败，只得乘小船渡过黄河，逃到杨村北城坚守，这次战役梁军损失的兵马数以万计。后梁末帝听说石君立作战非常勇敢，就想让他做梁军的将领，于是把他关在监狱里，给予他优厚的待遇，并派人劝说他归顺。石君立说："我是晋国的败军之将，如果被梁人任用，就算是尽忠报效，又有谁能相信我呢？每个人都有自己的君主，我怎能容忍被仇敌所利用呢！"后梁末帝还是很爱惜他，把所俘虏的晋军将领全都杀了，唯独留下了石君立。晋王乘胜进军，一举攻下了濮阳。后梁末帝把王瓒召了回来，任命天平节度使戴思远代替他担任北面招讨使，驻扎在黄河边以抵御晋军。

十二月十六日己酉，前蜀雄武节度使兼中书令王宗朗犯了罪，前蜀主解除了他的官职和爵位，恢复了他原来的姓名叫全师朗，并且命令武定节度使兼中书令桑弘志率兵前去讨伐他。

吴国禁止民间私藏兵器，但是盗贼却越来越多。御史台主簿京兆人卢枢上奏说："现在天下纷争，应该教老百姓熟悉战争。况且善良的人害怕触犯法律，而奸诈之徒却照样可以舞刀弄枪，这是想停止争斗却反而招致盗贼横行。应该团结民间的兵力，让他们熟悉战争，各自保卫自己的家乡。"吴王采纳了他的建议。

（以上为第一段，写梁晋两军夹黄河两岸拉锯大战，互有胜败。）

后梁均王贞明六年（庚辰，公元920年）

春季，正月初五日戊辰，前蜀的桑弘志攻克了金州，活捉了全师朗，送到成都，前蜀主把他释放了。

吴国的张崇进攻安州，没攻下就率兵撤了回去。

张崇在庐州任职期间，贪婪残暴，不守法纪。庐江县的老百姓上诉控告县令有收受贿赂的行为，徐知诰派遣侍御史知杂事杨廷式前往查处，准备借此吓唬一下张崇。杨廷式说："杂端出面查处案件，身份是很贵重的了，职权和责任不能不认真履行。"徐知诰问道："你要怎么办才好？"杨廷式说："把张崇戴上刑具关押起来，派官员到昇州去，也好责问一下都统。”徐知诰说：“所查处的只不过是一个小小的县令罢了。何必要这样兴师动众呢？”杨廷式说：“县令虽然是个微不足道的小官，但张崇却让他榨取民财转献给都统，怎么可以不管大官而去专门追究小吏呢？”徐知诰抱歉地说：“本来我就知道小事情是不会麻烦你的。”通过这件事，徐知诰就更加器重杨廷式了。杨廷式是泉州人。

晋王自从取得魏州以后，就任命李建及为内外牙都将，统率近卫军银枪效节都。李建及为人忠诚豪壮，从来都是把自己得到的赏赐，全部分给部下士卒，和他们同甘共苦，所以能得到他们的拼死效力，每次出战都能立功，但是也遭到了同僚们的妒忌。宦者韦令图任李建及部的监军，他在晋王面前谗毁李建及说：“李建及把个人的财物拼命地施舍给部下，这个人的野心不小，不能让他统领近卫军了。”从此晋王对李建及产生了怀疑；李建及知道这事情后，一举一动仍然像没事的一样。三月，晋王免去了李建及的军职，任命他为代州刺史。

南汉杨洞潜奏请建立学校，开科取士，设立铨叙选拔制度；南汉主刘岩听从了他的建议。

夏季，四月，乙亥日，后梁末帝任命尚书左丞李琪为中书侍郎、同平章事。李琪是李珽的弟弟，性情放达随意，依仗着赵岩、张汉杰的势力，收了不少贿赂。萧顷和李琪同时担任宰相，萧顷处事谨慎细心，却暗地里在捕捉李琪的短处。过了很长一段时间，有个担任代理官职的人请求正式派任，李琪收了贿赂之后马上就把代理改为正式派任，萧顷把这件事上奏给了后梁末帝。后梁末帝非常生气，准备把李琪流放到远方去，赵岩、张汉杰在旁边帮助说情，最后才未流放，降为太子少保。

河中节度使冀王朱友谦率兵偷袭夺取了同州，赶走了忠武节度使程全晖，程全晖只得逃到大梁。朱友谦让他的儿子朱令德担任忠武节度留后，并上表请求后梁末帝赐给他符节和斧钺，后梁末帝十分恼怒，没有答应他的要求。后来又害怕朱友谦心怀不满，四月十七日己酉，任命朱友谦兼任忠武节度使。就在后梁末帝任命诏书颁布下来的时候，朱友谦已经另外向晋王请求符节和斧钺了，于是晋王直接发出手令任命朱令德为忠武节度使。

（以上为第二段，写晋王听宦者之言而猜疑忠臣，后梁末帝纲纪不整。）

吴宣王为人厚道谦恭，徐温父子把持朝政，吴宣王从来没有把心中不满的意思表现在言行举止上，徐温因此也就对他很放心。到了建国称帝以后，吴宣王的心里就更加郁郁不乐，经常沉湎于饮酒，很少吃饭，终于卧病在床了。

五月，徐温从金陵入京朝见，参与商议谁可以为嗣君。有人迎合徐温的心思说：“蜀先主刘备曾对诸葛武侯说：‘嗣子如果不成器的话，先生可以自代王位。’”徐温严肃地说：“我如果真有心想取代王位的话，早在诛杀张颢的时候就应该这样干了，哪还要等到今天！假如杨氏没有儿子，就是有女儿也应该拥立她即位。今后再有敢胡言乱语的，一定处斩！”于是根据吴宣王的命令迎接丹阳公杨溥入京监国，与此同时，把杨溥的哥哥杨濛调到舒州任团练使。

五月二十八日乙丑，吴宣王去世。六月十八日戊申，杨溥登基为吴王，尊奉他的母亲王氏为太妃。

六月二十七日丁巳，前蜀主任命司徒兼门下侍郎、同平章事周庠参议国事，并且让他担任永平节度使。

后梁末帝任命泰宁节度使刘鄩为河东道招讨使，率领感化节度使尹皓、静胜节度使温昭图、庄宅使段凝一起攻打同州。

闰六月初一日庚申，前蜀主在万里桥修建了高祖原庙，率领后妃、百官用平日在宫廷中食用的家常美味并演奏鼓乐来祭祀高祖。华阳县尉张士乔上书劝谏，认为这样做不合乎礼仪，前蜀主听后很生气，要杀他，太后认为不能杀，于是就把他削去官职，流放到黎州，张士乔很感慨激愤，就投水自杀了。

刘鄩等包围了同州，朱友谦向晋国请求救援。秋季，七月，晋王派遣李存审、李建及、慈州刺史李存质率兵前去救援。

闰六月二十六日乙卯，前蜀主颁布诏书要亲自北征，任命礼部尚书兼成都尹长安人韩昭为文思殿大学士，地位在翰林承旨之上。韩昭不学无术，只是因为善于阿谀逢迎而博得前蜀主的宠信，能随时出入宫禁，他向前蜀主乞求拿通州、渠州、巴州、集州的刺史官职来卖钱，用来修建自己的住宅，前蜀主答应了他的要求。有识之士都意识到前蜀快要灭亡了。

八月初十日戊辰，前蜀主从成都出发，只见他身披金甲，头戴珠帽，手拿弓箭而行，随从的旌旗人马，连绵有一百多里长。雒县县令段融上奏说：“大王不适宜远离京城，应当委派大臣前去征讨。”前蜀主没听他的。九月，军队驻扎在安远城。

（以上为第三段，写吴国徐温忠于旧主，立杨溥即吴王位。前蜀国主王衍亲信小人，荒于政务。）

李存审等人到达河中，当天就渡过黄河。梁军一向轻视河中的军队，每次交战都要穷追不舍。这次李存审挑选了二百名精兵，混杂在河中军的士兵中，直逼刘鄩的营垒，刘鄩出动一千名骑兵出营追击；交战中发现晋军已经来到，大吃一惊，从此再也不敢轻易出动了。晋军驻扎在朝邑。

河中归顺后梁的时间已经很长，所以将士们都脚踏两只船。现在各路兵马都云集在这里，以致粮草价格飞涨，朱友谦的几个儿子劝说朱友谦暂时向后梁归顺，以此来让梁军撤退，朱友谦说：“从前和康怀贞作战时，晋王亲自率兵来解救我们的危难，挑灯夜战。现在我们正和梁军相持，晋王又命令将帅们披星戴月赶来救援，并且还用他们的物资粮食援助我们，我们怎么能够对不起他们呢？”

晋军分兵攻打华州，毁掉了华州的外城。李存审等人按兵不动有几十天以后，才出兵进逼刘鄩的营垒，刘鄩等人率领全部人马迎战，结果被打得大败，只好收拾剩余部队退守罗文寨。又过十来天，李存审对李嗣昭说：“野兽被逼急了是会拼死搏斗的，不如放开一条路让他们逃走，然后再从后面追击他们。”于是派出人到沙苑去放马。刘鄩等乘着夜色逃走，晋军一直追击到渭水，又把梁军打败了，斩杀和俘虏了很多人。李存审等移送檄文通告关右，并且率领军队攻占了很多地方，一直到下邽，拜谒了唐朝皇帝的陵墓，在陵前哭祭了一番之后才率军回去。

河中的军队向崇州发起进攻，静胜节度使温昭图十分害怕。后梁末帝派供奉官窦维向他游说说：“您所管辖的只不过是华原、美原两个县而已，虽然您名义上是节度使，其实只是一名镇将，比起别的大藩镇，哪能同日而语呢，您是否有意换个大藩镇？”温昭图说：“那当然。”窦维说：“我来为您想个办法。”随即就让温昭图上书请求换个地方镇守，后梁末帝于是任命汝州防御使华温琪暂时代理静胜节度留后。

冬季，十月初三日辛酉，蜀主到达武定军，几天后，又回到安远城。

十一月初一日戊子，蜀主任命兼侍中王宗俦为山南节度使、西北面都招讨、行营安抚使，任命天雄节度使、同平章事王宗昱，永宁军使王宗晏，左神勇军使王宗信为三位招讨以辅佐王宗俦，率兵讨伐岐国，他们出故关，在咸宜修筑壁垒，之后又进入良原县。十一月初十日丁酉，王宗俦进攻陇州，岐王亲自率领一万五千人驻扎在汧阳。十一月十六日癸卯，蜀军将领陈彦威从散关出兵，在箭筈岭打败了岐军，因为蜀军的粮食吃完了，只好把军队撤了回去。王宗昱驻扎在泰州，王宗俦驻扎在上邽，王宗晏和王宗信驻扎在威武城。

十一月二十三日庚戌，前蜀主从安远城出发；十二月初三日庚申，到达利州，阆州团练使林思谔前来朝见，请求前蜀主巡幸阆州，前蜀主答应了他的请求。十二月初六日癸亥，乘船顺嘉陵江而下，龙舟彩船金碧辉煌，映照得江的两岸非常壮观，所经州县操办供给劳民伤财，老百姓开始愁苦抱怨起来。十二月十五日壬申，蜀主一行到达阆州，州民何康的女儿长得非常漂亮，马上就要出嫁了，前蜀主就把她强夺了过来，然后赏赐给他的未婚夫家一百匹丝帛，那个未婚夫不久在极其悲愤中死了。十二月二十六日癸未，前蜀主到达梓州。

（以上为第四段，写冀王朱友谦叛梁附晋，后梁国势益衰。）

赵王王镕依仗着世代都镇守成德，深得赵地的人心，生长在富贵的环境中，仪态从容温雅，悠然自得。他所修建的府第园池，在当时是第一流的。他经常游玩，不问政事，一切政事都依靠幕僚助手们去处理，深居在自己的府第中，把大权都交给身边的大臣们，行军司马李蔼、宦官李弘规掌管王府内外的事务，而宦官石希蒙则完全是因为拍马奉承得到赵王的宠爱。

起初，刘仁恭派遣部将张文礼随他的儿子刘守文去镇守沧州，刘守文到幽州去看望父亲时，张文礼随后就占据了沧州城发动叛乱，沧州的人讨伐他，于是他就逃到了镇州。张文礼喜欢吹牛说大话，宣称自己通晓军事，赵王王镕很看重他，就把他收为养子，改名字叫王德明，把全部的军事都委托给他。王德明率领行营的军队跟随晋王南征，王镕想把他当作心腹之人，于是就派都指挥使符习前去把王德明替代回来，回来后被任命为防城使。

王镕晚年喜欢拜佛求仙，专门请人讲习佛经，学习道家的符箓，广设斋坛向神佛祈祷，修炼仙丹，在西山把馆宇装饰得非常华丽，经常去那里游玩。他一出去游山玩水，往往几个月才回来，随行陪从的将士常常不少于一万人，来来往往供应挥霍耗资巨大，军民们都深受其苦。这个月，王镕从西山回来，住宿在鹘营庄，石希蒙劝说赵王再到别的地方去玩；李弘规对赵王说："晋王正在黄河两岸和梁军血战，栉风沐雨，迎着箭石身先士卒，而大王您却把供应军需的物资挪用于不急的花费上面。况且眼下正处在艰难困苦时期，人心难测，大王又是长期在外不归府第，远出游玩，万一有奸人乘机叛乱，封锁城门和我们对抗，那么该怎么办呢？"赵王听了这番话后正准备回去，石希蒙却偷偷地对赵王说："李弘规凭空猜疑，挑拨离间，口出不逊之言来胁迫大王，一心只想夸大其词在外面造声势，借以增加自己的威望。"赵王于是又留了下来，接连住了几天都没有回去的意思。李弘规于是让内牙都将苏汉衡率领亲兵，穿着盔甲拔出兵刃，到军帐前对赵王说："士卒们离家在外风吹日晒已经很久了，都想跟大王一起回去！"李弘规随即走上前来对赵王建议说："石希蒙劝大王没完没了地出游，而且还听说他准备谋害大王，我们请求把他杀了以平民愤。"赵王不听他的建议，于是亲兵们就大声喧闹起来，并杀了石希蒙，砍下他的头在赵王面前控诉。赵王心里又是生气又是害怕，急忙赶回府第。当天晚上，赵王就派他的长子副大使王昭祚和王德明率兵包围了李弘规和李蔼的住宅，把他们的全家统统杀了，遭受株连的有十几家之多。又杀了苏汉衡，逮捕了他的同党，追究他们反叛的实情，赵王的亲兵们都感到十分恐惧。

（以上为第五段，写成德赵王镕骄奢纵欲，亲佞滥杀。）

吴国的金陵城竣工，陈彦谦把修城开支账册送给徐温审查，徐温说："我既然委托阁下操办，不再需要审核开支。"于是就把账册全部烧了。

当初，闽王王审知假借后梁末帝的意旨让他的侄子泉州刺史王延彬兼领平卢节度使。王延彬治理泉州十七年，官民都能安居乐业。刚好在这个时候，王延彬得到了白鹿和紫芝两件祥瑞物品，和尚浩源认为这是王延彬要做闽王的征兆，王延彬从此就骄傲放纵起来，竟然秘密地派遣使者从海路到后梁入贡，请求封他为泉州节度使。事情败露以后，王审知诛杀了浩源及其同党，罢免了王延彬的官爵，打发他回了家。

南汉主刘岩派遣使者到前蜀去互通友好。

吴越王钱镠派遣使者到楚国去为他的儿子钱传琇求婚，楚王马殷答应了他的请求。

（以上为第六段，写南方吴、闽、南汉、吴越诸国史事。）

后梁均王龙德元年（辛巳，公元 921 年）

春季，正月初七日甲午，前蜀主回到成都。

起初，前蜀主王衍还是太子的时候，高祖王建为他聘娶了兵部尚书高知言的女儿为太子妃，太子妃不讨太子喜欢，后来韦妃入宫了，太子对高氏就更加疏远了，这时把她送回娘家，高知言惊吓得瘫倒在地，不吃不喝，不久就死了。韦妃是徐耕的孙女，长得特别漂亮，有一次前蜀主到徐家去，见到了她就非常喜欢，太后于是就把她接到后宫，前蜀主不想娶母亲家族的人为妻，就假称她是唐代名臣韦昭度的孙女。开始任她为宫中女官婕妤，后来逐渐升为元妃。

前蜀主经常用锦缎挂起长长的屏障，在里面打毬，往往前蜀主已经离开到别的地方去了，而屏障外边的人还不知道。又喜欢日夜不停地燃烧各种香料，时间久了以后连自己也厌烦了，于是就改用燃烧皂荚来冲淡原有的香气。他还用缯帛结成山形，在这座缯山上又结出宫殿楼阁等形状，缯帛如果被风吹雨打损坏了，就用新的换上。有时在缯山上饮酒作乐，一住十来天都不想下来。在缯山的前面又挖了一条水渠直通宫中，有时晚上乘船回宫中，命令宫女们手拿着千余支大蜡烛在前面一艘船上，面朝后面站着照路，水面上被照得和白天一样明亮。有时在宫中畅饮，鼓乐喧闹，通宵达旦。这些事情都习以为常。

正月十七日甲辰，后梁末帝调任静胜节度使温昭图为匡国节度使，镇守许昌。温昭图一向侍奉巴结赵岩，所以能得到匡国这个名藩。

前蜀主、吴主多次写信来劝晋王称帝，晋王把来信拿给僚属们看，并说：“从前王太师也曾经给先王写过信，劝先王说唐室已经灭亡了，应该占据一方即位称帝。先王对我说：‘过去天子临幸石门，我出兵讨伐乱臣贼子，在那个时候，声威振天下，我如果挟持天子占据关中，自己起草赐封九锡和禅让的诏书，又有哪个人能阻止得了我？只是考虑到我们家世世代代忠孝，常为朝廷立功，所以誓死也不愿干这种篡逆的事情。你以后一定要把努力恢复唐朝社稷放在心上，千万不能仿效这帮人的做法！’先王的话还在耳边回响，这类建议不是我敢听到的。”说着说着，就流出了眼泪。

（以上为第七段，写前蜀主王衍荒淫无度，不成体统。）

不久，将领幕僚和各路藩镇又不停地劝晋王称帝，于是他就下令主管部门购买玉石制作传国之宝。黄巢当年攻破长安的时候，魏州和尚传真的师傅获得了一块传国之宝，收藏了四十年，到现在，传真把它当成一块普通的玉石，准备卖掉，有人认出这块宝玉来，就对他说："这是传国之宝啊！"于是传真就到行台把传国之宝献给了晋王，将领幕僚们都举杯向晋王祝贺。

张承业在晋阳听到了这件事，赶到魏州劝谏晋王说："大王世世代代效忠于唐朝王室，拯救朝廷危难，所以老奴我三十多年来为大王收集财赋，招兵买马，为的是誓死消灭叛逆的贼子，恢复唐朝的宗庙社稷。现在河北才刚刚平定，朱氏逆贼还存在，而大王却要马上即位称帝，这绝不是我们一向出兵征讨逆贼的本意，这样一做天下的人心怎么能不涣散呢？大王何不先消灭朱氏，报了各位圣王的深仇大恨，然后再访求唐宗室的后裔拥立为帝，向南攻取吴国，向西攻取蜀国，扫清海内，统一九州，到那个时候，就是高祖、太宗起死回生，又有谁的地位敢在大王之上呢？谦让的时间越久，那么将来所得到的也就越牢固。老奴我没有别的意思，只是因为我曾经受过先王的大恩大德，想为大王建立万年不朽的基业而已。"晋王回答说："这样做本来也不是我想干的，但是群臣们的意愿我也不好拒绝啊！"张承业知道说服不了晋王，痛哭着说："诸侯们浴血奋战，本来都是为了恢复唐朝天下，现在倒好，大王自己就攫取了帝位，简直是耽误了老奴我啊！"随即动身回到晋阳，一病不起。

（以上为第八段，写晋王李存勖谋划称帝。）

二月，吴国改年号为顺义。

赵王王镕杀了李弘规、李蔼之后，把大权都交给了他的儿子王昭祚。王昭祚生性骄横刚愎，大权在握之后，把以往依附过李弘规的人都全家斩杀。原李弘规部属有五百人打算逃走，他们聚在一起边哭边小声私语着，不知道该逃到哪里才好。刚好这时各部队都得到了赏赐，赵王对自己的亲信部队杀了石希蒙这件事还是很生气，偏偏没有同时给他们赏赐，大家更加感到恐惧了。王德明一贯怀有谋叛之心，他乘着大家感到恐惧之机就用话刺激他们说："大王命令我把你们这些人活埋。我觉得你们没有罪却要全被坑杀，想服从大王的命令却又不忍心杀害你们，不杀你们我又得罪了大王，真不知道该怎么办才好？"大家都被他的话感动得流下了眼泪。

这天晚上，亲兵中有人住在潭城的西门，他们在一起喝酒并谋划着杀死赵王的事。酒喝到畅快的时候，当中有个骁勇壮健的人说："我们都明白王太保的意思，将来的富贵就决定在今天晚上了！"说完他们就翻过城墙进到城内。这时的赵王正在府内烧香接受符箓，两个人进去砍下了他的脑袋后退了出来，接着放火烧了王府。军校张友顺率领大家来到王德明的住宅，请求他担任节度留后，王德明恢复了他过去的姓名叫张文礼，把王氏家族全部斩尽杀绝，唯独只放过王昭祚的妻子普宁公主，为的是和梁朝保持良好的关系。

三月，吴国把吴越王钱镠的堂弟龙武统军钱镒送回钱唐，钱镒也把吴国将领李涛送回广陵。徐温任命李涛为右雄武统军，钱镠任命钱镒为镇海节度副使。

张文礼派遣使者向晋王报告发生变乱的情况，同时奉表劝晋王即位称帝，并且请求晋王授予他符节和斧钺。晋王当时正在摆下筵席饮酒作乐，一听到这消息，扔掉酒杯悲痛得哭了起来，准备去讨伐张文礼。左右僚臣们都认为张文礼确实罪大恶极，然而晋国正和梁朝相对抗，不能再在自己的后方树敌，应该暂时答应他的要求，好安抚他。晋王不得已，夏季，四月，派遣节度判官卢质假称唐朝天子的旨意任命张文礼为成德节度留后。

陈州刺史惠王朱友能反叛，率军直逼大梁，后梁末帝下诏书命令陕州留后霍彦威、宣义节度使王彦章、控鹤指挥使张汉杰率军前往讨伐。朱友能进军到陈留之后，被打败，于是又逃回陈州，各路讨伐大军随即包围了陈州。

五月初一日丙戌，后梁末帝改年号为龙德。

当初，刘鄩与朱友谦有姻亲关系。后来刘鄩奉诏讨伐朱友谦的时候，部队到达陕州，刘鄩先派遣使者带信给朱友谦，向他讲明利害关系；等待了一个多月，朱友谦最终没有听从他的劝告，刘鄩只好率兵进攻。随军的尹皓、段凝一向忌恨刘鄩，于是乘机向后梁末帝毁谤他说："刘鄩逗留不进是给乱臣以喘息之机，使他们有时间等待援兵的到来。"后梁末帝听信了他们的话。刘鄩被打败回到大梁以后，自己以有病为理由请求解除兵权，后梁末帝下诏书准许他到西都洛阳医治，暗地里却又下令西都留守张宗奭把他毒死，五月初二日丁亥，刘鄩去世。

六月初一日乙卯，发生日食。

秋季，七月，惠王朱友能投降；七月十七日庚子，后梁末帝下诏免去他的死罪，降为房陵侯。

晋王答应了藩镇要他即位称帝的请求之后，就开始访求唐朝的旧臣，以便将来充任朝廷的百官。朱友谦派遣前礼部尚书苏循到晋王的行台，苏循到了魏州，一进入牙城，看到行台官府就弯腰拜了起来，说这是拜殿。看到晋王就口呼万岁手舞足蹈，激动得边流泪边自称臣民。第二天，苏循又献给晋王三十管大笔，叫作"画日笔"。晋王大为高兴，当即命苏循恢复礼部尚书原职并兼河东节度副使，河东监军张承业对苏循非常厌恶。

张文礼虽然接受了晋王的任命，但是内心还是感到不安，于是又派遣秘密使者通过卢文进的关系向契丹请求援助；同时也派遣秘密使者来告诉梁朝说："王氏是被乱兵杀死的，但普宁公主安然无恙。现在臣下我已经向北面招请了契丹人，在此也恳请朝廷再调发一万名精锐部队相助，从德州、棣州一线渡过黄河，那么晋军要逃都来不及了。”后梁末帝犹豫不决。敬翔说：“陛下如果不趁这个机会收复黄河以北地区的话，那么再无机会打败晋人了。最好暂时答应他的要求，机不可失啊！”赵岩、张汉杰等人却都说：“现强寇离我们很近，就在黄河边上，用我们的全部兵力来抵抗他们，还怕支持不下来，哪里还有闲工夫分出一万人马去救张文礼呢？况且张文礼脚踏两只船，想要借此稳固自己的势力，对于我们又有什么好处呢？”后梁末帝对这件事只好作罢。

（以上为第九段，写张文礼杀赵王镕，叛晋附梁，后梁末帝不趁机取河北，又忌杀良将刘鄩，再次自毁长城。）

晋王的人多次在北方边塞和黄河渡口处截获张文礼勾结契丹和后梁的用蜡丸密封、白绢所写的书信，晋王都派使者把这些东西给张文礼送了回来，张文礼感到既惭愧又害怕。张文礼嫉恨赵王原来的将领们，大部分人都被他诛杀了。符习率领一万名赵国士兵正跟随晋王驻扎在德胜城，张文礼请求晋王把他召回去，另派一名将领来代替他，并且任命符习的儿子符蒙为都督府参军，还派人带着钱财布帛到行营来慰劳将士，以博得他们的欢心。符习求见晋王，哭着请求晋王把他留下，晋王对他说：“我和赵王曾经订立同盟要共同讨伐逆贼，我们的情义像骨肉手足一般，万没想到一下子在身边出现了祸端，我心里感到十分哀痛。你如果不忘旧君的话，能够替他报仇吗？我可以在兵马粮饷上帮你一把。”符习和部将三十多人一起跪在晋王面前悲恸万分地哭着说道：“故使赵王授给我符习等人宝剑，为的是让我们消灭敌寇。自从听到发生变故以来，我一腔的冤屈和仇恨无处诉说，本想举剑自刎，又想到这样做对死去的人并没有什么好处。现在大王还记得故使以前的辅佐之功，答应为他报仇，符习等人不敢劳烦尊府的兵马，只希望率领我们的部属前去捉拿凶手，以报答王氏历代对我们的大恩大德，就是死了也没有什么遗憾了。”

八月初七日庚申，晋王任命符习为成德节度留后，又命令天平节度使阎宝、相州刺史史建瑭率军帮助他，自邢州、洺州向北进发。在此之前张文礼肚子上就长了个毒疮；八月十一日甲子，晋军攻克赵州，赵州刺史王鋋投降，晋王仍让他担任刺史，张文礼听到这些消息后，又惊又怕，就死了。他的儿子张处瑾秘不发丧，而与他的死党韩正时谋划如何全力抵抗晋军。九月，晋军渡过滹沱河，包围了镇州，并挖开漕渠用水灌城，又俘虏了深州刺史张友顺。九月初十日壬辰，史建瑭被流矢射中而身亡。

晋王想分出一部分兵力自己率领前去攻打镇州，梁朝北面招讨使戴思远知道消息后，就谋划出动杨村的全部兵力袭取德胜北城，晋王从梁军来投降的士兵口中知道了这件事。冬季，十月初七日己未，晋王命令李嗣源率兵埋伏在戚城，李存审率兵驻扎在德胜城，先派出骑兵去引诱梁军，假装着弱小和害怕。梁军见状都争先恐后地往前冲，晋王率领着主力部队严阵以待；等到梁军冲到面前以后，晋王出动三千名铁骑奋力砍杀，结果梁军被打得大败，戴思远逃往杨村，梁军士兵被晋军所杀伤的以及自相践踏的、掉进河里陷入冰中伤亡的，共计损失了两万多人。晋王任命李嗣源为蕃汉内外马步副总管、同平章事。

起初，义武节度使兼中书令王处直没有儿子，妖人李应之在陉邑得到一个名叫刘云郎的男孩，就把他送给了王处直，说："这个孩子有贵人之相。"让他收养为义子，起了个名字叫王都。王都长大以后，善于拍马溜须，又很奸诈，很得王处直的欢心，专门设置了一支新军，让他来统领。王处直还有一个庶出的儿子叫王郁，没有得到王处直的宠爱，就投奔了晋国，晋王李克用把女儿嫁给了他，一直把他提拔到新州团练使。王处直的其他儿子都还很小；王处直就任命王都为节度副大使，准备把他当作自己的继承人。

等到晋王李存勖讨伐张文礼，王处直认为平时镇州、定州唇齿相依，害怕镇州被灭之后定州的势力孤单，因此他坚决地劝阻晋王，认为眼下正和梁军相对抗，应该暂时赦免张文礼。晋王回答他说，张文礼有弑君之罪，毫无赦免的理由；王处直又想暗中勾引梁军，但又怕对易州、定州不利。王处直一直对这件事感到费心思，考虑到新州和契丹相邻，于是就秘密地派人去告诉王郁，让他去贿赂契丹，叫契丹人入侵晋国边境，想以此来解救镇州之围；王处直的部将很多人都劝说他不能这么做，王处直就是不听。王郁一直嫉恨王都冒充继承了他的本宗，于是乘机要挟王处直要把他立为继承人，王处直答应了他的要求。

军府的人们都不愿招引契丹人，王都也担心王郁会夺去他的地位，于是就与书吏和昭训密谋劫持王处直。碰巧有一天王处直和张文礼的来使在城东饮宴，傍晚回来的时候，王都把他所统领的几百名新军士兵埋伏在王处直的住所，这时大声叫嚷着冲出来劫持了王处直，并对他说："将士们都不愿意以城招引契丹人，请令公暂时住到西院。"于是把王处直和他的妻妾们一并幽禁在西院，并把王处直在中山的子孙以及心腹部将全部杀了。王都自称为节度留后，并把这些详细情况全部报告了晋王；晋王于是就任命王都代替王处直的原有职位。

（以上为第十段，写晋王兵伐张文礼，义武节度使王处直招引契丹以援张文礼，为部属所废。）

吴国徐温劝说吴王到南郊去祭天，有人却说："现在礼乐制度还没有完备；况且过去唐朝在南郊祭祀的时候，耗资巨大，我们现在没有能力做到这一点。"徐温说："哪有王者不祭祀上天的道理？我听说祭祀上天贵在心诚，耗费这么多又有什么用呢？唐朝每次南郊祭天，在打开南门时，都要用一百斛油脂灌在门枢里。这都是末世过于奢侈骄泰的流弊，又哪里值得取法呢？"十月十二日甲子，吴王在京城南郊祭祀上天，并以太祖配享。十月十三日乙丑，大赦境内；加封徐知诰为同平章事，兼领江州观察使；不久又把江州改为奉化军，任命徐知诰兼领节度使。

徐温得知寿州团练使崔太初因过于苛刻细察失去了民心，想要征调他，徐知诰说："寿州是边境重镇，征调他恐怕会引起变故，不如让他入京朝见，就势把他留下来。"徐温十分生气地说："一个崔太初都没办法节制，又能拿其他人怎么办？"最后征调崔太初为右雄武大将军。

十一月，晋王让李存审、李嗣源镇守德胜城，他亲自率军去攻打镇州。张处瑾派他的弟弟张处琪、幕僚齐俭向晋王认罪并请求归降，晋王不答应，出动全部精锐继续攻打镇州，结果却十来天也没有攻下来。张处瑾派韩正时率领一千名骑兵冲出重围，直奔定州，打算向王处直请求援救，结果被晋兵一直追到行唐，把他斩杀了。

契丹主阿保机已经答应了卢文进要出兵南下之后，王郁又向他游说说："镇州的美女如云，金银布帛堆积如山，天皇王如果赶紧前去，那么所有这些就都将是你的东西了，如果去得晚了的话，这些可都是晋王的了。"契丹主觉得这话说得有道理，于是就征调了全部人马准备南下。述律后劝他说："我们拥有西楼盛产羊马的富饶，这里也算是其乐无穷了，何必要劳师远征去乘人之危占取便宜呢？我听说过晋王用兵，天下无敌手，我们万一有什么危险和失败，那就后悔也来不及了！"契丹主没有听从她的劝告。十二月二十日辛未，契丹军进攻幽州，晋将李绍宏据城防守。契丹军又长驱南下，围攻涿州，十来天后攻了下来，活捉了刺史李嗣弼，接着又进攻定州。王都向晋王告急，晋王从镇州率领五千名亲军前往救援，并派遣神武都指挥使王思同率军戍守在狼山南坡以抵御契丹军。

高季昌派遣都指挥使倪可福率领一万名士卒修筑江陵的外城，高季昌巡视工地时，责备工程进度太慢，就打了他一顿棍子。高季昌的女儿是倪可福儿子倪知进的妻子，高季昌对自己的女儿说："回去告诉你公公：我只是想树立威严，叫众人都认真办事而已。"并且给了数百两银子让她带回去。

这一天，南汉任命尚书左丞倪曙为同平章事。

辰州、溆州的蛮人入侵楚国，楚国宁远节度副使姚彦章率军讨伐把他们平定了。

（以上为第十一段，写吴祀南郊，契丹南侵河北。）

后梁均王龙德二年（壬午，公元 922 年）

春季，正月初一日壬午，王都到西院去看望王处直，王处直挥起拳头就朝王都的胸部打去，并愤怒地说："逆贼！我有什么对不起你！"王处直手中没有兵器，就用嘴去咬王都的鼻子，王都急忙扯起袖子挡住才得以幸免。没过多久，王处直就忧愤而死。

正月十三日甲午，晋王到达新城之南，出去侦察的骑兵回来说契丹军的先头部队驻扎在新乐，准备渡过沙河向南进发；将士们听到这一消息都很害怕，士兵中出现了临阵逃脱的现象，主将把逃兵杀了一些，但仍然不能阻止。将领们都说："敌人出动全部兵力前来进犯，我们恐怕寡不敌众；听说梁军也入侵了，我们最好把军队调回魏州以解决最根本的问题，或者就撤掉对镇州的包围，率军向西进入井陉来回避一下。"晋王听了犹豫不决。中门使郭崇韬说："契丹人是被王郁所诱使，本来是为了抢夺财物而来的，并不是真能解救镇州的危难，大王最近击败梁军，威震夷夏各国，契丹人一听说大王来了，一定是心惊肉跳的，如果能挫败他们的先头部队，那么他们一定就会逃回去了。"这时李嗣昭从潞州赶来，也说："现在大敌当前，我们只能有进无退，不能轻举妄动而动摇人心。"晋王说："自古帝王的兴起，都自有天命，契丹人能把我怎么样？我用数万之兵就能平定山东，现在遇到这样一群小小毛贼就要回避他，将来还有什么脸面去威临四海？"于是亲自率领五千名精锐铁骑带头进发。到了新城的北面，一半军队刚走出桑林，契丹军一万多名骑兵看到了他们，都吓得逃走了。晋王于是兵分两路追击他们，追了几十里，活捉了契丹主的儿子。当时沙河上桥很狭窄，冰又很薄，契丹人马掉在河里淹死了很多。当天晚上，晋王率军在新乐宿营。契丹主住宿的车帐原来是安扎在定州城下，一看到败兵都纷纷退了回去，契丹军就全部撤退到望都据守。

晋王到达定州，王都到马前来迎接，在府上大宴宾客，并请求把自己的爱女嫁给晋王的儿子李继岌。

正月十七日戊戌，晋王率兵直逼望都，契丹军迎战，晋王率领一千名亲军骑兵冲在前面，正好碰上奚族酋长秃馁带领的五千名骑兵，被他们所包围。晋王奋力冲杀，出入敌阵好几次，从午时一直打到申时都没有杀出包围。李嗣昭得悉这一情况后，赶忙带领三百骑兵从侧翼攻击敌军，秃馁的骑兵终于退了下去，晋王才得以冲出重围。接着晋军发动全面进攻，奋力拼杀，契丹军被打得大败，一直被晋军向北追赶到易州。碰上连续不断十几天大雪，平地的积雪有几尺深，契丹军的人马得不到粮草，一路上饿死了很多人。契丹主举起手指着天，对卢文进说："老天不让我到这里来。"于是就往北撤了回去。晋王率兵紧跟其后，契丹人行军晋军也行军，契丹人宿营晋军也宿营，晋王看到契丹人野营的地方，在地上铺上农作物的秸秆，摆设得方方正正，都像编起来经过剪过的一样，人虽然离开这里，地上铺的草却没有一丝杂乱，看到这情景晋王感叹地说："契丹人执法严格，所以才能这样，这是中原地区的军队所赶不上的。"晋王率军到了幽州之后，派出二百名骑兵尾随在契丹军的后面，并对他们说："敌人出了边境以后你们就可以回来了。"这些骑兵仗着血气之勇，边打边追，结果全部被契丹军所俘虏，其中只有两个骑兵从别的路上逃跑才没有被抓着。

契丹主怪罪王郁，把他绑起来带了回去，从此以后再也不听他的主意了。

晋国代州刺史李嗣肱率兵平定了妫州、儒州、武州等地，晋王让他担任山北都团练使。

晋王率兵北上攻打镇州的时候，李存审对李嗣源说："梁军一旦得知我们在南方的兵力减少，如果不攻打德胜，就一定会偷袭魏州。我们两人都集中在这里干什么？不如把军队分开来防备梁军的进攻。"于是就分出一部分军队驻扎澶州。戴思远果然出动杨村的全部梁军直奔魏州，李嗣源率兵赶在了梁军的前面，驻扎在狄公祠下，又派人向魏州告警，让他们有所防备。戴思远率军到达魏店，李嗣源派部将石万全率领骑兵前去挑战。戴思远知道晋军有了防备，于是就率军往西渡过洹水，攻下了成安县，大肆抢劫一番之后就撤了回去。后来戴思远又率领五万名士兵进攻德胜北城，在城外挖了一条条壕修筑了一层层墙垒，切断了城内外的出入之路，昼夜不停地发动猛攻，李存审则是全力坚守。晋王得知德胜的形势非常危急，二月，从幽州率兵赶了回去，五天时间就到了魏州。戴思远听说晋王率军快要到来，就烧掉了军营逃回杨村。

（以上为第十二段，写晋王大破契丹于镇州，梁兵乘虚袭魏州败还。）

前蜀主喜欢微服出行，酒肆、妓女家无处不到；又怕别人认出他来，于是就下令让士民们外出时都戴上大帽子。

晋国天平节度使兼侍中阎宝修筑墙垒，把镇州包围了起来，又引滹沱河水环绕在城的四周。城内与城外的联系断绝，城中的粮食也吃光了，丙午日，城中派了五百多人到城外去寻找食物。阎宝故意让他们出来，准备用伏兵活捉他们；但是这些人出来后就开始进攻围城的营垒，阎宝很轻视他们，并没有加以防备，不大一会儿城中又有数千人相继涌了过来。这时阎宝的人马还没有集结起来，镇州的人群于是毁坏了围城的营垒冲了出来，放火攻击阎宝的军营，阎宝抵挡不住了，只好退守赵州。镇州人把晋军修筑的营垒全部毁掉，并且接收了晋军所留下的粮草，搬运了好几天都没有搬完。晋王知道了这件事以后，就任命昭义节度使兼中书令李嗣昭为北面招讨使，代替阎宝。

夏季，四月，前蜀军使王承纲的女儿正要出嫁，前蜀主却把她抢到宫里。王承纲委婉地向前蜀主要人，前蜀主大为恼怒，于是把他流放到茂州。王承纲的女儿听说父亲被治罪，就自杀了。

四月二十四日甲戌，张处瑾派遣一千多名士兵到九门迎接所缴获的晋军粮草，李嗣昭在阎宝的旧营中设下了埋伏，截击运粮的士兵，差不多把梁军全都杀死或俘获，剩下五个人躲藏在城墙的废墟中，李嗣昭盘桓着战马用箭射他们，镇州的士兵一箭射过来，正巧射中李嗣昭的脑袋，这时候李嗣昭箭袋子里的箭用完了，于是就从头部拔出那根箭来射了回去，一箭就把对方射死了。这时天色已晚，李嗣昭回到了军营里，被射伤的地方流血不止，当天晚上他就去世了。晋王得知这一消息，接连好几天都不吃肉。李嗣昭留下遗嘱说：把泽州、潞州的兵权全部交给判官任圜，让他统领各路兵马继续攻打镇州。任圜的指挥和以前完全一样，因此镇州人不知道李嗣昭已经死去。任圜是三原人。

晋王任命天雄马步都指挥使、振武节度使李存进为北面招讨使。又下令让李嗣昭的儿子们护送李嗣昭的灵柩回晋阳安葬；李嗣昭的儿子李继能不接受命令，而是率领着父亲的几千名牙兵，从行营保护着灵柩要回潞州。晋王派遣他的同母弟弟李存渥赶快骑马追上去劝说他们，李继能的兄弟们都感到很气愤，想杀了李存渥，李存渥得知后急忙逃了回去。李嗣昭共有七个儿子：李继俦、李继韬、李继达、李继忠、李继能、李继袭、李继远。李继俦任泽州刺史，应当继承父亲爵位，但他的个性却一向很懦弱。李继韬则凶狠狡猾，他把李继俦囚禁在另外一个房间里，然后假装让士卒们劫持自己请为留后，李继韬表面上谦让一番，并把这件事情报告了晋王。晋王考虑到当时正是用兵的时候，在不得已的情况下，只好把昭义军改称为安义军，任命李继韬为节度留后。

阎宝战败后被免职，觉得又是惭愧又是气愤，背上又长了个毒疮，于四月二十四日甲戌去世。

南汉主刘岩听信方术之士的话，到梅口镇去巡游以躲避灾祸。这个地方接近闽国的西部边境，闽国的将领王延美率领军队要袭击他，军队还在几十里外的时候，侦察人赶回来向汉主报告，刘岩赶紧逃跑，这才得以脱身。

五月初六日乙酉，晋国李存进到达镇州，在东垣渡扎营，并在滹沱河两岸修筑营垒。

晋国卫州刺史李存儒，本来姓杨，名叫婆兒，因为会演戏而得晋王的宠爱。他的力气很大，晋王赐给他姓名，让他担任刺史；他专门搜刮民财，守城的士兵只要交月课钱，他都放他们回家。八月，梁朝的庄宅使段凝和步兵都指挥使张朗率兵乘着黑夜渡过黄河偷袭他，天亮的时候攻进城中，活捉了李存儒，攻下了卫州。戴思远又和段凝一道攻下了淇门、共城、新乡，于是澶州以西、相州以南的地区，又都归梁朝所有了；为此，晋军失去了三分之一的军用储备，梁军的声势又重新振作起来。后梁末帝任命张朗为卫州刺史。张朗是徐州人。

（以上为第十三段，写晋兵攻镇州，折李嗣昭、阎宝两将，梁兵克卫州，军势复振。）

九月初一日戊寅，张处瑾派他的弟弟张处球乘李存进没有准备之机，率领七千名士兵迅速扑向东垣渡。当时晋军的骑兵也正在向镇州城进发，双方的人马在路上都没有碰面。镇州的士兵攻到了李存进的营门口，李存进仓促地率领着十几个人在桥上抵抗，镇州军队渐渐后退，这时晋军的骑兵也杀回来切断了他们的退路，前后夹攻，镇州士兵几乎被消灭光了，李存进也战死在乱兵之中。晋王任命蕃汉马步总管李存审为北面招讨使。

镇州城里粮食吃光了，再也没有力气抵抗了，张处瑾派遣使者到行台向晋王请求投降，还没有得到回音，这时李存审的军队已经兵临镇州城下。九月二十九日丙午夜间，镇州城内的将领李再丰当内应，秘密地放下绳索让晋军攀上城墙，到天亮的时候，晋军已经全部登上了城，于是活捉了张处瑾的兄弟和家人，以及他们的党羽高濛、李翥、齐俭等人，押送到行台，赵国的人们都强烈要求杀了吃他们的肉，又把张文礼的尸体在街市上车裂示众。赵王从前的侍者在灰烬中找到了赵王的遗骸，晋王命令祭祀赵王然后好好安葬。晋王任命赵国的将领符习为成德节度使，乌震为赵州刺史，赵仁贞为深州刺史，李再丰为冀州刺史。乌震是信都人。

符习不敢接受成德节度使的任命，辞让说："故使没有留下后代，并且还没有得到安葬，我符习应当服斩衰重服来安葬他，等到丧礼办完以后我再听候大王的差遣。"把赵王安葬了以后，他马上就到了行台。赵国的人都请求晋王兼领成德节度使，晋王答应了这一请求。晋王又割出相州、卫州两地设置了义宁军，任命符习为节度使。符习又辞让说："魏博是大王的霸府，不可以分割，我只希望能封我黄河以南的一个镇，我符习自己去攻占。"于是晋王就任命符习为天平节度使、东南面招讨使。另外加封李存审兼侍中。

十一月初二日戊寅，晋国特进、河东监军使张承业去世，曹太夫人亲自到他的宅第去志哀，为他戴孝，像自己的子侄辈去世一样服丧礼。晋王得悉张承业的死讯，一连数日都吃不下饭。晋王命令河东留守判官何瓒代理河东军府的事务。

十二月，晋王任命魏博观察判官晋阳人张宪兼任镇州、冀州观察判官，并且暂时代理镇州军府的事务。

魏州的赋税拖欠得很多，晋王就这件事责备司录济阴人赵季良，赵季良说："殿下什么时候能平定黄河以南？"晋王十分生气地说："你的职责就是督促税收，自己的本职都没干好，怎么敢过问我军事方面的事情！"赵季良回答说："殿下正在计划要平定天下，却不爱惜自己的百姓，一旦百姓对你离心离德，恐怕连黄河以北也不属于殿下所有了，更何况黄河以南呢！"晋王听了这话非常高兴，向他表示了歉意。从此以后非常器重他，每次筹划大事都要听取他的意见。

这一年，契丹改年号为天赞。

大封王躬乂，性情残忍，海军统帅王建把他杀了，自己继位，恢复旧称高丽王，并以开州为东京，以平壤为西京。王建生活节俭，待人宽厚，国内百姓十分安定。

（以上为第十四段，写晋兵克镇州。）

【点评】

本卷点评杨廷式办案、梁将刘鄩之死、后唐创业功臣张承业三件史事。

杨廷式办案。吴国张崇驻节庐州，贪暴不法。庐江民众控告县令贪赃。吴执政派侍御史知杂事杨廷式去核查办案，指令杨廷式，惩治县令震慑张崇。杨廷式提出，他去办案，一定追查到底，纠出张崇，把他逮捕，押上囚车，送给都统处置。都统即徐知诰之父徐温。徐知诰说："我要求你只是惩办县令，何必牵扯这么多人呢！"杨廷式说："小小县令，哪敢明目张胆地敲剥百姓，是张崇指使县令搜刮民财转而献给都统，怎么可以不打老虎而拍苍蝇呢！"徐知诰赶紧向杨廷式致歉，说："这样的小事哪能劳动你的大驾呢！"杨廷式敢摸老虎屁股，是一个明大义有大勇的好法官，还赢得了知音的赏识是幸运的。但在专制政体下，人情大于法制，在盘根错节的复杂关系中，执政即使想要认真办事，也十分困难。后台强大，若大于执政，案情就无法追究，也就不了了之。杨廷式办案，发人深思。

梁将刘鄩之死。刘鄩善用兵，多智略，十步九计，名重当时。晋王李存勖亲自统军与后梁争河北，刘鄩统率梁军主力，是捍卫后梁的一座长城。由于功高震主，刘鄩遭忌疑，后梁末帝每每遥控掣肘，使刘鄩不能随心施展规划的方略，是以久无建树。一向持重的刘鄩，欲建奇功，孤军奔袭晋阳，碰巧天公不作美，连日阴雨，阻滞行军，晋王派骑兵回救晋阳，先期刘鄩到达。刘鄩回军遭晋军围追阻截，大败而归。由是丧胆，连战不胜。刘鄩智竭计穷，称疾辞职，请解兵权以自保。后梁末帝准其辞，命刘鄩到西京洛阳就医，而西京留守张宗奭早已领受密旨，用毒酒等待刘鄩到来。一代名将就这样悲剧结局。可惜，刘鄩善军谋，不善保身，在军阀混战的纷乱之世，请解兵权以自保，无异于自杀。后梁末帝自毁长城，不久覆国败家，亦以悲剧终。

后唐创业功臣张承业。张承业，字继元，本姓康。同州（今陕西大荔）人。张承业为唐末内常侍张泰养子，故改姓张。张承业为河东节度使沙陀人李克用监军，张李二人交谊深厚。当崔胤、朱全忠大杀宦官，李克用抗诏保护张承业。朱全忠篡唐，李克用承用唐年号，公开恢复张承业为河东监军，张承业于是竭诚效忠李克用及其子后唐庄宗李存勖，为后唐创业功臣。

晋王李克用死前，托孤李存勖于张承业等大臣。李克用幼弟李克宁总摄军政大权，最初尊奉李存勖嗣位晋王，经不住左右亲信搬弄是非，欲取晋王而代之，李存勖依靠张承业的支持与谋议，平息了内乱，诛杀了李克宁，稳固了政局，李存勖感恩承业，"兄事之"。张承业劝李存勖奉唐年号与后梁争河北，晋王之师堂堂正正，在政治上占了主动。后梁开平四年（公元 910 年），晋梁柏乡之战，这是一场双方的主力决战，李存勖逞强好胜，要与优势的梁军硬拼，周德威等宿将之言，一概不听。在这危急关头，张承业夜闯军帐，陈说利害，李存勖当夜转移部队，赢得柏乡之战的大胜，奠定了夺取河北的基础。灭刘守光，张承业参与谋议，多有贡献，李存勖夺取魏博之后，与后梁夹河攻战，“太原军国政事，一委承业”，张承业是后唐庄宗的萧何。薛居正《旧五代史·张承业传》，以及司马光《资治通鉴》都给张承业以肯定的评价，称其为阉寺中忠义之士。李存勖称帝，张承业劝阻，自称“臣唐家一老奴”，未免迂腐。唐代宦官作恶多端，张承业只不过是在时局变迁之中获得的新生。后梁末帝龙德二年（公元 922 年）十一月初二日戊寅，张承业卒，晋王母曹太夫人诣其第，为之行服，执子侄之礼。晋王亦为之不食者数日。

后唐纪一

后唐庄宗同光元年（公元 923）

【昭阳协洽（癸未，公元 923 年），一年】

【大事提要】

本卷记公元 923 年一年史事。当后唐庄宗同光元年。此年，局势发生重大变化，后唐取代后梁。晋王与后梁末帝大战数年，互有胜败，总形势仍势均力敌。后梁末帝昏庸，听信赵岩、张汉杰兄弟等群小，用唐王室弊政宦官监军，掣肘良将用兵，是以梁兵常败，晋兵常胜。晋王刚愎自用，多有失计，前有张文礼之变，后有李继韬之叛，延迟了灭梁的时间。公元 923 年二月，晋王即帝位于魏州，国号大唐，史称后唐，是为庄宗。李嗣源奇计下郓州，后梁危急，梁将王彦章亦出奇兵大败晋兵，围杨刘，形势逆转。在这生死存亡之秋，后梁末帝听信群小，临阵换将，罢王彦章而任用庸才段凝为主帅，继而王彦章败没，形势急转，后唐庄宗奋勇进军大梁，后梁末帝未见唐兵而自杀，梁亡。庄宗入大梁，迁都洛阳，梁全境归服，楚王马殷、荆南高季昌稽首。庄宗即位伊始，嬖幸伶官，宠爱刘夫人，游猎无度，敛财拒谏，已出现败亡之兆，吴、荆南离心。前蜀主荒淫，闻后梁亡，祈福求神保佑，不思进取，亡无日矣。

庄宗光圣神闵孝皇帝上

后唐庄宗同光元年（癸未，公元 923 年）

春季，二月，晋王下令设置百官，并且在四镇的判官中挑选前朝的士族，准备任命他们为丞相。河东节度判官卢质名列前茅，但是他却坚决辞让，请求让义武节度判官豆卢革、河东观察判官卢程来充任；晋王于是就征召豆卢革和卢程二人，拜他们为行台左、右丞相，任命卢质为礼部尚书。

后梁末帝派兵部侍郎崔协等人去册封吴越王钱镠为吴越国王。二月二十二日丁卯，钱镠开始建国，仪仗和侍卫的名称大多比照天子的制度，称他所住的地方叫宫殿，府署叫朝廷，给所辖地区内下的命令叫制敕，将吏们对他都自称臣下，只是不更改年号而已，向梁朝上表疏时只自称吴越国而不称镇海、镇东军。任命清海节度使兼侍中钱传瓘为镇海、镇东留后，总管军府的事务。设置了百官，有丞相、侍郎、郎中、员外郎、客省使等职位。

李继韬虽然接受了晋王的任命为安义留后，可是内心一直觉得不踏实，他的幕僚魏琢、牙将申蒙又从中挑拨说："晋国没有什么人才，迟早会被梁国吞并的。"这时晋王正在筹置百官，三月，征召监军张居翰、节度判官任圜赶赴魏州，魏琢、申蒙又向李继韬游说，说："晋王急忙征召这两个人，其实情可想而知了。"李继韬的弟弟李继远也劝李继韬要依附梁朝，李继韬于是便派李继远出使前往大梁，请求以泽州、潞州向梁朝归附称臣。梁主大为高兴，下令把安义军改名为匡义军，任命李继韬为匡义节度使、同平章事。李继韬把他的两个儿子送到梁朝作人质。

安义军的旧将领裴约戍守在泽州，哭着告诉他的部下说："我侍奉故使二十四年，看到他把财物分给士卒共享，并立志要消灭仇敌。不幸的是他去世了，现在灵柩还没有安葬，而他的儿子却背叛了国家和亲人，我宁死也不能从命！"于是就占据州城坚守。梁主任命骁勇部将董璋为泽州刺史，率兵攻打裴约。

李继韬散财物招募士卒，尧山人郭威前往应募。郭威因意气用事而杀了人，被逮捕下狱，李继韬爱惜他的才干和勇气，就把他放了。

契丹侵犯幽州，晋王向郭崇韬征询主帅人选，郭崇韬推荐了横海节度使李存审。当时李存审正生病卧床，三月初五日己卯，晋王下令改任李存审为卢龙节度使，用车子拉着他带病上任。又任命蕃汉马步副总管李嗣源兼领横海节度使。

晋王在魏州牙城的南面修筑了祭坛，夏季，四月二十五日己巳，晋王登上祭坛，祭告天帝，于是就登上了皇帝宝座，国号为大唐，大赦天下，改年号为同光。尊奉生母晋国太夫人曹氏为皇太后，嫡母秦国夫人刘氏为皇太妃。任命豆卢革为门下侍郎，卢程为中书侍郎，两人都为同平章事；郭崇韬、张居翰被任命为枢密使，卢质、冯道被任命为翰林学士，张宪被任命为工部侍郎、租庸使，又任命义武节度掌书记李德林为御史中丞。李德林是李绛的孙子。

下诏命令卢程到晋阳册封太后、太妃。当初，太妃没有儿子，性情贤惠，不妒忌别人；太后原来是武皇李克用的侍姬，太妃常常劝说武皇要很好地对待太后，太后自己也很谦虚退让，因此两人相处得很欢洽。到了受命册封时，太妃到太后的宫里致贺，脸上显得很高兴，太后反而有些不太好意思，心里有些不安。太妃说："但愿我们的儿子能够长久做皇帝，我们将来死了埋在地下，墓园还能够有人照顾，其他的还有什么好说的！"于是两人面对面地哭泣了一场。

豆卢革、卢程都是轻佻浅薄的无能之辈，后唐庄宗看在他们是衣冠大族的后代，又是霸府老幕僚的分上，所以才重用了他们。

（以上为第一段，写晋王即皇帝位于魏州，是为后唐庄宗。国号大唐，史称后唐。后梁末帝册封钱镠为吴越国王。）

当初，李绍宏担任中门使、郭崇韬担任中门副使。到这时候，李绍宏从幽州被征召回朝，郭崇韬嫉恨原来的老同事地位又在他之上，于是就推荐张居翰担任枢密使，任命李绍宏为宣徽使，李绍宏从此对郭崇韬怀恨在心。张居翰生性和气谨慎，怕惹事，军国的机密政事都由郭崇韬掌握。支度务使孔谦自认为才能出众，而且勤敏效力，应当被任命为租庸使；可是大家都认为孔谦地位低微，出身贫寒，不适宜一下子就身居重要的职位，所以郭崇韬就推荐张宪担任租庸使，而任命孔谦为副使，孔谦心里也很不愉快。

后唐把魏州改为兴唐府，建为东京；又把太原府建为西京，同时把镇州改为真定府，建为北都。任命魏博节度判官王正言为礼部尚书，兼任兴唐尹；任命太原马步都虞候孟知祥为太原尹，兼任西京副留守；任命潞州观察判官任圜为工部尚书，兼任真定尹，同时担任北都副留守；任命皇子李继岌为北都留守、兴圣宫使，兼管六军诸卫的事务。这时后唐所拥有的地区共有十三个节度镇、五十个州。

闰四月，后唐庄宗追尊曾祖父李执宜为懿祖昭烈皇帝，祖父李国昌为献祖文皇帝，父亲晋王为太祖武皇帝。在晋阳建立宗庙，从先朝高祖、太宗、懿宗、昭宗至本朝懿祖以下三代，共立了七个庙堂。

闰四月二十日甲午，契丹入侵幽州，攻到易定之后又退了回去。

当时契丹人经常入侵，抢掠运输的粮饷，幽州的存粮不够半年之用了，南边的卫州又被梁军攻下，潞州又反叛，一时人心惶惶不安，都认为梁朝算是攻不下来了，后唐庄宗对此很担忧。这时刚好后梁的郓州将领卢顺密来归顺。在此之前，后梁天平节度使戴思远驻扎杨村，留下卢顺密和巡检使刘遂严、都指挥使燕颙驻守郓州。卢顺密对后唐庄宗说："驻守郓州的士兵不足一千人，刘遂严、燕颙都丧失了民心，可以用偷袭的方法把它攻取下来。"郭崇韬等都认为："孤军远袭，万一作战失利，会白白地损失几千人，卢顺密的建议听不得。"后唐庄宗私下里把李嗣源召到他的帷帐中谋划说："梁人的目的是要吞并泽州、潞州，不会注意防备东边，如果能够取得东平，就是击溃了他的腹心之地。你看东平有可能攻下吗？"李嗣源自从在胡柳战役中因为渡河北撤而一直感到很惭愧，时常想建立奇功以弥补以往的过错，于是他回答说："现在我们用兵已经多年了，老百姓都疲惫不堪，如果不出奇制胜的话，怎么能够成就大业！臣愿意独立担当这次任务，我保证会对陛下有个交代。"后唐庄宗听了很高兴。闰四月二十八日壬寅，派遣李嗣源率领他的所属部队五千名精锐士卒从德胜城直奔郓州。到达杨刘的时候，天色已晚，阴雨绵绵，道路漆黑，将士们都不想再继续前进了，高行周说："这是上天助我啊，敌人一定没有防备。"当天夜里，部队渡过黄河兵临郓州城下，城里的人却还不知道，李从珂率先登上城墙，杀死守城门的士卒，打开城门让外面的人马进来，进攻牙城，这时城中大乱。闰四月二十九日癸卯清晨，李嗣源的人马全部开进城内，随即攻下了牙城，刘遂严、燕颙逃奔回大梁。李嗣源严禁士卒在城里放火抢劫，安抚当地的官吏百姓，活捉了知州事、节度副使崔笃和判官赵凤，派人送往兴唐府。后唐庄宗十分高兴地说："总管真是个奇才，我的大事这下子没有问题了。"当即任命李嗣源为天平节度使。

（以上为第二段，写后唐将领李嗣源奇计下郓州。）

后梁末帝悉郓州失守，大为恐惧，下令把刘遂严、燕颙绑到街市上斩首，罢免了戴思远的北面招讨使的官职，降为宣化留后，又派遣使者责备北面招讨的各位将领段凝、王彦章等，催促他们赶快出战。敬翔知道朱梁皇室已经很危险了，于是把绳子装在鞭子里，入宫晋见后梁末帝说："先帝夺取天下的时候，不认为臣没有才能，臣所提的建议没有不被采纳的。现在敌人的势力更加强大，而陛下却不听取、不重视臣的建议，臣活着已经没有什么用了，不如死了罢。"说着拿出绳子就要自杀。后梁末帝赶紧劝阻了他，问他究竟想说什么，敬翔说道："现在的形势已经很紧急了，如果不起用王彦章为大将的话，事情就不可救药了。"后梁末帝听从了他的这个建议，于是任命王彦章代替戴思远担任北面招讨使，仍旧让段凝担任副招讨使。

后唐庄宗听到这一消息后，亲自率领亲军驻守在澶州，命令蕃汉马步都虞候朱守殷防守德胜城，并告诫他说："这位王铁枪勇敢果决，他们乘着士卒愤怒激动的气势，一定会来攻击你，你还是应该谨慎小心地防守！"朱守殷是后唐庄宗小时候使唤的奴才。

后唐庄宗又派遣使者给吴王送去书信，告诉吴王郓州已经被攻下，请他共同出兵攻打梁朝。五月，使者到了吴国，徐温想脚踏两只船，要率领水师沿着海岸北上，看哪边打胜了就帮助哪边。严可求说："如果梁军请求我们登陆去援助他们，我们要用什么理由拒绝他们呢？"于是徐温只好作罢。

后梁末帝召见王彦章问他多长时间可以击败敌人，王彦章回答说："三天。"左右大臣们听了都哑然失笑。王彦章率兵出发，用了两天时间，就赶到了滑州。五月十八日辛酉，王彦章举行了一次大规模的酒宴，私下里派人在杨村准备好船只；当天夜里，命令六百名甲士，都拿着大斧，船上载运了一些铁匠，准备了鼓风用的皮囊和火炭，顺流而下。这时宴会还没有结束，王彦章借口出去换衣服，实际上却率领几千名精锐士卒沿着黄河南岸直奔德胜城。这时天下着小雨，朱守殷没有一点防备，船上王彦章的士卒把连接浮桥的锁用火烧断，接着又用大斧砍断浮桥，而王彦章则率领人马猛攻德胜南城。这时浮桥被砍断了，德胜南城也随即被攻了下来，共斩杀唐军数千人，这时距王彦章接受命令刚好三天。其间朱守殷曾用小船载着甲士渡过黄河来援救南城，但已经来不及了。王彦章又向位于黄河南岸的潘张、麻家口、景店等唐军营寨发起进攻，都攻了下来，一时声威大震。

后唐庄宗派遣宦官焦彦宾火速赶往杨刘，与杨刘镇使李周一道在那里固守，命令朱守殷放弃德胜北城，把房屋拆掉做成木筏，载上士兵和武器从上游顺河东下，以加强杨刘的守备力量，又把德胜北城的粮草柴火都转移到澶州，这样一来路途中损失了将近一半。王彦章也把德胜南城的房屋木料拆下做成木筏沿河东下。王彦章和朱守殷两军各靠一边行船，每遇上黄河的弯曲之处，就要在中流交战一番，射出的箭矢像雨一样密集，有时候全船覆没，一日交战百余次，双方互有胜负。到达杨刘时，差不多都损失了将近一半的士卒。五月二十六日己巳，王彦章、段凝率领十万大军进攻杨刘，多路并进，昼夜不停，又连接九艘大船，横拦在黄河的渡口上用来阻断唐军的援兵。杨刘城好几次都差一点被攻陷，多亏李周全力抵御，和士卒同甘共苦，最后王彦章还是没能攻下，只好率兵退到城南驻扎，建造相连的营寨坚守。

（以上为第三段，写梁将王彦章大败唐军于德胜，兵围杨刘。）

杨刘方面向后唐庄宗告急，请求军队以日行百里的速度前去救援；后唐庄宗率兵前往救援，并且说："有李周在那里防守，有什么可担心的！"于是每天只行军六十里，并且一路上还经常打猎，六月初二日乙亥，援军到达了杨刘。梁军修筑了好几重堑壕营垒，布防得很严密，根本就攻不进去，后唐庄宗感到很棘手，便问郭崇韬有什么好计策，郭崇韬回答说："现在王彦章据守着重要渡口，他认为这样就可以毫不费力地攻下东平；如果我们的大军不向南开进的话，那么东平确实就难守了。臣请求在博州东岸修筑营垒以巩固河上的渡口，这样既可以接应东平，又可以分散敌人的兵力。只是担心王彦章侦探到这一消息，直接逼近我们，那么城就建立不起来了。希望陛下招募敢死的士卒，让他们每天都向梁军挑战以牵制敌人，如果王彦章能有十天时间不向东开进，那么城就可以建起来了。"当时李嗣源正坚守郓州，与黄河以北一点消息也不通，渐渐地人心涣散了，眼看早晚就要保不住了。这时刚好梁军右先锋指挥使康延孝秘密地请求向李嗣源投降，康延孝是太原地区的胡人，曾经因为犯了罪，就逃亡投奔了后梁，当时属于段凝的部下。李嗣源派押牙临漳人范延光把康延孝请求投降的蜡书送到后唐庄宗那里，范延光于是向后唐庄宗报告说："杨刘的防备已经很稳固了，梁军一定攻不下来，请求在马家口修建营垒以打通通往郓州的道路。"后唐庄宗听从了他的建议，派郭崇韬率领一万人连夜出发，兼程赶往博州，从马家口渡过黄河，在那里日夜不停地筑城。这边后唐庄宗在杨刘与梁军日夜不停地苦战。郭崇韬建造新城才六天时间，王彦章便得到了消息，立即率领数万大军赶往那里，六月十五日戊子，猛攻新城，并且把十余艘大型战船连起来横在黄河中流，用以断绝郭崇韬的援军。当时城墙才刚刚修好，高度还不够，土石还很疏松，还没有供瞭望和守备的其他设施；郭崇韬慰劳士卒们，并且亲自带头，四面防御，同时也派出密使向后唐庄宗告急。后唐庄宗从杨刘亲率大军赶来救援，在新城的西岸布阵，城里的人远远望见援兵来到顿时士气大振，大声斥骂梁军，梁军只好砍断河中连接战船的绳索，把战船收拢一起；后唐庄宗的船停在岸边准备渡河，王彦章于是撤除了对新城的包围，退到邹家口防守。郓州向朝廷奏报的道路从此打通了。

李嗣源秘密上表，请求查办朱守殷战败的罪责；后唐庄宗没有接受。

秋季，七月初五日丁未，后唐庄宗率领军队沿着黄河向南挺进，王彦章等放弃邹家口，又奔赴杨刘。七月十二日甲寅，游弈将李绍兴在清丘驿的南面击败了梁军的流动部队。段凝以为唐军已经从上游渡过了黄河，大惊失色，当面就责备王彦章，埋怨他不该深入郓州之境。

七月十三日乙卯，前蜀侍中魏王王宗侃去世。

七月十六日戊午，后唐庄宗派遣骑将李绍荣径直攻到梁军营寨前，活捉了梁军的哨兵，这样一来梁军更加惊恐，唐军又用点着火的木筏顺流而下，焚烧了梁军连在一起的战船。王彦章听说后唐庄宗已经率兵到达邹家口，七月十七日己未，就解除了对杨刘的包围，逃到杨村去防守；唐军从后追击，又重新收复了德胜城。梁军士兵前后猛攻各城，遭到箭石击伤、河水淹溺、中暑而死的将近一万人，丢弃的物资粮食、铠甲仪仗、军锅幕帐等，常常数以千计。到杨刘解围的时候，城中断粮已有三天时间了。

王彦章憎恨赵岩、张汉杰扰乱国政，他当招讨使以后，对自己的亲信说："等我得胜回来的时候，一定要把奸臣全部杀光，以此来告谢天下人！"赵岩、张汉杰听到些话之后，就私下里商量说："我们宁可死在沙陀人手里，也不能让王彦章来杀我们。"于是两人同心协力要搞掉王彦章。段凝平时就妒忌王彦章的才能而献媚附和赵岩、张汉杰，在军中动辄就和王彦章作对，千方百计地损伤他的声誉，唯恐他建立战功，经常暗地里侦伺王彦章的过失报告后梁末帝。每次军中的捷报送到大梁的时候，赵岩、张汉杰都把全部功劳归于段凝，因此王彦章竟然连一点功劳都没有。到后来兵退杨村的时候，梁主听信谗言，同时又担心王彦章一旦大功告成又难以控制，于是就征召他回大梁，让他率兵会合董璋进攻泽州。

（以上为第四段，写后梁末帝任将不专，王彦章既受制于内，又不协于外，不能号令全军，功败垂成，被解除军权。）

七月二十二日甲子，后唐庄宗到达杨刘慰劳李周说："要不是你善于防守，我的事业就完了。”

中书侍郎、同平章事卢程拿私人的事情请托于兴唐府，兴唐府的官吏们无法满足他的要求，他就用鞭子抽打府吏们的背；光禄卿兼兴唐府少尹任团，是任圜的弟弟，也是后唐庄宗堂姐的夫婿，到卢程那去论理。卢程骂他说：“你是个什么东西，想用老婆的力量来压我不成！”任团只好跑去向后唐庄宗报告。后唐庄宗听后非常生气地说：“朕错任了这个蠢物为丞相，他竟敢侮辱我的九卿！”准备让卢程自杀；多亏卢质全力解救，才将卢程贬为右庶子。

裴约派来密使向后唐庄宗告急，后唐庄宗说：“我哥哥不幸生下这个忘恩负义的畜生，只有裴约还能知道是非忠奸。”回头对北京内牙马步军都指挥使李绍斌说：“泽州是个弹丸之地，朕要它也没有什么用处，你去替我把裴约迎回来。”八月初一日壬申，李绍斌率领五千名精锐士卒前去援救，结果还没到泽州，泽州城已被梁军攻陷，裴约也战死了，后唐庄宗得悉这一消息后深觉惋惜。

八月初三日甲戌，后唐庄宗从杨刘返回兴唐府。

后梁末帝命令在滑州决开黄河河堤，把河水向东引注到曹州、濮州和郓州一带，用来阻止唐军的进攻。

当初，后梁末帝曾派遣段凝到黄河一线监督大军作战，敬翔、李振多次向后梁末帝请求罢免他，后梁末帝说：“段凝又没有什么过错。”李振说：“等到他有过错时，国家就危险了。”这时，段凝用厚礼贿赂赵岩、张汉杰二人请求出任招讨使，敬翔、李振据理力争，认为不能让他担任；最后由于赵岩、张汉杰的一手包办，段凝终于代替王彦章担任了北面招讨使，于是军中的老将们都愤恨不平，士卒们也不服气。天下兵马副元帅张宗奭对后梁末帝说：“臣身为天下兵马副元帅，虽然已经老朽了，但自信还能替陛下抵御北方的敌人。段凝是个晚辈，他的功名不足服众人，现在大家对他的任职议论纷纷，这样下去恐怕会给国家带来不小的后患。”敬翔说：“军队将帅的任命关系到国家的安危，现在国家的局势已经很危急了，陛下怎么可以还不留意将帅的人选呢？”后梁末帝对这些建议都不予理会。

八月十七日戊子，段凝率领全军五万人马在王村扎营，又从高陵津渡过黄河，在澶州下属各县大肆抢掠，一直行进到顿丘。

后梁末帝任命王彦章率领保銮骑士和其他部队共计有一万人，驻扎在兖州、郓州境内，准备收复郓州，并派张汉杰任他的监军。

八月十九日庚寅，后唐庄宗率兵驻扎在朝城。

八月二十七日戊戌，康延孝率领一百多名骑兵前来投奔，后唐庄宗解下自己身上穿的锦袍、玉带赐给了他，任命他为南面招讨都指挥使，兼领博州刺史。后唐庄宗屏退周围的人，单独向康延孝询问后梁的情况，康延孝回答说：“梁朝地盘不算小，兵力也不少；但是考察一下他们过去的所作所为，不难看出他们最终是一定要灭亡的。为什么这么说呢？不仅梁主本人昏庸懦弱，赵岩、张汉杰兄弟又专权跋扈，对内勾结后宫近侍，对外广收贿赂，任官职位的高低只看贿赂送多少而定，根本不看人的才能和品行，也不考虑过去功勋劳绩。段凝智慧和勇气一样都没有，居然忽然间提升到王彦章、霍彦威之上，自从他率兵以来，一心肆意搜刮士卒用以巴结朝中权贵。梁主每次派军出战，都不肯把军权全部交给将帅，往往派亲信大臣去监军，这样一来，军队任命行动都受监军的钳制。近来又听说梁主准备多路出击，命令董璋率领陕州、虢州、泽州、潞州的军队从石会关直驱太原，霍彦威率领汝州、洛州的军队从相州、卫州、邢州、洺州一线进犯镇州、定州，王彦章、张汉杰率领禁军进攻郓州，段凝、杜晏球率领大军抵挡陛下，决定在十月大举进攻。臣认为梁兵集中在一起确实不少，但是一分散开来就不多了。希望陛下养精蓄锐等待他们分兵，然后率领五千名精锐骑兵从郓州直捣大梁，活捉伪梁主，不出十天到一个月，天下就可以平定了。”后唐庄宗听后十分高兴。

（以上为第五段，写后梁末帝临阵换将，任用平庸贪婪的段凝为主帅，大势去矣。）

前蜀主把文思殿大学士韩昭、内皇城使潘在迎、武勇军使顾在珣当作狎戏之客，让他们陪伴自己吃喝玩乐，他们常和宫女杂坐在一起，有时作一些艳歌相唱和，有时高谈阔论，戏谑放荡，轻慢粗俗，无所不为，而蜀主却很高兴。顾在珣是顾彦朗的儿子。

当时枢密使宋光嗣等把持国家政事，肆无忌惮地作威作福，一味地迎合蜀主的欲望以窃取国君的权力。宰相王锴、庾传素等人只知保全自己的地位和俸禄，不敢对蜀主进行规劝和谏议。潘在迎常常劝蜀主诛杀那些进谏的人，以免他们诽谤国家。嘉州司马刘赞献上陈后主三阁图，并作歌讽劝蜀主；贤良方正蒲禹卿在呈奏的对策中所说的话也极为切要直爽；前蜀主虽然没有怪罪他们，但是也没有采纳他们的意见。

九月初九日庚戌，前蜀主因为当天是重阳节，就在宣华苑宴请亲近的大臣，酒正喝得高兴的时候，嘉王王宗寿乘机极力陈说国家就要危亡了，说着不停地痛哭流涕。韩昭、潘在迎说道：“嘉王喜欢喝了酒后哭哭啼啼。”于是众人都一笑了之。

（以上为第六段，写前蜀国主王衍游宴无度，不听忠言。）

后唐庄宗驻扎在朝城，后梁段凝率兵进军到临河县以南，澶州以西、相州以南地区，天天都有敌人骚扰。唐自从德胜城失利以来，损失粮草数百万，租庸副使孔谦通过横征暴敛来供应军需，很多老百姓都四处逃亡，这样一来租税的收入就更少了，仓库里的积蓄支持不到半年了。泽州、潞州还没有攻下来。卢文进、王郁率领契丹兵多次侵入瀛州、涿州以南，传言说等到秋冬草木凋枯河上结冰时，再深入后唐境内攻击。又听说梁军准备分兵数路大举入侵。后唐庄宗为此十分担忧，于是召集诸位将领一起商议对策。宣徽使李绍宏等人都认为郓州城门之外都是敌人境地，形势孤立，路途遥远，难以坚守，有它不如没它，建议用它与后梁交换卫州和黎阳，和他们订约讲和，以黄河为界，停止战争，让老百姓休养生息，等到以后财力稍有积蓄时，再作进一步的打算。后唐庄宗听了很不高兴，说："这样一来，我就死无葬身之地了。"于是让诸位将领都退了下去，单独召见郭崇韬来征询意见。郭崇韬说："陛下不梳洗，不解甲，已经有十五年之多了，您的志向是要雪洗国仇家恨。现在已经名正言顺地继立尊位，黄河以北的军民天天都在盼望天下能够太平，现在刚刚才取得郓州这么一块小地方，就不能坚守而要放弃它，将来又怎么能够拥有整个中原呢！臣担心将士们灰心丧气军队解体，将来粮食吃完了大家也要散伙了，虽然能够划河为界，又有谁替陛下防守呢！臣曾经详细询问过康延孝黄河以南的情况，并且权衡着双方形势，日夜都在思考这个问题，认为成败的关键一定就在今年。梁朝现在把全部精锐部队都交给了段凝，占据着我国南部边地，又决开黄河河堤用来防备，认为我们短时间内不可能渡过黄河，他们依仗这个有利条件便不再设防。梁主派王彦章率兵逼近郓州，他们目的是希望有奸人作乱，让城内发生叛乱。段凝本来也就不是大将的材料，不能临阵应变，这个人不值得担心。投降过来的人都说大梁没有什么兵力，陛下如果留一部分兵力守住魏州，并且固守杨刘，另外亲自率领精锐部队与郓州的兵力会合，长驱直入，直取汴梁，他们的城里本来就很空虚，一定会望风而逃。如果伪主投降或被杀，那么他们的各路将领自然就会投降了。如果不这样做的话，今年秋季谷物收成不好，军粮也快要用完了，如果陛下不下定决心，大功如何能够告成？俗谚说：'当道筑室，三年不成。'帝王奉天承运，都是天意安排，关键是陛下不能再迟疑了。"后唐庄宗说："你说的这些正合朕的想法。大丈夫成则为王，败则为寇，我已经决定行动！"这时司天监的官员上奏说："今年的天道不吉利，深入敌境一定不会成功。"后唐庄宗没有听信这些。

王彦章率军渡过汶水，准备进攻郓州，李嗣源派李从珂率领骑兵部队前去迎战，在递坊镇打败了梁军前锋部队，俘虏了三百名将士，斩杀了二百人，王彦章退守中都。九月二十七日戊辰，捷报上奏到朝城，后唐庄宗大为高兴，对郭崇韬说："郓州首战告捷，足以增强我们的士气。"九月二十八日己巳，命令将士们全部把家属送回兴唐府。

冬季，十月初一日辛未，发生日食。

后唐庄宗送魏国夫人刘氏、皇子李继岌回兴唐府，和他们诀别说："事情成败，就在此一举；如果不能成功的话，就把我们全家聚集在魏宫举火自焚！"依然任命豆卢革、李绍宏、张宪、王正言一道防守东京。

（以上为第七段，写梁将王彦章兵败郓州，后唐庄宗进兵大梁。）

十月初二日壬申，后唐庄宗率领大军从杨刘渡过黄河，十月初三日癸酉，到达郓州，半夜时候，又率军渡过汶水，任命李嗣源为前锋，十月初四日甲戌清晨，与梁军遭遇，一战就打败了对方，直追到中都，并包围了中都城。城中没有守备，不一会儿，梁军冲出包围，唐军紧跟其后追击，把梁军打得大败。王彦章率领几十名随从骑兵逃走，龙武大将军李绍奇单枪匹马在后追击，他听出王彦章的声音，说："原来是王铁枪！"于是拔出长矟向前刺去，王彦章受了重伤，马也被绊倒了，于是被活捉，同时被活捉的还有梁军都监张汉杰、曹州刺史李知节和裨将赵廷隐、刘嗣彬等二百余人，斩杀了好几千人。赵廷隐是开封人；刘嗣彬是刘知俊的族子。

王彦章曾经对人说过："李亚子不过是个斗鸡小儿，有什么值得害怕的！"到这时候，后唐庄宗问他说："你常说我是小儿，今天服气不服气？"又问他："你号称是一名善战的将领，为什么不坚守兖州？中都城没有壁垒城墙，你怎么能够守得住呢？"王彦章回答说："天命已去，没有什么好说的了。"后唐庄宗很珍惜王彦章的才干，想起用他，赐药让他治疗创伤，并且多次派人去劝诱他。王彦章说："我本来是一个平民，承蒙梁朝的恩泽，被提升为上将，和你们皇帝交战了十五年；现在兵败被俘，死是当然的事，即使皇帝怜悯我让我活着，我又哪有脸面去见天下的人呢？哪里有早晨还是梁朝将领，到晚上就是唐朝臣子的道理！这样的事我是不干的。"后唐庄宗又派李嗣源亲自去说服他，王彦章躺着问李嗣源道："你不是邈佶烈吗？"王彦章一向瞧不起李嗣源，所以叫他的小名。这时，各位将领都向后唐庄宗祝贺这次胜利，后唐庄宗举着酒杯对李嗣源说："今日的成功，都是你和郭崇韬的功劳。过去如果我听从了李绍宏等人的话，就耽误了我的大事了。"

后唐庄宗又对各位将领说："以往我所担心的只有王彦章，现在他已被活捉，这是天意要灭掉梁朝。段凝目前还在黄河边上，下一步我们大军的行动，应该进军什么地方比较好呢？"各位将领都认为："传言虽然都说大梁没有什么守备，但不知道是真是假。现在梁朝在东方的各镇人马都被集中在段凝的手下，所剩下的都是些空城罢了，用陛下的天威去攻打这些城池，没有攻不下的。如果能先扩大我们的领土，往东一直到达海边，然后伺机而动，这样就是万全之策了。"康延孝则坚决请求急速进攻大梁。李嗣源说："兵贵神速。现在王彦章被活捉，段凝一定还没有得到消息，即使有人逃去向他报告，他是怀疑是相信也需要三天时间。假使他知道了我军的动向，即刻派出救兵，要走直路就会被他们自己所决开的黄河所阻挡，定要从白马渡过黄河的南岸，几万人马，渡河的船只恐怕一下子也难以准备齐全。而我们这里距大梁最近，前面又没有山川险要，排着方阵也能横行无阻，如果昼夜兼程，二三天就能到达。段凝还没有离开黄河边，朱友贞就会被我们活捉了。康延孝所讲的是对的，请陛下率领大军稳步推进，臣愿率领一千名骑兵打前锋。”后唐庄宗听从了他的建议。出师的命令下达后，各路军队都十分踊跃，希望跟着打前锋。

当天晚上，李嗣源率领前锋部队兼程直奔大梁。十月初五日乙亥，后唐庄宗从中都出发，让人抬着王彦章随行，又派中使问王彦章说：“我此行能够攻下大梁吗？”王彦章回答说：“段凝拥有六万精兵，虽然主将没有什么才能，但不会马上投降，恐怕也难以攻下大梁。”后唐庄宗知道他最终也不会为自己所用，于是就下令把他斩了。

十月初七日丁丑，唐军到达曹州，梁军守将投降了。

（以上为第八段，写后唐庄宗诛王彦章，兵破曹州。）

王彦章部队的败兵有先逃回大梁的，有人告诉后梁末帝说“王彦章已被活捉，唐军长驱直入，马上就要到来”，后梁末帝聚集族人边哭边说：“国家的世运完了！”于是召集群臣向他们询问对策，结果大家都没有什么办法。后梁末帝对敬翔说：“朕平时忽视你的建议，才会有今天。现在事情已经很急迫了，你不要再怨恨过去。该怎么办呢？”敬翔流着泪说：“臣蒙受先帝的厚恩，差不多有三十多年了，名义上是国家的宰相，其实是朱家的老奴，侍奉陛下就像家奴侍奉少主人一般。臣以往所提的种种建议，无一不是忠心耿耿。陛下当初起用段凝时，臣曾极力反对认为不适宜，朝中小人朋比为奸，以致造成今天这种局面。现在唐兵马上就要攻到，段凝的大军又被阻隔在黄河以北，无法赶来救援。臣想建议陛下暂时出行避一下敌军势头，陛下一定不肯；建议陛下出奇兵和敌军决一死战时，陛下一定不会果断决定；这样即使让汉代的张良、陈平重返人世，也难以为陛下想出好办法来了！臣请求陛下赐我先死，我不忍心亲眼看到宗庙的毁灭。”说罢，和后梁末帝君臣相对痛哭了一场。

后梁末帝派张汉伦快马赶往段凝的军队，张汉伦到了滑州时，从马上掉下来摔伤了腿，又被河水所阻隔，无法再向前进。

当时大梁城中还有几千名控鹤军，朱珪请求率领这些军队出去迎战；后梁末帝没答应，而是命令开封尹王瓒驱赶市民登城守备。

当初，后梁陕州节度使邵王朱友诲，是朱全昱的儿子，生性聪明，人心多归向他。有人向后梁末帝报告说他和禁军相勾结，想要乘机作乱，后梁末帝于是就把他召回大梁，把他和他的哥哥朱友谅、朱友能一道幽禁在别第。到了唐军快要到来的时候，后梁末帝怀疑这些兄弟们会乘机作乱，于是把他们和皇弟贺王朱友雍、建王朱友徽全部杀掉了。

后梁末帝登上建国楼，当面挑选亲信并给他们以丰厚的赏赐，让他们穿上百姓的衣服，带上用蜡封着的诏书，去催促段凝的军队回兵救援，可是这些求救的人一离开京城，就都各自逃命去了。有人建议后梁末帝到洛阳去，再召集各路人马抵御唐军，唐军即使占领了都城，但形势也不容许他们在此久留。还有人建议后梁末帝到段凝的军中去，控鹤都指挥使皇甫麟说："段凝本来就不是个将才，他的官位是因为得到陛下的宠幸才升任的，现在形势危急窘迫的时候，指望他能临机应变，转败为胜，恐怕很难。况且段凝一得悉王彦章已被击败，他的胆子早已吓破了，谁能知道他是否会在最后关头为陛下尽忠尽节呢？"赵岩说："形势发展到这个地步，一下此楼，谁的心都难保证。"后梁末帝只好作罢。又召唤宰相来商议，郑珏建议由他带着传国宝向唐军诈降，以此来缓解国难，后梁末帝说："现在我当然不会再舍不得这宝物了，但照你这个方法，真的能够解决问题吗？"郑珏低着头沉吟了很久，只好说道："恐怕不能。"周围的大臣们听了，都缩着脖子偷笑。后梁末帝一天到晚哭哭啼啼，不知怎么办才好；把传国宝放在卧房内，不久就不见了，原来是被身边的近臣偷去迎接唐军去了。

十月初八日戊寅，有人报告说唐军已经过了曹州，声势浩大，尘埃满天，赵岩对侍从们说："我过去对温许州不薄，料他不至于对不起我。"于是就投奔许州去了。

后梁末帝对皇甫麟说："李氏是我们朱家的世仇，我绝对没有向他们投降的道理，不能等着让他们来杀我。我又没勇气自杀，你可以把我的头砍下来。"皇甫麟哭着说："臣替陛下挥剑砍杀唐军，这个还能做到，要杀陛下，臣不敢奉命。"后梁末帝说："你难道想出卖我吗？"皇甫麟正要拔剑自刎，后梁末帝拉住他说："朕和你一块儿死。"于是皇甫麟就杀了后梁末帝，然后自杀。后梁末帝为人温和恭敬而简朴，没有荒淫方面的过失；只是宠幸赵岩、张汉杰之流，默许他们作威作福，疏远了敬翔、李振等一班旧大臣，不听他们的建议，所以最终导致灭亡。

（以上为第九段，写后梁末帝闻王彦章兵败，见大势已去，自杀，后梁灭亡。）

十月初九日己卯早晨，李嗣源的大军到了大梁，攻打封丘门，王瓒打开城门出来投降，李嗣源进入城内，安抚城内军民。当天，后唐庄宗从梁门进入城内，梁朝的文武百官都到马前迎接，并跪在地上请罪，后唐庄宗慰劳了他们，让他们都回到各自的岗位去。李嗣源出来迎驾并向后唐庄宗恭贺，后唐庄宗高兴得有点按捺不住了，用手拉着李嗣源的衣服，用头碰了一下说："我能拥有天下，是你们父子二人的功劳，我要和你们共享天下。"后唐庄宗下令访求后梁末帝的下落，不一会儿，就有人拿着梁主的头前来献上。

李振对敬翔说："如果皇上下诏免除我们的过失，我们要不要一起去朝见新的国君？"敬翔说："我们二人都是梁朝的宰相，国君昏庸不能进行谏诤，国家灭亡了又无力挽救，新国君如果拿这事问我们，我们将怎样回答好呢？"这夜天没亮，就有人来告诉敬翔说："崇政使李太保已经入宫朝见去了。"敬翔叹息说："李振枉为大丈夫！朱氏和新国君世代为仇敌，现在我们国家亡了，国君死了，就算新的国君不诛杀我们，我们又有什么面目再进建国门呢？"于是就上吊自杀了。

十月初十日庚辰，后梁的文武百官又到朝堂上请罪，后唐庄宗下令宣布赦免他们。

赵岩到了许州，温昭图迎接他回府第后，就砍下他的头向后唐庄宗呈献，并把赵岩所携带的财物全部吞没了。温昭图又恢复原来的名字叫温韬。

十月十一日辛巳，后唐庄宗下诏命令王瓒为朱友贞收尸，停放在佛寺里，把他的脑袋涂上漆，用盒子装起来，藏在太社中。

段凝从滑州渡过黄河赶来救援，命令诸军排阵使杜晏球为前锋；部队到了封丘，和李从珂部相遭遇，杜晏球率先投降了唐军。十月十二日壬午，段凝率领他的五万大军到了封丘，也解除武装要求归降。段凝带领着将领们先到后唐庄宗的宫殿外请罪，后唐庄宗慰劳并赏赐了他们，并安抚晓谕士卒，让他们都各自回到自己的住处去。段凝出入于后唐公卿之间，洋洋得意，没有一点羞愧的意思，后梁旧臣们看到这一情景，都恨不得咬他的脸，挖他的心。

十月十六日丙戌，后唐庄宗下诏贬梁中书侍郎同平章事郑珏为莱州司户，萧顷为登州司户，翰林学士刘岳为均州司马，任赞为房州司马，姚顗为复州司马，封翘为唐州司马，李怿为怀州司马，窦梦徵为沂州司马，崇政学士刘光素为密州司户，陆崇为安州司户，御史中丞王权为随州司户；贬他们是因为这些人世世代代蒙受过唐朝的恩泽，但是却又在后梁担任大官显宦的缘故。刘岳是刘崇龟的侄儿；姚顗是万年人；封翘是封敖的孙子；李怿是京兆人；王权是王龟的孙子。

段凝、杜晏球上书说："伪梁的重要人物赵岩、赵鹄、张希逸、张汉伦、张汉杰、张汉融、朱珪等人，窃取权力，作威作福，残害百姓，不可不杀。"后唐庄宗下诏说："敬翔、李振带头辅佐朱温，共同颠覆唐朝社稷；契丹人撒剌阿拨背叛兄长抛弃母亲，辜负了国家的大恩，应该和赵岩等人一道在街市上诛灭全族；其余的文武将吏一概不予追究。"又下诏追废朱温、朱友贞为平民，毁掉他们的宗庙神主。

后唐庄宗当初和梁军在黄河边作战时，梁军的拱宸左厢都指挥使陆思铎擅长射箭，常常在箭杆上刻上自己的姓名，他射后唐庄宗时，射中了后唐庄宗的马鞍，后唐庄宗把箭拔下收藏了起来。现在，陆思铎随着大家一起投降，后唐庄宗把当初的箭拿给他看，陆思铎跪在地上请罪，后唐庄宗安慰一番并且赦免他，不久又任命他为龙武右厢都指挥使。

因为豆卢革还在魏州，后唐庄宗就任命枢密使郭崇韬暂时代理中书事务。

（以上为第十段，写后唐庄宗入大梁诛杀后梁奸佞，后梁将相降唐。）

后梁各个藩镇都陆续入京朝见，有的上表请罪，后唐庄宗都抚慰并且赦免了他们。宋州节度使袁象先是第一个入京朝见的，陕州留后霍彦威稍晚一点。袁象先用车拉着数十万珍宝财货，在京城中广泛贿赂刘夫人和一些权贵，以及伶官、宦官等，十来天时间，宫廷内外的人都争相说他的好话，他也因此得到后唐庄宗的特别恩宠。十月十九日己丑，后唐庄宗下诏表示，伪朝的节度使、观察使、防御使、团练使、刺史以及各位将校官员，一律不更换，以往投奔到伪梁的将校、官吏们一律不予追究。

十月二十日庚寅，豆卢革从魏州来到大梁。十月二十四日甲午，加封郭崇韬守侍中，兼领成德节度使。郭崇韬的权力兼掌朝廷内外大小事务，他对后唐庄宗出谋划策，规劝过失，都能竭尽忠心，毫无保留，也很能向后唐庄宗推荐一些人才，而豆卢革只是坐享成功而已，实际上并没有什么作为。

十月二十六日丙申，后唐庄宗赐滑州留后段凝姓名叫李绍钦，赐耀州刺史杜晏球姓名叫李绍虔。

十月二十七日丁酉，后梁西都留守河南尹张宗奭到大梁来朝见，恢复了从前的姓名叫张全义，向后唐庄宗呈献的财物马匹数以千计；后唐庄宗命令皇子李继岌、皇弟李存纪等人把他当作兄长来对待。后唐庄宗本来打算掘开后梁太祖朱温的坟墓，劈开他的棺材，焚烧他的尸体，张全义上书说："朱温虽然是国家的深仇大敌，但他已经死了，无法再给他加什么刑罚了，诛灭了他的全家，已经足以报仇了，臣请求不要劈棺焚尸，以体现陛下的圣恩。"后唐庄宗听从了他的建议，只是铲除了朱温墓的阙室，砍掉了坟上的树而已。

十月二十八日戊戌，加封天平节度使李嗣源兼中书令；任命北京留守李继岌为东京留守、同平章事。

后唐庄宗派遣宣谕使去宣慰晓谕各地藩镇，以往后梁任命的五十多名节度使都向后唐庄宗上表进贡。

楚王马殷派他的儿子牙内马步都指挥使马希范入京朝见，呈交洪州、鄂州行营都统印符，并且献上本道将领官吏的名籍册。

荆南节度使高季昌听说后唐庄宗灭了后梁，为避唐庙讳，就改名叫高季兴，准备亲自到大梁来朝贡，梁震说："唐有吞并天下的野心，我们若整饬军队、据险防守，还恐怕没有办法保全自己，何况跋涉数千里去入朝呢？而且你是朱氏的旧将，怎么知道他们不会把你当作仇敌来对待呢？”高季兴没有听从他的劝告。

（以上为第十一段，写后梁全境降唐，楚王马殷、荆南节度使高季兴归服。）

后唐庄宗派遣使者把灭了后梁的消息告诉吴、前蜀两国，两国都感到害怕。徐温埋怨严可求说：“你以往阻止我的计策，现在该怎么办？”严可求笑着回答说：“听说唐主刚刚取得中原地区，趾高气扬，骄傲自满，统御部下也没有什么原则法度，我看不出数年，他们内部一定会发生变乱，我们暂且用卑下的言辞，厚重的礼物敷衍他，守卫好我们国土，使百姓得到安定，以此来等待他们发生变化。”唐使带来的文书称为诏书，吴国人不肯接受，后唐庄宗换了份文书，用对等国家礼仪，称“大唐皇帝致书于吴国主”，吴国人回书称“大吴国主上大唐皇帝”，文辞和礼仪都比照上给皇帝的笺表。

吴国有人控告寿州团练使锺泰章侵占盗卖公家马匹，徐知诰用吴王的命令，派遣滁州刺史王稔去巡察霍丘，于是就代替锺泰章担任了寿州团练使，而任命锺泰章为饶州刺史。徐温把锺泰章召回到金陵，让陈彦谦再三地责问他，锺泰章都不作回答。有人问锺泰章说：“为什么不为自己表白一下？”锺泰章说：“我在扬州时，在十万大军中号称壮士；寿州离淮水只有几里远，我所掌握的步兵骑兵不下五千人，如果我有别的想法的话，难道王稔能靠他的单枪匹马代替了我？我决不能对不起国家，即使被贬为县令我也愿意上任，何况还是个刺史呢？为什么要自我表白来张扬朝廷的过失呢？”徐知诰正要用法令来整肃将领们，就请求逮捕锺泰章予以治罪。徐温说：“我如果不是锺泰章的话，早就死在张颢的手里了，现在富贵了，怎么能够对不起他呢？”于是命令徐知诰为他的儿子徐景通娶了锺泰章的女儿，以此来消解两人之间的猜忌。

彗星出现在舆鬼五星范围内，有一丈多长，前蜀司天监报告说国家将会有大灾。前蜀主下诏让在玉局化这个地方设置道场，右补阙张云上疏，认为：“这是百姓怨气上达于天，所以才会出现彗星，这是国家灭亡的征兆，并不是作法祈福就能消除。”前蜀主听后大怒，把张云流放到黎州，张云后来死在半路上。

郭崇韬上书说：“河南的节度使、刺史上表的时候都只自称姓名，如果不任命新官，恐怕他们免不了心中会有担心和猜疑。”十一月，开始颁布诏令，任命这些人为新官。

滑州留后李绍钦通过伶人景进向皇帝后宫行贿，结果被任命为泰宁节度使。

（以上为第十二段，写吴国抗礼后唐，前蜀国主惶恐祈禳求神灵佑国。）

后唐庄宗从小就喜欢音律，所以伶人们倍受宠爱，常常随侍在左右；后唐庄宗有时候自己也涂脂抹粉，和优伶们一起在宫内嬉戏，以此来讨刘夫人高兴，艺名叫作“李天下”。有一次扮演优人，他自己喊自己“李天下，李天下”，有一名叫敬新磨的伶人突然走上前打了他一个耳光。后唐庄宗变了脸色。众伶人也都吓得发呆，敬新磨却慢慢地说：“治理天下的只能有一人，你还喊谁呢？”后唐庄宗听了很高兴，并重重地赏赐了他。后唐庄宗有一次在中牟打猎，践踏了百姓的庄稼，中牟县令挡在马前进谏说：“陛下是百姓的父母，为什么要毁掉他们的粮食，让他们流离失散而死于沟壑之中呢？”后唐庄宗大怒，厉声把他斥退下去，准备要杀他。敬新磨追上去把他捉回到马前，责备他说：“你是县令，难道不知道我们天子喜欢打猎吗？为什么放纵百姓四处耕种，而妨碍我们天子驰骋打猎呢？你罪当处死。”随即请求皇帝马上把他杀掉，后唐庄宗笑了笑就把那个县令给释放了。

优伶们时常出入宫禁，侮辱捉弄士大夫，大臣们都非常愤慨，但是又没人敢吭声；反而也有人依附巴结他们，希望能因此得到皇帝恩宠，各地的藩镇则争相以财货贿赂结交他们。优伶中最为败坏朝政、残害忠良的，要数景进。景进喜欢收集一些民间琐细小事向后唐庄宗报告，后唐庄宗也很想知道些外面的事情，于是就把景进当作自己的耳目。景进每次向后唐庄宗报告事情，后唐庄宗都屏退左右近臣再问他，因此景进得以施展其谗毁奸诈的伎俩，干预国家的政事。从将相大臣以下的官员没有不怕他的，孔谦常把他当作兄长来对待。

十一月初二日壬寅，岐王李茂贞派遣使者送信来，祝贺后唐庄宗灭了后梁，但岐王在信中以叔父自居，措辞和礼仪都很傲慢。

十一月初三日癸卯，河中节度使朱友谦入朝拜见，后唐庄宗设宴款待了他，非常宠信他，赏赐给他不计其数的东西。

张全义请后唐庄宗迁都洛阳；后唐庄宗听从了他的意见。

十一月初五日乙巳，赐给朱友谦姓名叫李继麟，让皇子李继岌把他当作兄长来对待。

任命康延孝为郑州防御使，赐给他姓名叫李绍琛。

废除北都，恢复原名成德军。

赐给宣武节度使袁象先姓名叫李绍安。

匡国节度使温韬入京朝见，后唐庄宗赐给他姓名叫李绍冲。李绍冲带了很多金银布帛贿赂刘夫人以及权贵、伶人、宦官们，十来天以后，后唐庄宗就派他返回驻守镇所。郭崇韬说：“国家为唐朝洗雪耻辱，温韬当初把唐朝天子的陵墓几乎都挖遍了，他的罪过和朱温相等，怎么能再让他镇守藩镇呢？这样天下的义士们会怎样看待我们？”后唐庄宗说：“当初我们进入汴梁的时候，就已经赦免了他的罪行了。”最终还是派遣他回驻地去了。

十一月初八日戊申，中书上奏认为："国家的财用还不充裕，请求酌量保留三省、寺、监官等官员，其余机构一律撤销，等到现在的官员任满二十五个月之后，再依次替补；西班武官从上将军以下的，也请命令枢密院按照这个方法办理。"后唐庄宗同意了这个意见。这样一来大家都怨声载道。

（以上为第十三段，写后唐庄宗灭梁伊始，嬖伶官，宠刘夫人，后梁降官善阿谀者贵幸，天下失望。）

当初，后梁末帝朱友贞准备到洛阳南郊去祭天，听说杨刘失陷之后只好作罢，但原先准备的仪仗器物都还在。张全义敦请后唐庄宗赶快临幸洛阳，拜谒过唐朝的太庙后就到南郊祭天；后唐庄宗答应了。

十一月十六日丙辰，把后梁东京开封府又重新改为宣武汴州。后梁把宋州改为宣武军，后唐庄宗下诏改名为归德军。

后唐庄宗下诏命令文武官员们先到洛阳。

有人议论说，郭崇韬因为是功臣而拜为宰相，但他不了解朝廷的典章制度，应当选用一个前朝的名家来协助他。有人推荐礼部尚书薛廷珪、太子少保李琪，这两个人曾经是册封太祖时的册礼使，都德高望重，又有文采，应该担任宰相。郭崇韬向后唐庄宗启奏说薛廷珪为人华而不实，没有做宰相的本事，而李琪为人则偏颇险恶，没有士君子的风度；反而是尚书左丞赵光胤为人廉洁正直，在后梁还没灭亡的时候，北方人都说他有做宰相的才略。豆卢革则推荐礼部侍郎韦说，说他熟悉朝廷的典章制度。十一月十七日丁巳，后唐庄宗任命赵光胤为中书侍郎，与韦说同为同平章事。赵光胤是赵光逢的弟弟；韦说是韦岫的儿子；薛廷珪是薛逢的儿子。赵光胤性格轻率，喜欢自吹自擂；韦说则是谨慎稳重，只会循规蹈矩。

赵光逢自从在后梁被罢除宰相以后，便闭门不和外界宾客交往，赵光胤时常去看望他，谈话中不免涉及政事；有一天，赵光逢在自己的门上写上："请不要谈论中书省的事。"

租庸副使孔谦很畏惧张宪的为人公正，他想一个人专管租庸使的事务，于是就对郭崇韬说："东京是个重要地方，需要一位大臣去镇守，这个人还是非张公不可。"郭崇韬当即就奏请后唐庄宗帝任命张宪为东京副留守，主管留守的事务。十一月十八日戊午，后唐庄宗任命豆卢革兼任租庸使，同时还兼任诸道盐铁转运使。孔谦大失所望。

十一月十九日己未，加封张全义为代理尚书令，高季兴为代理中书令。当时高季兴已经来入朝，后唐庄宗待他很好，一次不经意地问他说："朕想要对吴、蜀两国发动进攻，这两个国家先打哪个呢？”高季兴心里认为前蜀道路险阻，比较难以攻取，而嘴上却回答说：“吴国土地瘠薄，百姓贫穷，夺取它没有什么好处，不如先攻打蜀国。蜀国土地富饶，再加上蜀主荒淫，百姓们都怨恨他，攻打他一定会取得胜利。攻下蜀国之后，再顺流东下，攻取吴国就易如反掌了。”后唐庄宗说：“很好！”

十一月二十一日辛酉，又把后梁的永平军大安府改为西京京兆府。

十一月二十四日甲子，后唐庄宗从大梁出发；十二月初一日庚午，到达洛阳。

吴越王钱镠任命行军司马杜建辉为左丞相。

十二月初三日壬申，后唐庄宗下诏把汴州的宫苑作为行宫。

后唐庄宗下诏把耀州改为顺义军，延州改为彰武军，邓州改为威胜军，晋州改为建雄军，安州改为安远军；其余的藩镇，都恢复了唐朝时的旧名称。

（以上为第十四段，写后唐庄宗迁都洛阳。）

十二月十一日庚辰，御史台上奏说：“朱温篡位谋逆，删改了本朝的《律令格式》，并且把本朝的旧本全部收缴焚烧了，现在台司以及刑部、大理寺所使用的都是伪朝的法律条文。听说只有定州的敕库里还藏有本朝的《律令格式》，请求下令让该道抄录进呈。”后唐庄宗批准了。

李继韬听说后唐庄宗灭了后梁，又担忧又害怕，不知怎么办才好，准备逃到北边契丹人那里去，正在这时后唐庄宗下诏征召他到京城去；李继韬准备启程进京，他的弟弟李继远对他说：“哥哥已经有了反叛的名声了，哪里又能容得下你！去与不去还不是一个样，不如挖沟修垒，坐吃存粮，还可以拖延一段时间；一旦入朝，马上就会被杀死。”有人却劝李继韬说：“你的父亲曾经为国家立有大功，皇上与你又是叔父之亲，你去朝廷一定不会出什么事。”李继韬的母亲杨氏，很会积攒钱财，家产有百万之多，于是李继韬就和他的母亲一同前往，携带了四十万两银子，其他的财物也差不多有些价值，到了京城就广泛地行贿、馈赠。于是伶人宦官们都争相替他说好话，说：“李继韬本来并没有什么邪恶的阴谋，只是被奸人所迷惑。李嗣昭是至亲，又很贤能，不能没有后嗣。”杨氏又亲自入宫朝见后唐庄宗，哭着请求赦免李继韬的死罪，又抬出死去的先人出来说情；又另外向刘夫人哀求，使得刘夫人也帮着她说好话。等到李继韬入宫当面请罪时，后唐庄宗赦免了他，留他在宫中住了一个多月，多次随从出游打猎，后唐庄宗还是像过去一样宠信他。皇弟义成节度使、同平章事李存渥痛斥李继韬，李继韬心里觉得不安，于是他又贿赂后唐庄宗的左右近臣，请求让他回原来的藩镇去，后唐庄宗没有答应。李继韬便私下里派人给李继远送信，叫他安排士卒在军中放火作乱，希望天子能再派自己前去安抚士卒，结果事情败露，十二月十二日辛巳，被贬为登州长史，不久又被斩杀于天津桥南，同时被杀的还有他两个儿子。后唐庄宗又派使者去上党斩杀了李继远，任命李继达担任军城巡检。

后唐庄宗征召权知军州事李继俦到朝廷来，当时李继俦霸占了李继韬的家室，正在挑选安排家伎姬妾，搜刮整理金钱财物，没有立即起程。李继达非常愤怒地说："我们家兄弟父子同时被斩杀了四个人，大哥不念一点骨肉之情，竟然如此贪婪荒淫；我真是觉得可耻，无脸见人，活着还不如死了的好！"十二月十五日甲申，李继达穿着丧服，率领他的部下一百名骑兵坐在李继俦家的戟门前大声叫着："有谁愿意和我一起造反？"接着就攻打李继俦的住宅，杀了李继俦。节度副使李继珂听到发生了叛乱，就招募了一千多名市民，向内城发起进攻。李继达知道大势已去，就打开东门，回到家中，把自己的妻子儿子全部杀掉，准备投奔契丹，出城走了数里路之后，随从的骑兵们都各自逃命去了，李继达只好自刎而死。

（以上为第十五段，写李继韬兄弟六人次第被诛灭。）

十二月十五日甲申，吴王又派遣司农卿洛阳人卢苹出使唐，严可求预料到了后唐庄宗要问卢苹哪些事，便教卢苹到时该怎样回答。卢苹到了后唐以后，一切都和严可求预料的一样。卢苹回国后，报告说唐主沉溺于出游打猎，又吝啬钱财，拒绝劝谏，朝廷内外大家都有怨言。

高季兴在洛阳期间，后唐庄宗身边的伶人宦官们一再地向他索要财物，搞得高季兴非常恼火。后唐庄宗想把高季兴留下来，郭崇韬劝谏说："陛下新近才得到天下，各地诸侯们都不过是派遣弟子或将领幕僚前来朝贡，只有高季兴亲自前来，应当对他大加褒奖，以鼓励那些后来的人；如果把他扣留下来不让他回去，这样就会背信弃义，让天下的人都很失望，恐怕不是个办法。"于是只好差遣高季兴回去。高季兴日夜兼程往回赶路，到了许州以后，他对左右随从们说："此行有两个失误：来京朝见是一个失误，他放我回去又是一个失误。"路过襄州时，节度使孔勍把高季兴一行挽留下来宴请了一番，半夜时分，高季兴一行斩关开门不辞而别。十二月二十八日丁酉，到了江陵，高季兴握着梁震的手说："没听你的话，险些葬身虎口。"高季兴又对将领幕僚们说："新朝经过百战才取得黄河以南地区，但是皇帝却举起手来对功臣们说'我靠十个指头得到天下'，如此矜夸自己的本事，那么别人都毫无功劳了，这样一来谁不离心离德？而且他又沉溺于打猎和女色，这样下去怎么能够长久统治天下呢？我没有什么好担忧的了。"高季兴于是修缮城池，积蓄粮食，招纳过去后梁的士卒，为战争做好准备。

（以上为第十六段，写后唐庄宗沉湎游猎，敛财拒谏，吴、荆南离心，无忧后唐矣。）

【点评】

本卷点评晋王置相、后梁之灭、后梁忠臣王彦章、高季兴入朝四件史事。

晋王置相。公元923年春二月，晋王李存勖在魏州颁下命令，设置百官，在河东、魏博、易定、镇冀四镇判官中选出二人为相，义武（即易定）节度判官豆卢革、河东观察判官卢程两人被选，晋王任命为行台左、右丞相。一切就绪，晋王于四月二十五日己巳即帝位于魏州，国号大唐，史称后唐。节度判官有两职，一是掌钱粮兵马事务的武职判官，一是掌表奏书檄的文职判官。晋王置相，豆卢两人应是文职判官，不过是方镇属下的刀笔吏，于诸将中没有威望。李存勖只知崇尚武力，不重文治，置相只是作一个摆设，军国大事不与之谋议，其相之轻也如鸿毛。王夫之曰："天下可无相也，则亦可无君也。相轻于鸿毛，则君不能重于泰山也。"（《读通鉴论》卷二十八）其言极是。汉高祖打天下，倚重萧何，使其坐镇后方，足食足兵，及至论功，汉高祖以萧何功第一，诸将不服，汉高祖以人功狗功之说叱斥诸将，诸将不得不服。豆卢革、卢程只是一方镇幕僚，诸将视之如鸿毛，是以天子孤立无辅，唐祚之不久，于此可见端倪。

后梁之亡。公元923年十月初八日戊寅，大梁城破，后梁末帝朱友贞与陪侍大臣控鹤都指挥使皇甫麟俱死于殿，梁亡。唐天祐三年（公元907年）朱温篡唐，传三代，至是而亡，享祚十七年。后梁末帝不昏不暴，是一个仁弱的中庸之主，若得贤良辅佐，可以守天下，可以治天下。朱友贞是在后梁政治腐败内讧中侥幸上台的，忌疑心太重，不信用旧臣，亲近谗佞小人，赵岩、张汉杰等人用事，邪枉炽结，贿赂公行，朝纲败坏，后梁政治急剧恶化，上下离心，土崩瓦解而不可救药。段凝非大将才，且怀二心，因贿赂赵、张奸邪，后梁末帝信之不疑，违众用为大将，刘鄩遭诛杀，王彦章被贬为偏将，自毁长城，于是国事不可收拾。晋王李存勖英勇善战，决策正确，后梁末帝非其敌手，但总体力量对比，后梁在中原，地广人众，优势在后梁。即便是李存勖长驱入汴，犯孤军深入之忌，后梁虽然后防空虚，君臣合力对付一支孤军仍然有所可为。敬翔建言，出走避敌，或出奇决战，也是死中求活的一条路，后梁末帝均不听从，只是哭天叫地，坐以待毙，徒唤奈何，如此不亡，天理难容。史称后梁末帝"为人温恭俭约，无荒淫之失；但宠信赵、张，使擅威福，疏弃敬、李旧臣，不用其言，以至于亡"。此言梁之亡，不是晋王李存勖灭梁，而是后梁末帝自己灭亡了自己，此论极为中肯。观五代之嬗递，非只梁朝自亡，后唐、后晋、后汉皆是自取灭亡，具有共同性。自唐末以来，群雄割据，军阀混战，有力者称雄，君臣之义，父子之亲，全都淡薄。以诈力得为君，则不信于臣，平庸之主，无识人的慧眼，忠奸不辨，于是小人进，贤人隐，一代又一代，形成恶性循环，没有一个君主有治国的远图，骤兴骤亡，也就是必然的了。

后梁忠臣王彦章。王彦章，字贤明，郓州寿张县人。年少从军，隶后梁太祖朱温帐下为军校，惯使一柄铁枪冲锋陷阵，所向披靡，人称王铁枪。王彦章积功任澶州刺史。后梁开平五年三月，王彦章奉命率精骑屯郫城，晋人乘虚攻陷澶州，掳掠了彦章一家，晋王迁其家于晋阳，遣使诱降王彦章，王彦章斩其使以绝晋人之望，晋王诛灭彦章全家。龙德三年，后梁灭亡前夕，梁相敬翔泣谏后梁末帝启用王彦章为大将，代戴思远为北面招讨使，授命之日，促装前行，与晋王大战杨刘，凡百余战，昼夜不息，晋王亲临前线，方解危困。后梁末帝信人不专，竟听赵岩、张汉杰群小之言，以庸将段凝代王彦章为招讨使。王彦章被罢兵权无怨言。晋王迂回突入郓州偷袭大梁，后梁末帝不得已再用王彦章率偏师应敌，复又以张汉杰为监军。王彦章寡不敌众，兵败被擒，晋王惜其才，以百计诱降，王彦章誓死不从，为晋人所杀，死年六十一岁。王彦章五月代戴思远为大将，七月被解兵权，十月梁亡。后梁末帝面临亡国，还疑忌功臣，自毁长城，梁之亡不足惜，而王铁枪尽忠死国，深为可惜。后晋卖国儿皇帝石敬瑭，嘉叹王彦章之忠诚，诏赠太师，寻访子孙录用。

高季兴入朝。高季兴，字贻孙，陕州硖石人。本名季昌，入唐避庄宗庙讳李国昌而改名季兴。高季兴随后梁太祖朱温征战，擢为荆南兵马留后，后梁末帝封为渤海王。高季兴割据荆南，地狭民寡，依违于吴蜀之间，梁不能制。后唐庄宗灭梁后，高季兴入朝，幕僚梁震阻其行，高季兴不听。庄宗左右劝庄宗留季兴于洛阳，加兼中书令。枢密使郭崇韬方用事，劝庄宗以信义收天下，放季兴归藩，季兴得间，日夜兼程返荆南，谓左右曰："此行有二失，来朝一失，纵我去一失。"后唐庄宗宣言于众曰："吾于十指上得天下。"此为骄矜妄语，功劳都是自己的，部属诸将还有什么功劳呢。后唐庄宗的一句失言，高季兴已洞察出后唐庄宗的气量褊狭，加之荒于声色，推度后唐不得久长。高季兴不再忧唐室，藐视庄宗之为人，加紧了割据步伐。高季兴与后唐庄宗各有一失，庄宗之失放虎归山，季兴之失冒入虎穴。而高季兴最终脱出虎口，探得虚实，是赢家，后唐庄宗却是输家。

资治通鉴（白话本）　卷第二百七十三

后唐纪二

后唐庄宗同光二年至三年（公元924—公元925）

【起阏逢涒滩（甲申，公元924年），尽旃蒙作噩（乙酉，公元925年）十月，凡一年有奇】

【大事提要】

本卷记事起于公元924年，讫于公元925年十月，凡一年又十个月。当后唐庄宗同光二年至同光三年十月。后唐庄宗为开国英主，同时又是亡国昏君，双重人格备于一身，可谓经典。大唐之亡，宦官乱政是一重要原因。后唐庄宗初建国，不仅宠信伶官滥封高官，而且宠信宦官，宫中宦官超员至万人，各藩镇重置监军，唐亡之弊政一一恢复。后唐庄宗幸魏州，竟然毁弃即位祭坛改为临时毬场，背本忘天。后唐庄宗行猎，践踏民田禾稼。后唐庄宗大建宫室选美，又拜妖僧祈雨，无人君庄严之度。后唐庄宗听信伶官、宦官谗言，借故笞杀耿直大臣河南令。后唐庄宗嫡母太妃、生母太后相继亡故，哀丧尽孝，为人子称善，而为人君则荒怠政事，于社稷为不忠。后唐庄宗骄淫败政，遭偏远南汉之主蔑视，认为中原之唐主不足畏。前蜀国主王衍荒淫败政比于后唐庄宗又过之，乃至任用宦官为节镇，淫乱臣属妻女，毫无羞耻。后唐庄宗遣使蜀中探虚实，前蜀主昧于两国和好而裁撤防守。后唐大军伐前蜀，王衍竟逆行游幸。唐军势如破竹，前蜀主兼程西逃。

庄宗光圣神闵孝皇帝中

后唐庄宗同光二年（甲申，公元924年）

春季，正月初五日甲辰，幽州上奏称契丹入侵，到了瓦桥。庄宗任命天平军节度使李嗣源担任北面行营都招讨使，陕州留后霍彦威作他的副帅，宣徽使李绍宏为监军，率领大军前往救援幽州。

孔谦又对郭崇韬说：“首座相公豆卢革日理万机，事务繁杂，住的地方离这儿又远，租庸的簿册积压很多，最好是另外想个办法解决。”豆卢革曾经写过借条向省库借钱数十万，现在孔谦把这个借条拿给郭崇韬看，郭崇韬有一回就把这事向豆卢革暗示了一下。豆卢革心里觉得很惧怕，于是就上书后唐庄宗请求让郭崇韬一个人代理租庸的事务，郭崇韬坚决推辞。后唐庄宗问道：“那么谁可以担任这个职务呢？”

郭崇韬回答说："孔谦虽然多年来都在掌管金钱粮谷，但是如果仓促间就委他以大任的话，恐怕难孚众望，还是再任用张宪比较好。"后唐庄宗当即下令征召张宪来。孔谦更加失望。

岐王李茂贞听说后唐庄宗已经迁都洛阳，内心感到不安起来，派他的儿子行军司马彰义节度使兼侍中李继曮入京朝贡，这时才开始上表称臣。后唐庄宗念他是前朝的老臣，又和太祖是同辈人，所以对他特别加以礼遇，每次下诏书时都只称岐王而不直呼他的名字。正月十一日庚戌，加封李继曮为中书令，并差遣他回国。

后唐庄宗下敕令："宦官不应在外面居住，凡是前朝宦官以及各道监军和私家所蓄养的人，不论贵贱，都一律遣送回京城。"当时在后唐庄宗身边的宦官已经有五百人，到这时几乎多达一千人，后唐庄宗赐给他们优厚的俸禄，并且委以重任，把他们当作心腹。宫内各司使的职务，从前朝天祐年间以来都由一般士人担任，现在又恢复使用宦官，宦官又逐渐干预起政事来。接着又重新设置各道监军，节度使出去打仗或者留在京城时，军府的政事都由监军决断，这些宦官欺凌主帅，又仗势争权，因此各藩镇对他们都很愤怒。

（以上为第一段，写后唐庄宗信用宦官，对各藩镇重置监军。）

契丹人退出塞外。后唐庄宗征召李嗣源班师回朝，而命令泰宁节度使李绍钦、泽州刺史董璋戍守在瓦桥关。

李继曮亲眼看到后唐军队非常强大，回去之后就把这一情况告诉了岐王，岐王听后更加感到害怕，正月十四日癸丑，上表请求行使藩臣的礼节；后唐庄宗下了褒扬的诏书，但没答应他的请求。

孔谦对张宪的再次到来很是不满，就对豆卢革说："金钱粮谷这种小事，一个精干的官吏就能办理了。魏都却是国家根本之地，难道不更重要吗？兴唐府尹王正言品行有余，才能不足，如果万不得已，可以让王正言身居朝廷，大家可一起帮助他，还是比委任他独担一面更合适。"豆卢革就替孔谦把这个意思告诉郭崇韬，郭崇韬于是就奏请后唐庄宗把张宪留在东京。正月十五日甲寅，任命王正言为租庸使。王正言糊涂懦弱，孔谦是贪图他好控制，所以才提名让他出任租庸使的。

李存审上奏说契丹人已经退去，又重新得到新州。

正月十九日戊午，后唐庄宗下令让盐铁、度支、户部三司都隶属于租庸使。

后唐庄宗派遣皇弟李存渥、皇子李继岌到晋阳迎接太后、太妃，太妃说："祖宗的陵墓、宗庙都在这里，如果我们都走了，每年祭祀的时候谁来奉祀祖宗呢？"于是她就留在晋阳不来了。太后到洛阳，正月二十一日庚申，后唐庄宗亲自出城到河阳迎接，正月二十二日辛酉，随从太后一起进入洛阳城。

二月初一日己巳，后唐庄宗到南郊祭天，大赦天下。孔谦想多聚财物以博取宠信，因此凡是大赦诏书所免除的租税，孔谦也仍然照征不误，从此皇帝每次诏书颁发，人们都不大相信，百姓们都愁苦怨恨。

郭崇韬刚到汴梁、洛阳的时候，接受很多藩镇给他的馈赠，他的亲信中有人规劝他，郭崇韬说："我的职位兼领将相，俸禄和赏赐有巨万之多，难道还需要依靠这些外财吗？只是因为伪朝的末世，贿赂成风，现在黄河以南各藩镇，都是过去梁朝旧臣，皇上的仇敌，如果拒绝他们的馈赠，他们的心里能不害怕吗？我只是替国家把这些钱财暂时藏在家里罢了。"到了后唐庄宗将要到南郊祭天的时候，郭崇韬带头捐献了十万缗劳军钱。在此之前，宦官们劝皇帝把天下的财富分为内外二府，把州县所上缴的归入外府，充当国家的经费，把各个方镇所贡献的归入内府，供皇上宴会、游猎和赏赐左右近臣之用。这样，就出现外府时常空虚无节余而内府的钱财却堆积如山的局面。等到有关部门筹办郊祀事宜时，却缺乏劳军钱，郭崇韬对后唐庄宗说："臣已经把这所有的家产都拿出来资助郊祀大礼了，希望陛下也能拿出内府的钱财来帮助有司。"后唐庄宗沉默了好大一会儿，最后才说："我在晋阳自有积蓄，可以让租庸使用车运来资助有司。"于是从李继韬家中取了数十万金银布帛来帮助有司。尽管如此，军队士卒们仍感到没有满足自己的愿望，开始怨恨起来，并萌生了叛离念头。

河中节度使李继麟奏请抽安邑和解县盐池的税，分季每三个月征缴一次送到省上。二月十一日己卯，任命李继麟充任制置两池榷盐使。

二月十三日辛巳，进封岐王李茂贞的爵位为秦王，依旧允许他上表不称名、朝见不下拜。

郭崇韬知道李绍宏心里不愉快，于是设置了内句使，掌管考核三司的财富，让李绍宏担任这个职务，是希望以此来消除他的不快，但是李绍宏终究还是不高兴，这样一来只是增加了州县移报手续的麻烦。

郭崇韬的职位兼令将相，又掌握着使臣所持的旌节，他以天下为己任，权力几乎和人主相等，每天早晚门前的车马都满满的。但是他生性刚烈急躁，遇事爱发脾气，皇帝的宠臣们求他办事，大多都遭到严厉拒绝，于是宦官们都憎恨他，一天到晚都在后唐庄宗面前说他的坏话；郭崇韬非常恼怒，可又拿他们没有办法。豆卢革、韦说有一次问郭崇韬说："汾阳王郭子仪本来是太原人，后来才迁居到华阴的，您世代居住在雁门，是否就是郭子仪的支脉呢？"郭崇韬顺着话头说："因为遭到变乱，家里的族谱已经丢失，不过曾经听先人们讲过，我上距汾阳王只有四世。"豆卢革说："如此说来，汾阳王肯定是您的从祖了。"郭崇韬从此以后就以贵族后裔自居，喜欢评判别人的流品，大量提拔了一些华而不实的人，而鄙视和疏远有功劳的旧臣。有人向郭崇韬求官职，他却说："我很了解你的才华，但是你出身寒门，我不敢启用你，怕被名流们耻笑。"从此，宫内有皇帝宠臣们中伤他，外头有功勋旧臣们怨恨他。郭崇韬多次请求把枢密使一职让给李绍宏，后唐庄宗都不容许；他又请求把枢密院的事务分出一部分归宫内各司管辖，好减轻自己的一些权力，但是宦官们并没有因此停止对他的中伤。郭崇韬感到愁闷不得志，便同他的亲信们商量准备去本镇回避一下，其中有个人劝他说："千万使不得。蛟龙如果离了水，地上的小蚂蚁都能制服它。"

（以上为第二段，写郭崇韬位兼将相，权势炙手可热，成众矢之的。）

在此之前，后唐庄宗想把刘夫人立为皇后，但是因为有正妃韩夫人在，太后又一向很讨厌刘夫人，郭崇韬也多次劝谏阻止，因此一直没有结果。这时郭崇韬的亲信劝他说："您如果请求册立刘夫人为皇后，皇上一定很高兴。这样，宫内皇后帮助您，那么伶人宦官们就不能把您怎么样了。"郭崇韬听从了这个建议，就和宰相一道率领百官向后唐庄宗启奏，请求册立刘夫人为中宫皇后。二月十五日癸未，后唐庄宗正式册立魏国夫人刘氏为皇后。刘皇后出身贫寒，显贵之后，一心只在蓄积钱财，在魏州的时候，连那些柴草水果蔬菜都要进行贩卖。等到立为皇后之后，四方呈献来的贡品都要分为两份，一份呈送给天子，一份呈送给中宫。因此中宫里的宝货堆积如山，刘皇后也只是用来抄写佛经、施舍尼师而已。

当时皇太后的诰命、皇后的敕令，和皇帝的制敕一样并行于藩镇之间，大家都同样遵照执行。

后唐庄宗下诏命令蔡州刺史朱勍疏浚索水，好开通漕运。

三月初一日己亥，前蜀主在怡神亭宴请近臣，喝得酒酣耳热时，君臣和宫女们都脱帽露出发髻，喧哗吵闹，无所顾忌。知制诰京兆人李龟祯进谏说："君主大臣沉湎于酒，不忧劳国事，臣担心会诱导北方的敌人算计我们。"前蜀主不听规劝。

三月初七日乙巳，镇州报告说契丹人将要侵犯边塞，后唐庄宗下诏命令横海节度使李绍斌、北京左厢马军指挥使李从珂率领骑兵分道前往边境防备；又命令天平节度使李嗣源驻守在邢州。李绍斌本姓赵，名行实，是幽州人。

三月初八日丙午，加任高季兴兼尚书令，并且进封为南平王。

李存审自以为自己身为诸将之首，却没能够参与攻克汴梁建立功劳，心中感到懊恨不已，这样一来病情加重，他多次上表请求入京朝见皇帝，都被郭崇韬压了下来没有获得允许。后来李存审的病情进一步加重，又上表乞求能活着的时候见到皇帝一面，这样才被允许。当初，后唐庄宗曾经与右武卫上将军李存贤角力，李存贤没有把本事全使出来，后唐庄宗说："你如能胜我，我就让你当藩镇节度使。"李存贤于是奉命，但仅把后唐庄宗击得跌倒在地就住了手。等到允许李存审入京朝见时，后唐庄宗任命李存贤担任卢龙行军司马，十来天之后又任命他为节度使，后唐庄宗还说："上回角力之约，我不能说话不算数。"

三月十二日庚戌，幽州上奏说契丹人侵犯新城。

功勋大臣们都害怕伶人宦官的进谗诽谤，心里感到不安。蕃汉内外马步副总管李嗣源请求解除兵权；后唐庄宗没有答应。

自从唐朝末年衰乱以来，士大夫之家有人把任官的敕令卖给族人或姻亲，于是乱了礼教，甚至舅舅和叔叔要拜外甥和侄儿的，候选的官吏假冒顶替的很多。郭崇韬想革除这一弊端，请求后唐庄宗下令吏部严加考核。当时参加南郊祭天的执事官吏一千二百人，其中经过注籍考选的只有数十人，而涂改委任官职文凭的人占十分之九。候选、候补官职的人有的在道路上哭天喊地，有的甚至饿死在旅店里。

（以上为第三段，写郭崇韬求自保，率百官上奏请后唐庄宗立刘夫人为皇后，勋臣宿将皆畏伶官之谗，心不自安。）

唐朝皇室的很多陵墓早先都被温韬挖掘过，三月二十二日庚申，任命工部郎中李途为长安按视诸陵使。

皇子李继岌代替张全义兼管六军诸卫事务。

夏季，四月初一日己巳，群臣给后唐庄宗上尊号叫昭文睿武至德光孝皇帝。

后唐庄宗派遣客省使李严出使前蜀，李严在前蜀极力称赞后唐庄宗的威德，并说后唐庄宗有统一天下的志向。同时埋怨朱氏篡位窃国的时候，其他的诸侯都没有一点勤王的举动。王宗俦认为他的话明明是在侵侮蜀国，请求把他斩首，前蜀主没有答应。宣徽北院使宋光葆对前蜀主说："晋王有攻打我们国家的意向，我们应该选任将领，训练士卒，加强边境守备，积蓄粮谷，整修战舰以防他们来犯。"前蜀主于是任命宋光葆为梓州观察使，并且兼任武德节度留后。

四月初七日乙亥，加封楚王马殷兼任尚书令。

四月十二日庚辰，赐给原保义留后霍彦威姓名叫李绍真。

秦忠敬王李茂贞去世，在他遗留下的上奏文书中希望让他的儿子李继曮代理凤翔军府的事务。

当初，安义军牙将杨立深得李继韬宠信，李继韬被诛杀之后，杨立常常闷闷不乐，想要作乱。正巧这时朝廷征调三千安义兵前往涿州戍守，杨立就对他的部众们说："在此之前我们潞州兵从来就没有戍守过边境，现在朝廷把我们驱赶到很远的边塞去，就是不想让我们待在潞州了。我们与其暴尸在沙场，不如占据城池自立，如果事情成功了，大家都能安享富贵，如果不成功，我们都去当强盗好了。"随即聚众鼓噪，进攻子城的东门，并且在街市上烧杀抢劫；节度副使李继珂、监军张宏祚弃城而逃，杨立于是自称为留后，派遣将士向后唐庄宗上表请求旌节、印信。后唐庄宗下诏任命天平节度使李嗣源为招讨使，武宁节度使李绍荣为部署，帐前都指挥使张廷蕴为马步都指挥使，率兵前去讨伐杨立。

（以上为第四段，写后唐庄宗遣使前蜀侦察虚实，安义军牙将杨立逐帅自称留后，庄宗发兵征讨。）

孔谦把钱借贷给百姓，然后让百姓用低价的丝来偿还贷款，而且多次下发檄文各州县督促实行这种方法。翰林学士承旨、代理汴州事务的卢质向后唐庄宗上奏说："梁朝的赵岩过去任租庸使的时候，利用借贷搜刮百姓财物，使百姓怨声不断。陛下破旧立新，为民除害，但是有关部门却没有把过去的做法改过来，简直就是赵岩又复活了一样。今年春季霜寒危害作物，茧丝的收成很差，只缴纳原有的赋税，都怕老百姓要流离失所了，更何况还是加重高利贷的负担呢，百姓们怎么忍受得了？臣只侍奉天子，不侍奉租庸使，现在皇上敕旨还没颁下，租庸使的公文却一直在催促，希望皇上能够早作明睿的裁示！"后唐庄宗没有答复他。

南汉国主率兵入侵闽国，军队屯扎在闽国汀州、漳州的边境上；闽人予以反击，南汉国主战败逃走。

当初，在胡柳战役中，伶人周匝被梁军俘获，后唐庄宗经常思念他；在唐军进入汴梁的那一天，周匝赶到后唐庄宗的马前来拜见，后唐庄宗很高兴。周匝哭着向后唐庄宗说："臣之所以能够保全性命，完全是靠梁朝教坊使陈俊、内园栽接使储德源的帮助，希望能向陛下乞求两个州封赏他们，以报答他俩的恩情。"后唐庄宗答应了他。郭崇韬进谏说："和陛下一起攻取天下的，都是英豪忠勇之士。现在大功刚刚告成，还没有开始封赏任何一个人，却先要任命伶人担任刺史，这样恐怕会失去天下的人心。"因此这件事就没有结果了。一年之后，这个伶人又多次提起这件事，后唐庄宗只好对郭崇韬说："我已经答应过周匝了，这样一来我感到不好意思见到这三个人。你所说的都很正确，但就算为我通融一下，把这件事给办了吧。"五月初五日壬寅，任命陈俊为景州刺史，储德源为宪州刺史。当时亲军中有跟随后唐庄宗身经百战而没有封得刺史的人，看到这一情况，无不愤慨叹息。

（以上为第五段，写孔谦百计搜刮民财，后唐庄宗滥封伶人高官。）

五月初八日乙巳，右谏议大夫薛昭向后唐庄宗上疏，认为："诸道藩镇中僭窃名号的还很多，征讨的计划，短时间内不可停止。此外，士卒们长期随从征战，没能得到丰富赏赐，很多人还很贫穷，应该把四方的贡献和南郊祭祀的剩余物品，再颁赏一些给他们。再者，黄河以南的各路军队都是从前梁朝的精锐，恐怕那些僭窃名号的各国会偷偷地用厚利引诱他们，应该对他们加以安抚。还有，举家流亡失散在外的，应该宽省徭役、减少赋税，以此来安抚他们，把他们聚集回来。再者，对那些不是急需的工程建设，应当加以裁减。最后，请求选择一些无用的空地去放马，不要让马践踏京畿地区的民田。"后唐庄宗对他的建议一律不予采纳。

五月十一日戊申，蜀主让李严回国。当初，后唐庄宗派李严去蜀国，让他用马匹去交换蜀国的宫中珍宝和玩赏之物，但是蜀国的法令禁止让上好的丝织品和珍贵的稀罕之物流入到中原地区去，只有那些粗劣低级的产品才可以随便流入中原，被称为"入草物"。李严回国后，把这一情况报告了朝廷，后唐庄宗非常生气地说："王衍难道不是入草之人吗？"李严接着向皇帝报告说："王衍像孩童一样天真愚顽，荒淫放纵，不理政事，排斥故旧，亲近小人。那些掌权的大臣如王宗弼、宋光嗣等人，只知道一味地讨好主上，对于财货又贪得无厌，朝廷上贤愚颠倒，刑赏混乱，君臣上下只知道以骄奢淫侈来相互攀比。依臣看来，只要大军一到，他们就会土崩瓦解，这是不要多久时间就可以看到的情景。"后唐庄宗认为他的话很有道理。

（以上为第六段，写后唐庄宗不恤士民，前蜀国主王衍刑赏紊乱，前蜀君臣奢靡。）

后唐庄宗因为潞州反叛的缘故，五月十三日庚戌，下诏命令全国各州镇不准再修筑城墙、挖浚城沟，并且毁掉所有城防器具。

五月十五日壬子，新任的宣武节度使兼中书令、蕃汉马步总管李存审在幽州去世。李存审出身贫寒，他经常告诫他的儿子们说："你们的父亲小时候手提一把剑离开家乡，四十年来，地位一直升到将相了，这期间出生入死也不止一次了，从骨头中挖出箭头也有一百多次了。"说着，把这些挖出的箭头郑重地交给了他们，让他们收藏好，并说："你们都是生活在富裕的环境里，应当知道你们的父亲当年就是这样起家的。"

幽州报告说契丹人将要入侵，五月十七日甲寅，任命横海节度使李绍斌出任东北面行营招讨使，率领大军渡过黄河向北进发。契丹军队屯扎在幽州东南城门之外，到处都是敌人的骑兵，唐军所运的粮草很多都被他们抢劫而去。

五月二十五日壬戌，任命李继曮为凤翔节度使。

五月二十八日乙丑，任命代理归义留后的曹义金为归义节度使。当时瓜州、沙州的人和吐蕃人杂居在一起，曹义金派遣使者绕道入贡，所以后唐庄宗特意任命他为节度使。

李嗣源大军的前锋到达潞州时，天色已晚；军队刚刚安顿下来，张廷蕴就率领部下百余名壮士越过壕沟，登上城墙，守城士兵抵挡不住，张廷蕴他们就攻占城门把军队放了进来。到了天亮的时候，李嗣源和李绍荣率领大军到达，这时潞州城已经攻了下来，李嗣源等人心里很不高兴。五月二十九日丙寅，李嗣源上奏后唐庄宗说潞州已经平定。六月初九日丙子，在镇国桥杀死了杨立及其同党。潞州城的城墙高、壕沟深，后唐庄宗下令把它填平。

六月十九日丙戌，任命武宁节度使李绍荣为归德节度使、同平章事，把他留在宫中担任警卫，后唐庄宗非常喜欢他。后唐庄宗有时甚至和太后、皇后一起到他家中串门。后唐庄宗有个宠幸的姬妾，长得很漂亮，曾经生过一位皇子，刘皇后很嫉妒她。这时李绍荣的妻子刚好去世。一天，李绍荣在宫中侍奉皇帝，后唐庄宗问他："你还要再娶妻子吗？我可以为你求婚。"刘皇后随即用手指着那位宠姬说："皇上可怜李绍荣，何不把她赐给他呢？"后唐庄宗不便说不好，就含含糊糊地答应。刘皇后催促李绍荣赶忙向后唐庄宗拜谢，等到他拜完起身，回头再看那位宠姬，已经被轿子抬出宫去了。后唐庄宗为了这件事假称生病，好几天都吃不下饭。

六月二十五日壬辰，任命天平节度使李嗣源为宣武节度使，并接替李存审担任蕃汉内外马步总管。

（以上为第七段，写后唐庄宗平定潞州之叛。）

秋季，七月初五日壬寅，前蜀任命礼部尚书许寂为中书侍郎、同平章事。

孔谦又向郭崇韬说王正言的坏话，同时用丰厚的礼物贿赂那些伶人宦官，想求得租庸使一职，但是最终还是没有得到，心里便闷闷不乐，七月初六日癸卯，他向后唐庄宗上表请求解除自己的职务；后唐庄宗很生气，认为他是在逃避事务，准备把他绳之以法，多赖景进的求情解救，才使得他得以幸免。

当初梁朝所决开的黄河连年成为曹州、濮州的大患，七月初七日甲辰，后唐庄宗命令右监门上将军娄继英监督汴州、滑州的军队把决口堵起来。没过多久，堵起的决口又被冲坏了。

七月二十三日庚申，在新州设置威塞军。

契丹依仗着自己兵势强盛，派遣使者来向后唐庄宗要求用幽州安置卢文进。当时东北地区各夷族都已经归属契丹，只有勃海国还没有臣服；契丹国主准备入侵中原，又担心勃海国袭击他的后方，于是就先发兵攻打勃海国的辽东地区，并且派遣他的将领秃馁和卢文进占据营州、平州等地，以侵扰后唐的燕地。

八月初二日戊辰，前蜀主任命右定远军使王宗锷为招讨马步使，率领二十一军驻扎在洋州；八月初九日乙亥，任命长直马军使林思锷为昭武节度使，戍守在利州，以防备唐军入侵。

租庸使王正言得了中风，精神恍惚，无法处理公务，景进多次向后唐庄宗反映这一情况。八月初七日癸酉，后唐庄宗任命租庸副使、卫尉卿孔谦为租庸使，右威卫大将军孔循为租庸副使。孔循就是赵殷衡，后梁灭亡后才恢复了过去的姓名。孔谦到这时才得以为所欲为，为了满足后唐庄宗的欲望，他横征暴敛，搞得民不聊生。八月十七日癸未，后唐庄宗赐给孔谦一个封号叫丰财赡国功臣。

（以上为第八段，写后唐庄宗任用孔谦为租庸使，大肆搜刮民财，民怨沸腾，孔谦竟然得封为丰财赡国功臣。）

后唐庄宗又派遣使者李彦稠去前蜀，九月初三日己亥，李彦稠到达成都。

九月初七日癸卯，后唐庄宗在京城近郊打猎。当时后唐庄宗经常出外游玩打猎，随从的骑兵们践踏了百姓的庄稼，洛阳县令何泽趴在草木丛生的地方等待后唐庄宗的到来，后唐庄宗来到后，他拦住马进谏说："陛下征收赋税一向很急迫，现在庄稼快要长成了，又要践踏它，这让我们小吏们怎么征收呢，百姓怎么活命呢？臣希望皇上先赐我一死。"后唐庄宗慰勉他一番就让他回去了。何泽是广州人。

契丹人攻打勃海国，无功而回。

前蜀前山南节度使兼中书令王宗俦认为前蜀主已经丧失了为君的品德，就找王宗弼商量把前蜀主废掉，王宗弼还在犹豫不定。九月十四日庚戌，王宗俦忧愤而死。王宗弼便对枢密使宋光嗣、景润澄等人说："王宗俦曾叫我把你们杀掉，现在往后不用担心了。"宋光嗣等人跪在地上流着泪向他表示感谢。王宗弼的儿子王承班知道这件事后，对人说："我们家难免要有一场灾难了。"

九月十九日乙卯，前蜀主任命前镇江军节度使张武为峡路应援招讨使。

九月二十一日丁巳，幽州报告说契丹入侵。

冬季，十月初六日辛未，天平节度使李存霸、平卢节度使符习上奏说："所属州县多声称，他们直接按照租庸使所下公文处理公务，而节度使的有关部门却根本都不知道这一情况，这样一来把规程都搞乱了。"租庸使上奏说，近年来的惯例，租庸使的公文都是直接下发到州县的。后唐庄宗裁断说："朝廷的惯例，中央的公文不直接下发到州县，州县的官吏也不能直接上奏。现在天平、平卢两道所讲的事情，是本朝过去的规定；而租庸使所陈述的，是伪梁近来的做法。从今往后，各支郡不得自行上奏，一律都要经过本道转呈，租庸使催办征收赋税也要书写牒文通报观察使。"虽然下达了这道命令，实际并没有执行。

（以上为第九段，写后唐庄宗行猎，践踏民禾稼，租庸使征税公文越级直下州县。）

易、定二州报告说契丹入侵。

前蜀宣徽北院使王承休请求从各部队中挑选一万二千名骁勇善战的士卒，成立由蜀主直接管辖的左、右龙威步骑四十军，装备和供给都要远远优于其他部队，于是蜀主任命王承休为龙武军马步都指挥使，任命副将安重霸为副使，旧将们对此无不感到愤怒耻辱。安重霸是云州人，他用狡诈、奉承、贿赂的手段巴结王承休，所以王承休很喜欢他。

吴越王钱镠又开始向后唐进贡物品，十月十七日壬午，后唐庄宗按照原来后梁给他的官爵又重新任命了他。钱镠的贡礼很丰富，又贿赂朝中的权要人物，请求后唐庄宗发给他金印、玉册，颁赐诏书时不直呼其名，可以称国王等。有关部门启奏说："按惯例只有天子能用玉册，王公们都用竹册；此外，是四方的夷族，也没有被封为国王的。"结果后唐庄宗特别通融，都满足了钱镠的愿望。

吴王到白沙去观看楼船，下令把白沙改名叫迎銮镇。徐温从金陵前来朝见吴王。在此之前，徐温让他的亲信官吏翟虔担任阁门、宫城、武备等使，让他监视吴王的举动，翟虔对吴王的防范十分严格。到这时，吴王对徐温说"雨"字时都要改说"水"字，徐温请吴王解释一下这是什么缘故。吴王说："雨是翟虔父亲的名字，我避讳这个字已经成习惯了。"接着又对徐温说："您对我的忠诚，是很了解的，但是翟虔他却十分无礼，宫中和宗室所需要的东西很多都办不到。"徐温听后赶忙磕头请罪，并请求把翟虔斩了，吴王说："杀他太过分了，把他流放到很远的地方就可以了。"于是就把翟虔流放到抚州。

十一月，前蜀主派遣他的翰林学士欧阳彬前来互通友好。欧阳彬是衡山人。同时又差遣李彦稠返唐。

十一月九日癸卯，后唐庄宗率领亲军在伊阙打猎，命令随从的官吏拜谒在那里的后梁太祖朱温的陵墓。后唐庄宗一行在伊阙翻山越岭，连日不歇，有时在夜间合围野兽；随从士卒跌下崖谷摔死的和摔断胳膊腿的人很多。十一月十二日丙午，回到宫中。

前蜀认为已经和后唐互通友好了，就撤除了威武的城防，把关宏业等二十四军召唤回成都。十一月十四日戊申，又撤销定武、武兴招讨刘潜等三十七军。

十一月二十三日丁巳，后唐庄宗赐给护国节度使李继麟铁券，把他的儿子李令德、李令锡都任命为节度使，其他的儿子只要稍大一点的也都封了官，所受恩宠在所有藩镇之上。

十一月二十六日庚申，蔚州报告说契丹入侵。

十一月二十七日辛酉，前蜀主罢去天雄军招讨使，命令王承骞等二十九军回成都。

十二月初一日乙丑，前蜀主任命右仆射张格兼任中书侍郎、同平章事。当初，张格被降罪贬官的时候，中书吏王鲁柔曾乘机落井下石；现在张格又当了宰相掌握权力，就用木杖把王鲁柔活活打死了。许寂对人们说："张公这个人才能高超但见识短浅，杀了一个王鲁柔，其他的人如何能够感到安全？这是他自取祸害的开始。"

前蜀主撤去金州的防卫，命令王承勋等七军回到成都。

十二月初五日己巳，后唐庄宗命令宣武节度使李嗣源率领宿卫兵三万七千人赶赴汴州，随即又赶往幽州抵御契丹的侵犯。

（以上为第十段，写吴越王钱镠归服后唐。前蜀国主王衍裁除戒备。契丹南侵。）

十二月初六日庚午，后唐庄宗和刘皇后到张全义家，张全义大肆向后唐庄宗贡献物品；酒酣耳热之时，刘皇后向后唐庄宗启奏说：“妾从小就失去父母，一见到老年人就想起他们，请求皇上允许我把张全义当作父亲来对待。”后唐庄宗答应她的请求。张全义诚惶诚恐，再三推辞，经不住皇后一再坚持，最后还是接受了刘皇后的参拜，于是又拿出了一些物品贡献以表示感谢后唐庄宗皇后的恩宠。第二天，刘皇后命令翰林学士赵凤写信向张全义致谢，赵凤私下向后唐庄宗启奏说：“自古以来都没有作为天下之母的皇后拜大臣做父亲。”后唐庄宗表扬了他的耿直，但事情最后还是按刘皇后的意思办了。从此以后，刘皇后和张全义每天都派使者往来问候，馈赠东西，从来没有间断过。

当初，在唐僖宗、昭宗时，宦官势力虽然十分强盛，但却始终没有担任节度使的。前蜀安重霸劝王承休求取秦州节度使，王承休于是对前蜀主说：“秦州的漂亮女人很多，我愿意为陛下挑选一些献上来。”前蜀主答应了他的请求，十二月初六日庚午，任命王承休为天雄节度使，进封为鲁国公；把龙武军作为王承休的卫队。

十二月十一日乙亥，前蜀主任命原武德节度使兼中书令徐延琼为京城内外马步都指挥使。徐延琼以外戚的身份接替王宗弼的职务，位居诸位旧将领之上，大家都觉得愤恨不平。

十二月十八日壬午，北京报告说契丹入侵岚州。

十二月二十七日辛卯，前蜀主把明年的年号改为咸康。

卢龙节度使李存贤去世。

这一年，前蜀主把普王宗仁改封为卫王，雅王宗辂改封为豳王，褒王宗纪改封为赵王，荣王宗智改封为韩王，兴王宗泽改封为宋王，彭王宗鼎改封为鲁王，忠王宗平改封为薛王，资王宗特改封为莒王；同时免除了王宗辂、王宗智和王宗平三人在军中的职务。

（以上为第十一段，写后唐庄宗刘皇后拜大臣齐王张全义为义父，前蜀国主王衍任命宦官为节度使。）

后唐庄宗同光三年（乙酉，公元 925 年）

春季，正月初一日甲午，前蜀大赦境内。

正月初三日丙申，后唐庄宗下令有关部门，对唐昭宗和唐少帝实行改葬，最后还是因为费用不足而作罢。

契丹入侵幽州。

正月初七日庚子，后唐庄宗从洛阳出发；正月十七日庚戌，到达兴唐府。

后唐庄宗下诏命令平卢节度使符习修筑酸枣的遥堤，以防止黄河决口。

当初，李嗣源北征契丹时，路过兴唐府，东京的府库中有一些专供皇帝御用的细铠甲，李嗣源就行文给副留守张宪，请求调拨五百领，张宪因为当时军队正要行动，没有来得及上奏后唐庄宗就先拨给了李嗣源；后唐庄宗知道了这件事后十分生气，说："张宪没得到我的旨意，擅自做主把我的细铠甲给了李嗣源，这是什么意思？"于是罚了张宪一个月的俸禄，命令他亲自去军中把铠甲取回来。

后唐庄宗因为义武节度使王都即将来朝拜，于是就想要开辟一块毬场，张宪说："过去都在行宫的庭中开辟为毬场，前年陛下在这里即帝位，这个祭坛不能毁掉，请求在行宫的西边另外开辟毬场。"过了几天，新毬场还没建成，后唐庄宗就下令毁去即位用的祭坛。张宪对郭崇韬说："这祭坛，是皇上祭祀上帝最初接受天命的地方，怎么能把它毁掉呢？"郭崇韬就找机会向后唐庄宗进谏，后唐庄宗反而下令马军和步军的两个虞候立即把祭坛毁掉。张宪私下里对郭崇韬说："忘天背本，再没有比这更不吉祥的事了。"

二月十一日甲戌，任命横海节度使李绍斌为卢龙节度使。

二月十三日丙子，李嗣源上奏说他在涿州打败了契丹军队。

后唐庄宗一直把契丹的存在当作一个忧患，就和郭崇韬一道商议，认为过去一些有威望的老将们差不多都不在了，李绍斌的地位威望一向不高，想调李嗣源去镇守真定，好替李绍斌壮壮声威，郭崇韬觉得这个办法很好。当时郭崇韬兼管真定，后唐庄宗就想把郭崇韬调任兼守汴州，郭崇韬推辞说："臣在朝内掌管机要，在朝廷上又参与军国大事，财富和地位都到了极点，何必还要兼领方镇呢？况且群臣中还有人跟随陛下多年，身经百战，所得到的赏赐不过一个州。臣毫无功劳，只是因为随侍皇上身边，偶尔参赞皇上圣明的决断，就得到了这样的地位，我心里常常感到不安；现在借着要另外委派有功勋的贤臣的机会，使臣得以解除节度使的职务，这才是臣最大的愿望。况且汴州是关东军事要地，土地肥沃，人口众多，臣又不能亲自前往治所，只能委派他人代理职务，这样不等于是座空城了吗？恐怕不是巩固国家根基的做法。"后唐庄宗说："朕深知你的一片忠心，但是你替朕出谋划策，攻取了汶阳，保住了黄河的渡口，接着又沿着这条路直取大梁，终于成就了朕的帝业，这哪里是身经百战的功劳所能和你相比的呢？现在朕贵为天子了，怎能让您没有半点自己的地盘呢？"但是郭崇韬还是坚决一再推辞，后唐庄宗最终答应了他的请求。二月十七日庚辰，调任李嗣源为成德节度使。

（以上为第十二段，写后唐庄宗忘天背本，毁魏州即位祭坛为毬场。郭崇韬辞解节度使之职。）

南汉主听说后唐庄宗灭了后梁，心里感到害怕，就派遣宫苑使何词来朝进贡，同时窥探一下中原的强弱。二月二十一日甲申，何词到了魏州。他回去以后向南汉主报告说，唐皇帝骄奢淫逸，没有什么作为，不值得害怕。南汉主听后十分高兴，从此断绝了和中原的来往。

后唐庄宗生性刚愎自用，不愿意让权力被臣下所掌握，进入洛阳以后，听信伶人宦官的谗言，对过去的一些旧将领又疏远又嫉恨。李嗣源家在太原，三月初五日丁酉，他向后唐庄宗上表，请求调卫州刺史李从珂为北京内牙马步都指挥使，这样对他照顾家里比较方便些，后唐庄宗看了表之后大怒说："李嗣源手握兵权，镇守大镇，但是军职任免的权力还是在我手中，他怎么能够为他的儿子上表求职呢？"于是贬李从珂为突骑指挥使，让他率领数百人戍守石门镇。李嗣源对这件事又担心又害怕，于是就上书辩白，过了很长时间这件事才算平息下来。三月初九日辛丑，李嗣源恳求到东京来朝见皇帝，没有得到允许。郭崇韬因为李嗣源功劳高，地位重要，也很嫉妒他，私下里对人说："总管令公李嗣源不是一个久为人下的人，皇家弟子都比不上他。"他秘密地劝后唐庄宗把李嗣源召来担任宿卫，好解除他的兵权，后来又劝后唐庄宗干脆把他杀了，后唐庄宗对他这些建议都没采纳。

三月十七日己酉，后唐庄宗从兴唐府出发，从德胜渡过黄河，经过杨村、戚城，重游过去的旧战场，指点着给群臣们看，显得很高兴得意。

洛阳的宫殿修建得宏伟深邃，宦官们想让后唐庄宗增加妃嫔的人数，就编造谎言说在宫中夜间出现了鬼物，后唐庄宗想让会符咒的人来驱鬼，宦官们说："臣过去侍奉唐朝咸通、乾符天子，那个时候，六宫的人数不论贵贱不下一万人。现在妃嫔们住的地方一大半是空的，所以有鬼物出来四处游荡。"后唐庄宗于是命令宦官王允平、伶人景进去民间挑选女子，远到太原、幽州、镇州，好充实后宫，所选来的不下三千人，也不问来历。后唐庄宗从兴唐府回来的时候，用牛车拉了许多女子，挤满了道路。张宪上奏说："各营的妇女逃亡的有一千多人，可能是那些扈从的军士们偷偷地把她们挟持带走了。"事实上这些妇女全都被送进宫里去了。

三月庚辰日，后唐庄宗到达洛阳；三月二十九日辛酉，下诏又把洛阳改为东都，兴唐府改为邺都。

夏季，四月初一日癸亥，发生日食。

当初，五台山的僧人诚惠用虚妄的妖术迷惑众人，自己声称能制服天上的龙，呼风唤雨；后唐庄宗很尊敬相信他，亲自率领皇后、妃子和皇弟、皇子参拜他，诚惠也安然地坐着受礼不起来，随从的大臣们也没有一人敢不跪拜的。当时正好天大旱，后唐庄宗从邺都把诚惠迎接到洛阳，让他祈雨，军民们从早到晚都来看祈雨，结果十几天过去了也没见下雨。有人对诚惠说："皇上认为大师祈雨无效，准备把你烧死。"诚惠吓得逃跑了，后来感到又羞愧又害怕，就死了。

（以上为第十三段，写后唐庄宗为宦官蛊惑，大肆选美，又拜妖僧，没有人君体统，遭偏远南汉主蔑视，认为后唐不足畏。）

四月二十八日庚寅，中书侍郎、同平章事赵光胤去世。

太后自从和太妃分别以来，心中常闷闷不乐，虽然娱乐珍玩充满眼前，还是从来没有开心过；太妃自从和太后分手后，也郁闷不乐而病倒。太后派遣宫中的使者送医送药，使者相继于道路上，听说太妃的病情加重，太后难受得吃不下饭，又对后唐庄宗说："我和太妃情同姐妹，我想亲自去探望她。"后唐庄宗借口天气热，路途又远，苦苦地劝阻她，劝了很久太后才作罢，只派遣皇弟李存渥等人前去侍奉。五月初六日丁酉，北都奏说太妃去世了。太后得知这一消息后，悲哀得一连几天都吃不下饭，后唐庄宗一边劝慰，不离太后左右。太后从此也生了病，又想亲自去参加太妃的葬礼，后经后唐庄宗的再三劝阻才没有去。

闽王王审知生病卧床，命令他的儿子节度副使王延翰代管军府的事务。

从春天到夏天一直天旱，六月十一日壬申，才开始下雨。

后唐庄宗受不了盛夏的湿热，想在宫中挑选一块高敞凉爽的地方，结果都不满意。这时宦官乘机对后唐庄宗说："臣看见过当年长安全盛的时候，大明、兴庆两宫的楼观数以百计。现在皇上起居之所竟然没有一个避暑的地方，宫殿的规模甚至比不上当时王公贵族的宅第。"后唐庄宗于是命令宫苑使王允平另外修建一座高楼好避暑。宦官又说："郭崇韬经常愁眉不展，是因为孔谦说财政有困难，恐怕陛下就是想建造，最后还是建不成。"后唐庄宗说："我自己用内库里的钱，和国家经费毫不相干。"但是话虽然这么说，心里还是担心郭崇韬出来劝阻这件事，于是就派宫中的使者向郭崇韬转达自己的话说："今年夏天特别热，朕从前在黄河沿岸，和梁军相对抗，军营低湿，穿着甲胄骑着马，亲自冲锋陷阵，都没感到有这么热。现在住在深宫之中却热不可挡，真不知怎么办才好？"郭崇韬回答说："陛下过去在黄河边时，因为强敌还没有消灭，心中想的是如何报仇雪恨，虽然也有酷暑，但圣上心里并没有介意。现在外患已经消除了，四海之内都臣服归顺，所以虽然有华丽的高台和空闲的馆所，仍然觉得很闷热。陛下如果能不忘记过去的艰难时刻，那么暑热就会自然消除了。"后唐庄宗听了这些话没有说什么。宦官们又说："郭崇韬的宅第，同皇宫没什么两样，难怪他不知道圣皇的暑热。"后唐庄宗最终还是命令王允平修筑楼阁，每天动用一万民工，所耗费的钱财十分巨大。郭崇韬劝谏说："今年两河一带又有水灾又有旱灾，军粮也不充裕，希望能够暂时停止这项工程，等以后丰收年成的时候再说。"后唐庄宗没听他的规劝。

后唐庄宗准备征伐前蜀，六月三十日辛卯，下诏天下，收买战马。

吴国镇海节度判官、楚州团练使陈彦谦有病，徐知诰担心他留下遗言涉及继嗣的事情，于是就派人馈赠他医药和金银布帛，使者相继于路上。陈彦谦临终的时候，秘密地留下一封信给徐温，请求他任命自己的亲生儿子为后嗣。

太后病情加重。秋季，七月初三日甲午，成德节度使李嗣源以边境战事稍微缓和为由，上表请求入京看望太后，后唐庄宗不允许。七月十一日壬寅，太后去世。

后唐庄宗由于过分悲痛，五天以后才开始吃饭。

八月二十三日癸未，后唐庄宗下令用木杖把河南县令罗贯打死。当初，罗贯任礼部员外郎，性情刚直，深得郭崇韬赏识，任用他去当河南县令。罗贯在任河南县令期间，处理政务不怕得罪权贵人物，伶人宦官们向他请托事情，书信堆满了一桌子，他一概不予答复，却把这些信都拿给郭崇韬看，郭崇韬就把这些事向皇帝报告，因此那些伶人宦官们对罗贯恨得咬牙切齿。河南府尹张全义也认为罗贯很高傲，心里对他非常不满，就派奴婢去向皇后诉苦，这样皇后和伶人、宦官们一起在皇帝面前诋毁罗贯，后唐庄宗听了当然很生气，只是表面上忍着暂时没有发作。这时刚好后唐庄宗要亲自前往寿安去察看坤陵的工程，一路上道路泥泞不堪，大部分桥梁也已损坏。后唐庄宗就问这里该谁主管，宦官们回答说河南县令罗贯。后唐庄宗听后十分生气，下令把罗贯抓入监狱；狱吏们用棍子打他，把罗贯打得体无完肤，第二天，后唐庄宗下诏要把罗贯杀死。郭崇韬进谏说："罗贯因为道路桥梁不修而被治罪，依照法律还不至于被处死。"后唐庄宗十分生气地说："太后的灵驾很快就要出发，天子早晚都在这条路上往来，桥梁道路却没修整，你说他无罪，简直就是他的同党。"郭崇韬说："陛下身为万乘之尊，却对一个小县令生这么大的气，这样会让天下的人议论陛下用法不平允，这是臣的罪过。"后唐庄宗说："既然你喜欢他，这事就交给你裁断好了。"说完，拂袖而起，回宫去了，郭崇韬紧跟其后，一再地申辩；后唐庄宗干脆自己把殿门关上，郭崇韬没能进入宫中。罗贯最终还是被活活打死，尸体被暴置在府门之外，远近的人们都认为他死得冤枉。

八月二十七日丁亥，派遣吏部侍郎李德休等人前去颁赐给吴越王玉册、金印、红袍御衣。

九月，前蜀主和太后、太妃到青城山游玩，经过丈人观、上清宫，又到了彭州阳平化、汉州三学山，然后才回去。

（以上为第十四段，写后唐庄宗大修宫室，冤杀正直官员河南令罗贯，及后唐庄宗之嫡母太妃、生母太后之死，后唐庄宗为人子称孝，为人君荒怠政事，于社稷为不忠。）

九月初五日乙未，册立皇子李继岌为魏王。

九月初七日丁酉，后唐庄宗与宰相们商议征伐前蜀的事宜，威胜节度使李绍钦一贯巴结讨好宣徽使李绍宏，李绍宏于是就推荐说："李绍钦有盖世奇才，就是孙子、吴起也比不上他，可以委派他担当大任。"郭崇韬说："这个段凝是亡国之将，奸诈献媚到了无与伦比的地步，不值得信赖。"大家都推荐李嗣源，郭崇韬说："契丹的势力正很嚣张，总管不能离开河朔。魏王身为君位的继承人，还没有建立过什么特殊的功勋，请按照过去惯例，任命他为征伐蜀国的都统，好成就他的威名。"后唐庄宗说："儿子还小，怎么能让他单独前去，还是应该再替他找个副手。"不久又说："再没有人比你更合适的了。"

九月初十日庚子，任命魏王李继岌出任西川四面行营都统，任命郭崇韬出任东北面行营都招讨制置等使，把军事方面的全部事务都委托给他处理。又任命荆南节度使高季兴出任东南面行营都招讨使，凤翔节度使李继曮出任都供军转运应接等使，同州节度使李令德出任行营副招讨使，陕州节度使李绍琛出任蕃汉马步军都排阵斩斫使兼马步军都指挥使，西京留守张筠出任西川管内安抚应接使，华州节度使毛璋出任左厢马步都虞候，邠州节度使董璋出任右厢马步都虞候，客省使李严出任西川管内招抚使，率兵六万前往征伐前蜀，又下诏命令高季兴自行攻取蜀国的夔州、忠州、万州，把这三州作荆南的辖地。都统设置中军，任命供奉官李从袭担任中军马步都指挥监押，任命道德高、学问好的李廷安、吕知柔两人担任魏王府的通谒。九月十一日辛丑，任命工部尚书任圜、翰林学士李愚一道参与都统的军机事务。

自从六月甲午日下雨以来，很少能看见太阳和星辰，江河百川的水到处溢流，总共过了七十五天之后才开始放晴。

郭崇韬为了报答北都留守孟知祥过去引荐过他的旧恩，临出发的时候，对后唐庄宗说："孟知祥这个人忠厚诚实，又有谋略，如果攻取西川之后要寻找主帅的话，这个人是再合适不过了。"他又推荐了邺都副留守张宪，认为他稳重有见识，可以当宰相。九月十八日戊申，伐蜀大军向西出发。

前蜀安重霸劝王承休请前蜀主到东边的秦州去游玩。王承休到任以后，马上就拆掉了府署的房子，修建行宫，大兴土木，又强夺民间女子，教她们学唱歌跳舞，然后把跳舞的情景画成图像送给韩昭，让韩昭向前蜀主进言；又把当地花木的样子画成图画献上，盛夸秦州山川风土的美妙。前蜀主动了心，准备去秦州，大臣们很多人都出来劝阻，前蜀主一概不予理睬；王宗弼上表劝谏，蜀主把他的表章丢在地上；太后哭哭啼啼地不吃饭，想劝阻他，也毫无效果。前秦州节度判官蒲禹卿上了将近有两千字的奏章，大意是说："先帝创业十分艰难，是希望传国万世。陛下从小生长在富贵的环境里，沉湎于酒色之中。秦州是羌人、胡人杂居的地方，那地方又多有瘴疠之气，陛下这一去，一方面随行有近万人要疲于来往奔波，另一方面沿途郡县要供应所需，怕也吃不消。而凤翔长久以来都是我们的仇敌，这一东去，一定又会因此挑起怨隙；唐刚和我们建立友好关系，因为这次大军出动，恐怕也会引起怀疑。先帝在世时从来没有无故出游过，而陛下却是经常随便离开皇宫。当年秦始皇到东方巡狩，銮驾就再也没能回来；隋炀帝南巡，龙舟也再没有北返。我们蜀国国力强盛，足以雄视邻国，边境上没有烽火战乱的忧患，但是国家内部却有心腹之患，百姓们流离失所，盗贼横行。从前李势屈服于桓温，刘禅投降于邓艾，这一切都说明，山河的地势虽然险要牢固，但也不是十分可靠的。"韩昭对蒲禹卿说："我先把你的奏章收下，等到主上从秦州回来，一定让狱吏一个字一个字地来问你！"

王承休的妻子严氏长得很漂亮，前蜀主过去曾经和她私通过，所以前蜀主这次一心一意想去秦州。

（以上为第十五段，写后唐庄宗大举征伐前蜀，而前蜀主大张旗鼓地游幸秦州。）

冬季，十月，排阵斩斫使李绍琛和李严率领三千名骁勇善战的骑兵和一万名步兵为前锋，招讨判官陈乂到了宝鸡以后，就声称有病，请求留下来。李愚怒骂他说："陈乂看到有利的时候就前进，害怕困难就要停下来。现在大军就要进入险境了，人心最容易动摇，应该把他斩首示众，以儆效尤！"从此军中再也没有人敢犹豫观望了。陈乂是蓟州人。

十月初四日癸亥，蜀主率领数万大军从成都出发，十月初五日甲子，到达汉州。武兴节度使王承捷报告说唐军已经向西进发了，蜀主认为这是臣下们为了阻止自己出游而合伙编造的谎言，不肯相信这是真的，并且夸口说："我正想炫耀一下武力呢！"接着继续向东而行。一路上和群臣吟诗作赋，根本没把这件事放在心上。

十月十八日丁丑，李绍琛率兵攻打前蜀威武城，前蜀指挥使唐景思率兵出城投降；城使周彦禋等人知道难以坚守，也投降了。唐景思是秦州人。唐军夺得了城中的军粮二十万斛。李绍琛遣散了蜀军败兵一万多人，随即兼程赶往凤州。李严传快信劝王承捷投降。唐军负责军需的李继曮把凤翔府的所有积蓄粮草都补充给各路军队，还是不能满足需要，这时候人心惶惶。郭崇韬进入散关后，指着这里的山说："我们这一去如果不能成功，就不能再回来了。各位应当尽力死战。现在军需供应快要完了，应该先攻取凤州，好利用当地的粮食。"将领们都说蜀国的地势险要牢固，不可长驱直入，应该先按兵不动，观察一下敌军动向。郭崇韬征求李愚的意见，李愚说："蜀人对于蜀主的荒淫行径苦不堪言，没有人肯替他效力。应该乘他们人心涣散之际，向他们发起迅雷不及掩耳的强大攻势，这样他们都会吓破胆，即使有山川险阻，又有谁能坚守呢？进军的势头不能缓下来。"这一天，李绍琛那边传来捷报，郭崇韬非常高兴，对李愚说："您能这样料敌如神，还有什么好担心的！"于是大军日夜兼程地向前挺进。十月十九日戊寅，王承捷带着凤、兴、文、扶四州的印信和武兴节度使的印信旌节前来迎接大军，请求归降，这次唐军一下就得到了八千名降兵，四十万斛军粮。郭崇韬说："平定蜀国是绝对没有问题了。"当即就以都统的名义任命王承捷代理武兴节度使。

十月二十日己卯，前蜀主到达利州，威武城的败兵逃了回来，这时前蜀主才开始相信唐军已经到来。王宗弼、宋光嗣对蜀主说："东川、山南诸州的兵力还很完整，陛下只要用大军扼守住利州，唐军岂敢孤军深入？"前蜀主听从了他们的意见。十月二十一日庚辰，前蜀主任命随驾清道指挥使王宗勋、王宗俨和兼侍中王宗昱三人为三招讨，率领三万名士兵迎战。随从大驾的士卒从绵州、汉州一直到深渡，前后拖拖拉拉有上千里之长，士卒们都愤恨不平，说："龙武军的粮饷赏赐超过其他军好几倍，其他军队又怎么能够抵御敌人呢？"

李绍琛等人率军经过长举，兴州都指挥使程奉琏率领他的所属部队五百人前来投降，并且请求先修好桥梁栈道等待唐军的到来，这样唐军的推进就不用担心会有什么险阻了。十月二十二日辛巳，兴州刺史王承鉴弃城而逃，李绍琛等人攻下了兴州，郭崇韬让唐景思代理兴州刺史。十月二十六日乙酉，成州刺史王承朴弃城而逃。李绍琛等人和前蜀的三招讨在三泉大战，结果蜀军大败，被斩杀了五千人，其余的士卒都四处逃散。在这次三泉战役中，唐军又夺得了军粮十五万斛，从此军用粮草就富足了起来。

十月二十九日戊子，后唐在坤陵安葬了贞简太后。

前蜀主得悉王宗勋等人惨败的消息，就从利州兼程往西逃去，并且砍断了桔柏津的浮桥；命令中书令、判六军诸卫事王宗弼率领大军坚守利州，并且下令把王宗勋等三个招讨斩首。

李绍琛日夜兼程直奔利州。前蜀武德留后宋光葆写信给郭崇韬，说："请求唐兵不要进入我方境内，我将率领所属的辖地归降；如果不这样办的话，那我只有背城一战，以报答我们的国家了。"郭崇韬给他写了回信表示安抚，愿意接纳他。十月三十日己丑，魏王李继岌到达兴州，宋光葆率领所属的梓、绵、剑、龙、普五个州，武定节度使王承肇率领所属的洋、蓬、壁三个州，山南节度使王宗威率领所属梁、开、通、渠、麟五个州，阶州刺史王承岳率所属阶州，都向唐军投降了。王承肇是王宗侃的儿子。其余的各城镇也都望风归顺。

天雄节度使王承休和副使安重霸计划要袭击唐军，安重霸说："如果这一袭击不能获胜的话，那么大势就无可挽回了。蜀中有十万精兵，形势险要牢固，唐兵就算再英勇，又怎么能够轻易闯过剑门天险？但是您身受国家的厚恩，知道国家有难不能不去救援，我愿意和您一道率兵西进。"王承休平时很信任安重霸，认为他讲得有道理。安重霸建议用钱财买通羌人，走文州、扶州这条路回去；王承休听从了他的建议，就让安重霸率领龙武军和招募来的士兵共一万二千人随行。即将出发的时候，州里的人在城外为他们饯行。王承休已经上路了，安重霸在他的马前参拜说："国家用尽全力才得到秦州、陇州，如果我跟着开府您回朝，又有谁来守卫这块地方呢？开府您安心走吧，重霸愿意替您留守在这里。"当时王承休已经上路，也没有什么办法，只好和招讨副使王宗汭从扶州、文州这条路向南进发；沿途一带都是不毛之地，羌人又不断地抢劫他们，他们只好一边自卫一边向前走，士卒们又冻又饿，到达茂州时，只剩下两千人了。安重霸不久就率秦州、陇州投降了唐军。

高季兴经常想攻取三峡，只是因为畏惧前蜀峡路招讨使张武的威名，才迟迟不敢动手。现在，借着唐军的兵势，就让他的儿子行军司马高从诲暂时代理军府的事务，而自己亲自率领水军上溯三峡要攻取施州。张武用铁链子封锁了江上的通路，高季兴派遣勇士乘着小船去砍断这些铁链子。这时碰巧刮起了大风，船被风一吹，挂在了铁链子上，进又进不得，退又退不得，两岸蜀军的箭、石纷纷飞了下来，砸坏了他的战船，高季兴只好乘一只小船逃了回去。不久张武听说蜀军的北路已经战败，于是就率领所属的夔、忠、万三州派遣使者到魏王那里请求投降。

郭崇韬给王宗弼等人送去了一封信，向他们说明了利害关系；李绍琛的军队还没有到达利州，王宗弼就放弃城池率兵向西撤退。王宗勋等三位招讨使在白芳追上了王宗弼，王宗弼从怀中掏出诏书给他们看，并对他们说："宋光嗣命令我杀死你们。"三位招讨和王宗弼抱成一团哭了起来，最后他们合伙商议准备与唐军议和。

（以上为第十六段，写后唐伐前蜀，势如破竹。）

【点评】

本卷点评后唐庄宗滥封、郭崇韬裁汰冗官、郭崇韬逢迎奏立刘皇后、刘皇后父事张全义四件史事。

后唐庄宗滥封。后唐庄宗好摔跤游戏，曾与右武卫上将军李存贤手搏，李存贤不敢尽力。庄宗对李存贤说："你能把我摔倒，提拔你做节度使。"李存贤要庄宗下诏令，于是奉诏摔倒了庄宗。庄宗授李存贤为卢龙节度使，大言曰："手搏之约，吾不食言矣。"封疆大吏，以戏耍得之，功臣宿将，无不寒心。庄宗好戏曲，宠信伶人无以复加。后梁贞明四年胡柳之役，伶人周匝为梁人所虏，其后破汴梁，复得周匝，庄宗非常高兴。周匝诉说，自己得到梁教坊使陈俊、内园栽接使储德源两位伶人的保护才活下来，周匝替两人讨二州为报。庄宗以陈俊为景州刺史，储德源为宪州刺史。长年追随庄宗征战的亲军校官，出生入死，大多未能得刺史，个个莫不愤怨。庄宗怠于政事，却时时装扮成伶人，粉墨登场，与俳优戏耍于朝堂。二十年之征战，败契丹，系虏燕王父子。灭梁而有天下，完成父志报三仇，何其壮哉！天下已定，后唐庄宗称帝不足三年，一夫夜呼，乱者四应，身死国灭为天下笑，可慨也夫！

郭崇韬裁汰冗官。唐末五代，天下大乱，破落臣家往往把职官委任状卖给亲属，以至于混乱了辈分。有的叔父向侄儿下跪叩头，有的舅父向外甥下拜。候补官员中冒名顶替的很多。同光二年，庄宗举行南郊祭天大典，参加祭祀的候补官员达一千二百人。郭崇韬严加审核，查清合格的候补官只有数十人，十分之九以上的候补官资格被取消。被取消资格的候补官没了生活来源，有的在道路上悲哭哀号，有的在客店里活活饿死，惨状目不忍睹。这些候补官，除了做官就没了活路，为了活路，一心做官，为了做官，无所不用其极，有奶便是娘，丧失了人性，丧失了灵魂。冗官冗吏本身就是官僚政治的生态，是暴君污吏的基础。郭崇韬只能裁撤一时，不可根除，而且使自己陷入了危境。

郭崇韬逢迎奏立刘皇后。郭崇韬敌视伶人与宦官，遭到群小日夜毁谤，郭崇韬忧惧，不知如何是好。他对亲信说：“我佐天子取天下，现在大功告成，而群小交兴，我想离开朝廷去做一个镇将，躲开群小，可以免祸吗？”亲信回答说：“躲开群小，丢掉权位，好比蛟龙失水，只怕是招祸啊。”郭崇韬说：“怎么办呢？”所亲又说：“皇上想立刘夫人为皇后，刘夫人头上有正妃韩夫人，加之皇太后不喜欢刘夫人，皇上犹豫不决。如果相公此时助刘夫人一把，相公在宫中有了皇后做后台，皇上也高兴，还怕群小嚼舌根？”郭崇韬甚以为是，于是与百官共奏刘夫人为皇后。这位刘皇后性贪财，入主正宫，求索无厌，四方贡献从此一分为二，一份献天子，一份献皇后。刘皇后连亲爹都不认，哪里会念郭崇韬的好处。郭崇韬想引刘皇后来排抑宦官，恰恰是宦官假刘皇后之手诛杀郭崇韬，这是后话。郭崇韬智略兼备，一时人臣之选，有真宰相之才。不以正道立于朝，一念之差，搬起石头砸自己的脚，非始料所及。

刘皇后父事张全义。后唐庄宗刘皇后性贪财，曾从后唐庄宗幸张全义宅，冀得全义馈赠，强拜全义为义父，却不认寒微之生父。张全义，字国维，濮州临濮人。唐昭宗赐名全义，朱温改名为宗奭，入后唐复名全义。张全义尹正河洛凡四十年，历守太师、太傅、太尉、中书令，封王，邑万三千户，一生荣华富贵，以寿终，死年七十五，乱世自保一奇迹。冯道是文臣不倒翁，张全义是武臣不倒翁。张全义媚事朱温，以至于妻妾子女为朱温所淫不以为耻。后唐灭梁，张全义应与敬翔、李振等受族诛，因通赂于刘皇后，得以保全。张全义审案，每每以原告为有理，是以人多枉滥，遭到时人的非难。但张全义镇洛阳，招抚流亡，安置难民，劝课农桑，口碑流于道路，万口同声，称其为名臣。有诗赞曰：“洛阳风景实堪哀，昔日曾为瓦子堆，不是我公重葺理，至今犹是一堆灰。”张全义为官重民生，得以善终，不亦宜乎！

资治通鉴（白话本） 卷第二百七十四

后唐纪三

后唐庄宗同光三年至后唐明宗天成元年（公元925—公元926）

【起旃蒙作噩（乙酉，公元925年）十一月，尽柔兆阉茂（丙戌，公元926年）三月，不满一年】

【大事提要】

本卷记事起公元925年十一月，讫公元926年三月，凡五个月史事。当后唐庄宗同光三年末至明宗天成元年三月。庄宗晚年昏暴，同室操戈，为明宗李嗣源所灭。事繁变剧，故本卷记事，不满一年。后唐之乱导火线为李继岌矫诏杀郭崇韬。郭崇韬专断军权，与李继岌相互猜疑，同僚、宦官、刘皇后日夜进谗言，后唐庄宗猜疑起杀心，刘皇后大胆妄为，手札赐李继岌诛杀郭崇韬。后唐庄宗事后不追究宦官竖小阴谋，反而扩大事端，族灭郭崇韬，祸及朱友谦，于是逼反西征军李继琛，以及魏州戍兵。这一年大旱民饥，军粮不继，而后唐庄宗依然游猎无度，践踏田野禾稼。后唐庄宗命将平叛，不肯赏赐，将士寒心，李绍荣往讨邺都久不建功，李嗣源往讨为乱兵挟持反叛，进兵大梁，各镇影从。后唐庄宗亲征，刘皇后吝财不肯出内库钱，将士唾骂，未遇敌而星散。后唐庄宗东出，有扈从兵二万五千，及返洛阳只有数千。

庄宗光圣神闵孝皇帝下

后唐庄宗同光三年（乙酉，公元925年）

十一月初七日丙申，前蜀主回到成都，朝廷百官和后宫妃嫔们到七里亭迎接他。前蜀主走到妃嫔群中仿效回纥人队形率领她们进入宫中。十二月初八日丁酉，蜀主出来在文明殿召见群臣，哭得泪水沾湿了衣襟，前蜀主和群臣只是脸对脸地呆看着，最终谁也没能说出一句拯救国家危难的话。

十一月初九日戊戌，李绍琛到达利州，修复桔柏浮桥。前蜀的昭武节度使林思谔在此之前已经弃城逃到阆州，现在又派遣使者回来请求投降。十一月十五日甲辰，魏王李继岌到达剑州，前蜀武信节度使兼中书令王宗寿率领所属遂、合、渝、泸、昌五个州投降。

王宗弼到达成都，登上大玄门，部署军队自卫。前蜀主和太后亲自前去慰劳他，王宗弼非常傲慢，连做人臣的起码礼节都没有。十一月十六日乙巳，王宗弼劫持了蜀主、太后和后宫的诸位王子，把他们迁到西宫，没收了他们的玺印，又派遣自己的亲信官吏到义兴门搬取内府的金银布帛，全部搬回到自己的家里去。他的儿子王承涓拿着剑进入宫中，带走几个前蜀主宠爱的姬妾回到家中。十一月十七日丙午，王宗弼自称代理西川兵马留后。

李绍琛进兵到达绵州，这里的仓库和民房已经被蜀兵放火焚烧，绵江浮桥也被破坏，江水很深，又没有船只可以渡河，李绍琛对李严说："我们孤军深入，只有速战速决才对我们有利。现在乘蜀兵吓破胆的时候，只要有百余名骑兵攻过鹿头关，他们就会接连不断地请求投降；如果我们要等修好浮桥之后再进攻，那就要停留好几天，如果让王衍牢固地封锁住了鹿头关，就会挫败我军的攻势，倘若再拖延十来天，那胜负就难以预料了。"于是就和李严骑马渡江，跟从他们渡过江的士卒仅有一千人，渡河中淹死在河里的也有一千多人，接着他们就攻进了鹿头关；十一月十八日丁未，占据了汉州，在那里住了三天，后面的大军才赶到。

王宗弼派遣使者带着钱币、马牛、酒肉前来慰劳唐军，又带来了前蜀主写的信给李严，说："您到了这里我就投降。"这时有人提醒李严说："您最先提出征伐蜀国的策略，蜀人对您恨之入骨，您千万不能去。"李严没有听劝告，高高兴兴地快马进入成都，抚慰那里的官吏和百姓，告诉他们说唐朝大军随后就到。前蜀君臣和后宫妃嫔们都失声痛哭。前蜀主领着李严去见太后，把他的母亲、妻子托付给他。王宗弼还在城墙上进行守备，李严命令他把所有的防守器具全部撤去。

十一月二十日己酉，魏王李继岌到达绵州，前蜀主命令翰林学士李昊起草送呈唐皇帝的降表，又命令中书侍郎、同平章事王锴起草送达唐军的投降书，派遣兵部侍郎欧阳彬拿着去迎接李继岌和郭崇韬。

王宗弼声称前蜀君臣早就想归顺后唐了，只是因为内枢密使宋光嗣、景润澄、宣徽使李周辂、欧阳晃等人迷惑了蜀主；于是把他们都杀了，把他们的头装在木盒子里送给李继岌。又追究文思殿大学士、礼部尚书、成都尹韩昭奸佞谄谀的行为，把他在金马坊门枭首示众。内外马步都指挥使兼中书令徐延琼、果州团练使潘在迎、嘉州刺史顾在珣以及一些皇亲国戚都惶恐不安，他们把家中所有的金帛妓妾都送来贿赂王宗弼，这样才得以免除一死。凡是平时惹王宗弼不高兴的人，王宗弼都把他们杀了。

十一月二十二日辛亥，李继岌到达德阳。王宗弼派遣使者送去书信，说已经把蜀主迁到了西边的住宅，他自己正在安抚城中的军民，以等待王师的到来。又派他的儿子王承班用蜀主的后宫和珍贵玩物来贿赂李继岌和郭崇韬，请求能任命他为西川节度使，李继岌说："这些都是我家的东西，怎么能算是献给我呢？"于是把送来的东西留了下来，而把来人差遣了回去。

李绍琛在汉州滞留了八天时间等待都统李继岌的到来，十一月二十五日甲寅，李继岌到达汉州，王宗弼前来迎拜；十一月二十六日乙卯，李继岌到达成都。十一月二十七日丙辰，李严带着蜀主和百官仪卫整齐地在升迁桥投降，蜀主身穿白衣、口衔玉璧、牵着羊，用草绳缠绕着头，百官也都穿着丧服，光着脚板，用车子拉着一具空棺，他们号啕大哭，等候发落。李继岌接受了蜀主的玉璧，郭崇韬解下了他的草绳，把空棺烧掉，按照皇帝的旨意赦免了他们的罪行；蜀国君臣都向着东北方拜谢了皇帝。十一月二十八日丁巳，唐军进入成都。郭崇韬严禁士卒侵扰抢掠百姓，所以市面上照常贸易。唐军从出师到攻下蜀国，共用了七十天。夺取十个节度，六十四个州，二百四十九个县，俘获士卒三万，还有铠甲兵仗、钱财粮草、金银钱币、缯锦布帛等数以千万计。

（以上为第一段，写前蜀灭亡。王宗弼乘危自称代理西川兵马留后，劫掠宫中钱物，杀戮平素怨恨的人。）

高季兴得知前蜀已经灭亡，当时他正在吃饭，吃惊得跌落了勺子和筷子，说："这是老夫我的过错啊！"梁震说："这没有什么好担心的。唐主得到蜀国以后会更加骄傲，他自己的灭亡也不会太久了，这也难说不是我们的福气呢！"

楚王马殷得知前蜀已经灭亡，就上表声称："臣已经在衡山的山麓准备好了告老退隐的地方，希望交回印绶以求终老余年。"后唐庄宗下了一道嘉奖诏书安慰他。

平定前蜀的功劳，李绍琛最多，他的地位也在董璋之上；但是董璋平时和郭崇韬很要好，郭崇韬多次把董璋召来商议军机大事。李绍琛对此心中愤恨不平，他对董璋说："我有平定蜀国的功劳，而你和一些人只不过是跟从的小角色，却整天在郭公门下叽叽咕咕，想要谋害我。我身为都将，难道不能根据军法杀了你吗？"董璋把这些话告诉了郭崇韬。十二月，郭崇韬上表给后唐庄宗任命董璋为东川节度使，并且解除了他的军职。这样一来，李绍琛更加恼怒，说："我亲冒白刃，历经险阻，平定东西两川，而董璋却坐享其成！"于是就去找郭崇韬说："东川是个重要的方，任圜尚书兼有文武之才，应该上表任命他为军帅。"郭崇韬发怒说："李绍琛你要造反吗？你敢不听我的指挥！"李绍琛吓得退了下去。

当初，后唐庄宗派遣宦官李从袭等人随从魏王李继岌征伐前蜀；李继岌虽然名义上是都统，但军中的一切军事谋划和人事安排都取决于郭崇韬，郭崇韬整天处理公务，将领官吏宾客们都纷纷奔走于他的门下，而都统李继岌的府上除了大将们早晨前来拜见请安外，平时衙门之内冷冷清清，李从袭等人本来对此就感到耻辱。到了攻取前蜀国之后，前蜀国的贵臣大将们都争相把宝货、妓乐赠送给郭崇韬和他的儿子郭廷诲，而魏王李继岌所得到的，只不过是一些马匹、束帛、唾壶、麈柄而已，李从袭等人心里更加愤恨不平。

王宗弼自命为西川留后之后，就贿赂郭崇韬请求任命他为节度使，郭崇韬表面上答应了，之后过了很久还是没有动静，王宗弼于是就率领一些蜀人呈文求见李继岌，请求把郭崇韬留下来镇守蜀地。李从袭等人乘机对李继岌说："郭公父子都很专横，现在又让蜀人来请求让他当统帅，他的心思恐怕难以预测，大王你不能不做点防备。"李继岌对郭崇韬说："皇上倚仗着侍中您，就像依靠山岳一样，不会让您远离庙堂的，怎么肯忍心把元老重臣弃置在蛮荒之地呢？况且这事也不是我敢做主的，还是请诸位到朝廷上自己去陈说吧。"从此李继岌和郭崇韬之间就相互产生了猜疑。

正好这时宋光葆从梓州到来，他检举了王宗弼滥杀宋光嗣等人的情况；又赶上郭崇韬向王宗弼征调数万缗劳军钱，但王宗弼吝啬不肯给，士卒们埋怨愤怒，当夜就纵火喧闹。郭崇韬也想杀掉王宗弼借以表白自己，十二月初十日己巳，告诉李继岌收捕了王宗弼、王宗勋、王宗渥，宣判了他们为臣不忠的罪行，然后诛灭全族，抄没了他们的全部家产。王宗弼被杀之后，蜀人争着要吃他的肉。

十二月十二日辛未，闽国忠懿王王审知去世，他儿子王延翰自称威武留后。汀州百姓陈本聚集了三万名部众围攻汀州，王延翰派遣右军都监柳邕等人率兵二万前去讨伐。

（以上为第二段，写郭崇韬专断军权，与李继岌相互猜疑，王宗弼被灭族。）

十二月十四日癸酉，王宗休、王宗汭到了成都，魏王李继岌责问他们说："你们驻守大镇，拥有强兵，为什么不抵抗？"他俩回答说："害怕大王的神武。"李继岌问："那么为何又不投降呢？"回答说："大王的军队还没有进入我们的辖境。"问："和你们一道进入羌地的共有多少人？"回答说："一万二千人。"李继岌又问："现在回来的有多少人？"回答说："二千人。"李继岌最后说："那好，你们可以为这一万人的死偿命了。"于是把这两人都杀了，同时被杀的还有他们的儿子。

十二月十七日丙子，任命知北都留守事孟知祥为西川节度使、同平章事，并催促他先到洛阳。后唐庄宗和臣下们商议另外挑选一位北都留守，枢密承旨段徊等人讨厌邺都留守张宪，不想让他留在朝廷之中，于是都建议说："北都留守非张宪不可。张宪虽然有做宰相的才能，但是现在国家新近得到中原，宰相就在天子眼前，如果有什么事情办理不妥当，还有皇上纠正他，和北都单独维系一方的安危比起来，就显得没那么重要了。"于是调张宪出任太原尹，主持北都留守事务。任命户部尚书王正言为兴唐尹，主持邺都留守事务。王正言年老糊涂，后唐庄宗又任命武德使史彦琼为邺都监军。史彦琼本来是个伶人，深受皇帝的宠信。魏、博等六州的军队钱粮事务都归史彦琼掌管，他作威作福，肆意陵侮将佐，除王正言外，官吏们都巴结奉承他。

当初，后唐庄宗得到魏州的银枪效节都将近有八千人，他把他们当作自己的亲信部队，这些人打起仗来都勇敢强悍，所向无敌。在黄河两岸的各个战役中，他们确实起了很重要的作用，屡建奇功，于是后唐庄宗经常向他们许愿说，等到消灭梁朝的那一天，一定对他们大加赏赐。在平定了黄河以南之后，虽然对他们也不止一次地进行赏赐，但这些人却自恃有功，不仅骄横放肆，而且还贪得无厌，反而对后唐庄宗心怀不满。这一年发生饥荒，很多老百姓都背井离乡，租税更加征收不足，加上道路上到处是积水，水陆交通都不通畅，东都的粮库也空了起来，拿不出什么东西可以分给士卒的。租庸使孔谦每天都到洛阳城的上东门外，眼巴巴地等待各州从水路运来的粮食，只要一运到马上就分给士卒们。士卒们由于缺乏食物，有的人把妻子典押给别人，有的人卖儿子，年老体弱者就去野外挖野菜充饥，几十上百的人往往成群地饿死在野外，人们怨声载道，而后唐庄宗却照样在外不停地游玩打猎。十二月二十日己卯，后唐庄宗在白沙打猎，皇后、皇子和后宫的妃嫔们都跟随着。十二月二十一日庚辰，住在伊阙；十二月二十二日辛巳，住在潭泊；十二月二十三日壬午，住在龛涧；十二月二十四日癸未，回到宫中。当时下着大雪，随行的官吏士卒中有人就冻僵跌倒在路上。伊州、汝州一带的饥荒情况更加严重，后唐庄宗的卫兵在所经过的地方，都要向当地催要一应所需，如果办不到，他们就砸坏主人的日常用具，把别人的房子拆掉当柴烧，比强盗还凶狠，县里的官吏们纷纷逃到山谷里躲藏了起来。

有一条白龙出现在南汉宫中，汉主刘岩于是就改年号为白龙，并把自己的名字也改为龑。

长和的骠信郑旻派遣他的布燮郑昭淳来向南汉求婚，南汉主把女儿增城公主嫁给了他。长和就是过去唐朝时的南诏。

成德节度使李嗣源入京朝见。

（以上为第三段，写是年中原大饥，百姓流离，军无粮饷，后唐庄宗游猎无度，视军民如草芥。）

闰十二月初一日己丑，孟知祥到了洛阳，后唐庄宗对他非常宠信优待。

后唐庄宗因为军队的粮食储备不足，就召集群臣商议，豆卢革以下的大臣们都想不出什么好办法。吏部尚书李琪向皇帝上疏，认为：“自古以来都是根据收入的情况，再决定支出的多少，根据农时的忙闲再发动战争，所以即便是出现了水涝旱灾，也不会出现缺衣少食的忧虑。近代以来都是靠向农民征税来供养军队，从来都没有过农民富足而兵用不足，或者农民贫困而军队却能丰衣足食的情况。现在即使不能减免租税，如果能把折纳、科配这些苛捐杂税的名目先免除，农民也可以稍微得以喘一口气了。”后唐庄宗当即命令主管部门就按照李琪所讲的去办，然而最终还是没能执行下来。

闰十二月初九日丁酉，后唐庄宗下诏，把原前蜀所任命四品以上的官员按不同的情况降职安排，五品以下的，如果才干和门第都没有什么特殊的，一律让他们回家乡去种地；在唐军入蜀时率先投诚的和有功劳的，都委托郭崇韬根据具体情况来奖励或任用他们。又赐给王衍诏书，大意是说："本来应当割出一块土地来分给你，绝对不会把你逼上绝路。日、月、星三辰在天作证，一句话也不会欺骗你。"

闰十二月十二日庚子，彰武、保大节度使兼中书令高万兴去世。任命他的儿子保大留后高允韬为彰武留后。

因为洛阳的军粮储备不足，后唐庄宗准备去汴州，谏官劝阻说："不如节俭开支来满足需要，自古以来就没有去找粮食吃的天子，现在杨氏还没有被消灭，不应该让他们看出虚实来。"后唐庄宗这才作罢。

闰十二月二十三日辛亥，册立皇弟李存美为邕王，李存霸为永王，李存礼为薛王，李存渥为申王，李存乂为睦王，李存确为通王，李存纪为雅王。

郭崇韬一向痛恨宦官，他曾经私下里对魏王李继岌说："大王以后主掌天下，骟了的马都不应该骑，何况任用宦官？最好把他们全部除去，专门任用士人。"吕知柔躲在外面偷听，听到了这一番话，从此宦官们对郭崇韬恨得咬牙切齿。

（以上为第四段，写后唐庄宗议减田租，只流于公文而未实行，安置前蜀降人。）

当时成都虽然被攻下来了，但是蜀中到处盗贼并起，布满山林。郭崇韬担心大军撤离之后，这些盗贼就会成为后患，就命令任圜、张筠分路前去讨伐招抚他们，因此停留了很久还没有班师回朝。后唐庄宗派遣宦官向延嗣前来催促起程，郭崇韬没有到郊外去迎接，与向延嗣见面的时候，礼节上又十分傲慢，向延嗣非常生气。李从袭对向延嗣说："魏王是太子；皇上还健在，而郭公竟然如此专权跋扈。郭廷诲带着随从出入，每天都和军中的骁勇将领、蜀地的豪杰们在一起喝酒胡混，指天画地，胡吹乱捧。最近又听说他让他父亲向皇帝上表，请求任命他为蜀帅，又对他父亲说'蜀国这个地方很富饶，大人应该好自打算'。现在各军的将领都是郭氏的党羽，大王正寄身在虎狼的口中，一旦有变，我们这些人都知道自己的骨头会丢在什么地方哟！"说完，两个人就面对面哭了起来。向延嗣回到朝廷以后，把这些事情一五一十地报告给了刘皇后。刘皇后又哭着把这一情况告诉后唐庄宗，请求及早援救李继岌，使他免于一死。

在此之前后唐庄宗听说蜀人请求委任郭崇韬为蜀地的统帅，心中就已经很不愉快，现在又听了向延嗣这样一番话，不能不起疑心。后唐庄宗查阅前蜀府库的账册，怀疑地说："人们都说蜀中的珍宝数不胜数，怎么这上面登录的却是这么少？"向延嗣回答说："臣听说蜀国被攻破之后，那里的珍宝财物都到了郭崇韬父子的手中，郭崇韬现有黄金一万两，白银四十万两，钱币百万缗，名贵的马上千匹，其他的东西价值也与此相当，他的儿子郭廷诲所搜刮到的还在这些数目之外；所以皇上所得到的就所剩不多了。”后唐庄宗听后，气得脸都变了颜色。到了孟知祥就要去成都赴任的时候，后唐庄宗对他说：“听说郭崇韬有异心，你到了那里之后，替朕把他杀了。”孟知祥说：“郭崇韬是国家功勋的元老大臣，不会出现这些情况。等臣到蜀地后仔细观察，如果他没有异心就送他回来。”后唐庄宗同意了他的做法。

闰十二月二十四日壬子，孟知祥从洛阳出发。后唐庄宗不久又派遣衣甲府使马彦珪赶往成都观察郭崇韬的举动，如果他能遵奉诏令班师回朝就算了，如果稍有拖延或表现出专横跋扈的样子，就和李继岌一道把他解决了。马彦珪又私下求见刘皇后，劝她说：“臣听向延嗣说蜀中的情势危在旦夕，而现在皇上又当断不断，事情成败关键，这中间不能有一丝一毫的疏忽，在事情紧急的时候又怎么能够在三千里之外请示命令呢？”皇后又把这些告诉了后唐庄宗，后唐庄宗说：“这些都是道听途说的话，难以判断真假，怎么可以立刻就作判断呢？”刘皇后的企图未能得逞，退下来之后，她就自己给李继岌写了个手谕，命令他杀死郭崇韬。孟知祥走到石壕，马彦珪在夜间敲开他的门宣读了皇帝诏书，催促他赶快到任，孟知祥私下叹气说：“祸乱就要开始了！”于是日夜兼程，赶赴成都。

当初，楚王马殷取得湖南以后，对于商贩都不征税，因此四面八方的商贩都聚集到湖南来。湖南这块地方盛产铅、铁，马殷采纳军都判官高郁的建议，用铅和铁铸成钱币，商贩们一离开楚境，这种钱币到别处不能使用，只有用这些钱再买其他的货物带走，这样楚国就能够用国内所多余的东西交易到天下的百货，国家因此而富裕起来。湖南的百姓原来都不种桑养蚕，高郁就下令人们在交税的时候都要用绢帛来代替钱，不久，民间的纺织业就盛行了起来。

吴越王钱镠派遣使者沈瑫给吴国送来一封国书，把接受玉册、被封为吴越国王的事告知吴国，吴国人嫌他的国名和自己国家的名字有部分相同，因此拒绝接受国书，并且把沈瑫遣送回去。仍旧警戒边境，不让吴越使者和商贩通行。

（以上为第五段，写郭崇韬遭同僚、宦官妒忌，又为刘皇后所短，后唐庄宗起了杀心。楚王马殷用轻重之法使国富饶。）

明宗圣德和武钦孝皇帝上之上

后唐明宗天成元年（丙戌，公元 926 年）

春季，正月初三日庚申，魏王李继岌派遣李继曮、李严带领人马护送王衍及其宗族、百官数千人前往洛阳。

河中节度使、尚书令李继麟依仗自己和后唐庄宗是老相识，并且又有功劳，后唐庄宗待他也很好，同时也苦于那些伶人宦官们对他的贪得无厌，最后就干脆拒绝不给他们。唐军征伐前蜀的时候，李继麟也检阅军队，准备派遣他的儿子李令德率军随同出征。伶人景进和宦官们就毁谤他说：“李继麟听说朝廷调动大军，就认为是来讨伐他的，所以感到惊恐，也就赶快检阅军队准备顽抗。”又说：“郭崇韬之所以敢在蜀中那样跋扈，是与河中节度使暗中密谋、两人内外勾结有密切关系的。”李继麟听到这些话后感到很害怕，准备亲自到朝廷上说明情况，亲信们都阻止他，李继麟说：“郭崇韬侍中的功劳比我高。现在的情势十分危急，如果我能见到皇上，当面表明我对他的忠诚，那么诬陷别人的人就会受到惩罚。”正月初六日癸亥，李继麟到了朝廷。

魏王李继岌就要从成都出发，他命令任圜暂时代理留守的事务，等待孟知祥的到来。各路军队的去留都已经安排妥当了，就在这一天，马彦珪来到了成都，他把皇后的告谕拿给李继岌看，李继岌说：“大军就要开拔了，郭崇韬他也没有什么异常的迹象，我怎么能够做这种对不起人的事呢？你们不要再说这种事了。况且皇上也没有诏书，只凭皇后的告谕就把招讨使杀了，这怎么能行呢？”李从袭等人哭着劝他说：“既然已经有了这么一回事了，万一郭崇韬知道了，半路上再发生什么变故，那就更没有办法收拾了。”于是李从袭等一帮人一起花言巧语地向李继岌陈说利害关系，李继岌不得已只好听从了他们的意见。正月初七日甲子的早晨，李从袭以李继岌的命令召郭崇韬前来议事，而李继岌却上楼回避。郭崇韬正要上台阶时候，李继岌的侍从李环用大铁锤把郭崇韬的脑袋击得粉碎，同时被杀的还有他的儿子郭廷诲、郭廷信。外面的人还不知道这件事。都统推官滏阳人李崧对李继岌说：“现在行军在三千里之外，也没有皇上诏书，就擅自杀了大将，大王怎么能做出这种危险的事情来！难道就不能忍一忍到洛阳再说吗？”李继岌说：“公所说的极是，但我后悔也来不及了。”李崧于是召集了几个负责起草文书的书吏来，让他们上楼，然后抽去梯子，让他们在楼上伪造诏书，又用蜡摹刻了个印章盖上，然后再向外面宣谕，这样军中才稍稍安定了下来。郭崇韬的左右亲信们都逃跑躲藏了起来，只有掌书记滏阳人张砺到魏王府去抚尸痛哭了很久。李继岌任命任圜代替郭崇韬总管军政事务。

（以上为第六段，写李继岌矫诏杀郭崇韬。）

魏王的通谒官李廷安献上前蜀的乐工二百人，其中有个名叫严旭的人，王衍曾经任命他为蓬州刺史，后唐庄宗问他说：“你是怎么当上刺史的？”他回答说：“凭唱歌。”后唐庄宗就让他唱唱看，觉得还真不错，就答应恢复他过去的官职。

正月十一日戊辰，孟知祥到达成都。当时因为杀了郭崇韬后不久，人们的情绪还没有安定下来，孟知祥慰问抚恤官民，犒劳奖励将士，所以不论班师的还是留守的，大家心里都觉得很愉快。

闽人打败陈本，并斩杀了他。

契丹人进攻女真和勃海国，但又害怕后唐乘虚偷袭它，正月二十一日戊寅，派遣使者梅老鞋里前来互通友好。

马彦珪回到洛阳，后唐庄宗下诏公布郭崇韬的罪状，并且杀了他在洛阳的儿子郭廷说、郭廷让、郭廷议，这样一来朝野上下都惊骇惋惜，大家议论纷纷，后唐庄宗就派宦官暗中侦察。保大节度使睦王李存乂是郭崇韬的女婿；宦官们想把郭崇韬的党羽全部清除掉，就向后唐庄宗报告说："李存乂对着将领们捋袖挥拳，声泪俱下，在为郭崇韬申冤，言谈之间对朝廷非常不满。"正月二十三日庚辰，后唐庄宗下令把李存乂软禁在家中，不久就把他杀了。

景进报告说："河中军镇有来告说那里将要发生变乱，说李继麟和郭崇韬阴谋反叛；郭崇韬死了之后，他又和李存乂联合谋反。"于是宦官们一起劝后唐庄宗把李继麟除掉，后唐庄宗随即把李继麟改任为义成节度使，当天夜里，就派遣蕃汉马步使朱守殷用兵包围了李继麟的住宅，把李继麟驱赶到徽安门外杀了，恢复他原来的姓名朱友谦。朱友谦有两个儿子，朱令德担任武信节度使，朱令锡担任忠武节度使；皇帝下诏让魏王李继岌在遂州杀掉朱令德，让郑州刺史王恩同在许州杀掉朱令锡，让河阳节度使李绍奇在河中把朱友谦的家人杀掉。李绍奇来到朱友谦的家中，朱友谦的妻子张氏带着二百多口家人出来见李绍奇，对他说："朱氏宗族当然难免一死，但希望不要滥杀这些平民。"于是把她家中的婢女奴仆挑选出来一百多人，而把她家另外一百多名族人全部带出就刑。张氏又拿出后唐庄宗颁赐给朱友谦的世代可享受豁免的铁券给李绍奇看，并说："这是去年皇上赏赐给我们家的，我一个妇道人家，不认得字，不知这上面写的是什么话。"李绍奇也为之感到惭愧。朱友谦的旧将史武等七人，当时都担任刺史，也都被连坐而诛杀全族。

当时洛阳的各支军队普遍饥饿窘迫，于是出现了很多谣言，伶官们就把这些谣言收集起来报告后唐庄宗，所以朱友谦、郭崇韬都因此遭祸。成德节度使兼中书令李嗣源也被谣言所牵涉，后唐庄宗派遣朱守殷前去对他实行侦察；朱守殷私下里对李嗣源说："令公您的勋劳已经功高震主，应该考虑赶快设法回藩镇去，离开是非之地。"李嗣源说："我的良心上对得起天，下对得起地，是祸是福都没有什么好躲避的，一切都听从命运的安排。"当时是伶人宦官掌权，功臣和旧将人人都无法自保，李嗣源有好几次处在十分危险的境地，多亏宣徽使李绍宏的周旋保护，才得以保全身家性命。

魏王李继岌留下马步都指挥使陈留人李仁罕、马军都指挥使东光人潘仁嗣、左厢都指挥使赵廷隐、右厢都指挥使浚仪人张业、牙内指挥使文水人武漳、骁锐指挥使平恩人李延厚戍守成都。正月二十七日甲申，李继岌从成都出发，命令李绍琛率领一万二千人为后军，行军和住宿经常和中军保持三十里的距离。

（以上为第七段，写后唐庄宗族灭郭崇韬，祸及朱友谦。）

二月初二日己丑，任命宣徽南院使李绍宏为枢密使。

魏博指挥使杨仁晸率领他所属的部队戍守在瓦桥，过了一年之后要轮换回来，走到贝州的时候，朝廷认为邺都很空虚，怕他的军队回来之后发生叛乱，所以就命令他们留在贝州驻守。

当时天下都还不清楚郭崇韬的罪状，民间谣传说："郭崇韬杀了李继岌，在蜀中自立为王，所以才把他的全家杀了。"朱友谦的儿子朱建徽当时担任澶州刺史，后唐庄宗下密诏命令邺都监军史彦琼把他杀掉。看守城门的人向邺都留守王正言报告说："史彦琼半夜里骑马出了城门，也不讲他要往哪里去。"又有谣言说："皇后把李继岌的死归罪于皇上，已经把皇上杀死了，所以火急召见史彦琼去商量事情。"人们更加感到惊骇。

杨仁晸的部属皇甫晖夜里和他的朋友们在一起赌博，输了钱，于是就利用人心惶惶不安之际，乘机发动叛乱，他劫持了杨仁晸，对他说："皇上之所以能够得到天下，完全是靠我们魏州兵的力量；我们魏州兵衣不解甲、马不解鞍已经有十多年了，现在天下已经平定，天子不但不体念我们过去的功劳，反而对我们更加猜忌。我们远离家乡在城戍守已有一年多时间，正高高兴兴地要轮换回家，谁想到家就近在咫尺，却不让我们和家人相见。现听说皇后已经谋杀了皇上，京师大乱，将士们都希望和您一起回去，我们仍然向朝廷上表报告。如果天子健在，而兴兵讨伐我们，以我们魏博军的战斗力是能够抵御他们的，说不定这就是重新获得富贵的机会！"杨仁晸不肯依从他，皇甫晖于是就杀了他；皇甫晖又劫持了一个小校官，这个小校官也不依从他，他又把小校官杀了；效节指挥使赵在礼听到发生了叛乱，慌得连衣服的带子都来不及系上，翻墙就要逃走，皇甫晖追上了他，扯住他的脚，把他从墙上拖了下来，然后拿出杨仁晸和那个小校官的头给他看，赵在礼感到害怕，只好依从了。这一帮乱兵随即尊奉赵在礼为主帅，在贝州烧杀抢劫。皇甫晖是魏州人；赵在礼是涿州人。第二天一早，皇甫晖等人簇拥着赵在礼向南直奔临清、永济、馆陶等地，他们对所经过地方都大肆抢劫。

二月初五日壬辰夜晚，有人从贝州跑来报告说那里的军队发生了叛乱，就要来进犯邺都了，都巡检使孙铎等人急忙跑去见史彦琼，请求他发给武器好登城守备。史彦琼怀疑他们有异心，就说："来报告的人说今天乱贼到了临清，按照里程估计要到六天之后才能到这里，到时再防备也不晚。"孙铎说："乱贼既然已经反叛，一定会利用我们没做防备的时候偷袭，所以他们日夜兼程，怎么会按照一般的行程赶路呢？请仆射率领大家登城防守，我另行招募一千名精兵埋伏在王莽河畔狙击他们，乱贼受到打击之后，一定会四处溃散，然后就可以把他们全部消灭。如果一定要等他们来到城下才作防备，万一有奸人做他们的内应，那么事情就危险了。"史彦琼坚持说："只要整顿兵马坚守城池就可以了，何必要出去迎战！"当天夜里，乱兵的前锋攻打邺都北门，弓箭乱发。当时史彦琼正带着部属睡在北门楼上，听到乱兵的呼喊声，立刻就吓得四处逃散了。史彦琼一人骑马逃奔洛阳去了。

二月初六日癸巳，乱贼进入邺都城内，孙铎等人奋力抵抗，不能取胜，也只好逃走了。赵在礼占据了宫城，委任皇甫晖和军校赵进担任马步都指挥使，并且放纵士卒大肆抢劫。赵进是定州人。

王正言正伏案准备召唤小吏来草拟奏章，叫了半天也没人进来，十分生气，他的家人告诉他："乱贼已经进入城内，在街市上又杀又抢，官吏们都四处逃散了，您还叫谁呀？"王正言惊讶地说："我根本不知道这回事。"又要备马，马也没找到，只好带着他的幕僚们步行走出府门前往拜见赵在礼，一再向他叩拜请罪，赵在礼也回拜了他，说："士卒们只不过是想回家罢了，尚书您德高望重，千万不要太谦卑了。"宽慰了他们一番之后就把他们送走了。

众人公推赵在礼为魏博留后，并且把发生的情况详细地上奏给后唐庄宗。北京留守张宪的家在邺都，赵在礼对他的家人厚加抚慰，又派遣使者送信去诱惑张宪，张宪连信都没拆，就把来使杀了，然后向后唐庄宗报告。

二月初七日甲午，任命景进为银青光禄大夫、检校右散骑常侍兼御史大夫、上柱国。

二月初九日丙申，史彦琼到达洛阳。后唐庄宗询问枢密使李绍宏谁可以担任大将，李绍宏再次请求起用李绍钦，后唐庄宗答应他的请求，命令他详细起草一份出征方略呈上。李绍钦所提出的副将人选，都是过去后梁的旧将，和他的关系很好，后唐庄宗对此起了疑心，这事也只好作罢了。皇后说："这种区区小事，不必麻烦大将，只要李绍荣就可以把事情办好了。"于是后唐庄宗就命令归德节度使李绍荣率领三千名骑兵前去邺都招抚赵在礼等，同时也向各道征调兵马，以防备乱兵不肯归服。

（以上为第八段，写后唐庄宗之猜疑逼反魏州戍兵。）

郭崇韬死后，李绍琛问董璋说："您又想到谁家门上去窃窃私语呀？"董璋很害怕，赶忙赔罪。魏王李继岌班师走到武连，遇到了宣诏的使者，告诉他们朱友谦已经被诛杀了，又命令董璋率领人马去遂州诛杀朱令德。当时李绍琛正率领后军在魏城，听到这件事后，认为后唐庄宗不委任自己去杀朱令德而却委任董璋，大为吃惊。不一会儿，董璋率军从李绍琛的后军营地旁经过，没有前来拜见。李绍琛大为恼怒，他借着酒力对诸位将领说："国家南面攻取大梁，西面平定巴蜀，这些全靠郭公的谋划与我的战功；至于背弃伪朝，归顺国家，和我们互为犄角最终攻破梁朝的，则是朱公。现朱、郭二公都是无罪而被诛灭全族，我看回朝之后，大概也要轮到我了。真是冤啊，天哪！该怎么办啊！"李绍琛所属部队大部分都是原籍为河中军镇的士卒，河中将领焦武等人在军门口放声大哭，说："西平王朱友谦有什么罪过，竟然遭到满门抄斩！我们若回去就会落得和史武等人一样被诛杀的下场，我们宁死也不愿再往东走了。”当天，魏王李继岌到达泥溪，李绍琛到达剑州后派人告诉李继岌说：“河中的将士号哭不停，他们想要叛乱。”二月初十日丁酉，李绍琛从剑州率领部队西返，自称为西川节度、三川制置等使，又移送檄文到成都，自称奉皇帝的命令来替代孟知祥，他召集告谕蜀中百姓，三天之间就聚集了五万民众。

二月十一日戊戌，李继曮到达凤翔，监军使柴重厚没有把印信交给他，只是催促他赶快到朝廷那儿去。

二月十二日己亥，魏王李继岌到达利州，李绍琛派人破坏了桔柏津的浮桥。李继岌得知这件事后，就任命任圜为副招讨使，率领步兵骑兵共七千人，和都指挥使梁汉颙、监军李延安一道追击讨伐他。

二月十三日庚子，邢州左右步直兵赵太等四百人，占据了邢州城，自称安国留后。后唐庄宗下诏命令东北面招讨副使李绍真率兵前去讨伐。

二月十四日辛丑，任圜首先命令别将何建崇攻打剑门关，结果攻了下来。

（以上为第九段，写李绍琛反于绵州，自称西川节度、三川制置使。河北赵太反于邢州，自称安国留后。）

李绍荣率军到达邺都，攻打邺都南门，又派人用皇帝的诏书来招降他们。赵在礼派人送去羊和酒犒劳大军，并且在城上拜谢说：“将士们思念家人擅自回来，李相公如果能好言替我们向皇上说明情况，使我们得以免于一死，我们怎敢不悔过自新！”于是就把皇帝的赦令通告了全体将士。史彦琼在城下指手画脚地大骂说：“你们这一帮该死的乱贼，攻破城后把你们碎尸万段！”皇甫晖对大家说：“听史武德这话的口气，皇上是不肯赦免我们的了。”于是又聚众鼓噪，抢过敕书，把它撕得粉碎，然后据城防守。李绍荣攻城不利，就把这些情况报告后唐庄宗，后唐庄宗得知后大怒说：“城破之后，一个活口也别给我留下！”又大举调集各路人马前去讨伐。二月十五日壬寅，李绍荣退到澶州驻扎。

二月十七日甲辰夜晚，从马直军士王温等五人杀死了军使，阴谋作乱，被抓住斩首。从马直指挥使郭从谦，原来是个艺人，艺名叫郭门高。当年后唐庄宗和梁军在得胜相持的时候，曾招募勇士向梁军挑战，郭从谦应召，后来居然斩杀和俘虏了敌人回来，从此更加得到后唐庄宗的宠信。后唐庄宗从各部队中挑选了一些骁勇善战的士卒组成亲军，分别设置了四个指挥使，命名为从马直，郭从谦凭借战功从军使一直升迁到指挥使。当时正值郭崇韬掌权，郭从谦把他当作叔父来侍奉，睦王李存义把郭从谦当作义子。到了郭崇韬、李存义获罪被杀以后，郭从谦多次把自己的个人财产拿出来犒赏给从马直的各位军校，对着他们痛哭流涕，诉说郭崇韬死得冤枉。到了王温作乱的时候，后唐庄宗开玩笑地对他说：“你既然背叛了我而投靠郭崇韬、李存义，又让王温造反，下一步打算干什么？”郭从谦听了这话后更加感到恐惧不安。从皇帝那儿回来后，他暗地里对各位军校说："皇上因为王温造反的缘故，等到邺都平定之后，要把你们全部坑杀。你们家中如果有什么钱财应该全部拿出来买酒买肉吃了，不要作什么长久打算了。"从此，这些亲军士卒都感到惶恐不安。

二月十八日乙巳，王衍到达长安，后唐庄宗下诏命令他留在那里。

在此之前，后唐庄宗的各位兄弟虽然都兼领节度使，但都留在京师，只是支领俸禄而已。二月二十一日戊申，后唐庄宗才命令护国节度使永王李存霸到河中赴任。

二月二十日丁未，李绍荣率领各道兵马再度攻打邺都。二月二十三日庚戌，副将杨重霸率领数百名士卒登上城头，因为后面的部队没跟上，杨重霸等人全部战死。乱兵们深知朝廷不肯赦免他们，因此一直坚守城池，没作一点投降的打算。朝廷很担忧，每天都派出宫中的使者前去催促魏王李继岌东返。李继岌把中军的精锐部队都交给任圜带领讨伐李绍琛去了，就留在利州等他们，所以一时还难以回来。

李绍荣讨伐赵在礼费时很久却毫无结果；赵太占据了邢州，也没有办法把它攻下来。沧州的军队发生叛乱，小校王景戡率兵去把他们讨伐平定了下来，接着就自称留后；河朔地区的各个州县接连不断地有人来报告说发生了叛乱。后唐庄宗准备亲自率兵征伐邺都，宰相和枢密使都说京师是国家的根本之地，皇帝车驾不能轻易出动。后唐庄宗感叹地说："将领中没有一个管用的了。"大家都说："李嗣源是功劳最大的旧将，应该可用。"后唐庄宗心里一直猜忌李嗣源，就说："我爱惜嗣源，想把他留在身边宿卫。"大家都说："别人就没有再合适的了。"忠武节度使张全义也说："河朔地区最近多事，拖久了恐怕麻烦更多，应当让李总管率兵前去讨伐；如果指望李绍荣些人，成功将是遥遥无期的。"李绍宏也多次建议，后唐庄宗因为朝廷内外都推荐李嗣源，于是就在二月二十七日甲寅，命令李嗣源率领后唐庄宗的亲军前去讨伐邺都。

（以上为第十段，写李绍荣讨邺都久不建功，后唐庄宗无奈之下任李嗣源将亲军讨邺都。）

延州方面报告说绥州、银州的军队发生了叛乱，并且抢劫了州城。

董璋率领二万士卒驻扎在绵州，会同任圜的部队讨伐李绍琛。后唐庄宗派遣宫中的使者崔延琛前往成都，遇上了李绍琛的部队，就欺骗他说："我奉皇上的命令前去征召孟郎回朝，您如果稍微慢一点再前去，自然能够得到蜀地。"崔延琛到了成都以后，就劝孟知祥赶快防备。孟知祥疏通壕沟，修建栅栏，并派马步都指挥使李仁罕率兵四万，骁锐指挥使李延厚率兵二千前去讨伐李绍琛。李延厚把他的部众召集起来对他们说："有年轻力壮勇敢善战而又想立功求得富贵的人站在东边，年老有病、胆小怕死或厌倦行军打仗的人站在西边。"最后他挑选出七百名士兵出发了。

这一天，任圜率军追击李绍琛到了汉州，李绍琛出兵迎战；招讨掌书记张砺建议把精锐部队埋伏在后方，而在前面部署老弱士兵用来引诱敌人，任圜听从了他的建议，让董璋带着东川的老弱士兵先接战，然后退却。李绍琛瞧不起任圜这个书生，又看到对方都是老弱士兵，就奋力追击，这时对方伏兵四起，把他打得大败，斩杀了好几千人。从此李绍琛躲进了汉州城，紧闭城门，不肯出战。

三月初一日丁巳，李绍真上奏说攻克了邢州，活捉了赵太等人。三月初四日庚申，李绍真率兵到达邺都，在城的西北面扎下营寨，把赵太等人绑到邺都城下示众，然后杀掉。

三月初五日辛酉，任命威武节度副使王延翰为威武节度使。

三月初六日壬戌，李嗣源到达邺都，在城的西南面扎营；三月初八日甲子，李嗣源传令军中，第二天早晨攻城。当天夜里，从马直军士张破败发动叛乱，带领很多人大声喧闹，杀死都将，焚烧营寨。第二天早晨，叛乱的士卒逼近中军，李嗣源率领亲军抵抗，结果抵挡不住，乱兵的声势反而更盛。李嗣源大声地责问他们说："你们究竟想干什么？"乱兵们回答说："将士们跟随皇上已有十年，身经百战才得到天下。现在皇上不念旧情，只是一味要立威，贝州戍守的士卒想回来，皇上却不赦免他们，还说'攻下城以后，要把魏博的军队全部坑杀'。最近从马直的几个士卒争逐喧闹，马上又要把他们全部杀掉。我们这些人从来都没有背叛的想法，只是害怕被杀而已。现在大家商量想和城里人联合起来，击退各路军队，请皇上在河南称帝，令公您在河北称帝，当我们这里军民的主上。"李嗣源流着泪劝说他们，乱兵不肯听从。李嗣源最后说："你们听不进我的话，那就随你们怎么干好了，我自己回京师去。"乱兵们拔出刀剑把他围了起来，对他说："这些人都是虎狼之辈，也不管尊卑，令公离开这里想到哪里去呢？"于是就簇拥着李嗣源和李绍真要进城，结果城里的人不让外面的军队进去，皇甫晖率兵迎击张破败，把他杀死，城外的军队都溃散了。赵在礼率领将校们前来拜见李嗣源，流着泪谢罪说："将士们对不起令公您，怎敢不唯命是从！"李嗣源骗赵在礼说："凡是要成就大事，一定要依靠兵力，现在城外的军队流散后无所归属，我替你出去把他们召集起来。"赵在礼于是就让李嗣源和李绍真出城去了，二人住在魏县，被打散的士卒回来了一些。

（以上为第十一段，写李嗣源为乱兵挟持，全军溃散。）

汉州城没有防御用的沟堑，只是树立了一些木头作为栅栏。三月初九日乙丑，任圜对这些栅栏发起了攻击，放火焚烧栅栏，李绍琛率兵在金雁桥迎战，结果战败，和十多名骑兵逃往绵竹，被追上活捉了。孟知祥亲自到汉州犒赏军队，和任圜、董璋大摆酒宴，把李绍琛用槛车带到席间，孟知祥亲自斟了一大杯酒给李绍琛，对他说："您已经是位拥节旄的大臣了，又有平定蜀国的功劳，还愁不安享富贵吗，为什么还自找坐这种槛车呢？"李绍琛回答说："郭侍中辅佐皇上功劳第一，几乎兵不血刃就攻取了东西两川，但却突然间无罪而被诛杀全族；像我李绍琛这等人又怎么能够保住脑袋？因此我不敢再到朝廷中去了。”魏王李继岌在抓获了李绍琛之后，就率兵日夜兼程向东进发。

孟知祥得到陕虢都指挥使汝阴人李肇、河中都指挥使千乘人侯弘实，就任命李肇为牙内马步都指挥使，侯弘实为副使。当时蜀中的很多盗贼还没有平息，孟知祥就挑选了一些廉洁的官吏，让他们治理各个州县，下令免除苛捐杂税，召集并安置流散人员，实施一些宽大的政策，让百姓能够休养生息。又派遣左厢都指挥使赵廷隐、右厢都指挥使张业率兵分路讨伐盗贼，最后把他们都消灭了。

（以上为第十二段，写孟知祥平定李绍琛，安定蜀中。）

李嗣源被乱兵逼迫的时候，李绍荣有士卒一万人，驻扎在邺都城南，李嗣源派遣牙将张虔钊、高行周等七人相继前去召集他，要和他一道去诛杀乱兵。李绍荣怀疑李嗣源有诈，就扣留了来使，关闭营垒，不肯出兵。到了李嗣源被乱兵簇拥着进入邺都城后，李绍荣就率兵撤离了那里。李嗣源住在魏县，士卒不到百人，又没有武器；李绍真所率领的五千名镇州兵，听说李嗣源从城中出来了，就相继投奔他来了，从此李嗣源的兵势才开始振作起来。李嗣源流着泪对将领们说：“我明天就回藩镇去，然后上表向皇帝请罪，一切都听皇上的裁决。”李绍真和中门使安重诲都说：“这不是个好办法。您身为元帅，不幸被乱兵所劫持；李绍荣不战而退，回到朝廷后一定会拿您当借口。您若回到藩镇去，那就是占据地盘要挟国君，那就正好证实了那些谗言了。不如连夜赶回朝廷，面见天子，这样或许能够表白自己的心志。”李嗣源说：“对！”三月十一日丁卯，从魏县往南直奔相州，遇到了马坊使康福。从他那儿得到了几千匹马，军队才开始像个样子。康福是蔚州人。

平卢节度使符习率领所属军队攻打邺都，得知李嗣源的军队溃散了，也就把自己的人马撤了回去；到了淄州，监军使杨希望派兵迎击他，符习很害怕，又率军向西而去。青州指挥使王公俨进攻杨希望，把他杀了，随即占据了淄州城。

当时近侍中担任诸道监军的人，都依仗着皇帝的恩宠和节度使们争夺权力，到了邺都发生兵变的时候，很多地方都发生了杀死监军的事。安义监军杨继源阴谋要杀害节度使孔勍，结果却是孔勍先引诱他前来把他杀了。武宁监军因为李绍真随从李嗣源，就阴谋杀害他留在大本营的将士，然后再占据城池抗拒李绍真；权知留后淳于晏率领将领们先下手把他杀了。淳于晏是登州人。

三月十二日戊辰，因为军粮不足，后唐庄宗下令河南尹先向百姓预借夏秋的租税；这一来，老百姓更加活不下去了。

忠武节度使、尚书令齐王张全义得知李嗣源被劫进邺都，又担心又害怕，吃不下饭，三月十五日辛未，在洛阳去世。

租庸使因为仓库里的储粮不多了，就开始克扣军粮，军士们流言纷纷。宰相很害怕，就带领百官向后唐庄宗上奏说："现在租庸的财力已经用完了，宫内的府库中还有剩余，各军的将士们无法养家糊口，如果不赶快救济的话，恐怕就会产生叛离之心。等过了这些灾害年成，这些财物还是会再聚集到宫中来的。"后唐庄宗当即就要采纳这个建议，刘皇后却说："我们夫妇君临万国，虽说是凭借了武功，但也是由于天命的安排。命运既然在天掌握，别人能把我们怎么样？"宰相又在偏殿向后唐庄宗劝说，刘皇后把耳朵贴在屏风后面偷听，一会儿，她把梳妆用具、三个银盆和后唐庄宗的三个幼子都抱到外面，说："大家都说宫里的积蓄很多，但是四面八方的贡献平时都赏赐下去了，所剩下的只有这些了，请把这些东西拿去卖了好养活军队！"宰相见状十分害怕，就赶快退了出来。

李绍荣从邺都退到卫州防守，向后唐庄宗上奏说李嗣源已经叛变，与乱兵联合一伙；李嗣源派遣使者上表向后唐庄宗辩白，一天之中派出了好几个人。李嗣源的长子李从审当时担任金枪指挥使，后唐庄宗对李从审说："我深知你父亲的忠厚，你前去转达朕的意思，不要让他自己起了疑心。"李从审途中到了卫州，李绍荣把他囚禁了起来，准备把他杀掉。李从审对他说："你们既然不相信我父亲，我也不能到我的父亲那里去，那么请求再让我回京城宿卫好了。"于是李绍荣就放了他。后唐庄宗很怜爱李从审，赐给他名字叫继璟，待他像自己的儿子一样。此后李嗣源的所有奏书，都被李绍荣所拦截，无法送到京城去，李嗣源从此更加深了猜疑和恐惧。石敬瑭说："任何事情都成功于迅速果断，失败于犹豫不定，哪里有上将和叛兵一道进入贼城而日后又安然无事的呢？大梁是天下的要害地方，我请求借三百名骑兵先去把它拿下来；如果能顺利攻取大梁的话，您就率领大军急速赶来，只有这样做才可保全自身的安全。"突骑指挥使康义诚说："皇上无道，军民们都很怨恨愤怒，您只要顺从民意就能够生存下去，若一味讲求保持君臣节操，那就必死无疑。"李嗣源于是下令安重诲传送檄文会集各路军队。康义诚是代北胡人。

（以上为第十三段，写李嗣源被逼上梁山，率部众反叛，进兵大梁。）

当时齐州防御使李绍虔、泰宁节度使李绍钦、贝州刺史李绍英都驻守在瓦桥，北京右厢马军都指挥使安审通驻守在奉化军，李嗣源都派遣使者去召集他们前来。李绍英是瑕丘人，本来姓房，名叫知温；安审通是安金全的侄子。李嗣源的家属住在真定，多亏了虞候将王建立先杀了监军，所以李嗣源的家人才得以保全。王建立是辽州人。李从珂从横水率领所属部队取道盂县赶往镇州，与王建立的军队会合，然后日夜兼程地朝李嗣源这儿开来。李嗣源因为李绍荣在卫州，就计划从白皋渡过黄河，分出三百名骑兵让石敬瑭带领作为前锋，又命令李从珂殿后，于是兵威大振。李嗣源的侄子李从璋从镇州率兵向南进发，经过邢州的时候，邢州的军民尊奉他为留后。

三月十七日癸酉，后唐庄宗下诏命令怀远指挥使白从晖率领骑兵扼守住河阳桥，于是后唐庄宗这时才拿出部分金银布帛赏赐给各路军队，枢密宣徽使以及供奉内使景进等人都献出了金银布帛以赞助后唐庄宗的赏赐。军士们背着这些赏赐的东西，边走边骂道："我们的妻子儿女都已经饿死了，现在拿到这些东西又有什么用！"三月十八日甲戌，李绍荣从卫州回到洛阳，后唐庄宗亲自到鹞店去慰劳他。李绍荣对后唐庄宗说："邺都的乱兵已经派遣他们的党羽翟建白占据了博州，准备渡过黄河攻取郓州、汴州，希望陛下能临幸关东亲自招抚他们。"后唐庄宗听从了他的建议。

景进等人向后唐庄宗建议说："魏王还没有回到京师，康延孝才刚刚讨平，西南方面还不是很安定；王衍的族党不少，如果他们听说陛下的车驾东征，恐怕就会闹乱子，不如把他们杀了。"后唐庄宗于是派遣宫中的使者向延嗣带上诏书前去诛杀他们，诏书上写道："王衍一行，一律杀戮。"已经中书盖过印并且由后唐庄宗画可了，枢密使张居翰再检视一遍时，就在殿堂的柱子上把"行"字擦去，改写成"家"字，这样一来，前蜀的百官和王衍的仆役们就有一千多人幸免一死。向延嗣到了长安，在秦川驿把王衍的家族全部诛杀。王衍的母亲徐氏在临死前，大叫说："我的儿子用一个国家来投降，还是免不了全家被诛杀，你们背信弃义，我看你们也快要遭受这种灾祸了。"

（以上为第十四段，写后唐庄宗穷途末路，杀前蜀国主。枢密使张居翰改诛杀诏书"行"字为"家"字，存活千余人。）

三月十九日乙亥，后唐庄宗从洛阳出发。三月二十一日丁丑，住在汜水。三月二十二日戊寅，派遣李绍荣率领骑兵沿着黄河向东进发。李嗣源的亲信同党中随从后唐庄宗出征的人大多都已逃走；有人劝李继璟应该早点脱身逃走，但是他最终还是没有逃走的念头。后唐庄宗多次派遣李继璟到李嗣源那里去，李继璟都一再推辞不去，希望能死在后唐庄宗的面前来表明自己的满腔赤诚。后唐庄宗听说李嗣源在黎阳，就强行派遣李继璟渡过黄河去召见他，李继璟在半路上遇到了李绍荣，李绍荣把他杀了。

吴越王钱镠有病，就前往衣锦军，命令镇海、镇东节度使留后钱传瓘监国。吴国徐温派遣使者前来问候他的病情，钱镠的左右大臣都劝他不要接见这位来使，钱镠说："徐温阴险狡猾，这回名义上是来问候我的病情，而实际上是来窥探我的。"于是他强打精神出来会见使者。原来徐温果然集中了兵力准备袭击吴越，听说钱镠病好了就只好作罢。钱镠不久也回到了钱塘。

吴国任命左仆射、同平章事徐知诰为侍中，右仆射严可求兼任门下侍郎、同平章事。

三月二十四日庚辰，后唐庄宗从汜水出发。

三月二十五日辛巳，李嗣源到达白皋，碰到了好几船从山东去入供的绢帛，于是就把这些东西拿来赏赐给了军队。安重诲的随从们抢船，行营马步使陶玘当场把他们斩杀了，从此军中纪律肃然。陶玘是许州人。李嗣源率军渡过黄河，到了滑州，派人去招抚符习，符习和李嗣源在胙城相会，安审通也率兵前来会师。汴州知州孔循派遣使者奉表往西去迎接后唐庄宗的到来，同时也派遣使者秘密地向李嗣源表示投诚，说："谁先到谁就能得到汴州。"

在此之前，后唐庄宗派遣骑将满城人西方邺镇守汴州；石敬瑭派副将李琼率领劲兵突然攻进封丘门，石敬瑭率兵随后赶到，从西门进入城内，终于占领了汴州城，西方邺请求投降。石敬瑭派人去通知李嗣源，催促他进城。三月二十六日壬午，李嗣源进入大梁。

就在这一天，后唐庄宗到了荥泽的东面，命令龙骧指挥使姚彦温率领三千名骑兵为前锋，对他们说："你们都是汴梁人，我进入了你们的地境，不想让其他部队在前，唯恐骚扰你们的家室。"于是重重地赏赐后就派他们出发了。姚彦温随即率领这部分士卒背叛了后唐庄宗投奔李嗣源去了，他对李嗣源说："京师非常危急，皇上被元行钦所迷惑，大势已去，不可再侍奉皇上了。"李嗣源说："是你自己不忠，还说这种悖逆的话！"随即夺取了他的兵权。指挥使潘环驻守在王村寨，拥有粮草好几万斤，后唐庄宗派骑兵前去察看，结果潘环也投奔大梁去了。

后唐庄宗到达万胜镇，听说李嗣源已经占据大梁，各路军队纷纷叛离，神色非常沮丧，他登上高丘感叹地说："我不行了！"于是下令班师回朝。后唐庄宗当初出关的时候，随从的军队有两万五千人，等到回师的时候，已经失去了一万多人，于是留下秦州都指挥使张唐带领三千名步兵骑兵把守关口。三月二十七日癸未，后唐庄宗回来时经过罂子谷，道路狭窄，每碰到拿着兵器仪仗的卫士，后唐庄宗都要用好话安抚他们说："刚才有报告说魏王又呈献了西川的金银五十万两，等到了京城后一定都全部分给你们。"卫士们回答说："陛下赏赐这些东西已经太晚了，人们也不会感谢圣恩了。"后唐庄宗只是流眼泪而已。又寻找袍带赏赐给随从的官吏，内库使张容哥说用于赏赐的东西已经用光了，卫士们大骂张容哥说："导致我们国君丧失社稷的，都是这一帮阉宦。"拔出刀来就要追杀他；幸好有人救了他，才使他免于一死，张容哥对他的同伙们说："是皇后吝啬财物才造成了今天这种局面，现在却把过错都归罪在我们这些人的头上；一旦有什么意外情况发生，我们都会碎尸万段，我不忍心等到那个时候。"说完，就投河自尽了。

三月二十八日甲申，后唐庄宗到达石桥西，摆设酒宴，悲伤地流着泪，对李绍荣等将领们说："你们侍奉我以来，急难同当，富贵同享，今天让我落到如此地步，难道你们都没有什么办法能解救我吗？"将领们有一百多人，都割断头发放在地上，发誓要用死来报效皇上，接着大家哭成一团。当天晚上，进入洛阳城。

李嗣源命令石敬瑭率领前军赶往汜水收集安抚那些逃散的士卒，他自己率军紧跟其后；李绍虔、李绍英率领军队前来会师。

三月三十日丙戌，宰相、枢密使一起上奏说："魏王所率领的西征军队即将到来，陛下的车驾应当暂时控制扼守住汜水，收集安抚逃散的士卒，以等待魏王的到来。"后唐庄宗采纳了这个建议，于是亲自到上东门外检阅了骑兵，告诉他们明天早晨向东进发。

（以上为第十五段，写后唐庄宗东征，部属星散，返回洛阳。）

【点评】

本卷点评李继岌矫诏杀郭崇韬、变兵拥立李嗣源两件史事。

李继岌矫诏杀郭崇韬。后唐庄宗伐前蜀，议择大将。众举马步军总管李嗣源，郭崇韬以契丹在北，非李嗣源莫可当者，沮败其行。郭崇韬请派太子继岌征蜀，也借此使太子立功，固太子之位，理由冠冕堂皇。郭崇韬明知太子年少，不可独任，庄宗一定点自己为将以副之。郭崇韬名义上是推荐太子继岌，实际是自荐为将。郭崇韬人臣之位已极，功高震主，不仅有宦官、伶人等日进谗言，而且权位亦为众矢之的，心不自安，身处危境又不甘心引退，于是欲借平蜀之功以自保，既立功于外，又手握重兵，自以为万全之计，其实是自掘坟墓。设若郭崇韬已有不臣之心，握兵于外，抗拒朝命，割据一方，自为孟知祥，虽然是走钢丝，不失为一条存身之计。郭崇韬是忠臣，他只是想立新功以自保，而积年的权势在身，本能地狂妄自大，冷落主帅李继岌，本想依以为援的太子，不经意间成了潜在的敌人。此时违心所奉迎的刘皇后更成了自己的索命鬼。在内外宦官小人的谗构中，刘皇后矫诏，假李继岌之手以谋反罪诛杀郭崇韬。不仅仅是郭崇韬被族诛，还祸及朱友谦。朱友谦妻张氏取不死铁券以示使者曰："此皇帝去年所赐也，我妇人不识书，不知其何等语也。"使者为河阳节度使李绍奇，他受后唐庄宗之命诛杀朱友谦家人，李绍奇亦惭愧难当。郭崇韬立功受诛，中外骇然，加之兴大狱，郭氏、朱氏之亲戚部属，无辜遭族灭，自是上下离心，随之而祸及后唐庄宗。王夫之论曰："伐蜀之役，则崇韬之自灭与灭唐也。"（《读通鉴论》卷二十九）不刊之论也。

变兵拥立李嗣源。郭崇韬无辜受诛，河北诸镇闻之，人情汹汹。魏博指挥使杨仁晸率领戍守瓦桥关的本部兵逾年代归，还至贝州，奉敕屯留，部卒皇甫晖，因人情不安，首倡变乱，拥立主将杨仁晸为变兵之帅，变兵曰："主上所以有天下，吾魏军力也。魏军甲不去体，马不解鞍者十余年，今天下已定，天子不念旧劳，更加猜忌，远戍逾年，方喜代归，去家咫尺，不使相见。将士愿与公俱归。"后唐庄宗朝令夕改，贝州守卒已到更代之期，朝廷没有委派新兵接防，人心思乱以此为借口，变兵要杀回魏州，杨仁晸不从，变兵杀之，簇拥效节都指挥使赵在礼为首，倍道兼程南下临清、永济、馆陶，六日至邺城，两日即到达，变兵据邺城以叛，推赵在礼为魏博留后。官兵往讨不胜，庄宗不得已，派马步军总管李嗣源往讨。李嗣源至魏州，是夜下令明旦攻城，军吏张破败等，突然大声鼓噪，杀都将，焚营舍。天明，乱兵逼近中军，对李嗣源曰："我辈将士跟从主上，十年血战得到天下，今主上弃恩任威，贝州戍卒思归，主上不赦，敕令'克城之后，当尽坑魏博之军'。我等并无反叛之心，只是为了活命，大家想要拥戴令公为主，与城中之士卒合力退朝廷官兵，让主上在河南称帝，令公在河北称帝。"部属安重诲、霍彦威等亦劝李嗣源从众许之。变兵于是拥李嗣源入城，与赵在礼等合兵。李嗣源传檄诸镇，纷纷响应，率兵南向，庄宗亲兵，不战而散，李嗣源于是称帝，是为明宗。后唐废帝李从珂、后周太祖郭威、宋太祖赵匡胤，皆由变兵拥立而为帝，前后四位皇帝皆由变兵拥立。不过李嗣源真由变兵拥立，是古代的黎元洪，而李从珂、郭威、赵匡胤，则是人为制造兵变，以力相夺皇位罢了。

资治通鉴（白话本） 卷第二百七十五

后唐纪四

后唐明宗天成元年至二年（公元926—公元927）

【起柔兆阉茂（丙戌，公元926年）四月，尽强圉大渊献（丁亥，公元927年）六月，凡一年有奇】

【大事提要】

本卷记事起公元926年四月，讫公元927年六月，凡一年又两月。当后唐明宗天成元年四月至二年六月。后唐庄宗众叛亲离为乱兵所杀。李嗣源入洛抚定京师，辞位监国，待北都安定，李继岌死，西路军归服，而后即位，是为明宗。明宗大杀宦官，整肃朝纲，仍有汴滑兵变。当时世乱，军民遭涂炭。明宗杀卢台乱军一万多人，血染永济河。明宗一行伍，不知书，不明于治国，滥赐告身以万数，以至于三路讨荆南，不能诛灭一弹丸小国，非治世之主也。姚坤出使契丹告哀，拒绝契丹割地之请，大义凛然，堂堂中原一丈夫。契丹主死，述律后临朝，立次子耶律德光，贤者继位。述律后心计诛桀黠臣以百数，掌控政局，是一铁腕女人。闽国政变，王延钧杀逐其兄王延翰为闽王。中原无明主，孟知祥杀监军李严整武备，图谋割据西川。

明宗圣德和武钦孝皇帝上之下

后唐明宗天成元年（丙戌，公元926年）

夏季，四月初一日丁亥，内外已经严加整办，后唐庄宗正准备出发，骑兵列阵在宣仁门外，步兵列阵在五凤门外。从马直指挥使郭从谦还不知道睦王李存乂已经被杀，准备拥戴他发动叛乱，于是就率领所属人马，从军营中亮出刀刃大声呼喊着杀将出来，和黄甲两军一起进攻兴教门。当时后唐庄宗正在吃饭，得知外面发生叛乱，就率领诸王和近卫骑兵前去迎击，把乱兵赶出兴教门。当时蕃汉马步使朱守殷率领骑兵驻扎在城外，后唐庄宗派遣宫中的使者赶忙去征召他，想和他一道夹击贼兵；但是朱守殷却不来，竟把部队带到北邙山下的树林中休息去了。叛乱的士兵们开始放火焚烧兴教门，并且攀过城墙进入城内，宫廷中的近臣和宿将们都脱下盔甲偷偷地逃跑了，只有散员都指挥使李彦卿和宿卫军校何福进、王全斌等十多个人还在拼命抵抗。不一会儿，后唐庄宗被流箭射中，鹰坊人善友扶着后唐庄宗从门楼上走了下来，来到了绛霄殿的屋檐下把箭拔了下来，后唐庄宗口渴闷躁，想要喝水，皇后没有亲自来探视，却派来宦官向后唐庄宗呈上乳浆，后唐庄宗喝了乳浆后很快就死了。李彦卿等人痛哭一阵后离去，左右的近臣们也都四散逃走，善友收拾了屋檐下的乐器盖在后唐庄宗的尸体上，放火把他火化了。李彦卿是李存审的儿子；何福进、王全斌都是太原人。刘皇后把宫中的金银财宝装在袋子中拴在马鞍上，和申王李存渥及李绍荣一道带着七百名随从骑兵，放火焚烧了嘉庆殿，从师子门向城外出逃。通王李存确、雅王李存纪都逃奔到南山。宫里的人大多数都逃跑了，朱守殷进入后宫，从中挑选了三十多个宫女，让她们各自都带上乐器和珍贵的玩物，然后带回他的家中。此时各路军队对都城进行了大肆洗劫。

这一天，李嗣源带军到达罂子谷，得知后唐庄宗已经死去，失声痛哭了起来，他对诸王将领们说："皇上平时深得军士们的心，只是被一群小人蒙蔽迷惑才造成今天这种局面，现在我将到哪里去好呢？"

四月初二日戊子，朱守殷派遣使者飞速报告李嗣源，说："京城大乱，各路军队烧杀抢掠不已，希望赶快前来救援！"四月初三日己丑，李嗣源进入洛阳，住在自己的私宅中，下令禁止烧杀抢掠，从灰烬中拾了一些后唐庄宗的遗骨，然后把他安葬了。

李嗣源被挟持进邺都城的时候，前直指挥使平遥人侯益逃脱了出来回到洛阳，后唐庄宗抚摩着他感动得流下了眼泪。到这个时候，侯益把自己绑了前来向李嗣源请罪，李嗣源对他说："你作为一个臣子能够尽忠尽节，又有什么罪呢？"还让他继续担任原职。

李嗣源对朱守殷说："你好好巡防内外，以等待魏王回来。淑妃、德妃还在皇宫中，对她们生活所需品的供给尤其要丰富完备。等皇上的陵墓修好了，国家的大统有了继承人，我就回藩镇去为国家捍卫北方领土。"

当天，豆卢革率领百官上表劝李嗣源登基，李嗣源当面告诉他们说："我奉皇上的诏令讨伐叛贼，不幸部下们发动叛乱，军队也失散了；本想到朝廷亲自把事情讲清楚，却被李绍荣所阻隔，所以才狼狈到今天这种地步。我本来也没有什么其他的意思，各位却突然间要推举我，简直是太不了解我了，希望这样的事情再也不要提了！"豆卢革等人坚决请求，李嗣源还是没有答应。

李绍荣想投奔到河中去依靠永王李存霸，随从的士兵渐渐逃散；四月初四日庚寅，到了平陆，只剩下几名骑兵随从，结果被人抓了起来，打断腿后解送到洛阳。李存霸也率领一千多名部众丢下河中军镇逃到晋阳去了。

（以上为第一段，写后唐庄宗为乱兵所杀。）

四月初五日辛卯，魏王李继岌到达兴平，得知洛阳发生了叛乱，又率领大军回头向西行进，打算据守凤翔。

向延嗣到达凤翔，以后唐庄宗的命令诛杀了李绍琛。

当初，后唐庄宗命令吕、郑两个内养留在晋阳，一个监管军队，一个监管仓库，自留守张宪以下的官吏都尽力奉承他们。到了邺都发生兵变的时候，后唐庄宗又任命汾州刺史李彦超为北都巡检。李彦超是李彦卿的哥哥。

后唐庄宗去世以后，推官河间人张昭远劝张宪上表拥戴李嗣源登基，张宪说："我是一个书生，从布衣百姓到今天成为能穿朝服的大臣，都是出自先皇帝的恩泽，怎么能够苟且偷生而不感到惭愧呢！"张昭远感动得流着泪说："这些都是古人的事迹，而您却能身体力行，您的忠义可以千古不朽了。"

有一个名叫李存沼的人，是后唐庄宗的近亲，他从洛阳跑到晋阳后，假传后唐庄宗的命令，私下里密谋要与两个内养杀死张宪和李彦超，占据晋阳作抵抗。李彦超得知这一情况后，就悄悄地告诉了张宪，想先下手把他们杀了。张宪说："我受了先皇帝的厚恩，不忍心做这种事情。我知道坚守信义到头来都免不了遭到灾祸，这也是天命吧。"李彦超正谋划着还没有最后做出决断，四月初六日夜晚，军士们却一起在牙城里杀死了两个内养和李存沼，随后在城内大肆抢掠，一直闹到天亮。张宪听说发生了兵变，就出奔到了忻州。这时正好李嗣源宣抚各地的文书送到了晋阳，李彦超给士卒们下了命令，城里才开始安定下来，于是他就暂时代理太原军府事务。

（以上为第二段，写李嗣源入洛抚定京师，李彦超扑灭北都之变。）

百官们再三上表请求李嗣源称监国，代行国政，李嗣源只好答应了他们的请求。四月初八日甲午，住进了兴圣宫，开始接受百官的列班朝见。所下的命令称作教，百官称他为殿下，后唐庄宗的后宫所剩妃嫔还有一千多人，宣徽使从中挑选了数百名年轻貌美的献给监国，监国说："要这些人干什么？"宣徽使回答说："宫中的职务不能没有人掌理。"监国说："要掌理宫中的职务必须熟悉过去的典章制度，这些人怎么能够知道呢？"于是全部用过去的老年旧宫人填补宫中的职务，而那些年轻的宫人都命令她们出宫去投靠亲戚，没有亲戚的任凭她们随便去哪里。蜀中所送来的宫人也照此方法办理。

四月初九日乙未，任命中门使安重诲为枢密使，镇州别驾张延朗为副使。张延朗是开封人，在梁朝时当过租庸吏，生性巧诈，善于巴结权贵，他曾把自己的女儿嫁给了安重诲的儿子，所以安重诲引荐了他。

监国李嗣源命令各地访求诸王。通王李存确、雅王李存纪藏匿在民间，有人秘密地告诉了安重诲，安重诲和李绍真谋划说："现在殿下已经代行国政，主持办理丧事，对诸王应该及早做个安置，也好统一人心。殿下性格仁慈，这事不能让他知道。"于是私下派人到农舍中把他们杀了。之后过了一个多月，监国才得知这件事，就痛责了安重诲一场，而且哀伤惋惜了很久。

刘皇后和申王李存渥一起逃往晋阳，在路上就和李存渥通奸了。李存渥到了晋阳，李彦超不肯接纳他，于是逃到山谷，被他的部下杀死。第二天，永王李存霸也到达晋阳，随从的士兵也都逃光了，李存霸于是剃光头发、穿着和尚的衣服去拜见李彦超，对李彦超说："我情愿当一个荒山野僧，希望能得到您的庇护。"军士们争着想杀李存霸，李彦超说："六相公既然来到我们这里，应当奏请朝廷，听候指示。"军士们不听他的劝告，就在府门的石碑下把李存霸杀了。刘皇后躲在晋阳当了尼姑，监国派人前来把她杀了。薛王李存礼和后唐庄宗的幼子李继嵩、李继潼、李继蟾、李继峣，在遭受这场变乱之后都不知下落。只有邕王李存美因为得了风湿病半身不遂才免于一死，住在晋阳。

徐温、高季兴得知后唐庄宗被部下所杀，更加看重严可求、梁震了。

梁震向高季兴推荐前陵州判官贵平人孙光宪，让他掌管书牍记录。高季兴大治战船，准备攻打楚国，孙光宪劝谏他说："荆南经过战乱之后，全靠您才使军民得以休养生息，开始有了一些生机，如果又要和楚国交战，其他国家就会乘我们国力衰竭的时候算计我们，这是非常令人担心的。"高季兴于是停止了进攻行动。

四月十二日戊戌，李绍荣被押到洛阳，监国李嗣源责问他说："我有什么地方对不起你，你竟然杀死我的儿子？"李绍荣也怒目圆睁瞪着李嗣源说："先帝又有什么地方对不起你的？"李嗣源于是杀死了李绍荣，并且恢复了他原来的姓名元行钦。

监国害怕西征前蜀的军队回来后会发生变乱，于是任命石敬瑭为陕州留后；四月十三日己亥，又任命李从珂为河中留后。

枢密使张居翰请求告老还乡，监国答应了他的要求。李绍真多次推荐孔循的才干，四月十四日庚子，任命孔循为枢密副使。李绍宏请求恢复他姓马。

监国颁发命令，历数租庸使孔谦奸诈谄佞，侵占剥夺，使军民穷困的罪状，然后把他处死，凡是孔谦所制定的苛刻聚敛的条规一律废除，接着撤销了租庸使和内勾司，按照旧例设置盐铁、户部、度支三司，委托一位宰相专门管理。又罢除各道的监军使；因为后唐庄宗是由于任用宦官才导致亡国的，所以下令各道把这些监军使全部杀掉。

魏王李继岌从兴平退军到了武功，宦官李从袭说："是福是祸不可预测，但是退却不如前进，请大王赶快东进前去平定京城的内乱。"李继岌听从了他的建议。回师东进，到了渭水之滨，这时代理西都留守的张篯已经把河上的浮桥砍断了；他们只好顺流泅渡过河，当天到达渭南，心腹吕知柔等人都已逃跑躲了起来。这时李从袭对李继岌说："大势已去，大王还是自己想个办法吧。"李继岌彷徨不知所措，不停地流着眼泪，后来就自己趴伏在床上，命令仆夫李环用绳子把他勒死。任圜代替他率领军队继续东进。监国命令石敬瑭去安抚他们，士卒们都没有什么反感的言论。

（以上为第三段，写李嗣源监国，诛杀奸佞孔谦等人。后唐庄宗之子及刘皇后皆被诛戮。）

先前，监国命令自己的亲信李冲担任华州都监，好迎接李继岌率领的西征军。李冲却擅自逼迫华州节度使史彦镕入朝；同州节度使李存敬路过华州时，李冲把他杀了，并且屠杀了他的全家；又杀了西川行营都监李从袭。史彦镕向安重诲哭诉，安重诲派史彦镕再回华州，然后召李冲回朝。

自从监国进入洛阳以来，朝廷内外的大事情都由李绍真作决定。李绍真擅自把威胜节度使李绍钦、太子少保李绍冲拘捕下狱，准备把他们杀掉。安重诲对李绍真说："温韬、段凝的罪恶都是在梁朝的时候犯下的，现在殿下刚刚平定内乱，正期望能够安定万国，难道只是专为您报私仇的吗？"李绍真从此以后才稍加收敛了一些。四月十五日辛丑，监国下令，李绍冲、李绍钦两人都恢复原来的姓名温韬、段凝，并且把他们免官放归田里。

四月十六日壬寅，任命孔循为枢密使。

主管官吏商议监国即皇帝位的礼仪。李绍真、孔循认为唐朝的运祚已经完了，应当另外自行建立国号。监国问左右的近臣说："什么叫国号？"回答说："先帝曾经由唐朝赐姓，后来又灭了梁朝，为唐朝复了仇，承继唐朝昭宗之后，所以国号叫唐。现在曾经在梁朝做过官的人都不希望殿下的国号也称唐。"监国说："我十三岁时侍奉献祖，献祖把我看成是同一宗族的人，把我当作他自己的儿子一样。我又侍奉武皇将近三十年，侍奉先皇帝将近二十年，不论是筹划朝政还是攻城野战，我没有不参与的；武皇的基业就是我的基业，先皇帝的天下就是我的天下，哪里有同一个家而称两个国号的！"于是下令执政大臣再仔细商议。吏部尚书李琪说："如果更改国号，那么先皇帝就等于陌生的路人了，他的灵柩又靠谁来料理呢？不单是殿下忘记了三世旧君的恩情，就是我们这些做人臣的心里能感到安宁吗？过去的朝代以旁支入继大统的也很多，应该用嗣子在灵柩前即位的礼仪即位。"大家都赞同他的意见。四月二十日丙午，监国从兴圣宫前往西宫，穿着斩衰的重丧服，在后唐庄宗的灵柩前即皇帝位，在场的百官们也都一身缟素。一会儿，监国又穿上皇帝的龙袍，戴上皇冠，接受玉册，百官们也都换上参加吉礼的朝服向新皇帝拜贺。

（以上为第四段，写李嗣源即帝位，是为后唐明宗。）

四月二十二日戊申，后唐明宗下令朝廷内外的大臣都不准进献鹰犬珍玩之类的东西。

有关部门上奏弹劾太原尹张宪弃城之罪；四月二十四日庚戌，后唐明宗赐张宪死。

任圜率领西征前蜀国的军队二万六千人回到洛阳，后唐明宗慰劳安抚他们，并且命令他们各自回到原先的军营中去。

四月二十八日甲寅，大赦天下，改换年号。酌情留下后宫一百人，宦官三十人，教坊一百人，鹰坊二十人，御厨五十人，其余的人自己愿意到哪里去就到哪里去。宫内的各司使务如果有名无实的，一律裁减。分派各军在就近的地方供给粮食，以节省运输的费用。下令免除夏、秋两季税收的省耗。节度、防御等使，在每年元旦、冬至、端午和皇帝圣诞四个节日准许进贡，但不得借此机会搜刮百姓；刺史以下官员不准向皇帝进贡。候选官吏先前告身文书被涂毁的，命令三个铨叙部门严加查核，去除欺诈和伪造，其余按旧的规定办理。

五月初一日丙辰，任命太子宾客郑珏、工部尚书任圜一并为中书侍郎、同平章事；任圜仍旧兼管三司。任圜为公务操心就如同自己家的事一样，选拔贤良才俊，斥退投机侥幸的小人，一年之间，府库充实，军民都很富足，进行的纪纲也开始粗具规模。任圜常常以天下为己任，因此安重诲很嫉恨他。

武宁节度使李绍真、忠武节度使李绍琼、贝州刺史李绍英、齐州防御使李绍虔、河阳节度使李绍奇、洺州刺史李绍能，分别请求恢复他们原来的姓名霍彦威、苌从简、房知温、王晏球、夏鲁奇、米君立，后唐明宗批准了他们的请求。苌从简是陈州人。王晏球本来是姓王的儿子，因为寄养在姓杜的人家，曾一度姓杜，所以现在请求恢复姓王。

五月初二日丁巳，开始命令百官正衙除了正常的朝见以外，每五天一次进内殿向皇帝问安。

数百名宦官逃窜到山林里面躲藏了起来，有的人剃光头发当了和尚，逃到晋阳的有七十多人，后唐明宗下诏命令北都指挥使李从温把他们全部杀掉。李从温是后唐明宗的侄儿。

后唐明宗因为前相州刺史安金全防守晋阳大有功劳，五月初七日壬戌，任命安金全为振武节度使、同平章事。

五月十一日丙寅，赵在礼请求后唐明宗巡幸邺都。五月十三日戊辰，后唐明宗任命赵在礼为义成节度使；赵在礼借口军队不赞成他离开，没有前往镇所滑州就任。

李彦超入朝，后唐明宗对他说："河东安然无恙，都是你的功劳。"五月十五日庚午，任命他为建雄留后。

五月十九日甲戌，加封王延翰为同平章事。

后唐明宗不识字，四面八方的奏折都让安重诲读给他听，安重诲也不能完全理解这些奏折的意思，于是启奏说："臣只能以忠诚的心来侍奉陛下，得以位居要职，当代的事情还能大略地知道一点，至于古代的事情，那就不是臣所能知道的了。希望能仿效前朝的侍讲、侍读、近代直崇政、枢密院等制度，挑选一些通晓文学的大臣来共同处理这些事情，以备陛下的垂问。”于是设置了端明殿学士，五月二十日乙亥，任命翰林学士冯道、赵凤为端明殿学士。

（以上为第五段，写后唐明宗大赦，改元，诛宦官，整肃朝纲。）

五月二十一日丙子，准许郭崇韬归葬故乡，恢复了朱友谦的官爵；两家的财货田宅，以前被没收充公的一律发还给他们的后人。

五月二十三日戊寅，任命安重诲兼领山南东道节度使。安重诲认为襄阳是个重要的地方，不可以没有统帅，不应当兼领，所以他坚决推辞；后唐明宗答应了他的请求。

后唐明宗下诏征调汴州控鹤指挥使张谏等三千人去戍守瓦桥。六月十二日丁酉，军队出了城，后又折返回城，发动叛乱，在街市上烧杀抢掠，杀死了权知州、推官高逖。他们胁迫马步都指挥使、曹州刺史李彦饶当他们的主帅，李彦饶说：“你们想要让我当主帅，那就应当听我的命令，禁止烧杀抢掠。”大家听从了他的意见。六月十四日己亥的早晨，李彦饶在家中埋伏下甲士，各位将领进来向他拜贺，李彦饶说：“前天领头作乱的只是几个人而已。”说完，就把张谏等四个人抓了起来，把他们斩杀了。张谏的同党张审琼率领很多人在建国门大喊大叫，李彦饶调集军队攻击他们，把这些乱兵有四百人全部杀死，从此军镇和汴州才开始安定下来。当天，把军镇和汴州的事情写成公文报告节度推官韦俨知道，详细写在奏折中报告朝廷。六月十五日庚子，后唐明宗下诏任命枢密使孔循掌管汴州，拘捕了三千家作乱的人，把他们全部处死。李彦饶是李彦超的弟弟。

前蜀的百官到达洛阳，原前蜀的永平节度使兼侍中马全说：“国家灭亡已经到了这种地步，活着还不如死了的好！”于是绝食而死。后唐明宗任命原前蜀平章事王锴等人担任各州府的刺史、少尹、判官、司马等职务，也有些人又回到了蜀地。

六月十六日辛丑，滑州都指挥使于可洪等人纵火作乱，进攻魏博戍守部队三指挥，把他们赶走了。

六月二十日乙巳，后唐明宗下令说：“朕的名字有两个字，只要不是连称，都不需要避讳。”

六月二十三日戊申，加封西川节度使孟知祥兼侍中。

李继曮到了华州，听说洛阳发生叛乱，他又回到了凤翔；后唐明宗替他诛杀了柴重厚。

高季兴上表请求把夔、忠、万三州划归为他的属郡，后唐明宗下诏答应了他的请求。

安重诲依仗着后唐明宗对他的恩宠，十分骄横，殿直马延有一次无意中撞倒了他的前导侍从，他就立刻在马前斩杀了马延，御史大夫李琪把这件事报告了后唐明宗。秋季，七月，安重诲要求后唐明宗下诏，声称马延凌辱冲撞了国家重臣，要告诫朝廷内外。

于可洪和戍守魏博的将领们都上奏后唐明宗，互相指责对方作乱，后唐明宗派遣使者前去查验核实，七月初七日辛酉，在街市上把于可洪斩首，叛乱的首谋滑州左崇牙全营士卒都被诛灭全族，协助叛乱的右崇牙两长剑建平将校一百人也被诛灭全族。

（以上为第六段，写汴州、滑州兵变。）

七月十八日壬申，开始命令百官每隔五天入内殿问一次安，并依次上奏本部门的公事。

契丹主进攻勃海国，攻下了夫余城，把它改名叫东丹国。命令他的长子突欲镇守东丹，号称人皇王，命令他的次子德光守备上都西楼，号称元帅太子。

后唐明宗派遣供奉官姚坤到契丹去报丧。契丹主听说后唐庄宗被乱兵所杀害，悲痛地哭着说："我'朝定'的儿啊！我正要想去救援他，只是因为勃海还没有攻下，一时没能去成，致使我儿竟遭此灾祸。"说完又大哭不止。胡人说"朝定"，就是中原话说"朋友"的意思。他又对姚坤说："现在的天子得知洛阳有急难，为什么不前去救援？"姚坤回答说："因为路途太远了来不及救援。"又问："那为什么后来又自立为帝？"姚坤又向他说明后唐明宗之所以即位的原因，契丹主说："汉人就是喜欢粉饰言辞，你不必再多说了！"突欲当时侍立在契丹主的身旁，插了一句话说："牵牛践踏了别人的田地，田主就把他的牛抢过来，这样做行吗？"姚坤回答说："中原当时无君主，唐朝天子是不得已才即位的；就好比当年天皇开始拥有国家一样，难道也是强行夺取的吗？"契丹主只好说："你说的也有道理。"接着他又说："听说我儿专门喜欢声色游猎，不爱惜军民，落得这个下场也是可以想象的。我自从听到这件事后，全家都不喝酒，并且遣散了伶人，释放了鹰犬。如果也仿效我儿的所作所为的话，我们也会很快灭亡的。"最后他又说："我儿虽然和我是世交，却经常和我打仗；我和现在的天子倒是无怨无仇，完全可以建立友好关系。你们如果能把黄河以北的地方划给我，我就不会再向南侵犯了。"姚坤说："这不是一个使臣所能决定的事情。"契丹主一听大怒，就把他囚禁了起来，十来天之后，又召见他说："黄河以北地区恐怕难以得到，如果能得到镇、定、幽州也可以。"于是拿上纸和笔催逼他写下同意书，姚坤不肯写，契丹主就要把他杀掉，韩延徽出面劝说，于是又把姚坤囚禁了起来。

（以上为第七段，写供奉官姚坤出使契丹告哀，拒绝契丹主索地，大义凛然。）

七月二十二日丙子，在雍陵安葬了光圣神闵孝皇帝，庙号为庄宗。

七月二十三日丁丑，镇州留后王建立上奏说涿州刺史刘殷肇不接受替职的命令，阴谋作乱，已经发兵讨伐并活捉了他。

七月二十五日己卯，在应州设置了彰国军。

门下侍郎、同平章事豆卢革、韦说两人在后唐明宗面前上奏事情的时候，有时礼貌上不够恭敬；当时百官的俸钱都要折价发放，而豆卢革父子领的却是全额；百官们从五月领取，而豆卢革父子却从正月领取；因此大家都议论纷纷。韦说又把孙子假冒成儿子，上奏求官；又接受了候补官员王傪的贿赂，便把他派到近畿的州县任官。按照后唐明宗的旨意要任命库部郎中萧希甫为谏议大夫，豆卢革、韦说却提出反对意见。萧希甫因此很痛恨他们，于是就向后唐明宗上奏说："豆卢革、韦说不忠于前朝，只是一味地阿谀奉承，想得到宠幸。"然后又诬告他们说："豆卢革强占民田，又指使他们的佃农杀人；韦说则强夺邻家的水井，为的是抢取井中过去所藏的宝物。"于是后唐明宗下令贬豆卢革为辰州刺史，贬韦说为溆州刺史。七月二十六日庚辰，后唐明宗赐给萧希甫金银布帛，并且提升他为散骑常侍。

七月二十七日辛巳，契丹主阿保机在夫余城去世，述律后把难以节制的将领和酋长们的妻子召集起来，对她们说："我现在已经是寡妇了，你们不能不和我一样。"又把她们的丈夫召集来，哭着问他们说："你们想念先帝吗？"大家回答说："我们受先帝的厚恩，哪能不想？"述律后说："如果真的想他，那就应该到地下去见他。"于是把他们全部杀死。

七月二十九日癸未，再次把豆卢革贬为费州司户，把韦说贬为夷州司户。七月三十日甲申，又把豆卢革流放到陵州，把韦说流放到合州。

（以上为第八段，写后唐明宗贬斥宰相豆卢革、韦说。契丹主阿保机死，述律后铁腕裁制强臣。）

孟知祥暗中有占据蜀中自立的意思，于是整理武库，得到铠甲二十万具，设置了左右牙等军队有十六营，共计一万六千人，驻扎在牙城内外。

八月初一日乙酉，发生日食。

八月初三日丁亥，契丹述律后让她的小儿子安端少君镇守东丹，自己和长子突欲一道护送着契丹主的灵柩，率领大军从夫余城出发。

当初，郭崇韬把原前蜀的骑兵分别设置为左、右骁卫等六个营，共有三千人；步兵分别设置为左、右宁远等二十个营，共有二万四千人。八月初六日庚寅，孟知祥又增设左、右冲山等六个营，共有六千人，驻扎在罗城内外；还设置了义宁等二十个营，共有一万六千人，分别戍守在所管辖的州县，并由这些州县就近供给；还设置了左、右牢城四个营，共有四千人，分别戍守在成都境内各处。

王公俨杀了杨希望之后，指望后唐明宗能任命他为节度使，并扬言说符习治理军队非常苛刻，军府里大家的意见是都不想让他回来。符习还是要回来，到达齐州，王公俨派兵阻挡他，符习就不敢再往前走了。王公俨又让将士们上表请求后唐明宗任命自己为军帅，后唐明宗下诏任命他为登州刺史。

王公俨并不马上去赴任，而是借口说被军队的事情所延留；后唐明宗于是调天平节度使霍彦威任平卢节度使，把大军集中到淄州，准备攻取青州，王公俨感到害怕了，八月十一日乙未，才开始去上任。八月十三日丁酉，霍彦威到达青州，追上并活捉了王公俨，于是把他的家族和同党全部斩杀，支使北海人韩叔嗣也参与了这件事情。韩叔嗣的儿子韩熙载将要投奔吴国，便把要走的消息偷偷地告诉了他的朋友汝阴进士李毂，李毂送他到正阳，两人痛饮一番就要告别。韩熙载对李毂说："吴国如果任用我当宰相，我就将率军长驱直入平定中原。"李毂笑着回答说："中原如果用我当宰相，攻取吴国就像探囊取物一样。"

八月十六日庚子，幽州方面报告说契丹侵犯边境，后唐明宗命令齐州防御使安审通率兵前往防御。

九月初八日壬戌，孟知祥设置了左、右飞棹兵六个营，共有六千人，分别戍守在长江沿岸的各个州，练习水上作战，以防守夔州、峡州。

九月十九日癸酉，卢龙节度使李绍斌请求恢复姓赵，后唐明宗批准了，并且赐给他名字叫德钧。赵德钧的养子赵延寿娶了后唐明宗的女儿兴平公主，所以赵德钧特别得到后唐明宗的宠信。赵延寿本是蓨县县令刘邧的儿子。

（以上为第九段，写后唐明宗平反郭崇韬、朱友谦，诛王公俨。孟知祥整武备图谋据西川。）

加封楚王马殷署理尚书令。

契丹述律后喜欢她的次子德光，想要立他为契丹主，回到上都西楼之后，就让他和长子突欲一起骑着马立在帐前，然后她对酋长们说："这两个儿子我都很喜欢，不知道该立谁为好，你们选择一个可以立为契丹主的然后拉住他的马缰绳。"酋长们都知道她的用意，都争着去拉德光的马缰绳，欢呼雀跃地说："愿意侍奉元帅太子。"述律后就说："既然是大家的愿望，我又怎么敢违背。"于是就立了德光为天皇王。突欲心中感到不平，率领数百名骑兵想投奔后唐，结果被边境巡逻的人所阻止；述律后并没有治他的罪，只是派遣他回东丹。天皇王尊奉述律后为太后，国家的大事都由她作决定。太后又为天皇王迎娶她的侄女当天皇王后。天皇王生性谨慎孝顺，母亲生病时吃不下饭，他也不吃饭，陪侍在母亲身边，对答有时不符合她的心意，只要母亲扬起眉头看着他，他都会吓得赶快退下，不是母亲召他进来他就不敢再进来。任用韩延徽为政事令。允许姚坤回后唐复命，同时派遣使臣阿思没骨馁到后唐去报丧。

九月二十八日壬午，后唐明宗赐李继曮名字为从曮。

冬季，十月初一日甲申，第一次赏赐给文武官员春冬两季的衣服。

昭武节度使、同平章事王延翰，骄奢淫逸，残暴凶狠，十月初六日己丑，自称为大闽国王。修建宫殿，设置百官，威仪和礼乐典章都仿照天子的制度，群臣称他为殿下。大赦境内，追尊他的父亲王审知为昭武王。

静难节度使毛璋，骄横僭越，不守法度，私下训练士卒，修缮武器，显然有准备造反的意思，因此后唐明宗下诏任命颍州团练使李承约为节度副使，好就近监视他。十月初九日壬辰，把毛璋调任为昭义节度使。毛璋本来不想接受任命，李承约和观察判官长安人边蔚反复地劝他，过了很久，毛璋才肯交割原来的职务。

十月十七日庚子，幽州方面报告说契丹卢龙节度使卢文进前来投奔。当初，卢文进为契丹镇守平州，后唐明宗即位以后，曾派遣密使前去向他游说，告诉他改朝换代之后，再也没有什么猜忌和怨仇了。卢文进的部下都是汉人，想回家乡，于是他们就杀死了契丹派往平州戍守的人，率领士卒十万人、车帐八千多辆前来投奔。

当初，魏王李继岌、郭崇韬向蜀中的有钱人征收犒赏钱五百万缗，允许他们用金银缯帛等物来抵充，并且日夜不停地催促他们上交，有的人甚至被逼得自杀，这些钱犒赏军队剩下的，还有二百万缗。到这个时候，任圜判理三司，他知道成都很富饶，于是派遣盐铁判官、太仆卿赵季良入蜀给孟知祥送去加封侍中委任状，并让他留在那里兼任三川都制置转运使。十月二十一日甲辰，赵季良到达成都。蜀人打算一点东西都不给他，孟知祥说：“府库里的钱财是别人收集来的，交出去还是可以的。州县交上来的租税，是用来赡养十万名镇守士兵的，绝对不能交出去。”于是赵季良只是调拨出了府库里的钱财，不敢再说制置转运使的事了。

安重诲认为孟知祥和东川节度使董璋都占据着险要的地方，并且拥有强大的军队，恐怕时间长了就难以控制；况且孟知祥又是后唐庄宗较近的姻亲，因此私下里想要算计他。客省使、泗州防御使李严自己请求出任西川监军，自信一定能够控制孟知祥；十月二十六日己酉，任命李严为西川都监，文思使太原人朱弘昭为东川副使。李严的母亲非常贤明，他对李严说：“你先前挑起了灭蜀的计谋，这一次你再去的话，蜀人一定会把你杀死来作为报应的。”

（以上为第十段，写契丹拥立耶律德光为主。太仆卿赵季良入蜀调运府库资财。）

按照以往规定，吏部在颁发委任官职的文状告身时，先要求所委任的人交朱胶绫轴费。动乱以后，贫穷的人只领取任职命令，大部分人都不交钱从吏部领取告身。十一月二十一日甲戌，吏部侍郎刘岳上奏说：“告身上面有褒贬训诫之类的话，怎么能让人在开始任职时就不看呢？”于是后唐明宗下令凡是文官的尚书左右丞及二十四曹郎、给事中、谏议大夫，武官的大将军以上官员，都应当赐给他们告身。此后执政大臣们建议，认为朱胶绫轴的费用不多，朝廷既然授予他们官禄，又何必吝惜这些小钱？于是向后唐明宗上奏说："以后凡是拜官授职的人不必再让他们交钱，都赐给告身。"当时，所授任的官员除了正员官以外，其他的试衔、帖号等都只是用来宠赐激励军中将校的，到了长兴年间以后，所授予的官员渐渐地多了起来，以至于军中的卒伍，使、州、镇、戍中的小官吏，都能得到银印青绶的官阶和宪官的任命，每年所赏赐的告身数以万计。

闽王王延翰轻视疏离他的兄弟们，继承王位才一个多月，就把他的弟弟王延钧赶出去任泉州刺史。王延翰强取了很多民间女子来充实他的后宫，而且无休止地选取。王延钧上书极力劝谏，王延翰非常生气，从此兄弟俩之间就有了猜疑。父王王审知的养子王延禀当时任建州刺史，王延翰给他写信让他帮助选取宫女，王延禀在回信时出言不逊，两人之间也产生了猜疑。十二月，王延禀、王延钧两人联合兵力袭击福州。王延禀顺流而下先到福州，福州指挥使陈陶率兵抵抗，结果军队被打败，陈陶自杀。当天夜晚，王延禀率领一百多名壮士直奔福州西门，踩着梯子进入城内，活捉了看守大门的人，打开府库，取出武器。攻到寝门的时候，王延翰吓得躲到了别的房间里；十二月初八日辛卯的早晨，王延禀抓获了王延翰，公布了他的罪行，并且声称王延翰和他的妻子崔氏一起弑杀了先王，于是通告了军民，然后在紫宸门外把他们斩杀了。当天，王延钧率兵到达福州城南，王延禀打开城门迎接他入城，并且拥戴他为威武留后。

十二月初十日癸巳，任命卢文进为义成节度使、同平章事。

十二月十七日庚子，任命皇子李从荣为天雄节度使、同平章事。

赵季良等从蜀中运回的金银布帛价值有十亿之多，到达洛阳，当时朝廷正钱财匮乏，多亏有了这些东西才得以渡过难关。

这一年，吴越王钱镠认为中原动乱不已，朝廷的命令也不能到达当地，于是就改年号为宝正；后来又和中原恢复了联系，于是就避讳不再提这个年号了。

（以上为第十一段，写后唐明宗滥赐告身，数以万计。闽国发生政变，王延钧杀王延翰，自立为闽王。）

后唐明宗天成二年（丁亥，公元927年）

春季，正月初一日癸丑，后唐明宗改名为亶。

孟知祥听说李严要来监督他的军队，因此很憎恨他；有人建议向后唐明宗上疏阻止他来，孟知祥说："何必要这样，我自有办法对付他。"于是就派遣官吏到绵州、剑州去迎接李严到来。碰巧这时武信节度使李绍文去世，孟知祥就自己宣称说曾经接受过明宗的密诏，允许他在一定环境下见机行事。正月初十日壬戌，他就任命西川节度副使、内外马步军都指挥使李敬周为遂州留后，并催促他赶快上路赴任，然后再向皇帝上表报告。李严先派了使者到成都，孟知祥自以为过去他对李严有厚恩，希望他能心中畏惧而自行回朝，于是安排了全副武装的甲士故意向他示威，但李严却一点也不在乎。

安重诲认为孔循从小就在宫中当过差，熟悉朝中典故，知道朝中官员们的品行才能，所以很多事情都听他的意见。豆卢革、韦说获罪被削职以后，朝廷上都在议论设置宰相的事，孔循的意见是不想起用河北人，在此之前他已推荐了郑珏，这时又推荐太常卿崔协。任圜却想起用御史大夫李琪；郑珏平时很嫉恨李琪，所以孔循也就极力阻挠这件事，他对安重诲说："李琪这个人不是没有天才，但就是不廉洁。宰相主要是要求端正庄重有器度的人，这样才能够成为朝廷百官的典范。"有一天在后唐明宗面前议论这件事，后唐明宗问谁可以当宰相，安重诲推荐了崔协。任圜说："安重诲并不了解朝中的人物，被人出卖了。崔协虽然是名门出身，但是字却不认识几个。臣已经是因为没有学问而忝列相位了，怎么能够再增加一个崔协，而让天下的人笑话呢？"后唐明宗说："宰相是个重要的职位，各位再仔细地议一议吧。我在河东的时候，曾经看到冯书记多才博学，而且与世无争，这样的人可以任为宰相。"退朝之后，孔循不和别人作揖告别，径自拂袖而去，生气地说："天下的事情，一也是任圜，二也是任圜，任圜是个什么东西！假如崔协突然死去也就算了，如果不死我一定要让他当宰相。"为此，他好几天都托病不肯上朝，皇上派安重诲去劝他，这样他才上朝。安重诲私下里对任圜说："现在正缺乏人才，崔协暂且作备选人员，好不好？"任圜说："明公您舍弃李琪而让崔协当宰相，就好比抛弃了苏合香丸，而取用屎壳郎推转的臭粪球。"孔循和安重诲在一起办公，两人每天都说李琪的坏话并吹嘘崔协，正月十一日癸亥，后唐明宗终于任命端明殿学士冯道和崔协两人为中书侍郎、同平章事。崔协是崔邠的曾孙。

正月十六日戊辰，王延禀要回建州，王延钧给他送行，将要分别的时候，王延禀对王延钧说："好好守住先人创下的基业，不要麻烦老兄我再来了！"王延钧十分谦恭地谢过王延禀，脸色都变了。

正月十八日庚午，开始命令天下长吏每隔十天就要亲自讯问一下在押囚犯。

孟知祥对李严的礼节待遇都很优厚。一天，李严去拜见孟知祥，孟知祥对他说："你从前奉诏出使到王衍这里，回去后就请求派兵讨伐蜀国，后唐庄宗听信了你的话，结果致使两国都灭亡了。现在你又来到了这里，蜀人们都感到很害怕。况且天下各地都已废除了监军，只有你却要求监督我的军队，这到底是为什么？"李严听后感到害怕，苦苦哀求，孟知祥说："众怒我是没办法阻止的啊！"于是把他押下去斩杀了。孟知祥又召来左厢马步都虞候丁知俊，丁知俊吓得半死，孟知祥指着李严的尸体对他说："过去李严奉命出使蜀国，你是他的副手，也可以说是他的故人了，你替我把他埋了。"接着孟知祥又向后唐明宗诬告说："李严假宣陛下的口头敕令，说要代掌臣的职务而让臣到陛下那里去，又擅自许愿要给将士们以优厚的奖赏，臣已经把他杀了。”

内八作使杨令芝因为有事要到蜀中去，走到鹿头关的时候，听说李严被杀死，吓得赶忙逃了回来。朱弘昭在东川，听到李严被杀死，也感到非常害怕，准备要回到洛阳去；碰巧这时有军务，董璋派他入朝奏报，朱弘昭先假意推辞，然后才受命出发，因此才得免一死。

正月二十一日癸酉，任命皇子李从厚为同平章事，充任河南尹，兼管六军诸卫的事务。李从荣得知消息后，心里很不愉快。

（以上为第十二段，写冯道、崔协任相。蜀孟知祥杀监军李严。）

正月二十七日己卯，加封枢密使安重诲兼任侍中，孔循为同平章事。

吴国马军都指挥使柴再用全副武装进入朝廷，御史弹劾他，柴再用仗着自己功劳大，不服气。侍中徐知诰假装在便殿冒犯了吴王的起居，退朝后自己上表弹劾自己，吴王下了优待诏书不予追究，但徐知诰还是坚决请求扣除自己一个月的俸禄；从此朝廷内外法纪严整。

契丹改年号为天显，把先主阿保机安葬在木叶山。述律太后左右近臣中有凶悍狡诈的人，太后往往就对他说：“去替我传话给先帝！”到了墓地就把人杀了，这样先后杀死了上百个人。最后，轮到平州人赵思温去了，赵思温不肯去，太后说：“你过去侍奉先帝时很受宠信，为什么不肯去？”赵思温回答说：“要论和先帝最亲近的没人能超过太后，太后去，臣一定跟着去。”太后说：“我不是不想追随先帝到地下，只是考虑到继任的儿子还很幼弱，国家没有个当家的，所以一时还去不了。”于是砍下了一只手腕，让人放在阿保机的墓中。赵思温也得以免于一死。

后唐明宗因为冀州刺史乌震曾三次率兵运输粮饷到幽州，二月初七日戊子，便任命乌震为河北道副招讨，兼领宁国节度使，驻扎在卢台军，接替泰宁节度使、同平章事房知温，好让他回兖州。

二月初九日庚寅，任命保义节度使石敬瑭兼任六军诸卫副使。

二月十五日丙申，任命从马直指挥使郭从谦为景州刺史，等他到任，后唐明宗又派遣使者诛杀了他的全家。

高季兴得到了夔、忠、万三州之后，请求朝廷不要派任刺史，而由他用自家的子弟担任，后唐明宗没有答应。到了夔州刺史潘炕被罢职时，高季兴当即就派兵攻进州城，杀死了戍守的士兵，并占据了该城。朝廷委派奉圣指挥使西方邺任夔州刺史，高季兴却不接受；高季兴又派兵袭击涪州，没有攻下来。从前魏王李继岌曾派遣押牙韩珙等人押送前蜀的珍宝货物金帛四十万回朝廷，顺江而下，高季兴却在峡口杀死了韩珙等人，把这些东西全部强行鲸吞了。现在朝廷又追问起了这件事，高季兴却答复说："韩珙等人乘船下三峡，经过几千里水路，如果想知道翻船淹死的原因，自己去审问水神好了。"后唐明宗一听大怒，二月二十一日壬寅，下令削去高季兴的官职和爵位，任命山南东道节度使刘训为南面招讨使、知荆南行府事，任命忠武节度使夏鲁奇为副招讨使，率领四万步兵骑兵前去讨伐。东川节度使董璋充任东南面招讨使，新任夔州刺史西方邺为他的副使，率领蜀兵沿三峡而下；并且会合湖南马殷的军队，三面向荆南发动进攻。

三月初三日甲寅，任命李敬周为武信留后。

（以上为第十三段，写契丹述律后以心计诛桀黠臣。后唐明宗三路讨荆南。）

三月初五日丙辰，开始设置监牧官，繁育国家的战马。

当初，后唐庄宗攻克后梁，靠的是魏州牙兵的力量；到了他灭亡的时候，皇甫晖、张破败的叛乱也是由于这些牙兵。赵在礼被调任滑州，不去上任，其实也是被他的部下所挟制。赵在礼准备自己想办法摆脱祸患，于是就秘密派心腹到朝廷向后唐明宗请求换个任职的地方，后唐明宗为了他的缘故就任命皇甫晖为陈州刺史、赵进为贝州刺史，调任赵在礼为横海节度使；任命皇子李从荣去镇守邺都，命令宣徽北院使范延光率兵护送他前去，并留在那里掌理邺都军事。于是派出了奉节等九指挥的三千五百人，让军校龙晊率领，前往戍守卢台军以防备契丹的入侵，但不发给他们铠甲兵仗，只是在长竿子上拴个旗帜来区别不同队伍，因此大家都在垂头丧气的气氛中出发了。半路上听到孟知祥杀了李严的消息，军中开始骚动不安，已经谣言纷纷；到了卢台军之后，碰巧这时朝廷又不按正常秩序提升乌震担任副招讨使，军中的谣言就更加厉害了。

房知温很怨恨乌震突然来取代自己的职位，乌震来到以后，房知温不肯把印信交出来。三月二十一日壬申，乌震把房知温和诸道先锋马军都指挥使、齐州防御使安审通召到东寨赌博，房知温诱使龙晊所属部下在席上杀死乌震，乌震的部下在营外大吵大闹，安审通脱身逃跑，抢了一条船渡过黄河，率领着自己的骑兵在对岸按兵不动。房知温担心事情还是不能成功，也骑上马准备出营门，士兵们拉着他的马缰绳说："您应当成为士兵的主帅，又要到哪里去？"房知温骗他们说："骑兵们都在黄河西岸，不去收揽他们，光有步兵，能干成什么事情！"说完就快马加鞭登上船，渡过黄河，和安审通一道商量攻乱兵，乱兵们于是向南撤去。安审通的骑兵慢慢地跟在他们的后头，队伍非常整齐。乱兵们相互看着，吓得脸都变了色，只好排好队举着火炬在夜间行走，在荒浚水泽中走得很疲乏，第二天一早，骑兵从四面围杀过来，乱兵几乎全部被杀光，剩下的人又想逃回到原来的营寨，但是营寨已被安审通放火烧了，乱兵们进退无据，于是就四散逃命。他们之中躲藏在草丛、沟壑里侥幸不死的不到十分之一二。范延光回到淇门，听说卢台军发生兵变，于是立刻征调滑州的部队再回邺都，以防止乱后的逃窜。

后唐明宗派遣客省使李仁矩到西川，传达皇帝的诏令，安抚孟知祥和那里的官兵；三月二十三日甲戌，到达成都。

刘训率兵到达荆南，楚王马殷派遣都指挥使许德勋等人率领水军驻扎岳州。高季兴坚守在营寨里不出来应战，同时向吴国请求救援，吴国派出水军来援助他。

夏季，四月初十日庚寅，后唐明宗下令把卢台军乱兵在营寨里的家属全部满门处斩。圣旨到达邺都后，关闭了九指挥的门，驱赶三千五百家共一万多人到石灰窑，全部斩杀，永济渠的水都被人血染成了红色。

朝廷虽然深知房知温是首乱分子，但是为了稳定动荡不安的局面，四月十三日癸巳，仍然加封房知温兼任侍中。

在此之前，孟知祥派遣牙内指挥使文水人武漳到晋阳去迎接他的妻子琼华长公主和儿子孟仁赞，回来时经过凤翔，李继曮听说孟知祥杀死了李严，就把他们扣下了，然后向后唐明宗报告，后唐明宗允许他们回到蜀地去；四月十六日丙申，一行到达成都。

（以上为第十四段，写后唐明宗杀戮卢台乱军一万多人，血染永济渠。）

盐铁判官赵季良和孟知祥是旧交，孟知祥上奏后唐明宗请求把赵季良留下担任副使。朝廷不得已，四月十七日丁酉，只好任命赵季良为西川节度副使。李昊回到蜀中，孟知祥任命他为观察推官。

江陵地区本来就地势低下，气候潮湿，又赶上接连下雨，所以粮食补给供应不上，将士们都染上了疾病，主帅刘训也生病卧床不起；四月二十三日癸卯，后唐明宗派遣枢密使孔循前往视察，并同时指导攻战的事宜。

五月初三日癸丑，任命威武留后王延钧为本道节度使，并封为琅邪王。

孔循到了江陵，也没有攻下城来，就派人到城里去劝说高季兴投降；高季兴的态度非常强硬。五月十六日丙寅，后唐明宗派遣使者赏赐给湖南行营的士卒夏季衣服一万套；五月十七日丁卯，又派遣使者赐给楚王马殷鞍马玉带，并要求他运送粮草供应给行营的部队，结果马殷最终还是没有把这件事办成。五月二十日庚午，后唐明宗命令刘训等人率兵回朝。

楚王马殷派遣中军使史光宪前来入贡，后唐明宗赏赐给他骏马十匹，美女两人。史光宪回去途中经过江陵，高季兴把他抓了起来，并抢去了马匹和美女，同时请求率领全镇归附吴国。吴国徐温说："真正治国的人应当务求实效而抛弃虚名。高氏臣服唐朝已经很久了，洛阳与江陵也相距不远，唐朝的步兵和骑兵要攻击江陵非常容易，而我们用水师溯江而上去救援它却很困难。如果接受了别人的归附而又不能去救援，让他们陷入危亡的境地，我们能不感到惭愧吗？"于是接受了高季兴的贡物，而推辞了他向吴国归附称臣的请求，让他自行归附唐朝。

任圜性情刚直，而且又仗着和后唐明宗是旧交，因此做起事来敢作敢为，权贵宠臣们都很嫉恨他。按照以往的规定，使臣外出时所用的馆券都是由户部发给，现在安重诲请求改由宫中发给，为此他和任圜两人在后唐明宗面前争论了起来，反反复复争论了好多次，都是脸红脖子粗的。退朝后，一个宫人向后唐明宗说："刚才和安重诲争论事情的是谁？"后唐明宗说："宰相。"宫人说："妾过去在长安的宫中，从没见过宰相、枢密奏请事情敢像这个样子，这是轻视皇上呀！"后唐明宗听了这话心里更加不高兴了，最终还是采纳了安重诲的建议。任圜因此请求免除三司的兼职，后唐明宗下诏任命枢密承旨孟鹄充任三司副使，以暂时掌理三司的职务。孟鹄是魏州人。

六月初一日庚辰，太子詹事温辇请求后唐明宗册立太子。

六月初七日丙戌，门下侍郎、同平章事任圜被免去太子少保的职务。

六月初十日己丑，任命宣徽北院使张延朗兼管三司。

六月十三日壬辰，把刘训贬为檀州刺史。

六月十七日丙申，封楚王马殷为楚国王。

西方邺在三峡中击败了荆南水军，又夺回了夔、忠、万三州。

（以上为第十五段，写后唐明宗三路征荆南，不胜罢兵。）

【点评】

本卷点评后唐庄宗为乱兵所弑、祸国女孽刘皇后、姚坤使契丹、魏博牙兵再遭族诛四件史事。

后唐庄宗为乱兵所弑。天成元年三月二十六日壬午，李嗣源兵入大梁。这一天后唐庄宗率扈从兵二万五千东行至荥泽。庄宗命龙骧指挥使姚彦温率领三千骑兵为前锋，姚彦温叛归李嗣源。指挥使潘环守王村寨，这里是官军的补给基地，囤积刍粮数万，潘环亦叛降李嗣源。庄宗不敢东行，退还洛阳。三月二十八日甲申，庄宗回到洛阳东石桥西，此时两万五千扈从之兵，三天之中散去大半，庄宗置酒悲涕。是日晚，庄宗入洛。四月初一日丁亥，庄宗得知西征军魏王李继岌即将到达，于是部署军队，计划车驾东出控扼汜水以待西军。蕃汉马步使朱守殷率领骑兵阵于城东宣仁门外，步兵阵于宫城南门兴教门外。庄宗还未及行，正吃早饭，从马直指挥使郭从谦率步兵以叛，攻打兴教门。庄宗率领诸王及近卫骑兵抵抗，遣使召朱守殷率领骑兵救驾，朱守殷不奉诏，带领骑兵在北邙山林中休息。叛军火烧兴教门，近臣宿将纷纷丢下兵器逃走。庄宗被乱兵流矢所中，退入绛霄殿，拔箭，须臾而终，年仅四十二岁。刘皇后收拾金宝细软与申王李存渥逃走。宫人多逃散。这时朱守殷才入宫，劫掠珍玩及三十余名宫人纳于家，然后遣使降于李嗣源。

后唐庄宗二十余年血战争天下，其时以不忘父志，报仇雪恨，兴复唐室为己任，与士卒同甘共苦，每战身先士卒，亲冒石矢，突入敌阵，几死者数矣，何其壮哉。及至称帝，沉迷游猎，信用群小，滥封伶人，功臣宿将为之丧气。宠信刘皇后，收聚钱财，吝于赏赐，更使将士寒心。皇后教令与制敕交行于藩镇，纲纪堕坏，皇帝之尊大损。郭崇韬无罪，刘皇后矫诏杀之，朝野骇然，流言四起，迅速蔓延，激起兵变，既出于意外，又在情理之中。庄宗前后判若两人。争战的庄宗似项羽，称帝的庄宗为胡亥。王夫之论曰："李存勖不可以为天子，然固将帅之才也，知用兵之略矣，得英主而御之，与韩信齿。"（《读通鉴论》卷二十八）此言似得之。

祸国女孽刘皇后。 庄宗刘皇后，魏州成安人，家世寒微，年五六岁时为晋兵所虏，归晋阳养于王宫，为庄宗母太后曹氏侍者。刘氏长成，姿色绝美，善吹笙，歌舞亦绝。庄宗好音律，喜欢与伶人谑浪，刘氏绝似一个伶人，故庄宗爱之。太后赐庄宗为庄宗韩国夫人侍者，因生皇长子李继岌，宠待日隆，然为太后所恶，不得为正。郭崇韬欲引刘氏为宫援，率大臣上表请求册立刘氏为皇后，结果是自掘坟墓。郭崇韬之死，为刘皇后所赐。刘皇后讳言寒微，其父刘叟九死一生，扣宫门认女，有内臣刘建丰识之，刘皇后声言生父为乱兵所杀，诬生父冒名认女，在宫门前被暴打一顿。刘皇后倍受庄宗宠爱，却无夫妻之情。庄宗临死口渴求水，刘皇后不自省视，只派宦官进奶酪，自己忙于收拾细软珠宝，与庄宗弟申王李存渥逃奔晋阳，在道与李存渥私通。刘皇后真是一美女蛇，不认父，仇报恩人，背夫乱淫，欲求善终，天理难容。刘皇后在晋阳削发为尼，李嗣源遣人杀之。刘皇后嗜财如命，正位中宫，肆无忌惮求索财物，凡贡举先入后宫，次奉皇上，总揽宫中货财，京都诸军困乏，以至妻子饿殍，宰相请出内库供给，刘皇后拿出妆具和皇子令宰相出卖以供军，如此拒难宰相，庄宗听之。将士切齿，众心叛离。等到李嗣源作难，庄宗许愿将士，宫中财物全部赏赐给你们。将士回答说："陛下现在才想起赏赐，不是太晚了吗！"庄宗流涕而已。庄宗覆国亡家，咎由自取，而刘皇后所为，亦后唐之褒姒、妲己，中国历史上又增一祸国女孽。

姚坤使契丹。 李嗣源即帝位，遣供奉官姚坤告哀于契丹。契丹主耶律阿保机欲借后唐庄宗之死敲诈后唐，求索割地，黄河之北，尽归契丹，则不南侵。姚坤答曰："这不是一个使臣能做主的。"契丹主大怒，囚禁姚坤十多天，再索："河北难得，只割让镇、定、幽三州之地也就算了。"不容分说，契丹主强要姚坤写出字据。姚坤拒绝，契丹主以死威逼，姚坤不为所动。契丹谋主汉大臣韩延徽救之，姚坤再次被囚禁。未几，阿保机死，姚坤得释。姚坤，后唐之苏武也。

魏博牙兵再遭族诛。 魏博为河北第一镇，辖魏、博、贝、相、澶、卫六州，号天雄军。唐后期自田承嗣割据以来，历届镇将招募扩充牙兵，镇将倚重为心腹，赏赐优厚，积久而成习。牙兵父子相承，姻党胶固，成为一地方盘根错节的武装集团。

魏博牙兵，既是野心家割据者的社会基础，也是割据者的大敌。魏博牙兵视更易主帅如同儿戏。自田氏以来至于晚唐、五代，历时一百五十多年，主帅废立，皆出于牙兵之手。如节镇史宪诚、何全皞、韩君雄、乐彦祯、罗宏信、罗绍威等，皆魏博牙兵所立。牙兵反复无常，稍不如意，则杀主帅，族其家。乐彦祯、乐从训父子皆死牙兵之手。罗宏信、罗绍威父子，虽为牙兵所立，而存恐惧，于是有罗绍威引朱温梁兵诛杀牙兵之事，死者七千余人，婴孺不留，这是魏博牙兵第一次遭族诛，事在唐哀帝天祐三年（公元 906 年）。罗绍威诛牙兵，众叛亲离，势力衰弱，悔恨抑郁而死。其子罗周翰袭位，为梁将杨师厚所夺。杨师厚复置银枪效节军，皆选骁勇以为牙兵，恢复了旧时魏博牙兵的态势。杨师厚死，后梁末帝分天雄相、澶、卫三州置昭德军，分牙兵之半入昭德以弱其势。贺德伦为昭德节度使，效节军将张彦劫持贺德伦降于晋王，晋王李存勖收降昭德魏博牙兵为亲军，号帐前银枪军，随晋王征战，多建功勋。晋王许其灭梁后重赏银枪军，梁亡，晋王即位不爽前约，庄宗多次重赏，银枪军仍怀怨望。庄宗令杨仁晸率之戍瓦桥关，庄宗同光四年，即明宗天成元年（公元 926 年），银枪军拥立杨仁晸叛唐，杨仁晸不从，变兵杀之，拥立军校赵在礼入据邺城以叛。李嗣源奉诏往讨，又为变兵所逼，因祸以得天下。嗣源即位，是为明宗，赵在礼惧诛，请解兵权。明宗乃遣房知温往代，率领魏效节九指挥使往戍卢台，不给兵甲，惟长竿系帜，以束队伍。天成二年（公元 927 年），明宗遣乌震往代房知温，房知温煽动兵变杀乌震，因齐州防御使安审通脱身济河部整骑兵，房知温知事不济，脱离变兵，也渡河到河西与安审通合力诛变兵。明宗于是下令诛杀变兵家属，族灭三千余家，杀之漳河岸上，漳水为之变色。这是魏博牙兵第二次遭族灭。牙兵为乱，宜诛首恶，滥杀灭族，刑律废矣。由此可见，五代乱世，人命如草芥，可叹也夫！

后唐纪五

后唐明宗天成二年至四年（公元927—公元929）

【起强圉大渊献（丁亥，公元927年）七月，尽屠维赤奋若（己丑，公元929年），凡二年有奇】

【大事提要】

本卷记事起公元927年七月，讫公元929年，凡二年又六个月。当后唐明宗天成二年七月至四年。马殷即王位，吴杨溥称帝。马殷大败犯境吴军，多次取胜荆南。马殷以子马希范执政，希范听流言，冤杀兴楚谋主高郁。吴国徐知诰独揽大权，徐知询险遭毒杀。明宗用兵河北，王晏球平定义武王都之叛，契丹两次南犯，全军覆没。明宗能听善言而不果行，优柔无断，听任安重诲独断专行。西川孟知祥、董璋联姻抗朝命。

明宗圣德和武钦孝皇帝中之上

后唐明宗天成二年（丁亥，公元927年）

秋季，七月，任命归德节度使王晏球为北面副招讨使。

七月十七日丙寅，升夔州为江宁军，任命西方邺为节度使。

［七月二十四日癸酉］，把上年给高季兴夔、忠、万三个州这件事当作豆卢革、韦说两人的罪状，都予以赐死。

把段凝流放到辽州，温韬流放到德州，刘训流放到濮州。

任圜请求退休，居住在磁州，后唐明宗答应了他的请求。

八月初一日己卯，发生日食。

册礼使到达长沙，楚王马殷开始建国，他建立宫殿，设置百官，都和天子一样，只是在有的方面稍微更改了一下名称：改翰林学士叫文苑学士，改知制诰叫知辞制，改枢密院叫左右机要司，群臣称马殷为殿下，他所下的命令称作教。任命姚彦章为左丞相，许德勋为右丞相，李铎为司徒，崔颖为司空，拓跋恒为仆射，张彦瑶、张迎掌管机要司。但是管内的官属一律称摄，只有朗州武平军、桂州静江军的节度使是先任命而后再呈报朝廷核准的。拓跋恒本来姓元，为了避马殷父亲的名讳而改为拓跋。

九月，后唐明宗对安重诲说："李从荣身边有人假传朕的旨意，要他不要接近儒生，担心会减弱人的志气。朕是因为李从荣年纪轻轻就去镇守大藩，所以选择了名儒来辅佐他，没想到现在这些奸人竟然讲出这样的话！"后唐明宗准备把这些假传圣旨的人斩掉；安重诲却请求对这些人只是严加防范就算了。

北都留守李彦超请求恢复他姓符，后唐明宗答应了他的请求。

九月十八日丙寅，任命枢密使孔循兼任东都留守。

九月二十四日壬申，契丹派遣使者请求互通友好，后唐也派遣使者回聘。

冬季，十月初七日乙酉，后唐明宗从洛阳出发，准备前往汴州；十月初九日丁亥，到达荥阳。

民间谣传后唐明宗要亲自率兵攻打吴国，又传说要处置东方的诸侯大臣。宣武节度使、检校侍中朱守殷对此感到又怀疑又害怕，判官高密人孙晟劝朱守殷反叛，于是朱守殷就登上汴州城进行防御。后唐明宗派遣宣徽使范延光前去劝慰朱守殷，范延光向后唐明宗建议说："如不及早攻击他们，汴州城就会越发坚固难攻了；我请求带领五百名骑兵一起前往。"后唐明宗听从了他的建议。范延光一行在黄昏时出发，到天还没亮时已走了二百里路，抵达汴州城下，和汴州的守军交锋，汴州的守军感到很吃惊。十月初十日戊子，后唐明宗到达京水，派遣御营使石敬瑭率领侍卫部队日夜兼程赶去增援。

有人对安重诲说："那些被免除官职而在外面的人，乘着汴州乱贼还没有被消灭的时候，有可能成为祸害，不如干脆把他们除掉。"安重诲认为这话很有道理，就奏请后唐明宗派遣使者去赐任圜死。端明殿学士赵凤哭着对安重诲说："任圜是位义士，怎么会造反呢！你如此滥用刑戮，怎么能够辅佐国家！"后唐明宗的使者到达磁州，任圜把他的家族聚集在一块开怀畅饮一番，然后就自杀了，自始至终神色不变。

十月十一日己丑，后唐明宗到达大梁，从四面向汴州城发动进攻，城中官吏和百姓缒绳逃出来投降的很多。朱守殷知道大势已去，就把自己的家族全部杀掉，然后伸长脖子让身边的人把他的头砍了。登城防守的人看到后唐明宗的乘舆，都一道打开城门出来投降。孙晟逃奔到了吴国，徐知诰对他以客相待。

（以上为第一段，写马殷即楚王位。后唐明宗平定汴州之乱。）

十月二十日戊戌，后唐明宗下诏免去三司将近二百万缗赋税的拖欠。

十月二十三日辛丑，吴国大丞相、都督中外诸军事、诸道都统、镇海宁国节度使兼中书令东海王徐温去世。

当初，徐温的儿子行军司马、忠义节度使、同平章事徐知询认为他的哥哥徐知诰并不是徐家亲生的儿子，多次向徐温请求要代替徐知诰执掌吴国国政，徐温说：

“你们的能力都比不上他。”严可求和行军副使徐玠也多次劝徐温用徐知询替代徐知诰，徐温看在徐知诰非常孝顺恭谨的份上，始终不忍心这样做。陈夫人也说：“知诰是我们家贫穷时就收养了的，为什么我们富贵了以后要抛弃他呢？”但是严可求等人还是不停地劝说。徐温准备率领各地藩镇入朝劝说吴王即位称帝，正要出发，却得了病，于是就派遣徐知询带着奏章前去劝吴王称帝，自己留下来代替徐知诰掌理政事。徐知诰起草了奏章想请求出任洪州节度使，打算第二天早晨呈送上去，当天晚上，徐温去世的消息传来，于是这件事才被搁置了起来。徐知询也立即赶回金陵。吴王追赠徐温为齐王，谥号为忠武。

山南西道节度使张筠长期生病，将领们请求召见，一概受到拒绝。副将符彦琳等怀疑他已经死了，担心他左右的人会有什么奸谋，于是要求他暂时交出兵符、印信；张筠一听大为生气，就把符彦琳和判官、都指挥使都逮捕下狱，诬告他们要阴谋造反。后唐明宗下诏要把符彦琳他们提押到京城去，经过进一步核实后并未发现他们有谋反的证据，于是就把他们释放了；接着调任张筠为西都留守。

十月二十五日癸卯，任命保义节度使石敬瑭为宣武节度使，兼任侍卫亲军马步都指挥使。

十一月初三日庚戌，吴王即皇帝位，追尊孝武王为武皇帝，景王为景皇帝，宣王为宣皇帝。

安重诲提议要讨伐吴国，后唐明宗没有答应。

十一月十七日甲子，吴国大赦境内，改年号为乾贞。

十一月二十九日丙子，吴主尊奉太妃王氏为皇太后，任命徐知诰为诸道副都统、镇海宁国节度使兼侍中，加封徐知诰都督中外诸军事。

十二月初一日戊寅，孟知祥征调二十万民工修建成都城。

吴王册立他的哥哥庐江公杨濛为常山王，弟弟鄱阳公杨澈为平原王，哥哥的儿子南昌公杨珙为建安王。

当初，晋阳有个会相面的人叫周玄豹，他曾经说后唐明宗的相貌贵不可言，后唐明宗即位以后，想把他召到京城里来；赵凤说：“周玄豹说陛下应当会成为天子，现在已经应验了，也没有什么好再向他询问的了。如果把他安置在京城里，那些轻浮狂荡的危险人物就一定会聚集到他的门下，争相去为自己问个吉凶。自古以来，术士们胡言乱语，致使很多人全家被诛灭，这些人根本不能用来安定国家。”后唐明宗于是派遣使者去周玄豹那里让他以光禄卿的职位退休，只赐给他很多金银布帛而已。

中书舍人马缟请求用汉光武帝的旧例，在七庙之外另外再立个宗庙；中书门下上奏请求像汉孝德、孝仁皇那样，对先祖称皇不称帝。后唐明宗想让先祖兼称帝，群臣于是援引德明、玄元、兴圣皇帝的例子，建议都在京师立庙；后唐明宗下令在应州的旧宅立庙，从高祖考妣以下都追谥为皇帝、皇后，他们的墓也都改称为陵。

汉主到达康州。

这一年，蔚州、代州沿边的粮食每斗不超过十钱。

（以上为第二段，写吴王杨溥即皇帝位。孟知祥筑城于成都。后唐明宗违礼追谥高祖以下为皇帝。）

后唐明宗天成三年（戊子，公元 928 年）

春季，正月初十日丁巳，吴王册立儿子杨琏为江都王，杨璘为江夏王，杨璆为宜春王，宣帝的儿子庐陵公杨玢为南阳王。

昭义节度使毛璋的所作所为骄横僭越，时常穿着只有天子才能穿的赭袍，纵酒戏耍，身边的人有胆敢规劝他的，毛璋就把他的心剖开来看。后唐明宗得知这一情况后，就把毛璋征调到京城担任右金吾卫上将军。

契丹攻陷了平州。

二月初一日丁丑，发生日食。

后唐明宗准备到邺都，当时随从各部队的家属刚刚迁到大梁，一听说又要前往邺都，心里很不愉快，流言议论纷纷。后唐明宗知道这一情况后，只好作罢。

吴国自从后唐庄宗灭了后梁以来，经常不断地派遣使者前来。二月初四日庚辰，吴国的使者到来，安重诲认为吴王杨溥胆敢和朝廷分庭抗礼，现在又派遣使者前来窥探虚实，于是就拒绝接待来使，从此后唐就与吴国断绝了往来。

张筠到达长安，守城的士兵关起城门不让他进城；张筠只好单人匹马回到朝廷，后唐明宗任命他为左卫上将军。

二月十六日壬辰，宁江节度使西方邺攻下了归州；没过多久，荆南又把归州夺了回去。

枢密使、同平章事孔循生性狡猾，善于花言巧语，安重诲很相信他。后唐明宗想为皇子娶安重诲的女儿为妻子，孔循却对安重诲说："公的职务已经和皇上非常亲近密切了，不宜再和皇子结为姻亲。"于是安重诲就推辞了这门婚事。过了一段时间，有人对安重诲说："孔循善于挑拨离间，不能把他安排在可以和皇上密切接触的职位上。"孔循知道了这件事，就私下里派人去巴结王德妃，请求她能让皇家迎娶自己的女儿；王德妃于是向后唐明宗请求迎娶孔循的女儿为李从厚的妃子，后唐明宗答应了。安重诲得知这一情况后非常愤怒，二月十九日乙未，任命孔循为同平章事，外放为忠武节度使兼东都留守。

安重诲生性强横刚愎。秦州节度使华温琪入京朝见后唐明宗，请求留任京城，后唐明宗嘉勉了他，任命他为左骁卫上将军，每月还另外赏赐给他一些钱谷。过了一年多，后唐明宗对安重诲说："温琪也算是老臣了，应该选择一个重镇来安置他。"

安重诲回答说没有空缺。后来，后唐明宗又多次提起这件事，安重诲心里有点不高兴地说："臣已经屡次报告说没有空缺，现在只有我这枢密使一职可以让他替代了。"后唐明宗说："那也可以。"安重诲一时无言以对。华温琪听到这一情况后感到非常害怕，好几个月都不敢出门。

安重诲很厌恶成德节度使、同平章事王建立，于是向后唐明宗上奏说王建立和王都相互勾结，有谋反的迹象。王建立也向后唐明宗上奏说安重诲独揽大权，请求来朝廷当面向后唐明宗说明详细情况，后唐明宗于是召他进京；王建立到了朝廷后，向后唐明宗说安重诲和宣徽使判三司张延朗结为姻亲，内外勾结，作威作福。三月初五日辛亥，后唐明宗见了安重诲，满脸怒气，对安重诲说："现在我想给你一个外镇让你去休息休息，让王建立来代替你的职位，另外张延朗也放为外任。"安重诲说："臣历尽艰难侍奉陛下数十年，正值陛下登上帝位，一时无适当人选而由臣任机要职务，数年来天下还算太平；现在忽然间把臣贬斥到外镇去，臣想听听自己到底有什么罪过！"后唐明宗很不高兴地起身就走了，后来又把这件事告诉了宣徽使朱弘昭，朱弘昭说："陛下平时待安重诲如同左右手，为什么因为一点小事就要抛弃他？希望陛下三思。"不久，后唐明宗又把安重诲召来好言安抚他一番。第二天，王建立来向后唐明宗告别，准备回到藩镇上去，后唐明宗说："爱卿近来不是上奏说想在朝廷分担朕的忧愁吗？现在又要到哪里去？"这时刚好门下侍郎兼刑部尚书、同平章事郑珏请求退休，三月十三日己未，下令让郑珏以左仆射的职位退休；三月十七日癸亥，任命王建立为右仆射兼中书侍郎、同平章事、判三司。

（以上为第三段，写安重诲跋扈不臣，后唐明宗优容之。）

孟知祥曾多次和董璋争夺售盐的利益，董璋鼓励商人们把东川的盐卖到西川去，孟知祥对此感到很头痛，于是就在位于东西川交界的汉州设置了三处场所对商人征收重税，一年可以得到税钱七万缗，从此商贩们不再到东川贩盐了。

楚王马殷前往岳州，派遣六军使袁诠、副使王环、监军马希瞻率领水军攻打荆南，高季兴用水军迎战。楚军到了刘郎洑，马希瞻乘夜色在港中偷偷埋伏了数十艘战舰；第二天一早，两军交战，马希瞻开出港中的战舰拦腰截击，结果高季兴被打得大败，楚军俘获和斩杀了数以千计的荆南士兵，然后进逼江陵。高季兴请求讲和，并把史光宪送还楚国。楚军撤回去之后，楚王马殷责备王环为什么不乘胜拿下荆南，王环说："江陵地处中朝和吴、蜀之间，是个四面受敌的地方，应该把它保存下来作为我们的屏障。"马殷听了很高兴。王环每次作战，都身先士卒，和大家同甘共苦；他时常在座位旁放置一些针和药物，一仗打下来，他就把伤兵们找到帐前，亲自给他们敷药治疗。那些分配到他的部队中的士卒们都互相称贺说："我们可找到值得卖命的地方了。"正因为如此，他的部队每次出战都能建立战功。

楚国派水军大举进攻南汉，包围了封州。汉主用《周易》来卜问吉凶，得到大有卦，于是大赦境内，改年号为大有；又命令左右街使苏章率领三千名神箭手、一百艘战舰前去援救封州。苏章到达贺江，把大铁索沉在江中，在两岸设置巨轮用来挽揽铁索，并且建筑了很长的堤坝把巨轮隐蔽起来，在堤坝后面又埋伏了壮士。苏章先用轻舟迎战，假装打不赢，楚军就在后面追赶，进入了两岸修筑长堤的地方；汉军转动巨轮拉起铁索，从而使楚军的战船既不能进又不能退，汉军的神箭手们用强弩从两岸向楚军射击，楚军大败，解除了对封州的包围逃了回去。汉主任命苏章为封州团练使。

（以上为第四段，写马殷北攻取胜荆南，南进受挫于南汉。）

夏季，四月，后唐明宗任命邺都留守李从荣为河东节度使、北都留守，又任命客省使太原人冯赟为北都副留守，夹马指挥使新平人杨思权为步军都指挥使来辅佐李从荣。四月初三日戊寅，任命宣武节度使石敬瑭为邺都留守、天雄节度使，加封同平章事；任命枢密使范延光为成德节度使。四月十一日丙戌，任命枢密使安重诲兼任河南尹，任命河南尹李从厚为宣武节度使，仍旧兼管六军诸卫事。

吴国右雄武军使苗璘、静江统军王彦章率领水军一万人进攻楚国岳州，到了君山，楚王马殷派遣右丞相许德勋率领一千艘战舰前去抵御吴军。许德勋说："吴军是想乘我们没有防备而进行偷袭，如果看见我们的大军，一定会吓得逃走的。"于是就在角子湖埋伏下部队，并派王环乘着夜色率领三百艘战舰前去切断吴军的退路。第二天黎明，吴军进军到位于洞庭湖和长江交汇处的荆江口，准备会合荆南军队一同攻打岳州，四月十二日丁亥，到达道人矶。许德勋命令战棹都虞候詹信率领三百艘轻便船只出击吴军的后面，许德勋亲自率领大军从正面迎敌，前后夹攻，结果吴军被打得大败，楚国俘虏了苗璘和王彦章，把他们带了回去。

（以上为第五段，写后唐明宗调整重镇主帅，楚王马殷大败犯境吴军。）

当初，义武节度使兼中书令王都镇守易州和定州有十多年了，他自行任命刺史以下的官员，所征收的租税也都用来供给自己的部队。到了安重诲掌权以后，稍微凭借法律条规抑制了他一下；后唐明宗也因为王都是篡夺了他父亲的职位，非常厌恶他。当时契丹经常侵犯边境，朝廷在幽州、易州一带驻扎了大量军队，大将们来来去去的，王都暗中加以防备，久而久之，和朝廷之间就产生了猜疑。王都担心朝廷会把他调到其他的藩镇去，他的心腹和昭训劝他要有一个保全自己的办法，王都于是向卢龙节度使赵德钧求婚。他又知道成德节度使王建立和安重诲之间有些矛盾，于是派遣使者前去要和王建立结为兄弟，暗中和王建立谋划要恢复过去唐朝末年河北藩镇割据的局面，王建立表面上答应了他，但暗中却向后唐明宗报告了这件事。

王都又把用蜡封好的秘密信件分别送给青州、徐州、潞州、益州、梓州的五位统帅，离间他们之间的关系。又派人去游说北面副招讨使、归德节度使王晏球，王晏球没有听他的；于是他又用金钱收买王晏球手下的人，让他们谋害王晏球，也没获得成功。四月十八日癸巳，王晏球把王都阴谋造反的情况报告了后唐明宗，后唐明宗下诏让宣徽使张延朗和北面各将领商议讨伐王都。

四月二十三日戊戌，吴国把常山王杨濛改封为临川王。

四月二十五日庚子，后唐明宗下诏削夺王都的官职和爵位。四月二十七日壬寅，任命王晏球为北面招讨使，并暂时掌理定州的事务，又任命横海节度使安审通为副招讨使，任命郑州防御使张虔钊为都监，征调各路人马会兵讨伐定州。当天，王晏球向定州发起进攻，攻下了定州北关城。王都用厚礼贿赂奚人首领秃馁，向他求援，五月，秃馁率领一万名骑兵闯入定州境内；王晏球撤退到曲阳防守，王都和秃馁一道前来攻打。王晏球和他们在嘉山下交战，大破敌军，秃馁率领二千名骑兵逃回定州。王晏球跟踪追击到定州城门前，随即发起进攻，攻下了西关城。定州城墙非常坚固，很难攻下，于是王晏球就扩建了西关城把它作为行府，让定、祁、易三州的百姓交纳赋税以供应这里的军需，准备长期驻守。

五月十七日辛酉，任命天雄节度副使赵敬怡为枢密使。

王晏球得知契丹出兵前来救援定州，于是就率领大军赶往望都，同时派遣张延朗率领一部分军队退到新乐坚守。张延朗随即赶往真定，留下赵州刺史朱建丰率领部队修筑新乐城。这时，契丹军已经由另外一条道进入定州，和王都联合在夜晚袭击新乐，攻破了新乐城，杀死了朱建丰。五月二十一日乙丑，王晏球、张延朗在行唐会师，五月二十二日丙寅，到达曲阳。王都借着新胜的余威，调集了自己的全部人马和契丹的五千名骑兵共有一万多人，在曲阳阻击王晏球等人，五月二十三日丁卯，两军在城南交战。王晏球召集诸位将领，下令说："王都轻浮骄傲，这一次战斗中就能把他活捉。今天，正是各位报效国家的时候。都扔掉弓箭，用短兵器进击，有敢回头迟疑不前的一律斩首！"于是骑兵们在前面进攻，挥舞着铁棁短剑，一直冲到敌人的阵地，把敌军打得大败，敌人横尸遍野；契丹军死伤过半，其余没死的都向北逃去；王都和秃馁靠着几名骑兵的保护，才勉强脱身。卢龙节度使赵德钧又在半路上拦击契丹兵，那些往北逃窜的残兵败将几乎没有一个能够活着回去的。

（以上为第六段，写义武节度使王都连引契丹军叛乱，官军往讨，大败叛军，契丹军无一生还。）

吴国派遣使者向楚国请求讲和，并且请求放回苗璘、王彦章；楚国马殷答应遣送他们回去，让许德勋为他们设宴饯行。许德勋对他们二人说："楚国虽然很小，但是旧臣、宿将都还健在，希望吴国不要再打什么主意。一定要等到这些小马驹们争夺马厩的时候，然后才能做打算。”当时马殷在宫中有很多宠妾，嫡庶之间没有分别，他的儿子们也都很骄横奢侈，所以许德勋才对他俩谈到了这些。

六月初八日辛巳，高季兴再次向吴国请求称臣，吴国加封高季兴的爵位为秦王，于是后唐明宗下诏命令楚王马殷讨伐高季兴。马殷派遣许德勋率兵攻打荆南，任命他的儿子马希范为监军，部队进驻到沙头；高季兴的侄子云猛指挥使高从嗣单枪匹马走到楚军的营寨前，要求单独和马希范一决雌雄，楚国副指挥使廖匡齐出营和他决斗，当场就把他拉杀了。高季兴于是感到很恐惧，第二天，就派人来讲和，许德勋于是班师回去。廖匡齐是赣县人。

（以上为第七段，写吴、楚、荆南三国休战。）

王晏球知道定州方面已有防备，不能轻易地发动猛攻，但是朱弘昭、张虔钊却都扬言说这是大将胆小害怕了；后唐明宗颁下诏书催促他抓紧攻城。王晏球不得已，六月二十二日乙未，下令攻城，结果损兵折将三千人。

先前，后唐明宗下诏征调西川的部队去戍守夔州，孟知祥派遣了左肃边指挥使毛重威率领三千人前往。没过多久，孟知祥就上奏说：“夔、忠、万三州已经平定，请求下令把戍守的部队召回去，这样可以节省运输军需的开销。”后唐明宗没有同意。孟知祥只好私下里派人去策动他们，于是毛重威率领他的士卒们喧闹着逃回了西川；后唐明宗下令要追究毛重威的罪责，经过孟知祥的求情才赦免了他。

陕州行军司马王宗寿请求安葬前蜀主王衍，秋季，七月，朝廷追赠王衍为顺正公，用诸侯的礼仪安葬了他。

北面招讨副使安审通去世。

东都的百姓有人犯了私自酿酒的罪，留守孔循把他的全家都诛杀了。有人建议让百姓们自行酿酒，可以在秋季的赋税中每亩再加收五钱；七月十六日己未，后唐明宗下令同意。

七月十九日壬戌，契丹又派遣其酋长惕隐率领七千名骑兵前来解救定州，王晏球在唐河北面迎战，把契丹人打得大败；七月二十一日甲子，追击到易州。当时长期下雨，河水上涨，契丹士兵被唐军所俘虏、斩杀以及掉在河中淹死的，不计其数。

七月二十五日戊辰，任命威武节度使王延钧为闽王。

契丹人向北逃窜，沿途道路泥泞，人困马乏，进入了幽州境内。［八月初二日甲戌］，赵德钧派遣牙将武从谏率领精锐骑兵半路上拦击他们，并且分兵扼守住各处险要路口，活捉了惕隐等数百人；剩余的残兵败将都逃散到附近的村落中，村民们都用木棍子狠揍他们，最后能够逃脱回国的不过几十个人。从此以后契丹人心惊胆寒，再也不敢轻易侵犯边境了。

当初，后唐庄宗在黄河以北地区攻城略地时，拣到一个小孩，就把他养在了宫中，等他长大以后，赐给他姓名叫李继陶；后唐明宗即位以后，就把他放出了皇宫。王都得到了他，让他穿上了黄袍坐在城上矮墙中间，对城下的王晏球说："这是庄宗皇帝的儿子，已经即皇帝位了。公蒙受先朝的厚恩，难道你不感念先朝吗？"王晏球说："你搞这些小名堂究竟有什么用处？我现在教你两个办法，如果不倾巢出动前来决战，那么就束手就擒好了，除此之外再也没有别的活路。"

王建立因为自己没有多少文化，请求解除判三司的职务，后唐明宗没有答应。

八月二十三日乙未，吴国大赦境内。

吴越王钱镠想立他中间的儿子钱传瓘为继承人，就对他的儿子们说："你们各人都把自己的功劳说说看，我要选一个功劳最大的人把他立为继承人。"钱传瓘的哥哥钱传璹、钱传璙、钱传璟都公推钱传瓘的功劳最大，于是钱镠奏请朝廷要把两个方镇授给钱传瓘。闰八月初五日丁未，后唐明宗下诏任命钱传瓘为镇海、镇东节度使。

闰八月初六日戊申，赵德钧向朝廷献上了契丹俘虏惕隐等人，将领们都请求把他们杀掉，后唐明宗却说："这些人都是契丹人中骁勇的战将，如果杀了他们，契丹人就会断绝了指望，不如把他们留着，也好缓解边境的祸患。"于是赦免了惕隐等大小酋长五十人，把他们安置在亲卫中，其余六百名俘虏全部斩首。

契丹派遣梅老季素等前来入贡。

当初，卢文进归降后唐后，契丹任命蕃汉都提举使张希崇代替他担任卢龙节度使，驻守平州，同时派遣了亲信将领率领三百名骑兵监督他。张希崇本来是个书生，原担任幽州牙将，后来被契丹人俘获，他的性格平易随和，契丹将领们渐渐地亲近信任了他，于是他就和部下们谋划要南归故国。部下们都流着泪说："回老家去本来是我们连吃饭睡觉时都不会忘记的事，可是敌众我寡，怎么办呢？"张希崇说："我把他们的将领骗来杀了，他们的士兵一定会溃散逃走。这里离契丹人的大本营有一千多里路，等到他们知道消息再调兵前来，我们已经离开这里很远了。"大家都说："这个办法好！"于是他们就先挖了个大坑，再在里面填上了一些石灰，第二天，把契丹的将领们都召集来喝酒，灌得大醉，然后把连同他们的随从人员一起杀掉，把尸体丢进大坑中，契丹人的兵营设在城北，张希崇迅速派出部队前去攻打，契丹士兵都四散逃逸。张希崇率领自己的全部人马共有二万多人前来投奔后唐，后唐明宗下诏任命他为汝州刺史。

（以上为第八段，写契丹再次南犯，全军覆没，平州汉民归唐。）

吴国的王太后去世。

九月初九日辛巳，荆南在白田打败了楚军，活捉了楚国岳州刺史李廷规，把他解送到了吴国。

九月二十三日乙未，后唐明宗下诏，因为温韬盗挖唐朝先帝的陵墓，段凝则反复无常，把他们在流放地赐死。

九月二十七日己亥，任命武宁节度使房知温兼任荆南行营招讨使、知荆南行府事；又分别派遣宫中的使者去征调各道的军队会聚襄阳，好讨伐高季兴。

九月二十九日辛丑，调任庆州防御使窦廷琬为金州刺史；冬季，十月，窦廷琬占据庆州拒绝接受后唐明宗的命令。

十月初五日丙午，任命横海节度使李从敏兼任北面行营副招讨使。李从敏是后唐明宗的侄儿。

十月初七日戊申，下诏命令静难节度使李敬通率兵讨伐窦廷琬。

王都占据着定州，守备坚固，对部下的控制也很严密，一些将领曾多次想翻过城墙出来接应官军，都没能获得成功。后唐明宗派遣使者前去催促王晏球攻城，王晏球和使者一道骑着马在定州城的四周巡察，他指着城对使者说："城池这么高峻，即便是城里的人任由外面的军队登城，也不是靠着云梯和冲车就能攻上去的。只是白白地损失我们的精锐士卒，而丝毫无损于乱贼，这样做又怎么能行呢？不如依靠三州的租税以供养军队，爱民养兵，等待时机，他们一定会从内部崩溃。"后唐明宗听从了他的意见。

（以上为第九段，写定州城坚，官军围困以待叛军内溃，明宗部署大举攻荆南。）

十一月，有关部门建议为唐哀帝立宗庙，后唐明宗下诏命令在曹州建庙。

平卢节度使晋忠武公霍彦威去世。

忠州刺史王雅攻取了归州。

十一月十九日庚寅，皇子李从厚娶孔循的女儿为王妃，孔循因此有机会去了大梁，他积极巴结王德妃及其党羽，请求能够留在大梁。安重诲把这些情况全部报告给了后唐明宗，并且极力排斥他，婚礼一办完，就催促他回军镇去。

十一月二十三日甲午，任命中书侍郎、同平章事王建立仍旧担任同平章事，同时充任平卢节度使。

十一月二十五日丙申，后唐明宗问赵凤："帝王赐给臣下铁券，这有什么作用？"赵凤回答说："与他们立下誓言，让他们的子孙世世代代享有爵位俸禄。"后唐明宗说："先朝时得到这种赏赐的只有三个人，郭崇韬、李继麟不久都被满门抄斩，朕也险些不能得脱。"说完后感叹了很久。赵凤说："帝王如果内心存有大信，本来就不必一定要把誓言刻在金石上。"

十二月初三日甲辰，李敬周奏报说攻下了庆州，并且斩杀了窦廷琬的全族。

荆南节度使高季兴病得很厉害，命令他的儿子行军司马、忠义节度使、同平章事高从诲暂时代理军府的事务；十二月十五日丙辰，高季兴去世。吴主任命高从诲为荆南节度使兼任侍中。

史馆修撰张昭远上奏说："臣见先朝时，皇弟、皇子都喜欢乐舞艺人，在宫内极力装饰打扮自己的姬妾，外出时就吹嘘自己仆人和车马的排场，这些人习尚就是如此，又怎么能够成为贤能的人呢？皇上的皇子们应当精心地选择好师傅，命令皇子们都谦恭地向他们学习，讲习礼义的经义，讨论国家安危的道理。古时候人君一即帝位就册立太子，是为了要明确嫡庶之间的区别，堵塞祸乱发生的根源。现在通过占卜来确立储君这件事，臣不敢轻率地议论。至于在降恩赏赐、婚姻、晋见、侍养等方面，嫡庶和长幼之间，应该有所区别，明确表示等级权威，以杜绝一切侥幸非分的想法。"后唐明宗非常欣赏并叹服张昭远的建议，但是终究还是没有付诸实施。

闽王王延钧批准二万名百姓脱俗出家，因此闽中的僧人很多。

河东节度使、北都留守李从荣，年纪轻轻就很骄横暴戾，不亲自料理政务，后唐明宗从自己身边的亲信中派出一个平时和李从荣要好的人前去和他相处，让他随时能够利用机会劝导他。这个人私下对李从荣说："河南相公恭敬谨慎，礼贤下士，颇有少年老成的风度；相公您是兄长，应该鞭策勉励自己，别让名声低于河南相公之下。"李从荣听了很不愉快，回去以后，对步兵都指挥使杨思权说："朝廷中的人都推崇李从厚而说我的坏话，难道要废掉我吗？"杨思权说："相公您手中掌握有强大的军队，而且还有我杨思权在，有什么好担心的！"于是就劝说李从荣多招募一些部队，修缮好武器，暗中做充实自己实力的打算。杨思权又对后唐明宗的亲信说："你总是称誉弟弟而贬抑当哥哥的，我们难道就不能帮助他吗？"那位亲信听到这话感到很害怕，就把这些情况告诉了副留守冯赟，冯赟又秘密地上奏给后唐明宗。后唐明宗召杨思权到朝廷中去，因为李从荣的缘故，没有治他的罪。

（以上为第十段，写荆南节度使高季兴卒。史馆修撰张昭远上言明宗宜为皇子择良师训导，明宗善其言而不行。北都留守李从荣骄暴谋割据。）

后唐明宗天成四年（己丑，公元929年）

春季，正月，冯赟调入朝中担任宣徽使，他对执政大臣说："李从荣性情刚愎险僻，处事又轻举妄动，应该选派一个德高望重的人去辅佐他。"

王都、秃馁想突围逃走，但是又冲不出重围。二月十三日癸丑，定州都指挥使马让能打开城门放进官军，王都全族放火自焚而死，唐军活捉了秃馁和二千名契丹士兵。二月十一日辛亥，后唐明宗任命王晏球为天平节度使，和赵德钧一起都加封兼任侍中。秃馁被押送到大梁，在街市上当众斩首。

枢密使赵敬怡去世。

二月二十四日甲子，后唐明宗从大梁起程。

二月二十七日丁卯，门下侍郎、同平章事崔协在须水去世。

二月三十日庚午，后唐明宗到达洛阳。

王晏球在定州城下时，每天都用自己个人的钱物犒劳士卒，从开始攻城到攻下城，从未杀过一个士卒。三月十一日辛巳，王晏球回到朝廷，后唐明宗称赞他的功劳；王晏球只是一味谦虚地说长期以来劳烦了朝廷给他运送粮饷等。

皇子、右卫大将军李从璨性情刚烈，安重诲掌权后，李从璨不屈从于他。后唐明宗东巡，任命李从璨在洛阳担任皇城使。李从璨和客人们在会节园宴饮，喝酒喝到高潮时，他开玩笑地坐到设在园内的御榻上，安重诲向后唐明宗上奏说应该诛杀他；三月十六日丙戌，后唐明宗赐李从璨死。

横山的蛮人侵犯邵州。

楚王马殷命令他的儿子武安节度副使、兼管长沙府的马希声掌理政事，总管内外大小军事，从此以后，国家的大事都是先经过马希声，然后才传达给马殷。

夏季，四月初一日庚子，下令禁止铁锡钱的流通。当时湖南专门使用锡钱，一个铜钱可以兑换一百个锡钱，这种锡钱渐渐流入了中原，法令难以禁止这些钱的流通。

四月初七日丙午，楚国六军副使王环在石首打败了荆南军队。

开始下令在沿边各地设场收购党项人的马匹，不让党项人送到朝廷。在此以前，党项人都直接到朝廷，以进贡马匹为名，朝廷只好估算一下马匹的价钱付酬给他们，再加上馆驿的招待和另外的赏赐，每年都要耗费五十多万缗钱；有关部门苦于这笔耗费，因此下令禁止他们到京城来。

四月十三日壬子，任命皇子李从荣为河南尹、兼管六军诸卫事；任命李从厚为河东节度使、北都留守。

契丹人侵犯云州。

四月十五日甲寅，任命端明殿学士、兵部侍郎赵凤为门下侍郎、同平章事。

五月十七日乙酉，中书上奏说："太常改谥哀帝为昭宣光烈孝皇帝，庙号为景宗。既然已经称宗，就应该入祀太庙，在别的庙里就不应该称宗。"于是下令去掉庙号。

后唐明宗准备在南郊祭天，派遣客省使李仁矩带着诏书去告谕两川，命令西川贡献钱一百万缗，东川贡献钱五十万缗；结果两川都借口说军用不足，西川只献上五十万缗，东川才献上十万缗。李仁矩是后唐明宗当初在藩镇时的一位客将，也被安重诲所器重，他依仗着恩宠，特别骄横傲慢。到达梓州时，董璋摆设了酒宴要招待他，到了中午他还没去赴宴，却正搂着妓女在喝酒。董璋非常生气，就带着随从拿着兵器闯进了驿站，让李仁矩站在台阶下，责骂他说："你只听说过西川斩杀了李客省使，难道就认为我不能这么做吗？"李仁矩吓得痛哭流涕，一再地赔罪求哀，才得免一死；后来董璋又送了很多礼物贿赂李仁矩向他表示歉意。李仁矩回到朝廷后，报告说董璋不遵守法令。不久，后唐明宗又派遣通事舍人李彦珣到东川，李彦珦入境之后，在小节方面失礼，董璋把他的随从抓了起来，李彦珦吓得逃了回来。

高季兴当初叛变，他的儿子高从诲曾极力劝谏，但是高季兴不听。高从诲继承了爵位以后，对幕僚们说："唐朝近而吴国远，舍弃近的而去归附远的，这不是好办法。"于是就通过楚王马殷向唐朝谢罪。又写信给山南东道节度使安元信，请求他向后唐明宗保奏，愿意重新称臣纳贡。五月二十八日丙申，安元信把高从诲的信呈报给了朝廷，后唐明宗答应了高从诲的请求。

契丹侵犯云州。

（以上为第十一段，写王晏球平定河北王都叛乱。荆南归服。）

六月十一日戊申，又把邺都改为魏州，留守、皇城使的官职一并撤销。

六月二十三日庚申，高从诲自称为前荆南行军司马、归州刺史，上表后唐明宗请求归附。秋季，七月十七日甲申，任命高从诲为荆南节度使兼侍中。七月二十二日己丑，废止荆南招讨使。

八月，吴国的武昌节度使兼侍中李简因病请求回江都，七月十七日癸丑，在采石去世。徐知询是李简的女婿，他擅自把李简的亲兵二千人留在金陵，又上表推荐李简的儿子李彦忠代替他的父亲镇守鄂州，结果徐知诰却任命龙武统军柴再用担任武昌节度使；徐知询非常生气地说："刘崇俊是哥哥的亲戚，就能父子三代镇守濠州，李彦忠是我妻子家里的人，难道就不能被任用吗？"

当初，楚王马殷重用都军判官高郁，把他当作主要的谋臣，国家依靠他从而富强起来，以致邻国对他都产生了嫉妒。后唐庄宗入主洛阳以后，马殷派他的儿子马希范前去入贡，后唐庄宗很喜欢马希范的机智敏捷，就对他说："以往听人传说马氏的天下终究要被高郁所篡夺，现在看有你这么出色的儿子，高郁又怎么能够得逞呢？"高季兴也用流言蜚语离间马殷和高郁之间的关系，马殷没有听信这些，于是高季兴又派人送信给节度副使、知政事马希声，故意夸赞高郁的功劳和名声，表示愿意和他结为兄弟。使者并且对马希声说："我们高公常常说：'马氏的政务都是由高郁决定的。'这是你们马氏子孙最大的忧患。"马希声很相信他说的话。行军司马杨昭遂，是马希声妻子的娘家人，图谋替代高郁的职务，于是每天就在马希声面前说他的坏话。马希声也多次向他的父亲马殷报告，说高郁奢侈僭越，并且在外面交结邻国，请求把他杀了。马殷说："成就我的功业，全靠高郁出力；你不要再说这样的话了！"马希声又一再请求罢除高郁的兵权，于是马殷只好把高郁降职为行军司马。高郁对他的亲信们说："赶快给我营造好西山，我就要退休了。狗崽子慢慢长大了，能咬人了。"马希声听到这话以后，更加生气，第二天，就假传马殷的命令在军府的署舍中杀死了高郁，并张榜告示中外，诬陷说高郁要阴谋造反，同时把高郁的全家以及族党全部杀死。到了傍晚，马殷还不知道这些情况，这一天，起了大雾，马殷对身边的人说：“我从前跟随孙儒渡淮河时，每次如果冤杀了那些无辜的人，都会出现这种奇异的征候。马步院里难道又有人冤死了吗？”第二天，官吏们把高郁的死讯报告了他，马殷捶胸大哭说：“我已经太昏老了，国家的大事也当不了家了，竟然使我有功的旧臣横遭这样的冤死！”一会儿又回过头来对自己身边的人说：“我又怎么能长期坐在这个位子上呢？”

（以上为第十二段，写吴国徐知诰压制徐知询，楚国执政马希声冤杀兴楚谋主高郁。）

九月，后唐明宗和冯道在闲谈中聊起近年来五谷丰登，四方无事。冯道说：“臣常常记起从前在先帝幕府任掌书记时，奉命出使中山，经过井陉天险的时候，臣担心马会摔倒，就小心谨慎地拉住马缰绳，幸好没有什么事情；到了平路时，我就放开缰绳让马驰骋，不久我就从马上跌了下来。凡是治理天下国家也是这个道理。”后唐明宗认为他的话很对。后唐明宗又问冯道说：“今年虽然丰收了，百姓们过得富足吗？”冯道说：“种庄稼的人遇到灾荒年景就死于流离或饥饿，遇到丰收年景又会因谷价太低而受损害，不论年景好与坏都要受损害的，只有种庄稼的人是这样啊！臣记得进士聂夷中的诗中写道：‘二月卖新丝，五月粜新谷；医得眼下疮，剜却心头肉。’语言虽然粗俗，但也道尽了农家的甘苦。农人是士、农、工、商四种人之中最为辛勤劳苦的，作为人主不能不了解这些情况。”后唐明宗听了很高兴，命令身边的人把这首诗抄录下来，自己时常讽诵。

戍守在东川的鄜州士兵该回本道去了，董璋擅自把他们之中年轻力壮的留了下来，而挑选了一些年老体弱的人放他们回去，同时收缴了他们的兵器。

九月二十七日癸巳，西川右都押牙孟容的弟弟当时担任资州的税官，因为监守自盗而被判处死罪，观察判官冯瑑、中门副使王处回都替他求情，孟知祥说：“即使是我的弟弟犯了法，也不能宽恕，何况是别人呢？”

吴越王钱镠在他的国内喜欢自夸自大，朝廷派来的使者如果曲意奉承他，那么就会得到很丰厚的奖赏，否则的话，礼遇就很低。他曾经写信给安重诲，在文辞和礼节上都很傲慢。后唐明宗派遣供奉官乌昭遇和韩玫出使吴越，乌昭遇和韩玫两人之间不和，出使回来后，韩玫上奏说：“乌昭遇见到钱镠后，称臣拜舞，称钱镠为殿下，又私下把朝廷的大事告诉给钱镠。”安重诲奏请后唐明宗赐乌昭遇死。九月二十七日癸巳，后唐明宗下令钱镠以太师的身份退休，其余的官职爵位全部免去，凡是过去吴越所推举的官吏、使者、纲吏等，都命令所在地的官员把他们抓起来治罪。钱镠让他的儿子钱传瓘等人上表朝廷，诉说冤屈，后唐明宗却一概不予理睬。

当初，朔方节度使韩洙去世后，他的弟弟韩澄担任留后。没过多久，安远军使李匡宾聚集同党占据了保静镇发动叛乱，朔方地区很不安定。冬季，十月初二日丁西，韩澄派遣使者带着绢表前来请求朝廷任命他为节度使。

前磁州刺史康福，精通胡语，后唐明宗退朝之后，经常把康福召入便殿，询问他时事，康福就用胡语回答了起来；安重诲很讨厌康福这样做，常常警告他说："康福，你尽管在皇上面前胡乱奏事，到时候我要砍了你的脑袋！"康福吓得不轻，赶忙请求补缺放外任。安重诲认为灵州深入胡人的地域，在那里当主帅的人大多被杀害，十月初三日戊戌，任命康福为朔方、河西节度使。康福求见后唐明宗，痛哭流涕地想辞去这个职务；后唐明宗命令安重诲再为康福换一个镇所，安重诲却回答说："康福没有什么特殊的功绩，却从刺史升为节度使，他还有什么不满足的？况且任命已经发布了，难以再更改了。"后唐明宗不得已，只好对康福说："安重诲不肯更改成命，这可不是朕的意思啊！"康福告辞出发，后唐明宗派遣将军牛知柔、河中都指挥使卫审峹等率领一万名军队护送他上任。卫审峹是徐州人。

十月十六日辛亥，划出阆、果两个州设置保宁军，十月十七日壬子，任命内客省使李仁矩为节度使。

先前，西川经常调拨一些粮草供给峡路，现在孟知祥却推辞说因为本道的兵员很多，难以再供应其他的藩镇了，后唐明宗下诏不答应，多次催促他继续调拨；十月十九日甲寅，孟知祥上奏声称自己实在是财力困乏，不肯执行诏令。

（以上为第十三段，写后唐明宗能听善言而不能果行，姑息安重诲独断专行，孟知祥不听诏令。）

吴国的诸道副都统、镇海宁国节度使兼侍中徐知询自认为手中握有重兵，又地处金陵上游，心里很轻视徐知诰，多次和徐知诰争权夺利，兄弟之间互相猜忌，徐知诰觉得很不安；内枢密使王令谋对徐知诰说："公辅政也这么久了，又挟天子以令境内，哪一个敢不听你的？徐知询年纪轻轻，威望和信义都不足以服人，他干不了什么名堂。"徐知询待他的弟弟们很刻薄，弟弟们都对他不满。徐玠深知徐知询不值得辅佐，反倒掌握着他的短处投靠了徐知诰。吴越王钱镠派使者赠送给徐知询用金玉制作的马鞍、马勒、器皿，上面都装饰有龙凤图案；徐知询不避嫌疑，就拿来使用。徐知询的典客周廷望规劝徐知询说："公如果能拿出宝货来结交朝中元老大臣，让他们都能归心于您，那么他徐知诰还能依靠谁呢？"徐知询采纳了他的建议，于是就派周廷望到江都去进行这件事。周廷望和徐知诰的亲信官吏周宗交情很好，便私下通过他向徐知诰表达自己的忠诚，但他同时也把徐知诰的密谋报告给徐知询。徐知询叫徐知诰到金陵去参加他们的父亲徐温的除丧仪式，徐知诰推辞说吴主有命令不答应他去，周宗对周廷望说："人们都说侍中有七件事是不遵守人臣的本分，最好让他赶快到京城来请罪！"周廷望回到金陵，把这话告诉了徐知询。十一月，徐知询入京朝见，徐知诰把他留了下来担任统军，兼领镇海节度使，同时又派遣右雄武都指挥使柯厚征调金陵的守军回镇江都，徐知诰从此开始独揽吴国的政权。徐知询责问徐知诰说：“先王去世，哥哥作为当儿子的，办丧事的时候却不去参加，这样做合适吗？”徐知诰也责问他说：“你剑拔弩张地等我前去，我怎么敢去？你作为人臣，竟敢私藏使用天子的车驾袍服，这样做难道就合适吗？”徐知询又用周廷望报告给他的情况来质问徐知诰，徐知诰说：“把你的所作所为报告给我的，也是这个周廷望。”于是就斩杀了周廷望。

十一月二十七日壬辰，吴主加尊号为睿圣文明光孝皇帝，大赦境内，改年号为大和。

康福一行进到方渠的时候，羌人出兵拦截他，康福把他们击退了。到了青刚峡，碰上了吐蕃野利、大虫两个部族有几千顶营帐驻扎在那里，但他们都不知道唐军的到来，康福派遣卫审峹率兵对他们发起突然袭击，把他们打得大败，几乎全部都被斩杀和俘虏了。从此康福声威大震，于是继续前进到了灵州，从此以后朔方这块地方才肯接受朝廷的命官。

十二月，吴国加封徐知诰兼任中书令，同时兼领宁国节度使。徐知诰请徐知询来一起喝酒，用金子做的酒杯斟了一杯酒送给他喝，并说：“祝愿弟弟能活一千岁。”徐知询怀疑酒里有毒，就另外拿了一个杯子把酒平均分开，长跪在地献给徐知诰，并说：“希望和哥哥每人分享五百岁。”徐知诰的脸色都变了，只是来回地看着左右，就是不肯接杯子，但徐知询却一直捧着酒杯坚持让他喝。左右侍从们都不知这时该怎么办才好，伶人申渐高急忙走上前来说了几句风趣的话，同时夺过两杯酒倒在一起喝了下去，然后把金酒杯揣在怀里急忙向外走去，徐知诰偷偷地派人送良药去为他解毒，但这时申渐高已经脑子溃烂而死。

奉国节度使、知建州王延禀声称有病辞职回家乡休养，请求朝廷把建州交给他的独生子王继雄掌管；十二月初五日庚子，后唐明宗下诏任命王继雄为建州刺史。

安重诲在任命李仁矩镇守阆州之后，就让他和绵州刺史武虔裕都率领部队前去赴任。武虔裕是后唐明宗从前的老部下，也是安重诲的表兄。安重诲让李仁矩刺探董璋谋反的证据，李仁矩就把一些情况添枝加叶地向后唐明宗打小报告。朝廷又派武信节度使夏鲁奇修建遂州的城池，修缮武器，并且增派兵力防守。董璋感到很害怕。当时人们又道听途说地谣传说，朝廷准备再划出绵、龙两个州另建一个节镇，于是孟知祥也感到害怕起来。董璋以往和孟知祥有矛盾，两人从不来往，到了这个时候，董璋派遣使者到成都，为自己的儿子请求迎娶孟知祥的女儿为妻；孟知祥答应了他，并且计划两人联合力量抗拒朝廷。

（以上为第十四段，写吴国徐知诰制伏徐知询独掌国政。孟知祥、董璋联姻抗朝命。）

【点评】

本卷点评王晏球大破契丹、明宗与赵凤论免死铁券、明宗不用诤言、马希声冤杀谋主高郁四件史事。

王晏球大破契丹。义武节度使王都镇易定十余年。明宗天成三年（公元928年），王都遣使四出，知会成德节度使王建立、归德节度使王晏球谋复河北故事，如唐晚世父子世袭，割据自立，与朝廷分庭抗礼。王都又以蜡丸书密告青州帅霍彦威、徐州帅房知温、潞州帅毛璋、益州帅孟知祥、梓州帅董璋背离朝廷。四月十八日癸巳，王晏球向明宗报告王都反叛。四月二十五日庚子，明宗下诏削除王都官爵。四月二十七日壬寅，明宗任命王晏球为北面招讨使，以横海节度使安审通为副招讨使，大发诸道兵，齐集定州讨伐王都。当天王晏球就攻占了定州北关城。明宗下达讨伐令之后，王晏球已兵临定州城下，行动迅猛，打了王都个出其不意。王都北引契丹，也早就做好了反叛准备，双方陷于胶着。契丹秃馁率领骑兵一万突入定州。王晏球退保曲阳，诱敌深入，大败秃馁于嘉山下，秃馁奔还定州，王晏球追至城门，攻占了西关城。王晏球增固西关城作为定州行政公署，执行权知定州事务，招抚定州之民。定州城池坚固，王晏球不急于攻城，依靠定、祁、易三州之民交纳的赋税为军资，对王都实施持久围困的办法，待其自毙。契丹再次发兵救王都，进入定州与王都会合偷袭新乐得手，杀赵州刺史朱建丰。王晏球往救，与王都及契丹援军大战于曲阳城南，王晏球激励诸将奋勇杀敌，大破王都及契丹军，契丹军死者过半，余众北走，又遭到卢龙节度使赵德钧的截击，契丹第二次的援兵全军覆没。契丹不甘心失败，七月十九日壬戌，又派出酋长惕隐率领七千骑兵救定州，王晏球迎战于唐河北岸，又一次大破契丹。七月二十一日甲子，王晏球追杀契丹直到易州。惕隐率领残兵北还，进入幽州界被赵德钧悉数歼灭，惕隐被生擒。

秃馁与王都困守定州，拖延到第二年二月城破，王都举族自焚，秃馁及契丹残兵两千余人悉数被擒。契丹前后三次救援王都，犯境骑兵两万余人，无一生还。秃馁和惕隐被解送大梁正法。王晏球这一仗，打出了中原政权的声威，大灭契丹人的志气，契丹连年不敢犯边。王晏球这一仗还遏制了分裂割据势力，有利于中原的统一，影响十分深远。

明宗与赵凤论免死铁券。庄宗同光二年正月赐郭崇韬铁券，二月赐李嗣源铁券，后又赐朱友谦铁券。皇帝赐大臣铁券，表示君臣之间发下大誓，关系亲密如铁之坚，铁券是免死的护身符，只有建立殊勋的大臣，才有机会得赐铁券。庄宗只赐三人铁券。铁券不但没有给功臣带来安全，反而是受猜疑的见证。郭崇韬、朱友谦不仅被冤杀，而且遭族诛，李嗣源反叛才侥幸得活。李嗣源贵为天子，操生死大权，反思不死铁券，慨叹不已。赵凤说："帝王心存大信，固不必刻之金石也。"诚信在人心中，不在表面的契约，非但天子，常人亦是。

明宗不用诤言。史馆修撰张昭远上奏明宗，从容论庄宗朝皇室子弟都效法庄宗喜欢与俳优遨游，入则饰姬妾，出则跨骏马，积久成习，怎能成才？张昭远建言明宗应当给皇室子弟选择儒者名师，学习纲常礼教，明白嫡庶长幼之分，懂得治国安危的道理，提高道德修养，不存非分之想。明宗只是赞赏感叹，但不采纳张昭远的建言。明宗亦行伍之人，不识儒者之用，依靠军力得天下，非命世之主，徒好诤言而不用，典型地表现了那个乱世时代的悲哀。

马希声冤杀谋主高郁。楚王马殷夹在杨行密、成汭、刘龑之间，四围皆强敌，问策于都军判官高郁，用为谋主。高郁建言，马殷入贡中原朝廷以求封爵，尊崇地位，保境安民，开发茶叶四出贸易，又铸铅铁钱以供流通，楚赖是以富，日益兵强。荆南高季兴忌之，遣谍行间于殷，殷不听，于是与节度副使马希声书，盛赞高郁功名。马希声，马殷次子。马殷建国，以希声为副使，判内外诸军事。希声通使荆南，使者还言于希声曰：“高季兴挂在嘴边一句话，说‘马氏政事皆出于高郁’，这样看来，高郁对马氏子孙不利。”马希声相信了使者的话。恰好行军司马杨昭远是马希声妻子娘家人，想取代高郁判官之任，每天都在马希声面前说高郁的坏话。高郁不能自抑引退，发出怨言。马希声假传马殷命令在军府中杀了高郁，布告中外，诬高郁谋反，诛杀全家及其党羽，制造了楚国的第一大冤案。第二天马殷才得知消息，只是号哭而已。不久，马殷抑郁而死。高郁被冤杀，看似中离间计，其实是高郁功高震主。楚国蕞尔小国，四围狡兔未死，即烹走狗，国运不昌，亦马氏自取。

后唐纪六

后唐明宗长兴元年至三年（公元930—公元932）

【起上章摄提格（庚寅，公元930年），尽玄黓执徐（壬辰，公元932年）六月，凡二年有奇】

【大事提要】

本卷记事起公元930年，讫公元932年六月，凡二年又六个月。当后唐明宗长兴元年至长兴三年六月。后唐权臣安重诲气度褊狭，睚眦必报，因少忿必欲置明宗之子李从珂于死地，遭明宗之忌。安重诲又逼反东川节度使董璋，西川节度使孟知祥与董璋联手反叛，对抗官军讨伐。官军不利，安重诲亲往西川督战，离开枢密岗位，招来众臣弹劾，明宗在半道召安重诲还京，改任为护国节度使，随后杀戮安重诲父子。讨伐官军退出西川，明宗诏谕西川，委过于安重诲。孟知祥三请董璋联名上奏谢罪，董璋不肯，兵伐成都，败没，成就了孟知祥割据全蜀。楚王马希声去国号，复为藩镇。吴国执政徐知诰效法当年徐温故事，以其子徐景通留江都执吴国政，自己出镇金陵，控制上游。闽国王延钧诛杀王延禀。吴越王钱镠薨，其子钱传瓘继位，善处政理，吏民协心。

明宗圣德和武钦孝皇帝中之下

后唐明宗长兴元年（庚寅，公元930年）

春季，正月，东川节度使董璋派兵在剑门修筑了七个营寨。正月十六日辛巳，孟知祥派遣赵季良去梓州与董璋结交友好。

鸿胪少卿郭在徽上奏请求铸造面值分别为五千、三千、一千的大钱；朝廷认为他指虚为实，是胡说八道，把他贬为卫尉少卿、同正。

吴国把平原王杨澈改封为德化王。

二月初一日乙未，赵季良回到成都，对孟知祥说："董公为人贪婪残忍，争强好胜，志大才疏，终究会成为我们西川的祸害。"

孟知祥的部属都指挥使李仁罕、张业准备置办筵席宴请孟知祥，此前两天，有个尼姑密告说这两位将军要在宴会之时谋害孟知祥；孟知祥下令查究，也没查出什么真凭实据，二月初三日丁酉，追查出最早编造这个谣言的军校都延昌、王行本，把这两人都腰斩了。二月初四日戊戌，孟知祥前去赴宴，随从人员都不带，独自一人前往李仁罕的家中；李仁罕感动得跪地叩头，流着泪说：“老兵只有效死命才能报答您的恩德。”通过这件事，孟知祥所部的将领们都亲附并且拥戴他了。

二月十八日壬子，孟知祥、董璋一起上表说：“东西两川得知朝廷在阆中设立节度使，在绵州和遂州增派兵力，无不感到担心和恐惧。”后唐明宗颁下诏书抚慰了他们一番。

（以上为第一段，写西川孟知祥、东川董璋联名上奏以示惶恐，后唐明宗下诏抚慰。）

二月二十一日乙卯，后唐明宗在圜丘祭天，大赦天下，改年号为长兴。凤翔节度使兼中书令李继曮入朝陪祭，三月初八日壬申，后唐明宗下令把李继曮调任为宣武节度使。

三月初九日癸酉，吴主册立江都王杨琏为太子。

三月十二日丙子，任命宣徽使朱弘昭为凤翔节度使。

康福上奏报告攻下了保静镇，斩杀了叛军首领李匡宾。

又把安义军改称为昭义军。

后唐明宗准备册立曹淑妃为皇后，淑妃对王德妃说：“我历来都有胸中烦热的毛病，厌倦那些接待应对的事，还是请妹妹替我去应酬吧。”王德妃说：“中宫的地位和皇帝相当，谁敢去代替？”三月二十六日庚寅，册立曹淑妃为皇后。王德妃对待皇后很恭顺谨慎，皇后也很怜爱她。

当初，王德妃是靠着安重诲的举荐才得以入宫的，所以经常感念他的恩德。后唐明宗本来习性俭朴，但是在位时间一长，宫中的开销也渐渐奢侈了起来，安重诲经常加以劝谏。王德妃调用外库的锦缎做地毯，安重诲极力谏阻，并且援引后唐庄宗刘皇后的例子作借鉴，王德妃从此就怨恨起他来。

高从诲派遣使者带着奏表到吴国，告诉他们说自己的祖坟在中原，恐怕被唐朝所讨伐，那时吴国军队也来不及救援他，因此只得和吴国中断往来。吴国一怒之下派兵攻打荆南，结果却毫无所获。

董璋害怕绵州刺史武虔裕窥探了他的所作所为，夏季，四月初一日甲午，就上表推荐武虔裕兼任他的行军司马，把他诱至梓州，然后把他囚禁在东川府廷。

宣武节度使符习，自恃是朝廷宿将，在论事议政时常常和安重诲作对，安重诲也寻找着他的过失，向后唐明宗报告；四月初四日丁酉，后唐明宗下诏命令符习以太子太师的名衔退休。

四月初五日戊戌，加封孟知祥兼任中书令，夏鲁奇任同平章事。

（以上为第二段，写后唐明宗祭天，大赦，册立皇后。）

当初，后唐明宗镇守真定的时候，其养子李从珂和安重诲在喝酒时争吵起来，李从珂要揍安重诲，安重诲赶忙逃走才免挨一揍；酒醒后，李从珂很后悔，并向安重诲道了歉，但是安重诲心中始终记恨这件事。到这时候，安重诲掌握大权，从皇子李从荣、李从厚以下都忙不迭地巴结他。当时李从珂担任河中节度使、同平章事，安重诲多次在后唐明宗面前说他的坏话，后唐明宗没有听信。安重诲于是假托后唐明宗的命令，要河中牙内指挥使杨彦温驱逐李从珂。这一天，李从珂出城去视察战马，杨彦温就部署军队关起城门不让他进城，李从珂派人上前叩门，并质问他说："我一向待你不薄，你为什么要这样做？"杨彦温回答说："我杨彦温并不敢忘恩负义，我是接到了枢密院的密令才不得不如此。请您入京去吧！"李从珂只好在虞乡住下，同时派遣使者去朝廷报告情况。使者到达京城后，四月初九日壬寅，后唐明宗问安重诲说："杨彦温从哪里得到的这种说法？"安重诲回答说："这是奸人杨彦温的胡言乱语，应该赶快去讨伐他。"后唐明宗觉得这件事很可疑，想把杨彦温引诱来查问详情，于是就调杨彦温任绛州刺史。安重诲坚持请求派兵讨伐杨彦温，后唐明宗只好下令西都留守索自通、步军都指挥使药彦稠率兵前去讨伐。后唐明宗面示药彦稠："务必把杨彦温活着抓回来，我要当面讯问他。"并且征召李从珂到洛阳来。李从珂知道自己是被安重诲所陷害，于是赶忙进京向后唐明宗澄清事实真相。

加封安重诲兼任中书令。

李从珂到了洛阳，后唐明宗责备了他一通，并且要他回自己的府第里待着，不准他上朝觐见。

四月十八日辛亥，索自通等攻下了河中，斩杀了杨彦温，四月二十日癸丑，把他的首级传送到京城献给朝廷。后唐明宗对药彦稠没能把杨彦温活着送到京城来大为恼怒，就严厉地责备了药彦稠。

安重诲鼓动冯道、赵凤两人向后唐明宗上奏说李从珂失于职守，应该治罪。后唐明宗回答他们说："我儿被奸党所陷害，是非曲直还没有弄清楚，你们为什么要说这样的话，难道是不想让他再活在世上了吗？这绝不是你们自己的意思吧。"两人吓得赶忙退了下来。过了几天，赵凤又对后唐明宗谈起此事，后唐明宗没表态。第二天，安重诲亲自出面论及这件事，后唐明宗说："朕从前当小校的时候，家里很穷，靠这个小孩拣拾马粪养家糊口，到今天我当了天子，难道我连他都不能庇护吗？你想怎样处置他才能使你心满意足呢？"安重诲说："陛下父子之间的事，臣怎么敢乱说话？随陛下裁断好了！"后唐明宗说："让他闲居在家里也就可以了，何必再多谈此事！"

四月二十三日丙辰，任命索自通为河中节度使。索自通到了军镇，按照安重诲的授意，清点登记军府里的盔甲兵器的数量呈报给朝廷，说是李从珂私自制造的；多亏王德妃从中保护，才使李从珂免罪。朝中的士大夫们都不敢和李从珂往来了，只有礼部郎中、史馆修撰吕琦因为和他住得近，不时地去看望他，李从珂遇到有事要向后唐明宗奏请时，都是先问过吕琦然后才办。

四月二十五日戊午，后唐明宗加尊号为圣明神武文德恭孝皇帝。

安重诲上奏说昭义节度使王建立在路过魏州时曾有煽动人心的言论，五月初三日丙寅，后唐明宗下令王建立以太傅的名衔退休。

董璋校阅召集来的百姓士卒，把他们都剪除头发，在脸上刺字，又在剑门的北面设置永定关，在各地都设置了传递紧急讯息的烽火。

孟知祥多次上表请求划出云安等十三个盐监隶属于西川，用卖盐的收入来供给宁江的屯守部队，五月二十八日辛卯，后唐明宗批准了。

六月初一日癸巳，发生日食。

六月十九日辛亥，后唐明宗下令凡是防御使、团练使、刺史、行军司马、节度副使一级的官职，今后都由朝廷任命，不准各道上奏推荐。

董璋派兵劫掠遂州、阆州的戍守部队。秋季，七月初七日戊辰，两川因为朝廷陆续不断地增兵驻屯遂州、阆州，再次上书表示反对，从此东北方中原一带的商旅很少有人敢再进入蜀地经商了。

八月初四日乙未，捧圣军使李行德、十将张俭带着告密人边彦温向后唐明宗报告说："安重诲正在调拨军队，说是要亲自率兵讨伐淮南的吴国；又找了个占卦算命的人为自己算命。"后唐明宗就这件事询问了侍卫都指挥使安从进、药彦稠，两人回答说："这是奸人要离间陛下和有功勋的旧臣之间的关系。安重诲跟随陛下三十年了，现在有幸安享富贵，他何苦要谋反呢？臣等愿意以全家的性命为他担保。"后唐明宗于是把边彦温杀了，并召来安重诲慰抚了一番，君臣相对哭泣。

（以上为第三段，写安重诲气量褊狭，睚眦必报，竟欲构陷明宗之子李从珂，自己亦为人所陷害，明宗明察皆囿之。）

任命前忠武节度使张延朗担任工部尚书，充任三司使。三司使的名称就是从这个时候开始的。

吴国徐知诰认为海州都指挥使王传拯有威信，得人心，当时正好团练使陈宣被罢官回京，徐知诰就许诺由王传拯代替他的职务；但不久却又派遣陈宣回海州，而征召王传拯到江都去。王传拯非常愤怒，认为肯定是陈宣诋毁了他，八月初八日己亥，率领部属到陈宣处辞行，就乘机杀了他，并且放火抢劫州城，然后率领部众五千人前来投奔后唐。徐知诰得知后，说："这都是我的过错。"于是赦免了王传拯的妻子儿女。涟水制置使王岩带兵进入海州，于是就任命王岩为威卫大将军，执掌海州的政事。

王传拯是王绾的儿子，他的叔叔王舆任光州刺史。王传拯派遣密使带着他的信到光州，王舆把来使扣留了起来，然后上书报告，请求把自己免职回京；徐知诰任命王舆为控鹤都虞候。当时吴国的大政掌握在徐氏手中，掌管禁卫军的人选很难物色，徐知诰认为王舆为人厚重，做事缜密，所以任用了他。

八月十一日壬寅，赵凤上奏说："听说近来有奸人诬陷大臣，动摇国家的柱石，还没有完全杀光。"后唐明宗于是下令收押李行德、张俭，把两人满门抄斩。

册封皇子李从荣为秦王；八月二十王日丙辰，册封李从厚为宋王。

董璋的儿子董光业担任宫苑使，在洛阳，董璋给他写信说："朝廷把我的支郡割出去另外设置节镇，在三川驻屯军队，看来是一定要把我置于死地不可了。你见到枢密要员替我传句话：如果朝廷再派一个人马进入斜谷，我就一定造反，我也就算是和你诀别了。"董光业把这封信拿给枢密承旨李虔徽看了。没过多久，朝廷又派遣别将荀咸乂率兵前去戍守阆州，董光业对李虔徽说："不等这支部队到达，我的父亲就会造反。我并不是胆小怕死，只是担心这样一来又要劳烦朝廷调兵遣将，希望能够停止派遣这支部队，我父亲保证不会有什么举动。"李虔徽把这话转告了安重诲，安重诲拒绝了。董璋得知这件事，就干脆造起反来。利州、阆州、遂州三镇都向朝廷报告，并且说董璋已经聚集了人马将要进攻三镇。安重诲对后唐明宗说："臣早就料到他会如此，只是陛下太容忍他，不肯出兵讨伐。"后唐明宗说："我不亏负于人，但是人亏负了我，我就会派兵讨伐。"

九月初三日癸亥，西川进奏官苏愿向孟知祥报告说："朝廷将要征调大军讨伐两川。"孟知祥和节度副使赵季良谋议对策，赵季良建议先让东川的部队攻取遂州、阆州，然后再以西川的部队联合扼守剑门，这样，即使朝廷的大军来了，我们也不会有内顾之忧了。孟知祥采纳了这个建议，便派遣使者和董璋约定同时起兵造反。董璋移送檄文到利、阆、遂三镇，指责他们离间朝廷与两川的关系，并且亲自率兵进攻阆州。九月初十日庚午，孟知祥任命都指挥使李仁罕为行营都部署，汉州刺史赵廷隐为他的副手，简州刺史张业为先锋指挥使，率领三万名军队进攻遂州；又派遣别将牙内都指挥使侯弘实、先登指挥使孟思恭率领四千名士兵会同董璋进攻阆州。

（以上为第四段，写吴国执政徐知诰有过则改，东川节度使董璋反叛。）

安重诲长期独揽朝政，朝廷内外怨恨他的人很多；王德妃和武德使孟汉琼渐渐地也掌握了一些权力，多次在后唐明宗面前贬损安重诲。安重诲感到又担心又害怕，就上表给后唐明宗请求解除自己的机要职务，后唐明宗说："朕对你并没有什么怀疑，以往诬告你的人朕也把他们杀了，你为什么还要这样呢？"九月十四日甲戌，安重诲又当面向后唐明宗上奏说："臣以贫寒卑贱的出身，得到今天这样的地位，忽然间又被人诬告说要谋反，不是陛下圣明，臣早就亡族灭种了。但是臣终究是才能小而担任高职，恐怕总是难以阻止别人议论纷纷，希望陛下能赐给臣一个外镇，让臣能够保全余生。”后唐明宗没有答应；安重诲又是一再地请求，后唐明宗发脾气说：“随你去好了，朕不怕找不到人！”前成德节度使范延光劝皇上挽留安重诲，并且说：“安重诲如果走了，有谁能代替他？”后唐明宗说：“你难道不可以吗？”范延光说：“臣受陛下差遣的时间还很短，况且才能也赶不上安重诲，怎么敢担当此任？”后唐明宗派孟汉琼到中书去让群臣讨论一下安重诲要辞职的事，冯道说：“诸公如果真的爱惜安令公，还是解除他的枢要职务为好。”赵凤反对说：“您的这话说差了！”于是就向后唐明宗上奏说大臣不可轻易变动。

东川的部队到达阆州，阆州戍守的将领们都说：“董璋早就蓄谋造反，用金银布帛收买他的士卒，他的部队锐气不可阻挡，我们应该用深沟高垒来挫败他的锐气，不用十天，朝廷的大军一到，贼兵自然就要逃散。”李仁矩却说：“蜀兵生性懦弱，怎能抵挡我们的精兵强卒！”于是就出城迎战，结果还没有交战就溃逃了回来。董璋日夜不停地发动攻击，九月二十日庚辰，阆州城被攻陷，董璋杀死了李仁矩，灭了他的全族。

当初，董璋在后梁任将领的时候，指挥使姚洪曾经是他的部下，此时姚洪正率领一千名士兵戍守阆州；董璋秘密地派人送信诱他投降，姚洪把信丢到了厕所里；城被攻陷以后，董璋活捉了姚洪，责问他说：“我过去在行伍之间提拔了你，你现在为什么背叛我？”姚洪大骂说：“老贼！你从前在李姓富人家当奴才，给人扫马粪，得到一丁点肉吃，你就觉得感恩不尽。现在天子任用你当节度使，有哪点对不起你而你却要造反？你自己背叛了天子，我又受过你什么恩典了，竟然说我背叛了你？你是个奴才，本来就无耻；我是个义士，岂能干你所干的事？我宁可为天子而死，也不能和你这个奴才一起活着！”董璋恼羞成怒，就在他面前烧起了一只大鼎，命令十名壮士割下姚洪身上的肉自己煮来吃，姚洪到死骂声不绝。后唐明宗把姚洪的两个儿子安置在近卫军中，优厚地抚恤他的家属。

九月二十四日甲申，任命范延光为枢密使，安重诲仍担任旧职。

九月二十六日丙戌，后唐明宗下令削去董璋的官职爵位，并且发兵前去讨伐他。九月二十七日丁亥，任命孟知祥兼任西南面供馈使。又任命天雄节度使石敬瑭为东川行营都招讨使，任命夏鲁奇做他的副手。

董璋让孟思恭分兵攻打集州，孟思恭轻率进兵，结果大败而归；董璋很恼火，把他遣回成都，孟知祥免去了他的官职。

九月二十八日戊子，任命石敬瑭暂时执掌东川的事务。九月三十日庚寅，任命右武卫上将军王思同为西都留守兼行营马步都虞候，担任伐蜀的前锋。

（以上为第五段，写安重诲独揽朝政，成众矢之的。后唐明宗大发兵讨董璋。）

南汉主派遣他的将领梁克贞、李守鄘进攻交州，攻了下来，活捉了静海节度使曲承美而归，汉主任命自己的将领李进驻守交州。

冬季，十月初三日癸巳，李仁罕围攻遂州，夏鲁奇据城坚守；孟知祥命令都押牙高敬柔率领资州的义军两万人修筑一条很长的围墙把遂州团团围住。夏鲁奇派马军都指挥使康文通出城迎战，康文通一听说阆州已经被攻陷，马上就率领他的部众投降了李仁罕。

十月初八日戊戌，董璋带着人马扑向利州，途中遇上大雨，粮草运输跟不上，只好回到阆州。孟知祥得知这一情况后，吃惊地说："刚刚攻破阆州，正应该要直取利州，利州的守将很懦弱，一定会望风逃去。我们只要占有了那里的储粮，据守住漫天寨的险要，北方来的官军最终也一定不能往西救援武信。现在董公局促地留处在阆州，却丢弃了远处的剑阁，这不是个办法。"正要派三千名士兵前去帮助防守剑门，董璋却坚决地推辞说："这里已经做好防备了。"

钱镠借着朝廷册封闽王王延钧的使者裴羽回朝路经吴越之便，附呈了一张奏表主动向后唐明宗请罪；他的儿子钱传瓘和将帅大臣们也多次上表给朝廷替他辩解。十月十三日癸卯，后唐明宗下诏，释放被收押治罪的两浙纲使，听其自便。

任命宣徽北院使冯赟为左卫上将军、北都留守。

十月十七日丁未，诛杀了董璋之子董光业的全家。

楚王马殷病危，派遣使者来到朝廷，请求把职位传给自己的儿子马希声。朝廷怀疑马殷已经死了，十月二十一日辛亥，下令起复马希声为武安节度使兼侍中。

孟知祥任命原前蜀的镇江节度使张武为峡路行营招收讨伐使，率领水军进逼夔州，又任命左飞棹指挥使袁彦超为他的副手。

十月二十三日癸丑，东川兵攻陷了徵、合、巴、蓬、果五州。

十月二十六日丙辰，吴国左仆射、同平章事严可求去世。徐知诰任命自己的长子大将军徐景通为兵部尚书、参政事，这是因为徐知诰要亲自出镇金陵的缘故。

南汉将领梁克贞进入占城，掠取了占城的财宝货物后返回。

十一月初九日戊辰，张武到达渝州，渝州刺史张环向他投降，张武随即攻取了泸州，又派出先锋将朱偓分兵向黔州、涪州进军。

十一月初十日己巳，楚王马殷去世，临终留下遗命给他的儿子们，要求他们兄终弟继；又在祠堂里安置了一把宝剑，对他们说："如果有人违背了我的遗命就杀他！"将领都在议论着要先派兵加强四方国境的防守，然后再向外发布丧讯，这时兵部侍郎黄损说："我们失去了国君但又有了新的国君，有什么好防备的！应该派遣使者到各个邻道去通告先君去世、新君嗣位就行了。"

石敬瑭率兵进入散关，阶州刺史王弘贽、泸州刺史冯晖与前锋马步都虞候王思同、步军都指挥赵在礼率领军队绕过人头山后，经过剑门的南面，再回过头来袭击剑门，攻了下来，杀死了东川士兵三千人，并俘虏了都指挥使齐彦温，于是就占据该地防守。冯晖是魏州人。十一月十五日甲戌，王弘贽等攻破剑州，但是后面的大部队未能接继上来，他们只好放火把城内的房子烧了，运走了当地的粮草，又退回剑门防守。

十一月十六日乙亥，后唐明宗下诏削去孟知祥的官职爵位。

（以上为第六段，写东西两川联手反叛，攻下阆中、遂州，后唐官军入蜀破剑门。）

十一月二十日己卯，董璋派遣使者到成都告急。孟知祥得知剑门失守，大为恐惧，说："董公果然误了我的大事！"十一月二十一日庚辰，派牙内都指挥使李肇率领五千名军队赶去救援，临行前告诫他们说："你们要日夜兼程赶路，先占据剑州，北面的官军就无可奈何了。"又派遣使者到遂州，命令赵廷隐率领一万人前往剑州会师驻守。另外又派遣原前蜀永平节度使李筠率领四千名士兵赶赴龙州，把守住要害。当时天气寒冷，士兵们都很害怕，观望徘徊不肯前进，赵廷隐流着泪劝导大家说："现在北面的官军气势强盛，如果你们不奋力作战，击退敌人，那么你们的老婆孩子就都要被别人所有了。"大家听了这话后，精神才振作起来。

董璋从阆州率领两川的兵马驻扎在木马寨。

先前，西川的牙内指挥使太谷人庞福诚、昭信指挥使谢锽驻扎在来苏村，听说剑门失守，两人相互谈论说："如果北面的官军再攻下剑州，那么两蜀的局势就危险了。"于是立刻率领所属部队一千余人抄近路直奔剑州。刚刚到达目的地，只见朝廷的官军有一万多人正从北山上大批地涌下来，当时天色已暗，两人就商量说："敌众我寡，我们的兵力赶不上敌人，要是等到天亮，那么我们就要全部完蛋了。"于是庞福诚乘着夜色带领数百名士兵登上北山，在官军的营寨之后大声喊叫，谢锽则率领其余的士兵手拿着短兵器在营寨的前面发起猛烈的攻击；官军大为惊恐，丢下营寨逃遁而去，又退回到剑门防守，十多天不敢出来。孟知祥听到这一消息，十分高兴地说："我原来认为王弘贽等攻下剑门之后，会直接攻取剑州，坚守剑州城，或者率领军队直取梓州，那样董公就会放弃阆州逃回去。我军失去声援，也就势必要解除对遂州的包围。如果这样，就会内外受敌，两川都要震动，形势就危险；现在他们只是放火烧了剑州，掠走粮草东归剑门，屯扎兵马不再前进了，我的事情就好办多了。"

官军分几路扑向文州，准备袭击龙州，被西川的定远指挥使潘福超、义胜都头沙延祚击败。

十一月二十五日甲申，张武在渝州去世；孟知祥命令袁彦超代为统领他的部队。

朱偓即将到达涪州，武泰节度使杨汉宾放弃黔南，逃往忠州；朱偓一直追击到丰都，然后回师占领涪州。孟知祥任命成都支使崔善暂时代理武泰留后。董璋派遣前陵州刺史王晖率领三千名士兵会合李肇等分别驻守在剑州南山。

十一月二十七日丙戌，马希声继承了马殷的爵位，声称先王留下遗命要废除先前建国的制度，恢复过去藩镇的旧制。

契丹东丹王突欲自认为失去了继承王位的地位，于是率领他的家兵四十人渡过渤海从登州上陆，前来投奔唐朝。

十二月初三日壬辰，石敬瑭到达剑门。十二月初六日乙未，进军屯驻在剑州的北山；赵廷隐的部队部署在牙城的后山，李肇、王晖的部队则部署在河桥。石敬瑭带领步兵进攻赵廷隐，赵廷隐挑选了五百名神箭手埋伏在石敬瑭回去的路上，悄然无声地等待他的来临，到了双方的部队接近到兵矛都快要碰到一起的时候，才扬旗击鼓呐喊出击，北军败退逃走，颠仆坠崖逃下了山，被俘虏和斩杀了一百多人。石敬瑭又派出骑兵冲向河桥，李肇下令用强弩向他们射击，骑兵无法前进。黄昏时分，石敬瑭引兵退去，赵廷隐领兵紧随其后，和埋伏的部队前后夹击，把北军打得大败。石敬瑭退回到剑门驻守。

十二月十四日癸卯，夔州奏报说再次收复了开州。

十二月二十一日庚戌，任命武安节度使马希声为武安、静江节度使，加任兼中书令。

石敬瑭征蜀未能取得功效，使者从前线回到朝廷，大多报告说蜀道艰险狭窄，进兵非常困难，关右的人们为了转运粮饷，疲于奔命，往往就逃到山谷中躲藏起来，聚在一起当盗贼。后唐明宗对这些情况很担忧，十二月二十三日壬子，后唐明宗对亲近大臣们说："有谁能替我办理朝中的事务，看来我要亲自出征了。"安重诲说："臣的职位有愧于参与机密，现在军威不振，这是臣的罪过，臣请求亲自前往督战。"后唐明宗答应了他。安重诲当即就拜辞了后唐明宗，十二月二十四日癸丑，起程出发，每天赶路几百里。西方的各个藩镇得知这一消息，无不感到惊惶担心。于是钱财布帛、军用粮草日夜不停地用车运往利州，人马倒毙在山谷之中的不可胜数。当时后唐明宗已经疏远了安重诲，石敬瑭本来就不愿意西征，到这时安重诲离开了后唐明宗身边，于是才敢几次上表向后唐明宗报告，认为对蜀地不可征伐，后唐明宗认为这话很有道理。

西川的士兵原先有一千五百人戍守在夔州，后唐明宗下令都放他们回去。

（以上为第七段，写官军伐蜀不利，安重诲亲往督战，石敬瑭上奏，论蜀不可伐。马希声去国号，复称藩镇。）

后唐明宗长兴二年（辛卯，公元 931 年）

春季，正月初三日壬戌，孟知祥上表对后唐明宗遣返西川戍兵道谢。

正月十一日庚午，李仁罕攻陷了遂州，夏鲁奇自杀。

正月十四日癸酉，石敬瑭又率兵到达剑州，驻扎在北山。孟知祥砍下了夏鲁奇的人头向北军示威。夏鲁奇的两个儿子跟随石敬瑭在军中，哭着请求要前去夺取他们父亲的人头回来安葬，石敬瑭说："孟知祥是一位长者，他一定会安葬你们的父亲的，这样难道不比你们只夺回人头而让你们的父亲身首异处要好吗？"后来孟知祥果然把夏鲁奇收葬了。石敬瑭与赵廷隐交战不利，又退回到剑门。

正月二十七日丙戌，加封高从诲兼任中书令。

东川把合州归还给武信军。

当初，凤翔节度使朱弘昭巴结安重诲，所以接连得到大节镇的职位。安重诲经过凤翔的时候，朱弘昭到他的马前来迎接下拜，让安重诲下榻到府舍内，又把他延请到家中寝室，叫妻子儿女都出来参拜，亲自上菜敬酒，礼节极为恭敬。安重诲流着泪对朱弘昭说："谗人一再地要陷害我，险些让他们得逞，多亏皇上明察，才得以保全我的宗族。"安重诲离开凤翔以后，朱弘昭就上奏后唐明宗说："安重诲心怀不满，说朝廷的坏话，绝对不能让他到行营去，不然恐怕会抢夺石敬瑭的兵权。"又写信告诉石敬瑭说："安重诲的行动非常粗野，他如果到了军中，恐怕将士们都会惊疑害怕，这样一来大军就会不战自溃，最好能够阻止他前去。"石敬瑭非常害怕，当即就向后唐明宗上奏说："安重诲如果到来，恐怕会人心有变，最好赶快把他征召回京。"宣徽使孟汉琼这时从西面战线回到朝廷，也奏说安重诲的过失和罪行，于是后唐明宗下诏征召安重诲回京。

二月初一日己丑，石敬瑭认为遂州、阆州已经陷落了，粮草的运输又接继不上，于是放火烧了营寨，率军北返。西川的前线部队把这一情况报告给孟知祥，孟知祥把报告文书藏了起来，故意问赵季良说："北军渐渐向前进逼，怎么办才好？"赵季良说："到不了绵州，他们就会逃回去的。"孟知祥问是什么原因，赵季良说："我们安逸，敌人疲劳，他们又孤军深入千里，如果粮草用完了，能不逃回去吗？"孟知祥听了大笑，这才把报告文书拿给他看。

安重诲到达三泉的时候，得到后唐明宗的诏书，要他立即赶回朝廷，回去经过凤翔的时候，朱弘昭不让进城，安重诲感到害怕起来，快马加鞭往东赶路。

两川兵追击石敬瑭到利州，二月初四日壬辰，昭武节度使李彦琦放弃城池逃走；二月初六日甲午，两川兵进入利州城，孟知祥任命赵廷隐为昭武留后，赵廷隐派遣使者前来秘密地向孟知祥建议说："董璋这个人生性多诈，只能和他同忧患，不能和他共享乐，以后一定会成为您的祸患。不如乘他到剑州慰劳军队之机，把他给解决了，然后并吞两川的部队，就可以得志于天下。"孟知祥没有同意。董璋进入赵廷隐的营中，留宿了一个晚上就离开了。赵廷隐叹息说："不听我的计谋，将来一定祸难无穷！"

二月十二日庚子，孟知祥任命武信留后李仁罕为峡路行营招讨使，让他带领水军往东再攻取地盘。

二月十三日辛丑，任命枢密使兼中书令安重诲为护国节度使。赵凤对后唐明宗说："安重诲是陛下的家臣，他的内心是绝对不会背叛陛下的，他只是因为不会妥善处理人际关系，所以被人诋毁；陛下如果不明察他的心迹，恐怕安重诲他就活不了多久了。"后唐明宗认为赵凤与安重诲已经结为朋党，很不高兴。

（以上为第八段，写安重诲被召还，伐蜀官军北返。）

二月十七日乙巳，赵廷隐、李肇从剑州带领部队回成都，留下五千名士兵戍守利州。二月十八日丙午，董璋也回东川，留下三千名士兵戍守果州、阆州。

二月二十九日丁巳，李仁罕攻陷忠州。

吴国徐知诰准备任命中书侍郎、内枢密使宋齐丘为宰相，宋齐丘认为自己的资历、声望都很浅，想用谦让的姿态来显示清高，于是要求回洪州安葬父亲，借此机会进入了九华山，停留在应天寺，上表请求吴主允许他隐居在此；吴主下诏征召他回朝，徐知诰也写信召请他回来，他都没有答应。徐知诰于是派自己的儿子徐景通亲自到九华山去敦促劝说，宋齐丘这才回朝，朝廷任命他为右仆射，然后让他退休，把应天寺改名为征贤寺。

三月初一日己未，李仁罕攻陷万州；三月初二日庚申，又攻陷云安监。

三月初三日辛酉，后唐明宗赐契丹的东丹王突欲姓东丹，名叫慕华，并任命他为怀化节度使，瑞、慎等州观察使；他的家丁以及先前被俘虏的契丹将领惕隐等人，也都赐了姓名。惕隐赐姓狄，名叫怀忠。

李仁罕到达夔州，宁江节度使安崇阮放弃镇所，与杨汉宾一道从均州、房州逃了回去；三月初四日壬戌，李仁罕攻陷夔州。

后唐明宗既然已经解除了安重诲的枢要职务，就把义子李从珂召到面前，流着眼泪对他说："如果当初按照安重诲的意思办，你哪里还能见到我！"三月初八日丙寅，任命李从珂为左卫大将军。

三月十四日壬申，横海节度使、同平章事孔循去世。

三月二十七日乙酉，重新任命钱镠为天下兵马都元帅、尚父、吴越国王，派遣监门上将军张篯前去宣谕圣旨，同时告诉钱镠过去朝廷强迫他退休，都是安重诲假传圣旨造成的。

三月二十九日丁亥，任命太常卿李愚为中书侍郎、同平章事。

夏季，四月初三日辛卯，册封王德妃为淑妃。

（以上为第九段，写后唐明宗解除安重诲枢密之职，任命为护国节度使，李从珂为左卫大将军。孟知祥扩地至夔州。）

闽国奉国节度使兼中书令王延禀听说闽王王延钧有病，就委任他的次子王继昇为建州留后，自己带着建州刺史王继雄率领水军袭击福州。四月十五日癸卯，王延禀攻打西门，王继雄攻打东门；王延钧派遣楼船指挥使王仁达率领水军进行抵抗。王仁达在船上埋伏下甲兵，然后竖起白旗假装投降，王继雄一看，大喜过望，于是屏退身边的侍卫，就一个人登上王仁达的船要来慰抚他；王仁达斩杀了王继雄，并且砍下他的头悬挂在西门。当时王延禀正在西门放火攻城，一见王继雄人头，就悲伤地痛哭起来，王仁达当即把军队放出城外发动攻击，王延禀的部队就溃散了，左右亲信用大斛抬着王延禀急忙逃走，四月十六日甲辰，被王仁达追上活捉了。王延钧看到王延禀，对他说："果然是又麻烦你老兄再下福州了！"王延禀惭愧得无话可答。王延钧把他囚押在别室，派遣使者到建州招抚他的党羽；王延禀的党羽杀了来使，然后拥戴王继昇和他的弟弟王继伦投奔吴国去了。王仁达是王延钧的侄儿。

任命宣徽北院使赵延寿为枢密使。

四月二十一日己酉，天雄节度使、同平章事石敬瑭兼任六军诸卫副使。

四月二十三日辛亥，任命朱弘昭为宣徽南院使。

五月，闽王王延钧下令把王延禀押到街市上斩杀了，并恢复了他原来的姓名周彦琛，然后派遣自己的弟弟都教练使王延政到建州去抚慰那里的官员和百姓。

五月初十日丁卯，废除按亩征收酒曲税钱的办法，城内官造的酒曲按旧价减半，在乡村则听任百姓自己制造；人们都觉得很方便。

五月二十二日己卯，任命孟汉琼掌理内侍省的事务，充任宣徽北院使。孟汉琼本来是赵王王镕的家奴。当时范延光、赵延寿虽然身为枢密使，但是鉴于安重诲因为刚愎自用而被治罪，所以对于朝廷的政事往往都是不置可否；只有孟汉琼和王德妃在宫中主事，人们都很害怕他们。在此以前，宫中的开销如稍微超过正常标准，安重诲就上奏进行劝阻，因此一切非分的索求都几乎被禁绝。现在，孟汉琼直接以中宫的名义索取府库中的财物，不再经由枢密院和三司，也没有文书手续，所取之物多得难以统计。

五月二十四日辛巳，任命相州刺史孟鹄为左骁卫大将军，充任三司使。

昭武留后赵廷隐从成都前往利州，过了一个月，请求派兵前去攻取兴元及秦州、凤州；孟知祥认为士卒疲乏，百姓困顿，没有答应他的请求。

护国节度使兼中书令安重诲内心觉得不安，就上表后唐明宗请求退休；闰五月初三日庚寅，后唐明宗下诏让他以太子太师的名衔退休。当天，安重诲的儿子安崇赞、安崇绪由京城逃往河中。

（以上为第十段，写闽主王延钧诛杀王延禀。安重诲致仕，后唐明宗王淑妃干预政务，索求府库财物不可胜计。）

闰五月初五日壬辰，任命保义节度使李从璋为护国节度使。闰五月初七日甲午，又派遣步军指挥使药彦稠率兵进军河中。

安崇赞兄弟二人到了河中，安重诲见了大吃一惊，说："你们怎么可以来这里？"过了一会儿，他接着说："我知道了，这不是你们自己的主意，你们是被别人所利用。我要以死殉国，还有什么好说的！"于是把两个儿子抓起来，并连奏表一起送往京城。

第二天，有宫中的使者来到，见到安重诲，就大哭不止；安重诲问他是什么缘故，使者说："人们都传言令公要谋反，朝廷已派遣药彦稠率兵前来。"安重诲说："我蒙受国家的重恩，到死也不足以报答，怎敢有谋反的野心，又劳烦国家兴师动众，给皇上添忧愁，这样我的罪过就更重了。"安崇赞兄弟二人被押解到陕州的时候，后唐明宗传来诏书命令把他们囚禁在监狱里。皇城使翟光邺平时很厌恶安重诲，后唐明宗派遣他到河中府去察看安重诲的情况，嘱咐他说："安重诲如果真有谋反的迹象就杀了他。"翟光邺到了河中，李从璋派甲士包围了安重诲的府第，然后自己进去见安重诲，拜于庭下。安重诲大吃一惊，赶忙走下台阶答拜，李从璋挥起铁挝击向他的头部；这时安重诲的妻子惊慌之中上前抢救，也被李从璋用挝击毙。

河中的奏报到了朝廷，闰五月十二日己亥，后唐明宗下诏，把安重诲离间孟知祥、董璋、钱镠与朝廷的关系作为安重诲的罪行，又诬说他想自己率兵进攻淮南是为了窃取兵权，又派遣原先押解安崇赞、安崇绪的那班人偷偷地把两人带回河中，在那里把两人一起杀了。

闰五月十九日丙午，后唐明宗派遣西川进奏官苏愿、东川军将刘澄都各回他们的本镇，告谕两川说是由于安重诲的独断专行，才导致了以往朝廷兴兵征讨两川，现在安重诲已经服罪被杀了。

六月初九日乙丑，重新任命李从珂同平章事，充任西都留守。

六月二十四日丙子，命令各道平均百姓的田税负担。

（以上为第十一段，写后唐明宗诛安重诲父子，遣使告东西两川，用兵之由诿过于安重诲。）

闽王王延钧爱好神仙之术，道士陈守元、巫师徐彦林与盛韬一起劝诱他兴建宝皇宫道观，工程规模十分浩大，任命陈守元为宫主。

秋季，九月十五日己亥，重新赐给东丹慕华姓名叫李赞华。

吴国镇南节度使、同平章事徐知谏去世；任命诸道副都统、镇海节度使、守中书令徐知询接替他的职务，并且赐爵号为东海郡王。当初徐知诰征召徐知询入朝的时候，徐知谏参与了谋划。徐知询在去赴任的路上遇见了他的归葬行列，就手抚着棺材哭泣说："老弟对我如此用心，我也没什么怨恨的了，但你又有什么脸面到地下去见先王呢？”

九月十七日辛丑，加封枢密使范延光同平章事。

九月二十七日辛亥，后唐明宗下令把内廷五坊豢养的鹰隼都放归山林，以后朝廷内外百官都不准再向宫中进献。冯道说：“陛下可以称得上仁爱广及禽兽了。”后唐明宗说：“不是这样。朕从前曾跟随武皇打猎，当时秋天的庄稼刚成熟，有一只野兽逃进田里，武皇派遣骑士去抓回来，等到抓着野兽的时候，田里的庄稼已经被践踏得所剩无几了。因此想到，打猎是件有损而无益的事，所以我不肯干这种事。”

冬季，十月十三日丁卯，洋州指挥使李进唐进攻通州，攻了下来。

十月二十八日壬午，任命王延政为建州刺史。

十一月初一日甲申，发生日食。

十一月初十日癸巳，苏愿到了成都，孟知祥得知自己在朝廷中任官的甥侄们都平安无事，就派遣使者去告诉董璋，想和他一起向后唐明宗上表谢罪。董璋大怒说：“孟公的亲戚都安然无恙，当然可以归附朝廷；我董璋的亲人已经被族灭了，还有什么好请罪的！皇上的诏书都在苏愿的肚子里，刘澄哪里能够知道，我董璋难道还搞不清这一点吗？”从此，两人又重新成了怨敌。

十一月十二日乙未，李仁罕从夔州率兵回成都。

吴国中书令徐知诰上表给吴主，声称自己辅佐朝政时间太久了，请求告老回金陵；吴主于是任命徐知诰为镇海、宁国节度使，镇守金陵，其余的官职照旧，并且总揽朝政像他的父亲徐温过去的做法一样。又任命他的儿子兵部尚书、参政事徐景通为司徒、同平章事，掌理中外左右诸军事，留在江都辅佐朝政；此外还任命内枢使、同平章事王令谋为左仆射，兼任门下侍郎，任命宋齐丘为右仆射，兼任中书侍郎，两人都为同平章事，兼任内枢使，以协助徐景通。

赐给德胜节度使张崇爵位为清河王。张崇在庐州非常贪婪残暴，当地百姓深受其害。由于他曾经多次入朝，用大量的财物结交朝中的权要人物，所以经常又能回到原镇，在庐州为非作歹达二十多年之久。

十二月初一日甲寅，开始准许百姓自行铸造农具和杂铁器，每两亩田，在夏秋季交纳农具税三钱。

武安、静江节度使马希声听说后梁太祖朱温特别喜欢吃鸡，非常羡慕，等到他继承了马殷的王位之后，就每天杀五十只鸡供膳食之用；在服丧期间他没有一点悲伤的样子。十二月初七日庚申，在衡阳安葬了武穆王马殷，在出殡的队伍将要出发的时候，他一口气吃了好几盘鸡肉羹，前吏部侍郎潘起讥刺他说：“从前阮籍在服丧期间还吃下一只蒸小猪呢，哪一代没有贤达的人呢？”

十二月初十日癸亥，徐知诰到达金陵。

昭武留后赵廷隐向孟知祥报告说利州的城堑已经修建完毕，不久前在守卫剑州时，牙内都指挥使李肇有与自己同样的功劳，愿意把昭武军镇让给李肇，孟知祥褒奖了他的谦让，但没有同意他的请求；赵廷隐再三地谦让，十二月二十日癸酉，孟知祥把赵廷隐召回成都，而让李肇前去接替他的职位。

闽国陈守元等假称是奉宝皇的命令，对闽王王延钧说："您如果能暂时离开王位，接受道术，可以当六十年的天子。"王延钧信以为真，十二月二十三日丙子，命令他的儿子节度副使王继鹏暂时代理军府的事务。王延钧则离开王位接受符箓去了，取了个道名叫玄锡。

爱州的将领杨廷艺养了三千名义子，计划要收复交州；南汉交州守将李进知道这一情况，因为受了杨廷艺的贿赂，没向汉主报告。这一年，杨廷艺发兵围攻交州，汉主派遣承旨程宝前去救援，结果还没赶到，城已被攻陷。李进逃了回来，汉主把他杀了。程宝围攻交州，杨廷艺出城迎战，程宝战败阵亡。

（以上为第十二段，写吴国执政徐知诰效徐温故事，以子徐景通留江都总揽政务，自己出镇金陵。）

后唐明宗长兴三年（壬辰，公元 932 年）

春季，正月，枢密使范延光上奏说："从灵州到邠州的方渠镇一段，来往的使臣和外国前来进贡的人经常被党项人所抢劫，请求皇帝派兵前去讨伐他们。"正月初七日己丑，后唐明宗派遣静难节度使药彦稠、前朔方节度使康福率领七千名步兵、骑兵前去讨伐党项。

正月十三日乙未，孟知祥的妻子福庆长公主去世。

孟知祥认为朝廷对两川恩惠优厚，而董璋却挡住了绵州的通路，不让他派遣使者前往朝廷致谢，于是就和节度副使赵季良等人商议，想派遣使者从峡江出川进京上表，掌书记李昊说："你不和东川商量而独自派遣使者，那么将来背弃誓约的责任就在我们身上了。"于是又派使者去劝说董璋，董璋仍然是不听他的。

二月，赵季良和诸位将领商量要派遣昭武都监太原人高彦俦率兵攻取壁州，以断绝山南的部队转入山后等州的通道；孟知祥就这件事和幕僚们商议，李昊说："朝廷差遣苏愿等人回来，我们还没有上表表示谢意，现在反而要派兵断绝朝廷的通路，您如果不考虑在中原的祖坟和在朝中的甥侄辈们，就干脆传出檄文，发兵直接攻取梁州、洋州，何必要攻壁州呢？"孟知祥只好停止了这次军事行动；而赵季良也从此忌恨起李昊来。

二月十九日辛未，初次命令国子监校定九经，并雕版印制出售。

药彦稠等奏报说攻破了党项的十九个部族，俘虏了二千七百人。

赐予高从诲爵位勃海王。

吴国徐知诰在府舍中建造礼贤院，并且收集图书，延揽士大夫，和孙晟及海陵人陈觉一起谈论时事。

孟知祥再三地派遣使者去劝说董璋，认为皇上对两川优礼有加，如果不上表谢罪的话，恐怕还会遭到朝廷的讨伐；董璋还是听不进去。三月十九日辛丑，孟知祥又派李昊到梓州，极力向董璋陈说利害，董璋见到李昊，把他臭骂了一顿，十分恼怒，仍然不听孟知祥的劝告。李昊回来后，对孟知祥说："董璋这个人丝毫不容商量，而且还有窥伺我们西川的野心，您应该早做防备。"

三月二十二日甲辰，闽王王延钧复位。

（以上为第十三段，写孟知祥三请董璋上表朝廷谢罪，璋不从，两川异心。）

吴越武肃王钱镠生病了，他对文武官员们说："我这次生病一定好不了，我的几个儿子又都愚笨懦弱，有谁能够继承我当主帅呢？"大家都哭着说："两镇令公性情仁孝，又有功劳，谁不爱戴他！"钱镠于是把所有的印信、钥匙都拿出来交给钱传瓘，对他说："文武官员们都拥戴你，你要好好守住这份基业。"接着又说："今后子孙们要好好地侍奉中原，不要因为中原改朝换代而放弃了侍奉大国的礼节。"三月二十八日庚戌，去世，终年八十一岁。

钱传瓘和兄弟们在同一个幄帐中守丧，内牙指挥使陆仁章说："令公继承先王的霸业，文武官员们早晚都要前来拜见，应该和诸位公子们分开住。"于是命令主持丧事的人另外再设一个幄帐，扶着钱传瓘住进里面，然后对文武官员们宣布说："从今以后这里只能谒见令公，禁止诸位公子和随从们随便进入。"并且亲自日夜不停地在帐外警戒守卫，几乎没有休息过。在钱镠在世的最后几年，左右的大臣们都归附了钱传瓘，只有陆仁章却多次因为一些事情冒犯他。到这时，钱传瓘慰劳他，陆仁章说："先王在世的时候，仁章还不知道侍奉令公，现在为您尽力，就像是当年侍奉先王一样。"钱传瓘听了这话，赞叹了很久。

钱传瓘继承王位以后，改名叫元瓘，兄弟们的名字中有"传"字的一律改为"元"。宣称是先王的遗命，除去建国的仪制，而行使藩镇的礼法；免除百姓田地荒芜无收和户绝无主者的租税。任命处州刺史曹仲达代为掌理政事。设置择能院，主管甄别选拔人才，任命浙西营田副使沈崧掌理其事。

内牙指挥使富阳人刘仁杞和陆仁章长时间当权，陆仁章性情刚烈，而刘仁杞却爱好说别人的坏话，两个人都被大家所痛恨。一天，将领们一起来到府门前向钱元瓘请求杀了他们两个人；钱元瓘让他的侄子钱仁俊来告诉大家说："这两位将军侍奉先王已经很久了，我正指望他们能为我效力，你们竟然想为了却私人恩怨而杀掉他们，这怎么能行呢？我是你们的王，你们应当听从我的命令；要不然的话，我就回我的临安好给贤能的人让路！"大家一听这话，都吓得退了回去，于是钱元瓘任命陆仁章为衢州刺史，刘仁杞为湖州刺史。朝廷内外有人上书进行私人攻击的，钱元瓘都搁置不理，从此文武百官们之间都相互和睦起来。

（以上为第十四段，写吴越王钱镠去世，钱传瓘继位，处置适宜，将吏辑睦。）

起初，契丹的舍利萴剌和惕隐都被赵德钧所俘虏，契丹多次派遣使者前来请求遣返他们回去。后唐明宗和群臣商议，赵德钧等都说："契丹之所以几年来不敢侵犯边境，而且多次派人前来讲和，就是因为这些人在我们这里的缘故，如果放了他们，那么边患又会重新出现。"后唐明宗又把这件事征询冀州刺史杨檀，杨檀答复说："萴剌是契丹的骁勇将领，以往曾帮助王都阴谋危害社稷，幸好活捉了他，陛下免了他一死，赐给他的恩惠已经够多了。契丹失去了他就像失去了手足一样。他在朝廷已经留居多年，了解我们中原的虚实，一旦放归，对我们的危害一定很大，他只要一出边塞，就会向南边发矢进攻，恐怕到那个时候我们后悔就来不及了。"后唐明宗于是将这事作罢。杨檀是沙陀人。

后唐明宗想授予李赞华河南的藩镇，群臣都认为不能这样做，后唐明宗说："我和他的父亲相约结为兄弟，所以李赞华才来投奔我。我老了，身后继承大统的国君，即使想招抚他，难道就一定能招得来吗？"夏季，四月十一日癸亥，任命李赞华为义成节度使，并且为他选派了一些朝中的官吏做幕僚好辅佐他。李赞华只是优游享受，不参与政事；后唐明宗很喜欢他，即便时常有不法行为也不予追究，并且把后唐庄宗的后宫夏氏嫁给他做妻子。李赞华喜欢喝人血，姬妾们常常刺破手臂流血好让他吸吮；奴婢仆人们一旦有点小过失，或者被挖去眼珠，或者被刀割、火灼；夏氏难以忍受他的这种残暴行为，于是就向后唐明宗奏请离婚，出家当尼姑。

（以上为第十五段，写后唐明宗纳冀州刺史杨檀之言，不遣还契丹降将。李赞华凶残无道。）

四月十三日乙丑，加封宋王李从厚兼任中书令。

东川节度使董璋会集众将计划要进攻成都，大家都说一定能够把成都攻下来；前陵州刺史王晖却说："剑南幅员万里，以成都最大，现在又正值盛夏，师出无名，一定不会成功的。"孟知祥得知董璋要来进攻，就派遣马军都指挥使潘仁嗣率领三千人马到汉州去防备他。

董璋进入西川的地境，攻破白杨林镇，俘虏了戍守在当地的将领武弘礼，一时间声势强盛，孟知祥开始担心起来，赵季良说："董璋为人勇猛而没有恩德，士卒们心中不肯依附他，如果他据城固守，就很难攻破他，如果他在野外作战，就很容易被活捉。现在他不守着自己的老巢，这时您是有利的。董璋用兵的习惯总是把精锐部队摆在前锋，您最好用老弱残兵在前面引诱他们深入，然后再用精兵强将以逸待劳，这样在开始阶段我们可能会受到小损失，但最后一定会取得大胜。董璋一向有威武的名声，现在他率兵一下子攻来了，难免会使我们人心惶恐，您应当亲自率兵前去抵御他的进攻，以增强大家胜利的信心。”赵廷隐认为赵季良的话很有道理，也说：“董璋为人轻浮而缺乏谋略，这次举兵前来一定要失败，我替你去把他活捉了来。”四月二十九日辛巳，任命赵廷隐为行营马步军都部署，率领三万名士兵前去迎战。

五月初一日壬午，赵廷隐来府署向孟知祥辞行。这时刚好董璋的挑战檄书送到这里，此外还有给赵季良、赵廷隐和李肇的私人信件，信中编造说，赵季良、赵廷隐和他董璋私下有商量，让他带兵前来进攻西川。孟知祥把来信交给赵廷隐，赵廷隐看都不看，就把它扔在地上，说：“不过是干点反间的勾当，想让您杀了副使和我廷隐而已。”说完便向孟知祥郑重地拜别就起程了。孟知祥说：“事情肯定能够成功。”李肇一向不太认得字，看了来信，便说：“董璋这是要我造反。”于是囚禁了董璋派来送信的使者，但是私下里也做了拥兵自我保全的准备。

董璋的部队到了汉州，潘仁嗣和他在赤水大战，结果潘仁嗣被打得大败，人也被董璋俘虏了，董璋随即攻克了汉州城。

五月初二日癸未，孟知祥留下赵季良、高敬柔守备成都，自己率领着八千人马奔赴汉州，到了弥牟镇，赵廷隐的部队在镇北扎营。五月初三日甲申，天刚蒙蒙亮，赵廷隐在鸡踪桥摆开阵势，义胜定远都知兵马使张公铎则把部队部署在他的阵地后面。不一会儿，董璋的部队赶到，他远远望见西川的部队气势很大，就把部队暂时撤退到武侯庙下，这时董璋帐下的骁勇兵卒乱哄哄地喊叫着说：“太阳正当午，把我们晒在太阳底下干什么？还不如赶快打起来算了！”董璋只好上马挥兵前进。前锋部队才刚刚交战，东川的右厢马步都指挥使张守进就投降了孟知祥，并且提供情报说：“董璋的人马都在这里了，再也没有后继部队，应该立即对他发起猛攻。”孟知祥登上一座土堆亲自指挥作战，左明义指挥使毛重威、左冲山指挥使李瑭把守鸡踪桥，结果都被东川部队所杀；赵廷隐三次交战都失利，牙内都指挥副使侯弘实的部队也退却下来，孟知祥害怕起来，就用马鞭指着后面的预备部队。张公铎于是率领着他的部队大声呼喊着向前冲锋，东川的部队大败，死了几千人，活捉了东川的中军都指挥使元瓌、牙内副指挥使董光演等八十余人。董璋痛心得捶打着自己的胸脯说：“这一下我的亲信部队全完了，我还依靠谁啊！”于是带着几名随从骑兵逃遁而去，剩下没逃走的七千多名士卒全部投降，从降兵中救回了潘仁嗣。孟知祥率兵追击董璋到了五侯津，东川的马步都指挥使元瓌投降。西川的部队进入了汉州的府第，四处找不到董璋，于是士卒们争抢着董璋所丢下的军用物资，终于使董璋得以逃脱。赵廷隐率兵追到了赤水，又招降了董璋的士卒三千人。当晚，孟知祥留宿在雒县。命令李昊草拟榜文告谕东川的官吏百姓，又写了封信“慰劳问候”董璋，并告诉他自己就要前往梓州，要当面问问他背弃誓约的原因，请教一下自己被征伐的罪名。

五月初四日乙酉，孟知祥和赵廷隐在赤水会师，之后自己就西还成都，而命令赵廷隐进攻梓州。

董璋回到梓州，坐着小轿进城，王晖走上前来迎接他，问他说："太尉您带领全部人马出征，现在回来的不到十个人，这是怎么了？"董璋痛哭流涕，答不上话来。到了府第，正在吃饭，王晖和董璋的侄子、牙内都虞候董延浩带着三百名士兵大声嚷叫着闯了进来。董璋带着妻子儿女登上城垣，儿子董光嗣自杀身亡。董璋到了北门城楼，呼叫指挥使潘稠，让他去讨伐乱兵，潘稠带着十名士卒登上城楼，走上前来砍下了董璋的头，接着又割下董光嗣的头，一起交给王晖，王晖于是率领全城军民开城迎接赵廷隐，向他投降。赵廷隐进入梓州城，查封了所有的府库以等待孟知祥的到来。李肇听说董璋彻底失败了，这才斩杀了一直被囚禁的董璋的使者，并且报告孟知祥。

五月初五日丙戌，孟知祥回到成都，五月初六日丁亥，又率领八千名士兵前往梓州。到达新都时，赵廷隐派人前来向他献上董璋的首级。五月初八日己丑，从玄武出发，赵廷隐率领东川的将领、官吏们前来迎接。

康福上奏说，过去党项抢掠使者商旅的人已被正法，其余的人都投降归附了朝廷。

（以上为第十六段，写董璋为孟知祥所并，孟知祥割据全蜀成定局。）

五月十一日壬辰，孟知祥生病，五月十二日癸巳，病得更厉害了，中门副使王处回在左右服侍，每一次厨师送食物进来，一定要让食器空着拿出来，借此以安定众人的心。李仁罕从遂州赶来，赵廷隐亲自到板桥去迎接他；李仁罕没有称赞赵廷隐在东川所立下的功劳，反而当面侵侮他，赵廷隐十分恼怒。五月十四日乙未，孟知祥的病好了；五月十六日丁酉，进入梓州城。五月十七日戊戌，犒赏参战将士，事毕之后，孟知祥对李仁罕、赵廷隐说："两位将军谁要留下来镇守这里？"李仁罕说："令公如果再把蜀州交给我，我也可以去。"赵廷隐则默不作声。孟知祥觉得很意外，回来之后，命令李昊起草任命书，等两位将军有一人推让就任命另一人为留后，李昊说："从前后梁太祖、后唐庄宗都是亲自兼领四个军镇，现在两位将军互不相让，只有您自己兼领才算合适了。您最好尽快回成都府去，再和赵仆射商量一下。"

五月十八日己亥，契丹使者迭罗卿来向后唐明宗辞别就要回国，后唐明宗说："朕的意思是要安定边境，不能不稍微应付一下他们的请求。"于是就遣返萴骨舍利，让他和使者一道回国。契丹因为没有得到很想要的萴剌回国，从此以后多次侵犯云州和振武。

孟知祥命令李仁罕回遂州去，留下赵廷隐担任东川巡检，任命李昊代理梓州军府的事务。李昊说："两只老虎斗得正凶，在下不敢接受这个任命，还是想跟您一起回成都去。"于是只好任命都押牙王彦铢为东川监押。五月二十二日癸卯，孟知祥回到成都，赵廷隐不久也率兵西返。

孟知祥对李昊说："我虽然取得了东川，但是烦恼却越来越多了。"李昊问是什么原因，孟知祥说："自从我离开梓州以来，先后收到了李仁罕的七次报告，都是说'你应该亲自兼领东川，换了别人将领们心里都不会服气'。而赵廷隐则说'我本来也不敢说一定要得到镇守东川的职务，只是因为李仁罕毫不谦让，所以才有了和他争一争的念头'。请你替我对赵廷隐讲一下，我要把阆州再恢复为保宁军，增加果、蓬、渠、开四个州，派他前去镇守。我亲自兼领东川，好教李仁罕死了心。"尽管如此，赵廷隐还是对这种安排不满意，他要求和李仁罕决斗，让得胜的一方去镇守东川；李昊反复劝解他，他才接受任命。六月，任命赵廷隐为保宁留后。六月初七日戊午，赵季良带领文武官员前来敦请孟知祥兼领东川，孟知祥答应了。赵季良等人又敦请孟知祥称王，暂时使用制书，并且赏赐功臣，孟知祥则没有答应。

董璋发兵进攻孟知祥的时候，山南西道节度使王思同把这一情况向朝廷做了报告，范延光对后唐明宗说："如果两川被其中一个贼人所兼并，然后安抚民众，占据险要，那么我们再攻取它就更加困难了，应该乘着他们相争斗的时候，早点收拾他们。"后唐明宗命令王思同率领兴元的部队暗中安排进击事宜。没过多久，得知董璋已经战败死亡，范延光又对后唐明宗说："孟知祥虽然占据了整个蜀地，但是他手下的士卒都是东方人，孟知祥害怕他们想回家乡会酿成叛乱，因此也想依仗朝廷的威望来震慑他们，陛下如果不屈意地安抚他一番，那么他就没有自新的机会了。"后唐明宗说："孟知祥是我的老朋友，因为被人离间才造成今天这种局面，有什么'屈意'可言的！"于是派遣供奉官李存瓌前去向孟知祥颁赐诏书，诏书说："董璋是狐狼之辈，自招族灭下场。爱卿的祖宗墓园和亲戚之属都安然无恙，你应该好好保持你们家世的美名，谨守君臣的大节。"李存瓌是李克宁的儿子，孟知祥的外甥。

闽王王延钧对道士陈守元说："替我问问宝皇：我当了六十年天子之后，又会怎么样？"第二天，陈守元进宫向他报告说："昨天晚上我替您上了奏章，得到宝皇的降旨，说您六十年后可以当大罗仙主。"徐彦林等人也说："北庙的崇顺王曾经见到宝皇，他讲的话和陈守元讲的一样。"从此王延钧更加自命不凡了，开始谋求称帝。他向朝廷上表说："钱镠去世了，请册封臣为吴越王；马殷去世了，请任命臣为尚书令。"朝廷没有理睬他，从此他就不再向朝廷称臣纳贡了。

（以上为第十七段，写蜀将赵廷隐与李仁罕二人争功不睦，孟知祥自领东川节度使，用以平息二将之争。）

【点评】

本卷点评孟知祥以诚得人死力、安重诲跋扈、孟知祥割据西川三件史事。

孟知祥以诚得人死力。明宗长兴元年四月初四日戊戌，西川都指挥使李仁罕、张业设宴请节度使孟知祥会饮。孟知祥从容赴宴，不带一个保镖，独身前往，李仁罕感动得叩头流涕说："老兵唯有以死报答主公的恩德。"孟知祥为何单身赴会，李仁罕为何感动流涕？因在两天之前发生了重大的告密事件。有一个尼姑举报李仁罕、张业两位将军图谋反叛，设鸿门宴加害孟知祥。孟知祥严加追究，查出是两个中级军官都延昌、王行本编造的谎言，他们要假借孟知祥的手来除掉李仁罕、张业。四月初三日丁酉，孟知祥将都延昌、王行本两人明正典刑，腰斩于市。第二天孟知祥独身赴宴，示以诚心。孟知祥如此果决地处理要案，又如此自信地独身赴宴，充分展示了他的明察善断以及勇敢无畏的人格魅力，这就是帝王气度，不是常人所有的。孟知祥能割据西川，以小喻大，确实是一时人杰。

安重诲跋扈。明宗养子李从珂英勇善战，建立了许多军功，明宗怜爱有加。庄宗同光二年，明宗镇真定。有一天安重诲与李从珂饮酒，酒席间二人发生口角，李从珂打了安重诲一掌，酒醒后，李从珂向安重诲道歉，安重诲仍然怀恨在心，耿耿于怀，欲除之而后快。李从珂专方面为河东节度使，封潞王，安重诲一次又一次在明宗面前打小报告，说李从珂的坏话，明宗不为所动。安重诲居然假传明宗诏令晓谕河东牙内指挥使杨彦温驱逐李从珂。李从珂被逐，逃到虞乡上书闻于明宗，明宗质问安重诲，安重诲反咬杨彦温是奸人。明宗要立案审讯，安重诲力主发兵征讨。明宗要求生擒杨彦温，安重诲竟然指使西都留守索自通、步军都指挥使药彦稠破城后斩杀杨彦温灭口。明宗一再退让，安重诲得寸进尺，又指使宰相冯道、赵凤上奏李从珂擅离职守，必欲置之死地而后快。冯道、赵凤两人上言遭到明宗斥责，两人惶恐而退。又一天，赵凤再次言及，明宗沉默不语。安重诲还不死心，又亲自为言，明宗说："朕昔日为小军官，家里贫困，依靠从珂拾马粪才维持生计，朕如今贵为天子，难道还不能保护一个患难相共的儿子吗？"此时的安重诲居功自负，简直不把明宗皇帝看在眼里，竟然一再逼迫皇帝处置皇子以泄私愤。安重诲跋扈如此，不学无术如此，最终惨遭冤杀，自取之也。

孟知祥割据西川。孟知祥是后蜀的创建者。孟知祥字保胤，刑州龙岗人。孟知祥叔父孟迁，唐末据邢、洺、磁三州，为晋王李克用所并。知祥长成，品貌非凡，李克用以其弟李克让之女妻孟知祥，入唐封为琼华公主。李克用另一弟李克宁娶孟知祥之妹为妻。李孟二姓政治联姻，不论尊卑，孟知祥作为外戚，是庄宗的舅父；孟知祥作为女婿，是庄宗的堂妹夫。庄宗建号，孟知祥以其特殊关系，以及个人才华，任太原尹，为北京留守。郭崇韬伐蜀，与庄宗临别，推荐孟知祥为蜀帅。庄宗于是改任孟知祥为成都尹，剑南西川节度副大使。同光四年正月，孟知祥入蜀，其时郭崇韬已死。不久，庄宗崩，明宗立，孟知祥见中原多事，暗中已下定决心，割据西川称王，扩军备战，训练士卒，增设义胜、定远、骁锐、义宁、飞棹等军七万余人。明宗长兴三年，孟知祥并东川，杀董璋，自兼西川节度使。第二年，明宗封孟知祥为蜀王。同年十一月明宗崩，三个月后，孟知祥即皇帝位，国号蜀，史称后蜀。孟知祥能成就大事，主要有以下三个原因。第一，以恩信笼络诸将，得人死力。孟知祥冒死单人赴宴，示诚于李仁罕、张业，后来二人多建奇功。第二，广收人才，留赵季良为谋主。唐伐蜀先锋康延孝反叛，孟知祥与诸军合击，斩杀康延孝，孟知祥趁机纳降，得其将李肇、侯弘实及其兵数千以归。后唐明宗任太仆卿赵季良为三川制置使入蜀，赐孟知祥官印，制置两川征赋。孟知祥拒不奉诏，截留两川征赋，上表以节度副使留赵季良为谋主，既搪塞了朝廷，又得良师，真是一箭双雕。第三，欲擒故纵，联姻董璋反叛朝廷，而且并之。孟知祥原本厌恶董璋，两人不通音问，早有吞并之意。为了合纵对抗朝命，孟知祥用赵季良策，与董璋联姻，诱使董璋先反。安重诲兴兵伐蜀，原本是联合董璋诛讨孟知祥，反过来成了董璋替孟知祥打头阵，对抗朝廷。明宗还师，孟知祥三次邀约董璋上表朝廷谢恩，董璋亲属为朝廷诛灭，孟知祥亲属为朝廷放归，两相对照，董璋愤怒孟知祥卖己，自不量力兴兵攻蜀，孟知祥名正言顺灭董璋，并西川，不但没有上表朝廷谢恩，而是据地称王称帝。孟知祥虽非命世大才，不能统一中原，但不失时机地偏安一隅，也算是一个非常之人。

后唐纪七

后唐明宗长兴三年至后唐潞王清泰元年（公元 932—公元 934）

【起玄黓执徐（壬辰，公元 932 年）七月，尽阏逢敦牂（甲午，公元 934 年）闰正月，凡一年有奇】

【大事提要】

本卷记事起公元 932 年七月，讫公元 934 年闰正月，凡一年又八个月。当后唐明宗长兴三年七月至后唐末帝清泰元年闰正月。后唐明宗本代北胡人，武勇不知书，性忠厚，因乱为众所推，不意得皇帝位，不懂治国之术，权落群小。先是安重诲执政，而有伐蜀之举，促成孟知祥据蜀，继又夏州守将李彝超不奉诏移镇，官军往讨无功，朝廷威信下落。秦王李从荣轻佻峻急，大臣畏避，明宗知其不才而不能裁制，导致从荣反叛被诛。明宗崩，第五子宋王李从厚即位，从厚仁弱，不能掌控朝政，胥吏小人朱弘昭、冯赟等专权，嫉贤妒能，朝廷威信扫地。孟知祥称帝于蜀。石敬瑭得机为北京留守，为后晋建立张本。

明宗圣德和武钦孝皇帝下

后唐明宗长兴三年（壬辰，公元 932 年）

秋季，七月初一日辛巳，朔方守军上奏说夏州的党项入侵，已经击败了他们，并且一直追击到贺兰山。

七月初九日己丑，加封镇海、镇东军节度使钱元瓘为中书令。

七月初十日庚寅，李存瓌到达成都，孟知祥感激涕零地拜伏于地接受诏书。

武安、静江节度使马希声因为湖南连年大旱，下令关闭南岳和境内各神祠的庙门，但最终还是没下雨。七月十一日辛卯，马希声去世，六军使袁诠、潘约等人到朗州迎接镇南节度使马希范，拥立他为王。

七月十五日乙未，孟知祥遣李存瓌回洛阳，向后唐明宗上表谢罪，并报告了福庆长公主的死讯。从此以后又成为朝廷的藩镇。

七月二十日庚子，任命西京留守、同平章事李从珂为凤翔节度使。

废除武兴军，又重新把凤、兴、文三州归属于山南西道。

七月二十七日丁未，任命门下侍郎、同平章事赵凤仍为同平章事，并充任安国节度使。

八月十一日庚申，马希范到达长沙；八月十二日辛酉，继承王位。

八月十五日甲子，孟知祥让李昊替武泰留后赵季良等五位留后起草奏章，请求朝廷册封孟知祥为蜀王，允许他行使墨制诏书的权力，并且各人自己也向朝廷请求赐给节度使的旌节，李昊说："以往将领们攻取了一个方镇，就占据了这块地方，现在又让他们自己向朝廷请求节钺，而且还为您请求封爵，这样一来大小权力都落在下属们手里了；如果您自己向皇帝请求这些事，难道不可以吗？"孟知祥一下子明白过来了，于是重新让李昊替自己起草一份奏章，请求行使墨制诏书的权力，可以补授两川缺员的刺史以下官员；又另外上表请求任命赵季良等五个留后为节度使。

当初，安重诲想图谋两川，自从孟知祥杀死了李严之后，朝廷每次任命刺史，都要派东方的部队护送他们赴任，小的州不少于五百人，夏鲁奇、李仁矩、武虔裕等人上任则各有几千人，都是用牙队的名义。到了孟知祥攻取了遂、阆、利、夔、黔、梓六个军镇以后，拥有了这些护卫的东方士卒不下三万人，他怕朝廷把这些人征召回去，就上奏请求把这些士卒的妻子儿女都接到两川来。

吴国的徐知诰把金陵城扩建了方圆二十里。

（以上为第一段，写孟知祥请旨为蜀王。楚国马殷第四子马希范继马希声为节镇。徐知诰大筑金陵城。）

当初，契丹强盛起来以后，把卢龙各州都抢掠遍了，幽州城门之外，到处都是契丹骑兵在游荡。每次从涿州运送粮食进入幽州，契丹人大多在阎沟埋伏下兵马，进行抢掠。赵德钧担任节度使以后，就在阎沟修建城池，设立良乡县，于是运粮的道路才渐渐打通。幽州城东十里以外，百姓不敢去打柴放牧；赵德钧在州城之东五十里修建了潞县城，派兵守卫，于是靠近州城的百姓才开始了耕种。到这时候，又在州城东北一百多里的地方修建了三河县城，用以打通到蓟州的运输道路，契丹的骑兵前来抢掠，赵德钧就把他们击退。九月初一日庚辰，上奏朝廷说三河县城已经修建完毕。边境的居民靠这些城池得到保护。

九月初三日壬午，任命镇南节度使马希范为武安节度使，兼任侍中。

孟知祥任命他的儿子孟仁赞代理行军司马，兼任都总辖两川牙内马步都军事。

冬季，十月初一日己酉，后唐明宗又派遣李存瓌前往成都，凡是在剑南的将吏，从节度使、刺史以下的官员，都听凭孟知祥派任完毕后再报朝廷备案，朝廷不再派任官员去那里；只是不让戍守士兵的妻子儿女去两川，但是也不再征召这些士兵东还。

秦王李从荣喜欢作诗，在幕府中聚集了崇尚浮华的文士高辇等人，同他们相互唱和，他自己还相当自负得意。每次摆酒设宴，都要让幕僚们当场作诗，如果作得不合他的意，就当着众人面把诗稿撕毁丢在地上。十月初四日壬子，李从荣进宫谒见，后唐明宗对他说："我虽然不认得字，但是却喜欢听儒生们讲论经文的意义，可以启发人的智慧和思考。我过去看见后唐庄宗喜欢作诗，但武将家的子弟舞文弄墨本来就不在行，只能白白地让人在背地里笑话，你不要学这个样子。"

十月初八日丙辰，幽州方面奏报说契丹人屯兵捺剌泊。

前彰义节度使李金全多次向朝廷进献马匹，后唐明宗不肯接受，并对他说："你在军镇治理得怎么样？不要一心只想着进献马匹！"李金全是吐谷浑人。

十月二十四日壬申，大理少卿康澄上奏疏说："臣听说童谣并不是判断祸福的根据，妖祥岂能当作兴衰的本原！所以飞雉落于鼎耳、桑谷共生于朝，并不能阻止殷王把国家复兴起来；神马长嘶、水涌玉龟吉兆的出现，也并没有延长晋朝的国运。从此可以看出，国家有五件事不值得害怕，而有六件事却很值得人担心：阴阳失调不值得害怕，日月星辰运行不正常不值得害怕，小人们乱造谣言不值得害怕，山崩河涸不值得害怕，害虫损害作物不值得害怕；而贤人隐居不出值得担心，士农工商不安居乐业值得担心，上下通同作弊值得担心，社会上人们都寡廉鲜耻值得担心，是非混淆难辨真假值得担心，听不到直言谠论值得担心。不值得害怕的事情，希望陛下把它摆在一边，不加理会；很值得担心的事情，希望陛下能多加注意，不要有所大意。"后唐明宗颁下嘉许的诏书褒奖了他一番。

（以上为第二段，写赵德钧守幽州，缮守备，制止契丹侵扰。大理少卿康澄上奏五不足惧六可畏，明宗优诏褒之。）

秦王李从荣看起人来，两眼像鹰一样阴狠尖刻，性情轻佻冷酷；自从掌理六军诸卫事务以后，又参与了朝廷的政事，往往骄横不守法纪。当初，安重诲担任枢密使，后唐明宗把一切大权都委托给他。李从荣和宋王李从厚自从孩提时代就和他非常亲昵，所以即使后来他们掌握了兵权，仍然时常被安重诲所辖制，对他非常敬畏；安重诲死了以后，王淑妃和宣徽使孟汉琼负责宣布传达后唐明宗的意旨，范延光、赵延寿担任枢密使，李从荣对他们都很轻慢看不起。河阳节度使、同平章事石敬瑭兼任六军诸卫副使，他的妻子永宁公主和李从荣是异母所生，平时相互憎恨看不起。李从荣又认为李从厚的声望超过自己，于是就特别嫉恨他；李从厚则很会用谦卑的姿态迁就他，所以两人之间的矛盾没有表面化。石敬瑭不愿意和李从荣共事，常想补任外职好回避他。范延光、赵延寿两人也害怕招惹灾祸，多次要求辞去枢要职务，希望能和勋旧大臣轮流担任，后唐明宗没有答应。当时正逢契丹人又要来犯边，后唐明宗命令挑选一个元帅大臣前去镇守河东，范延光、赵延寿都说："当今的元帅大臣可以派往河东镇守的只有石敬瑭、康义诚了。”石敬瑭本人也想前去，于是后唐明宗当即就任命委派他去。接受了任命诏书以后，原来的六军副使的职位并没有免除，石敬瑭又向后唐明宗请辞，后唐明宗于是任命宣徽使朱弘昭掌理山南东道，以接替康义诚的职务，让康义诚到朝廷来。

十一月初三日辛巳，任命三司使孟鹄为忠武节度使，任命原忠武节度使冯赟充任宣徽南院使，判理三司。孟鹄最初是一个刀笔小吏，因为和范延光在乡间的时候交情很好，所以几年之间由于范延光的推荐和提拔，一直升到节度使；后唐明宗虽然也觉得他提升得太快，但是没有办法阻止。

十一月初七日乙酉，后唐明宗因为契丹人越来越进逼北部边境，就下令让大臣们赶快议定河东主帅的人选；石敬瑭希望能得到这个职务，但是范延光、赵延寿却想任用康义诚，于是议论了很长时间难以决定。代行枢密直学士李崧认为担任此职的非石太尉不可，范延光说：“在下也多次向皇上上表请求任用他，但是皇上却想把他留在身边统领宿卫军。”正好这时后唐明宗派遣宫中的使者前来催促，于是大家就采纳了李崧的意见。十一月初九日丁亥，任命石敬瑭为北京留守、河东节度使，兼任大同、振武、彰国、威塞等军蕃汉马步总管，加兼侍中。

（以上为第三段，写秦王李从荣轻佻峻急，大臣畏之。石敬瑭为北京留守。为后晋建立张本。）

十一月十一日己丑，加封枢密使赵延寿同平章事。

吴国任命诸道都统徐知诰为大丞相、太师，加领德胜节度使；徐知诰辞去丞相、太师二职。

大同节度使张敬达在要害关塞屯聚部队，契丹兵最终没敢南下而退了回去。张敬达是代州人。

蔚州刺史张彦超本来是沙陀人，曾经是后唐明宗的养子，一向与石敬瑭不和；他一听说石敬瑭兼任北方各军镇的马步总管，就带领全城军民降附了契丹，契丹任命他为大同节度使。

石敬瑭到了晋阳，任命部将刘知远、周瓌为都押衙，把他们当作心腹亲信；军事方面委托给刘知远，财政方面委托给周瓌。周瓌是晋阳人。

十二月十一日戊午，任命康义诚为河阳节度使，兼任侍卫亲军马步都指挥使；任命朱弘昭为山南东道节度使。

这一年，南汉主刘龑封他的儿子刘耀枢为雍王，刘龟图为康王，刘弘度为宾王，刘弘熙为晋王，刘弘昌为越王，刘弘弼为思王，刘弘雅为韶王，刘弘泽为镇王，刘弘操为万王，刘弘杲为循王，刘弘暐为思王，刘弘邈为高王，刘弘简为同王，刘弘建为益王，刘弘济为辩王，刘弘道为贵王，刘弘昭为宜王，刘弘政为通王，刘弘益为定王；时隔不久，又改封刘弘度为秦王。

（以上为第四段，写徐知诰领得胜节度使，南汉主大封诸子为王。）

后唐明宗长兴四年（癸巳，公元 933 年）

春季，正月十一日戊子，加封秦王李从荣代理尚书令，兼任侍中。正月十三日庚寅，任命端明殿学士归义人刘昫为中书侍郎、同平章事。

闽国有人说在闽主王延钧从前住过的真封宅看见了龙，闽主于是就把这所宅子改名为龙跃宫。接着就到宝皇宫接受宝皇的册命，准备了仪仗卫队，然后返回王府，即位称帝，国号叫大闽，大赦境内，改年号为龙启；又把自己的名字改为璘。上尊号追谥自己的父亲和祖父，修建了五所宗庙。任命他的幕僚李敏为左仆射、门下侍郎，他的儿子节度副使王继鹏为右仆射、中书侍郎，两人都为同平章事；又任命亲信官吏吴勖为枢密使。后唐的册礼使裴杰、程侃这时刚来到了海门，闽主就任命裴杰为如京使；程侃一再要求北返回家，闽主不答应。闽主深深知道自己国小地偏，所以经常十分注意和四面邻国搞好关系，因此闽国境内还大体上能够保持安定。

二月初二日戊申，孟知祥以墨制诏书的形式任命赵季良等五位留后分别为五个军镇的节度使。

凉州的大将拓跋承谦和当地的父老们一起上奏章，请求任命暂时代行留后的孙超为节度使。后唐明宗问来使："孙超是什么人？"使者回答说："张义潮当年在河西的时候，朝廷派出天平军二千五百人戍守凉州，自从发生了黄巢之乱以后，凉州和朝廷的往来被党项人阻绝，戍守当地的郓州人也都渐渐地快死完了，孙超和城中居民都是这部分人的子孙。"

二月初九日乙卯，任命马希范为武安、武平节度使，兼任中书令。

二月十二日戊午，定难节度使李仁福去世；二月十四日庚申，军中拥立他的儿子李彝超为留后。

二月十七日癸亥，任命孟知祥为东西川节度使、蜀王。

先前，河西各藩镇都报告说李仁福私下里和契丹相勾结，朝廷也担心他和契丹的军队联合，吞并河右，再往南侵犯关中地区，刚好这时李仁福死了，三月初九日癸未，朝廷任命他的儿子李彝超为彰武留后，而调原彰武节度使安从进为定难留后，同时任命静难节度使药彦稠率领五万名士兵，以宫苑使安重益为监军，护送安从进前往军镇赴任。安从进是索葛人。

三月初九日乙酉，初次下诏任命赵季良等人为五个军镇的节度使。

三月十一日丁亥，下诏告谕夏、银、绥、宥几个州的将士吏民，认为"夏州是偏远的边镇，李彝超年纪太轻，难以抵御外敌入侵，所以要把他改任到延安去，服从朝廷调遣的话就能享有李从曮、高允韬那样的富贵福分，违抗命令只能遭到像王都、李匡宾那样灭族的灾祸”。夏季，四月，李彝超上书说，他被当地的军士百姓所拥戴挽留，无法前去军镇赴任，后唐明宗下诏派使者再前去催他赴任。

言官建议替亲王们设置师傅，宰相害怕秦王李从荣，不敢给他决定人选，请求让他自己挑选师傅。秦王府判官、太子詹事王居敏向李从荣推荐兵部侍郎刘瓒，李从荣上表请求任命他来当师傅。四月初七日癸丑，后唐明宗任命刘瓒为秘书监、秦王傅，又任命前襄州支使山阳人鱼崇远为记室。刘瓒自认为是被贬了官，哭着向后唐明宗请求辞去任命，但还是没有推辞掉。秦王府里的幕僚们都是一些新进少年之辈，为人轻躁而又以巴结为能事，只有刘瓒能从容冷静地进行规劝，因此李从荣就非常不高兴。刘瓒虽然名义上是师傅，但李从荣却一直把他当作幕僚和属下来对待，这使刘瓒感到很难堪；李从荣觉察到了这一点，从此就告诫守门人不要给他通报，每月只准他来王府一次，有时让他等在王府门外一天也不召见他，也不给他饭吃。

李彝超不肯接受诏书的任命，就派遣他的哥哥阿啰王把守青岭门，然后聚集境内党项诸部胡人进行自保。药彦稠等进驻芦关，李彝超派遣党项人抄掠官军的粮运和攻城器具，官军只好从芦关退守到金明。

闽主王璘册封他的儿子王继鹏为福王，并充任宝皇宫使。

（以上为第五段，写闽主王延钧即皇帝位，更名璘，秦王李从荣不礼王傅；定难留后李彝超不奉诏移镇，明宗用兵。）

五月初三日戊寅，册封皇子李从珂为潞王，李从益为许王，皇侄天平节度使李从温为兖王，护国节度使李从璋为洋王，成德节度使李从敏为泾王。

五月初五日庚辰，闽国发生地震，闽主王璘避位修道，命令福王王继鹏暂时总理一切事务。当初，闽王王审知生性非常节俭，官府住宿都很低矮简陋；到了这时候，闽主王璘却大肆兴建宫殿，建筑豪华极尽一时。

五月初九日甲申，后唐明宗突然得了风疾；五月十五日庚辰，稍微好了一些，就在文明殿接见群臣。

五月十七日壬辰夜间，夏州城上点起了烽火，天刚亮，就有几路胡人骑兵数千人前来救援，安从进派遣先锋使宋温把他们击退。

吴国宋齐丘要徐知诰劝吴主迁都到金陵，徐知诰于是开始在金陵营建宫城。

后唐明宗有十几天没有接见群臣，京城里人心惶惶，人们有种恐惧感，有人跑到山林荒野中躲了起来，有人则待在军营里不敢外出。秋季，七月初六日庚辰，后唐明宗带病强撑着驾临广寿殿，人心才安定下来。

安从进攻打夏州。夏州城是当年赫连勃勃所建造的，坚固得像铁石一样，凿都凿不动。又有党项人的万余名骑兵在四野游荡，抢掠官军的粮饷，致使官军无法割草放牧。那里的山路又险峻又狭窄，关中的百姓往那里运输一斗粟、一捆柴都要耗费好几缗钱，民间都困乏不堪，无力再继续供应。李彝超兄弟登上城墙对城外的安从进说："夏州这个地方非常贫瘠，并没有珍宝蓄积可以充当朝廷的贡赋；我们只是因为祖父、父亲世代都戍守在这块土地，不想失去它而已。这么一座小小的孤城，战胜了它并不足以显示你们的威武，何必要让国家这样兴师动众、耗费钱财呢？希望你能替我们上表报告皇上，如果允许我们改过自新的话，或者派遣我们去征战，我们都愿意打先锋。"后唐明宗得知这一情况后，七月初八日壬午，命令安从进率兵回师。

此后，有个了解李仁福隐私的人说："李仁福只是因为害怕朝廷把他调任他处，就放风说要联合契丹作为后援，契丹人实际上和他并没有来往；致使朝廷错误地发动这次征讨，结果无功而回。"从此夏州也就瞧不起朝廷，每逢有大臣叛变，也都暗中与之联络交通，好邀取贿赂。后唐明宗的病拖了很久难以痊愈，加上征讨夏州又一无所得，军中便出现了很多谣言，七月十一日乙酉，后唐明宗按等级优厚地赏赐了在京城的各路军队；因为是无功而行赏，从此士卒们更加骄纵了。

（以上为第六段，写明宗染疾，人情恟惧；朝廷用兵夏州，无功而返。）

七月十三日丁亥，赐给钱元瓘爵位为吴王。钱元瓘待他的兄弟们很厚道，他的哥哥中吴、建武节度使钱元璙从苏州前来朝见，钱元瓘用对待家人的亲切礼节接待他，举杯为他祝福，并说："这本来是哥哥的王位，而现在却被小弟我占据了，这都是哥哥赐给我的。"钱元璙说："先王是挑选了贤能的人而册立的，现在君臣之位已定，元璙我只知道对主上忠顺就行了。"说完，兄弟俩感慨得相对哭泣。

七月十四日戊子，闽主王璘复位。当初，福建中军使薛文杰，为人乖巧谄媚，王璘爱好奢侈挥霍，薛文杰就搜刮民财来讨好他，王璘于是任命他为国计使，十分信任他。薛文杰私下里探查有钱人的罪过，然后公开地抄没他们的家财，被他用刑的人胸和背两面都被拷打，还用烧红了的铜斗烙他们。建州的土豪吴光前来朝见闽主，薛文杰看中了他的家财，就找他的罪过，准备治他的罪；吴光怨恨愤怒，就率领他的部众将近一万人反叛投奔吴国去了。

后唐明宗任命工部尚书卢文纪、礼部郎中吕琦为蜀王册礼使，同时赐给蜀王一品朝服。孟知祥自己制作了九旒冠冕，九章衣，车舆服饰旌旗都依照天子的样式。八月初一日乙巳，卢文纪一行到了成都。八月初四日戊申，孟知祥穿上衮服、戴上冠冕，准备了仪仗卫队，来到了驿馆，走到职阶下面向北，接受后唐明宗的册封，然后坐上玉辂专车，到达王府门前，再换乘人抬的小轿进入府中。卢文纪是卢简求的孙子。

八月初四日戊申，群臣给后唐明宗奉上尊号为圣明神武广道法天文德恭孝皇帝，大赦天下。在京城和各道的将士们都各按照不同的等级得到了优厚的赏赐。当时在一个月的时间内两次颁发优厚的赏赐，从此朝廷的用度就更加困窘了。

从太仆少卿职位上退休的何泽看到后唐明宗病得很厉害，秦王李从荣的权势正盛极一时，就希望自己能够再次得到起用，于是上表请求后唐明宗册立李从荣为太子。后唐明宗看着这份奏表流下了眼泪，私下里对身边的近臣说："群臣请求册立太子，朕只好回太原的旧宅去养老了。"不得已，只好在八月十八日壬戌，下诏让宰相和枢密使讨论此事。八月二十三日丁卯，李从荣拜见后唐明宗，说道："臣私下里听说有奸人请求册立臣为太子；臣还年轻，况且还想学习治理军民，不愿担当这个名义。"后唐明宗说："这是群臣所要求的。"李从荣退下来以后，去见范延光和赵延寿，对他们说："你们执政大臣想让我当太子，这是要夺我的兵权，把我幽禁在东宫里。"范延光等人知道后唐明宗怕失去权力、不想册立太子的意思，而且对李从荣讲的话也感到害怕，于是当即就把这些话报告了后唐明宗；八月二十七日辛未，后唐明宗下诏任命李从荣为天下兵马大元帅。

（以上为第七段，写吴越王钱元瓘友爱兄弟，明宗册礼孟知祥为蜀王，秦王李从荣进位天下兵马大元帅。）

九月初一日甲戌，吴主册立德妃王氏为皇后。

九月初五日戊寅，加封范延光、赵延寿兼任侍中。

九月初十日癸未，中书上奏：节度使见元帅的礼仪，虽然兼带平章事的职位，也应当用军礼参见。后唐明宗批准了。

后唐明宗准备加封宣徽使、判三司冯赟同平章事；冯赟父亲的名字叫冯章。执政大臣错误地引用了过去的旧制，九月十七日庚寅，加封冯赟同中书门下二品，充任三司使。

秦王李从荣请求把严卫、捧圣步骑两指挥作为自己的牙兵。每次他入朝，随从的骑兵有好几百名，都张着弓，带着箭，在大路上奔驰；又令文士替他试着起草讨伐淮南的檄文，文中表达自己将要平定天下的意思。李从荣对执政大臣很不满意，私下里对自己的亲信说："有朝一日我当了皇帝，一定要把他们满门抄斩。"范延光、赵延寿听到这话很害怕，就三番五次地向后唐明宗请求补任外官，好避开李从荣。后唐明宗误认为他们是看到自己生病了就要求离开朝廷，十分恼怒，说："要走就走好了，上表干什么！"赵延寿的妻子齐国公主又替赵延寿在内宫说情，她说："延寿确实是有病，不能胜任机要职务。”九月二十三日丙申，范、赵二人又向后唐明宗表白说：“臣等并不是害怕辛劳，只是希望能和勋旧大臣们轮流担任这个职务。我们也不敢一下子都离开，希望能允许先走一个。如果继任的人不称职，只要再征召臣，臣会马上就到。”后唐明宗这才答应了他们的请求。九月二十五日戊戌，任命赵延寿为宣武节度使；另外任命山南东道节度使朱弘昭为枢密使、同平章事。诏书任命颁下之后，朱弘昭也请辞不受，后唐明宗叱骂他说：“你们都不愿意在我的身边，我供养你们这些人干什么！”朱弘昭于是再也不敢说什么了。

吏部侍郎张文宝从海路出使吴越国的杭州，途中船坏了，水手用小船载着他，被风吹着漂流到了吴国的天长；随从他出使的有二百个人，现在只剩下五个人了。吴主很友好地接待了他，资助给他及其随从人员仪礼服装和数万钱币，并且还为他写信通知吴越的钱氏，让他们在边境上迎候。张文宝只接受了一些饮食，其余的都辞谢了，说：“本朝和吴很长时间都不来往了，现在既不是君臣关系，又不是宾主关系，如果接受了这些东西，用什么言辞来致谢呢？”吴主很赞赏他说的话。张文宝最终到杭州完成了使命而回朝。

九月二十七日庚子，任命前义成节度使李赞华为昭信节度使，把他留在洛阳享受俸禄，不到镇所去。

九月二十八日辛丑，下诏规定大元帅李从荣的地位在宰相之上。

吴国徐知诰因为国内接连发生水灾、火灾，就说：“军民们生活非常困苦，我怎么能一个人安享逸乐？”便把所有的侍妓都打发出去了，并且把乐器都拿来烧掉。

闽国内枢密使薛文杰劝说闽王抑制和削弱宗室的力量，闽王的侄子王继图气不过，就阴谋造反，因此以谋反罪被杀，受牵连的有一千多人。

冬季，十月十二日乙卯，范延光、冯赟上奏说：“西北的各部胡人前来京城卖马的往来穿梭，朝廷每天用于买马的绢不下于五千匹，估计耗费了国家费用的十分之七，请求朝廷委托沿边各处镇所，选择胡人所卖马中优良的发给凭证，然后再把数量呈报朝廷。”后唐明宗同意施行。

十月十五日戊午，任命前武兴节度使孙岳为三司使。

范延光多次托孟汉琼、王淑妃向后唐明宗请求派任外官；十月十七日庚寅，任命范延光为成德节度使，另行任命冯赟为枢密使。

后唐明宗认为亲军都指挥使、河阳节度使、同平章事康义诚为人淳朴忠诚，非常信任他。当时朝中和后唐明宗亲近重要的大臣大多要求调任外官以躲避秦王的祸害，康义诚估计自己难以脱身，于是就让他的儿子去侍奉秦王，遇事力求用恭敬顺从、左右两可的态度去对待，希望能够用这种方法来保全自己。

临时代理夏州事务的李彝超上表向皇帝谢罪，并请求为他平反昭雪；十月十九日壬戌，任命李彝超为定难军节度使。

十一月初二日甲戌，后唐明宗为范延光饯行，酒宴完毕之后，后唐明宗说："爱卿现在要远离了，有什么事情都要说出来。"范延光回答说："朝廷的大事，希望陛下能和内外辅臣商议决定，不要听那一帮小人的话。"当即君臣二人相对流涕而后分别。当时孟汉琼把持大权，依附于他的人相互结为朋党，共同蒙蔽迷惑后唐明宗的听闻，所以范延光说起了他们。

十一月初八日庚辰，把镇州怀化军改为昭化军。同时在洮州设置保顺军，管辖洮、鄯等州。

（以上为第八段，写秦王李从荣跋扈乖张，大臣畏避，范延光等求任外镇。明宗知从荣凶顽而不能裁制。）

十一月十六日戊子，后唐明宗的病又复发了，十一月十七日己丑，病情加剧，秦王李从荣进宫探病，后唐明宗虚弱得低着头，抬不起来。王淑妃说："从荣在这里。"后唐明宗没有应声。李从荣出宫以后，听到宫里的人都在哭，他心里以为后唐明宗已经死了，第二天早晨，他就推托说自己有病，不再进宫探问。当天晚上，后唐明宗的病情实际上已经稍见好转，而李从荣却不知道。

李从荣深知自己不为当时的舆论所推崇，害怕自己不能继承帝位，于是就和自己的党羽们密谋，准备带兵进宫侍卫，首先要做的是控制住掌权的大臣。

十一月十九日辛卯，李从荣派遣都押牙马处钧去对朱弘昭、冯赟说："我准备率领牙兵进宫中侍候皇上的疾病，同时防备意外情况发生，我应该在哪里居住？"朱、冯两人回答说："大王可以自己选择地方。"接着两人又私下对马处钧说："皇上平安无事，大王应该尽忠尽孝，不应该轻信别人的胡言乱语。"李从荣一听大怒，又派马处钧去告诉两人说："你们两位难道不爱惜自己的家族吗？怎么竟敢拒绝我呢？"两人听后觉得害怕，就进宫把这件事告诉了王淑妃和宣徽使孟汉琼，大家都说："这事没有康义诚的支持与合作难以办成。"于是就把康义诚召进宫来和他商议办法，康义诚来了之后竟然不表示任何意见，只是说："义诚只是一个带兵的军人，不敢干预朝廷政务，我只听从相公们的差遣。"朱弘昭怀疑康义诚是不想当着众人表态，晚上，把他邀请到自己家里再问他，结果康义诚的回答还是和原来一样。

十一月二十日壬辰，李从荣穿着平常的服装，从河南府带领着步骑兵马一千人列阵于天津桥。当天黎明，李从荣派马处钧来到冯赟家对他说："我今天决定要进宫，并且要住在兴圣宫。你们各位相公都是有家眷的人，做事可要好好考虑，是福是祸就决定在顷刻之间啊。"又派马处钧到康义诚处，康义诚答复说："只要秦王能来到，我一定奉迎。"

冯赟骑马从右掖门飞奔而入，看见朱弘昭、康义诚、孟汉琼以及三司使孙岳等人正聚集在中兴殿门外商议着事情，冯赟把马处钧所讲的话一五一十地都告诉了他们，接着就正告康义诚说："秦王说了'是福是祸就决定在顷刻之间'，后果是可想而知的，你不要因自己的儿子在秦王府供职，就左右观望，皇上提拔我们这些人，从平民百姓高升至将相，如果让秦王的兵马走进这个门，把皇上往哪里摆？我们这些人的家族中难道还有人能活命吗？"康义诚还没来得及答话，守卫的官吏来报告说秦王已经带兵到了端门之外。孟汉琼拂袖而起，说："今天的事情，危及到了君父的安全，你还能再犹豫观望，考虑个人利害得失吗？我绝不爱惜自己的余生，自当亲自率兵去抵抗！"说完，就进入了中兴殿门，朱弘昭、冯赟也都跟他走了进去，康义诚不得已，也只好随着他们进去。

孟汉琼见到后唐明宗，报告说："李从荣造反了，叛兵已经进攻端门了，马上就要打进宫内来，到那时就要大乱了。"宫里的人相视号哭，后唐明宗说："从荣何苦要这样做？"就问朱弘昭等人："真有这事吗？"大家回答说："有这事，刚才已下令守门人把宫门关上了。"后唐明宗指着苍天，流下了眼泪，对康义诚说："爱卿自己去做主处理吧，只是不要惊扰百姓！"控鹤指挥使李重吉，是李从珂的儿子，当时正侍卫在后唐明宗身边，后唐明宗对他说："我和你的父亲，冒着战场上的矢石平定天下，他多次在危急之中救过我；李从荣这等人又出过什么力，现在却被人唆使，干出这样悖逆不道的事！我本来就知道这等人不足以托付大事，真应该把你父亲召来把掌兵的大权交给他。现在你去替我部署把所有宫门都封闭起来。"李重吉于是立即率领控鹤兵把守宫门。孟汉琼披上铠甲，骑上战马，召唤马军都指挥使朱洪实，让他率领五百名骑兵前去讨伐李从荣。

李从荣这时正靠着胡床，坐在津桥上，派左右侍从去召康义诚前来。当时端门已经关闭，侍从们就去叩打左掖门，并从门缝中向里窥看，只见朱洪实正带着骑兵从北面而来，侍从飞快跑回去报告李从荣；李从荣大吃一惊，下令手下拿护胸的铁掩心披挂起来，然后坐在那儿调理弓矢。一会儿朱洪实的骑兵掩击过来，李从荣逃回河南府，他的幕僚们都逃散躲了起来，牙兵们则在嘉善坊一带抢掠了一番后也都溃散了。李从荣和他的妃子刘氏吓得躲在床底下，皇城使安从益上前去把他们杀了，同时杀了他的儿子，然后把他们的首级进献朝廷。当初，孙岳也能够参与内廷的一些密谋，冯赟、朱弘昭担心李从荣乖戾难以应付，孙岳曾经为他们详加分析了祸福的关系；康义诚很怨恨他，到了这个时候，就乘着混乱之际秘密地派遣骑士把他射杀了。后唐明宗得知李从荣死了，非常惊骇悲恸，险些从御榻上跌落下来，几次昏厥又苏醒过来，从此病情又加重了。李从荣有一个儿子还很幼小，当时养在宫中，将领们都要求把他也杀了，后唐明宗哭着说："这孩子又有什么罪？"但是最后不得已，还是把孩子交给了他们。十一月二十一日癸巳，冯道率领群臣进宫，在雍和殿晋见后唐明宗，后唐明宗泪如雨下话声呜咽，说：“我家的事情到了这种地步，实在无脸见众位公卿！”

宋王李从厚当时担任天雄节度使；十一月二十二日甲午，后唐明宗派遣孟汉琼前去征召李从厚，同时替代他暂时掌理天雄军府的事务。

十一月二十四日丙申，后唐明宗下诏追废李从荣为庶人。执政大臣们共同商议着要追究李从荣属官们的罪责，冯道说：“李从荣所亲信的只有高辇、刘陟、王说而已，任赞到职才半个月，王居敏、司徒诩有病告假已经有半年了，这些人怎么能够参与谋划呢？王居敏更是受到李从荣的厌恶，昨天李从荣率兵向宫中进攻的时候，和高辇、刘陟并马而行，他指着日影说：‘明天这个时候，已经把王詹事给杀了。’这就说明王居敏并不是他的同谋者，怎么能够不分是非把所有的人都诛杀了呢？”朱弘昭说：“假如李从荣能够打入光政门来，任赞这帮人将会受到何等的重用，而我们这些人还能有活命吗？况且首犯和从犯只能罪差一等，现在首犯已经被杀戮了，而对从犯如果一律不追究，皇上能不认为我们这些人是在包庇奸人吗？”冯赟极力与他争辩，这才议定对这批人实行流放和贬官。当时谘议高辇已经服罪被杀。十一月二十五日丁酉，元帅府判官、兵部侍郎任赞，秘书监兼王傅刘瓒，好友苏瓒，记室鱼崇远，河南府少尹刘陟，判官司徒诩，推官王说等八人都被长期流放，河南巡官李澣、江文蔚等六人被勒令回归田里，六军判官、太子詹事王居敏，推官郭晙两人被贬官。李澣是李回的同族曾孙；司徒诩是贝州人；江文蔚是建安人。江文蔚逃奔到了吴国，徐知诰给了他很隆重的礼遇。

当初，李从荣行为不合常道，六军判军、司谏郎中赵远曾劝谏他说：“大王您身处嗣子的地位，应当勤修德业，为何所作所为竟是这个样子呢？不要认为父子关系是至亲就可以仗恃无恐，难道不记得恭世子和戾太子的往事吗？”李从荣听了很生气，就把他贬放为泾州判官；到了李从荣失败以后，赵远也因此而名声大震。赵远字上交，是幽州人。

（以上为第九段，写后唐明宗病重，李从荣反叛被诛。）

十一月二十六日戊戌，后唐明宗去世。后唐明宗平生不猜疑忌刻，与人无争，登基的那一年已经过了六十岁，每晚还都在宫中焚香向上天祷告说：“我是个胡人，由于动乱被众人推举登上帝位；愿上天早降圣人，好当百姓的君主。”在位期间连年丰收，也很少用兵，在五代中比较起来，大致还算是个小康局面。

十一月二十九日辛丑，宋王到达洛阳。

闽主尊奉鲁国太夫人黄氏为皇太后。

闽主相信鬼神，巫盛韬等人都很受宠信。薛文杰向闽主建议说：“陛下的身边有很多奸臣，如果不向鬼神请教，无法做出辨别。盛韬很会看鬼，最好让他去察看。”闽主采纳了他的建议。薛文杰很厌恶枢密使吴勖，当时吴勖正卧病在家，薛文杰前去探视，对他说：“主上因为你久病不愈，想免去你的枢密职务，在下对主上说你只不过患了头痛的小毛病，就快要好了。主上如果派使者来探问，千万不要说是其他的病。”吴勖答应了他。第二天，薛文杰让盛韬对闽主说：“刚才看见北庙的崇顺王正在审问吴勖谋反的罪状，用铜钉在钉他的脑门，然后再用金椎锤击。”闽主把这件事又告诉了薛文杰，薛文杰说：“不一定可信，最好派个使者去查问一下。”使者问了吴勖果然回答说是，于是当即就把他收捕下到狱中，闽主派薛文杰和狱吏轮番地拷问他，重刑之下，吴勖只好胡乱认了罪，闽主下令把他和其妻子儿女一起都诛杀。从此以后，闽国百姓更加愤恨不平了。

吴光请求吴国派兵攻闽，吴国信州刺史蒋延徽不等朝廷正式命令的到达，就率兵会合吴光进攻建州。闽主派遣使者向吴越求救。

十二月初一日癸卯，开始发布后唐明宗的死讯，同时宋王即皇帝位。

秦王李从荣死了以后，一次朱洪实的妻子进入宫中，司衣王氏和她谈到秦王，王氏说：“秦王作为人子，不在皇上身边侍候疾病，以致被人归加罪名，这是他自找的；如果说他是存心要谋反，那简直是太冤枉他了。朱司徒平时是最受秦王恩宠的，当时没有为他辩明，真是太可惜了啊！”朱洪实听到这话，感到很恐惧，就和康义诚一道把这话报告给后唐闵帝，并且说王氏私通李从荣，替他刺探宫中的情况，初九，后唐闵帝下诏赐王氏死。这件事牵连到王淑妃，加上平时王淑妃待李从荣就很好，后唐闵帝因此也就怀疑起她来。

十二月十四日丙辰，任命天雄左都押牙宋令询为磁州刺史。朱弘昭把诛灭秦王、迎立闵帝当作是他自己的功劳，想要独揽朝政；宋令询过去侍奉在后唐闵帝身边时间最久，一向得到后唐闵帝的信任，朱弘昭不愿意让这样的旧人待在后唐闵帝身边，所以就把他调为外任。后唐闵帝虽然心里不高兴，但是也没有别的办法。

孟知祥得知后唐明宗去世，就对他的幕僚说：“宋王年幼懦弱，把持朝政的都是一些掌理文案出身的小人，眼看着那里就会发生动乱。”

十二月二十九日辛未，后唐闵帝第一次到中兴殿处理朝政。后唐闵帝自从服完了以日代月的丧制后，就召来学士为他讲读《贞观政要》、《太宗实录》，怀有谋求天下大治的宏愿；但是他掌握不到要领，又生性宽厚软弱，缺乏决断。李愚私下里对同僚们说：“我们的皇上有事找人咨询的时候，很少找到我们，我们地位高，责任也重大，这事也真让人担心。”大家都屏住气息不敢回答。

（以上为第十段，写后唐明宗崩，宋王李从厚即位，是为后唐闵帝。闽主信巫杀良，百姓离心。）

顺化节度使、同平章事、判明州钱元珦骄横放纵、不守法度，每次到王府请求事情而得不到满足时，就上书发泄不满，言辞傲慢。有一次对一个小吏发怒，就把他放在铁床上烤炙，焦臭的气味弥漫全城。吴王钱元瓘派遣牙将仰仁诠前往明州去征召他，仰仁诠的左右亲信担心钱元珦难以制服，都劝他做点防备，仰仁诠没有听从，只穿着日常服装直接走到他的官府办公的地方去。钱元珦看见仰仁诠来了，吓得两腿发抖，接着就跟着他回到钱塘，被幽禁在别第里。仰仁诠是湖州人。

闽主把福州改为长乐府。

亲从都指挥使王仁达有擒获王延禀的功劳，生性慷慨，说话办事毫无忌讳。闽主很厌恶他，有一次私下里对左右亲信说："仁达这个人智谋太多，我还算能驾驭他，但他以后绝不会甘心当少主的臣子。"到这时，竟然诬陷说他要叛乱，将他满门抄斩。

以前，马希声和马希范同一天出生，马希声的母亲是袁德妃，马希范的母亲是陈氏。马希范怨恨马希声先被立为世子而不让给他，等到自己继承了王位以后，便对袁德妃不尊敬。马希声的同母弟弟马希旺当时担任亲从都指挥使，马希范经常借故责骂他；袁德妃请求准许马希旺把官职交还，让他出去当道士，马希范不答应，还解除了他的军职，让他住在竹屋草门之中，不准参加兄弟们之间举行的饮宴聚会。袁德妃死了以后，马希旺不久也忧愤而死。

（以上为第十一段，写吴越顺化节度使钱元珦骄纵不法被解职，闽主猜忌杀功臣，楚主马希范虐待兄弟。）

潞王上

后唐潞王清泰元年（甲午，公元 934 年）

春季，正月初七日戊寅，后唐闵帝下诏大赦全国，改年号为应顺。

正月十一日壬午，加封河阳节度使兼侍卫都指挥使康义诚兼任侍中，判六军诸卫事。

朱弘昭、冯赟忌恨侍卫马军都指挥使安彦威，侍卫步军都指挥使、忠正节度使张从宾，正月十三日甲申，把安彦威派出担任护国节度使，任命捧圣马军都指挥使朱洪实接替他的职务；把张从宾派出担任彰义节度使，任命严卫步军都指挥使皇甫遇接替他的职务。安彦威是崞县人；皇甫遇是真定人。

正月十七日戊子，任命枢密使同平章事朱弘昭、同中书门下二品冯赟、河东节度使兼侍中石敬瑭一起兼任中书令。冯赟认为自己升迁得太快了，坚决推辞不肯接受；正月十八日己丑，后唐闵帝只好下诏把他改为兼任侍中。

正月二十一日壬辰，封荆南节度使高从诲为南平王，封武安、武平节度使马希范为楚王。

正月二十三日甲午，封镇海、镇东节度使吴王钱元瓘为吴越王。

吴国徐知诰在金陵另外修建了一座私第，正月二十四日乙未，他迁居到私第，而把府舍腾出来以等待吴主的到来。

凤翔节度使兼侍中潞王李从珂，从少年时代就和石敬瑭一道跟随后唐明宗四处征伐，立过战功，很有声望，又得人心；朱弘昭、冯赟的地位和声望与他们二人相比，历来都差得很远，因此，朱、冯一旦执掌了朝政，对他们二人都忌惮起来。后唐明宗生病的时候，潞王多次派他的夫人进宫看望侍奉；到明宗病逝的时候，潞王却推说有病，不肯前来，去过凤翔的使臣中有人自称侦察到了潞王的隐私。当时潞王的长子李重吉担任控鹤都指挥使，朱弘昭、冯赟不想让他掌领禁兵，正月二十八日己亥，就把他派出去担任亳州团练使。潞王有个女儿叫惠明已经出家当尼姑，住在洛阳，也被召进宫中。潞王由此产生了怀疑和恐惧。

吴国蒋延徽在浦城打败了闽国军队，接着围攻建州，闽主王璘派遣上军使张彦柔、骠骑大将军王延宗率领军队一万人前去建州救援。王延宗的部队走到半路上，士卒们再也不肯往前走了，扬言："如果不能得到薛文杰，无法前去讨贼。"王延宗派使者火速赶回报告情况，闽国百姓都感到震惊和恐惧。太后和福王王继鹏哭着对王璘说："薛文杰盗取玩弄国家的大权，冤枉害死了很多无辜的人，全国上下都痛恨他已经很久了。现在吴兵深入国境，我们的士兵不愿前进，国家一旦被颠覆，还留着薛文杰干什么！"薛文杰当时也在场，双方互相陈说着利害关系。王璘最后对薛文杰说："我也不能把你怎么样，你自己看着办吧！"薛文杰走出宫来，王继鹏在启圣门外候着他，用朝笏把他打倒在地，然后用槛车押送至军前，街市上的人们都争着用石头瓦片向他砸去。薛文杰迷信术数，自称再过三天自己就没事了。押送他的人听了这话，就兼程赶路，只用了两天时间就到达军前，士卒们见把他押来了都情绪很振奋，就涌上前来把他零刀碎割分吃了；闽主急忙派出使者前去赦免他，可是已经来不及了。当初，薛文杰认为按照古代制度制造的槛车里面太宽阔了，就重新对槛车做了改造，新槛车形状像木柜，四面插上铁针，锋尖朝内，里面的人一动就要被大铁针扎着。这种槛车刚制成，薛文杰首先把自己给装了进去。同时被诛杀的还有盛韬。

蒋延徽围攻建州即将取得成功，徐知诰认为蒋延徽是吴太祖杨行密的女婿，平时和临川王杨濛很要好，担心他一旦攻取了建州就会拥戴杨濛以图恢复吴国的王权，于是就派遣使者把他召回。蒋延徽也听说闽国和吴越的援兵快要到了，就把部队撤了回去；闽兵乘势追击，把吴兵打得大败，士卒死亡了很多，蒋延徽把受损失的责任归罪于都虞候张重进，把他杀了。徐知诰把蒋延徽贬为右威卫将军，同时派遣使者去和闽国修好。

闰正月，任命左谏议大夫唐汭、膳部郎中知制诰陈乂都为给事中，充任枢密直学士。唐汭靠他的文学才能侍从后唐闵帝，经历了三度迁移镇所依然被留在幕府中。到了后唐闵帝继位，将领和幕僚中有才能的人，朱弘昭、冯赟都把他们排斥出外了。唐汭生性迂阔大意，朱弘昭、冯赟担心后唐闵帝心中对他们的怒气有朝一日会发作，于是就把唐汭安排在后唐闵帝身边枢密的位子上，而同时派他们的同党陈乂监视他的言行。

闰正月初五日丙午，尊奉皇后为皇太后。

安远节度使符彦超的奴仆王希全、任贺兒看到朝廷总是政局动荡不安定，就密谋要杀害符彦超，然后占据安州归附吴国。一天夜里，两人敲门谎称有紧急军情文书到达，符彦超起身出来办事，两个奴仆就把他杀了，接着就借用符彦超的名义把将领们召集来，有不服从他们的马上就把他杀掉。闰正月初八日甲寅的早晨，节度副使李端率领本州的士兵讨伐诛杀了他们，同时把他们的同党也都诛杀了。

闰正月十三日甲寅，封王淑妃为太妃。

后蜀将领官吏们都劝孟知祥称帝；闰正月二十八日己巳，孟知祥在成都即皇帝位。

（以上为第十二段，写后唐闵帝为群小所控，藩镇观望，孟知祥称帝。吴兵围闽建州，闽兵愤怨，薛文杰被诛。）

【点评】

本卷点评五不足惧六可畏、秦王李从荣之死两件史事。

五不足惧六可畏。明宗长兴三年（公元 932 年）十月二十四壬申，大理少卿康澄上奏，提出天变灾异有五种情况不足畏，人事作为有六个方面令人担心。康澄说："阴阳失调不值得害怕，日月星辰运行不正常不值得害怕，社会上的流言不值得害怕，山崩河涸不值得害怕，虫害为灾不值得害怕。"这就是五不足畏。康澄又说："贤人隐退令人担忧，士农工商不能安居乐业令人担忧，上下通同作弊令人担忧，社会大众寡廉鲜耻令人担忧，是非混淆黑白颠倒令人担忧，听不到直言正论令人担忧。"这就是六可畏。五代乱世，人们唯利是图，以力相尚，诚信的道德底线被践踏，世衰道丧，人之聚散，以利相蒙，全无君臣之义，父子之亲，沦落到禽兽的境界。康澄之论，石破天惊，明宗下诏褒奖。在古代天灾变异被认为是上天在警告人间的执政者，使之知惧以期改善政治。因此康澄所说的五不足惧，不是真的不足戒惧，而是说人事作为的六种情况更为可怕，警醒明宗用心于人间事务，言辞抑扬之间说得有些绝对，盖矫枉过正而已。

秦王李从荣之死。 秦王李从荣，明宗第二子。明宗长子李从璟，为人骁勇善战，谦退谨厚，追随庄宗征战，多次立功，任金枪指挥使。李从璟死于庄宗之难，从荣在诸皇子中居长，明宗深爱之。明宗践祚，天成初授从荣邺都留守，天雄军节度使。天成三年，移北都留守，充河南节度使。天成四年入为河南尹，加尚书令，长兴中又加天下兵马大元帅，封秦王。从荣为人轻佻而自傲，张狂狠戾，入朝严卫，从骑数百，张弓挟矢，横行道路，朝士侧目。从荣藐视大臣，曾对左右说："等我当了皇帝，一定要族一些大臣。"枢密使范延光、赵延寿多次向明宗请求外任，外臣也不愿入朝任宰辅。从荣在宰臣眼中简直就是一个避之不及的恶魔。一些趋炎附势之徒，如太仆少卿何泽，为了讨好李从荣为日后之资，奏请明宗立从荣为太子，明宗害怕丧失权力，泣对奏表，对亲近的人说："群臣议立太子，嫌我老朽，朕应当回到太原看守老房子。"从荣得知，对范延光、赵延寿说："执政想立我当太子，是要夺我兵权幽囚在东宫吗？"范延光等大臣从明宗父子话中知道了父子两人的心病。明宗不想早立太子，推迟一天是一天；李从荣想要掌控兵权，不必计较太子虚名。父子两人贪于权势如此，心理都发生了变态扭曲。明宗染病，从荣兵变，不怕担篡弑之名以夺取权力，无奈太没有人缘，一场宫廷政变就失败了。明宗也在惊吓之中一命呜呼。

资治通鉴（白话本） 卷第二百七十九

后唐纪八

后唐潞王清泰元年至二年（公元934—公元935）

【起阏逢敦牂（甲午，公元934年）二月，尽旃蒙协洽（乙未，公元935年），凡一年有奇】

【大事提要】

本卷记事起公元934年二月，讫公元935年，凡一年又十一个月。当后唐闵帝清泰元年二月至清泰二年。此时期为后唐政治又一剧变。后唐闵帝仁弱，大权旁落于朱弘昭、冯赟两小人之手，闵帝猜疑石敬瑭、潞王李从珂，政未稳而下徙镇诏令，潞王抗命，闵帝征讨，诸军溃于凤翔城下。潞王东进，一路受降，康义诚率禁军征讨，却一心投诚潞王。闵帝仓皇北逃，不带将相随从，到卫州遇石敬瑭，下诏勤王，石敬瑭不奉诏，一路奔洛阳投降潞王。潞王李从珂兵不血刃入洛阳，即帝位，是为后唐末帝。末帝弑闵帝于卫州，全境归服。末帝亦非命世之主，只会在马背上逞勇，不会在马背下服人，竟然抓阄选宰相。末帝无知人之明，辅臣不敢言事，政事可想而知。石敬瑭返北都，借契丹犯边为名，多储兵马粮秣以自保。吴国徐知诰加紧禅代活动。闽国王继鹏弑父自立。荆南孙光宪见微敢谏，高从诲闻善改过，司马光评论说：君臣都像这样，哪还会有亡国败家的事件发生。

潞王下

后唐潞王清泰元年（甲午，公元934年）

二月初三日癸酉，后蜀主孟知祥任命武泰节度使赵季良为司空兼门下侍郎、同平章事，仍然兼领节度使。

吴国人很多都不想迁都，都押牙周宗对徐知诰说：“主上如果西迁金陵，您却又要东镇江都，这样一来不仅耗费人力物力巨大，而且也违背了人们的意愿。”二月初六日丙子，吴主派宋齐丘前往金陵，告诉徐知诰迁都之事作罢。

先前，徐知诰很早就有了让吴主把皇位传让给他自己的意图，只因吴主没有什么失德的地方，又担心人心不服，就想等嗣君继位之后再说；宋齐丘也认为这样做很好。一天早晨，徐知诰对着镜子夹白胡须，叹气说：“国家安定了而我却老了，怎么办？”周宗了解他的意图，就请求前往江都，把禅位的意思向吴主暗示一下，并且把这件事告诉一下宋齐丘，宋齐丘认为周宗抢了他的先，心里很忌妒他，就派使者骑马赶到金陵，带着他的亲笔信极力劝阻徐知诰，认为天时、人心都还没到时机；徐知诰感到出乎意料，很吃惊。几天之后，宋齐丘来到金陵，向徐知诰请求杀了周宗好向吴主谢罪，于是徐知诰只好把周宗贬为池州团练副使。过了一段时间，节度副使李建勋、行军司马徐玠等人多次陈述徐知诰的功业，认为应该早日顺从民意，于是又把周宗召回恢复了他的都押牙的职务。徐知诰从此就开始疏远宋齐丘了。

朱弘昭、冯赟不想让石敬瑭久在太原，同时还想把孟汉琼召回朝廷，二月初九日己卯，就把成德节度使范延光改任为天雄节度使，以代替孟汉琼；把潞王李从珂改任为河东节度使，兼任北都留守；把石敬瑭改任为成德节度使。一律不颁发正式的诏书，只是分别派遣使者带着枢密院的文书护送着前往各个军镇。

吴主下诏命徐知诰搬回到原来的府舍中去住。二月十四日甲申，金陵发生大火；二月十五日乙酉，又发生了一次大火；徐知诰怀疑会有什么变故，就调动兵力进行自我防卫。

（以上为第一段，写吴国徐知诰图谋禅让。）

潞王李从珂已经与朝廷相互猜疑和疏远，朝廷又任命洋王李从璋来暂时主持凤翔事务。李从璋生性粗率，而且又幸灾乐祸，以前代替安重诲镇守河中时，就亲手把安重诲杀了；潞王得知他要来，心里对他感到特别厌恶，想要抗拒朝廷命令，而自己却又兵力不足，粮草很少，一时不知该怎么办才好，就和自己的将领幕僚们商议，大家都说：“皇上年纪还轻，国家大事都由朱弘昭、冯赟两人决断，大王您功高震主，一旦离开军镇肯定没有安全的可能，不能接受别人来代职。”潞王问观察判官滳河人马胤孙说：“我现在如果奉命调职，经过京师洛阳，应当朝哪个方向为好？”马胤孙回答说：“君主有命相召，不等车马准备好就要出发。应该先在京师参加先皇的葬礼，然后再去河东军镇赴任，又有什么好犹豫的呢？大家所出的都是坏主意，不能听他们的。”大家都讥笑他的迂腐。潞王于是移送檄文到邻近各道，檄文上说：“朱弘昭等人乘着先帝病重之际，杀死长子拥立少子，独揽朝廷大权，离间皇室骨肉至亲，动摇藩镇根基，我怕他们会倾覆唐室的江山社稷。现在我李从珂要去朝廷清除君主身边的坏人，而这样的大事又不是一个人的力量所能办得到的，希望请求各位邻近方镇的大力帮助。”

潞王因为西都留守王思同正扼守在从凤翔往东到洛阳的必经之路上，所以特别想和他搞联合，就派推官郝诩、押牙朱廷乂等人相继来到长安，向王思同陈说利害关系，并馈赠美貌的女伎作诱饵，如果他不顺从，就让两人就地把他解决了。王思同对自己的将领官吏们说：“我受过明宗皇帝的大恩，和凤翔一起造反，即使事情成功了能够得到荣华富贵，仍然还是一个叛逆的臣子，更何况事情失败了而蒙受耻辱，在千古传下丑恶行迹呢！”当即就把郝诩等人抓了起来，并把这情况向朝廷报告。当时潞王派出的使者大多都被邻近各道抓了起来，不然的话就是不置可否，心存观望，只有陇州防御使相里金是全心全意地依附他，派判官薛文遇往来商议具体事宜。相里金是并州人。

朝廷商议讨伐凤翔。康义诚不想出任在外，怕失去兵权，就请求任命王思同为统帅，任命羽林都指挥使侯益为行营马步军都虞候。侯益深知军情将会发生变故，就找借口不愿起程；执政大臣们很生气，就把他贬为商州刺史。二月二十一日辛卯，任命王思同为西面行营马步军都部署，前静难节度使药彦稠为他的副手，任命前绛州刺史苌从简为马步都虞候，严卫步军左厢指挥使尹晖、羽林指挥使杨思权等人都担任副将。尹晖是魏州人。

后蜀主任命中门使王处回为枢密使。

二月二十七日丁酉，加封王思同为同平章事，主持凤翔行府；任命护国节度使安彦威为西面行营都监。王思同虽然有忠义之心，但是统御军队却没有法度；潞王却很熟悉行军打仗，将士们希望能够得到富贵荣华的，内心都愿意依附他。后唐闵帝下诏派殿直楚匡祚把担任亳州团练使的李重吉抓起来，囚禁在宋州。洋王李从璋受命赴任，走到函谷关西，得知凤翔军镇抗拒朝廷命令的消息，就回去了。

三月，安彦威和山南西道节度使张虔钊、武定节度使孙汉韶、彰义节度使张从宾、静难节度使康福等五人向后唐闵帝上表请求联合进讨凤翔。孙汉韶是李存进的儿子，李存进是李克用的义子。

三月十五日乙卯，各道的兵马会集在凤翔城下开始攻城，攻下了东、西关城，城里的人死了很多。三月十六日丙辰，又对凤翔城发起了新一轮的进攻，希望这一仗能把城池攻下来。凤翔城墙低矮、堑壕浅薄，一应守备器材都很缺乏，大家心中都觉得很危急，潞王上城墙流着泪对城外进攻的军队说：“我还没成年的时候就跟随先帝身经百战，出生入死，满身都是创伤，这才创立了今天的国家；你们跟随我的，都亲眼看见过这些事实。现在朝廷信任谗臣，猜忌自家骨肉，我有什么罪过，却要被诛杀啊！”说完，又伤心得恸哭起来。听了这话的人都很同情他。

张虔钊性情非常急躁，负责攻打城西南，他拿着刀驱逼士卒们攻城，士卒们被惹怒了起来，对他大骂，掉头攻击他，张虔钊赶忙骑上马逃走，才免一死，杨思权于是大声喊叫说：“大相公才是我们的主公。”随即率领军士们解下盔甲、丢下兵器，向潞王请求归降，从西门进入城中，他拿着一张纸奉送到潞王的面前说：“希望大王在攻下京城的那一天，能够任命臣为节度使，而不要让臣去任防御使、团练使之类的职务。”潞王当即就在纸上写了“思权可以担任邠宁节度使”交给他。王思同不知道这边的情况，还在督促士卒们攻城，尹晖大声喊叫着说：“城西面的军队已经进城接受奖赏了。”大家一听，都丢下了盔甲兵器纷纷投降，那声音响得地动山摇。到了中午，乱兵们都进了城，外面的军队也溃退了，王思同等六名节度使都逃走了。潞王把城中将士吏民的所有财物都征集起来犒赏军队，甚至连鼎、釜之类器物都估了价用来赏给军队。三月十七日丁巳，王思同、药彦稠等人逃到了长安，西京副留守刘遂雍关起了城门，不让他们进城，他们只好奔往潼关。刘遂雍是原梁将刘鄩的儿子。

（以上为第二段，写潞王李从珂遣使四出谋起兵，后唐闵帝征兵讨凤翔，官军反戈为潞王所用。）

潞王设立了大将的旗鼓，整顿军队，向东进发，把孔目官虞城人刘延朗当作心腹。潞王开始还担心王思同等人会联合力量据守长安进行抵抗，到了岐山，得知刘遂雍不让王思同进城，十分高兴，就派使者前去慰问安抚他。刘遂雍把府库中的财物全部搬到外面来，军士们有先到的就发给他作为奖赏，让他通过；等潞王到达时，前面的部队已经犒赏完毕，都没有进城骚扰。三月二十日庚申，潞王到达长安，刘遂雍迎接拜见，并把当地百姓的所有财物都聚敛来奖赏部队。

这一天，西面步军都监王景从等人从前线逃回到京城，朝廷内外都大为震惊。后唐闵帝一时不知该怎么办才好，就对康义诚等人说：“先帝去世的时候，朕正在外头镇守方镇，在当时那种情况下，由谁来继承帝位，完全在于诸位明公的选择，朕实在没有心思与人争夺国家大权。朕在继承了大业以后，因为年纪还轻，把国家大事都委托给诸位明公。朕和兄弟们之间并没有什么猜忌，诸位明公把国家的大计告诉给朕，朕又哪里敢违背众意！当初出兵，大家都随意夸口，认为平定乱寇没有什么问题；现在事情到了这个地步，用什么方法才能转危为安？朕打算亲自前去迎接潞王，把皇帝大位让给他，如果还是免不了要被治罪，朕也甘心情愿。”朱弘昭、冯赟一听，大为害怕，不敢回答。康义诚想带着全部宿卫部队迎降潞王作为自己的功劳，就说：“西征部队惊散溃退，是由于主将的指挥失误造成的。现在侍卫的部队还很多，臣请求亲自前去扼守住冲要之地，召集流散部队，然后再另做打算，请陛下不要过分忧虑！”后唐闵帝派使者前去征召石敬瑭，准备让他率领部队抵抗潞王的进攻。康义诚一再请求自己带兵前去，后唐闵帝于是召集将士们进行慰问和动员，并且把府库里的东西全部拿出来赏赐给他们，许愿说平定了凤翔之后，每人再赏赐二百缗钱，如果府库里的钱不够，就用宫中的锦帛珍玩作赏赐。这样一来，军士们更加骄纵了起来，无所畏忌，他们背着这些赏赐的东西，在路上一边走一边扬言说：“到了凤翔还要再领一份赏。”

后唐闵帝派遣楚匡祚到宋州把李重吉杀了；楚匡祚对李重吉严刑拷打，追索他的家财。又派人把在宫中的潞王的女儿尼姑惠明杀了。

当初，马军都指挥使朱洪实深得秦王李从荣的厚爱，到了朱弘昭担任枢密使以后，朱洪实又把他当作同宗兄弟来侍奉；李从荣把军队部署在天津桥的时候，朱洪实第一个替孟汉琼攻击李从荣，康义诚因此很憎恨他。三月二十一日辛酉，后唐闵帝亲自到左藏，给将士发放金银布帛。康义诚、朱洪实一起议论这次用兵的利与弊，朱洪实因为主张用禁军固守洛阳，就说："如果这样做，他们就不敢直接进攻洛阳了，然后我们再慢慢想办法反攻，可以万无一失。"康义诚一听，大怒说："朱洪实说这话，简直是要造反！"朱洪实反驳说："你自己要造反，还要说别人造反！"两人争吵的声音渐渐大了起来。后唐闵帝听到了，就把两人召过来问话，两人继续在后唐闵帝面前争辩是非，后唐闵帝无法辨别谁对谁错，就把官阶低的朱洪实处斩了，这样一来，军士们更加愤怒。

三月二十二日壬戌，潞王到了昭应，听说先头部队抓获了王思同，潞王说："王思同做的虽然不对，但是他对主上能尽心尽力，这也是值得赞赏的。"三月二十三日癸亥，到达灵口，先头部队把王思同押了来，潞王责问他，王思同回答说："思同出身行伍，受到先帝的提拔，升至建节大将的地位，经常惭愧没有建立功劳报答先帝的大恩大德。我并不是不知道归附大王马上就能够得到富贵，帮助朝廷反而会自取祸殃，但只是担心死了以后没脸在九泉之下见到先帝。现在失败了要被杀头，也算是死得其所了。请早一点把我杀了吧！"潞王听了他的话也很受感动，就说："您暂时下去休息吧。"潞王本来想赦免他，但杨思权这帮人却都没脸再见他的面。当潞王率兵经过长安的时候，尹晖霸占了王思同的所有家产和妓妾，因此他多次对潞王的心腹刘延朗说："如果留下王思同，恐怕会失去士卒们的心。"于是就乘着潞王酒醉的时候，也不等待上报，就擅自杀了王思同和他的妻子儿女。潞王酒醒之后，对刘延朗很恼怒，并且为此惋惜了很多天。

三月二十三日癸亥，后唐闵帝任命康义诚为凤翔行营都招讨使，任命王思同为副招讨使。

三月二十四日甲子，潞王到达华州，抓获了药彦稠，把他囚禁了起来。三月二十五日乙丑，到达阌乡。朝廷前前后后所派出的军队，遇到凤翔来的军队都纷纷迎降，没有一人肯应战的。三月二十六日丙寅，康义诚带领侍卫兵从洛阳出发，后唐闵帝下诏任命侍卫马军指挥使安从进为京城巡检；安从进当时已经接到潞王的密信，并且暗中布置心腹之人了。

这一天，潞王到达灵宝，护国节度使安彦威、匡国节度使安重霸都投降了，唯独保义节度使康思立还打算固守陕城以等待康义诚前来增援。在此以前，捧圣军有五百名骑兵戍守在陕西，这时担当了潞王的先头部队，他们来到了陕州城下，对城上的人喊道："禁军十万人已经拥立新皇帝了，你们这几个还想干什么！白白地连累一城人肝脑涂地而已。"于是捧圣军的士卒们都争先恐后地出来迎降，康思立阻挡不住，不得已，自己也只好出城迎降。

三月十七日丁卯，潞王到达陕州，幕僚们劝潞王说："现在大王已经快要到京畿了，传说皇上已经离开京师，大王最好在此停留一下，先送去文告安抚一下京城的军民。"潞王听从了这个建议，于是就发布文告晓谕洛阳的文武军民，除了对朱弘昭、冯赟两个家族不赦免外，其余的人都不要担心害怕。

康义诚的军队到达新安，他所率领的将士都自相结合，成十上百个人为一群，丢下盔甲兵器，争先恐后地前往陕州去投降，一路上络绎不绝。康义诚到达乾壕后，手下只剩几十个人了；这时碰上了潞王的侦察骑兵十多个人，康义诚解下自己佩带的弓、剑作为信物，托这些侦察骑兵回去向潞王请求投降。

三月二十八日戊辰，后唐闵帝听说潞王到了陕州，康义诚的军队已经溃败，又担心又害怕，一时不知该怎么办才好，急忙派出宫中的使者去召朱弘昭前来商议对策，朱弘昭说："这么急切地召见我，一定是要降罪于我。"于是就投井自杀了。安从进听说朱弘昭死了，就把冯赟杀死在他的家中，对他满门抄斩，把朱弘昭、冯赟的首级传送呈献给潞王。后唐闵帝准备逃到魏州去，就征召孟汉琼，让他先到魏州安置一下，孟汉琼没理会后唐闵帝的召命，一个人骑着马投奔陕州去了。

（以上为第三段，写潞王起兵东向，一路受降至陕州，闵帝派康义诚领禁军出征，也全部投降。）

当初，后唐闵帝在藩镇的时候，很宠幸牙将慕容迁，到了即位以后，任命他为控鹤指挥使；后唐闵帝准备向北渡过黄河，就秘密地和他商议，让他率领所属人马把守玄武门。当天晚上，后唐闵帝带着五十名骑兵出玄武门，对慕容迁说："朕暂去一下魏州，慢慢再图复兴，你率领有马的控鹤随我走。"慕容迁说："生死都追随皇上。"于是表面上装着要召集军队，等到后唐闵帝一出城门，他就立即下令把城门关上，不动身了。

三月二十九日己巳，冯道等人入宫朝见，刚到端门，就听说朱弘昭、冯赟已经死了，后唐闵帝已经向北逃走；冯道和刘昫正要回家，李愚说："天子出行，我们这些人并没有参与其事。现在太后还在宫中，我们应该到中书去，派小黄门去向太后请示该怎么办，然后再回家，这才是尽了人臣的大义。"冯道说："主上把江山社稷给丢了，为人臣子的只能侍奉君主，没有了君主而再进入宫城，恐怕有些不合适。潞王已经到处在张贴榜文了，我们不如回家去听候命令罢。"于是大家就往回走了。刚走到天宫寺，安从进派人来告诉他说："潞王正在兼程前来，就快要到了，相公应该率领百官到谷水去迎接。"于是冯道就停留在寺中，派人去召集百官。中书舍人卢导到了，冯道说："等舍人等很好久了，现在最急需的是向潞王劝进的文书，应该赶快草拟。"卢导说："潞王来朝廷，百官列班相迎就可以了；假如有废立国君的事情，也应当听候太后的教令，哪能仓促之间就商议劝进的事呢？”冯道说：“做事要讲求实际。”卢导说：“哪里有天子出行在外，人臣却拿皇帝大位去向人劝进的呢？如果潞王能够谨守臣节北面称臣，用君臣大义来责备我们，到时将用什么话来回答他？您不如率领百官前往皇宫门口，送进名帖向太后问安，然后听从太后的定夺，这样就进退两善了。”冯道还没有来得及表态，安从进又多次派人来催促他说：“潞王到了，太后、太妃已经派遣宫中的使者前去慰劳了，百官怎么可以不去呢？”冯道等人于是就纷纷前往。过了一会儿，潞王并没有来到，三个宰相就停留在上阳门外休息，这时卢导从他们面前经过，冯道又把他叫来谈劝进的事，卢导的回答还是和先前一样。李愚说：“舍人的话是对的，我们这些人的罪过，真是擢发难数。”

康义诚到了陕州等候发落，潞王责备他说：“先帝去世以后，拥立嗣君由你们做主；当今皇上在居丧期间，国家的政事也由你们安排，为什么就不能始终如一，而把我弟弟坑害到这种地步呢？”康义诚一听，大为恐惧，伏在地上叩头请求死罪。潞王平时很讨厌康义诚的为人，但是也没想马上就把他杀掉，只是暂时赦免了他的罪责。马步都虞候苌从简、左龙武统军王景戡被他们自己的部下活捉了起来，向潞王投降，至此，洛阳派来的军队全部都投降了。潞王向太后上书，请示太后的安排，接着就率领大军从陕州向东进发。

夏季，四月初一日庚午，天还没有亮，后唐闵帝到了卫州东面几里路的地方，遇上了石敬瑭；后唐闵帝非常高兴，就向他询问军国大计，石敬瑭说：“听说康义诚率兵向西讨伐，怎么样了？陛下怎么到这里来了？”后唐闵帝说：“康义诚也叛变走了。”石敬瑭一再地低头长叹，说：“卫州刺史王弘贽，是位宿将，又懂得很多事情，请让我和他商议一下。”于是石敬瑭就前去会见王弘贽，征求他的意见，王弘贽说：“前代天子出奔的情况很多，但是都带有将相、侍卫、府库、法物随行，使臣下们有所瞻仰；现在这些都没有，只是带着五十名骑兵随行，即使我们有忠义之心，又能怎么样呢？”石敬瑭只好回去了，在卫州的驿站见到了后唐闵帝，把王弘贽的话向后唐闵帝报告了一遍。弓箭库使沙守荣、奔洪进两人走上前来责备石敬瑭说：“你是明宗皇帝的爱婿，皇家富贵时与你同享，患难时也应该相扶持。现在天子流离在外，把一切都寄托给你，希望能够得以复兴，而你竟用这四样小事来做托词，这简直是要依附叛贼，出卖天子！”说完，沙守荣拔出佩刀就要刺杀石敬瑭，石敬瑭的亲信将领陈晖上前救援，沙守荣与陈晖格斗而死，奔洪进见状也拔剑自刎了。石敬瑭的牙内指挥使刘知远带着士卒冲了进来，把后唐闵帝身边的侍卫和随从骑兵全部杀死，然后撇下后唐闵帝一个人扬长而去。石敬瑭赶往洛阳。

（以上为第四段，写后唐闵帝出奔，将相大臣无一跟随。闵帝至卫州路遇石敬瑭，石敬瑭不奉诏勤王而赶往洛阳投降。）

这一天，太后命令宫内各司的官员都到乾壕去迎接潞王，潞王赶忙让他们回洛阳。

当初，潞王在河中被罢官，归居洛阳私第，王淑妃多次派遣孟汉琼前去安慰他。孟汉琼自认为对潞王有些旧恩，到了渑池西边的时候，见到了潞王，大哭起来，想要向潞王解释，潞王拦住话头说："一些事情不用说，我也可想而知了。"孟汉琼依然自认为可以身列随从臣吏之中，潞王当即就下令在路边把他斩杀了。

山南西道节度使张虔钊讨伐凤翔的时候，留下武定节度使孙汉韶戍守兴元。张虔钊打了败仗以后，逃回到兴元，和孙汉韶一道用两镇之地投降了蜀国；蜀主命令奉銮肃卫马步都指挥使、昭武节度使李肇率领五千名士兵回利州，命令右匡圣马步都指挥使、宁江节度使张业率领一万名士兵屯驻在大漫天，好迎接他们。

四月初三日壬申，潞王到达蒋桥，朝廷百官列队在路边迎接，潞王传来命令说，因为还没有拜谒先帝的灵柩，所以还不能和大家相见。冯道等人上书劝进大位。潞王进宫拜见了太后、太妃，然后到西宫，伏在先帝的灵柩上大哭，自己陈说着这次到朝廷来的原因。冯道率领百官来谒见，百官礼拜；潞王也答拜了大家。冯道等人又上书劝进，潞王立刻就告诉冯道说："我这次进京，完全是迫不得已。等皇上回到朝廷，先帝安葬好以后，我就要回去镇守藩镇；各位忽然间提这种事，实在是没什么意思。"

四月初四日癸酉，太后下令把少帝废为鄂王，任命潞王主持军国大事，暂时用书诏印发布命令。百官都到至德宫门前请罪，潞王命令他们都各还原职。四月初五日甲戌，太后下令宣布潞王应该即皇帝位；四月初六日乙亥，潞王在后唐明宗灵柩前即位。

潞王从凤翔发兵时，曾向军士们许愿说，进入洛阳后每人赏一百缗钱。到了洛阳以后，就问三司使王玫府库里究竟还有什么东西，王玫说还有几百万的库存。结果查实之后，金银和布匹的数量都没有超过三万；而赏赐给军士们的费用估计需要五十万缗钱才行。潞王非常恼怒，王玫建议征收京城百姓的钱财来补足，搜刮了几天，也只收得几万缗，潞王对执政大臣们说："军队不能不赏赐，老百姓也不能不体恤，现在该怎么办？"执政大臣们建议根据房屋数再征税，不论官民是住着自己的房子的还是向人租赁房子居住的，一律预交五个月的房租税，潞王同意这么办。

王弘贽把后唐闵帝迁到州舍住下，潞王派遣王弘贽的儿子殿直王峦前去用毒酒把他毒死。四月初九日戊寅，王峦到卫州谒见后唐闵帝，后唐闵帝问他为什么到这里，王峦不回答。王弘贽几次向后唐闵帝进酒，后唐闵帝知道酒里有毒，拒绝喝，王峦就用绳子把他勒死了。

后唐闵帝生性仁慈宽厚，和兄弟们非常和睦，虽然受到秦王的猜忌，但后唐闵帝仍然以坦诚的胸怀对待他，所以最终得以避免灾患。继承帝位以后，对潞王也没有什么猜嫌，而朱弘昭、孟汉琼之流无端制造猜忌离间，后唐闵帝不能不听从他们的话，所以最终招致了祸败。

孔妃当时不在宫里，潞王派人问她说："李重吉现在哪里？"于是就把孔妃连同她的四个儿子一起杀了。

后唐闵帝在卫州期间，只有磁州刺史宋令询派遣使者前来问候他的生活起居，后来听到后唐闵帝遇害，宋令询痛哭了半天，然后上吊自杀了。

（以上为第五段，写潞王入洛即皇帝位，是为后唐末帝，后唐闵帝被弑于卫州。）

四月初十日己卯，石敬瑭入京朝见后唐末帝。

四月十一日庚辰，任命刘昫判理三司。

四月十二日辛巳，后蜀大赦境内，改年号为明德。

后唐末帝从凤翔起兵时，曾召唤兴州刺史刘遂清，但他迟迟观望没有来。后来听说后唐闵帝进入了洛阳，于是就把三泉、西县、金牛、桑林戍守士卒全部都会集起来回归朝廷，把散关以南的城镇都放弃了，全被蜀国人所接收。四月十四日癸未，刘遂清入京朝见皇帝，后唐末帝本来要追究他的罪责，但念其能自动回来归附，于是就赦免了他。刘遂清是刘鄩的侄子。

四月十五日甲申，后蜀将领张业率兵进入兴元、洋州。

四月十六日乙酉，改年号，大赦全国。

四月十八日丁亥，任命宣徽南院使郝琼暂时判理枢密院，任命前三司使王玫为宣徽北院使，凤翔节度判官韩昭胤为左谏议大夫，充任端明殿学士。

四月十九日戊子，斩杀河阳节度使、判六军诸卫兼侍中康义诚，并对其满门抄斩。

四月二十日己丑，诛杀药彦稠。

四月二十一日庚寅，释放了王景戡、苌从简。

有关官吏千方百计地搜刮民财，结果只收得六万缗，后唐末帝大为恼怒，就下令把拖欠税金的人一律关进军巡使的狱中，日夜不停地催索，监狱中都关满了人，以致有人为此上吊、投井自杀。而军士们到街市上游荡，满脸都是一副骄横的样子，市民们聚在一块儿，骂他们说："你们为主上奋力作战，立功也确实不容易，但是反过来让我们胸挨鞭子背受棍子，拿出钱财作为给你们的奖赏，你们还显出洋洋自得的样子，难道就不愧对天地良心吗？"

当时，收集了在左藏里所有的旧物和各个藩镇的全部贡献之物，甚至连太后、太妃所用器物、服饰、头簪、耳环也都拿了出来，也才刚够二十万缗，后唐末帝犯起愁来，当时李专美夜间正在宫中值班，后唐末帝就责备他说："你号称有才，却不能替我解决这个问题，你留着才干往哪里用？"李专美谦谢说："臣的才具很低劣，陛下过于提拔任用我了，但是军赏不够充足，却不是臣的责任。我私下认为，自从长兴末年以来，老是赏赐不断，士卒们也因此而骄纵起来；接着又修建皇帝陵寝和出兵打仗，国库中的钱财就枯竭了。即便是有无尽的财富，最终也难以满足这些骄纵士卒们的贪欲，因此，陛下才能够在国家危困之中拱手而得天下。大凡一个国家的存与亡，并不单纯在于是否有优厚的赏赐，还在于能否修明法度，建立纪纲。陛下如果不更改前朝覆车的老路，臣担心只会使老百姓更加穷困，国家的存亡都难以预料。现在的财力也只能这样了，应该根据现有的财物把它平均赏赐下去，何必一定要兑现当初的许诺？”后唐末帝认为他的话很有道理。四月二十三日壬辰，下诏：禁军中凡是在凤翔就归顺的，从杨思权、尹晖等人开始每人赐给马二匹、骆驼一头、钱七十缗，以下军士每人赐钱二十缗，那些在京城归顺的人每人十缗。军士们贪得无厌，仍然有怨言，就编造了一首歌谣说："除去菩萨，扶立生铁。"因为后唐闵帝生性仁慈懦弱，而现在的后唐末帝却刚毅严苛，大家都有点后悔。

（以上为第六段，写后唐末帝搜刮民财以赏军。）

四月二十七日丙申，把圣德和武钦孝皇帝安葬在徽陵，庙号叫明宗。后唐末帝穿着丧服亲自护送灵柩来到陵寝，并且在那里住了一夜。

五月初七日丙午，任命韩昭胤为枢密使，任命庄宅使刘延朗为枢密副使，权知枢密院房暠为宣徽北院使。房暠是长安人。

后唐末帝和石敬瑭都是凭着勇敢善战，侍奉后唐明宗为左右近臣；但是两人心里都在相互竞争，平时彼此之间并不和气。后唐末帝即位以后，石敬瑭是不得已才入京朝见，安排完后唐明宗的丧事以后，一直不敢开口说要回镇所去。当时石敬瑭久病之后瘦得皮包骨，曹太后和魏国公主多次替他讲情；但是后唐末帝从凤翔带来的将领幕僚们很多人都劝皇帝把他羁留在洛阳，只有韩昭胤、李专美认为赵延寿还镇守在汴梁，在这种情况下，不宜猜忌石敬瑭。后唐末帝也看到石敬瑭瘦得像副骨头架子，不觉得他会造成危害，于是就说："石郎不仅是内亲，何况从少时就和我同甘共苦；现在我当了天子，不依靠石郎又能依靠谁呢！"于是又任命他为河东节度使。

五月十九日戊午[①]，任命陇州防御使相里金为保义节度使。

五月初八日丁未，阶州刺史赵澄投降后蜀。

五月初九日戊申，任命羽林军使杨思权为静难节度使。

五月初十日己酉，张虔钊、孙汉韶带领全族的人迁居到成都。

五月十一日庚戌，任命司空兼门下侍郎、同平章事冯道仍为同平章事，并充任

① 戊午：戊午为五月十九日，原文错简，应在五月十一日之后。

匡国节度使。

任命天雄节度使兼侍中范延光为枢密使。

后唐末帝从凤翔起兵的时候，把天平节度使李从曮家中的钱财、盔甲兵器全部征调作为军需。大军将要出发的时候，凤翔的百姓拦住马头请求再让李从曮回来镇守凤翔，后唐末帝答应了他们，到这时候，就改任李从曮为凤翔节度使。

当初，后唐明宗任北面招讨使的时候，平卢节度使房知温担任副都部署，当时后唐末帝作为别将受房知温统领，有一次两人喝酒的过程中发生了争执，以致拔刀相向。等到后唐末帝起兵进入洛阳以后，房知温秘密地和行军司马李冲谋划要抗拒他，李冲建议先上表到洛阳看一下形势再说，上表的使者回来后，说洛阳已经安定了下来。房知温感到害怕，五月二十三日壬戌，入京请罪，后唐末帝给了他很高的礼遇；房知温贡献了很多财物。

吴国镇南节度使、守中书令东海康王徐知询去世。

后蜀人攻取了成州。

六月初五日甲戌，任命皇子左卫上将军李重美为成德节度使、同平章事，兼任河南尹，判六军诸卫事。

文州都指挥使成延龟率领全州军民归顺后蜀。

吴国徐知诰即将接受吴主的禅让，但是又忌惮昭武节度使兼中书令临川王杨濛，就指使人诬告杨濛藏匿亡命之徒，擅自私造兵器；六月初七日丙子，吴主把杨濛降封为历阳公，幽禁在和州，命令控鹤军使王宏率领二百名士卒看守他。

（以上为第七段，写后唐末帝安葬明宗，调整人事，全境粗安。吴国徐知诰加紧受禅事宜。）

刘昫和冯道是儿女亲家。刘昫生性苛刻精明，李愚则刚愎急躁；冯道出任外镇以后，刘昫和李愚两人的见解很多都不一致，遇到有的事情需要改变，李愚就对刘昫说："这是过去你那亲家翁所办的，改变一下不是很好吗！"刘昫对他很恼恨，从此两人动不动就红着脸争吵起来，以致互相谩骂，都想在不是朝见的时候能谒见皇帝，因此很多政事往往被耽误和拖延。后唐末帝觉得很为难，想另行任命宰相，就询问身边的亲信，朝臣中有谁的威望声誉适宜当宰相的，大家都认为尚书左丞姚顗、太常卿卢文纪、秘书监崔居俭合适；如果论起三人的才能和品行，则各有优劣。后唐末帝一时难以决定起用谁，于是就把这三个人的名字写在小纸上放入琉璃瓶中，在晚上焚香向上天祷告，再用筷子到瓶中夹纸条，首先夹到的是卢文纪的名字，其次是姚顗。秋季，七月十三日辛亥，任命卢文纪为中书侍郎、同平章事。崔居俭是崔荛的儿子。

后唐末帝想要杀楚匡祚，韩昭胤劝谏说："陛下是天下人之父，天下人都是陛下之子，施用法律一定要至公无私。楚匡祚是接受了诏命才去追索李重吉家财的，不得不那样做。现在要对楚匡祚满门抄斩，对于死去的人并没有什么好处，恐怕还会让人心不服。”七月十七日乙卯，下令把楚匡祚长期流放到登州。

七月十九日丁巳，册立沛国夫人刘氏为皇后。

回鹘来入贡的使者往往被河西一带的杂胡所抢掠，后唐末帝下诏命令将军牛知柔率领禁兵护送使者回去，并且会同邠州兵马一起讨伐胡人。

吴国徐知诰征召左仆射兼中书侍郎、同平章事宋齐丘回金陵，任命他为诸道都统判官，加任司空，但是一切政事都一概不让他参与，宋齐丘多次请求退休，徐知诰就把南园给了他。

护国节度使洋王李从璋、归德节度使泾王李从敏，都被罢去军镇的职务住在洛阳的私宅中，后唐末帝对他们很刻薄；李从敏在宋州曾参与杀害李重吉，因此后唐末帝尤其厌恶他。一次两人在宫中陪着后唐末帝宴饮，正喝得酒酣耳热，后唐末帝回过头盯着二王说：“你们两个都是些什么东西，竟然也占据着头等的藩镇！”两人见状都很害怕，太后这时叱喝他们说：“皇上醉了，你们俩还不赶快退下去。”

后蜀在雅州设置了永平军，任命孙汉韶为节度使。又任命张虔钊重新担任山南西道节度使、同平章事；张虔钊坚决推辞，不愿赴任。

（以上为第八段，写后唐末帝抓阄择相。）

蜀主孟知祥患风疾有一年多了，到这时病情又加剧了；七月二十六日甲子，册立他的儿子东川节度使、同平章事、亲卫马步都指挥使孟仁赞为太子，仍旧监国。召来司空、同平章事赵季良，武信节度使李仁罕，保宁节度使赵廷隐，枢密使王处回，捧圣控鹤都指挥使张公铎，奉銮肃卫指挥副使侯弘实接受遗诏，辅佐朝政。当晚，蜀主孟知祥去世，暂时保密，没对外发布死讯。

王处回在晚上打开义兴门出宫来告诉赵季良，王处回哭个不停，赵季良面色严肃地对他说：“现在强悍的将领们手里握着兵权，一心等待着时机的到来，我们应该赶快扶立嗣君，好断绝某些人的非分之想，怎么能只在这里相对哭泣呢！”王处回这才止住了眼泪表示歉意。赵季良让王处回去面见李仁罕，根据他的态度再决定怎样把死讯告诉他。王处回到了李仁罕的府第，见李仁罕布置了防备措施后才出来见他，王处回就没有把实情告诉李仁罕。

七月二十八日丙寅，宣读孟知祥的遗命，命令太子孟仁赞改名为昶，七月二十九日丁卯，即皇帝位。

（以上为第九段，写后蜀国主孟知祥驾崩，孟昶即位。）

当初，后唐末帝因为王玫回答左藏现存财钱数失实，才任命刘昫代为判理三司。

刘昫命令判官高延赏详加核查，发现原来都是一些历年拖欠的老账，奸吏们因为催收这些欠债的时候可以从中渔利，所以把它们都保留着。刘昫把这一情况详细地向后唐末帝做了汇报，并且建议经过查实可以征收到的抓紧督促缴纳，实在缴纳不出的干脆全部免除，韩昭胤极力称赞这个办法好。八月初二日庚午，后唐末帝下诏，规定凡是明宗长兴年间以前户部和各道所拖欠的租税三百三十八万缗老账，因为只是虚列簿籍，徒增烦乱，所以全部免除，不再征收。这样一来，贫困的百姓都很高兴，而三司的官吏们却都埋怨不满了。

八月初三日辛未，任命姚顗为中书侍郎、同平章事。

右龙武统军索自通，因为过去在河中军府时曾得罪过后唐末帝，内心觉得不安，八月二十日戊子，在退朝之后路经洛水，就投水自杀了。后唐末帝得知后，大吃一惊，追赠他为太尉。

八月二十八日丙申，任命前安国节度使、同平章事赵凤为太子太保。

九月初六日癸卯，后唐末帝下诏命令凤翔增派兵力把守东安镇，以防备蜀国入侵。

后蜀卫圣诸军都指挥使、武信节度使李仁罕自恃是宿将，有功劳，又受先帝嘱托辅政，就请求判六军，他先指使进奏吏宋从把他这个意思透露给枢密院，然后又到学士院探听诏书起草的情况。后蜀主不得已，只好在九月十七日甲寅加封李仁罕兼中书令，判六军事；同时任命左匡圣都指挥使、保宁节度使赵廷隐兼侍中，当他的副手。

九月二十二日己未，云州守军奏报说契丹入侵，北面招讨使石敬瑭上奏说要亲自率兵屯驻百井，以防备契丹人。九月二十四日辛酉，石敬瑭上奏说振武节度使杨檀在边境上还击契丹，已经把他们击退了。

后蜀奉銮肃卫都指挥使、昭武节度使兼侍中李肇听说蜀主孟昶即位，仍然徘徊观望，不及时入京朝见，走到汉州的时候，滞留在那里和亲戚欢宴饮酒过了十多天；冬季，十月初三日庚午，才到达成都，又声称脚有毛病，扶着手杖进宫见后蜀主，看到后蜀主也不跪拜。

十月初十日戊寅，左仆射、门下侍郎、同平章事李愚被罢免本官，吏部尚书兼门下侍郎、同平章事、判三司刘昫也被罢职，改任为右仆射。三司的官吏们听说刘昫被罢去了宰相的职务，都相互称贺，刘昫回家的时候，没有一个人肯送他回家的。

（以上为第十段，写刘昫、李愚罢相，人皆相贺。）

后蜀捧圣控鹤都指挥使张公铎和医官使韩继勋、丰德库使韩保贞、茶酒库使安思谦等人都是后蜀主还在藩邸时跟随后蜀主的，平时就很讨厌李仁罕，于是就一起在后蜀主面前说他的坏话，说他有谋反的野心；后蜀主命令韩继勋等人和赵季良、赵廷隐谋划，借着李仁罕入京朝见之机，让武士把他抓起来杀掉。十一月十六日癸未，后蜀主下诏公布李仁罕的罪状，同时被诛杀的还有他的儿子李继宏和宋从会等几个人。当天，李肇入宫时就再也不用手杖了，并向后蜀主跪拜。

后蜀源州都押牙文景琛占据着州城反叛，果州刺史李延厚发兵平定了叛乱。

蜀主的左右近臣认为李肇傲慢无礼，就请求杀了他；十一月二十一日戊子，任命李肇为太子少傅，让他退休，把他迁往邛州。

吴主加封徐知诰为大丞相、尚父、嗣齐王，并加赐九锡；徐知诰都辞谢了，没有接受。

雄武节度使张延朗率兵包围文州，阶州刺史郭知琼攻克了尖石寨。后蜀李延厚率领果州的军队屯驻在兴州，并且派先登指挥使范延晖率兵救援文州，张延朗于是解除了对文州的包围，撤了回来。兴州刺史冯晖从乾渠带领戍守的士兵回凤翔。

十一月，徐知诰征召他的儿子司徒、同平章事徐景通回金陵，任命他为镇海宁国节度副大使、诸道副都统、判中外诸军事；任命他的另一个儿子牙内马步都指挥使、海州团练使徐景迁为左右军都军使、左仆射、参政事，留在江都辅佐朝政。

十二月初三日己巳，任命易州刺史安叔千为振武节度使，齐州防御使尹晖为彰国节度使。安叔千是沙陀人。

十二月初六日壬申，石敬瑭奏报说契丹人已经退兵，于是就率兵回晋阳。

十二月初九日乙亥，征召雄武节度使张延朗为中书侍郎、同平章事、判理三司。

十二月十五日辛巳，南汉皇后马氏去世。

十二月十八日甲申，后蜀在和陵安葬了文武圣德英烈明孝皇帝孟知祥，庙号为高祖。

十二月十九日乙酉，把鄂王安葬在徽陵的柏城之南，坟堆只有几尺高；看到的人都替他伤心。

这一年的秋、冬两季发生旱灾，很多百姓都逃荒流亡，同、华、蒲、绛四州受灾尤为严重。

南汉主命令判理六军的秦王刘弘度招募一千名宿卫兵，所招募到的都是一些市井无赖子弟，刘弘度对他们很亲昵。同平章事杨洞潜向南汉主进谏说："秦王是国家的皇位继承人，应该接近那些品行端正的士人。让他治理军队已经是不合适了，何况他还亲昵一帮小人呢！"南汉主回答说："只不过是教小孩子一点军事，却让你担忧了。"最终还是没有告诫刘弘度。杨洞潜从宫中出来，看见这些卫士们在抢劫商人的金银布帛，商人们都不敢投诉，杨洞潜叹气地说道："政事如此混乱，还要宰相干什么！"于是就称病回家休养；过了很长时间，南汉主也没有再征召他，不久就去世了。

（以上为第十一段，写后蜀国主孟昶诛跋扈臣李仁罕。是年秋冬，中原大旱，同、华、蒲、绛四州尤为严重。）

后唐潞王清泰二年（乙未，公元 935 年）

春季，正月初一日丙申，闽国大赦境内，改年号为永和。

二月初一日丙寅，后蜀大赦境内。

二月初九日甲戌，任命枢密使、天雄节度使兼侍中范延光为宣武节度使兼中书令。

二月十二日丁丑，夏州节度使李彝超上奏说自己病得厉害，让他的哥哥行军司马李彝殷暂时主持军州的事务；李彝超不久就去世了。

二月十三日戊寅，后蜀主尊奉他的母亲李氏为皇太后。李太后是太原人，本来是后唐明宗后宫的妃子，后来赐给蜀高祖当妻子。

二月二十四日己丑，追尊后唐末帝的母亲鲁国夫人魏氏为宣宪皇太后。

闽主册立淑妃陈氏为皇后。当初，闽主两度娶刘氏之女为妻，都是士族，虽然长得都很漂亮却得不到闽主的宠爱。陈皇后本来是闽太祖的侍婢叫金凤，长得丑陋却很淫荡，闽主很宠爱她，又任命她的族人陈守恩、陈匡胜为殿使。

三月初九日辛丑，任命前宣武节度使兼侍中赵延寿为忠武节度使兼枢密使。

任命李彝殷为定难节度使。

三月十五日己酉，赠封吴越王钱元瓘的母亲陈氏为晋国太夫人。钱元瓘生性孝顺，对待母亲家族的人给予很高的礼遇，经常给他们很丰厚的赏赐，但从来没有给他们升官，也没有委以重任。

本月二十八日壬戌，任命彰圣都指挥使安审琦兼领顺化节度使。安审琦是安金全的儿子。

太常丞史在德，生性狂放不羁，在上书中把朝廷内外的文武大臣都骂了个遍，建议普遍进行考试，然后选拔有才能的人，罢黜不称职的人；执政大臣和朝中的文武官员们都很恼怒，卢文纪和补阙刘涛 、杨昭俭等人都请求后唐末帝给他治罪。后唐末帝对翰林学士马胤孙说：“朕刚刚君临天下，应该广开言路；如果朝廷之士因为提建议而被治罪，今后谁还敢说话！你替朕起草一份诏书，把朕的这个意思告诉人们。”于是颁下诏书，大意是说：“从前魏徵为皇甫德参请求奖赏，现在刘涛等人请求罢黜史在德；事情相同而评价却两样，两者的做法相差是多么远啊！史在德的心情是要倾吐自己内心所要说的话，怎么能够责备他呢！”杨昭俭是杨嗣复的曾孙。

吴国加封徐景迁同平章事、知左右军事；徐知诰命令尚书郎陈觉辅佐他，徐知诰对陈觉说：“我年轻的时候和宋子嵩论议，喜欢互相诘难，有时是我气得撇下宋子嵩就回家了，有时是宋子嵩气得拂袖而去。宋子嵩有好几次都带着衣箱朝着秦淮门要走了，我常告诫守门的人要留住他。我现在已经老了，还没有做到事事练达，何况徐景迁年纪轻轻就担当国家大事，所以要委屈先生对他进行教诲。”

夏季，四月初六日庚午，后蜀任命御史中丞龙门人毋昭裔为中书侍郎、同平章事。

四月十九日癸未，加封枢密使、刑部尚书韩昭胤为中书侍郎、同平章事。四月二十七日辛卯，任命宣徽南院使刘延皓为刑部尚书，充任枢密使。刘延皓是皇后的弟弟。四月二十九日癸巳，任命左领军卫大将军刘延朗为本卫的上将军，充任宣徽北院使，同时兼任枢密副使。

五月初三日丙申，契丹入侵新州和振武。

五月十七日庚戌，赐给振武节度使杨檀名字叫杨光远。

六月，吴国德胜节度使兼中书令柴再用去世。在此以前，史官王振曾经询问他立过的战功，柴再用说：“不过是鹰犬为国家效了一点绵薄之力，全靠社稷的在天之灵，再用有什么功劳可言！”最终还是没有告诉他。

契丹入侵应州。

（以上为第十二段，写定难节度使李彝超病逝，以其兄李彝殷继之。吴国执政徐知诰为子择师傅。后唐末帝下诏开言路。）

河东节度使、北面马步军都总管石敬瑭回到镇所太原以后，私下里做着自我保全的打算。后唐末帝喜欢探查咨询外面的事情，经常让商明殿学士李专美，翰林学士李崧，知制诰吕琦、薛文遇，翰林天文院的赵延乂等人轮流在中兴殿庭值班，和他们谈话有时谈到深夜。当时石敬瑭的两个儿子都在宫内担任内诸司使，曹太后又是晋国长公主的母亲，石敬瑭贿赂太后身边的人，让他们暗中刺探后唐末帝的一切秘密谋议，所以不论大小事情他都知道。石敬瑭多次在宾客面前说自己身体太差，难以胜任主帅的职务，希望能够通过这个方法让朝廷不猜忌他。

当时契丹人经常入侵北方边境，朝廷的禁军大多驻守在幽州、并州，石敬瑭和赵德钧向朝廷请求增派军队、运送粮草，日夜不停地催要。六月二十一日甲申，后唐末帝下诏向河东有积蓄的人家借调菽粟。六月二十二日乙酉，下诏令镇州输纳五万匹绢给总管府，用来购买军粮，征调镇州、冀州的民夫、车辆一千五百辆运送军粮到代州；又下令魏博开市收购军粮。当时由于水灾、旱灾使得老百姓都饥饿不堪，而石敬瑭又派遣使者督促运送非常紧急，以致太行山以东的百姓都流离失散，开始出现动乱的苗头。

石敬瑭率领大军屯扎在忻州，朝廷派使者前来赐给军士们夏衣，并且宣读诏书慰问他们，军士们一再地呼喊万岁。石敬瑭感到害怕起来，他的幕僚河内人段希尧请诛杀那些带头呼喊的人，石敬瑭于是命令都押衙刘知远斩杀了挟马都将李晖等三十六个人以儆戒众人。段希尧是怀州人。后唐末帝得知这个把事情后，更加怀疑石敬瑭。

六月二十九日壬辰，诏书规定："凡是盗窃的不论赃物有多少，以及放火抢劫的，一律处以极刑。"

闽国福王王继鹏和宫女李春燕私通，王继鹏向陈皇后请求把李春燕赐他，陈皇后告诉闽主后，就把这个宫女赐给了他。

（以上为第十三段，写石敬瑭回到北都，借契丹屡次犯边为口实，多储兵马粮秣以自保。）

秋季，七月，任命枢密使刘延皓为天雄节度使。

七月十三日乙巳，任命武宁节度使张敬达为北面行营副总管，率兵屯驻代州，以分散石敬瑭的兵权。

后唐末帝深为当时的时局所困扰，曾经很平和地责备过卢文纪等人，认为他们没能提出什么好的建议。七月二十五日丁巳，卢文纪等人上书说："臣等每五天一次进宫问候皇上起居，和文武两班大臣一起进见，只能得到短暂的当面对答的机会，但眼前又都是侍卫，就算是有一点愚见，也不敢仔细地陈说。曾想到前朝从肃宗皇帝上元年间以后，设置了延英殿，有时宰相有事要报告或谈话，或有时天子有事要询问臣下，因为旁边没有侍卫，所以进见的人得以畅所欲言。希望能够恢复过去这种做法，只让掌管机要的大臣在旁边侍候。"于是下诏，认为："过去的制度都是每五天进宫问候一次起居，百官退朝后，只有宰相单独留下来，一般事情当然可以仔细地奏陈。有时有事关机密的，可以不按问候起居的日子进宫，也可以在其他的时间里先在阁门申请求见，届时朕将屏退所有侍卫之臣，在便殿里接见，何必一定沿用延英殿的名义！"

吴国的润州团练使徐知谔亲近小人，只知道游赏宴集，废弃了正务，在牙城的西边修建了一大排商栈，亲自参与贸易。徐知诰得知后非常愤怒，就把徐知谔的左右近臣叫来盘问责骂了一通；徐知谔很害怕。有人对徐知诰说："忠武王当年最喜欢徐知谔，然而却把身后的大业传给了您。前几年徐知询失了镇所，到现在人们还都在议论纷纷。如果徐知谔治理政务很有声望，训练士卒休养百姓，这对您又有什么好处呢？"徐知诰有所领悟，从此对待徐知谔更加优厚。

九月初四日丙申，吴国大赦境内，改年号为天祚。

九月十七日己酉，任命宣徽南院使房暠为刑部尚书，充任枢密使；宣徽北院使刘延朗为南院使，仍兼任枢密副使。于是刘延朗和枢密直学士薛文遇等人开始在朝中掌起权来，房暠和赵延寿虽然是枢密院的最高长官，但是他们的意见被采纳的不到十分之三四。房暠处事总是随着不同情势的变化而决定是否，凡事绝不争先；每次幽州、并州派遣使者入朝上奏，枢密院的一班大臣都环坐在那里进行议论，房暠总是低着头打盹，等他一觉醒来，伸伸脖子，拉拉衣裳，这时使者早已经走了。上奏和任免官吏这类事，一律都归刘延朗办理。各地的方镇、刺史从外来入朝的，都是先贿赂刘延朗，然后再商量呈献给后唐末帝的，贿赂多的就优先，可以得到内地官职；贿赂少的就后办，只能得到边远的职位。为此将帅们都愤恨不平，后唐末帝却不知道这一情况。

（以上为第十四段，写后唐末帝无知人之明，辅臣不敢言事。宣徽北院使刘延朗枉法为奸，末帝不能察。）

后蜀金州防御使全师郁入侵金州，攻下了州城旁边的水寨。城中的守兵只有一千人，都监陈知隐假称有别的事情，带着三百名士兵沿河逃走了，防御使马全节把自己的全部家财都拿出来供给军用，出奇兵拼命死战，蜀军这才退了回去。九月戊寅日，后唐末帝下诏处斩陈知隐。

当初，闽主有个受宠信的臣子名叫归守明，经常出入闽主的卧室；闽主晚年得了风疾，陈皇后就和归守明以及百工院使李可殷私通，闽国人都厌恶他们，但是没有人敢揭发。

李可殷曾经在闽主面前说过皇城使李倣的坏话，皇后的族人陈匡胜对福王王继鹏也很无礼，因此李倣和王继鹏都很恨他们。闽主病情加重，王继鹏高兴得面有喜色。李倣认为闽主这一病肯定好不了了。冬季，十月十八日己卯，他指使几名壮士手持棍棒袭击李可殷，把李可殷打死了，此事震惊了朝廷内外。十月十九日庚辰，闽主的病稍微好了一点，陈皇后向他报告了这件事。闽主强撑着病体临朝视事，追问李可殷被打死的详情，李倣心里害怕，就跑出了宫外，一会儿，带着他属下的士卒吵吵嚷嚷地闯进了宫中，闽主一听说发生了叛乱，就吓得躲到了九龙帐下，乱兵们冲进去捅了几刀之后就出了皇宫。闽主挣扎着，一时还难以断气，宫女们不忍心看到他痛苦的惨状，就帮他早一点断了气。李倣和王继鹏又杀掉了陈皇后、陈守恩、陈匡胜、归守明以及王继鹏的弟弟王继韬；王继韬被杀是因为他一贯和王继鹏作对。十月二十日辛巳，王继鹏声称皇太后命令他监国，当天，他就即了皇帝位。王继鹏改名为王昶。给他的父亲上谥号为齐肃明孝皇帝，庙号为惠宗。接着又自称权知福建节度使，派遣使者向唐朝上表，并且大赦境内；册立李春燕为贤妃。

当初，闽惠宗娶了南汉主的女儿清远公主，派宦官、闽清人林延遇在番禺建立府邸，专门掌管两国通使的符节文书。南汉主赐给他一所大宅，供给赏赐都很丰厚，并且多次向他询问闽国的情况。每当此时，林延遇都是一概不作回答，退下来之后，他对别人说："离开闽国就透露闽国的机密，离开越国就透露越国的机密，身处别人的宫禁之中，怎么能这样做呢！"汉主听到这话后很赏识他，任命他为自己的内廷常侍，让他负责考核宫内各司的事务。林延遇得知闽惠宗王璘被臣下所杀，就请求回闽国，汉主没答应，他于是只好穿上素服，向着自己国家的方向连续哭了三天。

（以上为第十五段，写闽国政变，王继鹏弑父自立，改名王昶。）

荆南节度使高从诲，性情开明通达，亲近礼遇贤能之士，把政事都委托给梁震，待他像兄长一样；梁震也常常称呼高从诲为郎君。

楚王马希范喜欢奢侈华靡，和他游乐闲聊的人都夸赞他的排场。高从诲对自己的幕僚们说："能像马王那样气派可以称得上是大丈夫了。"孙光宪接过他的话头说："天子和诸侯在礼仪上是有等级差别的。他一个乳臭未干的小儿如此骄奢僭越，图一时之快，不做长远考虑，不久就要危险灭亡了，又有什么值得羡慕的！"高从诲过了一段时间才明白这个道理，就说："您的话是对的。"过几天，高从诲对梁震说："我自己反省平日的享受，本来已经是很过分了。"于是舍弃了平时所爱玩和喜好的东西，把阅读经史当作自己的业余爱好，减省刑罚，减轻赋税，从此境内得以安定。

梁震说："先王待我如同布衣之父一样，把嗣王托付给我。现在嗣王能够自立了，可以使先王的事业不致中断了，我也老了，不能再侍奉人了。"于是就坚决请求退休。高从诲挽留不住他，就替他在土州修筑了一处房子。梁震身披鹤氅，自称是荆台隐士，每次到王府，都是骑着黄牛一直进到大厅。高从诲时常到他的家中去看望，一年四季的赐赠都非常丰厚。从此，高从诲就把全部政务都委托给孙光宪去办理。

臣司马光认为：孙光宪看到一点不好的苗头就能够劝谏，高从诲听到正确意见就能够改过，梁震功成之后而能够引退，自古以来拥有国家大权的人如果都能这样，又哪里还会有亡国、败家、丧身的事情出现？

吴国加封中书令徐知诰为尚父、太师、大丞相、大元帅，进封齐王，为他准备了特殊的礼仪，又划出昇、润、宣、池、歙、常、江、饶、信、海十个州为齐国；徐知诰谦辞了尚父、丞相，也没有接受特殊的礼仪。

闽国皇城使、判六军诸卫李倣独揽朝政，私下里蓄养了一批敢死之徒，闽主王昶和拱宸指挥使林延皓等人合谋要除掉他。林延皓等人假意亲近依附于李倣，李倣对待他们也丝毫不加怀疑。十一月二十一日壬子，李倣入宫朝见闽主，林延皓等人在内殿埋伏了几百名卫士，把李倣抓起来杀了，把他的首级挂在朝门示众。李倣的部下有一千多名士兵手拿棍棒攻打应天门，没能攻下来，就放火焚烧启圣门，抢走了李倣的首级投奔吴越了。闽主下诏公布李倣以臣弑君和杀死王继韬等罪状，告谕朝廷内外。任命建王王继严暂时判理六军诸卫的事务，任命六军判官永泰人叶翘为内宣徽使、参政事。

叶翘学识渊博，为人质朴正直，闽惠宗提升他为福王友，王昶用师傅的礼仪待他，他对王昶有很多帮助，宫里的人称他为“国翁”。王昶继承王位以后，骄横放纵，不再与叶翘商议国事了。一天早晨，王昶正在处理公务，叶翘穿着道士服装经过庭中匆忙地向外面走去，王昶把他召了回来，向他行拜礼，说：“军国事务太繁杂，很久没能向您请教了，这都是孤的过错。”叶翘叩头答谢说：“老臣辅导无方，致使陛下即位以来，没有一项善政值得人们称赞，请求让我告老还乡吧。”王昶说：“先帝把孤托付给您，国家的政令如有不善之处，您应当极力进言，怎么能丢下孤不管就走了呢！”于是赐给了他很多金银布帛，安慰劝解了他一番，让他继续担任原来的职位。王昶的原配梁国夫人李氏，是同平章事李敏的女儿，而王昶宠爱李春燕，却待夫人很冷淡。叶翘劝谏他说：“夫人是先帝的外甥女，是经过正礼聘娶过来的，怎么能够因为有了新欢就冷落了她呢！”王昶听了这话很不高兴，从此就疏远了他。没过多久，叶翘又上书建议其他事情，王昶在奏折的末尾批写了一句：“一叶随风落御沟。”于是就把叶翘放归永泰，叶翘后来得以寿终正寝。

后唐末帝为了褒奖马全节的功劳，就把他征召到京城来。刘延朗向他要求贿赂，马全节没有什么东西可以给他的；刘延朗于是就想把他派任为绛州刺史，群臣为此议论纷纷。后唐末帝得知这一情况后，就在十一月二十四日乙卯，任命马全节为横海留后。

十二月十一日壬申，任命中书侍郎、同平章事充枢密使韩昭胤仍为同平章事，并充任护国节度使。

十二月二十四日乙酉，任命前匡国节度使、同平章事冯道为司空。当时已经很久没有正式拜授三公了，朝臣的议论中对其职掌也弄不太清楚；卢文纪想让他掌管祭祀扫除，冯道听到以后说：“司空负责扫除，这是它的职责，我有什么好害怕的。”不久，卢文纪自己也认为这样做不合适，就不提这件事了。

闽主赐洞真先生陈守元称号为天师，非常信任倚重他，甚至更换将相、施用刑罚、选择贤能都要和他商议；陈守元接受贿赂，为人请托，他说的话，闽主没有不听信的，因此他的门庭像街市一样热闹。

（以上为第十六段，写荆南主高从诲纳谏改过，闽主王昶拒谏饰过。）

【点评】

本卷点评后唐闵帝出奔无将相相随、后唐末帝抓阄择相、司马光论荆南君臣三件史事。

后唐闵帝出奔无将相相随。后唐闵帝，讳从厚，小字菩萨奴，明宗第三子。长兴元年（公元930年），从厚年十七，封宋王，镇邺都，秦王李从荣同母弟。长兴四年秦王诛，明宗崩，宋王自邺入都，十二月初一日癸卯，宋王李从厚发丧于西宫，在明宗柩前即帝位，年二十。欧阳修《新五代史》称其“为人形质丰厚，寡言好礼”，薛居正《旧五代史》称闵帝年幼时就“好读《春秋》，略通大义”。闵帝为宋王时，在大臣中有很好的口碑，遭秦王从荣之忌，从厚百般承顺，得免于祸。从厚虽然才能平庸，但无过错，加之性柔宽厚，若得良辅，不失为一个贤君。从厚无意得大位，年少居外藩，朝中无根基。枢密使朱弘昭、冯赟，以及三宰臣司空冯道、右仆射宋愚、吏部尚书刘昫，皆明宗旧臣，无一是社稷之臣。镇守凤翔的潞王李从珂，本姓王，镇州平山人。明宗为李克用骑将，过平山，掠得从珂，养以为子。原名阿三，明宗赐名李从珂。李从珂英勇善战，常立战功，颇得庄宗嘉奖。明宗入洛，李从珂以兵从，建立首功。是以李从珂在朝内外享有很高威望。闵帝即位，李从珂年已五十，在明宗诸子中最为年长。李从珂起兵凤翔，唐兵往讨而降之。从珂东出，传檄诸镇，一路望风归降。从珂至陕，闵帝出奔，欲至魏州以图复兴，召大宦官孟汉琼使诣魏州为先导，孟汉琼不应召，单骑奔陕。闵帝在藩镇时的亲信牙将慕容迁时任控鹤指挥使帅兵守玄武门，闵帝出奔，密与之谋，令其帅从扈护驾。闵帝以五十骑出玄武门，慕容迁随即闭门不行。慕容迁不扈从闵帝而待潞王，自古以来众叛亲离未有盛于此者。闵帝至卫州东卫州驿，遇石敬瑭，闵帝问石敬瑭以大计。石敬瑭谋及卫州刺史王弘贽，二人议曰：“前代天子播迁，皆有将相、侍卫、府库、法物，四者今皆无之，独有五十骑，即使有忠义之心，也没办法表现。”石敬瑭，明宗之婿，以王弘贽所言四者为辞，其实是出卖天子的托词。石敬瑭的牙内指挥使刘知远引兵尽杀闵帝左右及五十骑随从，丢下一个孤零零的闵帝前去投效潞王。潞王李从珂入洛，百官奉迎。潞王以太后令在明宗灵柩前即位，是为末帝，史又称废帝。后唐末帝遣人杀闵帝于卫州。闵帝在位前后仅一百二十四日，死年二十一。李从厚的人生和帝王梦，恰似昙花一现。一个花样年华的青年，一个没有过恶的帝王，不由自主地被权力的恶浪吞没，在五代帝王中最为悲剧，令人可悯。

后唐末帝抓阄择相。冯道、刘昫、李愚三宰臣在朝，尚能平衡。冯道出镇同州，刘昫和李愚二人不相容。刘昫生性苛刻精明，李愚刚愎急躁，许多时候两人意见都相左，红着脸争吵是家常便饭，耽误和拖延了政事的实施。后唐末帝很是头疼，想另外再任命一个宰相，不知道任用谁，就征询左右亲信的意见。左右亲信也拿不定主意，一共推荐了三个人：尚书左丞姚顗、太常卿卢文纪、秘书监崔居俭，三人各有长短。后唐末帝想出一个办法，把三个人的名字写在小纸上放入琉璃瓶中，在晚上焚香向上天祷告，然后用筷子到瓶夹纸条，首先夹到的是卢文纪，其次是姚顗。秋七月二十三日辛亥，任命卢文纪为中书侍郎同平章事。后唐末帝抓阄择相，古今奇闻。治国如同儿戏，两年后身死国灭，宜矣。

司马光论荆南君臣。荆南节度使高从诲，性情开朗通达，亲近礼遇贤能之士，政事悉委之于梁震，兄事之，主臣之间，如鱼与水。楚王马希范喜欢奢侈华靡，高从诲十分羡慕，对僚属说："能像马王那样气派才是一个真正的男子汉。"僚属孙光宪接过话茬说："天子和诸侯，在礼仪上有很大的差等。马王他还是一个乳臭未干的小儿，如此骄奢僭越，只图一时之快乐，不顾长远的利害，危亡就在眼前，哪里值得羡慕？"高从诲细细思量醒悟过来，赞赏孙光宪，说："你的话说得好啊。"又一天，高从诲对梁震说："我认真反省了自己的行为，平时的享受已经过分了。"于是收敛了自己的玩好，把空闲时间都用在了读书上。省刑轻赋，从此荆南国境安定。梁震年老，高从诲长成，能纳谏改过，于是辞仕告退，高从诲礼遇听从，一年四季，君臣之间像朋友故人一样来往。从此，高从诲把政事全都委托给孙光宪。司马光对此高度评价说："孙光宪看到了苗头就能够劝谏，高从诲听得进善言纠正过失，梁震功成身退培植后进。从古以来，有国有家的人都这样办理，哪还有亡国、破家、丧身的事情出现呢？"荆南地狭人寡，介于四国强邻之间，居安思危，这是高氏政权产生的客观环境。相形之下，马王的奢靡，闽主的饰过亡身，高氏君臣兢兢为治，是值得称道的。

资治通鉴（白话本） 卷第二百八十

后晋纪一

后晋高祖天福元年（公元936）

【柔兆涒滩（丙申，公元936年），一年】

【大事提要】

本卷记事起公元936年岁首，讫于岁末，凡一年，当后晋高祖天福元年。此一年又发生了改朝换代，后晋代后唐。后唐末帝即位，议与契丹和亲，专力防范石敬瑭。末帝摇摆不决而未果。末帝纵石敬瑭回晋阳，既放虎归山，而又在政权未固之时，匆匆下诏移镇逼反石敬瑭。末帝讨伐，集中全国之兵用于晋阳一线，却疏于防范契丹，孤注一掷在晋阳与敌人打阵地战，实为下下之策。吏部侍郎龙敏建言末帝立契丹降将李赞华为契丹主北行，牵制契丹主不敢入援晋阳，此为上计，末帝竟然不纳。唐军部署，河南、河中诸镇之兵先期围攻晋阳不下反被围于晋阳安寨。唐河北之兵扫境以与赵德钧，赵德钧却暗中投靠契丹拥众不战。末帝无奈统禁军亲征，逗留不进，又不采纳龙敏用奇计破敌之策，坐以待毙。石敬瑭割燕云十六州土地换得契丹主策命，在晋阳即皇帝位，中原有两主，形势急转。晋安寨唐军投敌，赵德钧全线溃退，末帝禁军星散，返回洛阳无兵可战，自焚身亡，后唐灭亡。

高祖圣文章武明德孝皇帝上之上

后晋高祖天福元年（丙申，公元936年）

春季，正月，吴国徐知诰开始建置大元帅府，用他的幕僚分别掌管吏、户、礼、兵、刑、工六部以及盐铁方面的事务。

正月十七日丁未，后唐末帝册立他的儿子李重美为雍王。

正月二十三日癸丑，后唐末帝为庆祝他的生日千春节摆酒设宴，晋国长公主为他祝了寿之后，就告辞回了晋阳。当时后唐末帝已经喝醉，说道："为什么不多留住一些时候，这样急急忙忙赶回去，难道是想和石郎一起造反吗？"后来石敬瑭听到这话后，心里感到更加害怕。

三月十七日丙午，任命翰林学士、礼部侍郎马胤孙为中书侍郎、同平章事。马胤孙生性谨慎懦弱，中书省的事务经常被他耽误，他又很少接见宾客，因此当时人把他看作是"三不开"官员，即口不开、印不开、门不开。

石敬瑭把他分散在洛阳和各道的全部财物都收拢起来运回晋阳，借口说是为了补充军费，人们都知道他是心怀异志。后唐末帝在一次与身边近臣的夜谈中平和地对他们说：“石郎和朕是至亲，本来对他没有什么好猜疑的；但是外间的流言蜚语若不加以澄清，万一和他失掉和好，该怎样排解呢？”没人接皇帝的话茬。

端明殿学士、给事中李崧退下来之后对他的同事吕琦说：“我们这些人都深受皇上恩宠，怎么能把自己混同于众人，而一味地采取观望的态度呢？可是又从哪儿能想办法呢？”吕琦说：“河东那边如果有反叛的举动，一定会勾结契丹作后援。契丹的国母因为她的儿子赞华还在中原，所以多次要求和亲；只因朝廷没有答应他们所提出放回荝剌等人的要求，所以和亲才未能成功。现在如果真能放回荝剌等人与他们讲和，并且每年用大约值十多万缗的礼物、钱币送给他们，他们一定会很高兴地答应我们的要求。如果能这样，河东那边即使想轻举妄动，也无能为力了。”李崧说：“这也正是我的想法。但是钱财和谷物都要从三司开支，这事最好再跟张相商量一下。”于是就把这件事告诉了张延朗，张延朗说：“按两位学士的这个计策，不仅可以制约河东，而且还可以节省边防经费的十分之九，没有比这再好的计策了。如果皇上同意的话，只要责成老夫我去办就行了，我将在府库财物之外设法张罗，以供其用。”在一天晚上，两人秘密地向后唐末帝提出了这个建议，后唐末帝非常高兴，称赞他们的忠诚，于是两人就私下里草拟了一篇《遗契丹书》，以等待诏命的下达。

过了一段时间，后唐末帝把这个计谋告诉了枢密直学士薛文遇，薛文遇回答说：“以天子的尊崇，却去弯腰侍奉夷狄，不是太耻辱了吗！况且，胡虏如果按照过去的惯例要求迎娶公主去和亲，又怎么能拒绝他？”接着薛文遇又随口吟诵了戎昱的昭君诗：“安危托妇人。”后唐末帝随即就改变了主意。一天，后唐末帝很紧急地把李崧、吕琦召到后楼，大为恼怒，责备他们说：“你们这些人都是懂得古今盛衰的，都想辅佐人主取得天下太平的；现在竟然出了这么一个馊主意！朕只有一个女儿，还很小，你们难道想把她丢弃在沙漠之中吗？而且还要把养兵的钱财送到胡虏那里去，居心何在？”两人一听感到恐惧起来，吓得冷汗直冒，说道：“臣等的本意也是在竭尽愚智报效国家，并不是在替胡虏作打算，希望陛下明察。”两人无数次地拜谢赔罪，而后唐末帝却仍在不停地责骂着。吕琦力气不济，叩拜稍有停顿，后唐末帝就说：“吕琦倔强，还肯把朕当作人主吗？”吕琦说：“臣等谋划不妥，陛下治罪，多拜有什么用！”后唐末帝的怒气这才稍有缓解，要他们不要再拜了，每人赐给了一杯酒，喝完让他们回去了，从此以后，群臣不敢再提和亲的建议了。三月二十八日丁巳，任命吕琦为御史中丞，大致是要疏远吕琦的结果。

（以上为第一段，写后唐末帝议与契丹和亲，摇摆不定而未果。）

吴国徐知诰任命他的儿子副都统徐景通为太尉、副元帅，都统判官宋齐丘、行军司马徐玠为元帅府左、右司马。

闽主王昶改年号为通文，册立贤妃李氏为皇后，尊称皇太后为太皇太后。

静江节度使、同平章事马希杲政绩很好，监军裴仁煦在楚王马希范面前诬陷他，说他是收买人心，马希范也对他怀疑起来。夏季，四月，南汉将领孙德威入侵蒙州、桂州，马希范任命他的弟弟武安节度副使马希广暂时主持军府的事务，自己率领步兵骑兵五千人前往桂州。马希杲得知这一消息感到很害怕，他的母亲华夫人赶到全义岭去迎接马希范，赔罪说："希杲他处理政务没什么成效，招致敌寇入境，劳烦殿下亲自涉历艰难险阻，这些都是我的罪过。我希望殿下能够取消我的封邑，让我去宫廷里担任洒扫，以此来赎免马希杲的罪过。"马希范说："我很久没有见到希杲了，听说他的治绩很优异，所以特地来看看，没有其他的意思。"后来汉兵从蒙州退了回去，而马希范却把马希杲调到朗州任职。

高从诲派遣使者送信给徐知诰，劝他即皇帝位。

当初，石敬瑭想试探后唐末帝的真实意图，多次上奏表陈说自己体弱多病，请求解除兵权，调到别的镇所去；后唐末帝和执政大臣商议决定答应他的请求，把他调到郓州。房暠、李崧、吕琦等人都极力劝阻这样做，认为不可行，为此后唐末帝犹豫了很长时间。

五月初二日庚寅夜晚，李崧有急事请假在外，只有薛文遇一人值班，后唐末帝和他议论着河东方面的事情，薛文遇说："有句谚语说：'在道路边盖房子，三年也盖不成。'这种事情只能靠皇上的意志作决断；群臣都各自为自身的利益作打算，哪里肯什么话都说？以臣看来，河东方面，移镇他要反，不移镇他也要反，只是早晚的问题，不如先动手把他解决了。"在此之前，术士盛传国家今年会得到一位贤能的大臣辅佐，提出奇谋，平定天下，后唐末帝意识到薛文遇就是术士所指的这个人，因此，听了他的话，非常高兴，就说："爱卿这番话使我的思想豁然开朗，不管是成功还是失败，我都决定这样干了。"当即就决定了任免名单，并把这份名单交付给学士院让他们起草诏令。五月初三日辛卯，任命石敬瑭为天平节度使，马军都指挥使、河阳节度使宋审虔为河东节度使。当任命诏令宣布时，文武两班听到宣呼石敬瑭的名字，都相顾失色。

五月初六日甲午，任命建雄节度使张敬达为西北蕃汉马步都部署，去催促石敬瑭到郓州赴任。石敬瑭对此感到又怀疑又害怕，就和自己的部将和幕僚们商议说："我第二次来河东的时候，皇上曾当面答应我，在我有生之年绝不再委派别人来替代我的职位；现在忽然又下了这样的命令，难道正像千春节时皇上对公主所讲的那样吗？我并没有兴兵作乱，而朝廷却首先发起事端，我怎么能束手待毙地死于道路之间呢？现在我要暂且发送一份奏表推说有病，看看皇上的意图如何，如果朝廷能够宽限我一些时日，我就拥戴他；如果用武力来威胁我，我就要想另外的办法了。"幕僚段希尧极力主张抗拒朝廷的任命，石敬瑭认为他过于朴实直率，没有责怪他。节度判官华阴人赵莹劝石敬瑭到郓州赴任。观察判官平遥人薛融说："我薛融是个书生，不懂军旅之事。"都押牙刘知远说："明公长期带兵，深受士卒们的拥戴；现在我们正占据着有利的地势，兵强马壮，如果起兵联合各道，帝王大业就会成功，怎么能因为一纸诏书而自投虎口呢！"掌书记洛阳人桑维翰说："皇上当初即位时，明公入朝进见，皇上岂能不知蛟龙不可放回到深渊的道理？但是最终还是把河东军镇再次交给了您。这简直是上天的意志要把国家的权力交给您。先帝明宗的遗爱还在人间，皇上是以庶子旁支的身份获得帝位，人心并不归附于他。您是先帝明宗的爱婿，现今的皇上却把您当作叛逆之人来对待，这绝不是低头谢罪所能够赦免的，而我们现在所能做的只能是极力寻找自我保全的方法。契丹国主一向和先帝明宗以兄弟相称，现在他们的部落就在距此不远的云州、应州，明公如果真能诚心委屈一下自己来讨好他们，万一有了紧急情况，可以早晨叫他们晚上就能来到，还担心事情不能成功吗？"石敬瑭便拿定了主意。

（以上为第二段，写后唐末帝下诏移镇，逼反石敬瑭。）

先前，朝廷怀疑石敬瑭，就任命羽林将军宝鼎人杨彦询为北京副留守，石敬瑭将要起兵造反时，也把实情告诉了他。杨彦询问道："不知道河东的兵力和粮草有多少，能够抵抗得了朝廷吗？"石敬瑭的亲信们建议杀掉杨彦询，石敬瑭说："只有副使一个人我可以替他担保，你们大家就不要多说了。"

五月初十日戊戌，昭义节度使皇甫立向朝廷奏报说石敬瑭已经叛乱。石敬瑭在给皇帝的上表中说："皇帝是养子，不应该继承帝位，请传位给许王。"后唐末帝气得亲手把石敬瑭的奏表撕掉扔在地上，用诏书回答他说："你与鄂王的关系本来并不疏远，在卫州你的所作所为，天下的人都知道；所谓传位给许王的这些话，谁又肯相信！"五月十四日壬寅，下诏削夺石敬瑭的官职和爵位。五月十七日乙巳，任命张敬达兼任太原四面排阵使，河阳节度使张彦琪为马步军都指挥使，任命安国节度使安审琦为马军都指挥使，任命保义节度使相里金为步军都指挥使，任命右监门上将军武廷翰为壕寨使。五月十八日丙午，又任命张敬达为太原四面兵马都部署，任命义武节度使杨光远为副部署。五月十九日丁未，又任命张敬达负责太原行府的事务，任命前彰武节度使高行周为太原四面招抚使、排阵使等。杨光远起程之后，定州的部队发生了叛乱，牙将千乘人方太率兵讨伐平定了叛乱。

张敬达率领三万名军队在晋安乡扎营，五月二十四日戊申，张敬达奏报说西北先锋马军都指挥使安审信叛变投奔了晋阳。安审信是安金全的侄子，石敬瑭和他是旧交。在此之前，雄义都指挥使马邑人安元信率领他的部下六百多人戍守代州，代州刺史张朗对他很好。安元信暗中劝告张朗说："我看石令公是个宽厚长者，这次举兵起事一定能够获得成功；明公何不私下里派人与他通款，这样可以保全自己。"张朗不同意，从此两人之间便互相猜忌起来。安元信企图要杀掉张朗，没能成功，于是就带着他的部下投奔了安审信，安审信随即率领麾下数百名骑兵与安元信一道抢掠了百井，然后投奔晋阳。石敬瑭问安元信说："你到底看出了什么利害关系，竟然舍强而归弱呢？"安元信回答说："元信并不会看天象望星气，只是根据人事来做出的决断。帝王之所以能够统御天下，最重要的是取决于信誉。现在皇上对令公失去了大信，像您这样的至亲而且又尊贵的人都不能保全自己，何况我们这些关系疏远而卑贱的人呢！他的灭亡可以翘足而待，哪里还能称得上强大呢！"石敬瑭听了这话很高兴，委托他掌管军事。振武西北巡检使安从荣这时戍守在代北，也率领步兵和骑兵共计五百人投奔晋阳。安从荣是朔州人。朝廷改任宋审虔为宁国节度使，充任侍卫马军都指挥使。

天雄节度使刘延皓依仗皇后家族的势力，骄横放纵，抢夺别人的财产，克减将士的粮饷和赏赐，摆酒设宴，无休无止。捧圣都虞候张令昭借着人心都在埋怨愤怒之机，打算带领魏博军民响应河东军府造反，五月二十五日癸丑这一天天还没亮，张令昭率领部众攻打牙城，攻了下来；刘延皓脱身逃走，乱兵们大肆抢劫。张令昭奏报朝廷说："刘延皓恩威处理不当，导致军士们作乱。臣已经对士卒们进行安抚，暂时管理着军府的事务，请求皇上赐以旌节！"刘延皓到了洛阳，后唐末帝大为恼怒，下令把他贬到远方去；皇后出面替他求情，六月初三日庚申，只是削除了刘延皓的官职和爵位，让他回自己的宅第去。

（以上为第三段，写各镇官兵依违观望，甚至多有投附石敬瑭的人。）

六月初四日辛酉，吴国太保、同平章事徐景迁因病被罢去官职，而任命他的弟弟徐景遂代替他担任门下侍郎、参政事。

六月初六日癸亥，后唐末帝任命张令昭为右千牛卫将军，暂时主管天雄军府的事务。张令昭因为当时调发的军队还没有集结完毕，所以只有暂且接受了这项新的任命。不久又有诏令调任他为齐州防御使，张令昭名义上借口说被士卒所强留，实际上是等待河东起兵成败的局势明朗化。后唐末帝派使者前去告谕他，张令昭把使者杀了。六月十七日甲戌，任命宣武节度使兼中书令范延光为天雄四面行营招讨使，掌管魏博行府的事务，任命张敬达充任太原四面招讨使，任命杨光远为副使。六月十九日丙子，任命西京留守李周为天雄军四面行营副招讨使。

石敬瑭的儿子右卫上将军石重殷、皇城副使石重裔听说石敬瑭起兵造反，就躲到民间的一口井里。石敬瑭的弟弟沂州都指挥使石敬德，杀死自己的妻子女儿后逃走，不久又被抓了回来，死在狱中，石敬瑭的堂弟彰圣都指挥使石敬威自杀身亡。秋季，七月初二日戊子，抓获了石重殷、石重裔，诛杀了他们，并把藏匿他们的那一家也满门抄斩。

七月初四日庚寅，楚王马希范从桂林北返。

云州步军指挥使桑迁奏报说，应州节度使尹晖赶走云州节度使沙彦询，并接收了他的兵马，响应河东造反。七月十一日丁酉，沙彦询上表说，桑迁阴谋叛变响应河东，已经带领兵马包围了子城。沙彦询冲出包围奔往西山，占据了雷公口，第二天，收集士兵进城反击乱兵，桑迁战败逃走，于是军城又恢复了安定。当天，尹晖抓住了桑迁把他解送洛阳，朝廷把他处斩。

七月二十一日丁未，范延光攻下了魏州，斩杀了张令昭。朝廷下诏把他的党羽七个指挥全部杀掉。

张敬达调发屯扎在怀州的彰圣军戍守虎北口，结果彰圣军的指挥使张万迪带着五百名骑兵投奔河东去了，三十日，朝廷下诏，把他的一家全部杀掉。

（以上为第四段，写后唐末帝诛灭石敬瑭诸子，以及张令昭等反叛者。）

石敬瑭派遣使者从僻路去向契丹请求救援，他命令桑维翰起草一份奏表向契丹主称臣，并且在奏表中请求用对待父亲的礼节来侍奉他，约定事情成功之日，割让卢龙一个道和雁门关以北的各州给他们。刘知远劝谏说："低头称臣就可以了，把他当父亲来侍奉就太过分了。用丰厚的金银财物收买他，就完全可以把他的援兵招来，不一定要答应给他们土地，恐怕以后会给中原留下无穷的祸患，到那时后悔都来不及。"石敬瑭没有采纳他的意见，奏表送到了契丹，契丹主十分高兴，就告诉他的母亲述律太后说："儿近来做梦，梦见石郎派使者到这里来，现在果然如此，这真是天意啊！"于是马上写了一封回信，答应到仲秋八月一定倾国出动前去援助。

八月初三日己未，任命范延光为天雄节度使，李周为宣武节度使、同平章事。

八月初七日癸亥，应州奏报说契丹有三千骑兵进攻州城。

张敬达为了攻打晋阳修筑了一道长长的围墙。石敬瑭任命刘知远为马步都指挥使，安重荣、张万迪的降兵都归他指挥。刘知远执法公正无私，爱抚降兵像爱抚亲信部队一样，因此大家都能同心协力。石敬瑭亲自登城墙，坐卧都在敌人箭石的投射之下，刘知远对他说："看来张敬达这帮人筑设高垒深沟，是想作持久的打算，并没有其他的高招，不值得担心。希望明公能够向各方多派间使出去，经营好对外的事务。守城这件事十分容易，知远一个人就能应付了。"石敬瑭拉着刘知远的手，拍着他的背，对他赞赏了一番。

八月二十二日戊寅，任命成德节度使董温琪为东北面副招讨使，以便帮助卢龙节度使赵德钧。

后唐末帝派端明殿学士吕琦到河东行营去犒劳军队，杨光远对吕琦说："请你回去后顺便奏报陛下，希望陛下保重身体，不必为此事早晚过于操劳。叛贼如果没有外援，用不了多久就可以把他们平定；如果他们勾结契丹来犯，我们就放他们进城，到时可以把他们一举歼灭。"后唐末帝听了这话很高兴。后唐末帝得知契丹答应石敬瑭仲秋八月前来救援，多次督促张敬达加紧攻打晋阳，但是仍然没能攻下来。每当营建沟垒，总是遇到风雨天气，那道长长的围墙又被雨水的冲刷所破坏，最终也难以合拢。晋阳城里的情况也是一天比一天困窘，粮食和其他储备也渐渐地缺乏起来。

（以上为第五段，写后唐末帝大发兵征讨晋阳，石敬瑭引契丹为援，以割地相许。）

九月，契丹主率领五万名骑兵，号称三十万，从扬武谷向南进发，旌旗绵延不断达五十多里。代州刺史张朗、忻州刺史丁审琦都据城自守，敌寇的骑兵经过城下时，也没有诱降威胁他们。丁审琦是洺州人。

九月十五日辛丑，契丹主到达晋阳，把军队部署在汾水北岸的虎北口。先派人去对石敬瑭说："我想今天就攻破贼兵，可以吗？"石敬瑭派人快马前去告诉他："南军力量很雄厚，不可轻视，请等到明天再商量攻战的事也不算晚。"结果使者还没有赶到，契丹军队就已经和唐军的骑兵将领高行周、符彦卿交战了，石敬瑭只好派刘知远带兵出城助战。张敬达、杨光远、安审琦把步兵部署在城西北的山下，契丹派出轻骑兵三千人，不披铠甲，径直冲向唐军阵列。唐兵看到契丹兵十分单薄，就争着驱逐他们，一直赶到汾水的河湾处，契丹兵涉水而走。唐兵沿着河岸向前推进，这时契丹的伏兵突然从东北方向冲了上来，把唐兵截为两段，在北面的步兵大多被契丹兵所杀，在南面的骑兵则退回晋安寨。契丹兵乘胜追击，唐兵大败，步兵被杀死的将近有一万人，只有骑兵没有受什么损失。张敬达等人收集残兵据守晋安寨，契丹也带兵返回虎北口。石敬瑭俘获唐军降兵一千多人，刘知远劝石敬瑭把他们全部杀掉。

当天晚上，石敬瑭出晋阳城北门，会见契丹主。契丹主拉着石敬瑭的手，大有相见恨晚之感。石敬瑭问契丹主说："皇上远道而来，兵马疲倦，立刻就与唐军交战而获得大胜，这是为什么？"契丹主说："开始我从北面来的时候，认为唐军一定会切断雁门一线的各条道路，在险要的地方埋伏下骑兵，那样我就无法顺利前进了。我派人前去侦察，结果是什么都没有，所以我才得以长驱直入，知道一定可以大功告成。交战起来以后，我方士气正锐盛，而敌方的士气正低落，如果不乘着这个机会加紧发动攻势，旷日持久，那么胜负就难以预料了。这就是我之所以速战而获胜的道理，不能用劳逸这种常规的道理来推断。"石敬瑭听了，十分感叹和佩服。

九月十六日壬寅，石敬瑭带兵和契丹兵会合包围晋安寨，把军营安扎在晋安寨的南面，长有一百多里，宽五十里，设置了很多带有警铃的绳索和吠犬，人们连半步也休想通过。张敬达等人的士兵共计还有五万人，战马一万匹，但是却四处无路可逃。九月十八日甲辰，张敬达派出使者向后唐末帝报告军队打了败仗，从此以后再也没有与朝廷通音讯了。后唐末帝十分恐惧，就派遣彰圣都指挥使符彦饶率领洛阳的步兵和骑兵驻守河阳，诏令天雄节度使兼中书令范延光率领魏州兵二万人由青山赶赴榆次，又命令卢龙节度使、东北面招讨使兼中书令北平王赵德钧率领幽州兵向契丹军的后方进发，耀州防御使潘环纠合西方各路的戍守士兵从晋州、绛州之间的两乳岭向慈州、隰州进发，共同救援晋安寨，契丹主把军帐移到了柳林，侦察骑兵经过石会关时，没有遇见唐兵。

（以上为第六段，写契丹入援石敬瑭，初战大败唐军。）

九月二十一日丁未，后唐末帝下诏，要亲自率兵征讨。雍王李重美说："陛下的眼疾还没有好，不能远路跋涉到风沙之地；儿臣年纪虽然还很小，愿意代替陛下北征。"后唐末帝的意思本来就不想亲自北征，听了这话，心里很高兴。张延朗、刘延皓以及宣徽南院使刘延朗都劝后唐末帝亲征，后唐末帝不得已，九月二十二日戊申，从洛阳出发，他对卢文纪说："朕一向听说你有宰相的才干，所以力排众议首先重用了你，现在祸难到了如此地步，你的好计谋都跑到哪里去了？"卢文纪只是叩拜谢罪，却答不上话来。九月二十三日己酉，派刘延朗监督侍卫步军都指挥使符彦饶赶赴潞州，作大军的后援。各路军队自从凤翔拥戴潞王为帝以来，日益骄横凶悍不听指挥，符彦饶害怕他们闹乱子，所以也不敢用军法来约束他们。

后唐末帝到达河阳，害怕再往北走，就召集宰相、枢密使商议进攻方略，卢文纪迎合皇帝的意旨，说："国家的根本，一大半在黄河以南。胡人的骑兵忽来忽往，不可能长久停留；晋安大寨十分坚固，况且已经调发了三路兵马前去救援。河阳是天下的津渡要路，皇上的车驾应该坐镇此地以安抚南北方，暂时派一个身边的近臣前去督战，如果仍然不能解围，皇上再北行也不晚。"张延朗想借个因由让赵延寿解除枢密使的职务，就说："文纪讲得很对。"后唐末帝又征询其他人的意见，结果没有人敢提出异议。泽州刺史刘遂凝，是刘鄩的儿子，暗自和石敬瑭相勾结，因此也上表声称皇上的车驾万万不可越过太行山。后唐末帝又和大臣们商议近臣中哪一位可以派往北面，张延朗和翰林学士须昌人和凝等人都说："赵延寿的父亲赵德钧率卢龙的兵马前来共赴国难，应该派赵延寿前去与他们会合。"九月二十四日庚戌，下令派遣枢密使、忠武节度使、随驾诸军都部署、兼侍中赵延寿率兵二万前往潞州。九月二十五日辛亥，后唐末帝前往怀州。任命右神武统军康思立为北面行营马军都指挥使，率领扈从骑兵开赴团柏谷。康思立是晋阳的胡人。

后唐末帝被晋安寨的形势所困扰，向群臣询问对策，吏部侍郎永清人龙敏建议立李赞华为契丹国主，命令天雄、卢龙两个军镇分出一部分兵护送他，从幽州直到西楼，朝廷一路上张贴檄文宣布这一消息，这样契丹主一定会有后顾之忧，然后再挑选招募军中的精锐士卒去攻击契丹，这也不失为一个解围的办法。后唐末帝很欣赏这个建议，但是执政大臣们担心这个计划难以成功，最后竟然是不了了之。

（以上为第七段，写后唐末帝亲征。吏部侍郎龙敏建言立李赞华为契丹主北行，以扰乱契丹后方，后唐末帝犹豫不决竟未施行。）

后唐末帝的忧愁沮丧明显地表现在脸上，从早到晚整天饮酒悲哀地唱歌。群臣中有人劝他北行亲征，末帝说："卿不要提这个事，石敬塘已经使我的心和胆都掉落在地上了。"

冬十月初七土壬戌，末帝下诏征集全国各地将吏以及民间的马匹，又发动百姓参军，每户出一个征夫，自己准备铠甲兵器，称为"义军"，约定在十一月全部集中，命令陈州刺史郎万金训练义军作战技能。这是采纳张延朗的谋划。总计征集得到马两千多匹，征夫五千人，实际没有多大用处，而民间却受到很大的骚扰。

当初，赵德钧暗中怀有窃取帝位的异志，打算趁乱夺取中原，主动请求援救晋安案。唐主末帝诏帝他从飞狐道出代州，紧跟在契丹之后，包抄契丹人的部落。赵德钧请求率领他在幽州训练的由契丹降卒组成的禁卫军银鞍契丹直三千骑兵，从土门路向西进军，末帝准许了。赵州刺史、北面行营都指挥使刘在明早已领兵戍守在易州，赵德钧率军路过易州，他命令刘在明跟随他进军。刘在明是幽州人。赵德钧到达镇州，他任用董温其为招讨副使，邀请董温其随同行动，又上奏表末帝说自己兵少，须同泽潞的兵马会合，然后就从吴儿谷向潞州进发。十月十八日癸酉，到达乱柳。当时范延光领受诏命统领所部兵马两万人屯驻在辽州，赵德钧又上表请求与魏博军会合。范延光知道赵德钧会合各路兵马，意图难以预料，于是也上表末帝声称魏博军已深入敌境，不能再后退南行数百里与赵德钧会合，这才在辽州驻扎下来。

南汉主刘龚任用宗正卿兼工部侍郎刘濬为中书侍郎、同平章事。刘濬，是刘崇望的儿子。

十一月，后唐末帝任用赵德钧为诸道行营都统，仍然兼领原有的职任东北面行营招讨使，任用赵延寿为河东道行营招讨使，任用翰林学士张砺为判官。十一月初五庚寅，任用范延光为河东道东南面行营招讨使，任用宣武节度使、同平章事李周为范延光的副使。十一月初六辛卯，任用刘延朗为河东道南面行营招讨副使。这一天，赵延寿到达西汤与赵德钧会合，把所领兵马全部归属赵德钧。唐主末帝派吕琦赐给赵德钧诸道行营都统委任敕令，并犒劳将士。赵德钧一心要兼并范延光的军队，逗留不肯前进，末帝多次下诏令催促，赵德钧才率军北进屯驻在团柏谷。

（以上为第八段，写赵德钧受命为诸道行营都统，却暗中勾结契丹为援，效石敬瑭之所为。）

十一月初八日癸巳，吴主下诏，命齐王徐知诰设置百官，以金陵府为西都。

前坊州刺史刘景岩是延州人，家境富有，而又喜爱侠义，结交地方豪杰，家中拥有丁夫和兵械，人们都慑服于他的势力强大，整个州县无人能比。彰武节度使杨汉章政绩很糟，不论胡人还是汉人都很失望，正好赶上搜集马匹和征调义军，杨汉章带领步兵、骑兵几千人准备按期去会师，正在野外进行检阅。刘景岩暗中派人去扰乱人心，说："契丹势力强盛，你们这些人将有去无回。"大家一听都很害怕，就杀死杨汉章，推举刘景岩为留后。后唐末帝不得已，十一月十二日丁酉，任命刘景岩为彰武留后。

契丹主对石敬瑭说："我从三千里以外前来救难，一定要有所建树。我看你的器宇、容貌、才识、度量，真正的是一个中原之主的样子。我想扶立你做天子。"石敬瑭推辞谦让了好几次，将领和官吏们又反复地劝他即位，这才答应了下来，契丹主亲自作册封文书，命令石敬瑭为大晋皇帝，脱下自己的衣服冠冕授给他，在柳林修筑坛台，当天，石敬瑭就即皇帝之位。割让幽、蓟、瀛、莫、涿、檀、顺、新、妫、儒、武、云、应、寰、朔、蔚共十六个州给契丹，并且还答应每年输送三十万匹帛给他们。十一月十四日己亥，大晋皇帝石敬瑭下制诏，把唐长兴七年改为晋天福元年，大赦天下。敕命和法规制度，都遵照明宗时的旧规。任命节度判官赵莹为翰林学士承旨、户部侍郎、知河东军府事，掌书记桑维翰为翰林学士、礼部侍郎、权知枢密使事，观察判官薛融为侍御史掌理杂事，节度推官白水人窦贞固为翰林学士，军城都巡检使刘知远为侍卫马军都指挥使，客将景延广为步军都指挥使。景延广是陕州人。册立晋国长公主为皇后。

（以上为第九段，写契丹主策命石敬瑭为皇帝，石敬瑭割燕云十六州土地给契丹作回报。）

契丹主虽然把军队屯扎在柳林，但是他们的辎重和老弱士兵都留在虎北口，每当夜幕降临时他们就收拾停当，以便于仓促之间好逃走，但是赵德钧却想借助契丹的力量夺取中原，因此到了团柏一个多月，仍然按兵不动，离晋安寨只有一百里路，但却不能和他们相联系。赵德钧多次向后唐末帝上表替赵延寿乞求成德节度使一职，说："臣现在远征在外，幽州势孤力单，所以想让赵延寿在镇州，这样就左右都便于接应了。"后唐末帝回答说："延寿正在进击贼兵，哪有时间前往镇州！等到贼寇平定了，一定答应你的要求。"赵德钧还是一再地请求，后唐末帝发怒说："赵氏父子坚持要得到镇州，是什么用意？如果能够击退胡寇，就是想取代我的位置，我也心甘情愿，若是拿敌寇当作耍手段的资本，来要挟国君，只怕是犬兔都要完蛋。"赵德钧听到这话后，心里很不高兴。

闰十一月，赵延寿向后唐末帝献契丹主赐给他的诏书以及铠甲、战马、弓矢、刀剑，欺骗说赵德钧已派遣使者送信给契丹主，替朝廷缔结和好，并劝契丹主率兵回家；而实际上他却是另写了一封密信，并派人带着丰厚的金银布帛去贿赂契丹主，说："假如扶立我当中原皇帝，我愿用现有的兵力向南去平定洛阳，和契丹结为兄弟之国；仍旧答应让石氏长期镇守河东军镇。"契丹主认为自己已经深入敌境，晋安寨还没有攻下来，赵德钧的兵力还很强，范延光部又在他的东边，同时担心太行山以北各州的唐军会拦截他的退路，就准备答应赵德钧的要求。

后晋高祖石敬瑭得知这个事后，大为恐惧，赶忙派桑维翰去见契丹主，向他游说说："契丹大国发动义兵来救援孤危，一次战斗就使唐兵瓦解，退守到一个栅寨里，粮食吃尽，力量穷竭。赵北平父子对唐不忠，对契丹无信，畏惧大国的强盛，又一向怀着野心，所以按兵不动，观望形势的变化，并不是一个能够为国牺牲生命的人，有什么值得害怕的，而要相信他的荒诞狂妄的言辞，贪图毫末小利，抛弃就要完成的功业呢？况且如果让晋得了天下，将会竭尽中原的财力奉献给大国，哪里是这些小利所能比得上的！”契丹主说：“你见过捉老鼠的吗？如果不加以防备，有的还会被它咬伤手，何况是强大的敌人呢！”桑维翰回答说：“现在大国已经卡住了他的喉咙，怎么能再咬人呢！”契丹主说：“我并不是要背弃以前的誓约，这只是兵家的权谋不得不这样做。”桑维翰说：“皇帝是凭着信义来解救人的急难，四海之内所有的人都看到了，也听到了，为什么要前后做法不一致，让皇帝的大义有始无终呢？臣个人认为皇帝的这种做法不足取。”于是就跪在军帐前面，从早到晚，流着泪与契丹主争辩不已。契丹主最终依从了他，指着帐前的石头对赵德钧的使者说：“我已经应允了石郎，只有这块石头烂了，才能改变主意。”

（以上为第十段，写赵德钧、石敬瑭争相投靠契丹灭后唐，石敬瑭的割地争得了先机。）

龙敏对前郑州防御使李懿说：“您是皇室的近亲，现在社稷如此危急，眼看就要灭亡，您难道一点都不担心吗？”李懿向他说明赵德钧肯定能打败敌军的形势。龙敏说：“我是燕地的人氏，知道赵德钧的为人，他胆小而又无谋略，只是在守城方面稍微有点特长。况且他现在内怀奸谋，这种人又怎么能依靠呢！在下倒有个狂妄的计谋，只怕朝廷不肯答应这样做。现在护驾的兵还有一万多人，战马将近五千匹，如果挑选出精锐骑兵一千人，让在下和郎万金率领，从介休的山路行进，乘着夜色冲过敌阵进入晋安寨，只要有一半人马能够冲进去，事情就算成功了。张敬达等人身陷重围，不知道朝廷的消息，如果知道朝廷的大军就近在咫尺的团柏，即便是有铁打的屏障也可以冲破，何况是胡虏的骑兵呢？”李懿把这个建议告诉了后唐末帝，后唐末帝说：“龙敏的志气极为壮烈，可惜现在用这个方法已经晚了。”

丹州的义军发动叛乱，驱逐刺史康承询，康承询逃往鄜州。

晋安寨被围困已经有好几个月，高行周、符彦卿多次带领骑兵出战，都因为寡不敌众而未能取得成功。草料和粮食都用完了，只好削木屑淘马粪中的草筋再来喂马，马吃不饱就相互啃咬，马尾和马鬃都被啃秃了，死了的就由将士分而食之，援兵终究还是没有到来。张敬达性情刚烈，当时的人们叫他“张生铁”。杨光远、安审琦劝张敬达向契丹投降，张敬达回答说：“我受明宗和当今皇上的厚恩，为元帅而打了败仗，罪过已经够大的了，何况向敌人投降呢！现在援兵早晚之间就要到了，应该暂时等一下。如果一旦力尽势穷，那么各位可以砍下我的头，拿出去投降，以便求得平安富贵，也不算迟。”杨光远向安审琦递了个眼色要他杀掉张敬达，安审琦不忍心下手。高行周得知杨光远要暗算张敬达，就常带着精壮骑兵尾随在张敬达后面保卫他，张敬达不知其中的缘故，就对人说："行周常常跟在我的脚后，是什么用意呢？"高行周于是再也不敢跟在他的后面了。将领们每天早晨都要在招讨使的营帐中会集，闰十一月初九日甲子的那一天，高行周、符彦卿还没有来到，杨光远乘着张敬达没有戒备，砍下了他的头，然后率领将领们上表向契丹投降。契丹主一向就听过这些将领的大名，因此都加以慰劳，赐给他们皮衣皮帽，并乘机开玩笑地说："你们也真是大恶汉，不用盐和乳浆作佐料居然也吃掉了上万匹战马！"杨光远等人非常羞惭。契丹主钦佩张敬达的忠烈，下令安葬他的尸体并举行祭奠，对自己的部下和晋的将领们说："你们当人臣的，都应当效法张敬达。"当时晋安寨的战马有将近五千匹，铠甲兵仗五万具，契丹把这些东西全部送回国去，而把唐兵和将领交给了后晋高祖，并对他们说："勉力侍奉你们的主上。"马军都指挥使康思立愤恨惋伤而死。

（以上为第十一段，写后唐末帝不采纳龙敏奇袭契丹之计，坐以待毙，导致后唐军晋安寨降敌。）

后晋高祖石敬瑭因为晋安已经投降，就派遣使者告谕各州，代州刺史张朗杀了他的来使；吕琦奉后唐末帝的诏命去慰问雁门关以北的守军，到了忻州，遇到后晋使者，也把使者杀了，他对刺史丁审琦说："胡虏经过你城下而你不阻拦，用意是明显的，将来回到朝廷的时候，肯定没有保全身家性命的可能，不如早一点率领军民从五台山奔往镇州。"临行时，丁审琦又后悔了，关闭牙城不跟吕琦走。州兵要攻打他，吕琦说："国与家都落到了这般地步，为什么还要再自相残杀呢！"于是就带领忻州兵直奔镇州，丁审琦则投降了契丹。

契丹主对后晋高祖说："桑维翰对你很尽忠，应该让他当宰相。"闰十一月十一日丙寅，任命赵莹为门下侍郎，桑维翰为中书侍郎，两人都为同平章事；桑维翰仍旧代理枢密使的职务。任命杨光远为侍卫马步军都指挥使，任命刘知远为保义节度使、侍卫马步军都虞候。

后晋高祖和契丹主将要率兵南下，想留下一个儿子守备河东军镇，征求契丹主的意见，契丹主让后晋高祖把他的儿子都叫出来，由他亲自选择。后晋高祖哥哥的儿子石重贵，他的父亲石敬儒早死，后晋高祖把他当作自己的儿子抚养，他的相貌和后晋高祖很相像，但是身材比较短小，契丹主指着他说："这个大眼睛的可以。"于是就任命石重贵为北京留守、太府尹、河东节度使。契丹主派他的将领高谟翰为前锋，和晋安寨的降卒一同进发。闰十一月十二日丁卯，到达团柏，和唐兵交战，赵德钧、赵延寿率先逃走，符彦饶、张彦琦、刘延明、刘在明也都紧跟其后逃跑了，唐军士卒四散溃逃，相互践踏而死的数以万计。

闰十一月十四日己巳，刘延朗、刘在明到了怀州，后唐末帝这才得知石敬瑭即位称帝、杨光远投降契丹的消息。群臣的议论认为，"天雄军府还算完好，契丹一定惧怕山东，不敢轻易南下，因此圣驾应该巡幸魏州”。后唐末帝认为李崧一向和天雄节度使范延光很要好，就召李崧来商议具体事宜。薛文遇不知这是单独召见也跟着进来，后唐末帝立刻大怒，变了脸色。李崧暗地踩了一下薛文遇的脚，薛文遇会意，这才退了下去。后唐末帝说：“我一看见这个东西肉都发颤，刚才几乎要拔出佩刀刺他。”李崧说：“薛文遇是个小人，浅薄的计谋贻误了国家，刺了他更显得他丑陋不堪。”李崧借机劝后唐末帝南返，后唐末帝采纳了他的意见。

（以上为第十二段，写后唐军全线溃退，后唐末帝南返洛阳。）

洛阳方面得知北方赵德钧等军队大败的消息后，朝野人心大为震恐，城中的居民四面出走，逃窜到山谷之中。把守城门的人请求下令禁止百姓外出，河南尹雍王李重美说：“国家多难，朝廷没有能替百姓做主，又禁止他们寻找活路，这样只能增加朝廷的恶名；不如听其自便，事情安定了之后他们自动就会回来。”于是下令任凭百姓去任何地方，这样人心才稍微安定了一点。

闰十一月十七日壬申，后唐末帝回到河阳，命令各位将领分别把守南、北城。张延朗建议后唐末帝巡幸滑州，以便能同魏博声势相接，后唐末帝一时拿不定主意。

赵德钧、赵延寿父子向南逃奔到潞州，唐军败兵渐渐跟上来，他的部将时赛带领卢龙的轻骑兵向东回到渔阳。后晋高祖先派昭义节度使高行周回潞州备办粮草，到了潞州城下，看见赵德钧父子正在城上，高行周说：“在下和大王是同乡，所以不敢不向你提一个忠告！城中已经没有一斗粟可以让你坚守了，不如赶快出来迎接皇上圣驾。”闰十一月十九日甲戌，后晋高祖和契丹主到达潞州，赵德钧父子到高河迎接，契丹主好言安慰了他们一番，他们父子二人叩拜于后晋高祖的马前，恭敬地问道：“分别以来还好吗？”后晋高祖没理他，也不和他搭腔。契丹主问赵德钧说：“你在幽州设置的银鞍契丹直现在哪里？”赵德钧指给他看，契丹主命令把这些人全部带到潞州城的西郊杀掉，共计有三千人。最后将赵德钧、赵延寿上了枷锁，押送到契丹。

赵德钧晋见契丹主的母亲述律太后，把所有带来的宝货以及登录自己田宅的簿籍都呈献给她，太后问道：“你最近为什么到太原去？”赵德钧回答说：“是奉了唐主之命。”太后指着天说：“你向我的儿子请求扶立你为天子，为什么还要说瞎话呢？”又指了指自己的心说：“这里是欺骗不了的。”又说：“我的儿子即将出发时，我告诫他说：赵大王如果带兵向渝关北进的话，就赶紧带兵回来，太原不必去救援了。你想当天子，先击退我的儿子，再慢慢地谋取也不算晚。你身为人臣，既辜负了你的君主，不能进攻敌人，又想乘着战乱讨取好处，所作所为到了这般地步，还有什么脸面再活着呢？”赵德钧低着头不能回答。太后又问他：“你献的器物珍玩都在这里，田宅在哪里呢？”赵德钧说：“在幽州。”太后说：“幽州现在属于谁？”回答说：“属于太后。”太后说：“那么还用你献什么呢？”赵德钧更加羞惭。从此以后，他精神不振，吃得不多，过了一年就死了。张砺和赵德钧一起进入契丹，契丹主仍然任命他为翰林学士。

（以上为第十三段，写赵德钧父子降敌，被械送契丹，赵德钧被述律太后斥责不忠，抑郁而死。）

后晋高祖就要从上党出发，契丹主举起酒杯叮咛他说："我远道而来是为了遵守信义，现在大功已经告成，我如果再向南进兵，黄河以南的人们一定会惊慌恐惧；你应该亲自带领汉兵南下，人们一定不会感到太恐惧。我让太相温率领五千名骑兵护送你到河梁，你想要多少人随你渡河由你决定。我暂时留在这里，等候你的消息，如果有紧急情况，我就下太行山去救援你；如果洛阳已经平定下来，我就回到北方去了。"说完，和后晋高祖手拉着手，相对而泣，久久不愿分别，又脱下自己身上的白色貂皮大衣披在后晋高祖身上，另外赠送了良马二十匹，战马一千二百匹，说："希望我们世世代代的子孙都不要相忘。"又说："刘知远、赵莹、桑维翰都是创业的功臣，没有什么特别的原因，不要遗弃他们。"

当初，张敬达率军出征之后，后唐末帝派左金吾大将军历山人高汉筠戍守晋州。张敬达死了之后，建雄节度副使田承肇带领部众在府署进攻高汉筠，高汉筠打开府署的大门让田承肇进去，很沉静地对他说："在下和您都是受朝廷的重托，为什么要这样逼迫我呢？"田承肇说："想拥戴你做节度使。"高汉筠说："在下老了，道义上也不能做谋乱的祸首，是活是死都由您处置了。"田承肇使眼色让随行军士下手，军士把刀子丢在地上说："高金吾在几朝都是有德望的，为什么要杀害他！"田承肇见形势不对，这才向他谢罪说："和您开个玩笑而已。"于是听任高汉筠回洛阳。后唐末帝在路途中遇到了高汉筠，说："朕担心你会被乱兵所伤害，现在见到你，实在令人高兴。"

符彦饶、张彦琪到了河阳，秘密地向后唐末帝进言说"现在胡兵大举南下，黄河又正逢浅水季节，人心已经离散，这个地方不能固守。"闰十一月二十二日丁丑，后唐末帝命令河阳节度使苌从简和赵州刺史刘在明戍守河阳南城，随即切断渡河的浮桥，回洛阳。派遣宦官秦继旻、皇城使李彦绅把昭信节度使李赞华杀死在他的家里。

闰十一月二十四日己卯，后晋高祖到达河阳，苌从简迎上前来投降，渡河的舟楫都已经准备好了。彰圣军的军士拘拿了刘在明也来投降，后晋高祖释放了他，仍让他担任原来的职务。

后唐末帝命令马军都指挥使宋审虔、步军都指挥使符彦饶、河阳节度使张彦琪、宣徽南院使刘延朗率领一千多名骑兵到白司马阪寻找可以投入战斗的地方，结果有五十多名骑兵渡过黄河投奔了北方的晋军。将领们对宋审虔说："什么地方不可以作战，谁肯待在这个鬼地方？"于是就撤了回来。闰十一月二十五日庚辰，后唐末帝又和以上四位将领商议再向河阳派兵的事宜，而这时军中的将校们都已经飞快地呈上降书迎接后晋高祖去了。后晋高祖担心后唐末帝会向西逃奔，就派契丹骑兵一千名前去控扼渑池。

闰十一月二十六日辛巳，后唐末帝和曹太后、刘皇后、雍王李重美以及宋审虔等人携带传国宝，登上玄武楼自焚。刘皇后堆积了薪柴想把宫室也烧掉，李重美劝她说："新的天子来到，一定不会住在外面，以后修建宫室又要重新耗费民力；我们死了，还要给百姓留下怨恨，又有什么好处呢！"刘皇后这才住手。王淑妃对曹太后说："情况很紧急了，我们应该暂时躲避一下，等候姑夫来了再说。"曹太后说："我的儿子、孙子、媳妇、孙女一旦到了这个地步，我怎么忍心一个人活着！妹妹你自己善自保重吧。"王淑妃于是就和许王李从益一道藏在毬场，得以幸免。

（以上为第十四段，写后唐末帝回到洛阳，无兵可战，自焚而死。）

当天晚上，后晋高祖进入洛阳，住在自己以前的旧宅里。唐兵都脱下铠甲等待问罪，后晋高祖安慰了他们并予以释放。后晋高祖命令刘知远安排处理京城的事务，刘知远分派汉军让他们回到自己的营地去，把契丹兵安顿在天宫寺，城中秩序井然，没有人敢违犯命令。那些为避战乱出城躲藏的人，几天之后都回到城里又各就其业了。

当初，后晋高祖在河东军镇时，受到后唐朝廷的猜忌，中书侍郎、同平章事、判三司张延朗不想让河东有过多的积蓄，所有财物赋税除了应留军府的以外，全部都收归朝廷，后晋高祖因此对他非常怨恨。闰十一月二十七日壬午，文武百官入宫朝见，后晋高祖唯独下令把张延朗收押交付御史台究办，其余的人都谢恩免究。

闰十一月二十九日甲申，后晋高祖车驾入宫，宣布大赦："宫中和处廷官吏概不追究，只有贼臣张延朗、刘延皓、刘延朗奸诈邪恶，贪婪猥琐，罪行难以宽贷；中书侍郎平章事马胤孙、枢密使房暠、宣徽使李专美、河中节度使韩昭胤等人，虽然身居重要地位，但不追求诡诈逢迎，一律免除他们的罪责，加以除名；内外臣僚先归顺的，委令中书和门下两省另行加以任用。"刘延皓藏在龙门，几天之后，就自己上吊自杀。刘延朗准备逃到南山，结果被抓住，杀了。把张延朗斩首。不久选任三司使，难以找到合适的人选，后晋高祖对匆忙杀死张延朗很后悔。

闽国人得知后唐末帝死亡的消息后，感叹地说："潞王的罪行，天下的人没有听说过，像我们的国君又该把他怎么办呢！"

十二月初一日辛酉，后晋高祖前往河阳，为太相温和契丹兵饯行，送他们回国。

下诏追废后唐末帝为庶人。

十二月初三日丁亥，任命冯道兼门下侍郎、同平章事。

曹州刺史郑阮贪婪残暴，指挥使石重立乘乱把他杀了，并对他满门抄斩。

十二月初七日辛卯，任命原后唐中书侍郎姚顗为刑部尚书。

当初，朔方节度使张希崇治理政务很有威信，无论汉人还是胡人都很爱戴他，他兴办屯田，从而节省了漕运的开支。任职五年之后，请求向内地调任，唐潞王就改任他为静难节度使。后晋高祖虽然和契丹修好，仍担心他们又乘势攻取灵武，十二月初九日癸巳，又派张希崇担任朔方节度使。

当初，成德节度使董温琪贪婪残暴，积蓄的财货达到巨万，他把牙内都虞候平山人秘琼当作心腹。董温琪和赵德钧一起都死在契丹，秘琼把董温琪的家人全部杀死，合埋在一个坑穴里，然后占有了他的财货，自称为留后，向朝廷上表声称是军士在作乱。

同州的小军校门铎杀死了节度使杨汉宾，焚烧并抢掠了州城。

下诏追赠李赞华为燕王，派使者护送他的灵柩回国。

张朗率领他的部众入朝。

十二月十六日庚子，任命原后唐中书侍郎卢文纪为吏部尚书。任命皇城使晋阳人周瓌为大将军、充任三司使；周瓌推辞说："臣自知才能和职位不相称，宁可因为躲避任职而被陛下摒弃，也胜于因贪图陛下宠信而失职获罪。"后晋高祖准许了他。

后晋高祖得知平卢节度使房知温去世，就派天平节度使王建立率兵去巡抚青州。

改兴唐府为广晋府。

安远节度使卢文进得知后晋高祖是由契丹人扶立的，考虑到自己本是契丹的叛将，于是就在十二月十七日辛丑，撇下军镇投奔吴国去了。途中每经过一处镇戍之地，都召唤其主将，告诉他们投奔吴国的缘故，结果他们都向他拜辞而退。

徐知诰认为镇南节度使、太尉兼中书令李德诚，德胜节度使兼中书令周本地位高声望大，想让他们率领众将吏推戴自己当皇帝，周本说："我蒙受先王的大恩，自从徐温父子把持朝政以来，只恨自己不能解救杨氏的危难，现在又让我干这种事，怎么能行呢？"他的儿子周弘祚强迫他干，不得已只好与李德诚一起率领将领们到江都向吴主上表，陈述徐知诰的大功大德，请求吴主施行册命；又到金陵去劝徐知诰即皇帝位。宋齐丘对李德诚的儿子李建勋说："令尊是太祖的元勋大臣，今天名声扫地了。"接着吴国的宫中出现了很多妖异的现象，吴主说："吴国的祚运就要完了吗？"左右的人告诉他说："这是天意，不是人事所能改变的。"

高丽王王建出兵打败了新罗、百济，于是东夷各国都归附于他，共拥有二京、六府、九节度、一百二十个郡。

（以上为第十五段，写石敬瑭入洛为中原主，是为晋高祖。吴执政徐知诰逼迫吴主禅让。）

【点评】

本卷点评后唐末帝失策拒和亲、石敬瑭割地称儿皇帝、赵德钧父子降敌三件史事。

后唐末帝失策拒和亲。石敬瑭在晋阳厉兵秣马，蓄聚货财，人皆知其有异志。端明殿学士、给事中李崧与同僚吕琦共议，石敬瑭谋反，必结援契丹。二人密言于末帝，建言与契丹结和亲，岁不过供虏礼金十余万缗以安边患，以绝石敬瑭之后路。末帝大喜，嘉奖二人忠心。两人草拟了《遗契丹书》择日遣使送出。末帝突然以其谋告枢密直学士薛文遇，文遇迂腐，以天朝自大，反对和亲。薛文遇对后唐末帝说："以天子之至尊，屈身奉拜夷狄，这是很丢颜面的事。再说，若虏囚提出尚公主，该怎么办呢？"末帝于是一百八十度转弯，痛责李崧、吕琦二人，拿国家养士之财以送虏廷，身为大臣不佐人主致太平，竟然打起了公主的主意，要把皇上的独生女弃之漠北。二人惶惧拜谢。从此群臣没人再敢提和亲之事。当时契丹雄起漠北，中原长年混战，藩镇对抗朝廷，往往引契丹为援。和亲安边，在当时是最好的决策。圣人言："一言可以丧邦，一言可以兴邦。"这话好像就是对薛文遇说的。

石敬瑭割地称儿皇帝。石敬瑭反叛于晋阳，纳桑维翰策，草表遣契丹主耶律德光，许愿四个条件以换取契丹发兵。其一，向契丹称臣。其二，以父礼事契丹主，称儿皇帝，接受契丹主的册命。其三，事成之后，割幽、蓟、瀛、莫、涿、檀、顺、新、妫、儒、武、云、应、寰、朔、蔚等十六州之地与契丹。其四，每岁奉送帛三十万匹。都押牙刘知远认为，称臣与奉送厚币两条就可以搬来契丹援兵，以父事之太过，割地更不可以，恐怕成为中原的大祸害，那时后悔就来不及了。石敬瑭不听。天福元年（公元936年）十二月二日丁酉，契丹主耶律德光作册书，命石敬瑭为大晋皇帝。这一年耶律德光三十七岁，石敬瑭四十七岁，喊比自己年轻十岁小伙为老爹，十足的认贼作父，大丢中原人的脸面。尤其是割燕云十六州，河北险阻尽失，导致北宋的积贫积弱，南宋的偏安江南，游牧民族铁蹄践踏中原土地数百年，石敬瑭的卖国丑行，永远地钉在中国历史的耻辱柱上。

赵德钧父子降敌。卢龙节度使赵德钧见李从珂得天下之易，野心勃发，阴蓄异志，欲趁乱取中原，赵德钧主动请缨讨石敬瑭，其实是把河北之军调离关隘，让开大路，让契丹进入国境，伺机投靠。后唐末帝委任赵德钧为诸道行营都统，其子赵延寿为河东道南面行营招讨使。父子两人合兵屯团柏谷口，离被围攻的唐军晋安寨大营不过百里之地，赵德钧父子按兵不动，亦不通声问，坐等唐军失败。契丹军助石敬瑭围攻晋安寨，而把辎重老弱留在虎北口，如果赵德钧发起进攻，就准备随时逃窜。赵德钧父子手握重兵，不救被围唐军，也不进攻契丹，而是两面派出使者，一路要挟后唐末帝为赵延寿索求成德节度使，一路向契丹主耶律德光摇尾请求为皇帝，即以手握之兵南平洛阳，中原与契丹约为兄弟。石敬瑭割地，称儿皇帝，条件更优，加之桑维翰跪求契丹主不要爽约。耶律德光对赵德钧使者说："我已经许诺石郎了。"赵德钧父子死心投敌，吃了闭门羹仍不悔悟，坐等唐军溃败，父子投敌，被送往契丹见述律太后。述律太后讥讽赵德钧父子说："赵大王手握重兵，想当皇帝，先打退我的儿子，然后图谋当皇帝也不晚。赵大王若引兵向北，我儿就会退兵，太原不可救。可是你们父子身为人臣不忠，奉主之命不能击敌，还想在乱中谋利，你们这样的行为，有什么脸面活在世上！"赵德钧垂着脑袋，无言以对。赵德钧在虏廷，郁郁寡欢，食难下咽，一年后死去。其子赵延寿脸皮之厚，与其父相比有过之而无不及，苟且偷生，终生为虎作伥。

后晋纪二

后晋高祖天福二年至三年（公元937—公元938）

【起强圉作噩（丁酉，公元937年），尽著雍阉茂（戊戌，公元938年），凡二年】

【大事提要】

本卷记事起公元937年，讫公元938年，凡二年。当后晋高祖天福二年至三年。记载了后晋高祖石敬瑭为巩固政权而采取的施政举措。桑维翰为首辅重臣，建言后晋高祖弃旧怨以抚藩镇，送厚礼以结契丹，整武备，劝农桑，数年后，中原粗安。其时魏、孟、滑三州叛乱，后晋高祖命将往讨，经年不克，高祖大赦，首恶范延光请降，以太子太师致仕，叛乱悉平，收弃旧怨以抚藩镇之效。石敬瑭尊礼契丹主，自甘屈辱地称儿皇帝。石敬瑭下诏求言，缓建宫室，奖励垦殖，听民自铸钱，这些措施纾缓了民困。南方割据政权，吴国禅代，徐诰受禅即帝位，国号唐，都金陵，史称南唐，一片新兴气象。闽主王昶荒淫虐民，卖官课重税，人民嗟怨。南汉主刘䶮轻浮暴众，兵败交州，国势衰落。楚主马希范纵情声色。契丹接管燕云十六州，国势日盛，改称大辽。

高祖圣文章武明德孝皇帝上之下

后晋高祖天福二年（丁酉，公元937年）

春季，正月初二日乙卯，发生日食。

后晋高祖下诏任命前北面招收指挥使安重荣为成德节度使，任命秘琼为齐州防御使。派遣引进使王景崇去向秘琼说明利害关系。安重荣和契丹将领赵思温一同前往镇州，秘琼不敢抗拒命令。正月初三日丙辰，安重荣上奏说已经开始就职任事。王景崇是邢州人。

契丹把幽州当作南京。

李崧、吕琦逃藏在伊阙民间。后晋高祖认为自己当初得以镇守河东，李崧是出过力的，因此很感激他；同时也没有责备吕琦。正月十二日乙丑，任命吕琦为秘书监；正月十三日丙寅，任命李崧为兵部侍郎、判理户部。

当初，天雄节度使兼中书令范延光微贱的时候，有个名叫张生的江湖术士对他说："你将来一定能做将相。"范延光显贵以后，很信任器重他。范延光一次梦见一条蛇从肚脐钻入腹中，于是就去询问张生，张生说："蛇就是龙，这是做帝王的征兆。"范延光从此产生了非分之想。后唐末帝一向和范延光很友好，在赵德钧败亡之后，范延光从辽州带兵回到了魏州，虽然也上表请求归降，但心里就很不踏实，于是就暗中写信勾结秘琼，想和他一起叛乱。秘琼接到他的信后没有回信，因此范延光对他怀恨在心。秘琼将要去齐州就任，经过魏州境内，范延光想要灭掉活口，也贪图他的财货，就派兵在夏津拦截他，把他杀了。正月十四日丁卯，范延光向朝廷上奏，声称是夏津捕捉强盗的士兵误杀了秘琼；后晋高祖对此未加追究。

正月二十五日戊寅，任命李崧为中书侍郎、同平章事，充任枢密使，任命桑维翰兼任枢密使。当时后晋刚刚取得天下，大多数藩镇还没有归顺降服；即便有的归顺降服了，也还反复不定。战争焚掠之余，朝廷府库中财物已用尽，民间生活困苦贫穷，然而契丹人却征调索求没完没了。桑维翰劝后晋高祖推诚心、弃旧怨以安抚藩镇，讲好话、送厚礼以侍奉契丹，训士卒、缮甲兵以增强军备，劝务农桑以充实仓储，畅通商贾贸易以积累财货。施行这些政策几年之后，中原渐渐出现了安定的局面。

（以上为第一段，写后晋高祖用桑维翰之策，弃旧怨以抚藩镇，送厚礼以结契丹，整武备，劝农桑，数年之后，中原粗安。）

吴国太子杨琏娶齐王徐知诰的女儿为妃子。

徐知诰开始修建太庙、社稷坛，改金陵为江宁府，牙城叫作宫城，厅堂叫作殿；任命左、右司马宋齐丘、徐玠为左、右丞相，马步判官周宗、内枢判官黟县人周廷玉为内枢使。其余文武百官都和吴国朝廷的规模制度一样。置建了骑兵八个军，步兵九个军。

二月，吴主任命卢文进为宣武节度使，兼任侍中。

二月初五日戊子，吴主让宜阳王杨璪去西都金陵，册命齐王；齐王接受了册命，在所辖境内实行大赦。册封齐王的妃子为王后。

吴越王钱元瓘的弟弟顺化节度使、同平章事钱元珦得罪于钱元瓘，被废为庶人。

契丹主从上党北返经过云州时，大同节度使沙彦珣出城迎接，契丹主把他留了下来，不让他返回军镇。节度判官吴峦当时在城内，对他的部属们说："我们是讲究礼义的民族，怎么可以臣服夷狄呢！"大家推举吴峦主持州府的事务，然后关闭城门，不接受契丹的命令，契丹军攻打州城，没能攻下来。应州马军都指挥使金城人郭崇威也耻于向契丹称臣，挺身南归。

契丹主经过新州，命令威塞节度使翟璋搜刮犒劳军队的钱十万缗。当初，契丹主阿保机强盛的时候，室韦、奚、霫等部族都隶属于他并受其役使。奚王去诸苦于契丹的贪婪和暴虐，就率领他的部众向西迁徙到妫州，投靠刘仁恭父子，称为西奚。去诸死后，他的儿子扫剌继立。后唐明宗灭了刘守光，赐扫剌姓李，名叫绍威。李绍威娶了契丹逐不鲁的姐姐为妻。逐不鲁得罪于契丹，投奔李绍威，李绍威接纳了他；契丹主大为恼怒，发兵攻打他，没能打胜。李绍威死后，他的儿子拽剌继立。等到契丹主耶律德光从上党北返时，拽剌出迎归降，当时逐不鲁也已经去世，契丹主就对拽剌说："你的确没有罪过，只是扫剌、逐不鲁对不起我。"于是下令把两人的尸骨都挖出来，碾碎之后随风抛撒。奚族各部落畏惧契丹的暴虐，大部分都背叛逃跑。契丹主慰劳翟璋说："我一定会找人替代你的职务的，好让你回到南方去。"二月十六日己亥，翟璋上表请求朝廷征召他回京师。不久契丹主又派翟璋带兵讨伐叛变的奚人、攻打云州，有功劳，于是契丹主就干脆把他留下，不放他走了，最后翟璋在郁闷中死去。

张砺从契丹逃归南方，被追上来的骑兵抓获，契丹主责问他说："为什么离我而去？"张砺回答说："臣是中原人，吃饭穿衣都和这里不一样，活着还不如死了的好，希望能早一点把我杀死。"契丹主回过头来对通事高彦英说："我常常告诫你要好好对待这个人，为什么让他无处安身而离去？如果他真的走掉了，在哪里再能找到这样的人！"于是就鞭笞高彦英而向张砺道歉。张砺侍奉契丹主非常忠诚正直，遇到问题就提建议，从不隐瞒回避什么，契丹主很器重他。

（以上为第二段，写吴徐知诰受封齐王。契丹主接管燕云十六州。）

当初，吴越王钱镠的小儿子钱元球因多次建立军功，钱镠就赐给他兵器仪仗。等到吴越王钱元瓘继位之后，钱元球担任土客马步军都指挥使兼中书令，他依仗恩宠，十分骄横，把兵器仪仗扩充到数千具，国人很多都归附他。钱元瓘对他产生了疑忌，就派人委婉地劝他自动捐献一些兵器仪仗出来，出朝去判理温州，钱元球没答应。铜官庙的官吏检举钱元球派亲信去向神灵祷告，祈求神灵能够让他做吴越江山的君主；又检举他写信藏在蜡丸里从下水道里流进流出，和他的哥哥钱元珦密谋策划。三月初五日戊午，钱元瓘派使者去召钱元球来宫中侍宴，到达之后，左右的人说钱元球带有刀子从袖子中掉了下来，说着就上前一阵撕扯把他杀了；同时还杀了钱元珦。钱元瓘还要查究和钱元珦、钱元球有往来的一些将领和官吏，他的儿子钱仁俊劝阻他说："从前光武帝打败王郎，曹公击破袁绍，都把他们往来的书信烧掉，以安抚那些犹疑不定的人，现在也应该效法他们这种做法。"钱元瓘采纳了他的意见。

有人找到了后唐末帝自焚后的脊骨和大腿骨，献给朝廷，三月初七日庚申，下诏用国王的礼仪把他安葬在徽陵的南边。

后晋高祖派遣使者到后蜀去通告自己即位的消息，同时叙及姻亲之好。后蜀主写了回信，采用对等国家的礼仪。

范延光招募士卒，修缮兵器，把他辖区内的刺史都召集到魏州，准备发动叛乱。这时后晋高祖正打算要迁都大梁，桑维翰说："大梁北控燕赵，南通江淮，水路和陆路都在此相会，物资和财用都很富饶。现在范延光谋反的形迹已经暴露，大梁和魏州相距不过十个驿站的路程，他如果发动事变，朝廷大军马上就可以到达，这正是所谓的'迅雷不及掩耳'啊。"三月十三日丙寅，下诏，借口洛阳漕运不继，皇帝要东巡汴州。

吴国徐知诰册立他的儿子徐景通为王太子；徐景通推辞不接受。徐知诰又追尊他去世的父亲忠武王徐温为太祖武王，去世的母亲明德太妃李氏为王太后。三月十九日壬申，把自己的名字改为徐诰。

三月二十七日庚辰，后晋高祖从洛阳出发，留下前朔方节度使张从宾担任东都巡检使。

南汉主因为自己病好了，就大赦境内。

交州将领皎公羡杀了安南节度使杨廷艺，并取而代之。

夏季，四月初四日丙戌，后晋高祖到达汴州；四月初五日丁亥，大赦天下。

（以上为第三段，写吴越王钱元瓘诛杀兄弟。后晋高祖迁都汴州。）

吴越王钱元瓘恢复建立国号，如同后唐庄宗同光年间一样。四月十四日丙申，在辖境之内实行大赦，册立他的儿子钱弘僔为世子。任命曹仲达、沈崧、皮光业为丞相，镇海节度判官林鼎执掌教令。

四月十五日丁酉，加封宣武节度使杨光远兼任侍中。

闽主兴建紫微宫，用水晶做装饰，工程的浩大远远超过宝皇宫。他又派出使者分别到各州去，侦查人们的隐私。

五月，吴国徐诰采用宋齐丘的计策，想要联合契丹以夺取中原，于是就派使者带着美女、珍宝玩物从海路前去和契丹修好，契丹主也派遣使者进行回访。

五月初五日丙辰，后晋高祖下令暂时把汴城的牙城署名为大宁宫。

五月二十一日壬申，进封范延光爵位为临清郡王，想借此稳住他的野心。

追尊后晋高祖前四代先人为皇帝、皇后。五月二十八日己卯，下诏命把太社所藏唐室罪人的首级听任其亲朋故旧领回安葬。从前，武卫上将军娄继英曾经侍奉过梁均王，担任内诸司使，现在，他请求收殓均王的首级加以安葬。

六月，吴国诸道副都统徐景迁去世。

范延光一向都把军府的政事委托给元随左都押牙孙锐办理，孙锐也就依仗恩宠独断专横起来，符文奏章一有不如他意的，就当着范延光的面把它撕掉。碰巧范延光卧病十几天，孙锐就秘密地召来澶州刺史冯晖，与他合谋商议要逼迫范延光造反；

范延光也想着张生替他解梦的一番话，就依从了他们。

六月十三日甲午，六宅使张言奉后晋高祖之命出使魏州回来，报告了范延光谋反的情况；义成节度使符彦饶奏报说范延光已经派兵渡过黄河，焚烧草市；后晋高祖下诏命令侍卫马军都指挥使、昭信节度使白奉进率领一千五百名骑兵驻扎在白马津以作防备。白奉进是云州人。六月十六日丁酉，任命东都巡检使张从宾为魏府西南面都部署。六月十七日戊戌，派侍卫都军使杨光远率领步兵、骑兵一万名驻扎滑州。六月十八日己亥，派护圣都指挥使杜重威率兵驻扎卫州。杜重威是朔州人，娶后晋高祖的妹妹乐平长公主为妻。范延光则任命冯晖为都部署，孙锐为兵马都监，率领步兵、骑兵两万名沿着黄河向西挺进，抵达黎阳口。六月二十日辛丑，杨光远奏报说他已经率领军队过了胡梁渡。

任命翰林学士、礼部侍郎和凝为端明殿学士。和凝在他家的门上写了个字条，声明不接见宾客。前耀州团练推官襄邑人张谊写信给和凝，认为："切近中枢的职位，是天子的耳目，应该知道天下四方的利病得失，怎么能够拒绝宾客呢！虽然对于自己不受干扰是方便了，可是如果辜负了国家的重托该如何是好！"和凝很惊奇，把他推荐给桑维翰，没过多久，他就被任命为左拾遗。张谊上书说："北狄对我们有援助和拥立的功劳，应该外表上对他们敦睦友好，而在内部注重边防，不能自己放松警惕，而引起戎狄来犯的野心。"后晋高祖认为他的话很有道理。

契丹攻打云州，历时半年也没能攻下来。吴峦派使者从小路来朝廷上表求救，后晋高祖为他写信给契丹主，请求退兵，于是契丹主就命令翟璋解除对云州的包围，撤了回去。后晋高祖把吴峦征召回京，任命他为武宁节度副使。

六月二十六日丁未，任命侍卫使杨光远为魏府四面都部署，张从宾为副部署兼诸军都虞候，昭义节度使高行周率领本部人马驻扎在相州，担任魏府西面都部署。

军士郭威从前隶属于刘知远，本来应当跟随杨光远北征，但他却向刘知远说明请求留下来。人们问他为什么要这样做，郭威说："杨公有奸诈的才能，没有英雄的气概，得到我有什么用？能信任和重用我的大概只有刘公了！"

后晋高祖下诏命令张从宾征调河南府的士兵数千人出击范延光。范延光派人去劝诱张从宾，张从宾竟与范延光一同造起反来，杀死皇子河阳节度使石重信，让上将军张继祚主持河阳留后的事务。张继祚是张全义的儿子。张从宾又带兵进入洛阳，杀死了代理东都留守事务的皇子石重乂，让东都副留守、都巡检使张延播主持河南府的事务，但却要他跟随部队行动。又调取内库的钱帛用以犒赏属下的士兵；留守判官李遐不肯给，士兵们把他杀死。张从宾带兵扼守汜水关，即将逼近汴州。皇帝下诏命令奉国都指挥使侯益率领五千名禁兵会合杜重威讨伐张从宾；又下诏命宣徽使刘处让从黎阳分出一部分兵马去讨伐他。当时军情文书往来纷繁，随从后晋高祖到大梁的官吏们，无不惊骇恐惧，只有桑维翰神色从容地指挥军事，和往常一样，接待应对宾客不改常态，众人见了，情绪才稍微稳定了一些。

（以上为第四段，写范延光反于魏州，张从宾反于河南。）

方士向闽主报告，说有白龙夜晚出现在螺峰；闽主就兴建了白龙寺。当时各种工程频繁进行，费用不够，闽主对吏部侍郎、判三司的侯官人蔡守蒙说："听说有关大臣在任命官吏时都接受贿赂，有这样的事吗？"蔡守蒙回答说："不负责任的议论不值得相信。"闽主说："朕知道这种事已经很久了，现在我把任职授官的权力委托给你，你要选拔贤能的人授予官职，而对那些不良的，以及靠欺罔伪冒而求官的人，也不要加以拒绝，只要让他们交纳钱财，就登录他们的名字呈上来。"蔡守蒙一向廉洁，认为不能这么做；闽主发起怒来，蔡守蒙吓得依从了他。从此以后除授官吏只以交纳的钱财多少为标准。闽主又拿出未写姓名的空白堂牒让医工陈究到外头去卖官，专门搜刮聚敛，从来没有满足的时候。又下诏规定，民间如有隐瞒年龄的杖背，隐瞒人口的处死，逃亡的灭族。对于果、菜、鸡、猪，一律征收重税。

秋季，七月，张从宾进犯汜水，杀死巡检使宋廷浩。后晋高祖全副戎装，准备好轻骑，即将逃往晋阳避难。桑维翰向他叩头苦苦地劝谏说："贼兵的锋芒虽然很强盛，但坚持不了多久，请陛下稍等待一段时间，不可轻率行动。"后晋高祖这才放弃了逃奔的打算。

范延光派遣使者带着用蜡丸封住的密信去招诱那些丢了官职和在仕途上失意的人，右武卫上将军娄继英、右卫大将军尹晖在大梁，温韬的儿子温延濬、温延沼、温延衮在许州，都响应了范延光而造反。范延光命令温延濬兄弟三人攻取许州，召集的徒众已达千人。娄继英、尹晖因为事情泄露，都从大梁逃走。七月初二日壬子，后晋高祖下令，认为范延光奸诈谋乱，诬陷忠臣，污辱良将，从今以后，凡是捕获替范延光传递蜡丸的人，一律奖赏捕获人，杀死传递蜡书的人，并且将蜡书烧掉，不要把蜡书中的内容报告朝廷。尹晖将要投奔吴国，结果被人杀死。娄继英投奔到许州，依附了温氏兄弟。忠武节度使苌从简对他们严加防备，温延濬等人没有找到适当的时机可以发难，就准备杀死娄继英好表白自己的心迹，温延沼阻止了他这样做，于是就一同投奔张从宾。娄继英事后得知了他们的阴谋，就劝张从宾把温氏三兄弟抓了起来，一律斩首。

白奉进驻扎在滑州，军士中有人在夜间进行抢劫的，被抓住了，一共有五个人，其中三人属于白奉进的部下，另外两人属于符彦饶的部下，白奉进一律将他们斩首；符彦饶认为白奉进没有事前把这个事告诉自己，非常恼怒。第二天，白奉进带着几名随从骑兵到符彦饶处道歉，符彦饶说："军中各是各的一部分，为什么把滑州的军士一并处斩了，也太没有主客之分了吧！"白奉进也反唇相讥说："军士犯了法，还分什么你和我！在下已经承担责任向你道歉了，而你还是怒气难消，这难道不是想和范延光一起造反吗！”说完，拂袖而起，符彦饶也没有留他；营帐里的士兵们喧嚷着，捉住白奉进，把他杀了。白奉进的随从骑兵逃出营帐，在外面大声呼喊，各军士卒争相穿着铠甲、操起兵器，喧嚷之声难以禁止。奉国左厢都指挥使马万一时惶恐得不知怎么办好，率领步兵想跟随别人作乱，正好遇上右厢都指挥使卢顺密率领本部人马出营，卢顺密厉声对马万说：“符公擅自杀死了白公，一定是和魏城有通谋。这里相距大梁行宫只有二百里，我们这些人和军士的家属都在大梁，为什么不想着报效国家，竟要助长祸乱，自取族灭的下场呢！现在我们应当合力捉住符公，押送给天子，建立大功。军士们服从命令的就赏，违抗命令的就斩，不要再迟疑了！”马万部下的士兵还有喊叫跳跃的，卢顺密杀了其中的几个人，众人这才不敢乱动了。马万在不得已的情况下只好顺从了他，与奉国都虞候方太等人一起进攻牙城，活捉了符彦饶，命令方太所部派人把他押送到大梁。七月初四日甲寅，皇帝下令在班荆馆处斩符彦饶，对于他的兄弟一律不予追究。

（以上为第五段，写闽主卖官课重税。后晋滑州兵变。）

杨光远从白皋率兵前往滑州，士卒们听说滑州发生了叛乱，就想推举杨光远为君主。杨光远说：“天子岂是你们随意贩卖玩弄之物！当初我在晋阳的投降是出于穷迫无奈，现在如果再有所企图，那就是真正的反贼了。”他的部下这才不敢再议论这件事了。当时，魏州、孟州、滑州三个军镇相继叛变，人心很不稳定，后晋高祖向刘知远询问对策，刘知远回答说：“帝王的兴起，都是由天命决定的。陛下从前在晋阳，粮食都撑不了五天了，可不久就成就了大业。现在天下已经平定，内有强盛的兵力，在北方又联结了强大的胡虏，这些鼠辈又能成得了什么气候！希望陛下能用恩惠安抚将相，而由臣用威严的军法来管束士卒；这样恩威并施，京城自然就会安定，树干树根深固了，那么树枝树叶就不会有什么伤害。”于是刘知远制定了严格的条律禁令，担任宿卫的各部队没有敢违犯的。有个军士偷了一幞纸钱，纸钱的主人抓住了他，刘知远左右的亲信请求放了他，刘知远说：“我是按事情的性质来诛杀他的，不在于他偷的东西有多少价值。”最后还是杀了他。从此以后大家更加敬畏服从他了。

七月初五日乙卯，任命杨光远为魏府行营都招讨使、兼理行府事务，任命昭义节度使高行周为河南尹、东都留守，任命杜重威为昭义节度使、充任侍卫马军都指挥使，任命侯益为河阳节度使。后晋高祖因为滑州方面奏报事情都是由马万牵头，就提升马万为义成节度使。七月初六日丙辰，任命卢顺密为果州团练使，方太为赵州刺史。不久获悉平定滑州原来都是卢顺密的功劳，于是就改任卢顺密为昭义留后。

冯晖、孙锐率兵到达六明镇，杨光远引诱他们渡黄河，渡了一半就对他们发起攻击，结果冯晖、孙锐的兵众被打得大败，很多人在水中淹死，有三千人被斩首，冯晖、孙锐逃回到魏州。

杜重威、侯益率兵到达汜水，遇上了张从宾的兵众有一万余人，便与他们交战，结果把他们俘虏的俘虏，斩首的斩首，所剩无几，随即攻克了汜水。张从宾逃走，骑马渡黄河，结果被淹死；俘虏了张从宾的党羽张延播、张继祚、娄继英，押送到大梁，处斩，并诛灭了他们的全族。史馆修撰李涛向后晋高祖上书说，张继祚的父亲张全义有再造洛阳的功劳，请求赦免他的族人，于是就只诛杀张继祚的妻子儿女。李涛是李回的族曾孙。

后晋高祖下诏命令东都留守司的文武百官全部迁赴行在。

杨光远奏报说执掌博州事务的张晖带领全城投降。

安州威和指挥使王晖听说范延光作乱，就杀死了安远节度使周瓌，自己统领军府，准备等范延光胜利了就依附于他，如果他失败了就渡江投奔吴国去。后晋高祖派遣右领军上将军李金全率领一千名骑兵前往安州巡视检查，答应赦免王晖的罪行并任命他为唐州刺史。

范延光知道大势已去，就归罪于孙锐，杀了他的全族，派使者向朝廷奉表请罪。七月二十八日戊寅，杨光远把这一情况报告了朝廷，后晋高祖没有答应。

（以上为第六段，写刘知远稳重有谋，为后晋之柱石。范延光、张从宾两路叛兵皆败，张从宾战死，范延光请降。）

吴国同平章事王令谋前往金陵劝徐诰接受禅让，徐诰推辞不接受。

山南东道节度使安从进担心王晖会投奔吴国，就派行军司马张朏率兵会同复州兵在交通要路上拦截他。王晖把安州大肆抢掠了一番，就要去投奔吴国，被他的部将胡进杀了。八月十三日癸巳，把这一情况报告了朝廷。李金全到达安州，安州的将士参与作乱的有好几百人，李金全开导劝说了他们一番，把他们全部遣送到京城等候发落；不久得知指挥使武彦和等数十个人挟带了很多行贿的财物，就在野外埋伏下士兵，把他们抓住杀了。武彦和临死前，大声喊着说："王晖是首恶，天子还赦免了他；我们这些人都是胁从，为什么要被治罪！"后晋高祖虽然知道李金全的这一做法，还是把事情掩盖了起来，不加以追究。

吴国历阳公杨濛预知吴国即将败亡，就在八月十四日甲午，杀死了守卫的军使王宏。王宏的儿子率领士兵攻击杨濛，杨濛射杀了他。因为德胜节度使周本是吴国的元勋旧臣，杨濛于是就带领两名骑兵来到庐州，想依附于他。周本听说杨濛来了，就要出门见他，他的儿子周弘祚坚决阻止他不让见，周本发怒说："我家的少主来了，为什么不让我去见他！"周弘祚把两扇门关上不让周本出去，并且派人去外面把杨濛抓了起来，解送到江都。徐诰派遣使者前来假称是吴主下了诏令，把杨濛杀害于采石，并追废他为悖逆庶人，把他剔除出杨氏的属籍。侍卫军使郭悰在和州杀死了杨濛的妻子儿女，徐诰把这些罪名都推到了郭悰的头上，把他贬到池州。

八月二十五日乙巳，赦免张从宾、符彦饶、王晖的党羽，没有被诛杀的也不再予以追究。

后梁、后唐以来，士大夫奉命出使和百姓被俘掠滞留契丹的，朝廷派使者把他们全部赎回来，让他们得以回家。

吴国司徒、门下侍郎、同平章事、内枢使、忠武节度使王令谋又老又病，牙齿都掉光了，有人劝他退休，王令谋却说："齐王的大事还没有完了，我怎么敢自图安逸！"等到他病情危急了，还极力劝徐诰接受禅让。就在当月，吴主下诏，把帝位禅让给齐王徐诰。李德诚又到金陵率领文武百官劝齐王即位，宋齐丘不肯在劝进表上签名。九月初四日癸丑，王令谋去世。

九月初五日甲寅，任命李金全为安远节度使。

娄继英还没来得及安葬后梁均王就受诛而死，后晋高祖下诏命后梁旧臣右卫上将军安崇阮和均王的旧妃郭氏把均王安葬。

九月十七日丙寅，吴主命令江夏王杨璘把传国玺和绶带奉送给齐王。冬季，十月初五日甲申，齐王徐诰在金陵即皇帝位，大赦境内，改年号为昇元，国号为唐。追尊太祖武王为武皇帝。十月初六日乙酉，派右丞相徐玠带着上尊号的册书去觐见吴主，称言受禅老臣徐诰谨拜稽首上皇帝尊号为高尚思玄弘古让皇，宫室、乘舆、服御都和从前一样，宗庙、正朔、徽章和所崇尚的颜色都仍按照吴国以前的制度。十月初八日丁亥，册立徐知证为江王，徐知谔为饶王。任命吴国太子杨琏领任平卢节度使、兼中书令，封为弘农公。

南唐主在天泉阁宴请群臣，李德诚说："陛下上应天命，下顺人心，只有宋齐丘一个人不快活。"说着，就把宋齐丘阻止他劝唐主即位的信件拿了出来，唐主拿着这封信看都不看，说："子嵩是我三十年的老朋友了，一定不会对不起我。"宋齐丘听了，赶忙叩头谢罪。

十月初十日己丑，南唐主向让皇上表，请求更改东都宫殿的名称，都是从神仙经书中取名。让皇经常穿着道士的羽衣，习练辟谷修仙的方术。十月十二日辛卯，吴国宗室建安王杨珙等十二人都降封爵为公，同时都加官，增加食邑。十月十七日丙申，任命原吴国同平章事张延翰和门下侍郎张居咏、中书侍郎李建勋都为同平章事。让皇由于唐主仍用上表的形式，写信表示不敢当；唐主上表致谢，但仍不改变做法。

十月十八日丁酉，加授宋齐丘为大司徒。宋齐丘虽然名义上为左丞相，但却不能参与政事，心里大为不满，当他听到唐主诏书中有"布衣之交"一词时，就扬声说道："臣是布衣的时候，陛下当刺史；现在做天子了，可以用不着老臣了。"回家后请求南唐主治罪，南唐主亲手写了份诏书向他道歉，但仍然不改变原来的任命。

过了一段时间，宋齐丘不知该怎么办才好，于是再上书，请求把让皇迁徙到其他州去，并且斥逐吴国太子杨琏到远方去，断绝与他的婚姻关系；唐主没有采纳他的建议。

十月二十六日乙巳，册立王后宋氏为皇后。十月二十九日戊申，任命诸道都统、判元帅府事徐景通为诸道副元帅、判六军诸卫事、太尉、尚书令、吴王。

（以上为第七段，写吴国齐王徐诰受禅即皇帝位，国号为唐，史称南唐，都金陵。）

闽主命令他的弟弟威武节度使王继恭向晋帝上表报告他继承了闽国君位的消息，并且请求在大梁设立住所。

十一月初六日乙卯，南唐吴王徐景通改名为璟。

唐主赐杨琏妃子的号为永兴公主；妃子一听人们喊她为公主就伤心流泪，不让人们这样喊她。

十一月初九日戊午，唐主册立他的儿子徐景遂为吉王，徐景达为寿阳公；任命徐景遂为侍中、东都留守、江都尹，让他率领留司的文武百官到东都去。

十一月十九日戊辰，诏令加授吴越王钱元瓘为天下兵马副元帅，晋封为吴越国王。

安远节度使李金全任用亲信官吏胡汉筠为中门使，军府的事务全部都委托给他办理。胡汉筠贪婪狡猾而又残忍，搜刮民财，贪得无厌。后晋高祖得知这一情况后，就派了一个清廉的官吏贾仁沼来代替他，并且召回胡汉筠，准备让他担任其他的职务，希望借此保全功臣。胡汉筠却非常害怕，开始劝李金全图谋不轨。十一月二十六日乙亥，李金全上表声称胡汉筠生病，不能起程。李金全的旧友庞令图多次劝他说："贾仁沼是位忠义之士，由他来代替胡汉筠，对您会有很多助益。"胡汉筠夜间派壮士翻墙进去把庞令图的全族都杀了，又向贾仁沼下毒，贾仁沼舌烂而死。胡汉筠和推官张纬相勾结，用谄媚的手段来迷惑李金全，李金全也更加宠信他们。

十二月三十日戊申，后蜀大赦境内，改明年的年号为明德。

后晋高祖下诏，加封马希范为江南诸道都统，制置武平、静江等军府的事务。

这一年，契丹改年号为会同，国号为大辽，公卿庶官的设置都仿效中原，参用中原人，任命赵延寿为枢密使，不久又让他兼任政事令。

（以上为第八段，写闽主入贡后晋。南唐国主封诸子为王。嗣子徐景通改名为璟。契丹主改国号为辽。）

后晋高祖天福三年（戊戌，公元 938 年）

春季，正月初二日己酉，发生日食。

南唐德胜节度使兼中书令西平恭烈王周本因为自己没能保全吴国，在惭愧和愤恨中死去。

正月十九日丙寅，南唐任命侍中吉王徐景遂参判尚书都省。

后蜀主任命武信节度使、同平章事张业为左仆射兼中书侍郎、同平章事、枢密使，任命武泰节度使王处回兼武信节度使、同平章事。

二月初三日庚辰，左散骑常侍张允上呈《驳赦论》，认为："帝王遇到天灾常常实行大赦，称这种做法是为了修德。假设有两个人正在坐牢而遇到赦免，那么理亏的人就会侥幸得以获免，有理的人就要含冤难伸，这样冤气升腾，上闻于天，足以招致灾祸，因此赦免并不是消除灾祸的方法啊。"后晋高祖下诏褒奖了他。后晋高祖喜欢听一些正直的言论，下诏让文武百官都各自上书言事，命吏部尚书梁文矩等十人设置详定院对这些上书进行审核，没有可取的就留置禁中，有可取的就加以施行。几个月之后，响应诏书的不足十个人，二月十八日乙未，后晋高祖亲笔写诏敦促这件事。

三月三十日丁丑，下敕令禁止民间制作铜器。以前，唐代天下有三十六处冶铜所铸钱，自从战乱以来，都荒弃停工了，而铜钱却一天比一天耗损得厉害，民间又有很多人销毁铜钱制作铜器，所以要下令禁止。

中书舍人李详上疏，认为："十年以来，多次颁布敕令，对于诸道的职掌又都允许长官推广恩惠，任用他们所亲信的人，而且各地藩镇所推荐的人动辄就超过数百名，以至于藏典、书吏、优伶、奴仆这些人，开始任命就要达到银印青绶的官阶，穿的都是紫色的袍子，拿的都是象牙笏，简直是名义和器物都僭越泛滥，贵贱不分。请求从今往后，除了各道主掌军务的将校，节度使所在的州允许奏报不给铜印的朱记大将以上十个人，其他州只允许奏报都押牙、都虞候、孔目官，其余的官吏只要委托各道酌量调迁就可以了。"后晋高祖采纳了这个建议。

（以上为第九段，写后晋高祖下诏求言，纠正滥赦与滥施官位，因缺铜以木质赤字代铜印赐大将，每州限额十名。）

夏季，四月初七日甲申，南唐宋齐丘自动向南唐主陈说，认为丞相不应该不参与政事，南唐主答复他说省署机构暂时还不完备。

吴国让皇一再推辞，不住在旧宫，多次请求迁居；李德诚等人也极力强调这么办。五月十二日戊午，南唐主把润州牙城改为丹杨宫，任命李建勋为迎接侍奉让皇的使者。

杨光远依仗着自己拥有重兵，干预了一些朝中的政事，常常提出一些抗命的奏事，后晋高祖常常委屈自己而照他的意见办。五月十四日庚申，任命他的儿子杨承祚为左威卫将军，娶皇帝的女儿长安公主为妻，次子杨承信也拜授很好的官职，全家所受的恩宠为当时之冠。

五月十六日壬戌，南唐主任命左宣威副统军王舆为镇海留后，客省使公孙圭为监军使，亲信官吏马思让为丹杨宫使，把让皇迁徙到丹杨宫居住。

宋齐丘再次主动向南唐主陈说自己被左右近臣所离间，南唐主大为恼怒；宋齐丘回到家中，穿上白衣等待被治罪。有人劝南唐主说："宋齐丘是旧臣，不能因为一点小过失而抛弃他。"南唐主说："宋齐丘人倒是有才干，但却不识大体。"于是就命令吴王徐璟拿着亲笔诏书去召他来。

六月初七日壬午，有人献毒酒药方给南唐主，南唐主说："违反我国法律的自有正常的刑罚，要这个东西干什么！"群臣争相建议把府寺州县名称中有"吴"和"阳"字的都改掉，留守判官杨嗣也请求改姓为"羊"，徐玠说："陛下本来就是上应天命，下顺民心，并不是由悖逆之道而取得的，然而谄媚奸邪之人却一门心思要更改名称，这些都不是当务之急，不能听从他们的意见。"南唐主很同意他的见解。

（以上为第十段，写南唐国主贤明，优礼让皇。）

河南留守高行周上书建议修缮洛阳宫。六月十一日丙戌，左谏议大夫薛融劝谏说："现在的宫室虽然被焚毁，但是比起帝尧的茅草宫室还是奢侈得多；修缮的费用即使再少，也比汉文帝的露台要多。何况魏州城还没有攻下，国家和百姓都很穷困窘迫，确实不是陛下修缮宫馆的时候；等到天下太平安宁了，再营建这些东西也不算晚。"后晋高祖采纳了他的意见，还颁赐诏书褒奖了他。

六月十四日己丑，金部郎中张铸上奏说："我看到乡村中一些没有固定户籍的浮户，并不是不勤于耕种，也并不是不愿意安居乐业，只是因为种树未满十年，垦田不到三顷，眼看快要成为维持生计的基业时，就已被县府的有司收取，要求供应徭役、缴纳重赋，用严酷的刑罚加以逼迫，所以人们不免捐弃前功，丢掉产业，想再迁到其他的地方去。请求规定从今往后百姓开垦田地达五顷以上的，三年之后才准许县府的有司征调他们服徭役。"后晋高祖采纳了他的建议。

秋季，七月，中书省上奏说："朝代虽然有所不同，但是条规制度却没有什么差异。请求委派官员选择明宗和后唐末帝清泰时期的敕令，详细审定那些可以长久施行的，加以编纂。"七月初四日己酉，下诏命令左谏议大夫薛融等人详加审定。

（以上为第十一段，写后晋高祖缓建宫室，奖励垦殖，梳理制度。）

七月十六日辛酉，后晋高祖下令制作受命宝玺，上面刻上"受天明命，惟德允昌"。

［八月］后晋高祖上尊号给契丹主和述律太后，八月初四日戊寅，任命冯道为太后册礼使，左仆射刘煦为契丹主册礼使，准备了卤簿、仪仗、车辂，到契丹准备

典礼；契丹主非常高兴。后晋高祖侍奉契丹主非常谨慎，上表都是自称为臣，称契丹主为“父皇帝”；每次契丹的使者来到，后晋高祖都是在别殿拜受契丹主的诏书和敕令。每年除了要奉送金帛三十万之外，每遇吉凶庆吊、年节馈赠、玩好珍奇，也都络绎不绝地奉送过去。甚至于应天太后、元帅太子、伟王、南北二王、韩延徽、赵延寿等各位大臣也都有所馈赠；他们稍有一点不如意的，就派使者来指责，后晋高祖常常低声下气地赔罪。后晋使者到契丹，契丹人却非常傲慢，经常说一些不客气的话。使者回来以后，把这一情况报告了朝廷，朝野人士都感到耻辱，但是后晋高祖侍奉契丹却丝毫没有倦怠之意，因此在后晋高祖在位时期和契丹没有发生什么不愉快的事情。然而所奉送的金帛不过是几个县的田租赋税而已，还常常借口说百姓穷困，不能满数送到。后来契丹主多次阻止后晋高祖上表时再称臣，只让他写信时自称“儿皇帝”，像一家人之间的礼节。

当初，契丹取得幽州之后，就把幽州命名为南京，任命后唐降将赵思温担任留守。赵思温的儿子赵延照在后晋，后晋高祖任命他为祁州刺史。赵思温暗中让赵延照向朝廷报告说敌寇的情况终究是要变化的，请求把幽州归附于朝廷；后晋高祖没有允许。

契丹派遣使者到南唐，宋齐丘劝南唐主给他丰厚的馈赠，等他回去行至淮河以北后晋境南时，暗中派人把他杀掉，想借此离间契丹与后晋关系。

八月初八日壬午，杨光远奏报说，前澶州刺史冯晖从广晋城中出战，乘机来投降，并说范延光在城中粮食已吃完，情势穷困；八月十五日己丑，任命冯晖为义成节度使。

（以上为第十二段，写石敬瑭向契丹主耶律德光自称儿皇帝。）

杨光远攻打广晋城，一年多也没有攻下来，后晋高祖眼看军队疲劳、百姓穷困，就派内职朱宪进城去劝说范延光投诚，答应把他调到一个大的藩镇去当节度使，说：“如果你投降之后而杀了你，白日在上，我不能享有国家。”范延光对节度副使李式说：“皇上是讲信用的，说了不死就不会死的。”于是就撤下了守备，但是还拖延不决。宣徽南院使刘处让又进城进行劝降，范延光这才拿定了主意。九月初一日乙巳，杨光远把范延光的两个儿子范守图、范守英送到大梁。九月初五日己酉，范延光派遣牙将上表朝廷等待治罪。九月初八日壬子，皇帝的诏书到了广晋，范延光带领部众穿着素服在牙门听命，使者宣读诏书，然后释放了他们。朱宪是汴州人。

契丹派遣使者前往洛阳，把赵延寿的妻子、后唐燕国长公主接了回去。

九月十八日壬戌，南唐太府卿赵可封请求唐主徐诰恢复姓李，建立唐室的宗庙。

九月二十六日庚午，杨光远上表请求入朝，任命刘处让代理天雄军府的事务。九月二十五日己巳，下制书任命范延光为天平节度使，又赐给他铁券，凡广晋城中将校、官吏、士兵、百姓在今日以前的所有罪责都予以赦免，不再追究；那些张从宾、符彦饶的余党和从官军中叛逃入城的人，也都予以赦免。范延光的心腹将领和助手李式、孙汉威、薛霸都分别被任命为防御使、团练使、刺史，他的牙兵也都擢升为侍卫亲军。

当初，河阳行军司马李彦珣，是邢州人，父母都住在乡下，他从来没有供养过二老。后来他和张从宾一起反叛朝廷，张从宾败亡以后，他就投奔到广晋，范延光任命他为步军都监，让他登城拒守。杨光远经过寻访找到了他的母亲，把她安置在城下，想对他招降，李彦珣拿起弓箭把他的母亲射死。范延光归降以后，后晋高祖任命李彦珣为坊州刺史。近臣们说李彦珣杀死了自己的母亲，杀母亲的人是罪大恶极不能赦免的；后晋高祖说："赦令已经颁布施行，不能再改了。"还是派他去赴任了。

臣司马光以为：治理国家的人当然不能不讲信用。然而李彦珣的罪恶，是天地人三灵所不能容忍的，如果后晋高祖赦免他背叛君主的过失，而惩治他杀害母亲的罪行，又哪里会损害自己的信用呢！

（以上为第十三段，写后晋高祖赦河北叛将之罪，朝廷罢兵。）

九月二十七日辛未，任命杨光远为天雄节度使。

冬季，十月初五日戊寅，契丹派遣使者奉送宝册，给后晋高祖加上尊号为英武明义皇帝。

后晋高祖认为大梁是舟车汇聚的地方，漕运方便，丙辰日，在汴州建立东京，重新把汴州改为开封府，把东都改为西京，把西都长安改为晋昌军节度。

后晋高祖派遣兵部尚书王权出使契丹，对他们给自己加尊号表示答谢，王权认为自己家历代身居将相，对这次出使感到耻辱，就对人说："我老了，怎么能向夷狄屈膝下跪呢！"于是就推辞说自己年老多病，不能领命。后晋高祖大怒，十月十五日戊子，王权因此而被停职。

当初，郭崇韬死后，宰相很少有兼任枢密使的。自从后晋高祖即位后，桑维翰、李崧却兼任了，宣徽使刘处让和宦官们心里都很不愉快。杨光远围攻广晋之时，刘处让多次为了军事而奉命往来，杨光远上奏请求的事情常常超越本分，后晋高祖常常或可或否，都由桑维翰根据法规加以裁断和批驳。杨光远对刘处让表示了不满，刘处让却说："这些都是执政大臣们的意图。"杨光远从此便怨恨执政大臣。范延光投降，杨光远就秘密地向后晋高祖上表评论执政大臣的过失。后晋高祖明白他这样做的原因，但又无法解决，于是就加封桑维翰为兵部尚书，李崧为工部尚书，把两人的枢密使一职都罢免了；任命刘处让为枢密使。

太常寺上奏说：“现在建置了东京，但是宗庙、社稷却都在西京，请求迁来安置在大梁。”后晋高祖下敕旨说：“暂时不动。”

十月二十五日戊戌，大赦天下。

杨延艺的旧将吴权从爱州起兵攻打在交州的皎公羡，皎公羡派遣使者带着贿赂来南汉求救；汉主想乘着兵乱之际夺取交州，就任命他的儿子万王刘弘操为静海节度使，改封为交王，率兵前去救援皎公羡，汉主亲自率兵驻扎在海门，为他作后援。汉主向崇文使萧益询问计策，萧益说：“现在大雨连绵已经有十多天了，海路危险而遥远，吴权凶狠狡猾，不能小看了他。大军的行动应当持重，多用向导，然后才可以前进。”汉主听不进这些话。命令刘弘操率领战舰从白藤江向交州进军。这时吴权已经杀死了皎公羡，占据了交州，就率兵前来迎战。他首先在海口插植了很多大木桩，把木桩头梢削尖，裹上铁皮，派出轻便的小船乘着涨潮前来挑战，然后假装败逃，刘弘操率领战舰追了过去，一会儿潮水落了，南汉战舰都被那些裹上铁皮的木桩所阻挡，回不去了，结果汉军被打得大败，士卒因翻船而掉在水中淹死的有一大半；刘弘操战死，汉主悲伤痛哭，然后收拾残余士卒回去了。在此之前，著作佐郎侯融曾劝汉主停止用兵，让百姓休养生息，到这时因为兵威不振，把原因都归罪于已经死去的侯融，于是就挖出他的棺木，加以暴尸。萧益是唐懿宗时宰相萧仿的孙子。

楚国顺贤夫人彭氏去世。彭夫人虽然容貌丑陋，但是治家有法，楚王马希范畏惧她；她去世以后，马希范开始纵情声色，通宵达旦地宴饮，内宫与外朝没有分别。有一个商人的妻子长得很漂亮，马希范就杀了她的丈夫而把她抢了过来，这位商人的妻子发誓不愿受辱，就上吊自杀了。

（以上为第十四段，写杨光远恃功干预朝政。南汉主轻浮暴众，兵败交州，国势转衰。楚主马希范纵情声色。）

黄河在郓州决口。

十一月，范延光从郓州来京朝见。

十一月初三日丙午，册命闽主王昶为闽国王，任命左散骑常侍卢损为册礼使，赐给王昶赭色的袍服。十一月初五日戊申，进封威武节度使王继恭为临海郡王。闽主得知这一消息后，就派遣进奏官林恩前来向执政大臣说明情况，因为闽主已经袭用了皇帝的尊号，所以请退回册命和使者。闽国谏议大夫黄讽认为闽主荒淫暴虐，于是就和妻子儿女诀别然后入朝进谏，闽主要用廷杖打他，黄讽说：“臣如果是迷乱国家而不尽忠，即便被打死也毫无怨言；现在因为直言进谏而被杖罚，臣不能接受。”闽主大怒，把黄讽罢黜为庶民。

后晋高祖顾虑天雄节度使杨光远飞扬跋扈，难以辖制，桑维翰建议分散天雄军的兵力，于是给杨光远加官为太尉、西京留守兼河阳节度使。杨光远从此心怀怨恨，暗中贿赂契丹并向契丹表白心曲，又豢养了部曲一千多人，常怀叛离之心。

十一月初八日辛亥，在广晋府恢复建立邺都；在相州设置彰德军，划出澶州、卫州隶属于它；在贝州设置永清军，划出博州、冀州隶属于它；澶州过去的治所在顿丘，后晋高祖担心契丹会成为以后的祸患，就派前淄州刺史汲人刘继勋把澶州迁移到地跨黄河两岸的德胜津，连同顿丘一道迁移。任命河南尹高行周为广晋尹、邺都留守，贝州防御使王廷胤为彰德节度使，右神武统军王周为永清节度使。王廷胤是王处存的孙子；王周是邺都人。

范延光多次请求退休，十一月十一日甲寅，诏令准许他以太子太师的身份退休，居住在大梁，每逢朝廷举行宴会都让他参加，和群臣没有什么差异。

当初范延光反叛的时候，他的巡属相州刺史掖人王景把守着自己的辖区，不愿随从他，十一月十五日戊午，后晋高祖任命王景为耀州团练使。

十一月二十日癸亥，诏令听任官方和民间自行铸造铜钱，但是不准掺杂铅、铁，每十个铜钱重一两，铸上“天福元宝”四个字，仍然命令盐铁使司颁布钱模的规范。只是禁止私自制作铜器。

册立左金吾卫上将军石重贵为郑王，充任开封尹。

十一月二十日癸亥，诏令先前准许官方和民间自行铸造铜钱，考虑到铜料难以获得，便听任铜钱的轻重标准可以随便，只要不使铜钱有缺损和破洞就行。

十一月二十八日辛丑，吴国让皇去世。唐主为此停止登朝二十七日，追谥让皇为睿皇帝。这一年，唐主改封吴王徐璟为齐王。

凤翔节度使李从曮，厚待文士而轻视武人，爱惜农民却对士卒很严厉，因此将士们都很怨恨他。刚好有一天要派兵戍守西部边境，军队出发刚到郊外，就发生了叛乱，乱兵冲破城门进入城内，在街市上大肆抢掠。李从曮调动自己帐下的士兵前去迎击乱兵，乱兵被打败，向东逃去，想亲自到朝廷去申诉，走到华州，镇国节度使张彦泽出兵拦击，把他们全部都杀掉了。

（以上为第十五段，写天雄军节度使杨光远骄纵。后晋高祖听民自铸钱。）

【点评】

本卷点评桑维翰功过、契丹主礼遇张砺、徐知诰改名去“知”三件史事。

桑维翰功过。桑维翰，字国侨，河南人。形貌丑陋，身短面长，进士出身，自负有宰辅之才。石敬瑭为河阳节度使，辟举桑维翰为掌书记。宠遇日隆，为石敬瑭谋主。桑维翰，刘知远，两人一文一武，是石敬瑭的左右手。割地事契丹，石敬瑭做了儿皇帝，本谋者桑维翰，卖国求荣，桑维翰是民族罪人。对于儿皇帝石敬瑭来说，桑维翰是后晋开国功臣。石敬瑭入洛阳，以桑维翰为翰林学士、礼部侍郎、知枢密院事，迁中书令、同中书门下平章事，兼枢密使。当时后晋新建，藩镇多未服从，府库空虚，民不堪命，形势严峻。桑维翰建言后晋高祖石敬瑭，弃旧怨安抚藩镇，卑辞厚礼事契丹，训练士卒以修武备，劝农桑以实仓廪，通商贾以足财用。高祖用其言，数年后国家粗安，这是桑维翰辅政的功绩。桑维翰的功过，用三国时许子将品评曹操的两句话“治世之能臣，乱世之奸雄”差可得之。曹操为创业之主，桑维翰为无耻奸雄之谋主，又不可同日而语矣。

契丹主礼遇张砺。后唐翰林学士张砺奉潞王之命督军赵延寿进军团柏口，军败，与赵延寿俱没入契丹。张砺得间南逃，为追骑所获。契丹主耶律德光责问张砺，说：“为何不辞而别？”张砺说：“臣是华人，饮食衣服不习惯，活着比死还难受，请快些杀了我吧。”契丹主回头对精通翻译并负责接待的高彦英说：“我再三告诫你们要照顾好这个人的生活，他逃跑了到哪里去找这样的人？”契丹主鞭打了高彦英一顿，责其向张砺道歉。张砺见契丹主如此尊重读书人，于是归顺契丹，竭尽忠心，遇事直言敢谏，深得契丹主的礼遇和器重。契丹主耶律德光史称辽太宗，他继辽太祖耶律阿保机大力推行汉化的文明进程，建国号，备典章，是大辽国史上的一位贤君，张砺的建言与辅佐，功不可没。

徐知诰改名去“知”。徐知诰，据薛史，谓为海州人，徐温养子，温亦海州人，知诰，出身寒微，少孤，及壮，身高七尺，广颡隆准，宽厚有谋，贤于徐温亲生诸子，温是以爱之。徐温为吴杨氏政权大丞相，镇金陵。温死，知诰承袭吴大丞相，镇金陵。知诰秉政，宽刑法，推恩信，用以收人心，起延宾亭接纳四方之士，引宋齐丘、骆知祥、王令谋等为谋主。吴国杨溥大和五年（公元 933 年），徐知诰更名为徐诰，去名中“知”字，单名诰。“知”字为徐温之子辈分用字，徐知诰去“知”字，表示将与徐姓脱离关系，不与徐氏兄弟徐知训、徐知询等同列，这是受禅的前奏信号。接着徐诰受封齐王，建齐国。十月初五日甲申，徐诰即皇帝位于金陵，改年号为昇元。三月更名，十月受禅。是年徐诰四十九岁。徐诰册封杨溥为让皇，昇元三年四月迁杨溥于洞州丹阳宫，以马思让为丹阳宫使，严兵守卫，一年后杨溥幽死。杨氏政权，自唐昭宗大顺二年（公元 891 年），杨行密始有淮南之地至杨溥逊位的后晋天福二年（公元 937 年），凡四十七年。

资治通鉴（白话本） 卷第二百八十二

后晋纪三

后晋高祖天福四年至六年（公元 939—公元 941）

【起屠维大渊献（己亥，公元 939 年），尽重光赤奋若（辛丑，公元 941 年），凡三年】

【大事提要】

本卷记事起公元 939 年，讫于公元 941 年，凡三年。当后晋高祖天福四年至天福六年。本卷多载南唐与闽两国史事。南唐主徐诰恢复姓李，改名李昪，令有司编造族谱为大唐吴王李恪之后裔，建立宗庙合祭李徐两姓，尊徐温为义祖，在宗庙位列唐高祖、唐太宗之后。李昪保境安民，薄赋税，勤政事，南唐称治，江淮安定。闽主王昶笃信道士，不理政事，福州政变，王延羲取代王昶为闽主，羲弟王延政据建州，兄弟二人大交兵。后晋成德节度使安重荣以反抗契丹为名蓄谋异志；山南东道节度使安从进亦蓄谋反叛。二安南北勾结。刘知远耻与杜重威同列。范延光以太子太师职致仕回河阳，西京留守杨光远杀范夺财，后晋高祖优容不治。后晋危机四伏。其时，后晋安远节度使李金全反叛投南唐，二安继其后皆反。高行周扑灭安重荣，安从进兵败，困守襄州。

高祖圣文章武明德孝皇帝中

后晋高祖天福四年（己亥，公元 939 年）

春季，正月初九日辛亥，后晋任命澶州防御使太原人张从恩为枢密副使。

朔方节度使张希崇去世，北方羌胡入侵抢劫，再也无所顾忌。正月十二日甲寅，任命义成节度使冯晖为朔方节度使。党项族的酋长拓跋彦超势力最强大，冯晖到达朔方，拓跋彦超前来祝贺，冯晖给他隆重的礼遇，随即为他在城中修造了宅第，给他很多的服饰玩器，把他留在朔方城中不送他回去，朔方地区内于是安定了下来。

南唐群臣、江王徐知证等不断上表唐主请求恢复姓李，建立唐朝的宗庙，正月二十三日乙丑，南唐主同意了这一请求。群臣又请求加上帝王的尊号，南唐主说："帝王的尊号是一种虚美，而且也不合古制。"结果没有接受。以后他的子孙都效法他的做法，不接受尊号，又不任用外戚来辅佐朝政，宦官不能干预朝政，这些都是其他国家所比不上的。

二月初三日乙亥，南唐主把太祖徐温的庙号改为义祖。二月初七日己卯，南唐主为李氏已故父母举行哀悼，自己和皇后一起穿上斩衰丧服住进灵堂，像父母刚刚去世后发丧的礼节，早晚祭灵共五十四天。江王徐知证、饶王徐知谔也请求穿斩衰孝服；南唐主不同意。李建勋的妻子广德长公主假借衰绖孝服进灵堂哭丧，充分表达了哀思，就像哭自己的父母去世一样。

二月初九日辛巳，南唐主下诏将国事委任齐王李璟具体处理，只有军事上的事情才上报给南唐主听。二月十八日庚寅，南唐主改名为昪。

南唐主下诏书让百官一起讨论徐、李二姓祖先同享祭祀的礼仪。二月十九日辛卯，宋齐丘等人商议说要让义祖徐温的牌位供奉在第七室的东侧。南唐主命令将唐高祖李渊供奉在西室，唐太宗李世民居其次，义祖徐温又在太宗之下，都被看作肇始之王。群臣说："义祖是大唐的诸侯，不应该和唐高祖、唐太宗一起同享祭祀，请求在太庙正殿后面另外建造庙宇来祭祀。"南唐主说："我从小托身于义祖，当初要不是义祖有功于吴国，我哪能开辟这番中兴大业？"群臣便不敢再多说了。

南唐主想以吴王李恪为祖先，有人说："李恪是被处决的，不如以郑王李元懿为祖先。"南唐主命令有关官员考证吴王和郑王的后代，因为吴王李恪的孙子李祎于国有功，李祎的儿子李岘曾任唐肃宗的宰相，于是便以吴王李恪为祖先，说从李岘以后五代至于南唐主的父亲李荣。这五代人的姓名全都是有关官吏杜撰出来的。南唐主又认为从唐初到现在经历了十九个皇帝，三百年，怀疑十世太少。有关官员说："三十年为一世，陛下您文德年间出生，到现在已有五十年了。"于是便接受了这套说法。

（以上为第一段，写南唐主徐诰复姓李，改名李昪，命有司编造族谱称自己为唐太宗子吴王李恪之后裔，合徐、李两姓立宗庙，奉唐高祖为始祖，唐太宗次其位，徐温为义祖，位列唐太宗之后。）

卢损抵达福州，闽王称病不肯相见，命令自己的弟弟王继恭主持接待。派遣自己朝中的礼部员外郎郑元弼带着王继恭的表章去后晋朝贡。闽王对卢损不礼貌，闽中有位叫林省邹的士人私下对卢损说："我们闽主不侍奉自己的君主，不亲近自己的亲戚，不体恤自己的百姓，不恭敬本地的神祇，与自己的邻国不和睦，对来朝的贵宾不以礼相待，这样还能长久吗？我准备穿上僧人服装逃往北方，我们会在中原相见的。"

三月初八日庚戌，南唐主追尊吴王李恪为定宗孝静皇帝，从自己的曾祖父以下的祖先都追尊了庙号和谥号。

三月十七日己未，诏令归德节度使刘知远、忠武节度使杜重威两人一起加授同平章事。刘知远自认为有辅佐晋室的大功，杜重威以外戚起家，没有大功，把与杜重威同受制命看成一种耻辱，制令已经下达了好几天，刘知远仍然闭门不出，四次上表推辞不肯接受。后晋高祖发怒了，对赵莹说：“杜重威是我的妹夫，刘知远虽然有功勋，怎能坚决拒绝制命！可以削除他的军权，让他回自己府第去。”赵莹下拜请求说：“陛下您当初在晋阳的时候，手下的士兵才五千人，被十多万唐军所围攻，危在旦夕，要不是刘知远心如铁石一样坚定，怎能成就帝业！怎么能因为他有点小过错就抛弃他呢！臣担心这些话被外人听见，这可不是彰显皇上宽宏大量的言辞。”后晋高祖心情这才宽缓，命令端明殿学士和凝到刘知远府宅去说明旨意，刘知远心中惊恐，起来接受制令。

灵州宁将王彦忠占据怀元城叛变，后晋高祖派供奉官齐延祚去晓谕招安；王彦忠投降了，齐延祚将他杀死。后晋高祖发怒说：“朕登上皇位以来，不曾失信于人，王彦忠已缴械出来迎接你，你齐延祚怎么能擅自把他杀了！”削除齐延祚的官籍，重杖责打后发配边疆流放。议论的人还是认为齐延祚不应被免除死罪。

三月十九日辛酉，册封回鹘可汗仁美为奉化可汗。

夏季，四月，南唐江王徐知证等请求也随南唐主姓李；南唐主不允许。

四月初十日辛巳，南唐主在南郊祭祀；四月十二日癸未，实行大赦。

自从后梁太祖以来，军国大政的事，皇帝多数时候都同崇政使、枢密使商议，宰相只是接受成命、颁行制敕、讲求典故、治理文事而已。后晋高祖鉴于后唐明宗时期安重诲专权横行无忌的教训，所以在刚即位的时候，只令桑维翰兼任枢密使之职。等到刘处让任枢密使，奏议应对多不称皇帝心意，正巧碰上刘处让的母亲去世，四月十三日甲申，下令废除枢密院，将院印交给中书省，枢密院的事务委托宰相分别判理。任命枢密副使张从恩为宣徽使，直学士、仓部郎中司徒诩和工部郎中颜衎一起罢守本官。然而有功的大臣和皇帝身边的近侍们不明白皇帝的深远用意，习惯旧的一套，常常要求恢复枢密院。

后晋高祖因为后唐在东、西两京已经除名的大臣都贫病交加，于是又任命李专美为赞善大夫，四月十五日丙戌，任命韩昭胤为兵部尚书，马胤孙为太子宾客，房暠为右骁卫大将军，并同时退休。

（以上为第二段，写刘知远耻于与杜重威同列。后晋高祖裁抑相权，优礼旧朝遗臣。）

闽主忌妒其叔父前建州刺史王延武、户部尚书王延望的才干和名望，巫师林兴与王延武之间有怨恨，假托鬼神的话说：“王延武、王延望将要发动叛变。”闽主不再诘问，就让林兴率领强壮士兵到王延武、王延望家中去把他们杀了，连同他们五个儿子也杀了。

闽主采纳了陈守元的建议，在宫禁中作三清殿，用数千斤黄金铸造宝皇大帝、元始天尊和太上老君像，日夜奏乐焚香祈祷，寻求神丹。政事不论大小，全都由林兴假传宝皇大帝的命令来决定。

五月初七日戊申，加封楚王马希范为天策上将军，赐给他官印，听任其开府设置官属。

五月初十日辛亥，南唐改封吉王李景遂为寿王，册封寿阳公李景达为宣城王。

五月十四日乙卯，南唐镇海节度使兼中书令梁怀王徐知谔去世。

南唐人将吴国让皇杨溥的族人迁到泰州，号称永宁宫，防守非常严密。康化节度使兼中书令杨珙推说有病，罢官回到永宁宫。五月二十四日乙丑，任命平卢节度使兼中书令杨琏为康化节度使；杨琏坚决推辞，请求服完让皇的丧期才上任，南唐主准许了。

南唐主准备立齐王李璟为皇太子，李璟坚决推辞，于是任命李璟为诸道兵马大元帅、判六军诸卫、守太尉、录尚书事、升扬二州牧。

闽国判六军诸卫建王王继严因深得将士之心，被闽主嫉恨，六月，解除了王继严的兵权，把他的名字改为继裕；任用自己的弟弟王继镛判六军，去掉了官名中“诸卫”二字。

林兴诈骗之术被发觉，被流放到泉州。望气的人说闽国宫中将有灾异发生，六月二十五日乙未，闽主迁居长春宫。

（以上为第三段，写闽主王昶笃信道士，猜忌宗室。南唐主嗣子齐王李璟不愿为太子。）

秋季，七月初一日庚子，发生日食。

成德节度使安重荣出身行伍，性情粗暴直率，仗着自己勇武骄横暴虐，总是对人说：“如今天下的皇帝，兵强马壮就可以当。”他的节度使官衙里有一根好几十尺高的旗杆，安重荣曾带着弓箭对身边的人说：“我能射中竿上的龙头，一定是有天子之命。”一箭射出去正中龙头，因此更加自负。

后晋高祖派安重荣去接替秘琼的职务，告诫安重荣说：“如果秘琼不肯接受你代替他，我自当会另给你安排一镇为节度使的，你一定不要以武力去夺取秘琼之职，这样恐怕会造成更大的后患。”安重荣因此以为后晋高祖胆小怕事，对人说：“秘琼一介匹夫，天子还怕他，何况是我这样担任将相重职、率领众多兵马的人呢！”每次上朝奏请往往都超越本分，被主管官僚加以评判后，心中愤愤不平，于是就召集亡命之徒，买了战马，有不安分的意图。后晋高祖得知义武节度使皇甫遇与安重荣有儿女姻亲关系，七月初五日甲辰，调迁皇甫遇为昭义节度使。

七月初六日乙巳，闽国禁中北宫发生火灾，把宫殿差不多烧光了。

七月初九日戊申，薛融等人奏上他们所编订的刺制，颁行于世。

七月十七日丙辰，敕令说："早先命令天下公家和私人都可铸钱，现在私人铸钱多采用铅锡做材料，钱小弱缺薄，应全都禁止铸造，由公家专门加以铸造。"

西京长安留守杨光远上疏说中书侍郎、同平章事桑维翰升降官吏不公平，并在东、西两京造府邸店肆，和百姓争夺利益；后晋高祖迫不得已，闰七月初三日壬申，把桑维翰外调任彰德节度使兼侍中。

当初，义武节度使王处直的儿子王威，因逃避王都之难，流亡到了契丹，到此时，义武镇缺节度使，契丹主派遣使者来说："请让王威继承他父亲的领地，如我们契丹法律所规定的那样。"后晋高祖推辞说："中原的办法一定要从刺史、团练、防御依次升迁才到节度使的，请把王威送回中原，逐步加以晋升录用。"契丹主发怒，又派使者来说："你从节度使升到天子之位，也是经过一阶一级地上来的吗！"后晋高祖恐怕事情越扯越远，就多给予契丹贿赂，并且请任用王处直哥哥的孙子彰德节度使王延胤来担任义武节度使以满足契丹的愿望。契丹主的愤怒才渐渐缓解。

（以上为第四段，写成德节度使安重荣蓄谋异志，契丹主颐指石敬瑭。）

当初，闽国惠宗把太祖原先的近卫侍从编为拱宸、控鹤二都，等到康宗即位，又另外招募了两千多名壮士为腹心之人，名叫宸卫都，俸禄和赏赐都比拱宸、控鹤二都丰厚；有人说二都心中怨恨，将要发动叛乱，闽主想将二都分开隶属于漳州和泉州，二都更加愤怒。闽主喜欢整夜饮酒作乐，强迫群臣饮酒，酒醉时就命令身边人找醉者的过失；闽主的堂弟王继隆酒醉失礼，闽主将他杀了。多次因为猜疑发怒诛杀皇室亲族，闽主的叔父左仆射、同平章事王延羲假装发疯发呆以逃避灾祸，闽主赐给他道士服装，把他安置到武夷山中；不久又召回，幽禁在家中。

闽主多次侮辱拱宸、控鹤二都的军使永泰人朱文进、光山人连重遇，二人心怀怨恨。正碰上闽国禁中北宫失火，搜寻纵火犯没能抓到；闽王命令连重遇率内外营士兵扫除大火的余烬，每天役使上万人，士兵们对此深以为苦。闽主又怀疑连重遇知道北宫纵火的事，想杀掉连重遇；内学士陈郯暗中把这些告诉了连重遇。闰七月十二日辛巳夜晚，连重遇进宫值班率领二都士兵焚烧了长春宫来进攻闽主，派人在瓦砾中接来王延羲，对王延羲喊万岁；又召来外营兵一起进攻闽主；只有闽主身边的宸卫都在为闽主抵抗，闽主就和他的李皇后一起到宸卫都去。等到天亮，乱兵放火烧宸卫都居地，宸卫都被打败，余众一千多人簇拥着闽主和李皇后从北关出去，抵达梧桐岭，人众渐渐逃散了。王延羲派自己的侄儿前汀州刺史王继业率兵追击闽主，赶到了一个村民的屋子旁；闽主一向很会射箭，引弓杀死了好几人。不久追兵团团围住了房屋，闽主心中明白自己难以逃脱，扔下弓箭对王继业说："你做人臣的名节哪里去了！"王继业说："你这位国君都没有君德，我这位大臣还有什么臣节！我们的新国君是我的叔父，旧国君是我的兄弟，哪个亲，哪个疏？"闽主不再讲话。

王继业和闽主一同回宫，走到陀庄，给闽主酒喝，在他喝醉后把他勒死了，同时李皇后及其几个儿子、王继恭都被处死。宸卫都的余部逃奔吴越。

王延羲自称为威武节度使、闽国王，改名为曦，改年号为永隆，赦免了关押的囚犯，赏赐内外官吏。宣称宸卫都弑杀闽主投奔了邻国；给闽主加谥号为圣神英睿文明广武应道大弘孝皇帝，庙号为康宗。派遣商人抄近路奉表对晋朝称藩国；但在自己国内，设置文武百官都和天子的制度相同。任命已退休的前太子太傅李真为司空兼中书侍郎、同平章事。

连重遇进攻康宗的时候，陈守元在宫中，换了衣服正准备逃跑，士兵把他杀了。连重遇抓住了蔡守蒙，历数他卖官鬻爵之罪，把他杀了。闽王王曦已即位，派使臣赶到泉州将林兴杀了。

（以上为第五段，写闽国政变，王延羲取代王昶为闽王，改年号曰永隆。）

黄河在博州决口。

八月初三日辛丑，任命冯道行使司徒兼侍中职权。八月初四日壬寅，后晋高祖下诏书：中书的知印只委予上相，从此事情不论大小，全都交给冯道办理。后晋高祖曾向冯道征询军事策略，冯道回答说："征伐这类军国大事，全在于皇上您个人决断。臣只是一介书生，只知道谨守历代的成规而已。"后晋高祖赞同他的意见。冯道曾声称有病请求退职，后晋高祖派郑王石重贵到冯家府上去看望，说："明天还不肯出来，朕将亲自前往。"冯道只好出来处理政事。当时冯道受到的恩宠和待遇，群臣中没有人能和他相比。

八月十一日己酉，任命吴越王钱元瓘为天下兵马元帅。

黔南节度使属内的溪州刺史彭士愁引来蒋州、锦州蛮族一万多人侵犯辰州和澧州，焚烧抢劫边镇，边镇向后蜀请求派兵增援；后蜀主借口道路遥远，没答应。九月初三日辛未，楚王马希范命令左静江指挥使刘勍、决胜指挥使廖匡齐率领衡山兵五千人前往讨伐。

九月十五日癸未，册封南唐许王李从益为郇国公，以承奉唐朝的祭祀。李从益年龄还很小，李皇后把他养在宫中，他侍奉王淑妃像侍奉自己的母亲一样。

冬季，十月十三日庚戌，闽国康宗派遣的使者郑元弼到了大梁。康宗写给后晋执政官吏的信中说："闽国自从兴起以来，已经历了很长时间，但却看到北方不断易主，以致从东海上贡的帆船一再受阻。"又请求用对等国家的礼节通信往来。后晋高祖被这些不逊的言辞激怒了，十月十五日壬子，下诏拒绝闽国的贡物以及福州、建州等处运送的物资，并且令郑元弼及其进奏官林恩安排马上送回。兵部员外郎李知损上书说："王昶僭越傲慢，宜扣留闽国使臣，将他们的货物没收充公。"后晋高祖就将郑元弼、林恩二人投进了监狱。

吴越王的恭穆夫人马氏去世。马夫人是雄武节度使马绰的女儿。当初，吴越武肃王钱镠禁止朝廷内外蓄声伎，文穆王钱元瓘三十多岁仍没有儿子，马夫人替丈夫向钱镠请求让钱元瓘纳妾，钱镠听了很高兴，说："我家的香火，实际是由你做主。"于是准许钱元瓘随意纳妾，鹿氏生下弘傅、弘倧；许氏生下弘佐；吴氏生下弘俶；其他众妾生下弘偡、弘亿、［弘仪、］弘偓、弘仰、弘信；马夫人抚养他们一视同仁。常常在帐前安放银鹿，把孩子们抱来坐在上面，自己在一边逗他们玩。

十一月二十一日戊子，契丹派遣使臣遥折来后晋，接着又到吴越。

楚王马希范开始设置天策将军府，在府中设置护军都尉、领军司马等官，任用他的各位兄弟及将校来担任。又任用幕僚拓跋恒、李弘皋、廖匡图、徐仲雅等十八人为学士。

刘勍等人进攻溪州，彭士愁的军队被打败，抛下溪州逃进山寨自保；山寨的四周都是悬崖绝壁，刘勍制造云梯栈道上去围攻。廖匡齐战死，楚王马希范派人去慰问廖匡齐的母亲，廖匡齐的母亲没有哭泣，对使者说："廖氏一族三百多口人受王赐予温饱，就是一族人都为大王献出生命，也不足以报答大王的恩赐，何况只是献出了一位儿子呢！希望大王不要把此事放在心上。"楚王认为廖母贤德，丰厚地抚恤了他家。

十二月，丙戌日，后晋禁止建造佛寺。

闽王建造了新宫殿，搬进新宫居住。

这一年，南汉门下侍郎、同平章事赵光裔对汉主说："从马皇后去世以后，我国不曾和楚国互通使者，亲戚邻国之间原来的友好关系，可不能忘记了。"乘机推荐谏议大夫李纾，说他可以承担这一使命，南汉主同意了；楚国也派遣使臣来答谢。赵光裔担任汉国宰相二十多年，南汉国库充实，边疆没有忧患。等到赵光裔去世，汉主又任命他的儿子翰林学士承旨、尚书左丞赵损为门下侍郎、同平章事。

（以上为第六段，写闽王使者傲慢被后晋高祖下狱。楚国蛮夷骚乱，南汉遣使与楚和好。契丹通使后晋与吴越。）

后晋高祖天福五年（庚子，公元 940 年）

春季，正月，后晋高祖引见闽国的使者郑元弼等人。郑元弼说："王昶只是一个蛮夷国的君主，不懂得礼仪，陛下得到他赞美的语言不值得高兴，得到他贬低的恶语不值得生气。臣奉命前来，举止若有不当，情愿被处死，以赎王昶的罪过。"后晋高祖听了，很同情他。正月初五日辛未，下诏释放郑元弼等人。

楚国刘勍等人乘刮大风之机，用火箭焚烧彭士愁的营寨并向他进攻，彭士愁率领部下逃进蒋州、锦州一带的深山里。正月二十九日乙未，派他的儿子彭师暠率领各酋长交出溪州、锦州、奖州三个州的大印，向楚国请求投降。

二月十四日庚戌，北都留守、同平章事安彦威入朝，后晋高祖说：“我所看重的是信和义。过去契丹人以义救我，现在我用信来报答他们。他们不停地索取贪求，你能委屈自己，侍奉他们，这很符合我的意思。”安彦威回答说：“陛下为了天下苍生的缘故，尚能用谦卑的言辞和丰厚的财物来侍奉契丹，臣又算得上什么委屈呢！”后晋高祖听了很高兴。

刘勍带兵返回长沙。楚王马希范把溪州州治迁移到便于控制的地方，表奏彭士愁为溪州刺史，任命刘勍为锦州刺史。从此以后，各部落蛮族都臣服于楚国。马希范自称是汉代伏波将军马援的后人，用五千斤铜铸造一根柱子，高一丈二尺，埋在地中六尺深，在铜柱上刻着誓词，竖立在溪州。

南唐康化节度使兼中书令杨琏拜谒平陵回来，一天晚上，喝得大醉，死在船上，追封谥号为弘农靖王。

闽王王曦即位后，骄奢淫逸，苛刻暴虐，猜忌宗族，经常追究旧日恩仇。他的弟弟建州刺史王延政多次写书信劝谏他，王曦很生气，回信责骂王延政；并派遣他的亲信官吏业翘去监视建州军，派教练使杜汉崇去监视南镇军。这两人争相收集王延政的隐私之事报告给王曦，因此兄弟二人相互猜疑嫉恨。有一天，业翘与王延政商议事情，意见不一，业翘呵斥他说：“你想造反吗！”王延政很生气，想杀了业翘；业翘逃往南镇，王延政调发部队去攻打他，打败了南镇的守兵。业翘、杜汉崇逃往福州，西部边境的守兵都溃散了。

二月，王曦派遣统军使潘师逵、吴行真率领部队四万人攻打王延政。潘师逵把军队驻扎在建州城西，吴行真把军队驻扎在城南，都隔着水而扎营，并焚烧了城外的房舍。王延政向吴越求救。二月二十六日壬戌，吴越王钱元瓘派遣宁国节度使、同平章事仰仁诠，内都监使薛万忠率领部队四万人去救援；丞相林鼎劝阻，不听。三月初二日戊辰，潘师逵分兵三千，派遣都军使蔡弘裔率兵出战，王延政派遣他的部将林汉彻等人在茶山把他们打败，杀死一千多人。

（以上为第七段，写楚王平定蛮夷之乱。闽国内乱，闽主王曦与其弟建州刺史王延政大交兵。吴越王出兵助王延政。）

安彦威、王建立都请求退休，后晋高祖不准。三月初五日辛未，任命归德节度使、侍卫马步都指挥使、同平章事刘知远为邺都留守，调迁安彦威为归德节度使，加官兼任侍中。三月初七日癸酉，调迁王建立为昭义节度使，进爵位为韩王；因王建立是辽州人，所以划割辽州、沁州两个州隶属于昭义节度。调迁建雄节度使李德珫为北都留守。

山南东道节度使、同平章事安从进依仗他所镇守的襄阳地势险要坚固，暗地里做着反叛的打算，擅自拦截夺取湖南所进贡的物品，又招收亡命之徒，扩充兵力；

元随都押牙王令谦、押牙潘知麟劝谏他，都被他杀了。等到王建立迁往潞州，后晋高祖派人问他说："朕把青州主帅的位置空着等你，你如果有意去，我马上降旨任命。"安从进回答说："如果把青州迁移设置在汉水南边，臣马上上任。"后晋高祖也不责备他。

三月十一日丁丑，王延政招募敢死队一千多人，乘着夜间涉水过河，潜入潘师逵的营垒，借着风势放火，又在城上击鼓呼喊以接应，战棹都头建安人陈诲杀了潘师逵，他的部众都溃散了。三月十二日戊寅，又带兵想攻打吴行真的营寨，建州兵马还没有渡过河水，吴行真及其将士放弃营寨而逃走，死了一万人。王延政乘胜夺取了永平城和顺昌城。从此，建州的军队开始强盛。

夏季，四月，后蜀太保兼门下侍郎、同平章事赵季良请求与门下侍郎、同平章事毋昭裔，中书侍郎、同平章事张业分别掌管三司，四月初八日癸卯，后蜀主命赵季良掌管户部，毋昭裔掌管盐铁，张业掌管度支。

四月十五日庚戌，任命前任横海节度使马全节为安远节度使。

四月二十九日甲子，吴越孝献世子钱弘僔去世。

吴越仰仁诠等人的部队到达建州，王延政因为福州军队已经失败离去，就奉送牛肉酒食去犒赏吴越军队，并请求他们班师返回吴越。仰仁诠等人不同意，便在城的西北边扎营。王延政害怕了，又派遣使者向闽王请求援军。闽主任命泉州刺史王继业为行营都统，率兵两万人去救援；一面写信责备吴越，一面派遣轻兵去断绝吴越的粮道。正碰上长时间下雨，吴越军队的粮食吃完了。五月，王延政派兵出击，大败吴越军队，俘虏及杀死的数以万计。五月十八日癸未，仰仁诠等人趁黑夜逃走。

（以上为第八段，写山南东道节度使安从进阴蓄异谋，后晋高祖优容之。闽国建州刺史王延政偷袭吴越援兵。）

胡汉筠既违抗诏令不入朝，又听说贾仁沼的两个儿子想要向朝廷诉说其父被杀一事的真相；等到朝廷任命马全节镇守安州以代替李金全，胡汉筠就骗李金全说："进奏吏派人兼程赶回来说，朝廷等您一接受替任命令，就马上追查贾仁沼是怎么死的，认为这里面一定有反叛的意图。"李金全非常害怕。胡汉筠乘机劝说李金全抗拒朝廷的命令，主动归顺于南唐；李金全同意了。

五月二十一日丙戌，后晋高祖听说李金全叛变，命令马全节统率汴、洛、汝、郑、单、宋、陈、蔡、曹、濮、申、唐等各州的兵马去讨伐他，任命保大节度使安审晖做马全节的副手。安审晖是安审琦的哥哥。

李金全派推官张纬拿着表书请求投降于南唐，南唐主派鄂州屯营使李承裕、段处恭率领部队三千人去迎接他。

南唐主派遣客省使尚全恭到闽国去，替闽主王曦与王延政讲和。六月，王延政派遣牙将及女奴拿着誓书和香炉到福州，与王曦在宣陵结盟。然而兄弟俩仍然像以前一样相互猜忌怨恨。

六月初九日癸卯，南唐李承裕等人到达安州。这天晚上，李金全率领部下好几百人前往唐军驻地，妓妾资财都被李承裕所抢夺，李承裕进入并占领了安州。六月初十日甲辰，马全节从应山进军到大化镇，与李承裕在城南交战，把他打得大败。李承裕掠夺安州后向南逃走，马全节进入安州。六月十二日丙午，安审晖追击唐军，在黄花谷打败他们，段处恭战死。六月十三日丁未，安审晖又在云梦泽中打败唐军，俘虏李承裕和他的部众。唐将张建崇占据云梦桥抵抗，安审晖便带兵回去了。马全节在城下杀了李承裕及其部众一千五百人，把监军杜光业等五百零七人押送到大梁。后晋高祖说："这些人有什么罪过！"便都赐给他们马匹及器物、衣服，送他们回去。

当初，卢文进投奔吴国时，南唐主命令祖全恩率领部队迎接，告诫祖全恩不要进入安州城，在城外摆下阵势，等卢文进出来后，就让他尾随部队回来，不准抢劫掠夺。等到李承裕迎接李金全，告诫他也像告诫祖全恩一样；但李承裕却贪图抢劫掠夺，与晋兵交战而失败，损失逃亡的有四千人。南唐主惋惜悔恨了好几天，责怪自己告诫敕令部将不深切。杜光业等人回到了南唐，南唐主因他违反命令而招致失败，不接纳他们，把他们又送到淮北，并且给后晋高祖写了一封信说："边境上的将校贪图功利，乘着方便占据了堡垒。"又说："依照军法或朝廷的章程，两国都是不能容忍的。"后晋高祖又把他们遣送回去，使者想从桐墟渡过淮河，南唐主派战舰拒绝他们，他们只好又折回去。后晋高祖一一授予南唐各位将领以官职，把他们的士卒组织成为显义都，命令旧将刘康掌领他们。

臣司马光评论说：违反命令的是将领，士卒只不过是听从将领的命令，又有什么罪过呢！接受遣返而杀掉他们的将领以向敌国谢罪，同情士卒并安抚他们，这样做就可以了，何必要抛弃自己的人民而让他们去帮助敌国呢！

南唐主派宦官去祭祀庐山，宦官返回后，南唐主慰劳他说："你这次出行很精洁。"宦官说："臣自从接受诏命外出，一直素食到今天。"南唐主说："你在某处曾买鱼做羹，某日曾买肉切成大块食用，怎么说一直吃素呢？"宦官又惭愧又佩服。管理仓库的官吏年终进献多余的粮食一万多石，南唐主说："支出收入各有固定的数目，如果不是聚敛百姓财物、克扣军粮，哪里来的多余的粮食呢！"

秋季，七月，闽主王曦修筑福州西面的城郭，以防备建州人。又剃度民众当和尚，民众为了逃避沉重的赋税，很多人去做僧人，共剃度了一万一千人。

七月初二日乙丑，后晋高祖赐给郑元弼等人布帛，遣送他们回去。

李金全叛变时，安州马步副都指挥使桑千、威和指挥使王万金、成彦温因不跟随他而死，马步都指挥使庞守荣讥讽他们愚蠢，而去迎合李金全的意思。七月初六日己巳，后晋高祖诏令追赠贾仁沼及桑千等人官职，派使者在安州杀了庞守荣。李金全到达金陵。南唐主对他很淡薄。

八月二十四日丁巳，南唐主立齐王李璟为太子，兼大元帅、录尚书事。

（以上为第九段，写后晋安远节度使李金全反叛，投奔南唐。）

退休的太子太师范延光请求回到在河阳的私人宅第，后晋高祖准许了。范延光装载了很多东西上路。西京留守杨光远兼管河阳，贪图他的财货，并且考虑到他以后会成为自己子孙后代的祸患，就上奏说："范延光是个叛逆的臣子，不住在汴州或洛阳，而迁往外地的藩镇，恐怕他会逃往敌国，应当尽早除掉他！"后晋高祖不同意。杨光远请求敕令范延光住在西京，后晋高祖同意了。杨光远派他的儿子杨承贵带领甲士包围了范延光的宅第，逼令他自杀。范延光说："天子在上，赐给我铁券，准许不杀我，你们父子凭什么这样做？"八月二十六日己未，杨承贵手持明光闪闪的刀子逼使范延光上马，走到浮桥上，把他挤落在黄河里。杨光远上奏说，是范延光自己投河自杀，后晋高祖知道其中的缘故，因为害怕杨光远的强悍，不敢追究他；只是因范延光之死而停止上朝，追赠他为太师。

南唐齐王李璟坚决辞让太子的封号；九月初三日乙丑，南唐主同意了，诏令朝廷内外向他致送文书仍按太子的礼节办理。

九月初五日丁卯，任命前翰林学士承旨、户部侍郎和凝为中书侍郎、同平章事。

九月初七日己巳，邺都留守刘知远入朝。

九月初九日辛未，李崧上奏："各州的仓库粮食，在账面数量之外，实际还剩余很多。"后晋高祖说："在法定以外向百姓征税，罪过同枉法一样。仓库官吏特免其一死，但对他们都要分别加以严惩。"

翰林学士李澣，为人轻薄，经常醉酒误事，后晋高祖很厌恶他。九月十四日丙子，罢去翰林学士的官职，把其职掌归并入中书舍人。李澣是李涛的弟弟。

杨光远入朝，后晋高祖想把他调到另一个军镇去，便对杨光远说："围攻魏州的那次战役，你的左右都有功劳，还没有封赏他们，现在应当给他们分别授予一州，以使他们荣耀。"因此任命他的部下好几个将校为刺史。九月二十二日甲申，调迁杨光远为平卢节度使，晋爵号为东平王。

冬季，十月初五日丁酉，加任吴越王钱元瓘为天下兵马都元帅、尚书令。

十月初十日壬寅，南唐大赦，诏令中外奏章不得用"睿"、"圣"字样，违者以不敬的罪名论处。

（以上为第十段，写后晋致仕太子太师范延光回归河阳私第，西京留守杨光远贪其财物令其子杨承贵杀之。杨光远入朝，被徙为平卢节度使。）

术士孙智永认为天上有四颗星聚集在北斗，分野有灾害，劝说南唐主巡视东都。十月十三日乙巳，南唐主命令齐王李璟监国。光政副使、太仆少卿陈觉因为私人恩怨奏报泰州刺史褚仁规贪婪残暴。十月十四日丙午，罢免褚仁规为扈驾都部署，陈觉开始当权。十月十八日庚戌，南唐主从金陵出发；十月二十二日甲寅，到达东都江都。

闽王王曦乘商人入京，托他带着表章向朝廷申诉自己不曾称帝。十一月二十三日甲申，后晋高祖任命王曦为威武节度使、兼中书令，封为闽国王。

南唐主想就此定居江都，因为河水冰冻，漕运供应不上，只好返回。十二月初五日丙申，到达金陵。

南唐右仆射兼门下侍郎、同平章事张延翰去世。

这一年，汉国门下侍郎、同平章事赵损去世；任命宁远节度使南昌人王定保为中书侍郎、同平章事，不到一年，也去世了。

当初，后晋高祖割让雁门以北的地区以贿赂契丹，因此，吐谷浑都属于契丹，他们苦于契丹人的贪婪暴虐，想回归中原；成德节度使安重荣又诱使他们，因此，吐谷浑率领部落一千多帐从五台来投奔中原。契丹主大怒，派遣使者责备后晋高祖招降纳叛。

（以上为第十一段，写南唐主李昪巡幸江都，太子李璟监国。）

后晋高祖天福六年（辛丑，公元 941 年）

春季，正月初六日丙寅，后晋高祖派遣供奉官张澄率领部队二千人搜寻躲在并、镇、忻、代等四州山谷中的吐谷浑人，把他们驱逐出来，让他们返回故土。

王延政修筑建州城，周围二十里，向闽王王曦请求，想让建州为威武军，自己做节度使。王曦因为威武军是福州，于是就以建州为镇安军，任命王延政为节度使，封为富沙王。王延政把镇安改名为镇武，并以此称呼。

二月初二日壬辰，在德胜口建造浮桥。

彰义节度使张彦泽想要杀死他的儿子，掌书记张式一向被张彦泽所器重，劝谏制止他。张彦泽很生气，拿箭射张式；左右的人平时就讨厌张式，乘机说他的坏话。张式害怕了，就借口有病，辞职而去，张彦泽派兵追赶他。张式到了邠州，静难节度使李周把这事报告了朝廷，后晋高祖因为张彦泽的缘故，把张式流放到商州。张彦泽派遣行军司马郑元昭到朝廷去要人，并且说："张彦泽不得到张式，恐怕会引起预料不到的事情。"后晋高祖不得已，把张式交给了他。二月初三日癸未［癸巳］，张式到了泾州，张彦泽命令把他的嘴撕烂、剖心、剁断四肢。

凉州军叛乱，留后李文谦闭门自焚而死。

后蜀自从建立以来，节度使大多兼领禁兵，或者因其他的职务而留在成都。委派僚属及助手管理军府的事务，这些人专门聚敛财物，不好好处理政事，老百姓也无处申诉。后蜀主知道这里面的弊端，二月二十四日丙辰，加任卫圣马步都指挥使，武德节度使兼中书令赵廷隐，枢密使武信节度使，同平章事王处回，捧圣控鹤都指挥使，保宁节度使，同平章事张公铎为检校官，同时罢免他们三人节度使的职务。三月十四日甲戌，任命翰林学士承旨李昊掌管武宁军，散骑常侍刘英图掌管保宁军，谏议大夫崔銮掌管武信军，给事中谢从志掌管武泰军，将作监张讚掌管宁江军。

夏季，四月，闽主王曦任命他的儿子王亚澄为同平章事、判六军诸卫。王曦怀疑他的弟弟汀州刺史王延喜与王延政交结共谋，派遣将军许仁钦率领部队三千人到汀州，把王延喜抓了回来。

南唐主任命陈觉及万年人常梦锡为宣徽副使。

辛巳日，北京留守李德琉派遣牙将带着吐谷浑酋长白承福入朝。

南唐主派遣通事舍人欧阳遇来请求借道以通往契丹，后晋高祖不准许。

自从黄巢进犯长安以来，天下血战好几十年，然后诸国各有领土，战争才稍微平息。等到南唐主即位，江淮一带连年丰收，军队的粮食常有剩余，群臣争相进言："陛下中兴，现在北方多难，应当出兵恢复旧有的疆域。"南唐主说："我从小在军中长大，亲眼看到用兵对老百姓的危害很深，不忍心再谈用兵的事。假使他们那边的百姓安宁，那么我们这边的百姓也就安宁，又有什么要追求的呢！"汉主派使者到南唐，谋划共同夺取楚国，分它的地盘；南唐主没答应。

（以上为第十二段，写彰义节度使张彦泽为人凶残。南唐主李昪保境安民。）

山南东道节度使安从进谋反，派使者拿着表书到蜀国，请求他们出兵金州、商州以为声援；丁亥日，使者到了成都。蜀主与群臣谋划，都说："金州、商州路途遥远险峻，出兵少了则不足以制服敌人，出兵多了则水陆运输又跟不上。"蜀主于是将此事推辞掉了。安从进又向荆南请求援兵，高从诲写给安从进一封书信，晓以祸福的道理；安从进很生气，反而诬奏高从诲。荆南行军司马王保义劝高从诲详细奏明情况，并且请求出兵帮助朝廷去讨伐他；高从诲接受了这个建议。

成德节度使安重荣以向契丹称臣感到耻辱，当他接见契丹使者时，必定伸直、岔开双腿坐着，谩骂使者，使者经过他的辖境，有时他竟暗中去杀掉使者；契丹为此而责备后晋高祖，后晋高祖常常替他道歉谢过。六月二十九日戊午，安重荣把契丹的使者拽剌抓了起来，并派出骑兵掠夺幽州的南境，把军队驻扎在博野县，向后晋高祖上表声称："吐谷浑和东突厥、西突厥、浑、契苾、沙陀各自率领他们的部众前来归附；党项等也派遣使者交出契丹所发给他们的授官委任状及任职文书，诉说他们被契丹所欺凌和压迫，又说自从二月以来，契丹命令他们各自准备精兵壮马，将要在七月向南侵犯，恐怕老天不保佑他们，与契丹一起灭亡，所以情愿自己准备十万人马，与晋军共同攻击契丹。另外，朔州节度副使赵崇已经驱逐了契丹节度使刘山，请求归顺朝廷。臣已经把这些情况相继报告了朝廷。陛下多次敕令臣奉承契丹，不要自己挑起衅端；然而天道人心，难以违抗，机不可失，时不再来。沦陷在胡虏境内的各节度使，都伸长脖子，翘起脚跟，等待王师的到来，实在值得同情哀怜，希望朝廷早作决定。”上表有好几千字，大体上都是斥责后晋高祖把契丹当作父亲来侍奉，竭尽中原所有来向贪得无厌的胡虏献媚。又把这个意思写进书信里送达朝廷的权贵们，并且移送给各藩镇，说已经调兵遣将，一定要和契丹决战。后晋高祖因安重荣正掌握有强大的兵力，不能制服他，所以感到极为忧虑。

当时邺都留守、侍卫马步都指挥使刘知远在大梁。泰宁节度使桑维翰知道安重荣早已积蓄了奸恶的阴谋，又担心朝廷难违其意，就秘密上疏说：“陛下免除晋阳那次祸乱而得有天下，都是契丹的功劳啊，不能有负于契丹。现在安重荣依仗勇敢而轻视敌人，吐谷浑借机报仇，这都不是有利于国家的事，不能听从。臣私下观察契丹多年以来，士兵马匹精锐强悍，并吞蚕食四邻，战必胜，攻必割取中原的土地，收缴中原的器械；他们的国君智勇过人，臣子上下和睦相处，牛羊繁殖茂盛，国家没有天灾，这些都说明不能与他们为敌。况且中原刚刚战败，士气低落，以此来抵挡契丹乘胜的威势，这种形势对比相差太远了。另外，和亲的关系一旦断绝，就应当调兵守卫边塞，但兵少了不足以对付敌人，兵多了后勤运输又跟不上。我军出击敌人就回去，我军回来敌人又到来，臣恐怕禁卫士兵疲于奔命，镇州、定州一带的地方不会再有中原的遗民了。如今天下稍稍安定下来，战争的创伤还没有恢复，府库空虚，民众困苦，就是平静地来守护，还担心做得不够好，怎么能够轻举妄动呢！契丹与我们国家恩义不轻，信誉和誓约都很明确，彼此没有矛盾而自己去挑起衅端，即使战胜他们，后患会更加严重；万一不能战胜，那么国家就完了。人们议论认为，每年运送缯帛给他们叫作耗子蛀虫，有所卑躬谦逊叫作委屈受辱。殊不知如果两国不停地交战而不休止，祸害结下而不解开，那么国家的财力将要匮乏，与耗子蛀虫相比，哪一个更严重呢！用兵作战，武官功臣就会过分地要求姑息迁就他们，边藩远郡因此得以骄傲自大，上司下属纲纪混乱，哪一个屈辱更大呢！臣希望陛下训练农民熟悉作战，休养士兵，安顿百姓，等到国家没有内忧，百姓也有余力，然后再寻找时机采取行动，那么一旦行动就一定能成功。另外，邺都富裕兴盛，是国家的屏障。如今主帅入朝，军府中没人管事，臣想到《周易》上说的慢藏诲盗的话，想起《左传》上说的勇敢的人也要把内外的门户层层关闭起来的道理，乞求陛下略微加强巡视，以杜绝奸谋。”后晋高祖对使者说：“朕近日以来，烦闷不安，不能作决定，今天看见你们节度使送来的奏章，就好像大醉中醒来一样，请你们的节度使不要担忧。”

（以上为第十三段，写安重荣上表后晋高祖请求反击契丹，桑维翰奏称安重荣蓄谋奸计误国。）

闽主王曦听说王延政写信约请泉州刺史王继业，就召王继业回来，赐他在福州郊外自杀，并在泉州杀了他的儿子。当初，王继业任汀州刺史，司徒兼门下侍郎、同平章事杨沂丰为士曹参军，和他的关系亲密友好。有人诬告杨沂丰与王继业是同谋，杨沂丰正在陪侍闽王宴饮，当即就把他抓起来关进牢狱，第二天就杀了，夷灭了他的家族。杨沂丰是杨涉的堂弟，当时已经八十多岁了，闽国民众都很哀怜他。从此宗族、元勋、旧臣相继被诛杀，人人不能自保，谏议大夫黄峻抬着棺材到朝堂来极力劝谏，王曦说：“这个老东西的狂病又发作了！”把他贬为漳州司户。

王曦淫乱奢侈无度，以致费用不够，因此就找国计使南安人陈匡范谋划，陈匡范建议每天改进一万金；王曦很高兴，加任陈匡范为礼部侍郎，陈匡范把向商人征收的税额增加了好几倍。王曦宴饮群臣，特地举杯对陈匡范说：“明珠美玉，只要去寻求就可以获得；像陈匡范这样的人是人中之宝，不可得啊！”没过多久，向商人征收的税额不能满足每天收进的钱数，就借用各部门的经费来补足，害怕事情被发觉，陈匡范忧虑害怕而死，王曦祭祀追赠非常丰厚。各部门把陈匡范借钱的文书拿给朝廷看，王曦十分愤怒，剖了他的棺材，砍断他的尸体抛弃到水里，任命连江人黄绍颇代做国计使。黄绍颇请求：“命令那些想要做官的人，只要不是因祖先有功勋而补官的，都听任他们拿出钱来就授给他们官职，根据资历、职权和名望的高低以及州县户口数的多少来确定官位的价值，从一百缗到一千缗不等。”王曦听从了这个建议。

（以上为第十四段，写闽主王曦昏庸残暴，滥杀宗族勋旧，百般剥削黎民。）

南唐主自认为自己是靠了专权而夺取吴国王位的，所以特别忌怕宰相的权力过重，因右仆射兼中书侍郎、同平章事李建勋执政的时间太长，想要罢免他。适逢李建勋上疏谈论政事，他想到这封奏疏会留在宫禁中不批示下发；没想到不久南唐主却把这封奏疏下交给有关部门去施行。李建勋自己知道那封奏疏所谈论的事情夹杂着个人的爱憎，于是又偷偷地取回那封奏疏加以修改。秋季，七月初十日戊辰，罢免李建勋的宰相职务，让他回到自己家里去。

后晋高祖忧虑安重荣飞扬跋扈，七月十一日己巳，任命刘知远为北京留守、河东节度使，又把辽州、沁州隶属于河东；任命北京留守李德琉为邺都留守。

刘知远卑微时，入赘给晋阳一个李姓人家做女婿，曾经放牧马匹，侵犯了僧人的田地，僧人抓住他，用鞭子抽打他。刘知远到了晋阳，首先召来那个僧人，请他坐下，安慰一番，并赠送给他一些礼物，众人心里非常喜悦。

吴越王的办公处失火，宫殿、房屋、府库几乎烧光。吴越王钱元瓘惊慌恐惧，患了发狂的疾病，南唐人争相劝南唐主乘吴越困弊时攻取吴越，南唐主说："怎么能够利用别人的灾害呢！"派遣使者前去慰问，并且接济他们的匮乏。

闽主王曦自称为大闽皇，兼任威武节度使，与王延政各自整军练兵，相互攻打，互有胜负，福州、建州之间，暴露的尸骨如同草莽一样多。镇武节度判官晋江人潘承祐多次请求停止战争，建立友好关系，王延政不听。闽主的使者到达，王延政用甲士摆开盛大的阵势以显示自己的力量，对使者讲话非常狂妄傲慢。潘承祐长久地跪在地上，痛切地劝谏，王延政很生气，环顾左右的人说："判官的肉可以吃吗？"潘承祐不顾一切，声色更加严厉。闽主王曦厌恶泉州刺史王继严深得民心，罢免他的官职让他回家，然后将他毒死。

八月初一日戊子，任命开封尹郑王石重贵为东京留守。

冯道、李崧多次推荐天平节度使兼侍卫亲军马步副都指挥使、同平章事杜重威很有才能，于是任命他为都指挥使，充当随驾御营使，代替刘知远。刘知远因此嫉恨这两位宰相。杜重威所到之处大量搜括财货，老百姓大都逃亡，他曾经出来经过街市，对左右的人说："人们都说我把老百姓全赶走了，为什么街市上的人还这么多！"

八月初五日壬辰，后晋高祖从大梁出发；八月十二日己亥，到达邺都；八月十五日壬寅，大赦天下。后晋高祖下诏书晓谕安重荣说："你身为大臣，家里有老母，为了私忿，不考虑困难，抛弃国君与亲人。我靠契丹而得天下，你靠我而有富贵，我不敢忘记别人对我的恩德，而你竟然忘记了，为什么？如今我拥有天下而臣服契丹，而你想以一个藩镇的力量来抗拒契丹，不也太难了吗！你应该慎重地考虑一下，不要自己又后悔！"安重荣得到诏书后，反而更加骄横，听说山南东道节度使安从进有反叛的志向，就暗中派使者和他共同谋划。

（以上为第十五段，写冯道、李崧二相秉承后晋高祖之意荐贪婪无能之杜重威为都指挥使，为晋亡张本。安重荣阴结安从进谋反。）

吴越文穆王钱元瓘病重卧床不起，他察知内都监章德安为人忠厚，能够决断大事，想把后事托付给他，就对他说："弘佐年龄还小，应当选择宗族里年长者立为王。"章德安说："弘佐虽然年龄还小，但是众臣下都佩服他的英明敏捷，请大王不要为此担忧！"文穆王说："你好好地辅佐他，我就没有什么担忧的了。"章德安是处州人。八月二十四日辛亥，钱元瓘去世。

当初，内牙指挥使戴恽，被钱元瓘所亲信重用，把军事全部委托给他管理。钱元瓘的养子钱弘侑的奶妈，是戴恽妻子的亲戚，有人告发戴恽阴谋立钱弘侑为主。

章德安秘不发丧，与诸将谋划，在幕后埋伏甲兵。八月二十五日壬子，戴恽进入王府，便被抓起来杀了，又把钱弘侑废为平民，恢复姓孙，软禁在明州。这一天，将军和官吏根据钱元瓘的遗命，秉承皇帝制书任命镇海、镇东副大使钱弘佐为节度使，当时年仅十四岁。九月初三日庚申，钱弘佐即王位，命令丞相曹仲达摄理政务。军队里声称赏赐给予不平均，举起兵器不肯接受，各位将领都不能加以制止，曹仲达亲自去劝说，大家便都放下兵器而拜受。

钱弘佐为人温和、谦恭，喜欢读书，礼待士人，亲自勤理政务，能揭发别人所干的隐秘的坏事，人们不能欺骗他。民众中有人献来上好的稻禾，钱弘佐便问仓库官吏："今年粮食积蓄多少？"回答说："能用十年。"钱弘佐说："那么军队的粮食完全够了，可以对我国民众宽松一些。"于是就命令免除吴越境内的税收三年。

九月初四日辛酉，滑州上报，黄河决口。

后晋高祖因为安重荣杀了契丹使者，害怕契丹人侵犯边塞。九月二十日乙亥，派遣安国节度使杨彦询出使契丹。杨彦询到了契丹的营帐，契丹责问使者被杀的情况，杨彦询说："这好比一个人家里出了恶子，父母管不住他，又能对他怎么样呢？"契丹主听了这话，怒气才消解下去。

（以上为第十六段，写吴越王钱元瓘去世，其子钱弘佐即王位。）

闽主王曦任命他的儿子琅邪王王亚澄为威武节度使、兼中书令，改封号为长乐王。

刘知远派遣亲信将领郭威按照皇帝诏书的意思去劝说吐谷浑酋长白承福，让他离开安重荣归顺朝廷，答应授予他符节和斧钺。郭威返回，对刘知远说："胡虏唯利是图，安铁胡只是用长袍和裤子一类的东西去收买他们；现在想要他们来归附，不如用丰厚的贿赂，才能让他们过来。"刘知远听从了这个建议，并且派使者去告诉白承福说："朝廷已经割让你们隶属于契丹，你们应当自己安顿部落。现在你们南来帮助安重荣叛逆，安重荣已经被天下人所抛弃，早晚会失败灭亡，你们应该尽早服从教化，不要等到大兵降临，向南向北都无处可归，后悔就来不及了。"白承福害怕了，冬季，十月，率领他的部众归附于刘知远。刘知远把他们安置在太原东山以及岚州、石州之间，上标请在白承福领受大同节度使，收编他的精锐骑兵让他们隶属于自己的指挥之下。

开始时，安重荣发檄文给各道，说与吐谷浑、鞑靼、契苾共同起兵，不久白承福投降了刘知远，鞑靼、契苾也没去赴约，安重荣的势力大大地受阻和削弱。

闽主王曦即皇帝位；王延政也自称兵马元帅。闽国同平章事李敏去世。

后晋高祖从大梁出发，和凝请求说："皇上车驾出发后，如果安从进反叛，用什么来防备他？"后晋高祖说："依你的意思，该怎么办？"和凝请求秘密留下空着名字的宣旨和敕令十几份，交给留守郑王石重贵，如果听说发生变乱就写上各个将领的名字，派遣他们去攻打；后晋高祖听从了这个建议。

十一月，安从进发兵攻打邓州，唐州刺史武延翰报告了朝廷。郑王派遣宣徽南院使张从恩、武德使焦继勋、护圣都指挥使郭金海、作坊使陈思让率领大梁部队在叶县与申州刺史李建崇的部队会合去讨伐安从进。郭金海，本是突厥人；陈思让是幽州人。十一月二十一日丁丑，任命西京留守高行周为南面军前都部署；前同州节度使宋彦筠做他的副手，张从恩监军；又任命郭金海为先锋使，陈思让监军。宋彦筠是滑州人。

十一月二十四日庚辰，任命邺都留守李德珫暂时代理东京留守，召郑王石重贵到邺都。

安从进攻打邓州，威胜节度使安审晖依据牙城进行抵抗，安从进攻不下来，便撤退了。十一月二十七日癸未，安从进到花山，遇到张从恩的部队，没有料到他来得这么快，交战，大败，张从恩俘虏了他的儿子牙内都指挥使安弘义，安从进只带领几十个骑兵逃回襄州，环城固守。

南唐主性情节约俭朴，经常脚穿用蒲草编织的鞋子，洗手洗脸都用一个铁盆子，夏天睡在用青葛做的帷帐里，左右使唤听命的只是些又老又丑的宫女，服饰粗糙简单。为国家而死的人，都给他们遗属俸禄三年。分派使者按察民田，根据土地的肥沃与贫瘠制定租税，民间都称道这种方法公平合理。从此，江淮地区的调兵、兴办劳役以及其他赋税，都按税钱作比率征收，直到现在仍采用这种办法。南唐主勤于听取政事，夜以继日，从江都回来后，不再宴饮娱乐；不过处理政事有些过于急躁，内侍王绍颜上书，认为“今年春天以来，群臣获罪的相当多，朝廷内外都很怀疑恐惧”。南唐主亲手下诏书，解释其中的原因，命令王绍颜发布公告晓谕朝廷内外。

（以上为第十七段，写安从进反叛，为官军所败，闭城自守。南唐国主李昪节俭，薄赋税，勤政事，江淮安定。）

十二月初一日丙戌，移封郑王石重贵为齐王，充任邺都留守；任命李德珫为东京留守。

十二月初二日丁亥，任命高行周掌管襄州行府事。诏令荆南、湖南共同讨伐襄州。高从诲派遣都指挥使李端率领水军好几千人到达汉水南津，楚王马希范派遣天策都军使张少敌率领战舰一百五十艘进入汉江帮助高行周，仍然各自运粮以保证供养。张少敌，是张佶的儿子。

安重荣听说安从进举兵反叛，他的谋划也就决定下来了，大规模地集合辖境内的饥民，人数多达好几万人，南向邺都，声称要入朝。当初，安重荣与深州人赵彦之都是散指挥使，彼此关系非常融洽。安重荣镇守成德，赵彦之从关西依附他，安重荣待他很优厚，让赵彦之去招募同党部众；但是在内心里其实很嫉恨赵彦之，等到举兵时，只任用他为排阵使，于是赵彦之也对他怀恨在心。

后晋高祖听说安重荣反叛，十二月初七日壬辰，派遣护圣等马步三十九指挥攻打安重荣。任命天平节度使杜重威为招讨使，安国节度使马全节做他的副手，前永清节度使王清为马步都虞候。

安从进派他的弟弟安从贵带兵迎接均州刺史蔡行遇，焦继勋派兵拦击，俘虏安从贵，砍断他的脚然后把他带回。

十二月十三日戊戌，杜重威与安重荣在宗城西南遭遇，安重荣摆下偃月阵，官军再三攻打，阵势仍不动摇；杜重威害怕，想要撤退。指挥使宛丘人王重胤说："兵家打仗忌讳退兵。安重荣的镇州精锐部队都在中军，请您分一部分精锐的士兵攻打他的左右两翼，我王重胤替您带着契丹兵直冲中军，他一定狼狈不堪。"杜重威听从了他的建议。镇州兵的阵势果然稍有后退，这时赵彦之卷着旗帜策马赶来投降。赵彦之是用银子来装饰铠甲和马鞍、缰勒的，官军把他杀了并分抢了这些东西。安重荣听说赵彦之叛变，非常害怕，就撤退躲在辎重之中。官军跟随其后乘机攻打他，镇州兵大败，被杀了一万五千人。

安重荣收拾残余部队，逃去保卫宗城，官军继续进攻，半夜时，攻下宗城。安重荣带着十几个骑兵逃回镇州，环城自守。适逢天寒地冻，镇州兵战死及冻死的有两万多人。

契丹人听说安重荣反叛，便听任杨彦询回去。

十二月十五日庚子，冀州刺史张建武等人攻取赵州。

汉主病重卧床不起，有一个胡族僧人说汉主名叫"龚"不吉利；于是汉主自己造了一个"龑"字作名字，取《易经》中"飞龙在天"的意思，读音跟"俨"字相同。

十二月二十五日庚戌，后晋高祖下制书任命钱弘佐为镇海、镇东军节度使兼中书令、吴越国王。

（以上为第十八段，写安重荣反叛，南进至宗城，结果全军覆没。）

【点评】

本卷点评李昪建立南唐、安重荣反叛两件史事。

李昪建立南唐。李昪，即徐温养子徐知诰称帝后所更名。徐知诰在受禅前先更名去"知"字，示与徐氏诸子不同列。昇平二年，唐群臣以徐温之子江王徐知证为首，多次上表请南唐主复姓李。正月二十三日乙丑，南唐主接受群臣之请，更名李昪。二月初三日乙亥，改太祖庙曰义祖庙。李昪初受禅，尊徐温为太祖，今复姓李，以温为义父，故改太祖为义祖。二月初七日己卯，南唐主为李氏考妣发哀，追祖认宗，国号大唐，示意兴复唐室。史称南唐，有别于中原李存勖之后唐。李昪为何氏之子，籍贯何地，史籍记载有歧。薛史所载，李昪为海州人，唐玄宗第六子永王李璘之后，乃李昪自称。欧史称李昪为徐州人，少孤贫，流寓濠间，初为杨行密所得，收为养子，不为杨氏诸子所容，杨行密转托徐温收养。《通鉴考异》引《江南录》、李昊《蜀后主实录》、《吴越备史》，另立三说。《江南录》称李昪是唐宪宗第六子建王李恪之后裔。《蜀后主实录》说李昪是薛王李知柔之后，生于岭南。李知柔为大唐岭南节度使，卒于官，李昪流落江淮，于是为徐温养子。《吴越备史》称李昪本姓潘，湖州安吉人，吴将李神福攻安吉得李昪，于是潘氏子冒姓李，后为徐温养子。《吴越备史》编造李昪为潘氏之子，未必是实录。总之，李昪为何氏之子，何方人氏，李昪或不愿，或不知，自己也说不清楚。最后以大臣之议，以唐太宗子吴王恪为祖。吴王恪在唐高宗朝以谋反罪被冤杀，其孙祎在唐玄宗朝官至朔方节度使，有边功，祎子李岘为宪宗朝宰相，李昪引以为荣。李岘以下传五世至李昪之父李荣，其名皆为主管部门编造。于是南唐太庙徐、李二姓并列。唐高祖、唐太宗、唐义祖徐温，皆为不祧之主。群臣议认为："义祖诸侯，不宜与高祖、太宗同享。"请建别庙礼之。南唐主李昪曰："吾自幼托身义祖，向非义祖有功于吴，朕安能启此中兴之业？"群臣不敢再说话。五代时两唐国，李存勖，沙陀人建后唐，李昪冒姓李氏建南唐。王夫之评论说，君臣父子的伦理全乱了套，"漫取一人而子之，遂谓之子；漫推一鬼而祖考之，遂谓之祖考"。大唐李氏亡灵地下有知，是不会接受这样的子孙的。南唐太庙，两姓共祀，实为奇观。

安重荣反叛。安重荣小字铁胡，朔州人。唐末为振武巡边指挥使，性格粗鲁莽撞，善骑射，有力气。石敬瑭起兵，安重荣最先投靠。石敬瑭称帝，授安重荣成德节度使。安重荣亲见后唐末帝李从珂、后晋高祖石敬瑭都是凭借手中一镇兵力取天下，时常对人说："皇帝没什么了不起，只要兵强马壮，谁都可以干。"这就是五代乱世留给军阀们的信念。专制政体的本质凭借的就是强权，历代中央政府解体后的军阀混战莫不如是，直到民国时代的北洋军阀和土匪军阀，如曹锟、张作霖，皆是安重荣式的人物。后晋高祖天福六年（公元 941 年），安重荣反叛，官兵往讨一触即溃，安重荣随即被诛灭。安重荣只是一个跳梁小丑，其死不足惜，可是这场反叛给黎民百姓造成了深重灾难。强权政治不根除，黎民的灾难就永无了期。

资治通鉴（白话本） 卷第二百八十三

后晋纪四

后晋高祖天福七年至后晋齐王开运元年（公元942—公元944）

【起玄黓摄提格（壬寅，公元942年），尽阏逢执徐（甲辰，公元944年）正月，凡二年有奇】

【大事提要】

本卷记事起公元942年，讫公元944年正月，凡两年又一个月。当后晋高祖天福七年至齐王开运元年正月。后晋高祖平定安重荣、安从进两镇之乱，不久崩殂，石重贵即位，是为出帝。南汉刘龑去世，刘玢立，旋为弟刘弘熙所杀，刘弘熙立，更名晟。闽国王延政称帝于建州，国号殷，与福州闽主王曦势不两立。闽国内乱。南汉民借助神灵起事。楚国蛮夷为乱。殷主王延政，南汉中宗刘晟，闽主王曦，楚主马希范，均为昏庸暴虐之主，无一善政可言。南唐烈祖李昪辞世，李璟继位，是为中主，冯延已、冯延鲁、魏岑、查文徽、陈觉五人皆佞巧小人，朋比为奸，世谓之五鬼。后晋出帝，中庸之主，忠奸不辨，用人唯亲。景延广以拥戴功专权，排斥桑维翰，外结怨于契丹，内疏离百官民众，一乱国之臣。契丹大举南犯，占贝州，夺军储，后晋出帝求和未果，契丹兵渡黄河，高行周奉命拒敌。

高祖圣文章武明德孝皇帝下

后晋高祖天福七年（壬寅，公元942年）

春季，正月初二日丁巳，镇州牙将从西面城郭的水碾门引导官军进城，杀死了在城上短墙防守的民众二万人，活捉了安重荣，把他斩首。杜重威杀死了引导官军进城的向导，把官军得以进城当作自己的功劳。正月初五日庚申，安重荣的首级送到了邺都，后晋高祖命人涂上漆，把它装入木匣，送往契丹。

正月初八日癸亥，把镇州改为恒州，把成德军改为顺国军。

正月十一日丙寅，任命门下侍郎、同平章事赵莹为侍中，任命杜重威为顺国节度使兼侍中。

安重荣的私人财产和恒州府库中的财物，杜重威把它们全部据为己有，后晋高祖虽然知道这一情况，但并不过问。杜重威又上表推荐卫尉少卿、范阳人王瑜为他的节度副使，王瑜替他狠命地搜刮百姓，恒州百姓不堪其苦。

张式的父亲张铎到朝廷申诉冤屈。正月二十七日壬午，任命河阳节度使王周为彰义节度使。

闽主王曦册立李氏为皇后，李氏是同平章事李真的女儿；她嗜好喝酒，又刚愎自用，王曦又宠她，又怕她。

彰武节度使丁审琪，豢养部曲上千人，放纵他们在辖境之内滥施暴行；军中校官贺行政和一些胡人勾结作乱，攻打延州，后晋高祖派遣曹州防御使何重建率兵前去延州救援，同州、鄜州的援兵也相继赶到，延州城才幸免于难。二月初九日癸巳，任命何重建为彰武留后，征召丁审琪回朝。何重建是云州、朔州一带的胡人。

南唐左丞相宋齐丘一再要求参与政事，南唐主就允许他进入中书省；他又要求领任尚书省，南唐主于是就罢免了侍中寿王李景遂的判理尚书省一职，改为领任中书、门下两省，而任命宋齐丘执掌尚书省的事务；以上三个省的事务都要得到齐王李璟的参与决策。宋齐丘任职才几个月，他的亲信官吏夏昌图盗窃了三千缗官钱，宋齐丘判处他从宽免死；南唐主大为恼怒，把夏昌图斩首。宋齐丘推说有病，请求免除自己在尚书省的职务，南唐主同意了。

泾州奏报说派押牙陈延晖带着后晋高祖的敕书到凉州，凉州的将校官吏们都请求任命陈延晖为凉州节度使。

三月，闽主王曦册立长乐王王亚澄为闽王。

（以上为第一段，写杜重威贪婪，杀安重荣后劫夺其财物，据为己有。彰武节度使丁审琪横暴，结果激起兵变。）

张彦泽在泾州时，擅自发兵攻打各部胡人，而自己的兵马却都战败覆没，于是又征调民间的一千多匹马用以补充军队。当他离职途中到达陕州的时候，抓到了逃亡的将领杨洪，借着几分酒醉之意，先砍断杨洪的手脚，然后砍下他的脑袋。王周向朝廷奏陈了张彦泽在任职期间，做了贪婪残暴违法的事共二十六条，致使百姓失散逃亡达五千多户。张彦泽回到朝廷以后，后晋高祖看在他曾立有军功，又和杨光远是姻亲的份上，就未予追究。

夏季，四月初六日己未，右谏议大夫郑受益上疏说："杨洪之所以被杀，是由于陛下去年把张式交给张彦泽，使他得志逞凶，以致张彦泽敢于放肆残暴。凡是看到或听到他的暴行的人，无不恨得咬牙切齿，而陛下却一点也不动心，一点也没责备他；正直与邪恶不能分辨，奖励与惩罚没有章法。朝廷内外人们都说陛下是接受了张彦泽所进献的一百匹马，所以才听任他胡作非为的，臣私下替陛下招致这样的恶名而感到惋惜，恳求陛下公正地审判张彦泽，绳之以法，借此以洗刷皇上的圣德。"这封上疏呈报上来以后，被搁置在禁中。郑受益是郑从谠哥哥的儿子。

四月初七日庚申，刑部郎中李涛等人匍匐在閤门之下痛切论说张彦泽的罪行，十分激动。四月初八日辛酉，皇帝下敕令："把张彦泽的官阶削减一等，爵位降低一级。张式的父亲以及子弟都拜授官职。泾州的百姓已经恢复生业的，减轻他们的徭役和赋税。"四月初十日癸亥，李涛再一次地和中书、门下两省以及御史台的官员们匍匐在阁门之下上奏，认为对张彦泽的处罚太轻，请求依法治罪。后晋高祖召李涛入宫，当面向他解释。李涛双手捧着朝笏向前迫近殿阶，和皇帝争辩时声色俱厉。后晋高祖大为恼怒，连声叱喝他退下，李涛就是不退。后晋高祖说："朕已经答应过张彦泽可以免除一死。"李涛说："陛下答应过张彦泽不死，固然不可食言；不知当年赐给了范延光铁券，信用又在哪里！"后晋高祖气得拂袖而起，回到宫里去了。四月十三日丙寅，任命张彦泽为左龙武大将军。

（以上为第二段，写后晋高祖违众怙恶张彦泽，纲纪荡然。）

南汉主刘龑卧病在床，由于他的儿子秦王刘弘度、晋王刘弘熙都骄横放纵，只有最小的儿子越王刘弘昌孝顺恭谨，聪明而有学问，于是就和右仆射兼西御院使王翷商量，要把刘弘度派出去镇守邕州，把刘弘熙派出去镇守容州，而扶立刘弘昌为太子。制书正要宣布实行，正赶上崇文使萧益进宫探望病情，南汉主就这件事征求他的看法。萧益说："立太子一定要立嫡长子，违反这一原则是要出乱子的。"于是这道诏书便被搁置了起来。

四月二十四日丁丑，汉主刘龑去世。

刘龑为人周详明察，擅长权谋，喜欢自我吹嘘，时常讥称中原朝廷的天子是"洛阳刺史"。岭南地区是珍宝异物的聚集之地，他往往极尽奢侈华丽之能事，宫殿的建筑全部都用黄金、美玉、珍珠、翡翠作装饰。施用起刑罚来，非常惨毒残酷，有灌鼻、割舌头、分解肢体、挖肉剔骨、用火柱烧烤、烹蒸等方法；或者把毒蛇聚养在水中，把犯了罪的人投下去，称这种刑罚为水狱。同平章事杨洞潜曾劝阻他，他不听。到了晚年特别猜忌；认为士人大多都是为自己的子孙作打算，所以他专门任用宦官，因此在他的国家中当宦官的人特别多。

秦王刘弘度即皇帝位，改名为玢；任用刘弘熙辅佐朝政，改年号为光天；尊奉生母赵昭仪为皇太妃。

契丹因为后晋招纳了吐谷浑，就派使者前来责问。后晋高祖忧郁烦闷，不知怎么办才好；五月十六日己亥，开始生病。

五月二十二日乙巳，尊奉太妃刘氏为皇太后。太后是后晋高祖的庶母。

南唐丞相、太保宋齐丘被罢免了尚书省的职务以后，就不再入朝进见了。南唐主派寿王李景遂前去慰问他，答应让他去镇守洪州，这样他才开始入朝。

南唐主和他一起饮宴，喝到酒意正酣时，宋齐丘说："陛下完成中兴大业，是臣出的大力，怎么能把这给忘了呢！”南唐主生气地说：“公是以游说之客的身份求见于朕的，现在位至三公，也该满足了吧。可是你却跟人说朕的嘴长得像乌鸦嘴，和越王勾践一样，难以和人共享安乐，有这样的事吗？”宋齐丘说：“臣确实讲过这样的话。臣为游说之客时，陛下只不过是个偏裨小将而已。今天杀臣正是时候了。”第二天，南唐主写了一道手诏向宋齐丘道歉，说：“朕褊急的脾气，子嵩你平时也是知道的。年轻时相亲相爱，到老了却又相互怨怒，这怎么能行呢！”

五月二十三日丙午，任命宋齐丘为镇南节度使。

后晋高祖卧病不起，一天早晨，只有冯道一个人陪着他。后晋高祖命幼子石重睿出来拜见他，又命令宦官把石重睿抱起来送到冯道怀中，意思大概是想让冯道辅佐他为幼主。

六月十三日乙丑，后晋高祖去世。

冯道与天平节度使、侍卫马步都虞候景延广商议，认为正值国家多难，应该立长子为嗣君，于是就拥立广晋尹齐王石重贵为嗣君。当天，齐王即皇帝位。景延广把这些都当作自己的功劳，开始掌权执政，禁止京师的人们相聚交谈。

当初，后晋高祖病危的时候，曾有命令要征召河东节度使刘知远进京辅佐朝政，结果这道命令却被齐王扣压了下来；刘知远从此与齐王结下了怨恨。

六月十五日丁卯，尊奉皇太后为太皇太后，皇后为皇太后。

（以上为第三段，写南汉主刘龑去世，后晋高祖石敬瑭病死，齐王石重贵即位。）

闽国富沙王王延政围攻汀州，闽主王曦征调漳州、泉州的兵卒五千人前去救援。又派遣他的将领林守亮进入尤溪，大明宫使黄敬忠驻扎尤溪口，想乘着对方空虚袭击建州；国计使黄绍颇率领步兵八千人做林、黄二军的声援。

秋季，七月初十日壬辰，太皇太后刘氏去世。

闽国富沙王王延政攻打汀州，先后经过了四十二次战斗，攻不下来就率军退了回去。他的部将包洪实、陈望，率领水军抵御福州的军队；七月十五日丁酉，双方在尤溪口相遇。黄敬忠想立即投入战斗，占卜的人对他说时辰不吉利，于是就按兵不动；包洪实等人引兵上岸，从水陆两面夹攻福州军，杀了黄敬忠，共俘虏和斩杀了两千人，林守亮、黄绍颇都逃了回去。

七月十八日庚子，后晋大赦天下。

七月二十一日癸卯，加封景延广同平章事，兼任侍卫马步都指挥使。

元勋旧臣们都想恢复设置枢密使，冯道等人再三上奏，建议把枢密使以前所执掌的职责从中书省再分离出去，后晋出帝没有允许。

有个神降临在博罗县一个百姓的家里，神能和人说话，但却不显现形体，邻里间的人们都去请神占卜吉凶，往往很灵验，县府官吏张遇贤侍奉他极为恭谨。当时循州的盗贼群起，相互之间不能统一，盗贼的首领们共同向神祈祷，这位神大声地向他们说：“张遇贤应当做你们的首领。”于是大家都推戴张遇贤，称他为中天八国王，改年号为永乐，设置了文武百官，大肆攻取抢掠海边一带。张遇贤年纪很轻，没有什么方略，各位将领只是在出发和回来时向他报告一下而已。

南汉主任命越王刘弘昌为都统，循王刘弘杲为副都统前去讨伐张遇贤，双方在钱帛馆交战。汉兵的情势不利，越王和循王都被贼兵所围困；指挥使陈道庠等人拼力死战解救他们，才使他们幸免于难。东部的州县大多都被张遇贤所攻陷。陈道庠是端州人。

高行周围攻襄州已经有一年多了，仍没有攻下来。城中的粮食也都吃光了。奉国军都虞候曲周人王清对高行周说：“叛贼的城池已经很危窘了，我们的军队也已经很疲惫了，百姓已经十分困乏，不早一点对他们加强攻势，还等待什么呢？”于是就和奉国都指挥使元城人刘词率领兵众带头登城。八月，攻下襄州城。安从进全族自焚。

（以上为第四段，写闽国内讧，南汉民众借神灵起事，高行周平灭安从进。）

七月十三日甲子，任命赵莹为中书令。

闽主王曦派遣使者带着亲笔诏书和金器九百件、钱一万缗、给将吏的敕告六百四十通，前去向富沙王王延政讲和，王延政没有接受。

七月十五日丙寅，闽主王曦在九龙殿设宴招待群臣。他的侄子王继柔不能饮酒，王曦却强迫他喝，王继柔暗中把酒减掉了一点，王曦知道后很生气，把他连同客将一起杀了。

闽国人铸造永隆通宝大铁钱，一枚铁钱相当于铅钱一百枚。

南汉在康陵安葬天皇大帝，庙号叫高祖。

南唐主自从担任吴国的宰相以来，兴利除弊，变革了很多旧有的法规。到他即位当了皇帝以后，就命令执法官和尚书把旧法规删定为《升元条》三十卷；九月初九日庚寅，开始施行。

闽主王曦任命同平章事侯官人余廷英为泉州刺史。余廷英贪婪淫秽，抢夺人家的女子，欺骗说是接受了诏命要为朝廷后宫采择民女。事情败露后，王曦派御史前去查办。余廷英害怕了起来，就主动到福州自首，王曦责问他一番后，准备把他交给狱吏惩办；余廷英退下来以后，马上进献了买宴钱一万缗。王曦大为高兴，第二天召见余廷英，对他说：“宴已经买了，给皇后的贡礼在哪里啊？”余廷英又向李皇后进献了钱财，于是又让他回泉州去了。从此各州都要另备一份贡礼献给皇后。没过多久，又征召余廷英回来任宰相。

冬季，十月二十六日丙子，张遇贤攻陷循州，杀了南汉刺史刘传。

楚王马希范建造天策府，栋宇的修建极为考究；门窗栏槛都用金玉作装饰，涂刷墙壁用去了丹砂几十万斤；铺盖地面的地衣，春天和夏天用细竹篾编织的凉席，秋天和冬天用木棉。和他的子弟和幕僚们在里面游玩饮宴。

（以上为第五段，写闽主王曦纵酒贪暴，楚王马希范穷极奢侈。）

十一月初十日庚寅，在显陵安葬圣文章武明德孝皇帝，庙号叫高祖。

在此之前，黄河南、北各州官府都是自卖海盐，每年可以收入缗钱十七万；又通过发放蚕盐聚敛百姓钱财。上奏的人说，百姓因私自贩卖海盐而犯罪的很多，不如听任百姓自由贩卖，而每年依照官府所卖的钱数直接向百姓征收，称作"食盐钱"；后晋高祖同意了这个办法。没过多久盐价迅速下跌，每斤价格降到十钱。

到这时，三司使董遇想要增加一些额外的收入，而又难以一下子改变从前的法规，于是就加重对盐商的征税，经过这里的每斤收七钱，留在这里贩卖的每斤收十钱。从此贩盐的商人几乎绝迹，而官府又恢复了自卖。至于那个食盐钱，到现在还是照征不误。

闽国盐铁使、右仆射李仁遇，是李敏的儿子，也是闽主王曦的外甥；年纪很轻，姿容俊美，深受王曦的宠幸。十二月，任命李仁遇为左仆射兼中书侍郎，翰林学士、吏部侍郎李光准为中书侍郎兼户部尚书，两人都为同平章事。

王曦荒淫无度，一次在夜晚所举行的宴会上，李光准在酒醉之中违逆了闽主的旨意，闽主就下令把李光准绑送到闹市上斩首；狱吏不敢杀他，就把他关押在监狱里。第二天，闽主上朝视事，又征召他，恢复了他的官位。这一天晚上，又举行宴会，收押了翰林学士周维岳送进监狱。狱吏整理好了床榻招待他，并说："宰相昨天晚上就住在这里，尚书您也不必担心。"闽主酒醒之后，果然也把他给释放了。后来有一天，又举行宴会，陪侍的大臣们都已经喝醉离去，只有周维岳一个人还在。王曦说："维岳身材矮小，为什么酒能喝这么多？"身边的侍者有人回答说："能喝酒的人都另有一副酒肠，不一定要身体很高大。"王曦听到这个回答很高兴，就命人把周维岳揪下殿，想要剖开他的肚子看看他的酒肠。这时有人说："如果杀了周维岳，以后就没有人陪陛下豪饮了。"于是就放了他。

后晋出帝刚即位时，大臣们议论要奉表称臣向契丹告丧，景延广则主张写封信而不上表，并且只称孙不称臣。李崧说："委屈自身是为了国家社稷，有什么耻辱可言？陛下如果按景延广的意见办，日后有一天必然会落下亲自披甲戴胄，和契丹人交战的结局，到那时后悔也没有什么用了。"景延广一再坚持自己的主张，冯道在中间模棱两可。后晋出帝最终还是采纳了景延广的主张。契丹果然大为震怒，派使者前来责问，并且说："为什么不先来禀告，就仓促地即位称帝！"景延广又用一些不中听的话语回答了他。

契丹的卢龙节度使赵延寿想取代后晋而称帝于中原，就多次劝说契丹攻打后晋，契丹主很赞同他的意见。

（以上为第六段，写后晋出帝即位，景延广专权，加盐税，不告丧于契丹，内结怨于民，外启敌国之怒，是一亡国罪臣。）

齐王上

后晋齐王天福八年（癸卯，公元943年）

春季，正月二十四日癸卯，蜀主任命宣徽使兼宫苑使田敬全领任永平节度使；田敬全是一个宦官，蜀主是援引前蜀宦官王承休为例而任命了他，国人都认为这样做不妥。

后晋出帝听说契丹将要来入侵，二月十一日己未，从邺都出发；二月十七日乙丑，到达东京大梁。不过表面上还是和契丹往来问讯，互相馈赠，没有哪个月中断过。

南唐宣城王李景达刚强坚毅，开朗爽快，南唐主很喜爱他，多次想让他以后继承帝位；宋齐丘也极力称赞他的才干，最终南唐主还是考虑到齐王李璟年纪为长而打消了这个念头。李璟因此怨恨宋齐丘。

南唐主最小的儿子名叫李景逷，他的母亲种氏深受南唐主的宠爱，而齐王李璟的母亲宋皇后却很少有机会能得到进见。一次南唐主走到李璟的宫中，碰到李璟在那里亲自调弄乐器，大为恼怒，一连责骂了他好几天。种氏乘机向南唐主说，李景逷年纪虽然很小，但却聪明，以后可以让他继承帝位。南唐主一听发怒说："儿子有过错，父亲教训他，这本来是一件很正常的事。国家大计，女人怎么能干预过问！"当即就下令把种氏嫁出宫去。

南唐主梦见自己吞下了灵丹，天一亮方士史守冲就向他献上了丹方，南唐主认为是应了神验就按丹方吃了起来，结果渐渐地出现了急躁的毛病。左右近臣劝阻他，他不听。一次把药赐给李建勋，李建勋说："这种药臣吃了几天，已经觉得浑身燥热，怎么还能多吃呢！"南唐主说："朕已经服食很久了。"群臣奏事的时候，经常遇到南唐主突然暴怒；然而，有时遇上严正论辩而有道理的，南唐主也能肃然起敬地慰勉他，并听从对方的意见。

南唐主询问道士王栖霞："什么方法可以使天下获得太平？"王栖霞回答说："为帝王的要治心治身，然后才能治理国家。现在陛下还不能免除因饥饿而嗔怒、因饱食而欢喜的毛病，怎么谈得上天下太平呢！”宋皇后从帘子后听到这话大为赞叹，认为是至理名言。凡是南唐主赐予他的东西，王栖霞都一概不受。王栖霞经常替别人向天帝上奏章，南唐主想为他修建一座坛台。他推辞说：“国家的用度正很困乏，哪有时间办这件事！等到哪天焚烧奏章不化的时候，我就会奏请陛下建造的。”

驾部郎中冯延己，是齐王元帅府的掌书记，生性奸佞巧诈，和宋齐丘以及宣徽副使陈觉相勾结；元帅府的同事凡是地位在自己之上的，冯延己都要暗中用计谋把别人赶走。冯延己一次用开玩笑的口气对中书侍郎孙晟说：“您有什么才能，居然当了中书侍郎？”孙晟说：“我孙晟只不过是山东的一个鄙陋儒生，文章不如您，谈论戏谑不如您，谄媚奸诈也不如您。然而皇上让您和齐王相与游处，主要是想让您用仁义的道理去辅导他，哪里只能做个追逐声色狗马的朋友呢！我孙晟的确没有什么才能，不过像您这样的才能，只能给国家制造灾祸罢了。”冯延己是歙州人。

又有一个名叫魏岑的人，也在齐王府任职。给事中常梦锡多次反映说陈觉、冯延己、魏岑都是佞邪的小人，不适宜在东宫陪侍太子；司门郎中判大理寺的萧俨也上表指出陈觉奸邪乱政。南唐主也有些感受和觉察，只是一时还没有来得及把他们免除职务。

正巧这时南唐主背上生了痈疽，保密不让人知道，暗中找医生为他治疗，临朝听政仍然和往常一样。二月二十二日庚午，病情恶化，太医吴廷裕派亲信之人召请齐王李璟入宫侍奉疾病。南唐主对李璟说：“我服食金石丹药，本来是想延年益寿，不料想反而更加伤害健康，你应当以此为戒！”当天晚上，便去世了。秘不发丧，颁下制令：“令齐王李璟监理国事，实行大赦。”

孙晟害怕冯延己等人掌权，就想假称遗诏让太后临朝代行天子之事。翰林学士李贻业说：“先帝曾经说过：‘妇人干预朝政，是导致祸乱的根源。’怎么能自启祸端！这一定是皇上身边的奸人所施的诈谋。况且嗣位之君年纪已长，圣明贤德，人所共知，公为什么忽然间说出这样的亡国之言！如果真的这样宣布施行，我一定要当着文武百官的面揭穿这件事。”孙晟害怕起来，因而没有这样做。李贻业，是李蔚的曾侄孙。

二月二十八日丙子，才开始公布遗制。南唐主晚年性情急躁，身边的大臣们经常遭到处罚。陈觉借口有病，一连几个月都不入朝进见，等到宣布遗诏的时候，才肯出来。萧俨上奏弹劾他说：“陈觉端坐在自己家中，一心等着皇上驾崩，请按律治他的罪。”齐王李璟没有答应。

自从南唐主担任吴国的宰相以来，就禁止买良家子女做奴婢，明令买奴婢的人必须通报官府立字为据。冯延己和他的弟弟礼部员外郎冯延鲁，都在元帅府任职，草拟南唐主遗诏听任百姓卖子女；他们的目的是为了自己可以购买姬妾。萧俨对此驳论说："这一定是冯延己等人所干的，并不是大行皇帝的遗命。从前冯延鲁任东都判官时，曾提过这个建议；先帝征询过臣的意见，臣回答说：'陛下从前任吴国宰相的时候，百姓有卖子女的，您都为了他们拨出府库中的钱，把人赎出来送他们回家，所以百姓才无论远近都归心于陛下。现在陛下即了皇帝位却反其道而行之，让穷人家的子女为富裕人家做厮役，这怎么能行呢？'先帝认为我这话讲得有道理，正要治冯延鲁的罪。当时臣认为冯延鲁很愚笨，不值得责备他。先帝便把冯延鲁的奏章斜着封上了，抹了三笔，带进了后宫。请在宫中查找一下，一定还在。"齐王命人把先帝留滞禁中的奏章一千多件全部取出来，都是斜着封口抹上一笔的，果然找到了冯延鲁的那封奏疏。然而由于遗诏已经颁布施行，最终还是没有更改过来。

（以上为第七段，写南唐烈祖辞世，中主李璟立，冯延己等佞巧小人得势。）

闽国富沙王王延政在建州称帝，国号大殷，大赦境内，改年号为天德。把将乐县改作镛州，延平镇改作镡州。册立其妻张氏为皇后。任命节度判官潘承祐为吏部尚书，节度巡官建阳人杨思恭为兵部尚书。没过多久，又任命潘承祐为同平章事，杨思恭升迁为仆射，治理军国大事。

王延政穿着天子用的赭色袍服听理朝政，但是在衙门接受参拜和接见邻国的使者时，还是依照藩镇的礼仪。

殷国国土狭小，民众贫困，战争却没有停止过。杨思恭因为善于搜刮民财而获得宠幸，他增加了田亩山泽的税额，以至于鱼类、食盐、蔬菜、水果的税无不加倍征收，殷国百姓称他为"杨剥皮"。

三月初一日己卯，后晋任命中书令赵莹为晋昌节度使兼任中书令；又任命原晋昌节度使兼任侍中的桑维翰为侍中。

南唐元宗李璟即皇帝位，大赦境内，改年号为保大。秘书郎韩熙载建议等过了这个年头再改年号，没有被采纳。尊奉皇后为皇太后，册立妃子锺氏为皇后。

南唐主还没有正式临朝听政，冯延己就多次入宫报告事情，一天之内甚至去三四次。南唐主说："书记有固定的职守，为什么要这样烦琐啊！"

南唐主为人谦逊谨慎，刚开始即位，不直接叫大臣的姓名，多次延请公卿大臣议论政治体制的得失，李建勋对人说："皇上宽仁大度，胜过先帝；但是习性却还没有定型，如果身边没有正派的人来辅佐他，只怕难以守住先帝所创下的基业。"

南唐主任命镇南节度使宋齐丘为太保兼中书令，奉化节度使周宗为侍中。南唐主因为宋齐丘、周宗是先朝的元勋旧臣，所以就顺应众人之望征召他们入朝为宰相，但是朝中政事却还都是由自己决断。

改封寿王李景遂为燕王，宣城王李景达为鄂王。

当初，南唐主任齐王掌理政事的时候，每当出现过失时，常梦锡经常直言纠正；一开始虽然很厌烦，但最终还是因为他的坦诚和正直而赞许他。到了即位以后，答应任命他为翰林学士，宋齐丘的党羽们忌恨他，加给他封驳皇帝制书的罪名，就把他贬降为池州判官。池州这个地方有很多遭贬降的“迁客”，节度使上蔡人王彦俦，对他们防备限制得过于苛刻，把他们逼得几乎无法生存，唯独侍奉常梦锡还如同他在朝廷时一样。

宋齐丘对待陈觉一向很好，南唐主也认为陈觉很有才干，于是就对他委以重任。冯延己、冯延鲁、魏岑，虽然是齐王府邸的旧同僚，却都依附于陈觉，和休宁人查文徽互相援引，把持要职，败坏朝政，南唐人把陈觉之流称为“五鬼”。冯延鲁从礼部员外郎升迁为中书舍人、勤政殿学士，江州观察使杜昌业得知这一消息后，感叹地说：“国家之所以能够驱使和驾驭群臣，是在于掌握了官爵而已。如果因为一句话迎合了皇上的意旨，就骤然间让他跻身于通达显赫的地位，那么以后再有建立功勋的人，又拿什么来奖赏他们呢？”没过多久，南唐主任命魏岑和查文徽同时担任枢密副使。魏岑得志以后，正遇上陈觉因遭母丧在乡间守孝，魏岑当即就公开宣扬陈觉的过失和罪恶，把他排挤掉。

南唐在濠州设置定远军。

（以上为第八段，写王延政称帝于建州，国号殷。南唐陈觉、冯延己、冯延鲁、魏岑、查文徽五人朋比为奸，时人斥之为“五鬼”。）

南汉殇帝骄奢淫逸，不愿听理政事。高祖的灵柩还未安葬，他就奏起音乐，痛快喝酒；夜间外出与妓女鬼混，让男人和女子脱光衣服供他观赏。身边的人如果有违背他的意志的就要被处死，因此没有人敢对他进行劝谏；只有越王刘弘昌和内常侍番禺人吴怀恩多次对他劝谏，但都不被采纳。他还常常猜忌他的几个弟弟，每次举行宴会大家相聚在一起的时候，都要命令宦官把守大门，不论是群臣还是宗室至亲，都要脱掉衣服接受搜查，然后才能进门。

晋王刘弘熙想要算计他，于是就盛装打扮歌妓，以博取他的欢心，促使他更加作恶。汉主爱好徒手搏击，刘弘熙就命令指挥使陈道庠带着力士刘思潮、谭令禋、林少强、林少良、何昌廷等五人在晋王府演练徒手搏击，汉主得知后非常高兴。三月初八日丙戌，和诸王一起在长春宫宴饮，观赏徒手搏击，一直到了晚上宴会才结束，南汉主喝得酩酊大醉。刘弘熙让陈道庠、刘思潮等搀扶着南汉主，乘机把他拉杀了，并把南汉主身边的近侍也都杀了。

第二天早晨，文武百官和诸王都不敢进入宫中，越王刘弘昌率领诸弟来到寝殿，迎奉刘弘熙即皇帝位，改名为刘晟，改年号为应乾。任命刘弘昌为太尉兼中书令、诸道兵马都元帅，主掌朝政大事；循王刘弘杲为副元帅，参与政事。陈道庠和刘思潮等人都得到了很丰厚的赏赐。

（以上为第九段，写南汉晋王刘弘熙弑其兄殇帝刘玢自立，弘熙更名晟。）

闽主王曦娶了金吾使尚保殷的女儿，册立为贤妃。这位贤妃长得特别漂亮，王曦很宠爱她；当王曦喝醉酒的时候，贤妃所想要杀的人，王曦就派人把他杀掉，所想要宽宥的人，就下令把他放了。

夏季，四月初一日戊申，发生日食。

南唐任命中书侍郎、同平章事李建勋为昭武节度使，镇守抚州。

殷国将领陈望等人进攻闽国的福州，攻进了它西面的城郭墙，不久又被打败，退了回去。

五月，殷国吏部尚书、同平章事潘承祐上书陈奏十件事情，主要是说："兄弟之间相互攻战，违反天理，这是一。赋税征敛过于繁重，劳役征调毫无节制，这是二。征发百姓为兵，使他们羁留在异地他乡，满怀愁怨，这是三。杨思恭掠夺百姓衣食，致使他们把怨恨归咎于皇上，群臣没有人敢说话，这是四。疆土本来就狭小，却又过多地设置州县，增加了官吏，困扰百姓，这是五。修筑道路，准备粮食，将要攻打临汀，一点也不考虑南唐和吴越两国会乘虚来袭击，这是六。搜刮家道殷实的人家，财物交得多的就可以做官，拖欠的就要被处刑罚，这是七。延平一带的各个渡口，征收水果、蔬菜、鱼、米的税，虽然很少，但由此招来的民怨却很大，这是八。殷国与南唐、吴越两国为邻，但自即位以来，还没有和他们互通使者，这是九。宫室台榭，崇建华饰，毫无节制，这是十。"殷主王延政大怒，削去了潘承祐的官职和爵位，勒令他回家。

汉中宗即位以后，国内议论纷纷。循王刘弘杲奏请斩杀刘思潮等人来向朝廷内外谢罪，汉主不答应。刘思潮等人得知这件事后，就诬告说刘弘杲要谋反，汉主命令刘思潮等人暗中对他进行侦察。刘弘杲正在宴请宾客，刘思潮和谭令禋带领卫兵突然闯了进去，杀死了刘弘杲。从这时起，汉主就谋划着要把几个弟弟全部杀掉，由于越王刘弘昌贤能而又很受人们拥戴，因此就特别忌恨他。雄武节度使齐王刘弘弼，考虑到自己位居大镇，害怕招惹祸患，就请求入朝；汉主同意了。

当初，闽主王曦陪侍康宗饮宴时，正好有新罗使者来进献宝剑，康宗拿起宝剑问同平章事王倓说："这把宝剑可以做什么用？"王倓回答说："可以用来斩那些做臣子而不忠心的人。"当时王曦已经怀有叛乱的野心，听了这话，马上脸色都变了。这时王曦又在宴请群臣，又有前来进献宝剑的，王曦命人掘开王倓的坟墓，用这把进献来的宝剑斩他的尸首。

校书郎陈光逸对他的朋友说："皇上无道，国家不用多久就会灭亡，我准备冒死进谏。"他的朋友劝他不要这样做，他不听，于是上书劝谏王曦大恶五十条。王曦大为恼怒，命令卫士用鞭子抽打他几百下，没有打死；又用绳子勒住他的脖子，把他吊在庭前的树上，过了一段时间才断气而死。

（以上为第十段，写殷主王延政、南汉中宗刘晟、闽主王曦均为昏庸凶暴之主，无一人有善政可言。）

秋季，七月十三日己丑，后晋出帝下诏，由于年岁饥荒，国家财用不足，特地分派使者六十多人到各道去搜求民间谷物。

吴越王钱弘佐刚刚即位，上统军使阚璠强横暴戾，排斥异己，钱弘佐对他奈何不得；内牙上都监使章德安多次同他争执，右都监使李文庆也不肯依附于阚璠，七月二十九日乙巳，把章德安贬降到处州，把李文庆贬降到睦州。从此，阚璠和右统军使胡进思更加专横起来。阚璠是明州人；李文庆是睦州人；胡进思是湖州人。

南唐主秉承烈祖的旨意，任命天雄节度使兼中书令、金陵尹燕王李景遂为诸道兵马元帅，改封为齐王，住在东宫；任命天平节度使、守侍中、东都留守鄂王李景达为副元帅，改封为燕王；向朝廷内外宣告，约定以后要传位给他们。册立长子李弘冀为南昌王。李景遂、李景达两人坚决辞让，没有获准。李景遂自己在心中立誓，一定不敢做嗣君，并把自己的字改为退身。

南汉指挥使万景忻在循州打败了张遇贤。张遇贤向神祷告，神说："攻取虔州，就可以大功告成。"张遇贤率领部众翻越南岭，向虔州进发。南唐百胜节度使贾匡浩没作防备，张遇贤的十多万兵众攻陷了各个县城，又打败了虔州的军队，逼得州城在白天也不得不关闭城门。张遇贤在白云洞建造宫室、军营和官署，派将领四出抢劫。贾匡浩，是贾公铎的儿子。

八月初九日乙卯，南唐主册立他的弟弟李景逿为保宁王。宋太后由于还怨恨种夫人，多次想加害李景逿，南唐主极力把他保全了下来。

（以上为第十一段，写吴越王钱弘佐初立，上统军使阚璠专横；南唐主元宗李璟友爱兄弟；南汉流寇侵入南唐虔州。）

后晋夏州牙内指挥使拓跋崇斌阴谋叛乱，绥州刺史李彝敏准备协助他，结果事情被发觉。八月二十五日辛未，李彝敏放弃了绥州，和他的弟弟李彝俊等五人逃奔延州去了。

九月，后晋出帝尊奉生母秦国夫人安氏为皇太妃。皇太妃是代北人。后晋出帝侍奉太后、太妃很恭谨，对待几个弟弟也很友爱。

当初，河阳牙将乔荣跟随赵延寿投奔契丹，契丹任命他为回图使，往来贸易于晋朝，并在大梁设置了府邸。等到契丹和后晋有了嫌隙的时候，景延广劝说后晋出帝把乔荣囚禁在监狱里，并且收缴了他府邸中的全部财物。凡是在晋朝边境上进行贸易的契丹人，一律杀掉，夺取他们的货物。朝廷中的大臣们都说契丹对本朝有过大功，不能背叛了它。九月十三日戊子，释放了乔荣，安慰并赏赐了他一番，让他回契丹去。

乔荣来向景延广辞行，景延广对他说大话："回去后跟你的主子说，先帝是北朝扶立的，所以才向你们称臣上奏表。当今皇上却是中原自己拥立的，之所以还向北朝屈降名分，正是因为不敢忘记先帝与北朝的盟约罢了。作为邻国而自称孙子，已经足够了，没有再称臣的道理。北朝皇帝不要听信赵延寿的诓骗诱惑，轻视欺侮中原。中原的兵马之盛，也是你所亲眼看到的。祖翁如果一怒之下前来交战，孙儿自有十万横磨利剑，足以用来对付。以后被孙子所打败，惹天下人嗤笑，可不要后悔啊！"乔荣认为自己丧失了货物和钱财，担心回去后会被治罪，同时也想为以后留个凭据，就说："您所说的事情很多，我怕记不住会有遗漏，还是请你用纸墨把它记下来吧。"景延广就让属吏把他的话记了下来交给乔荣，乔荣把这些话原原本本地报告了契丹主。契丹主大为恼怒，入侵中原的决心这时更坚定了。后晋派往契丹的使者，都被拘囚在幽州，不让他们见到契丹主。

桑维翰多次恳请朝廷要以谦逊的言辞向契丹道歉，但每一次都被景延广所阻止。后晋出帝因为景延广有扶立自己即位的功劳，所以对他的恩宠超过群臣；他又总管宿卫兵，所以大臣们没有人能和他相争的。河东节度使刘知远，深知景延广的这种做法一定会招致契丹的入侵，但又考虑到景延广眼下权势正盛，所以也不敢说什么，只是增加募兵的数额，奏请朝廷设置兴捷、武节等十多个军镇，用以防备契丹军队的入侵。

九月十九日甲午，定难节度使李彝殷向朝廷奏报李彝敏作乱的情况，后晋出帝下诏逮捕李彝敏押送到夏州，把他斩首。

冬季，十月初三日戊申，册立吴国夫人冯氏为皇后。

（以上为第十二段，写景延广不识大局，恶意结怨于契丹。）

当初，后晋高祖喜爱他最小的弟弟石重胤，把他当作自己的儿子来抚养；后来留守邺都的时候，为他娶了副留守安喜人冯濛的女儿为妻。石重胤死得较早，冯夫人寡居，她长得很漂亮，后晋出帝对她一见钟情；后晋高祖驾崩，灵柩还在停放期间，后晋出帝就把她娶了过来。群臣都向他表示祝贺，后晋出帝对冯道等人说："皇太后有令，和众卿不举办大庆。"群臣退出后，后晋出帝和冯夫人畅怀地饮酒，经过后晋高祖灵柩前面的时候，洒酒于地并祷告说："皇太后有令，和先帝不举办大庆。"在场的人不由得笑了起来，后晋出帝自己也觉得好笑，转过脸对在场的人说："我今天当新女婿，当得怎么样？"冯夫人和在场的人都大笑了起来。太后虽然很生气，可也拿他毫无办法。

冯夫人被立为皇后以后，经常干预朝政。她的哥哥冯玉，当时任礼部郎中、盐铁判官，后晋出帝骤然间就把他提拔为端明殿学士、户部侍郎，让他参与讨论朝政大事。

南汉主命令韶王刘弘雅退休。

南唐主派遣洪州营屯都虞候严恩率兵讨伐张遇贤，任命通事舍人金陵人边镐为监军。边镐任用虔州人白昌裕为主持谋划的人，攻打张遇贤，多次打败他。张遇贤向神祈祷，神不再说话了，他的徒众大为恐惧。白昌裕劝边镐砍伐树木，开辟出道路，绕到他们营寨的后面去袭击他们。张遇贤丢下徒众私自投奔别将李台去了。李台得知神再也不灵验了，就逮捕了张遇贤前来投降，南唐主下令把张遇贤在金陵街市上斩首。

十一月十三日丁亥，南汉主在南郊祭祀，大赦境内，改年号为乾和。

十一月十四日戊子，吴越王钱弘佐娶妃子仰氏，是仰仁诠的女儿。

当初，后晋高祖把三百匹马借给平卢节度使杨光远，此时景延广用后晋出帝的诏命向他索取。杨光远大怒说："这是在怀疑我啊！"于是就暗中召他的儿子单州刺史杨承祚前来，十一月二十四日戊戌，杨承祚声称母亲有病，当天晚上，就打开城门奔往青州去了。十一月二十六日庚子，任命左飞龙使金城人何超代理单州的事务。又派宦官带着玉带、御马［金帛］去赏赐杨光远，以安他的心。

十一月二十八日壬寅，派侍卫步军都指挥使郭谨率兵戍守郓州。

南唐在永陵安葬光文肃武孝高皇帝，庙号为烈祖。

十二月初一日乙巳，派遣左领军卫将军蔡行遇率兵戍守郓州。杨光远派遣骑兵进入淄州，劫持了刺史翟进宗回到青州。十二月初十日甲寅，朝廷调任杨承祚为登州刺史，以随他的意，让他方便。

杨光远从此更加骄横起来，暗中向契丹报告，说晋主辜负恩德，违背盟约，境内发生饥荒，官府和百姓都困乏穷竭，如果乘这个机会来攻打，准能一举攻晋；赵延寿也劝说契丹主南征。契丹主于是征集山后和卢龙的兵众共计五万人，让赵延寿统领他们，并委托赵延寿负责中原方面的事务，对他说："如果能够夺取中原，就一定立你当皇帝。"此外他还常指着赵延寿对契丹境内的中原人说："这才是你们的君主。"赵延寿对此深信不疑，因此为契丹卖命，策划攻取中原的方略。

朝廷对于他们的阴谋颇有了解，十二月十二日丙辰，派遣使者在南乐和德清军修建城池，征调邻近各道的兵力去守备。

（以上为第十三段，写后晋出帝公然立婶母冯夫人为皇后。南唐主平定犯境南汉流寇。）

南唐侍中周宗年老，谦恭谨慎，与世无争，中书令宋齐丘广泛地建立自己的朋党，千方百计地排挤他。周宗哭着向南唐主申诉这一情况，南唐主从此就疏远了宋齐丘。

不久陈觉被疏远，于是也把宋齐丘外放为镇海节度使。宋齐丘很愤恨，上表请求让他回到从前隐居过的九华山去，南唐主深知他这是讹诈，并非真心，结果只上了一次奏表，就答应了他的要求，并赐给他一封诏书说："明天的归隐，是过去就答应了的。朕确实很了解您，所以不愿违背您的志向。"仍然赐给他一个名号，叫九华先生，封为青阳公，享受一个县的租税。

宋齐丘于是在青阳修建了一处很大的宅第，穿的用的以及武将文吏，都和王公的规模一样，只是激愤、抑郁的心情比以前加深了。

宁州酋长莫彦殊率领他的部属温那等十八个州归附了楚国；这些州没有官府，只是在山冈或土堆上立个牌子，稍微施行一些恩惠和威猛加以笼络牵制而已。

这一年，春夏两季天旱，秋冬两季发大水，蝗灾严重，东自海岸，西到陇坻，南自江淮，北到幽州、蓟州，无论是原野、山谷还是城郭、庐舍都布满了蝗虫，竹叶、树叶都被吃得精光。官府再一次向民间搜刮谷物，使差督促索求严苛峻急，甚至封住百姓的碓臼碾磨，不留口粮，还有人因为藏匿谷物犯法而被处死。县令也往往因为督催所办的事务难以办到，便纷纷交出印信自我弹劾，弃官而去。百姓饿死的有几十万人，流亡的人数更是多得难以数计。于是上至留守、节度使，下至将军，都各自捐出马匹、金钱、布帛、粮草以救助国家。

朝廷因为恒州、定州饥荒更加严重，就没有派人去搜刮百姓的谷物。顺国节度使杜威上奏声称军粮不足，请求比照其他一些州的做法来办理，后晋出帝答应了他。杜威采纳判官王绪所提供的办法，搜查索求一点不剩，总共获得一百万斛。杜威只奏报说有三十万斛，其余的都送进了他的家里；他又命判官李沼向百姓借贷，又搜得一百万斛，来年春季卖出，得钱二百万缗，境内的百姓深受其苦。定州的官吏想援引恒州的例子向朝廷上奏，义武节度使马全节不准许，并说："我身为观察使，职责就在于养育人民，怎能忍心学他的所作所为！"

（以上为第十四段，写中原大旱，后晋出帝仍征敛无厌，民怨沸腾。）

楚国这个地方盛产金银，种茶的利润非常丰厚，因而财物货殖的收入非常可观。然而楚王马希范却穷奢极欲，贪得无厌，喜欢夸大自己。制作长枪长槊，用黄金作装饰，中看而不中用。招募有钱人家的肥壮润泽的少年八千人，编为银枪都。宫室、园囿、穿的用的等物品，都极力追求奢侈华靡。兴建九龙殿，用沉香木刻成八条龙，用金银珍宝加以装饰，有十丈多长，缠绕在柱子上两面相对；马希范坐在中间，把自己当作一条龙，他的头巾伸出的角有一丈多长，用来象征龙角。费用不足，就加重赋敛。经常派使差下去巡查民田，专门以虚增田亩数为功绩，百姓由于负担不起租赋而纷纷逃走。楚王说："只要田地还在，何愁没有谷物！"于是命令营田使邓懿文登记那些逃亡人户的田亩，另外招募百姓来耕种，由他们缴田租。百姓舍弃旧有的田地，租种新的田地，仅仅能够维持生存，从西到东这样流徙，人们把自己的产业都丢失了。又允许人们捐钱以换取官位，按照所交钱财的多少作为官职高低的依据。富商大贾，都安排在重要的官位上。在外地任官的如果回到朝廷，必定要求他们向朝廷进献财物。百姓犯了罪，那么，富裕一点的就交出钱财，强壮的就愿意去当兵，只有贫穷衰弱的人接受刑罚。又设置了检举信箱，让人们投匿名信互相检举，以致有的人因此而被族灭全家。

这一年，采纳孔目官周陟的建议，规定在正常的租税之外，大县再进贡白米二千斛，中县一千斛，小县七百斛；交不出来的就输纳布帛。天策学士拓跋恒上书说："殿下生长在深宫之中，凭借既成的大业，因此没有亲身经历过种庄稼的辛劳，两耳也没有听到过战场搏杀的声音，只是骑着马驰骋遨游，住的是华丽的宫室，吃的是山珍海味。府库中的财物已经耗费完了，但是浪费却更加厉害了；百姓生活很贫困了，但是沉重的赋敛却仍接连不断。现在淮南方面是我们的敌仇之国，番禺方面对我们怀有吞并的野心，荆渚方面天天都在打我们的主意，溪洞方面也对我们渐渐怠慢了起来。谣谚说得好：'足寒伤心，民怨伤国。'希望能够取消输纳白米的规定，诛杀周陟以向郡县的百姓谢罪，罢除一切不急之务，削减建造工程，免得一旦招致祸败，惹天下四方的人耻笑。"楚王对此大怒。有一天，拓跋恒请求进见，楚王推辞说正在睡午觉，不愿见。拓跋恒对客将区弘练说："大王随心所欲而拒绝进谏，我看他的千口之家流离失所要不了多久了。"楚王听到这话后，对他更加恼怒，从此终身不愿再见拓跋恒。

闽主王曦嫁女儿，拿出祝贺名册仔细查阅；朝廷士大夫有十二个人没来祝贺，把他们叫到朝堂加以杖打。因为御史中丞刘赞没有弹劾这些人，也加以杖打，刘赞不甘受辱，准备自杀。谏议大夫郑元弼劝谏闽主说："古时候刑不上大夫。中丞是掌握百官威仪和刑罚的，怎么适宜加以拷打！"王曦板着脸说："你是想学魏徵吗？"郑元弼说："臣是把陛下当作唐太宗，所以才敢学魏徵。"王曦的怒气这才稍有缓解，于是释放了刘赞，刘赞最终还是忧郁而死。

（以上为第十五段，写楚主马希范、闽主王曦均骄奢淫逸，百计搜刮民财。）

后晋齐王开运元年（甲辰，公元 944 年）

春季，正月初二日乙亥，边境的藩镇飞骑来报：“契丹前锋将领赵延寿、赵延照率领五万兵马前来侵犯，逼近了贝州。”赵延照是赵思温的儿子。

在此之前，朝廷认为贝州是水陆要冲，就在这里聚集了很多粮草，是大军好几年的储备，主要是用来防备契丹入侵。有一个军校名叫邵珂，生性凶残悖戾，永清节度使王令温罢黜了他。邵珂心怀不满，暗中派人跑到契丹去，告诉契丹说：“贝州的粮食很多，但兵力却很弱，很容易攻取。”刚好这时王令温入朝，执政大臣派前复州防御使吴峦代理贝州的事务，吴峦到了贝州以后，推诚布公，安抚士卒。这时赶上契丹前来入侵，吴峦是个书生，没有亲信的部将，邵珂主动向他请战，愿意以死效力，吴峦就派他带兵防守南门，吴峦自己防守东门。契丹主亲自攻打贝州，吴峦竭尽全力进行抵抗，把契丹人的攻城器具几乎全部烧光了。正月初六日己卯，契丹再一次攻城，邵珂引导契丹兵从南门进城，吴峦投井而死。契丹终于攻陷了贝州，所杀害的贝州军民将近一万人。

正月初七日庚辰，任命归德节度使高行周为北面行营都部署，任命河阳节度使符彦卿为马军左厢排阵使，任命右神武统军皇甫遇为马军右厢排阵使，任命陕府节度使王周为步军左厢排阵使，任命左羽林将军潘环为步军右厢排阵使。

太原方面奏报说契丹已经进入雁门关。恒州、邢州、沧州都奏报说契丹前来入侵。

成德节度使杜威派他的幕僚曹光裔到杨光远处，向他分析依违朝廷的利害关系，于是杨光远就委派曹光裔入朝上奏，说：“杨承祚逃归青州，主要是由于他母亲生病的缘故。既然承蒙皇恩宽恕，我们全族都感戴皇上的大恩大德。”朝廷相信了他的这些话，就派遣使者和曹光裔一道前去安抚劝谕他。

（以上为第十六段，写契丹大举南下攻占贝州，夺得大量军储。归德节度使高行周受命御敌，为北面行营都部署。）

南唐任命侍中周宗为镇南节度使，左仆射兼门下侍郎、同平章事张居咏为镇海节度使。

南唐主拿定主意要传位给弟弟齐、燕二王。翰林学士冯延己等人想乘此机会隔绝外臣与宫中的联系，好方便他们把持权柄。正月初八日辛巳，南唐主下敕令：“齐王李景遂参与决策各项国政，文武百官只有枢密副使魏岑、查文徽可以直接入宫陈奏事情，其余的人除非征召，不得进见。”南唐人对这项敕令感到大为惊骇。给事中萧俨上疏极力争辩，结果奏疏中途被扣压了下来。侍卫都虞候贾崇叩首阁门请求接见，他说：“臣侍奉先帝三十年，亲眼看到先帝延请接见关系疏远的人，总是殷勤诚恳，从不倦怠，尽管这样，下面的情况还有不能上达的。陛下刚刚即位，所任用的又是什么样的人呢，竟然马上就要和群臣隔绝？臣老了，不能再亲自侍奉皇上了。”说到这里便泪流满面，声音哽咽。南唐主受到感动，幡然悔悟，急忙把所颁发的敕令收了回来。

南唐主在宫中建造高楼，召集侍臣来观赏，大家都叹赏称美。萧俨说：“只可惜楼下没有一口井。”南唐主问他为什么。他回答说：“因为少了一口井就比不上陈后主的景阳楼了啊。”南唐主一听大怒，就把他贬到了舒州，观察使孙晟派兵对他加以防备，萧俨说：“我萧俨是因为直言敢谏而被治罪，并不是怀有异心。当初在顾命的时候，你可是险些要危害社稷的呀，那罪责不是比我萧俨的要严重得多吗？今天怎么反要防备起我来了！”孙晟又羞惭又害怕，赶紧撤掉了设防的士兵。

（以上为第十七段，写南唐主李璟亲小人远贤臣。）

后晋出帝派遣使者带着信给契丹，契丹大军这时已经驻扎在邺都城外，不能通行，只好返回。

正月初九日壬午，任命侍卫马步都指挥使景延广为御营使，前静难节度使李周为东京留守。当天，高行周率领前锋部队先出发。当时用兵的方略和号令都由景延广作决定，宰相以下的官员都不得参与；景延广依仗权势，意气用事，凌辱将帅，即使是天子也难以辖制他。

正月十二日乙酉，后晋出帝从东京出发。正月十四日丁亥，滑州方面奏报说契丹兵到了黎阳。正月十五日戊子，后晋出帝到达澶州。

契丹主驻扎元城，赵延寿驻扎南乐；契丹主任命赵延寿为魏博节度使，封他为魏王。

契丹侵犯太原，刘知远与白承福联合起来共有二万兵马，予以迎击。正月二十一日甲午，任命刘知远为幽州道行营招讨使，杜威为副使，马全节为都虞候。正月二十三日丙申，派遣右武卫上将军张彦泽等人率兵在黎阳抵御契丹。

正月二十五日戊戌，后蜀主恢复任命将相遥领节度使的旧规。

后晋出帝又派遣翻译孟守忠给契丹送信，请求恢复两国以往的友好关系。契丹主回信说：“已经形成的局势无法改变了。”

正月二十八日辛丑，太原方面奏报说，在秀容打败了契丹伟王，斩杀三千首级。契丹从鸦鸣谷逃走。

殷国铸造“天德通宝”大铁钱，一枚大钱相当于一百枚小钱。

南唐主派使者分别给闽主王曦和殷主王延政送信，责备他们不该兄弟之间日寻干戈。王曦回了信，援引周公诛管叔、蔡叔，唐太宗诛李建成、李元吉的例子作比喻。王延政也回了信，斥责南唐主篡夺了杨氏的天下。南唐主大怒，从此与殷国断绝了来往。

天平节度副使、知郓州颜衎派观察判官窦仪入朝上奏："博州刺史周儒把州城献给契丹，向契丹投降，又和杨光远互派使者往来不断，引导契丹兵从马家口渡过黄河，擒去了左武卫将军蔡行遇。"窦仪对景延广说："北虏如果渡过黄河与杨光远联合的话，那么黄河以南就危险了。"景延广同意他的看法。窦仪是蓟州人。

（以上为第十八段，写后晋出帝向契丹求和未允。博州刺史周儒投降契丹，引敌渡过黄河。）

【点评】

本卷点评南汉高祖昏暴、闽主王曦好货、后晋出帝石重贵居丧做新郎、后晋举国贪残四件史事。

南汉高祖昏暴。南汉高祖刘岩，南海王刘隐之弟，隐卒代立，袭封南海王。刘岩不满名"岩"，更名"龑"，取《易·乾卦》"飞龙在天"之义，造字曰"龑"，读"俨"。梁贞明三年（公元917年），刘龑即皇帝位，国号大越，后改为汉，公元942年卒，谥天皇大帝，庙号高祖。刘龑据岭南一角，弹丸小国，却狂妄自矜，呼唐天子为"洛州刺史"，认为中原天子都洛阳，政令不能及远，如同洛州刺史。刘龑之为政，极端奢侈荒淫，而残暴苛酷。宫殿悉以金玉珠翠为饰。用刑残酷，有灌鼻、割舌、肢解、刳剔、炮炙、烹蒸之刑，还有聚毒蛇水中，以罪人投之，叫作水狱。只要杀人，则高兴异常。晚年，猜疑变态，认为士大夫都为子孙打算，只有宦官无后才可靠，事无巨细，专用宦官，由是南汉小国，宦官充斥。唐末宦官之祸，刘龑亲见，当自己手握无限权力，阉竖的危害，便置诸脑后。宦官是集权制度的衍生物，小小南汉，提供了极为生动的例证。

闽主王曦好货。闽主王曦淫虐而好货。同平章事余廷英亦贪秽之人。余廷英出为泉州刺史，掠取良家女子，还诈称是替闽主选美。事情败露，闽主王曦派御史去调查审讯。余廷英害怕了，就赶回福州自首，送给闽主宴会钱一万缗，欧史记载为钱千万。闽主十分高兴，对余廷英说："你还得送一份给皇后。"余廷英又送了一千万钱给皇后，摆平了这件事，回到泉州任上。没有过多久，闽主召回余廷英重用为相。从此，闽国地方的贡物一份变为两份。闽主一份，皇后一份。闽主君臣，贪财如此，一对好货之徒，民不堪命矣。

后晋出帝石重贵居丧做新郎。后晋高祖石敬瑭喜欢少弟石重胤，养为儿子，名字加"重"字，与自己儿子同辈分。重胤早死，其妻冯氏寡居，有美色，出帝石重贵一见神魂颠倒。后晋高祖驾崩，还未下葬，出帝就纳叔母冯氏为妃，又立为皇后，群臣都来庆贺。出帝对宰相冯道说："皇太后有诏，朕与众卿不举办喜酒。"群臣退出，出帝与冯皇后畅饮欢快。酒足饭饱后，出帝与冯皇后走到后晋高祖灵柩前，洒酒于地，口中祷告说："皇太后有令，和先帝不举办大庆。"在场的人忍不住笑起来，出帝也红着脸笑了起来，还自我解嘲地说："我今天做新郎，当得怎么样？"乐得冯皇后和周围的人大笑起来。皇太后心里很生气，可是对于出帝这样纵欲乱伦的行为无可奈何。出帝如此荒唐，不见大臣谏诤，主昏臣谬，破家亡国之祸可以想见了。

后晋举国贪残。后晋出帝天福八年（公元 943 年），全国春夏大旱，秋冬大水，加之蝗灾，东起海滨，西至陇山，南逾江淮，北抵幽蓟，灾民遍地，竹木叶都被采食殆尽。平卢军节度使杨光远密告契丹，后晋境内大饥，军士饿死过半，趁此出兵，可一举灭晋。杨光远早有异谋，欲效石敬瑭之所为，引纳契丹内侵，自己做儿皇帝。晋国全境大灾，引狼入室，祸害祖国，是不齿于人类的人渣。而晋国君臣，在大灾之年，不恤民生，反而搜括民谷，使者四出，相望于道，严加督责，以至于封禁碓硙，不留一粒粮食，有藏匿谷者，处以死刑。河北恒、定两州，灾情严重，诏令不括民财，而顺国节度使杜威奏称军食不足，请按诸州例搜刮民财，全境搜刮殆尽，得谷百万斛，上奏三十万斛，个人截留七十万斛。无独有偶，楚王马希范，也以用度不足为由，重为赋敛，民不胜租赋逃亡，马希范说："只要田在，何忧无谷。"田有人民耕种才能产谷，人去田荒，哪来谷物。在杜威、马希范、后晋出帝眼里，只有钱财谷物，黎民百姓不如粪土，苍生大众，也只知逆来顺受。读史至此，不能不思陈胜、吴广，不能不思专制集权之祸害。

资治通鉴（白话本） 卷第二百八十四

后晋纪五

后晋齐王开运元年至二年（公元944—公元945）

【起阏逢执徐（甲辰，公元944年）二月，尽旃蒙大荒落（乙巳，公元945年）七月，凡一年有奇】

【大事提要】

本卷记事起于公元944年二月，讫于公元945年七月，凡一年又六个月，当后晋出帝开运元年二月至开运二年七月。开运二年二月，高行周在戚城大败契丹。桑维翰复出，出杨光远、景延广于外，朝纲整肃，数月之间，朝廷差治。十二月，契丹第二次大举南犯，晋军大败契丹于相州，后晋出帝下诏亲征。开运二年三月，晋军在阳城大败契丹。后晋出帝留杜威为顺国节度使镇恒州。杜威畏契丹复来，擅离职守逃回京都，后晋出帝姑息不问。桑维翰屡谏乘胜与契丹修好，后晋出帝不听，丧失和平契机。闽主王曦为部属杀死，朱文进自称闽主。王延政大破南唐兵，朱文进又为部属所杀，归服殷主，福州兵入援建州，南唐增兵大败王延政，李仁达乘机割据福州。王延政屠杀福州兵八千，为其败亡张本。

齐王中

后晋齐王开运元年（甲辰，公元944年）

二月初一日甲辰，任命前保义节度使石赟戍守麻家口，前威胜节度使何重建戍守杨刘镇，护圣都指挥使白再荣戍守马家口，西京留守安彦威戍守河阳。不久，周儒引导契丹将领麻荅从马家口渡过黄河，在东岸扎营，攻打郓州北岸的渡口以便接应杨光远。麻荅是契丹主的堂弟。

二月初二日乙巳，派遣侍卫马军都指挥使、义成节度使李守贞，神武统军皇甫遇，陈州防御使梁汉璋，怀州刺史薛怀让率领一万兵马，沿着黄河，水陆并进。李守贞是河阳人；梁汉璋是应州人；薛怀让是太原人。

二月初三日丙午，契丹在戚城包围了高行周、符彦卿和先锋指挥使石公霸。在此之前，景延广下令各将帅分地防守，不许相互救援。高行周等人向朝廷告急，景延广才慢慢报告后晋出帝，后晋出帝亲自率兵前去救援。契丹解围退走，三位将军哭着向后晋出帝申诉救兵来得太迟，险些使他们遭难。

二月初五日戊申，李守贞等人到达马家口。契丹派出步兵一万人修筑营垒，在营垒的外面散布骑兵，其余的兵卒数万人都驻扎在黄河西岸，用数千艘船往来运渡兵卒，营垒还没有修筑完毕，晋兵就逼近了过来，契丹骑兵退却逃走，晋兵就进攻他们的营垒，攻了下来。契丹大败，骑着马冲进黄河而被淹死的有好几千人，被俘和被杀的也有好几千人。黄河西岸的契丹兵伤心地痛哭着撤退了回去，从此不敢再到东岸来了。

二月初八日辛亥，定难节度使李彝殷奏报朝廷，要率领四万兵马从麟州渡过黄河，侵入契丹境内。二月初九日壬子，任命李彝殷为契丹西南面招讨使。

当初，契丹主取得贝州、博州以后，都对这些地方的州民加以安抚慰问，甚至还给人们拜授官职，赐给袍服徽章。等到他在戚城和马家口吃了败仗之后，愤怒恼恨之下，把所抓捕的百姓全部杀掉，把抓到的军士全部都用火烧烤。因此引起了后晋人的愤怒，他们全力以赴，奋起斗争。

杨光远带领青州兵想向西和契丹兵相会合；二月十五日戊午，后晋出帝下诏命令石赟分出一部分兵力驻守在郓州，来防备他。

诏令刘知远带领本部人马从土门出发取道恒州，去攻打契丹，又命令他和杜威、马全节在邢州会师。刘知远率兵驻扎在乐平不肯前进。

（以上为第一段，写契丹败北，西线刘知远观望不力战以保存实力。）

后晋出帝守丧刚满一年，就在宫中演奏起细声女乐。到率兵出师北讨时，常常命身边的人为他弹奏三弦琵琶，用羌笛伴奏，一边击鼓，一边唱歌跳舞，还说："这不算是作乐。"二月十七日庚申，文武百官上表请求允许聆听音乐，下诏表示不允许。

二月十九日壬戌，杨光远包围棣州，刺史李琼出兵把他打败，杨光远烧了营寨逃回到青州。二月二十日癸亥，任命前威胜节度使何重建为东面马步都部署，率兵驻扎郓州。

阶、成二州的义军指挥使王君怀率领所部一千多人叛变投降了后蜀，并且请求为后蜀当向导去攻取阶、成二州。二月二十一日甲子，后蜀开始攻打阶州。

契丹假装放弃元城而退走，在古顿丘城埋伏下精锐骑兵，以等待晋军与恒州、定州的军队会合时再发动攻击。邺都留守张从恩多次奏报说北虏已经逃走；朝廷大军正要去追击契丹，碰巧遇上了连绵不断的大雨，只好取消了这次行动。契丹兵埋伏了十多天，人困马乏。赵延寿说："晋军都在黄河岸边，害怕我军的强锐，一定不敢前来；不如把军队开到他们的城下，从四面包围进行攻打，夺取他们的德胜浮桥，这样天下大势就定了。"契丹主听从了他的意见，三月初一日癸酉，契丹主亲自率领十多万兵马在澶州城北摆开阵势，从东到西横亘州城的两个角，登城眺望，看不到边际。高行周的前锋部队当时在戚城以南，和契丹交战，从中午一直打到黄昏，双方互有胜负。契丹主用他的精锐士兵径直向晋军的中军冲了过来，后晋出帝也摆开阵势准备迎敌。契丹主远远望见晋军军威强盛，就对身边的人说：“杨光远说晋兵有一半已经饿死，现在怎么这么多啊！”于是使用精锐骑兵从左右两边去冲击晋军的军阵，晋军丝毫不为所动，忽然间万弩齐发，飞矢落得满地都是。契丹兵稍微向后退了一点；接着又进攻晋军军阵的东侧，仍然没能攻下。苦战到傍晚，两军死亡的人多得不可胜数。天黑以后，契丹兵退了回去，在三十里之外扎营。

三月初三日乙亥，契丹主帐下的一个小校官偷了他的马逃了过来，说契丹主已经传下木书军令，集合军队回北方去了。景延广怀疑可能其中有诈，关闭营垒不敢追击。

（以上为第二段，写晋兵在戚城大胜，契丹主北撤。）

汉主命令中书令、都元帅越王刘弘昌到海曲去拜谒烈宗的陵墓，当他到了昌华宫时，汉主唆使盗贼把他杀了。

契丹主从澶州北面开始把军队分作两路，一路取道沧州、德州，一路取道深州、冀州，往回撤。对他们所经过的地方都烧杀抢掠，方圆有一千里，百姓的财物几乎都被抢光了。留下赵延照为贝州留后。麻荅攻陷了德州，俘获了刺史尹居璠。

闽国拱宸都指挥使朱文进、閤门使连重遇，在弑杀了康宗以后，常常担心国人会向他们讨血债，于是就相互联姻，想以此来稳固自己的地位。闽主王曦诛杀起人来毫不手软，一次他游览西园，乘着醉酒杀死了控鹤指挥使魏从朗。魏从朗是朱文进、连重遇的党羽。有一次乘着酒兴正浓吟诵白居易的诗道：“惟有人心相对间，咫尺之情不能料。”说着，就举起酒杯向二人敬酒。二人赶忙站起，流着眼泪一再叩拜，说：“臣子侍奉君父，哪敢怀有异志！”王曦没有搭腔，二人感到非常恐惧。

李后忌妒尚贤妃受宠爱，想弑杀王曦然后扶立自己的儿子王亚澄，她派人告诉朱文进、连重遇二人说：“皇上对你们二位很不满意，怎么办啊？”

正巧皇后的父亲李真有病，三月十三日乙酉，王曦前往李真的府第去看望他的病情。朱文进、连重遇指使拱宸马步使钱达在马上把王曦杀了，然后召集文武百官在朝堂相见，告诉大家说：“太祖昭武皇帝，光大开创了闽国，现在他的子孙们却荒淫暴虐，败坏了祖宗的传统。苍天已经厌弃王氏，应该另外选择一位有贤德的人，拥立他为国君。”众人都不敢说话。连重遇于是就推朱文进上殿升座，给他穿上皇帝的衣服冠冕，然后率领群臣向北面再拜称臣。朱文进自称闽主，把王氏宗族从王延喜以下老老少少共五十多人，全部杀掉。安葬了闽主王曦，谥号为睿文广武明圣元德隆道大孝皇帝，庙号叫景宗。任命连重遇总管六军。礼部尚书、判三司郑元弼言辞抗辩，不肯归服，被罢去官职，免归乡里，他准备投奔建州的殷主王延政，朱文进把他杀了。朱文进下令，遣散宫人出宫，停止工程营建，以表示和王曦政策的不同。

殷主王延政派遣统军使吴成义率兵讨伐朱文进，未能取胜。

朱文进加封枢密使鲍思润为同平章事，任命羽林统军使黄绍颇为泉州刺史，左军使程文纬为漳州刺史。汀州刺史同安人许文稹，献出守郡投降了朱文进。

三月十五日丁亥，诏令太原、恒州、安州的军队各还本镇。

三月十九日辛卯，马全节攻克了契丹的泰州。

下令天下造册登记乡兵，每七户人家共同出供给一个兵卒的兵械钱。

秦州兵救援阶州，取道黄阶岭，在西平打败了后蜀军队。

（以上为第三段，写闽国内乱，闽主王曦为部属所杀。）

南汉任命户部侍郎陈偓为同平章事。

夏季，四月初五日丁未，缘河巡检使梁进用乡社兵收复了德州。四月初七日己酉，命令归德节度使高行周、保义节度使王周留下来镇守澶州。四月初八日庚戌，后晋出帝从澶州启程；四月十二日甲寅，到达大梁。

侍卫马步都指挥使、天平节度使、同平章事景延广，既被上上下下的人所憎恨，后晋出帝也怕他桀骜不驯，难以控制；桑维翰追究他不援救戚城的罪责，四月十九日辛酉，加封景延广为兼侍中，外放为西京留守。任命归德节度使兼侍中高行周为侍卫马步都指挥使。景延广郁郁不得志，又见契丹势力强盛了起来，开始担忧起国破身亡的危险，于是就一天到晚纵情饮酒。

朝廷由于契丹的入侵，国家财用更加枯竭，于是又派出使差三十六人分别去各道搜刮百姓的财物，临行前每位使差都封赐了一柄宝剑。这些使差带了很多随从吏卒，拿着锁链刑械、刀杖闯入百姓家中，搅得大人小孩都惊慌恐惧，想求一死都没有门路。州县的官吏也借此机会为非作歹。

河南府应出缗钱二十万，景延广却增收到三十七万。留守判官卢亿对景延广说："您位居将相，富贵到了极点。现在国家遭到不幸，府库空乏竭尽，不得已才向百姓索取，您怎么忍心再乘机贪图私利，给子孙增添负累呢！"景延广感到惭愧，就罢了手。

在此之前，后晋出帝下诏，由于杨光远叛变，命令兖州修筑守备设施。泰宁节度使安审信，借修筑城楼的名义，聚敛民财以中饱私囊。大理卿张仁愿当时受派为括率使，来到兖州，要征收缗钱十万。正巧安审信不在军镇，就拘禁了他的看守仓库的小吏，指令随员取出其中一个仓库的钱，结果就满足了所需之数。

五月初七日戊寅，命令侍卫马步军都虞候、泰宁节度使李守贞率领步兵和骑兵两万人赴青州讨伐杨光远；又派遣神武统军洛阳人潘环和张彦泽等人率兵驻扎澶州，以防备契丹。

契丹派兵救援青州，齐州防御使堂阳人薛可言中途拦击，打败了契丹援兵。

五月十五日丙戌，诏令各州所登记的乡兵称为武定军，共有七万多人。当时在兵荒马乱之后，又增加了这样的骚扰，以致民不聊生。

五月十六日丁亥，邺都留守张从恩上奏说："赵延照虽然占据着贝州，但是他麾下的士兵却久居在外归乡心切，应该尽快派兵去攻打他。"诏令张从恩为贝州行营都部署，督率各军将帅攻击赵延照。五月二十日辛卯，张从恩奏报说，赵延照放火抢劫，弃城而逃，驻扎在瀛州、莫州，依水设阻，以图自保。

朱文进派遣使者前往南唐，南唐主囚禁了他的使者，准备派兵讨伐他的弑君之罪，正赶上天气暑热、疾疫流行，只好作罢。

六月二十一日辛酉，官军攻克淄州，斩杀了淄州刺史刘翰。

太尉、侍中冯道虽然身为宰相，可是对待事情却模棱两可，从来都不轻易作决定。有人对后晋出帝说："冯道，是承平时代的好宰相；现在是时势艰难时期，比如让坐禅的僧人去飞鹰搏兔，用非所长啊。"六月初三日癸卯，任命冯道为匡国节度使，兼侍中。

六月初五日乙巳，南汉主把齐王刘弘弼幽禁在他的宅第里。

有人对后晋出帝说："陛下如果要想抵御北狄，安定天下，非任用桑维翰不可。"六月初六日丙午，恢复设置枢密院，任命桑维翰为中书令兼枢密使，无论大小事情，都全部委托给了他。几个月之间，朝中的一切就大致上了轨道。

（以上为第四段，写桑维翰复出，景延广罢职。）

滑州境内的黄河决口，淹浸了汴、曹、单、濮、郓五个州的土地，大水环绕梁山最后汇入汶水。后晋出帝下诏广泛调集几个道的民夫去堵塞黄河缺口。缺口堵住后，后晋出帝想刻碑记述这件事情。中书舍人杨昭俭劝谏说："陛下刻石记述功德，不如颁降哀痛的诏书；用笔墨颂扬善举，不如颁示责备自己的文告。"后晋出帝认为他的话说得很好，便停止了这一举动。

当初，后晋高祖为了贿赂契丹而割让了北方的土地，因此府州刺史折从远也随州北属契丹。契丹想把黄河以西的百姓全部迁徙去充实辽东，府州的百姓非常恐慌，折从远便据守险要之地，抗拒迁徙。到了后晋出帝断绝了和契丹的交往的时候，就派使者来告谕折从远，要他攻打契丹。折从远率兵深入敌境，总计攻下了契丹的十多个营寨。六月十八日戊午，任命折从远为府州团练使。折从远是云州人。

六月二十四日甲子，恢复设置翰林学士。六月二十八日戊辰，任命右散骑常侍李慎仪为兵部侍郎、翰林学士承旨，都官郎中刘温叟，金部郎中、知制诰武强人徐台符，礼部郎中李瀚，主客员外郎宗城人范质，都为翰林学士。刘温叟是刘岳的儿子。

秋季，七月初一日辛未，大赦全国，改年号为开运。

七月十九日己丑，任命太子太傅刘昫为司空兼门下侍郎、同平章事。

八月初一日辛丑，任命河东节度使刘知远为北面行营都统，顺国节度使杜威为都招讨使，督率十三个节度使以防备契丹。

桑维翰两度执掌朝政，先后把杨光远、景延广放为外任，到这时他统一政令，调度指挥，十五个节度使没人敢违抗他的命令，当时的人们都佩服他的胆识和谋略。

朔方节度使冯晖上奏章陈说自己没有老，还可以为国效劳，但是皇帝下制令时却把他给遗忘了。桑维翰借皇帝的诏命让入值禁中的学士拟写答诏说："并不是制令中忽略遗忘了，实在因为朔方是军事重地，不是你就没有人能够压得住阵脚。以往也曾想把卿调回内地，可是接替你的人也必须是奇才才行啊。"冯晖接到诏书，极为高兴。

当时军队和国家都值多事之秋，朝中各部门以及使者来咨询请示的人车水马龙，桑维翰对每件事情都随时裁定决断，乍一看好像是没有经过深思熟虑，人们还怀疑他马虎草率；可是回去后加以仔细推敲，也还最终难以更改他的决定。然而身为宰相他待人却过于从个人好恶出发，一顿饭的恩惠，他都要报答，瞪眼之类的小仇怨，他也一定要报复，人们对他这一点颇有非议。

（以上为第五段，写后晋出帝塞河决口。桑维翰两秉朝政，出杨光远、景延广于外，朝纲整肃。然气度狭小，人以此少之。）

当初契丹入侵的时候，后晋出帝一再地命令刘知远到太行山以东会师，结果他都是过了限期还没有到达。后晋出帝怀疑起他来，对亲信们说："太原方面很不愿帮助朕，一定是别有用心。如果真有缘分当天子，为什么不赶快即位！"到这时，刘知远虽然任北面行营都统，但是实际上并没有临事制决的权力，朝中的秘密谋划和军国大计，都不让他参与。刘知远也知道自己被疏远了，所以只是谨慎处事，尽到自己所负的责任而已。郭威看出刘知远面有忧郁之色，就对刘知远说："河东这块地方，山川形势险要坚固，有崇尚武勇的习俗，此地多产战马，局势安定就劝民努力耕种，局势动荡就训练士卒，这些都是成就霸王事业的资本，还有什么好忧虑的呢！"

朱文进自称为威武留后，代理闽国的事务，派遣使者呈奉表章向后晋自称藩属。八月十三日癸丑，任命朱文进为威武节度使，总管闽国的事务。

八月二十三日癸亥，在澶州设置镇宁军，把濮州隶属于镇宁军。

当初，吴国濠州刺史刘金去世后，他的儿子刘仁规接替了他的职位；刘仁规去世后，又由他的儿子刘崇俊接替他的职位。唐烈祖在濠州设置了定远军，任命刘崇俊担任节度使。又遇上清淮节度使姚景去世，刘崇俊就用厚礼贿赂朝中的权要人物，请求让他兼领寿州。南唐主表面上假装不明白他的意图，就把刘崇俊调任为清淮节度使，同时任命楚州刺史刘彦贞为濠州观察使，快马加鞭地赶往濠州接替了他的职位；刘崇俊感到很后悔。刘彦贞是刘信的儿子。

九月初一日庚午，发生日食。

九月初七日丙子，契丹入侵遂城、乐寿，深州刺史康彦进击退了他们。

冬季，十月初七日丙午，汉主在邕州把镇王刘弘泽毒死。

殷主王延政派遣他的将领陈敬佺率领三千兵马驻扎尤溪和古田，卢进率领二千兵马驻扎长溪。

泉州散员指挥使桃林人留从效对他的同僚王忠顺、董思安、张汉思说："朱文进屠灭了王氏家族，分派心腹之人把持各州。我们这些人世代蒙受王氏的恩泽，却拱手侍奉奸贼，一旦富沙王攻下了福州，我们这些人就是死了也会有愧啊！"大家都认为他的话很有道理。十一月，留从效等人召集军中平时比较要好的壮士，夜晚到留从效家中喝酒，留从效欺骗他们说："富沙王已经平定了福州，有密旨让我们讨伐黄绍颇。我观察过诸位的形体相貌，你们都不是久处贫贱之人。如果听从我的话，富贵是可以得到的；要不然的话，灾祸马上就会临头。"大家被他说得跃跃欲试，就拿起棍棒，翻墙进入黄绍颇家中，抓住黄绍颇，把他杀了。留从效捧着州印来到王继勋的府第，请他出来主持军府的事务。留从效自称为平贼统军使，把黄绍颇的首级装在木箱子里，派副兵马使临淮人陈洪进送到建州去。

陈洪进走到尤溪，福州的守兵几千人挡住了去路。陈洪进骗他们说："义师已经诛杀了福州的朱文进，我兼程赶路是为了到建州去迎接继位的国君，你们还守在这里干什么？"并把黄绍颇的首级拿给他们看，兵众们当即就溃散了，其中有几员大将跟随陈洪进前往建州。王延政任命王继勋为侍中、泉州刺史，留从效、王忠顺、董思安、陈洪进都被任命为都指挥使。漳州的将官程谟听到这一消息后，也杀了刺史程文纬，拥立王继成代理漳州的事务。王继勋、王继成，都是王延政的侄子，朱文进在屠灭王氏时，他们二人由于关系疏远而得以保全性命。

（以上为第六段，写闽国福州兵变杀黄绍颇，朱文进势孤。）

汀州刺史许文稹上表向殷国请求归降。

十二月十五日癸丑，加朱文进为同平章事，封为闽国王。

李守贞围攻青州已经有一些时间了，城中的粮食已经吃光，饿死的人有一大半。契丹的援兵一直没到，杨光远遥对北方的契丹叩拜说："皇上啊，皇上，你耽误了我杨光远的大事啊！"他的儿子杨承勋、杨承祚、杨承信劝杨光远投降，希望能够以此来保全杨氏家族。杨光远不答应，他说："我从前在代北的时候，曾经用纸钱祭祀过天池，纸钱下沉了，人们都说我以后一定能当天子，再等等看吧。"十二月十九日丁巳，杨承勋斩杀了劝诱杨光远造反的节度判官丘涛等人，把他们的首级送到李守贞处，又纵火大声喧噪，劫持他的父亲，让他住到私宅里，向朝廷上表等待治罪，打开城门接纳官军。

朱文进得知黄绍颇被杀死，大为恐惧，就用重赏招募了二万兵卒，派遣统军林守谅、内客省使李廷锷率领这些人去攻打泉州，一路上钲鼓之声相闻，远达五百里。殷主王延政派大将军杜进率领二万兵马救援泉州，留从效打开城门和福州兵交战，把福州兵打得大败，斩杀了林守谅，活捉了李廷锷。王延政派遣统军使吴成义率领一千艘战舰进攻福州，朱文进派遣子弟到吴越去作人质，请求吴越出兵援救。

当初，南唐翰林待诏臧循，和枢密副使查文徽是同乡，臧循曾经当过商贩，熟习福建的山川形势，于是就替查文徽谋划攻取建州的方略。查文徽上表请求出兵攻打王延政，可是国人大多认为不宜出兵。南唐主任命查文徽为江西安抚使，让他沿着边境进行巡察，看看能否出兵；查文徽到了信州，就向南唐主奏报说只要派兵攻打，一定能够取得胜利。南唐主于是任命洪州营屯都虞候边镐为行营招讨诸军都虞候，率兵随从查文徽去讨伐殷国。查文徽从建阳向前推进，驻扎在盖竹，听说漳、泉、汀三州都投降了殷国，殷国将领张汉卿自镛州率领八千兵马即将赶到此地，查文徽害怕了起来，退兵防守建阳。臧循驻扎在邵武，邵武的百姓引导殷国士兵袭击臧循的军队，把他们打得大败，活捉了臧循，把他押送到建州斩首。

朝廷认为杨光远虽然罪大恶极，但是他的儿子却能归降朝廷，因此不便进行大肆诛杀，就命令李守贞根据具体情况加以处理。闰十二月初五日癸酉，李守贞进入青州城，派人在杨光远的另外一处住宅里勒死了杨光远，对外界说他是得病而死。闰十二月十八日丙戌，恢复任用杨承勋，任命他为汝州防御使。

殷国吴成义听说有唐军前来，就派人前去向福州的官吏和百姓诈称："唐国帮助我讨伐贼臣，大兵现在就到了。"福州人更加感到恐惧。闰十二月二十七日乙未，朱文进派遣同平章事李光准等人奉送传国宝给殷国。

闰十二月二十九日丁酉，福州的南廊承旨林仁翰对他的徒众说："我们世代侍奉王氏，现在却受贼臣的辖制，富沙王来了以后，我们有什么脸面去见他？"于是就率领他的徒众三十个人穿上铠甲直奔连重遇的府第，连重遇正在严密地布置兵卒保卫自己，这三十个人远远地看到这一情况，就慢慢地想往回溜。林仁翰手拿长槊径直向前刺连重遇，把他杀了，砍下他的首级提着向众人展示，说："富沙王马上就要到了，你们这些人要被族灭全家了！现在连重遇已死，你们为什么不赶快拿下朱文进好为自己赎罪！"众人听了纷纷踊跃地跟着他，最终杀死了朱文进，迎接吴成义进城，把朱、连二人的首级装在木箱中送往建州。

契丹又开始大举入侵，卢龙节度使赵延寿率领兵马先出发。契丹前锋到达邢州，顺国节度使杜威派遣使者绕道前来向朝廷告急。后晋出帝正想亲自率兵进行抵抗，不巧遇上生病，便命令天平节度使张从恩、邺都留守马全节、护国节度使安审琦会合各道兵马驻扎邢州，武宁节度使赵在礼驻扎邺都。

契丹主率领大军随后到达，在元氏县修建了衙署。朝廷害怕契丹兵势强盛，就下诏命令张从恩等人率兵稍作后退，这样一来各路军队都感到畏惧恐慌，乱得不像个队伍的样子，一路上丢弃兵器铠甲，所过之处，放火抢劫，等到他们后退到相州的时候，已经无法重新整理队形了。

（以上为第七段，写闽国王延政大破南唐军，朱文进为部属诛杀。后晋叛将杨光远伏诛，契丹主第二次大举南犯。）

后晋齐王开运二年（乙巳，公元 945 年）

春季，正月，后晋出帝下诏，命令赵在礼回师驻扎澶州，马全节回师驻扎邺都；又派遣右神武统军张彦泽驻扎黎阳，西京留守景延广从滑州率兵把守胡梁渡。正月初三日庚子，张从恩奏报说契丹已经逼近了邢州，后晋出帝诏命滑州、邺都再进兵抵抗它。义成节度使皇甫遇率兵直奔邢州。契丹入侵邢、洺、磁三州，几乎把这些地方抢光杀尽，又进入邺都境内。

正月十五日壬子，张从恩、马全节、安审琦率领数万行营兵马，在相州安阳水的南岸列阵。皇甫遇和濮州刺史慕容彦超带领数千名骑兵到前面去侦察契丹军的情况，他们到了邺县，正要渡过漳水，遇上数万契丹兵，皇甫遇等人且战且退；退到榆林店，契丹大队人马压了过来，二位将军商量说："我们如果现在逃走，就会全部被杀，一个也跑不掉！"于是就停了下来，摆开阵势，从午时到未时，力战百余回合，双方都死伤惨重。皇甫遇的马战死，只好进行步战；他的仆人杜知敏把自己的坐骑让给了他，皇甫遇骑马再战。经过很长时间，战况才稍微缓解了一点；回头再看杜知敏时，他已被契丹军捉了去，皇甫遇说："知敏是个义士，不能丢下他不管。"又与慕容彦超跃上战马冲入契丹军阵，把杜知敏救了回来。不一会儿，契丹军又来了新的部队投入战斗，二位将军说："形势已不允许我们逃走，只有以死报国了。"

太阳快要落山了，拒守在安阳水南岸的各位将领，对侦察敌情的部队还没有回来感到很奇怪，安审琦说："皇甫太师一点音讯也没有，一定是被北虏所围困。"话还没说完，就有一名骑兵回来报告说皇甫遇等人被几万北虏所包围；安审琦当即就带领骑兵出列，准备去救援皇甫遇，张从恩说："这话未必可信。北虏如果真的蜂拥而至，把我们军队全部派出去，恐怕也不一定能抵挡得住敌人的进攻，公前去会有什么帮助！"安审琦说："成败是天意，万一不能成功，应当共同承担后果。假如北虏不向南来，我们却待在这里白白地失去皇甫太师，那我们还有什么脸面去见天子！"于是就渡过安阳水向北进发。契丹兵远远看到这边尘土飞扬，就解围而去。皇甫遇等人这才得以生还，和诸位将领一道回相州，军中都叹服二位将军的勇烈。

慕容彦超本来是吐谷浑人，和刘知远是同母兄弟。

（以上为第八段，写晋军大破契丹于相州。）

契丹也引兵退走，他们的兵众自己也吃惊地说："晋军全部来了！"当时契丹主还在邯郸，听到这一消息，立即向北逃去，不到两晚上时间，就到了鼓城。

当天晚上，张从恩等人商议道："契丹出动了全国的兵马而来，我们的兵员却不多，城中的粮食也撑不到十天了，万一再有奸人去向契丹报告我们的虚实，北虏出动全部军队来包围我们，我们就死定了。不如带领军队前往黎阳仓，南边靠着黄河以作抵抗，这样可以万无一失。"商议还没有定下来，张从恩就带领部队先行出发了，诸军只好跟着出发；一路上骚扰混乱、丢失逃跑不断，又跟当初从邢州出发时一样。

张从恩留下五百名步兵把守安阳桥，夜间四更鼓时，知相州事符彦伦对将领和幕僚们说："今晚乱哄哄的，人们没有坚定的意志，五百名疲惫的兵卒，怎么能守得住桥！"当即就把守桥的士兵召进城内，让他们登上城墙作防备。天亮了，远远望去，契丹有数万名骑兵已在安阳水北摆开阵势，符彦伦命令城上的守兵扬动旌旗，击鼓喧噪，申明号令，契丹兵一时难测城中的虚实。等到辰时，赵延寿和契丹惕隐率领部众渡过安阳水，绕过相州向南推进，后晋出帝诏命右神武统军张彦泽率兵赶赴相州。赵延寿等人走到汤阴，得知这一消息，正月十七日甲寅，率兵后撤；马全节等人在黎阳统领着大军，但是却不敢追击。赵延寿把他的全部精甲骑兵都摆列在相州城下，做出要攻城的架势，符彦伦说："这些北虏马上就要逃走了。"于是派出了五百名披甲士卒出城，在城北列阵等待；契丹兵果然退走了。

任命天平节度使张从恩代理东京留守。

正月二十三日庚申，振武节度使折从远出兵攻打契丹，包围胜州，接着攻打朔州。

后晋出帝的病情稍微好转，黄河以北地区却相继告急。后晋出帝说："这不是我安心睡大觉的时候！"于是就部署诸将，作出征的准备。

把武定军改名为天威军。

北面副招讨使马全节等人上奏："根据来投降的胡兵说，北虏的兵众不多，应该乘他们散归部落之际，大举出兵直接袭击幽州。"后晋出帝同意这个看法，于是向各道征调部队。正月二十五日壬戌，下诏要御驾亲征；正月二十八日乙丑，后晋出帝从大梁出发。

（以上为第九段，写后晋出帝乘胜出击契丹，兵发大梁。）

闽国旧臣一起迎接殷主王延政，请他回福州，并改国号为闽。王延政认为这时正有唐军来犯，顾不上迁都，就任命他的侄子门下侍郎、同平章事王继昌都督南都内外诸军事，镇守福州；任命飞捷指挥使黄仁讽为镇遏使，率兵保卫福州。

林仁翰到了建州，闽主对他的赏赐很微薄；林仁翰从来也没夸耀过自己的功劳。

征发南都侍卫及两军的甲兵一万五千人，赶赴建州抵御唐兵。

二月初一日壬辰，后晋出帝到了滑州，命令安审琦驻扎邺都。二月初七日甲戌，后晋出帝从滑州出发；二月初八日乙亥，到达澶州。二月十二日己卯，马全节等各路军队依次北上。刘知远得知这一消息后说："中原疲乏困弊，保全自己恐怕还难以做到；竟敢随意地向强大的北胡挑战，即使打胜了也还会留有后患，何况要是打不胜呢！"

契丹从恒州撤军，让瘦弱的士兵驱赶着牛羊经过祁州城下，祁州刺史下邳人沈斌派兵出城进行拦击；契丹用精锐骑兵夺取了祁州城门，州兵回不了城。赵延寿知道城中没有多余的兵力，就带领契丹兵紧急攻城；沈斌这时正在城上，赵延寿对他说："沈使君，我的老朋友。'择祸不如选择轻的'，为什么还不早一点投降！"沈斌回答说："侍中父子，你们打错算盘陷身于北虏，竟然忍心带着一帮犬羊之兵来摧残父母之邦；自己不感到惭愧可耻，反而有得意的神色，是什么东西！沈斌我即使弓折矢尽，宁可为报效国家而死，无论如何也不会效法你的所作所为！"第二天，祁州城被攻陷，沈斌自杀身亡。

二月十九日丙戌，诏命北面行营都招讨使杜威率领本道兵马会合马全节等人一起进军。

端明殿学士、户部侍郎冯玉，宣徽北院使、代理侍卫马步都虞候太原人李彦韬，都是依仗恩宠而得以掌权，他们忌恨中书令桑维翰，多次对他进行诋毁。后晋出帝想罢免桑维翰的职务，李崧、刘昫一再谏阻，只好作罢。桑维翰知道了这一情况，建议任命冯玉为枢密副使，冯玉内心大为不满。二月二十九日丙申，宫中下旨任命冯玉为户部尚书、枢密使，目的是为了分散桑维翰的权力。

李彦韬年少侍奉阎宝，当仆人，后来隶属到后晋高祖的帐下。后晋高祖从太原南下时，留下他陪侍后晋出帝，成为心腹之人，从此受到了恩宠。他生性机灵巧诈，和那些佞幸受宠的人相互勾结，以蒙蔽后晋出帝的耳目；后晋出帝依靠信任他，以至于提升和罢免将相，也让他参与商议。他常常对人说："我不知道朝廷设置文官有什么用处，正想要加以淘汰，以后要慢慢地全部废除。"

（以上为第十段，写契丹仓皇北逃，后晋出帝听嬖幸之言欲罢桑维翰职事。）

南唐查文徽上表请求增加兵力，南唐主任命天威都虞候何敬洙为建州行营招讨马步都指挥使，将军祖全恩为应援使，姚凤为都监，率领数千兵马联合攻打建州，从崇安出发，驻扎赤岭。闽主王延政派遣仆射杨思恭、统军使陈望率领一万人马抵抗唐兵，他们在河流的南岸列置栅栏，十几天都不出战，唐兵也不敢逼近。

杨思恭用闽主王延政的命令督催陈望出战。陈望说："江淮一带的兵是精锐的，他们的将领都熟悉作战。我们国家的安危，关键就在这一次行动了，不能不在万无一失之后才行动。"杨思恭生气地说："唐军深入境内来侵犯，陛下为此寝不安席，把国家大事委托给将军。现在唐兵人数不过几千人，而将军却统领兵众一万多人，不乘敌人立足未稳发动攻击，如果出现唐兵因畏惧而自行撤退这种情况，将军有什么脸面去见陛下呢！"陈望不得已，只好率兵涉水去与唐军交战。祖全恩等人用主力部队挡在他的前面，又派奇兵绕到他的后面，结果把闽军打得大败。陈望战死，杨思恭也仅仅保全性命。

王延政大为恐惧，据城自守，征召董思安、王忠顺，让他们率领五千名泉州兵赶赴建州，分兵把守要害之地。

当初，后晋高祖在从前的澶州城设置过德清军，等到契丹入侵时，从澶州到邺都的城防都纷纷陷落了。人们议论认为，澶州、邺都之间相距有一百五十里，应该在两者之间修建城池以应接南北，后晋出帝听从了这个建议。三月初二日戊戌，重新修筑德清军城，把德清、南乐的百姓合并迁到新城里去。

当初，光州人李仁达，在闽国做官当元从指挥使，连续十五年没有得到提拔。闽主王曦时代，他反叛投奔了建州，殷主王延政任用他为将军。等到朱文进弑杀了王曦，他又反叛投奔到福州，向朱文进陈述攻取建州的计策。朱文进讨厌他这种反复无常的行径，就把他罢黜到福清居住。蒲城人陈继珣，也背叛殷主王延政投奔到福州，替王曦攻取建州出谋划策，王曦任命他为著作郎。等到王延政取得福州以后，二人都感到恐惧不安。

王继昌昏昧懦弱，不体恤爱护将士，将士们都怨恨他。李仁达暗中潜入福州，游说黄仁讽说："现在唐兵乘着胜利的余威而来，建州孤立无援，形势危急。富沙王连建州都保不住，又怎么能来保福州呢！从前的王潮兄弟，只不过是光山的平民百姓罢了，攻取建州竟然易如反掌。何况我们又能遇到这样好的时机，自己谋求富贵，哪里还担心不如他们！"黄仁讽同意了他的意见。当天晚上，李仁达等人带领甲兵冲进府舍，杀死了王继昌和吴成义。

李仁达想自立为帝，但又怕人心不服，他看到雪峰寺的僧人卓岩明一向被众人所尊重，于是就说："这位僧人的眼睛是重瞳子，手长超过膝盖，是个真正的天子。"便和大家一起把他迎了出来。三月初三日己亥，立他为皇帝，脱下他的袈裟，给他穿上龙袍，戴上冠冕，然后率领将领和官吏们面朝北向他叩拜。不过还是把当年称为天福十年，派遣使者向后晋呈送章表自称藩属。

王延政得知这一消息，就族灭了黄仁讽的全家，命令统军使张汉真率领五千名水军，会合漳州、泉州的兵马前去讨伐卓岩明。

（以上为第十一段，写南唐军大败闽主王延政，李仁达据福州以叛，奉僧人卓岩明为帝。）

三月初九日乙巳，杜威等各军在定州会合，任命供奉官萧处钧代理祁州的事务。三月十四日庚戌，各军进攻契丹，契丹泰州刺史晋廷谦率领全州投降。三月十八日甲寅，夺取了满城，俘虏了契丹酋长没刺以及他属下的士兵二千人。三月十九日乙卯，夺取了遂城。赵延寿的亲兵中有投降过来的人报告说："契丹主回到虎北口，听说晋朝夺取了泰州，又统率兵众大举南下，约有八万多骑兵，估计明晚就会来到，应该赶快作准备。"杜威等人一听，害怕了起来，三月二十日丙辰，撤退到泰州防守。

三月二十二日戊午，契丹军到达泰州。三月二十三日己未，晋军向南撤退，契丹兵紧随其后。晋军到达阳城，三月二十四日庚申，契丹的大部队压了过来。晋军与契丹兵交战，把契丹兵向北驱逐了十多里，契丹兵越过白沟退了回去。

三月二十六日壬戌，晋军排成阵列向南行进，契丹骑兵像山一样从四面围了过来，各军奋力作战，进行抵抗。这一天，才走了十多里路，士兵和战马都饥饿疲乏。

三月二十七日癸亥，晋军到达白团卫村，埋设鹿角做成临时营寨。契丹兵把营寨包围了好几重，派出奇兵绕到营寨的后面切断了晋军的粮道。当天晚上，强劲的东北风刮了起来，破坏房屋，吹折大树；晋兵在营中掘井，刚掘到有水的地方，井围就塌了下来，士卒们只好连泥带水取出，用布帛加以拧绞出水，然后饮用，人和战马都很干渴。到天刚亮时，风刮得更厉害了。契丹主坐在一辆奚族所造的大车中，对他的兵众发命令说："晋军也只有这些了，应当把他们全部抓获，然后再向南直取大梁！"命令披甲的精锐骑兵在晋军营寨的四面下马，拔除鹿角往营寨中冲去，挥舞短兵器攻击晋军，又顺风放火，扬起尘沙，以助其声势。

晋军士兵们都很愤怒，大声呼叫着说："都招讨使为什么还不出兵，让士卒们白白送死！"诸道都请求出战，杜威说："等风势稍微减弱一点，再看看能否出兵。"马步都监李守贞说："敌众我寡，在风沙之内，难以看出双方兵力谁多谁少，只有拼力作战的人才能取得胜利，这场大风实际上是帮助了我们；如果等到风停了，我们也就全都没命了。"说完就大声呼叫："各军一齐击贼啊！"又对杜威说："令公您好自防守，李守贞我用中军去和敌人决一死战！"马军左厢都排阵使张彦泽召集诸将询问计策，大家都说："北虏占有风势之利，还是应该等到风向转了再与他们交战。"张彦泽也认为这话有道理。诸将退下去之后，马军右厢副排阵使太原人药元福一个人留了下来，他对张彦泽说："现在军中人马又饥又渴，情况已经十分危急，如果等风转向，我们就已经成俘虏了。敌人认为我们不可能逆风出战，我们就更应该出其不意地抓紧发动攻击，这正是兵法上的诡诈之道啊。"马步左右厢都排阵使符彦卿说："与其束手就擒，不如以身殉国！"于是就和张彦泽、药元福以及左厢都排阵使皇甫遇率领精锐骑兵从营寨的西门出来攻击敌兵，其他将领也随后杀了出来。契丹兵后退了几百步。符彦卿等人问李守贞说："是带着队伍往来砍杀呢？还是一直往前冲杀，直到打胜为止呢？"李守贞说："事情已经到了这个地步，断无掉转马头的道理！应该长驱直入直到取胜为止。"符彦卿等人策马冲了过去，这时风势更加强劲了，天昏地暗，如黑夜一般。符彦卿等人统领一万多名骑兵纵横冲杀，呼喊之声震天动地，契丹军被打得大败而逃，溃败的情势有如山崩。李守贞也命令步兵拔除鹿角出营作战，步兵和骑兵一同向前推进，把契丹军向北驱赶了二十多里。契丹的那些披甲精锐骑兵下了战马之后，仓促之间都难以再骑上去，于是纷纷丢下战马以及铠甲兵仗，丢得满地都是。

败逃的契丹散兵游勇一直逃到阳城东南面的水边，才渐渐集结成队形。杜威说："贼兵已经被吓破了胆，不能再让他们集结成队形！"于是派遣精锐骑兵向敌人发动攻击，契丹兵都渡水退走。契丹主坐在奚车上逃了十来里，后面追兵追得急，半路上得到一头骆驼，契丹主就骑上那头骆驼逃走了。诸将请求抓紧追击契丹主。杜威高声地对大家说："碰到强盗，侥幸不死，还想再向他索回衣物钱袋吗？"李守贞也说："两天来人马都渴得很厉害，现在得到了水拼命地喝，喝得大家脚步都沉重了，很难再追得上贼寇，不如保全实力，撤回去。"于是就撤退到定州防守。

契丹主回到幽州，散失的兵卒渐渐聚集到一起；由于军事上的失利，就杖打他的酋长；每人打几百下，只有赵延寿得以幸免。

三月二十九日乙丑，各军从定州班师回来，诏令把泰州隶属于定州。

夏季，四月十六日辛巳，后晋出帝从澶州起程；四月十九日甲申，回到大梁。

四月二十四日己丑，重新把邺都改为天雄军。

（以上为第十二段，写晋军在阳城大败契丹。）

闽国张汉真到了福州，攻打福州的东门城。黄仁讽得知自己的家人已被族灭，就打开城门，拼力死战，把闽军打得大败，活捉了张汉真，然后进入城内，把他斩首。

卓岩明并没有什么特殊的方略，只是一味在殿上含水喷洒，撒布豆子，作各种法事而已。又派使者到莆田去把他的父亲接到宫里来，尊奉他为太上皇。

李仁达在扶立卓岩明为帝之后，自己亲判六军诸卫事，让黄仁讽驻扎西门，陈继珣驻扎北门。在一次闲谈中黄仁讽对陈继珣说："人之所以是人，就在具备了忠、信、仁、义的德性。我前不久为富沙王立过战功，中途背叛了他，这是不忠；人家把侄子托付给我，而我却和别人一道把他给杀了，这是不信；近来和建州兵交战，所杀的人都是家乡的旧相识，这是不仁；抛弃妻子儿女，让他们被人像鱼肉一样宰割，这是不义。我这一辈子总是随波逐流，即使死了也会有余愧的！"说完，就捶胸顿足地痛哭了起来。陈继珣说："大丈夫就是为了追求功名，哪里还能顾及妻子儿女！应该把这些事搁在一边，不要因此招惹灾祸。"李仁达后来得知了这件事，就指使别人诬告黄仁讽、陈继珣要谋反，把他俩都杀了。从此兵权都归李仁达掌握。

（以上为第十三段，写闽国李仁达并灭黄仁讽、陈继珣。）

五月初一日丙申，大赦天下。

顺国节度使杜威，长期镇守在恒州，生性贪婪残暴，仗着自己是贵戚，干了很多违法的勾当。他常常借着防备边境的名义，聚敛官吏和百姓的金银布帛，以充实自己的库藏。富裕人家如果有珍宝或绝色女子、骏马，他都要强取过来；或者诬加罪名，把人杀了，再抄没他的家产。另一方面他又特别胆小懦弱，常常只有数十名契丹骑兵进入辖境，杜威就已经关闭城门，登上城墙躲在矮墙的后面了。有时只有几个契丹骑兵驱赶着他们所掠得的成百上千个汉人经过城下，杜威也只是睁大眼睛，伸长脖子，呆呆地望着他们远去，一点出城拦截的意思都没有。正因为如此，北虏才得以肆无忌惮，辖区下的城池很多都被北虏所血洗，杜威最终也没能派出一兵一卒去解救他们，千里原野，暴露在外的尸骨像野草一样，一望无际，稀见村落，全都成了废墟。

杜威眼见辖区内残敝败落，自己被民众所怨恨，又害怕契丹的强盛，就多次上表请求入朝，后晋出帝没答应。杜威等不到朝廷的正式答复，就突然撇下军镇入朝去了，朝廷得知这一情况，感到非常吃惊。桑维翰对后晋出帝说："杜威执意违抗朝廷使命，擅自离开边疆重镇。平日又依仗是元勋旧臣，无理要求朝廷对他宽容，但到了边疆多战事的时候，他却没有一点保疆卫土的决心；应该乘这个机会把他罢黜，只有这样才不至于给今后留下祸患。"后晋出帝听了这话不大高兴。桑维翰又说："陛下如果不忍心罢黜他，就最好让他负责靠近京师的一个小军镇，再不要委任他负责大军镇了。"后晋出帝说："杜威，是朕的近亲，一定不会有反叛的思想；只是宋国长公主急切地想他们夫妻相见而已，公就不要再多加猜疑了！"桑维翰从此以后不敢再谈论国家大事了，借口脚有毛病，辞掉了职位。五月二十一日丙辰，杜威到了大梁。

（以上为第十四段，写杜威畏惧契丹复来，擅离职守，后晋出帝姑息不问。）

五月二十二日丁巳，李仁达大规模地检阅军士，请卓岩明亲临视察。李仁达暗中叫军士向前冲上台阶，刺杀了卓岩明。李仁达表面上装作很吃惊的样子，狼狈地逃走了；军士们一起把李仁达捉了回来，让他坐在卓岩明所坐的位子上。李仁达于是自称为威武留后，使用"保大"为年号，呈奉表章向南唐称藩属，同时也派遣使者向后晋进贡；并且杀了卓岩明的父亲。南唐任命李仁达为威武节度使、同平章事，赐给他名字叫弘义，把他编入到李氏族谱之中。李弘义又派遣使者去和吴越建立友好关系。

五月二十四日己未，杜威向朝廷进献他的私人部队，步兵和骑兵共四千人，以及这些人的铠甲仪仗，五月二十五日庚申，又进献粟米十万斛，草料二十万束，说这些东西还在恒州。后晋出帝把他所献的骑兵隶属于扈圣，步兵隶属于护国，杜威又请求把这些步兵和骑兵拨给他作衙门的卫队，而这些人的供给和赏赐却仍然都由朝廷负担。杜威又叫公主告诉后晋出帝，要求授给他天雄军的符节和斧钺，后晋出帝答应了他的要求。

南唐军队包围建州，多次打败泉州兵。许文稹在汀州打败了南唐军队，活捉了他们的将领时厚卿。

六月初九日癸酉，任命杜威为天雄节度使。

契丹连年对内地发动攻击，中原疲于奔命，边境的百姓生灵涂炭；契丹人口和牲畜也死了很多，国人对战争已感到厌恶和痛苦。述律太后对契丹主说："假如让汉人来做我们胡人的主人，可以吗？"契丹主回答说："不可以。"太后又说："那么你为什么还一心想当汉人的主人呢？"契丹主说："姓石的忘恩负义，令人难以容忍。"太后说："你现在虽然获得了汉人的土地，但是不能住在那儿；以后万一有个闪失，后悔又哪里来得及！"又对她的群臣说："汉家儿郎又哪一天睡过安稳觉！自古以来，只听说汉人主动和蕃，从没有听说过蕃人去主动和汉的。汉家儿郎果真能够回心转意的话，我又何必不跟他们和谈呢！"

桑维翰多次劝说后晋出帝再向契丹请和，以缓解国家的灾患，后晋出帝任命开封府军将张晖为供奉官，派他到契丹去奉表称臣，用谦卑的言辞对晋朝以往的罪过道歉。契丹主说："让景延广、桑维翰亲自来，再割让镇州、定州两个道隶属于我，才可以讲和。"朝廷听契丹主的口气非常蛮横，认为他是无意讲和，只好作罢。到后来契丹主进入大梁时，他对李崧等人说："当初假如晋朝再派使者来一次的话，那么南北双方就不会再打仗了。"

秋季，七月，闽国有人诬告福州的援兵要阴谋叛变，闽主王延政收缴了他们的铠甲和兵仗，遣送他们回去，但却在险要地段布下伏兵，把他们全部杀掉，被杀死的一共有八千多人，把他们的尸肉做成肉干，带回来当作食物吃。

南唐边镐攻克了镡州，查文徽的党羽魏岑、冯延己、冯延鲁看到出师有功，都踊跃地赞成出兵这件事。为了满足军用而调拨军需物资，把府库的储备都消耗光了，洪州、饶州、抚州、信州的百姓尤其深受其苦。

王延政派遣使者向吴越奉表称臣，请求做它的附庸，以求得救兵。

楚王马希范怀疑静江节度使兼侍中、知朗州马希杲在当地得民心，就派人去暗中监视他。马希杲害怕了起来，推说有病，请求回朝，楚王不答应；并派医生去给他看病，乘机把他毒死了。

（以上为第十五段，写闽国李仁达阴谋得逞，自称威武留后。殷主王延政凶残，杀福州兵八千人。后晋出帝不纳桑维翰之策，痛失乘胜与契丹和解的时机。）

【点评】

本卷点评后晋大破契丹和沈斌痛斥赵延寿两件史事。

后晋大破契丹。平卢节度使杨光远招引契丹在后晋大灾之年入寇。开运元年（公元944年）正月，契丹攻晋，陷贝州。二月，杨光远公开反叛，契丹从马家口渡黄河攻郓州接应杨光远，晋军在马家口大破契丹。杨光远援绝。三月，契丹主耶律德光率十万大军南犯，在澶州再次被晋军打败，契丹北归，所过焚掠。杨光远被困青州，城中食尽，饿死者大半，杨光远遥拜契丹，绝望地哀号："皇帝，皇帝，误光远矣！"十二月，其子承勋、承祚、承信杀了煽动杨光远反叛的节度判官丘涛等，劫持父亲杨光远开城投降晋军。后晋军在大灾之年打败气势汹汹的契丹人，表现了中原汉人军民的勇气。人人奋勇血战，契丹败北。杨光远的卖国行径，是白日做皇帝梦，他的下场是人心大快。晋将李守贞暗杀杨光远，以病死上奏。

沈斌痛斥赵延寿。赵延寿认贼作父，死心塌地做走狗。契丹大举入寇，集中了燕云十六州汉兵五万使赵延寿为将，替契丹人打先锋。契丹主谎称，打下中原，就立赵延寿为帝。契丹主又多次对汉人士众说："赵将军，他就是你们真正的主人。"赵延寿心花怒放，真的以为能当儿皇帝，为契丹竭尽全力，多次进言灭亡后晋的方法。契丹败还，过祁州城，赵延寿知城中兵少，献策契丹夺取祁州城。沈斌在城上斥责赵延寿。赵延寿劝沈斌投降。赵延寿说："沈使君，你是我的老朋友，选择祸患要挑轻的，还不快快投降。"沈斌回答说："赵侍中你们父子打错算盘陷身北虏，竟然忍心带着一群犬羊之兵来祸害父母之邦，你不感到羞耻，还得意扬扬，是什么东西！我沈斌即使弓折矢尽，宁愿为国家捐躯，绝不学你摇尾乞怜。"第二天城破，沈斌自杀。一为英雄，一为败类。赵延寿是无耻的走狗，白日做皇帝梦，至死不悟。

后晋纪六

后晋齐王开运二年至三年（公元945—公元946）

【起旃蒙大荒落（乙巳，公元945年）八月，尽柔兆敦牂（丙午，公元946年），凡一年有奇】

【大事提要】

本卷记事起于公元945年八月，讫于公元946年，凡一年又五个月。当后晋出帝开运二年八月至开运三年。南唐军攻破建州，殷主王延政请降。泉州人逐走南唐兵。闽主王仁达求救于吴越王，南唐兵败福州。后晋出帝骄奢淫逸，将士寒心。赵延寿诈降，后晋出帝委任杜威为元帅收复瀛、莫二州，契丹主第三次大举南犯。晋与契丹夹滹沱河两岸对峙，杜威按兵不战，投降契丹，求为中原之主。河北诸镇望风降敌。契丹主命杜威领晋兵南下，张彦泽为前锋直取大梁清宫。后晋出帝被迁于开封府封禅寺以待契丹主。后晋灭亡。

齐王下

后晋齐王开运二年（乙巳，公元945年）

八月初一日甲子，发生日食。

八月初三日丙寅，右仆射兼中书侍郎、同平章事和凝被罢免中书侍郎、同平章事的职务，只保留本官；枢密使、户部尚书冯玉加官中书侍郎、同平章事，政事不论大小，全都托付给他。

后晋出帝自从在阳城获胜以后，以为天下没有值得忧虑的事了，更加骄纵奢侈。四方所进献的珍宝奇物，全部都归入内宫的府库；制造很多供人赏玩的器物，扩建宫室，讲究地装饰后宫庭苑，近代几朝都赶不上；建造织锦楼来编织地毯，征用几百名编织工，整整一年才完成；又毫无节制地赏赐歌伎艺人。桑维翰劝谏说：“前些时陛下亲自率兵抵御胡寇，战士受重伤的，赏赐不过几匹布帛，现在那些歌伎艺人一谈一笑符合皇上的心意，往往赏赐束帛、万钱、锦袍、银带，这些如果让战士看到，能不感到怨恨？他们一定会说：‘我们这些人冒锋利的刀刃，折断筋骨，还不如一谈一笑的功劳来得大呢！’这样一来，士卒人心叛离，陛下靠谁来保卫社稷呢？”后晋出帝不听。

冯玉常常善于逢迎后晋出帝的心意，因此更受宠信。冯玉曾经生病在家，后晋出帝对各位宰相说："自刺史以上的职位，要等到冯玉病好以后才可以任命。"后晋出帝对他的依赖和信任到了这种地步。冯玉趁机滥用职权，四方的贿赂馈赠，纷纷汇集到冯玉的家里。因此朝政日益败坏。

南唐军队围攻建州已经很久，建州人心涣散。有人对董思安说："应该及早选择自己的去留。"董思安说："我世代侍奉王氏，如果在他危难的时候背叛了他，天下有谁还能容纳我！"众人被他的话所感动，没有人背叛。

八月二十四日丁亥，南唐先锋桥道使上元人王建封率先登城，于是攻克建州，闽主王延政投降。王忠顺战死，董思安整顿部众投奔泉州。

当初，南唐军队来的时候，建州百姓痛恨王氏的昏乱和杨思恭的过度敛财，争着去砍伐树木、开辟道路来迎接南唐军队。等到南唐军队攻破建州，放任士兵大肆抢掠，宫室庐舍几乎都被烧光。当天晚上，刮寒风、下大雨，冻死的人纵横叠卧，建州百姓很失望。南唐主因为他们有功劳，都不加追究。

南汉主刘晟杀韶王刘弘雅。

（以上为第一段，写后晋出帝阳城大捷后高枕无忧，骄侈荒政，将士寒心。南唐兵破建州，殷主王延政降南唐。）

九月，许文稹率汀州，王继勋率泉州，王继成率漳州，都投降南唐。南唐在建州设置永安军。

九月初三日丙申，后晋出帝任命西京留守兼侍中景延广充任北面行营副招讨使。

殿中监王钦祚暂时代理恒州事务。正遇上军中存粮缺乏，后晋出帝诏命王钦祚征买百姓的粟米。杜威有十几万斛的粟米留在恒州，王钦祚将它全部抄没，奏报朝廷。杜威大怒，上表说："臣有什么罪，王钦祚竟然要没收臣的粟米！"朝廷为此召回王钦祚，依旧重赏杜威来抚慰他。

九月十五日戊申，在曹州设置威信军。

后晋出帝派遣侍卫马步都指挥使李守贞戍守澶州。

九月二十二日乙卯，派遣彰德节度使张彦泽戍守恒州。

南汉主杀刘思潮、林少强、林少良、何昌廷。由于左仆射王翻曾经和高祖刘䶮谋划立刘弘昌，将他贬为英州刺史，王翻还没有到达任所，又被赐死。于是内外官员都害怕不能自保。

冬季，十月三十日癸巳，朝廷在陈州设置镇安军。

南唐元敬宋太后去世。

王延政到达金陵，南唐主任命王延政为羽林大将军。斩杀杨思恭以慰抚建州百姓。任命百胜节度使王崇文为永安节度使。王崇文治理政事，宽大简明，建州百姓因此安定。

当初，高丽王王建用兵吞灭邻国，势力颇为强大，通过胡僧襪啰对后晋高祖说："勃海和我有姻亲关系，勃海国王被契丹俘虏，请求与朝廷共同发兵攻打契丹，夺回勃海王。"后晋高祖没有答复。等到后晋出帝和契丹成为仇敌，襪啰又说起这件事。后晋出帝想让高丽扰乱契丹的东边来分散它的兵力；正赶上高丽王王建去世，王建的儿子王武自称代理国事，上表告丧。十一月初五日戊戌，朝廷任命王武为大义军使、高丽王，派遣通事舍人郭仁遇出使高丽，宣告朝廷的旨意让高丽攻打契丹。郭仁遇到达高丽，发现他们的兵力非常弱小，以前襪啰所说的话，只不过是王建夸大其词罢了，实际上并不敢与契丹为敌。郭仁遇返回，王武又以其他理由来解释。

（以上为第二段，写后晋欲结高丽为援，高丽国弱，无益于后晋。）

十一月二十二日乙卯，吴越王钱弘佐诛杀内都监使杜昭达；十一月二十六日己未，诛杀内牙上统军使、明州刺史阚璠。

杜昭达是杜建徽的孙子，和阚璠一样都贪图钱财。钱塘富人程昭悦用钱财结交他们两人，得以陪侍在钱弘佐的身边。程昭悦为人狡诈奸佞，吴越王喜欢他，宠信他超过旧将，阚璠不服气。程昭悦知道这一点，亲自到阚璠那里叩头赔罪，阚璠责骂了他很久，才说："我起初坚决要杀你，现在你既然已经悔过，我心里也就没什么了。"程昭悦害怕，谋划要除掉阚璠。

阚璠专横而又固执，国中怨恨他的人很多。程昭悦想把他外放为地方官，又担心阚璠察觉，私下对右统军使胡进思说："现在想任命您和阚璠各自为家乡的州刺史，使阚璠不致生疑，可以吗？"胡进思答应这样做，于是任命阚璠为明州刺史，胡进思为湖州刺史。阚璠愤怒地说："把我外放为地方官，是抛弃我。"胡进思说："老兵得到大州，已经很幸运了；不去上任，干什么呢！"阚璠这才接受任命。不久又以其他的理由将胡进思留下。

内外马步都统军使钱仁俊的母亲，是杜昭达的姑母，程昭悦因而诬陷阚璠和杜昭达谋划拥立钱仁俊共同作乱，把二人关进监狱，罗织罪名而定罪。阚璠、杜昭达被杀以后，钱仁俊被削夺官职，囚禁在东府。接着程昭悦惩处阚、杜二人的党羽，凡权力职位与自己相等、自己心里所嫉恨的，诛杀、放逐的有一百多人，国人畏惧他，都敢怒而不敢言。胡进思温厚持重，沉默寡言，程昭悦认为他很愚痴，所以独自留下他一人。

程昭悦收押钱仁俊原来的属吏慎温其，让他证实钱仁俊有罪，鞭笞拷打无所不至。慎温其始终坚持不屈；钱弘佐非常赞许，提拔他任朝廷官员。慎温其是衡州人。

十二月初三日乙丑，朝廷加官吴越王钱弘佐为东南面兵马都元帅。

十二月初九日辛未，任命前任中书舍人广晋人阴鹏为给事中、枢密直学士。阴鹏是冯玉的党羽；朝廷每当有官吏的迁调任命，冯玉都要和阴鹏商议。因此前来请求谒见、馈赠贿赂的人，挤满阴鹏的家门。

当初，后晋出帝的病还没有好，正遇上是正月初一，枢密使、中书令桑维翰派遣女佣人进宫向太后请安，因而问道："皇上弟弟石重睿近来读书了没有？"后晋出帝听到这句话，就告诉冯玉，冯玉趁机诬陷桑维翰有废皇帝、立新君的打算；后晋出帝对桑维翰产生怀疑。

李守贞向来痛恨桑维翰，冯玉、李彦韬和李守贞合谋排挤桑维翰；认为中书令代理开封尹赵莹软弱，易于控制，便共同推荐赵莹来代替桑维翰。十二月二十五日丁亥，罢免桑维翰的枢密使、中书令的职务，调为开封府尹；任命赵莹为中书令，李崧为枢密使兼任侍中。桑维翰于是称足疾，很少再上朝进谒，闭门在家，谢绝宾客。

有人对冯玉说："桑公是开国元老，现在既然已解除他枢密使的职务，纵使不留他在相位，也应该优待给他大的藩镇，为什么让他任开封尹，亲自处理一些琐细的事情呢？"冯玉说："恐怕他造反罢了。"这人说："书生怎么能造反？"冯玉说："纵使他自己不造反，恐怕会教别人造反。"

楚湘阴隐士戴偃，作诗大多讥讽朝政，楚王马希范把他囚禁起来；天策副都军使丁思瑾上书痛切地劝谏，马希范削夺了丁思瑾的官爵。

南唐齐王李景达府中的属官谢仲宣对李景达说："宋齐丘是先帝的布衣之交，现在把他弃置在山野，不能让大家满意。"李景达为这件事对南唐主说："宋齐丘早就有声望，不用他也就算了，何必遗弃他，让他更为出名！"南唐主于是派李景达亲自到青阳去召请宋齐丘。

（以上为第三段，写吴越王信用奸人程昭悦，诛杀大臣；后晋出帝信用群小，排挤桑维翰。）

后晋齐王开运三年（丙午，公元 946 年）

春季，正月，南唐任命宋齐丘为太傅兼中书令，只是奉行朝会、答应召请而已，不参与政事。任命昭武节度使李建勋为右仆射兼门下侍郎，与中书侍郎冯延己都为同平章事。李建勋熟悉政事，但胆小怕事，优柔寡断；冯延己擅长文章辞藻，但狡猾谄佞，喜欢说大话，多树立朋党。水部郎中高越上书指责冯延己兄弟的过错和罪恶，南唐主发怒，贬高越为蕲州司士。

当初，南唐主在宫禁中设置宣政院，任命翰林学士、给事中常梦锡主持院事，专门掌管机密，常梦锡与中书侍郎严续都忠贞正直、大公无私。南唐主对常梦锡说："大臣中只有严续中立，然而没有才能，恐怕对付不了周围的朋党，你应当帮助他。"没过多久，常梦锡被解除宣政院的职务，严续也外任池州观察使。常梦锡于是称病，纵情饮酒，不再干预朝廷的政事。严续是严可求的儿子。

二月初一日壬戌，发生日食。

后晋昌节度使兼侍中赵在礼，前后在十个镇任职，所到之处贪婪残暴，家里的钱财在各镇将帅中是最多的。后晋出帝贪图他的财富，三月二十九日庚申，为皇子镇宁节度使石延煦娶他的女儿，赵在礼自己花费缗钱十万，后晋出帝所花的费用，又超过好几倍。石延煦和弟弟石延宝都是高祖石敬瑭的孙子，后晋出帝把他们当作自己的儿子来抚养。

南唐泉州刺史王继勋送书信给威武节度使李弘义，想和李弘义建立友好关系。李弘义因为泉州以前隶属于威武军，对王继勋用对等的礼节来和自己打交道很恼怒。夏季，四月，派遣弟弟李弘通率兵一万人讨伐王继勋。

当初，朔方节度使冯晖在灵州，将党项酋长拓跋彦超留滞在州中，所以党项各部落不敢入境骚扰；等到冯晖将要解除节度使职务时，把拓跋彦超放了回去。

前任彰武节度使王令温代替冯晖镇守朔方，不安抚羌胡，用中原的法令去约束他们。羌胡怨恨愤怒，争相侵扰抢劫。拓跋彦超、石存、也厮褒三族一同攻打灵州，杀死王令温的弟弟王令周。戊午这一天，王令温上表告急。

泉州都指挥使留从效对刺史王继勋说："李弘通军队势力很强大，而我们的士兵因为您赏罚不当，没有人肯尽力作战，您应该辞位自我反省！"于是解除王继勋的职务，命他回家；留从效自己代理军府事务，指挥军队攻打李弘通，大败李弘通。留从效上表奏报南唐主，南唐主任命留从效为泉州刺史，召王继勋回金陵，派遣将帅率兵戍守泉州。调任漳州刺史王继成为和州刺史、汀州刺史许文稹为蕲州刺史。

（以上为第四段，写南唐奸佞当道，直臣被贬黜。泉州都指挥使留从效击退福州兵代王继勋为泉州刺史。）

定州西北二百里有一座狼山，当地人在山上修建城堡来躲避胡兵的侵扰。城堡中有一座佛寺，尼姑孙深意住在里面，用妖术迷惑众人，预言事情颇多应验，远近的人都信奉她。中山人孙方简和他的弟弟孙行友，自称是孙深意的侄子，不饮酒，不吃肉，侍奉孙深意非常细心周到。孙深意死后，孙方简继续行使她的妖术，宣称孙深意"坐化"，刻意装饰孙深意的尸体，侍奉孙深意像她在世的时候一样，孙方简的信徒越来越多。

正遇上后晋和契丹断交，北方边境赋税徭役繁重，盗贼遍地，百姓不能安居乐业。孙方简、孙行友于是率领乡里中魁梧健壮的人，据守佛寺作为城堡来保护自己。契丹入侵，孙方简率领部众截击，缴获很多铠甲、兵器、牛马、军用物资，百姓携带家口前往投奔他的人日益增多。时间长了，达到一千多家，于是变成群盗。他们害怕被朝廷讨伐，就归附朝廷。朝廷也想利用他们来抵御契丹入侵，任命孙方简为东北招收指挥使。

孙方简时常进入契丹边境骚扰抢劫，斩杀缴获很多。后来向朝廷要求无止境，朝廷稍微不合他的意，就率领全寨投降契丹，请求作为向导引导契丹入侵。当时河北发生大饥荒，百姓饿死的，每一地都以万数计，兖、郓、沧、贝各州之间，盗贼蜂拥而起，官吏不能禁止。

天雄节度使杜威派遣元随军将领刘延翰在边境上买马，孙方简抓住他，进献给契丹。刘延翰逃回来，六月初三日壬戌，回到大梁，说："孙方简想乘中原饥荒凶年的时候，引导契丹入侵，应该做好准备。"

当初，朔方节度使冯晖在灵武，得到羌胡的人心，买马一年，就得到五千匹马，朝廷对他有些猜忌，调他镇守邠州和陕州，入朝任侍卫步军都指挥使兼河阳节度使。冯晖知道朝廷的用意，后悔离开灵武，于是以厚礼侍奉冯玉和李彦韬，请求再出镇灵州。朝廷也因为羌胡正在骚扰边境，六月初七日丙寅，再度任命冯晖为朔方节度使，率领关西军队攻打羌胡；任命威州刺史药元福为行营马步军都指挥使。

六月初六日乙丑，定州奏报契丹部署军队进逼边境。后晋出帝诏命天平节度使、侍卫马步都指挥使李守贞为北面行营都部署，义成节度使皇甫遇做他的副手，彰德节度使张彦泽充任马军都指挥使兼都虞候，义武节度使蓟州人李殷充任步军都指挥使兼都排阵使；派遣护圣指挥使临清人王彦超、太原人白延遇率领所部士兵十营到邢州。当时马军都指挥使、镇安节度使李彦韬当权，很瞧不起李守贞。李守贞在外的所作所为，不论事情大小，李彦韬都一定知道。李守贞表面虽敬奉李彦韬，但内心很恨他。

（以上为第五段，写中山人孙方简以妖术惑众，成为定州地方豪强，依违于后晋与契丹之间，叛服无常，趁河北大饥荒，引导契丹入寇。）

当初，南唐人既已攻克建州，想乘胜攻取福州，南唐主不允许。枢密使陈觉请求亲自到福州劝说李弘义，一定要李弘义入朝。宋齐丘推荐陈觉有口才，可以不动用刀枪，轻易地招降李弘义。南唐主于是封李弘义的母亲和妻子都为国夫人，四个弟弟都升官。任命陈觉为福州宣谕使，赏赐给李弘义丰厚的金帛。李弘义知道他们的计谋，接见陈觉时，口气和脸色都很傲慢，对待陈觉疏慢草率；陈觉不敢提请他入朝的事就回去了。

秋季，七月，黄河在杨刘决口，向西流入莘县，宽达四十里，从朝城向北流。

有个从幽州来的人，说赵延寿有意归国；枢密使李崧、冯玉相信了这人的话，命令天雄节度使杜威写信给赵延寿，详细叙说了朝廷的意旨，用厚利引诱他。洛州军将赵行实曾经在赵延寿手下做过事，派赵行实带书信暗中到契丹送给赵延寿。赵延寿回信说："长久居住他乡，想回归中原。请求征发大军接应，我好脱身南下。"

言辞恳切。朝廷非常高兴，又派赵行实去见赵延寿，与赵行实相互约定时间。

八月，李守贞奏报："在长城以北与一千多名契丹骑兵相遇，转战四十里，斩杀他们的酋帅解里，其他被挤落入水溺死的人很多。"八月初九日丁卯，诏命李守贞还军驻守澶州。

后晋出帝和契丹断绝关系以后，屡次召请吐谷浑酋长白承福入朝，宴会、赏赐都很丰厚。白承福随从后晋出帝与契丹在澶州交战，又和张从恩一起戍守滑州。恰好这年天气炎热，便遣送白承福的部落回太原，在岚州、石州一带放牧。部落中经常有人犯法，刘知远不肯宽容；部落了解朝廷衰弱，而且害怕刘知远的严厉，商议一起逃回旧地。有一个叫白可久的人，地位仅次于白承福，率领自己的部众先逃亡，归顺契丹。契丹任命白可久为云州观察使，用来引诱白承福。

刘知远和郭威商议说："现在天下多事，把这些人留在太原，实在是心腹之患，不如将他们除掉。"白承福家里十分富有，用银槽喂马。郭威劝刘知远杀掉白承福，没收他的财产来供给军队。刘知远秘密上表："吐谷浑反复无常，难以控制，请求将他们迁往内地。"后晋出帝派遣使者发送他们部落一千九百人，分别安置在河阳和其他各州。刘知远派遣郭威引诱白承福等人进入太原城里居住，以此诬告白承福等五族谋反，率兵包围并杀死他们，一共四百口，没收他的家产。后晋出帝下诏奖励了刘知远，吐谷浑从此衰微不振。

（以上为第六段，写契丹卢龙节度使赵延寿诈降后晋。太原留守刘知远剪除朔州效力于后晋的吐谷浑首领白承福，为割据扫清道路。）

濮州刺史慕容彦超因为违法征敛，擅自取官府的五百斛麦制造酒曲，派售给管辖下的百姓。李彦韬平素和慕容彦超有仇怨，揭发了这件事，慕容彦超的罪行应当斩首。李彦韬催促冯玉，让冯玉杀掉慕容彦超。刘知远上表营救慕容彦超，为慕容彦超辩护。李崧说："像慕容彦超这样的罪，现在天下的藩镇长官都有。如果都依法追究，恐怕人人内心都不会安宁。"八月十六日甲戌，下敕赦免慕容彦超的死罪，削夺他的官爵，流放房州。

南唐陈觉从福州回来，走到剑州，因为无功而回，感到羞愧，便假称皇帝的诏令，命令侍卫官顾忠召李弘义入朝，自称代理福州军府的事务，擅自征发汀州、建州、抚州、信州等四州军队以及戍守的士兵，命建州监军使冯延鲁率领，赶赴福州去迎接李弘义。冯延鲁先写信给李弘义，用祸福得失来开导李弘义。李弘义回信请求决战，派遣楼船指挥使杨崇保率领福州军队抵抗他们。陈觉任命剑州刺史陈诲为缘江战棹指挥使，上表给南唐主说："福州孤立危急，早晚能被攻陷。"南唐主因为陈觉自行其是，非常生气；大臣们大多说："大军已经迫近福州城下，不可中途停止，应该发兵援助陈觉。"

八月十九日丁丑，陈觉、冯延鲁在侯官打败杨崇保，八月二十日戊寅，乘胜进攻福州西关。李弘义出兵攻击，大败南唐军队，抓获南唐左神威指挥使杨匡邺。

南唐主任命永安节度使王崇文为东南面都招讨使，任命漳泉安抚使、谏议大夫魏岑为东面监军使，冯延鲁为南面监军使，联合兵力攻打福州，攻陷外城。李弘义坚守第二重城。

冯晖领兵越过旱海，到达辉德，这时干粮已经吃完。拓跋彦超的部众几万人，排成三列阵势，控制险要的道路，据守水源以等待冯晖。冯晖军中非常害怕。冯晖送财货给拓跋彦超来求和，拓跋彦超答应了冯晖。从日出到正午，使者往来好几次，拓跋彦超的军队还没有撤退。药元福说："敌人知道我们又饥又渴，表面上答应讲和来困住我们；如果到了晚上，我们就会被擒了。现胡虏人数虽不少，但是精兵不多，背靠着西山列阵的那一些就是。其他的步兵，不值得担忧，请您整肃士兵，排好阵势等待我，我率领精锐的骑兵先去冲杀西山的敌军，取得小胜就举起黄旗为信号，然后大军合力攻击他们，一定可以打败他们。"于是率领骑兵先进攻，用短兵器奋力拼杀。拓跋彦超稍稍后退，药元福举起黄旗，冯晖领兵攻杀过去，拓跋彦超大败。第二天，冯晖率兵进入灵州。

（以上为第七段，写南唐征闽，兵败福州。晋将冯晖复镇灵州，逐走拓跋彦超。）

九月，契丹三万人入侵河东。九月初五日壬辰，刘知远在阳武谷打败契丹军，斩首七千级。

南汉刘思潮等人死后，陈道庠自己内心不安。特进邓伸送给他一本《汉纪》，陈道庠问他这样做的缘故。邓伸说："愚笨的家伙！这本书里面有杀韩信、醢彭越的故事，应该仔细读一读！"南汉主听说这件事，就诛灭陈道庠和邓伸的全族。

李弘义自称为威武留后，改名为弘达，奉表向后晋朝廷请求任命官职。九月初七日甲午，朝廷任命李弘达为威武节度使、同平章事，代理闽国事务。

张彦泽奏报在定州城北打败契丹，又在泰州打败契丹，斩首两千级。

九月十四日辛丑，福州排阵使马捷引导唐军队从马牧山攻寨而入，到达善化门桥，都指挥使丁彦贞率兵一百人抵挡。李弘达退守善化门，外城和第二重城都被南唐军队占领。李弘达改名为李达，派遣使者奉表称臣，向吴越请求援兵。

楚王马希范知道后晋出帝喜欢奢侈浪费，屡次拿珍贵的玩物来进贡，请求做都元帅。九月十七日甲辰，任命马希范为诸道兵马都元帅。

九月二十九日丙辰，黄河在澶州临黄决口。

契丹让瀛州刺史刘延祚写信给乐寿监军王峦，请求率全城归附朝廷，并且说："城中契丹兵不到一千人，请求朝廷派遣轻装部队袭击他们，我为内应。再者，今年秋天多雨水，从瓦桥以北，积水无边无际，契丹主已经回到牙帐，即使获悉瓦桥关南有变故，因为路途遥远，被积水阻隔，也不能救援。”王峦与天雄节度使兼中书令杜威屡次上奏说瀛州和莫州可以乘此机会夺取，深州刺史慕容迁进献《瀛莫图》。冯玉、李崧信以为真，想发动大军接应赵延寿和刘延祚。

在此之前，侍卫马步都指挥使、天平节度使李守贞多次率兵经过广晋，杜威优厚地款待他，送给他金帛、甲兵，动辄数以万计；李守贞因此与杜威亲近友好。李守贞入朝，后晋出帝慰劳他说：“听说你当将帅，常常花费自己的钱财犒赏战士。”李守贞回答说：“这都是杜威对国家竭尽忠诚，拿金帛来资助我，我怎么敢掠他人之美！”接着又说：“陛下以后如果用兵，臣愿意和杜威共同努力，以肃清沙漠。”后晋出帝因此也认为杜威贤明。

等到将要北征契丹，后晋出帝与冯玉、李崧商议，任命杜威为元帅，李守贞为副元帅。赵莹私下对冯玉和李崧说：“杜令公是皇室的亲戚，贵为将相，但他的欲望还没有满足，心里常常觉得不满意，怎么能再给他兵权！如果一定和北方契丹有战争，不如只任命李守贞还好一些。”冯、李二人不听。冬季，十月十四日辛未，任命杜威为北面行营都指挥使，任命李守贞为兵马都监，泰宁节度使安审琦为左右厢都指挥使，武宁节度使符彦卿为马军左厢都指挥使，义成节度使皇甫遇为马军右厢都指挥使，永清节度使梁汉璋为马军都排阵使，前任威胜节度使宋彦筠为步军左厢都指挥使，奉国左厢都指挥使王饶为步军右厢都指挥使，洺州团练使薛怀让为先锋都指挥使。后晋出帝还颁布诏令说：“专门发动大军，前往扫平狡猾的胡虏，先夺取瀛州和莫州，安定关南；其次收复幽燕，荡平塞北。”又说：“如果有能擒获胡虏首领的人，任命他为上等镇的节度使，赏钱一万缗，绢帛一万匹，银子一万两。”当时从六月开始连续下雨，到这时还没有停止，军队行进和运送物资非常艰苦。

（以上为第八段，写后晋出帝中赵延寿诈降之计，命将杜威收复瀛、莫二州，为后晋败亡张本。）

南唐漳州守将林赞尧叛乱，杀死监军使周承义和剑州刺史陈诲。泉州刺史留从效率兵驱逐林赞尧，任命泉州副将董思安暂且代理漳州事务。南唐主任命董思安为漳州刺史，董思安因为他父亲名叫“章”而推辞，南唐主改漳州为南州，命令董思安和留从效率领州兵联合攻打福州。十月二十三日庚辰，包围福州。

福州使者到达钱塘，吴越王钱弘佐召集众将商议，众将都说：“路途险阻而又遥远，难以救援。”唯独内都监使临安人水丘昭券认为应当去救援。钱弘佐说：“唇亡则齿寒，我是兵马都元帅，连邻道的危难都不能解救，当这个元帅又有什么用！你们各位只乐于吃饱了待着吗！”十月二十五日壬午，派遣统军张筠、赵承泰率兵三万，从水陆两路救援福州。

在此之前，招募士兵，很久都没有人来应召。钱弘佐下令强行征召，说：“被征召而当兵的，口粮和赏赐减半。”第二天，应募的人云集而来。钱弘佐命令水丘昭券专门负责用兵，水丘昭券害怕程昭悦，把负责用兵的事让给他。钱弘佐命令程昭悦负责接应援助、运送粮草等事，而把军事的谋划委托给元德昭。元德昭是危仔倡的儿子。

钱弘佐议论要铸造铁钱来增加将帅和士兵们的俸禄赏赐，他的弟弟牙内都虞候钱弘亿劝谏说：“铸造铁钱有八种害处：新钱通行以后，旧钱都流入邻国，这是第一；新钱只可以在我们国内使用，而不能在其他国家使用，那么商人不便往来，各种货物不能流通，这是第二；禁止铸造铜器的法令极为严厉，而老百姓还要偷偷地铸造，何况百姓家里有铁锅，外面有铧犁，用铁铸钱，犯法的人一定很多，这是第三；闽人因为铸造铁钱而灭亡，不值得效法，这是第四；国家的财用幸而还丰足，而自己用铁铸钱反而表示库用空乏，这是第五；俸禄和赏赐有一定的数额，而现在无故增加，会引发不知足的心理，这是第六；法令改变就会产生弊害，不能立即恢复，这是第七；‘钱’是国姓，改变他不吉利，这是第八。”钱弘佐就停止了这件事。

（以上为第九段，写吴越王钱弘佐发兵救李弘义，并停止铸铁钱。）

杜威、李守贞在广晋会师，向北进发。杜威屡次让公主入朝上奏，请求增兵，说：“如今深入胡虏境内，一定要使用很多的力量。”从此禁军都隶属于他的部下，而宫廷的警卫却空虚了。

十一月初十日丁酉，任命李守贞代理幽州行府事务。

十一月十二日己亥，杜威等人到达瀛州，瀛州城门洞开，寂静得好像没有人，杜威等人不敢进去。听说契丹将领高谟翰在大军到达以前，已经先领兵偷偷地逃出城，杜威派遣梁汉璋率领两千名骑兵去追赶，在南阳务遇到契丹军队，梁汉璋战败而死。杜威等人听到这个消息，领兵向南走。当时束城等几个县请求投降，杜威等人焚烧他们的房舍，抢夺他们的妇女而返回。

十一月二十二日己酉，吴越军队到达福州，从罾浦的南面秘密进入州城。南唐军队向前占据东武门，李达和吴越军队共同抵御，交战不利。从此内外断绝，城中更加危险。

南唐主派遣信州刺史王建封去帮助攻打福州。当时王崇文虽然是元帅，但是陈觉、冯延鲁、魏岑等人互相争权，留从效、王建封固执不听命令，各自争功，进退不相互呼应。因此将士都人心涣散，所以攻城不下。

南唐主任命江州观察使杜昌业为吏部尚书，兼管尚书省事务。在此之前，杜昌业由兵部尚书兼管尚书省事务，出任为江州观察使。这次回来，他翻阅档案图籍，拍着桌子叹息说：“没有几年，而府库积蓄耗减一半，那还能长久吗！”

契丹主大举入侵，从易州、定州直向恒州。杜威等人到达武强，听到这个消息，打算从贝州、冀州向南走。彰德节度使张彦泽当时在恒州，领兵与他们会合，说明契丹可以被打败的理由；杜威等人又赶赴恒州，任命张彦泽为前锋。十一月二十七日甲寅，杜威等人到达中度桥，契丹已经占据了桥，张彦泽率领骑兵去抢夺，契丹把桥烧掉并退走。晋军和契丹军队在滹沱河的两岸扎营。

起初，契丹看见晋军大量到来，争夺中度桥又没有取胜，害怕晋军快速渡过滹沱河，和恒州联合兵力攻击他，商议撤兵回去。等到听说晋军修筑堡垒准备作长久的打算，于是就没有离去。

后蜀施州刺史田行皋叛乱，后蜀派遣供奉官耿彦珣率兵讨伐。

（以上为第十段，写后晋军队与契丹军队夹滹沱河两岸对峙，杜威畏懦，不敢出战，坐以待毙。）

杜威虽然是以皇室贵戚的身份担任主将，但是生性懦弱胆小。偏将和副将都是节度使，他们只是每天奉承迎合他，摆酒作乐，很少商议军事。

磁州刺史兼北面转运使李穀劝杜威和李守贞说："现在大军距离恒州非常近，两地的烟火都可以互相望见。如果把许多三股木放在水中，在上面堆积薪柴，铺上泥土，桥梁立刻可以造成。秘密和城里约定，以举火相呼应，选募将士晚上冲杀胡虏的军营，直入城中，城里城外合力攻击，胡虏一定逃走。"众将都认为可以，唯独杜威不同意，派遣李穀往南到怀、孟二州去督运军粮。

契丹把大军挡在晋军的前面，暗中派遣将领萧翰、通事刘重进率领一百名骑兵和弱卒，沿着西山绕到晋军的后面，切断后晋军队的粮道和退路。上山打柴的人遇到他们，全被他们掳掠而去；有逃脱出来的，都说胡虏人马众多，晋军惊恐害怕。萧翰等人到达栾城，城中守兵一千多人，没有发觉他们到来，都慌忙投降。契丹俘虏晋朝的百姓，全都在他们脸上刺上"奉敕不杀"，然后放他们向南走。运送军粮的人在路上碰到他们，都抛弃车辆，惊慌逃散。萧翰是契丹主的舅舅。

十二月初一日丁巳，李穀亲笔写了一份秘密奏疏，详细说明大军危急的情况，请求后晋出帝临幸滑州，派遣高行周、符彦卿随从护驾，同时发兵驻守澶州和河阳，以防备胡虏逃散冲窜。李穀派遣军将关勋快马疾驰将奏疏进呈后晋出帝。

十二月初三日己未，后晋出帝才听说大军屯驻中度；当天晚上，关勋抵达大梁。十二月初四日庚申，杜威上奏请求增兵，后晋出帝下诏命令征发全部防守皇宫的士兵，一共得到几百名，赶赴支援。又下诏调发河北和滑、孟、泽、潞等州的草料、粮食五十万送到军营前；督促严厉，催逼急迫，所到之处纷扰动乱，好像热水沸腾一样。十二月初五日辛酉，杜威又派遣随从张祚等人前来告急，张祚等人回去的时候，被契丹军俘获。从此朝廷和前线军队就不通消息了。

当时禁军都在军营中，京城人心惶惶，不知道怎么办。开封尹桑维翰因为国家危在旦夕，请求进见后晋出帝商议国事；后晋出帝正在花园里驯鹰，推辞不肯接见。桑维翰又去见执政大臣商议国事，执政大臣不以为然。桑维翰回来，对自己所亲近的人说："晋朝的宗庙不能得到祭祀了！"

后晋出帝想要亲自率兵北征，因为李彦韬劝谏而停止。当时符彦卿虽然担任军营的职务，后晋出帝把他留下，让他去戍守荆州口。十二月初六日壬戌，下诏任命归德节度使高行周为北面都部署，符彦卿做他的副手，共同戍守澶州；命令西京留守景延广戍守河阳，只是展开备战的阵势。

奉国都指挥使王清对杜威说："现在大军距离恒州只有五里，守在这里干什么！军营孤立，粮食吃完，必将自行溃败。我请求率领步兵二千为前锋，夺取桥梁，开辟道路，您率领各军跟随；如果能进入恒州，就没有什么可担忧的了。"杜威答应了王清，派王清和宋彦筠一道前进。王清战斗很勇猛，契丹人抵挡不住，军队稍稍后退；众将请求率大军跟上去，杜威不允许。宋彦筠被契丹军打败，游水到岸边，才得以幸免。王清独自率领部下在滹沱河北岸布阵，与契丹军拼命作战，双方都有死伤，王清屡次向杜威请求救援，杜威竟然不肯派一兵一卒去援助他。王清对部众说："主将掌握大军，却坐看我们艰难危急而不救，他一定是有叛逆之心。我们应当以死报国！"部众被他的话所感动，没有一个后退的，一直到傍晚，战斗还没有停止。契丹把新调来的军队增援上来，王清和部下全部战死。从此各路晋军都丧失了士气。王清是洺州人。

十二月初八日甲子，契丹远远地用兵将后晋军营包围起来，后晋军营和外面的联系断绝，军中粮食将要吃完。杜威和李守贞、宋彦筠商议投降契丹，杜威暗中派遣心腹到契丹主的牙帐，向契丹主要求重赏。契丹主欺骗杜威说："赵延寿的声威名望向来低微，恐怕不能当中原的皇帝。假如你真的投降，就让你来当皇帝。"杜威很高兴，于是制定投降的计划。十二月初十日丙寅，杜威埋伏甲兵，召集众将，拿出降表给他们看，让他们签名。众将很吃惊，没有人敢说话，只是唯唯诺诺地听从命令。杜威派遣閤门使高勋带着降表去见契丹主，契丹主颁赐诏书慰劳他，并接受了降表。这一天，杜威下令所有的士兵在营外列阵，士兵们都欢呼雀跃，以为将要出战，杜威亲自向他们宣布说："现在粮食已经吃完，走投无路，应当和你们共同谋求求生的办法。"于是命令士兵放下武器。士兵们都伤心痛哭，哭声震动原野。杜威和李守贞还在士兵中扬言说："皇上失德，信任奸诈邪恶的人，猜忌我们两人。"听到的人无不咬牙切齿。契丹主派赵延寿穿着赭色袍服到后晋军营去慰问安抚士卒，说："那些都是你的东西。"杜威以下的人都到赵延寿的马前迎接拜见；契丹主也拿赭色袍服给杜威穿上，让后晋将士观看，其实都是戏弄他们。契丹主任命杜威为太傅，李守贞为司徒。

（以上为第十一段，写杜威投降契丹。）

杜威引领契丹主到恒州城下，向顺国节度使王周说明自己已经投降的情形，王周也出城投降。十二月十二日戊辰，契丹主进入恒州。派兵袭击代州，代州刺史王晖率城投降。

在此之前，契丹屡次攻打易州，易州刺史郭璘坚守抵抗。契丹主每次经过易州城下，便指着州城叹息说："我能吞并天下，但是却被此人所阻止。"杜威投降以后，契丹主派遣通事耿崇美到易州，劝诱郭璘的部众，郭璘的部众都投降了，郭璘不能制止，于是被耿崇美杀害。郭璘是邢州人。

义武节度使李殷，安国留后方太，都向契丹投降。契丹主任命孙方简为义武节度使，麻荅为安国节度使，任命客省副使马崇祚暂时代理恒州事务。

契丹翰林承旨、吏部尚书张砺对契丹主说："现在大辽已经取得天下，中原的宰相和将帅应该由中原人来担任，不应该任用契丹人和左右亲近的人。如果政令出现差错过失，那么人心就不服，虽然取得天下，还会要失掉的。"契丹主不听。

契丹主领兵从邢州、相州向南进发，杜威率领降兵跟随。契丹主又派遣张彦泽率领两千名骑兵先去夺取大梁，并且安抚官吏和百姓，任命通事傅住兒为都监。

杜威投降契丹这件事，皇甫遇最初没有参与谋划。契丹主想派遣皇甫遇先率兵入大梁，皇甫遇推辞；回来后，皇甫遇对所亲近的人说："我身为将相，兵败不能以死报国，还忍心图谋自己的君主吗？"到达平棘，对随从的人说："我不吃东西已经好几天了，还有什么面目再向南走！"于是掐自己的咽喉而死。

张彦泽日夜兼程飞速赶路，晚上渡过白马津。十二月十六日壬申，后晋出帝才知道杜威等人投降契丹的消息；当天晚上，又听说张彦泽到达滑州，便召集李崧、冯玉、李彦韬进宫议事，打算下诏命令刘知远发兵入朝救援。十二月十七日癸酉，天还没亮，张彦泽从封丘门斩关进入城内，李彦韬率领五百名禁卫兵前去抵挡，不能阻止。张彦泽驻兵在明德门外，城中大乱。

后晋出帝在宫中点火，自己带剑驱赶后宫十多人准备跳入火中，被亲军将领薛超所拦阻。一会儿张彦泽从宽仁门传来契丹主给太后的信，抚慰他们，并且召请桑维翰和景延广，后晋出帝于是命人灭火，打开所有的宫城门。后晋出帝坐在花园中，和后妃们一起哭泣，召翰林学士范质草拟降表，自称："孙男重贵，灾祸降临，神明惑乱，气运已尽，天命已亡。现在与太后、妻子冯氏以及全族在郊外绑缚待罪。派遣儿子镇宁节度使石延煦、威信节度使石延宝，奉持国宝一件、金印三枚出城迎接。"太后也上表称"新妇李氏妾"。

傅住兒进宫宣布契丹主的命令，后晋出帝脱下黄袍，换上素色的单衣，再次下拜接受契丹主的命令，左右的人都掩面哭泣。后晋出帝让人召请张彦泽，想要和他商议事情。张彦泽说："臣没有脸面见陛下。"后晋出帝又召请他，张彦泽只是微笑，不予搭理。

有人劝桑维翰逃走。桑维翰说："我是大臣，逃到哪里去！"就坐着待命。张彦泽以后晋出帝的命令召见桑维翰，桑维翰经过天街，遇到李崧，停下马来说话，话还没说完，有一个军吏在马前向桑维翰行礼，请他到侍卫司去。桑维翰知道将不免一死，回过头来对李崧说："你主持国事，现在国家灭亡，反而让我桑维翰去死，这是为什么？"李崧显露出惭愧的神情。张彦泽傲慢地坐着接见桑维翰，桑维翰斥责张彦泽说："去年从犯人中把你提拔起来，又让你统领重要的藩镇，交给你兵权，怎么竟然辜负恩德到这种地步！"张彦泽无话可答，派兵看住桑维翰。

宣徽使孟承诲，向来靠奉迎讨好、奸诈机巧受到后晋出帝的宠信，到了这个时候，后晋出帝召见孟承诲，想和他商议事情，孟承诲躲藏不去；张彦泽抓住并杀掉孟承诲。

张彦泽放纵士兵大肆抢劫，贫穷的百姓也趁机争着闯进有钱人的家里，杀人抢夺财物，两天后才停止，都城被掠夺一空。张彦泽的住处财货堆积如山，自认为对契丹有功，日夜以饮酒听乐来自娱，出入时跟随的骑兵常有几百人，他的旗帜上都写着"赤心为主"四个字，看到的人都嘲笑他。军士捉到犯罪的人送到他面前，张彦泽一概不问人家犯了什么罪，只是瞪着眼睛竖起中指，犯人就被推出去腰斩。张彦泽向来与阁门使高勋不和，乘着酒醉到高勋家里，杀死高勋的叔父和弟弟，把尸体堆在门口。士民看了都不寒而栗。

中书舍人李涛对别人说："我与其逃亡到沟渠而不免一死，不如直接去见张彦泽。"于是送上名帖求见张彦泽，说："上书请求杀太尉的人李涛，谨来请死。"张彦泽欣然接见了李涛，对李涛说："舍人今天害怕吗？"李涛说："我今天的害怕，也像足下当年的害怕一样。以前假如高祖听从我李涛的话，事情怎么会到这种地步！"张彦泽大笑，命人拿酒请他喝。李涛斟满一杯，一口喝干，然后旁若无人地离开。

（以上为第十二段，写河北诸镇望风降敌。契丹主挟杜威南进，派降将张彦泽先入大梁清宫，张彦泽纵兵大掠，后晋灭亡。）

十二月十八日甲戌，张彦泽将后晋出帝迁移到开封府，片刻不得停留，宫中一片痛哭声。后晋出帝和太后、皇后坐轿子，宫人、宦官等十几个人徒步跟随，看到的人都流泪。后晋出帝把内库的金银珠宝全都随身带着。张彦泽让人暗示他说："契丹主到了这里，这些东西不能隐藏。"后晋出帝全部把它们送回去，也分一部分送给张彦泽，张彦泽选取其中的珍奇宝物，而把剩下的封好，以等待契丹主。张彦泽派遣控鹤指挥使李筠带兵看守后晋出帝，使内外不能相通。后晋出帝的姑母乌氏公主贿赂守门的人，进去与后晋出帝诀别，回家后上吊自杀。后晋出帝和太后所上呈给契丹主的表章，都先要让张彦泽过目，然后才敢发出去。

后晋出帝让人从内库里取出几段布帛，守库的人不给，说："这已不是皇帝的东西。”后晋出帝又向李崧要酒，李崧也用其他理由推辞不给。后晋出帝又想见李彦韬，李彦韬也推辞不肯去。后晋出帝伤感了很久。

冯玉巧言谄媚张彦泽，请求亲自送传国宝，希望契丹再任用自己。

楚国夫人丁氏，是石延煦的母亲，容貌美丽。张彦泽派人去强取她，太后犹豫没有答应；张彦泽大骂，立即用车把丁氏拉走。

当天晚上，张彦泽杀死桑维翰，把带子加套在桑维翰的脖子上，报告契丹主说桑维翰上吊自杀。契丹主说："我无意要杀桑维翰，他为什么要这样！"下令优厚地抚恤桑维翰的家属。

高行周、符彦卿都到契丹主的牙帐投降。契丹主因为阳城之战被符彦卿打败，就责问符彦卿。符彦卿说："我当时只知道为晋主尽力，今天的死生听天由命。"契丹主笑着把符彦卿放了。

十二月二十三日己卯，石延煦和石延宝从契丹牙帐回来，契丹主颁赐亲手写的诏书给后晋出帝，并且派解里对后晋出帝说："孙子不必担心，一定会让你有个吃饭的地方。"后晋出帝心里才稍稍感到安慰，上表谢恩。

契丹因为后晋出帝所进献的传国宝雕刻不精，上面的文字又和以前的历史记载不相符，怀疑不是真的，就下诏书责问后晋出帝，要后晋出帝献出真正的传国宝。后晋出帝上奏说："先前后唐末帝李从珂自焚，旧的传国宝就不知去向，一定是和他一起化为灰烬了。现在这个传国宝是先帝所制，大臣们全都知道。臣现在怎么敢隐藏传国宝！"于是作罢。

后晋出帝听说契丹主将要渡过黄河，想和太后到前面奉迎；张彦泽先把这件事奏报契丹主，契丹主不允许。有关官员又想让后晋出帝口含璧、手牵羊，叫大臣们抬着棺木，在郊外迎接，事先把这些仪式报告契丹主，契丹主说："我是派遣奇兵直接攻取大梁，不是接受投降的。"也不允许。契丹主又下诏命后晋文武百官，一切照旧；朝廷制度，一并采用汉人的礼仪。有关衙门想准备天子的车驾去迎接契丹主，契丹主回答说："我正披着铠甲，统率军队，太常的仪仗，没有工夫来用它。"都推辞掉了。

在此之前，契丹主到达相州，就派遣军队赶赴河阳捕捉景延广。景延广仓促之间没有地方躲藏，就到封丘去见契丹主。契丹主责问景延广说："致使两国君主不和，都是你所干的。所谓'十万横磨剑'，现在在哪里！"并把乔荣召来，让他们互相辩论对质，所说的事一共十条。景延广开始不承认，乔荣把记录在纸上的话拿给景延广看，景延广这才承认。景延广每承认一件事，就给他放一支筹码。到放第八支的时候，景延广只是把脸伏在地上请求死罪，于是契丹主命人把他囚禁起来。

十二月三十日丙戌，后晋文武百官住宿在封禅寺。

（以上为第十三段，写张彦泽迁后晋出帝于开封府，后晋百官宿于封禅寺。契丹主至相州。）

【点评】

本卷点评契丹主借晋奸南犯、刘知远阴蓄异志、后晋灭亡三件史事。

契丹主借晋奸南犯。后晋出帝石重贵不满儿皇帝的境遇，误听景延广之言与契丹交恶，契丹主耶律德光连年南犯，开运元年至三年，三次大兵压境。开运元年（公元944年）一月，契丹第一次大举南犯，平卢节度使杨光远叛晋附夷。契丹深入，被晋军河东节度使刘知远、右武卫上将军张彦泽所败，三月退还。同年十二月，契丹第二次大举南犯，救援晋奸杨光远，当月，杨光远被诛。第二年三月，契丹再次败还，六月，两国交好。开运三年（公元946年）六月，河北定州人孙方简聚众抄掠，趁河北饥荒，勾引契丹第三次大举南犯。契丹主耶律德光挂帅亲出，借晋奸内应，志在灭晋。契丹在河东、定州连吃败仗而不退兵。契丹主派出先前投降契丹的卢龙节度使赵延寿诈降后晋出帝，麻痹晋军，又诱降晋军前敌总指挥大将杜威，张彦泽也随后出降。数十万大军不战降敌，后晋于是乎亡。石敬瑭投靠契丹，割地卖国，做了儿皇帝，“名为天子，贱同仆隶”，皇帝宝座，为人所轻。杨光远、杜威之流，前仆后继，争相效法石敬瑭之所为，引导契丹连年进犯。契丹第二次大举南犯，后晋出帝亲征，开运二年三月，晋军在阳城大破契丹军，契丹北还。晋军的两次大胜，生动地说明契丹不是不可战胜。由于后晋君不像君，臣不像臣，君臣骄侈荒淫，不恤民生，将士寒心，国事日非，导致契丹生出亡晋之心，正如王夫之所说：“杨光远诱之，赵延寿导之，而中国水旱非常，上下疲于岁币，乃敢举兵南向。”（《读通鉴论》卷三十）赵延寿、杜威整日盘算投靠契丹，白日做梦当儿皇帝，他们不以当汉奸为丑，反以认贼作父为荣，于是成为祸国殃民的败类。这些汉奸，权力越大，越是急于争当汉奸，图谋卖国换取当儿皇帝，这就是他们手握重兵不战降敌的原因。

刘知远阴蓄异志。刘知远，沙陀人，称帝后改名暠。刘知远骁勇善战，为石敬瑭心腹爱将。石敬瑭投靠契丹，割地做儿皇帝，本谋者桑维翰，助成者刘知远。刘知远未当汉奸，却是一个野心家，一度遭石敬瑭猜疑，差点被罢官。由于刘知远有佐命之功，天福六年（公元940年）石敬瑭任命刘知远为河东节度使，镇守北京、太原放虎归山。第二年石敬瑭死，后晋出帝即位，刘知远已成尾大不掉之势，后晋出帝只能用加官晋爵来笼络刘知远，开运二年封刘知远北平王，加守太尉。刘知远的威权更重，却不出兵抗击契丹，反而杀灭臣服后晋，抗御契丹的吐谷浑白承福部族，夺其资财巨万，良马数千。契丹犯京师，刘知远坐视不救，等到后晋出帝被俘，军将推戴，才名正言顺地在太原称帝，继续用石敬瑭的天福年号，表示自己对后晋的忠心。刘知远的这一掩耳盗铃的把戏，数年后，又为其爱将郭威所效法，在澶州发动兵变夺了后汉天下。郭威之后，宋太祖赵匡胤，照方抓药，亦用阴谋手段，发动陈桥兵变，从后周孤儿寡母手中夺取政权。从石敬瑭、刘知远、郭威到赵匡胤，一个一个野心家都用手中军权，导演军将推戴夺权的闹剧，如同螳螂捕蝉，黄雀在后，皇位来得不正，故失之也易。五代易姓，如同走马灯换位，可知阴谋只能得逞一时，不可欺人一世。这大概就是五代军阀政权短命的原因吧！

后晋灭亡。后晋之亡，论者主要有两种观点：其一，景延广对契丹使者大言抗拒不称臣，挑动了契丹的怨怒，发兵灭晋；其二，称臣、割地、输币，主谋者桑维翰，兴晋也灭晋，成也萧何，败也萧何。称臣，做儿皇帝，贬低了天子权威；割地，削弱了中原；输币，疲弊了民众，后晋之亡，桑维翰亡之。反向之论，认为景延广耻为夷虏之臣，奋起抗敌，虽败犹荣。桑维翰扶孱弱之主，委曲求全借契丹之力以制御强藩，是保国之臣。单向思维，就事论事，公说公有理，婆说婆有理，难以决是非。从后晋灭亡的过程来看，论从史出，上述论说皆为偏颇。后晋之灭，有主客观两大因素。主观因素，石敬瑭父子皆平庸凡夫，非命世之君。石敬瑭开启了接受契丹主册封为儿皇帝的恶例，也开启了藩镇效法石敬瑭唯契丹之命是从，争为儿皇帝的野心，于是赵延寿、杨光远、杜威争相认贼作父，唯恐后晋不亡。后晋出帝石重贵淫逸轻躁，无胆无略，比乃父更等而下之，焉能守国。即使无契丹南犯，亦为权臣所夺。后晋之亡，实石敬瑭父子自亡之也。客观因素，自唐末以来，藩镇势强，尾大不掉，军阀混战不休，势大者称雄，此亦时势，造就野心家前仆后继，成则为王，败则为寇，刘知远、郭威之流是也。契丹南犯，只是加剧了中原政权的更迭，而不是后晋灭亡的主因。

资治通鉴（白话本） 卷第二百八十六

后汉纪一

后汉高祖天福十二年（公元 947）

【起强圉协洽（丁未，公元 947 年）正月，尽四月，不满一年】

【大事提要】

本卷记事起于公元 947 年正月，讫于当年四月，仅四个月史事。当后汉高祖天福十二年正月至四月。契丹主入大梁，囚送后晋出帝及太后于北方，安置在黄龙府。张彦泽纵兵大掠京都，凌虐百官，军民怨愤，契丹主诛杀张彦泽以收民心。太原留守刘知远，不救后晋之危，不战契丹，坐山观虎斗，养蓄力量，至是称帝，是为后汉高祖。河北、河南民众大起反抗契丹，耻为臣虏的藩镇也归附后汉。契丹主大肆搜刮民财，搬运缴获的军器物资及战马，后晋宫中珍宝也北运契丹。公元 947 年二月，刘知远称帝，契丹主耶律德光北还，一路烧杀屠城，病死于途中。临终前，契丹主自谓有三失：一失于搜刮民财，再失于纵胡骑抢掠，三失于不及早遣节度使回到镇所。南唐主为群小所误，丧失了北进中原的大好时机，派重兵入闽，越过吴越以争利，吴越王坐收渔人之利。南唐兵败福州，吴越王据有闽地。

高祖睿文圣武昭肃孝皇帝上

后汉高祖天福十二年（丁未，公元 947 年）

春季，正月初一日丁亥，后晋文武百官在大梁城北遥辞后晋主，然后换穿素服、戴纱帽，迎接契丹主，匍匐在路边请罪。契丹主戴着貂皮帽，穿着貂皮衣，铠甲穿在衣服里面，停马在高坡上，命百官起身，更换衣服，并抚慰他们。左卫上将军安叔千独自从百官行列中走出来，用胡语跟契丹主说话，契丹主说：“你就是那个安没字吧？你以前镇守邢州，已经多次上表，向我投诚，我没有忘记。”安叔千叩头称谢，呼跃退下。

后晋主（后晋出帝）和太后及其随从到封丘门外去迎接契丹主，契丹主推辞不见。

契丹主进入城门，百姓们都惊叫着跑开。契丹主登上城楼，派遣通事对百姓们说：“我同样也是人，你们不要害怕！我将会让你们恢复生机。我无心南来，只是汉兵引我到这里来罢了。”到了明德门，下马拜了一下，然后入宫。任命他的枢密副使刘密代理开封尹的职务。傍晚，契丹主又出城去，屯驻在赤冈。

正月初二日戊子，契丹主命人抓住郑州防御使杨承勋送到大梁，斥责杨承勋杀死父亲、背叛契丹，契丹主命左右的人把杨承勋剁成肉块吃掉。不久，任命杨承勋的弟弟右羽林将军杨承信为平卢节度使，将杨承信父亲的旧部下全部交给他统领。

高勋向契丹主控诉张彦泽杀害他的家人，契丹主对张彦泽放纵士兵抢劫京城也感到很恼怒，就把张彦泽和监军傅住兒一起囚锁起来。把张彦泽的罪向文武百官宣告，并问："应该处死吗？"大家都说"应该处死"。百姓也纷纷投递文书，控诉张彦泽的罪恶。正月初三日己丑，在大梁的北刑场斩杀张彦泽、傅住兒，并派高勋监斩。以前被张彦泽所杀害的士大夫的子孙们都披着孝服，拿着竹杖，号啕大哭地跟在后面，一边痛骂，一边用竹杖扑打张彦泽。高勋命令砍断张彦泽的手腕，脱去铁锁，挖出张彦泽的心来祭奠那些被他杀害的人。大家抢着敲破张彦泽的脑袋，挖取脑髓，并把张彦泽剁成肉块吃掉。

契丹解送景延广回国北返，正月初四日庚寅，住宿在陈桥，晚上，景延广趁看守的士兵稍微疏忽的时候，掐自己的咽喉而死。

正月初五日辛卯，契丹封后晋主为负义侯，将其安置在黄龙府。黄龙府，就是慕容氏的和龙城。契丹主派人对李太后说："听说重贵不听母亲的话，以致落到这种地步，你可以请求自行方便，不跟重贵同行。"太后说："重贵侍奉我很周到。他的过错，只是违背先君的遗志，断绝两国的友好关系罢了。现在侥幸蒙受大恩，得以保全生命和家庭，做母亲的不跟随儿子，还要依靠谁呢！"

正月初七日癸巳，契丹把后晋主和他的家人迁移到封禅寺，派遣大同节度使兼侍中河内人崔廷勋带兵看守他们。契丹主屡次派遣使者去慰问，后晋主每当听到使者到来，全家都担心害怕。当时接连下了几十天的雨雪，外面没有供应的东西，一家大小受冻挨饿。太后教人对寺里的僧人说："我曾在这里供饭给几万名僧人吃，现在难道没有一个人想起吗！"僧人们用"胡虏的心意难以揣测，所以不敢进献食物"这些话来推辞。后晋主暗地里请求看守的人，才稍微获得一点食物。

这一天，契丹主从赤冈领兵进入后晋宫廷，都城各门和宫廷门都由契丹兵把守，日夜都不放下兵器。在宫廷门口肢解一只狗以祭神，在庭院中用竹竿悬挂羊皮，用以镇邪。契丹主对［后晋］大臣们说："从今以后，不治甲兵，不买战马，减轻赋税，省免徭役，天下就太平了。"废止东京的设置，把开封府降为汴州，开封府尹降为汴州防御使。正月初九日乙未，契丹主改变服饰为中原式样，百官日常生活一切按照原有制度。

赵延寿和张砺共同推荐李崧的才能；这时恰好威胜节度使冯道从邓州入朝，契丹主一向听说过这两人的名气，就以重礼对待他们。不久，契丹主任命李崧为太子太师，担任枢密使；冯道署理太傅，在枢密院侍候，以备顾问之用。

（以上为第一段，写契丹主入大梁，幽囚后晋出帝于开封府、封禅寺，准备安置于契丹黄龙府。契丹主诛杀民愤极大的张彦泽，任用李崧、冯道以安中原。）

契丹主分别派遣使者，颁赐诏书给后晋各藩镇；后晋藩镇纷纷上表称臣，被召见的人没有哪一个不是骑马飞奔而来。只有彰义节度使史匡威据守泾州，不接受命令。史匡威是史建瑭的儿子。雄武节度使何重建斩杀契丹主派来的使者，以秦、阶、成三州投降后蜀。

当初，杜重威率领晋军投降契丹以后，契丹主将他们的铠甲、兵器一共数百万件全部没收，存放在恒州，把几万匹战马赶回契丹国内，命令杜重威率领他的部众跟随自己南下。走到黄河边，契丹主因为晋兵太多，恐怕他们叛乱，想要让契丹骑兵将他们全部推挤到黄河里淹死。有人劝谏说："驻守在其他地方的晋兵还很多，如果他们听说投降的人都被害死，一定都起来抵抗。不如暂时安抚他们，慢慢再想其他办法。"契丹主于是命令杜重威带领他的部众驻扎在陈桥。这时正好下了很长时间的雪，官方没有供给任何所需的东西，士卒们受冻挨饿，都埋怨杜重威，大家聚在一起相对哭泣；杜重威每次出来，路旁的人都骂杜重威。

契丹主还是想要杀晋兵。赵延寿对契丹主说："皇上亲自冒着矢石以夺取晋国，是想自己拥有它吗？还是替别人去夺取呢？"契丹主变了脸色，说："朕动员全国南征，连续五年没有停战，才能够得到它，难道是为了别人吗！"赵延寿说："晋国的南面有唐国，西面有蜀国，常常互为仇敌，皇上是否也知道？"契丹主说："知道。"赵延寿说："晋国东起沂州、密州，西到秦州、凤州，广袤几千里，边境跟吴、蜀相接，常常派兵在那里戍守。南方炎热，湿气又重，契丹的人是不能居住的。以后皇上回到北方去，凭晋国这样广阔的土地，没有军队防守它，吴、蜀两国一定相率乘虚入侵，这样的话，岂不是替别人夺取晋国吗？"契丹主说："这些我倒还没想到。既然这样，那么我该怎么办？"赵延寿说："陈桥的降兵，可以分开来戍守南方的边境，那么吴、蜀就不会成为祸患了。"契丹主说："我以前在上党，决断错误，把唐兵全部交给晋国，后来反而变为仇敌，向北跟我们开战，我们艰辛劳苦好几年，才战胜了他们。现在侥幸落在我的手中，不趁这个机会全部把他们除掉，难道还要留下他们作为后患吗？"赵延寿说："从前把晋兵留在河南，没有把他们的妻子和儿女作抵押，所以有这种忧患。现在如果把他们的家全部迁徙到恒州、定州、云州、朔州一带，每年派他们分批轮流戍守南方边境，何必担心他们叛变呢？这是最好的计策。"契丹主高兴地说："好！就按你所说的办法去处理。"因此陈桥的降兵才得以免于一死，被分别派遣回营。

契丹主杀右金吾卫大将军李彦绅、宦官秦继旻，因为他们替后唐潞王李从珂杀了东丹王。把他们家族的财货赐给东丹王的儿子永康王兀欲。兀欲瞎了一只眼睛，为人勇武有力，喜欢施舍别人。

（以上为第二段，写契丹主收缴晋军数百万件兵器，以及掠夺的几万匹马启运到北方，又计划诛杀全部投降的二十余万晋军，赵延寿为之劝阻，才使降卒幸免于难。）

正月十七日癸卯，后晋主与李太后、安太妃、冯皇后以及他的弟弟石睿，他的儿子石延煦、石延宝一起向北迁徙，后宫宫人及左右的近侍跟随迁徙的共有一百多人。契丹派遣三百名骑兵护送并防范他们；又派遣后晋中书令赵莹、枢密使冯玉、马军都指挥使李彦韬跟他们同行。

在旅途中，后晋主生活供应接不上，有时跟太后一样都没有一点食物吃，以前的大臣没有人敢去觐见他。只有磁州刺史李榖在路上迎接进见，君臣相对痛哭。李榖说："我没有脸面见人，辜负陛下。"于是把所有的家财都进献给后晋主。

后晋主经过中度桥，看到杜重威所遗留下来的营垒，叹息说："天啊！我家哪一点对不起人，竟被这个叛贼所毁败！"后晋主伤心地痛哭着离开。

正月二十七日癸丑，后蜀主任命左千牛卫上将军李继勋为秦州宣慰使。

契丹主任命前任燕京留守刘晞为西京留守，永康王兀欲的弟弟留珪为义成节度使，兀欲的姐夫潘聿撚为横海节度使，赵延寿的儿子赵匡赞为护国节度使，汉将张彦超为雄武节度使，史佺为彰义节度使，客省副使刘晏僧为忠武节度使，前任护国节度使侯益为凤翔节度使，代理凤翔府事务的焦继勋为保大节度使。刘晞是涿州人。不久何重建归附后蜀，史匡威拒绝交接职务，契丹的势力稍稍受到抑制。

晋昌节度使赵在礼入朝。留在长安的裨将起来作乱，节度副使建州人李肃予以讨伐，并把裨将杀掉，军府才得以安宁。

后晋主跟契丹断绝关系的时候，匡国节度使刘继勋为宣徽北院使，曾多次参与这件事的谋划。契丹主进入汴州，刘继勋入朝，契丹主斥责刘继勋。当时冯道正好在宫殿上，刘继勋急忙指着冯道说："冯道是居首位的宰相，实际是他和景延广策划了这件事。臣地位卑微怎么敢说话！"契丹主说："这位老先生不是爱管闲事的人，不要瞎扯到他身上去！"下令把刘继勋囚禁起来，准备送往黄龙府。

赵在礼到了洛阳，对别人说："契丹主曾经说后唐庄宗时候的乱事是由我引起的。我这次到大梁去，实在感到担忧。"契丹主派遣契丹将领述轧、奚王拽剌、勃海将领高谟翰戍守洛阳。赵在礼去进见他们，在庭下下拜，拽剌等人都傲慢地坐着，接受赵在礼的拜礼。正月二十九日乙卯，赵在礼到达郑州，听说刘继勋被囚禁的消息，非常害怕，晚上，在马棚里上吊自杀。契丹主听说赵在礼死了，就放了刘继勋，刘继勋忧愁愤恨而死。

刘晞在契丹曾经任过枢密使、同平章事，到了洛阳，斥骂奚王说："赵在礼是汉家大臣，你只不过是北方的一个酋长罢了，怎么能够像这样来怠慢他！"叫他站在庭下以羞辱他，于是洛阳的人心才稍稍安定。

契丹主广收四方的进贡，大肆放纵喝酒作乐，常常对后晋大臣说："中原的事情，我都知道；我国的事情，你们就不懂了。"

赵延寿建议发给契丹士兵军饷和膳食费用，契丹主说："我们国家没有这种制度。"于是放纵胡人骑兵四出游弋，以牧马为名，分批轮流去抢劫，叫作"打草谷"。百姓中年轻力壮的人死在他们的刀下，年老体弱的人被他们抛弃在田野和山谷里，从东、西两个京畿，到郑州、滑州、曹州、濮州几百里之间，百姓的家财和牲畜，差不多被抢劫一空。

契丹主对判三司刘昫说："契丹兵三十万人，既然已平定晋国，就应该有优厚的赏赐，赶快想办法筹办。"当时国库空虚，刘昫不知道赏赐从哪里搞来，便建议用"借贷"的名义，向京师的士大夫和老百姓征收钱帛，宰相、将帅以下都不能例外。又分别派遣使者数十人，到各州去征收借贷，都用严厉的刑罚加以催逼，老百姓都快活不下去了。实际上契丹主并没有把这些拿来发给士兵，都储存在皇家的府库里，打算运送回国。于是内外怨恨愤怒，这才觉得契丹是祸害，都想赶走他们。

当初，后晋主和河东节度使、中书令、北平王刘知远互相猜疑，后晋虽然任命刘知远为北面行营都统，但只是用虚名来尊崇他，对于各军的调度指挥，刘知远实际上并不能够参与。刘知远因此大量地招募士卒；阳城战役，各军流散的士卒投奔他的有几千人，又获得吐谷浑的财货和牲畜，因此河东的富强为各个藩镇之首，步兵和骑兵达到五万人。

后晋主跟契丹结下怨仇，刘知远知道这对后晋一定会有危险，却从没有论辩或劝谏。契丹屡次深入境内，刘知远起初没有拦截袭击或派兵入援的意思。等到听说契丹进了汴州，刘知远分派军队防守四面边境，以防备契丹的侵袭。同时派遣客将安阳人王峻捧持三封奏表，前往进见契丹主：第一封表，祝贺契丹进入汴州；第二封表，说明因为太原是蛮夷和汉人混杂居住的地方，戍守的军队集结在那里，所以自己没有敢离开镇所；第三封表，说明本来是应该进贡物品的，正好这时契丹将领刘九一的军队从土门向西进发，屯驻在南川，太原城中的百姓担忧害怕，等到这批军队被调回去，道路通畅无阻以后，就可以进贡了。契丹主颁赐诏书褒奖，诏书拟好后，在送呈契丹主签发的时候，契丹主亲自在刘知远的姓名之上加了一个"儿"字，又赐给他手杖。按照胡人的礼仪，对大臣表示优厚的礼遇，才颁赐手杖，就像汉人颁赐几杖一样，这样的礼遇，只有伟王以叔父的尊贵地位才得到过。

刘知远又派遣北都副留守太原人白文珂入朝进献珍奇的绢帛和名贵的马匹，契丹主知道刘知远迟疑不决，不肯入朝，等到白文珂将要回去的时候，叫他对刘知远说：“你不侍奉南朝，又不侍奉北朝，你还想等什么呢？”蕃汉孔目官郭威对刘知远说：“胡虏恨我们很深了！王峻说契丹贪婪残暴，丧失民心，一定不能长久地占有中原。”

有人劝刘知远起兵进攻，夺取中原。刘知远说：“用兵有时候要缓慢，有时候要紧急，应当随着时势的变化而采取适当的对策。现在契丹刚刚降服了晋国的十万大军，以勇猛之势占领京师，还没有其他的变故，怎么能轻举妄动呢！而且看他们所贪图的，只限于财货，等财货搜刮够了以后，一定会回北方去。何况冰雪已经融化，他们势必难以久留。应该等到他们回去以后，再出兵夺取中原，这样才能万无一失。”

昭义节度使张从恩，因为他的辖区靠近怀州和洛州，所以想入朝归顺契丹，派遣使者来跟刘知远商量，刘知远说：“我凭一个小角落的地方，怎么敢抵抗偌大的天下！君可先一步，我随后就跟着来。”张从恩相信了他的话。判官高防劝谏他说：“您是晋室最亲近的亲戚，不可轻易地改变为人臣子的节操。”张从恩不听。左骁卫大将军王守恩跟张从恩是有婚姻关系的亲戚，当时在上党，张从恩命节度副使赵行迁代理留后，发公文给王守恩，命王守恩代理巡检使，和高防共同辅佐赵行迁。王守恩是王建立的儿子。

荆南节度使高从诲派遣使者入朝，向契丹进贡，契丹派遣使者赐给他马匹。高从诲同时也派遣使者到河东去，劝刘知远即位为皇帝。

（以上为第三段，写契丹入侵，北都留守刘知远观望保存实力，图谋帝位，坐收渔人之利。）

南唐主立齐王李景遂为皇太弟。改封燕王李景达为齐王，任诸道兵马元帅；改封南昌王李弘冀为燕王，为诸道兵马副元帅。

李景遂曾经跟宫中的僚属聚会饮宴，赞善大夫元城人张易规劝他，李景遂正在跟客人传递着玩赏一只玉杯，没有理睬张易。张易生气地说：“殿下重视宝物而轻视贤士。”拿过玉杯，把它摔碎在地上，众人都惊骇得脸都变了色。李景遂马上严肃容貌，向张易赔罪，对张易更加敬重。

李景达生性刚强正直。南唐主跟宗室近臣饮宴，冯延已、冯延鲁、魏岑、陈觉一伙人，极尽逢迎谄媚之丑态，有的乘着酒兴喧哗笑闹；李景达屡次斥责他们，又用很严厉的话劝谏南唐主，劝南唐主不要亲近谄媚的臣下。冯延已自以为李景遂被立为皇太弟不是自己的意思，想在口头上向李景达表白，使他感激自己；有一次在东宫饮宴，冯延已表面上假装喝醉，用手抚摩李景达的后背说：“你不可忘记我！”李景达非常生气，将衣袖一甩，进入宫中禀告南唐主，请求杀掉冯延已；南唐主开导劝解，这件事才平息。张易对李景达说：“小人们交相陷害，这是祸福的关键所在。殿下既然无力除掉他们，又屡次当面斥责他们，使他们感到恐惧而有所防备，那还有什么事做不出来的呢！”从此每次游玩饮宴，李景达大多称病不参加。

南唐主派遣使者祝贺契丹灭后晋，并且请求到长安整修唐朝各代帝陵；契丹不答应，但仍然派遣使者回访。

后晋密州刺史皇甫晖、棣州刺史王建，都逃避契丹，率领部众投奔南唐；淮北盗贼头目大多向南唐请求颁授官职。南唐虞部员外郎韩熙载上奏疏认为：“陛下要恢复祖先的基业，现在正是时候。如果胡虏的首领回北方去，中原有了君主，就没那么容易图谋了。”当时南唐正对福州用兵，没有余力考虑北方；唐人对此都感到很遗憾，南唐主也很后悔。

（以上为第四段，写南唐主被冯延已等群小所误，丧失了趁契丹灭后晋北图中原的时机。）

契丹主把后晋文武百官都召集在朝廷上，问他们说：“我国领土广阔，方圆几万里，君长共有二十七人；现在中原的习俗跟我国不同，我想选择一个人来统治中原，你们认为怎么样？”大家都说：“天上没有两个太阳，不论是胡人还是汉人的心，都愿意推举拥戴皇帝您。”这样说了一次又一次，契丹主才说：“你们既然想让我做君主，那么现在所要做的，什么事最要紧？”大家回答说：“大王刚开始拥有天下，应该实行大赦。”二月初一日丁巳，契丹主头戴通天冠，身穿深红色纱袍，登上正殿，在庭中设置全套乐器、仪仗和卫兵。百官上朝祝贺，汉人官员都穿着法定的礼服，胡人官员仍旧穿着胡人的衣服，站在文武两班官员的中间。契丹主下制书称大辽会同十年，实行大赦。又说：“从今以后，各节度使、刺史不得设置牙兵、购买战马。”

赵延寿由于契丹主负约没有立他为帝，心里不高兴，让李崧对契丹主说：“做中原皇帝，我不敢奢求，只求做皇太子。”李崧没有办法，只好替他去说。契丹主说：“我对于赵延寿，只要事情对他有益，就是割我的肉，我也不吝惜。但是我听说皇太子应当由天子的儿子来当，哪里是他作为燕王所能担任的呢！”因而命令为燕王升迁官职。当时契丹以恒州为中京，翰林承旨张砺上疏拟定任命燕王赵延寿为中京留守、大丞相、录尚书事，都督中外诸军事，仍旧为枢密使。契丹主看了以后，拿笔涂掉“录尚书事，都督中外诸军事”，其余照准执行。

二月初六日壬戌，后蜀李继勋和兴州刺史刘景进攻固镇，攻下了固镇。[二月初九日乙丑，] 何重建建议发动后蜀兵和阶州、成州兵共同控制散关，以夺取凤州。二月初十日丙寅，后蜀主派遣山南兵三千七百人开赴散关。

（以上为第五段，写契丹主耶律德光自为中原主，爽约不立赵延寿为傀儡皇帝。）

刘知远听说何重建投降后蜀，叹息说："戎狄欺凌中原，中原没有君主，使得藩镇依附外邦，我作为各藩镇的首领，实在惭愧得很！"

于是将帅僚佐都劝刘知远称尊号，以便号令天下，观察各藩镇的动向。刘知远不同意。听说后晋主要迁往北方，刘知远便公开声明将出兵赴井陉，迎接后晋主回晋阳。二月十一日丁卯，命令武节都指挥使荥泽人史弘肇在毬场集合各军，把出兵的日期告诉他们。军士们都说："现在契丹攻陷京城，俘虏天子，天下没有君主。做天下君主的人，除了我王，还能有谁！应该先即帝位，称尊号，然后再出兵。"于是军士们不停地争着呼喊"万岁"。刘知远说："胡虏的势力还很强大，我们自己的军威还没有振作，应当暂且先建功立业。士兵们懂得什么！"便命令左右的人阻止军士们的喧哗。

二月十三日己巳，行军司马潞城人张彦威等人再三上表劝刘知远即皇帝位，刘知远迟疑不决。郭威和都押牙冠氏人杨邠进见刘知远并劝他说："现在远近的人心，都不谋而合，这是天意。大王不乘这个时机夺取天下，而谦让不即帝位，恐怕人心将会转变，人心一变，就反而会受害了。"刘知远听从了他们的意见。

契丹主任命将领刘愿为保义节度副使，陕州百姓受不了刘愿的暴虐残忍。奉国都头王晏和指挥使赵晖、都头侯章商议说："现在胡虏扰乱中华，这正是我们奋进振作的时候。河东刘知远，声威和德行，远近闻名。我们如果杀掉刘愿，攻占陕州，投靠刘知远，做天下的倡导，求取富贵就像翻一下手掌那样容易了。"赵晖等人赞成王晏的意见。于是王晏和几个壮士，在夜晚翻越牙城，进入军府，拿出仓库里的兵器发给部众。二月十四日庚午清晨，杀了刘愿，并把他的人头高挂在军府的大门上，又杀掉契丹监军，推举赵晖为保义留后。王晏是徐州人；赵晖是澶州人；侯章是太原人。

二月十五日辛未，刘知远即皇帝位。他自称不忍心改变后晋的国号和年号，但又讨厌"开运"这个名称，于是改称当年为天福十二年。

二月十六日壬申，刘知远下诏说："各道被契丹征收钱帛的，全部停止。晋廷的臣子被逼迫为他们驱使的，不加追究，命他们前往报到。其余的契丹人，就在当地杀掉。"

何重建派遣宫苑使崔延琛带兵攻打凤州，没有攻下，退兵防守固镇。

二月十八日甲戌，后汉高祖亲自带人向东去迎接后晋主及太后。走到寿阳，听说他们已经过了恒州好几天，于是留下军队戍守承天军，自己返回太原。

（以上为第六段，写刘知远即皇帝位，建立后汉。）

后晋主出塞以后，契丹不再供给东西，随从的官员、宫女都自己采摘树木的果实和草叶来充饥。到了锦州，契丹命令后晋主和后妃们拜契丹主阿保机的坟墓，后晋主不能忍受这种屈辱，哭泣着说：“薛超害了我！”冯皇后暗中让左右的人寻找毒药，想跟后晋主一起自杀，结果没有成功。

契丹主听说刘知远即皇帝位，任命通事耿崇美为昭义节度使，高唐英为彰德节度使，崔廷勋为河阳节度使，以控制险要的地方。

当初，后晋设置乡兵，号称天威军。教习训练了一年多，乡下的百姓不熟悉军旅之事，最后还是不能用；只好全部解散，只命每七户人家共捐十千钱，乡兵所自备的铠甲和兵器，全部捐给公家。但一些刁横之人却不肯再回去从事农业，于是出没山林的盗贼，从此就多了起来。等到契丹进入汴州，放纵胡兵“打草谷”；又多任命胡人子弟及左右亲近的人为节度使、刺史。他们不通晓政事，汉人中的狡猾之徒都投靠到他们的部下，教唆他们胡作非为，聚敛财货，使得老百姓不能活命。于是到处相聚为盗贼，人数多的达到几万人，少的也不下千百，他们攻陷州城，抢劫杀害官吏百姓。滏阳的盗贼首领梁晖，有部众几百人，向晋阳投诚，以求任用，后汉高祖答应了他。磁州刺史李穀秘密上表给后汉高祖，建议命令梁晖去袭击相州。梁晖暗中侦察得知高唐英尚未到达，相州储藏有兵器，没有什么防备措施。二月二十一日丁丑晚上，梁晖派遣壮士翻越城墙，进入城里，打开城门，接纳他的部众，杀死几百名契丹兵，契丹守将突围逃走。梁晖占据相州，自称留后，上表报告事情的经过。

二月二十二日戊寅，后汉高祖回到晋阳，商议要向老百姓征收钱财以犒赏将士。夫人李氏劝谏他说：“陛下凭借河东创立大业，还没有施恩泽给百姓，反而先剥夺他们赖以维生的资财，这大概不是新天子解救百姓的用意吧。现在宫中所有的东西，请全部拿去犒赏军队，虽然还不怎么多，但是每个人都不会有怨言的。”后汉高祖说：“好！”于是马上停止征收民财，把皇家府库所储藏的财物全部拿出来赏赐将帅和士兵。京城内外的人听说这个消息，都非常高兴。李氏是晋阳人。

吴越内都监程昭悦大量地招致宾客，储备武器，跟江湖术士交往。吴越王钱弘佐想要杀掉他，对水丘昭券说：“你今天晚上带领一千名士兵去包围程昭悦的府第。”水丘昭券说：“程昭悦是一个家臣，有罪应该公开处死，不宜在夜晚动用军队。”钱弘佐说：“对！”命令内牙指挥使诸温暗中守候，趁他在回家途中，将他抓住，送往东府。二月二十三日己卯，将他斩首。解除对钱仁俊的囚禁。

武节都指挥使史弘肇进攻代州，攻下了代州，杀了王晖。

建雄留后刘在明到契丹朝拜，命节度副使骆从朗主持州事。后汉高祖派遣使者张晏洪等人前往晋州，告诉他们自己已经即了帝位，结果骆从朗把张晏洪等人全部囚禁起来。大将药可俦杀掉骆从朗，推举张晏洪代理留后。二月二十四日庚辰，派遣使者入朝奏报这件事情。

契丹主派遣右谏议大夫赵熙出使晋州，征收百姓的钱财和布帛，督促得非常急迫。这时骆从朗已死，百姓联合起来杀掉了赵熙。

契丹主颁赐诏书给赵晖，任命他为保义留后。赵晖斩杀契丹使者，烧掉他的诏书，派遣支使河间人赵矩奉表到晋阳。契丹派遣他的将领高谟翰进攻赵晖，没有攻下。后汉高祖见到赵矩，非常高兴，说："你们控扼着险要的地方来归附我，平定天下就容易了。"赵矩因此而劝后汉高祖早日引兵南下，以合乎天下人的愿望，后汉高祖认为他说得很对。

二月二十五日辛巳，任命赵晖为保义节度使，侯章为镇国节度使、保义军马步都指挥使，王晏为绛州防御使、保义军马步副指挥使。

高防跟王守恩谋划，派遣指挥使李万超率领部众在白天大肆喧哗鼓噪，冲入军府，杀掉赵行迁，推举王守恩代理昭义留后。王守恩杀掉契丹使者，率整个昭义军来归降。

镇宁节度使邪律郎五，生性残忍暴虐，澶州百姓感到很痛苦。盗贼首领王琼率领他的部下一千多人，趁着黑夜偷袭攻占南城，向北渡过德胜浮桥，放纵士兵大肆抢劫，将邪律郎五包围在牙城中。契丹主听到这个消息，非常害怕，这才派遣天平节度使李守贞、天雄节度使杜重威回到他们自己所驻守的藩镇去，从此打消了长久留在河南的打算。契丹主派遣军队救援澶州；王琼退兵驻守澶州近郊，派遣他的弟弟王超持表来向后汉高祖求救。二月二十七日癸未，后汉高祖重重地赏赐王超，让他回去。王琼兵败，被契丹杀掉。

后蜀主为雄武节度使何重建加官同平章事。

（以上为第七段，写河北、河南各地民心归向刘知远，纷纷反抗契丹主。）

延州录事参军高允权是高万金的儿子。彰武节度使周密，昏庸愚昧，贪求钱财，将士们一起起来造反，攻打周密；周密被打败，退守延州东城。大家因为高允权家里世世代代都是镇守延州的将帅，便推举高允权为彰武留后，占据延州西城。周密是应州人。

丹州都指挥使高彦珣杀掉契丹所任命的刺史，自己主持丹州的政事。

契丹述律太后派遣使者把他们国内所产制的美酒、菜肴、干肉和水果赐给契丹主，祝贺他平定后晋。契丹主跟大臣们在永福殿一起宴饮，每次举起酒杯，都站起来把它喝下，说："太后所赏赐的酒，不敢坐着喝。"

后唐王淑妃和郇公李从益都居住在洛阳；赵延寿娶后唐明宗的女儿燕国长公主

为夫人，王淑妃到大梁和她会面。契丹主见到王淑妃，向她行礼说："这是我的嫂夫人。"统军刘遂凝通过王淑妃的关系，向契丹主请求担任节度使，于是契丹主封李从益为许王，任命为威信节度使，任命刘遂凝为安远节度使。王淑妃以李从益年纪幼小为理由，辞谢不上任，又回到洛阳。

契丹主任命张砺为右仆射兼门下侍郎、同平章事，左仆射和凝兼中书侍郎、同平章事；司空兼门下侍郎、同平章事刘昫，因为患了眼疾而辞职，于是被罢免职务而任太保。

东方各地盗贼猖獗，攻陷宋州、亳州和密州。契丹主对左右的人说："我不知道中原的民众居然这样难以统治！"赶快命令泰宁节度使安审琦、武宁节度使符彦卿等人回到他们所镇守的藩镇去，仍旧派契丹兵护送他们。

符彦卿到达埇桥，盗贼首领李仁恕率领部众几万人猛烈进攻徐州。符彦卿与几十名骑兵走到城下，高举马鞭想劝导安抚他们，李仁恕上前抓住符彦卿的马笼头，要求随从符彦卿进城。符彦卿的儿子符昭序，从城里派遣军校陈守习从城上攀援绳索出城，在盗贼群中大声呼喊："相公已经陷入虎口，就是听任相公帮助盗贼攻城，城也不能攻下。"盗贼眼看不能劫持符彦卿，就一同拜倒在符彦卿的马前，请求赦免他们的罪过。符彦卿跟他们立了誓言，盗贼们这才散去。

三月初一日丙戌，契丹主穿赭色袍服，坐在崇元殿，百官上朝行入閤礼。

三月初三日戊子，后汉高祖派遣使者持着诏书去安抚那些为了躲避契丹侵害而聚集在山谷互相照应的农民。

三月初六日辛卯，高允权奉表来归降。后汉高祖指示高允权，听任周密前来后汉高祖所在的地方。周密于是放弃东城前来投降。

三月初七日壬辰，高彦询献出丹州来投降。

后蜀翰林承旨李昊对［枢密使］王处回说："敌人如果再占据固镇，那么通往兴州的路就被隔断，不能再救援秦州了。请派遣山南西道节度使孙汉韶率兵急速攻打凤州。"三月初八日癸巳，后蜀主命令孙汉韶前往凤州军营。

契丹主再度召见后晋百官，对他们说："天气渐渐炎热起来，我难以长久地留在这里，想暂时回到本土去向太后请安。打算留一个亲近的人在这里做节度使。"百官建议迎接太后到大梁来。契丹主说："太后的家族很庞大，就像老柏树的根一样，不能移动。"契丹主想命令后晋百官全部随他北上。有人说："整个国家的官员一起迁到北方，恐怕会动摇人心，不如只迁一部分人去。"于是下令负有任务的人跟着走，其余的人留在大梁。

把汴州又恢复为宣武军，任命萧翰为宣武节度使。萧翰是述律太后哥哥的儿子，他的妹妹又嫁给契丹主为皇后。萧翰开始以萧为姓，从此契丹太后族人都称萧氏。

（以上为第八段，写大河南北民众纷纷反抗契丹，契丹主留萧翰为宣武节度使，自己带领部分后晋官员北还。）

吴越又征调水军，派他的将领余安统领，从海路去救援福州。三月十四日己亥，到达白虾浦。海岸一片泥泞，必须铺上竹席才能行走。在城南的各路唐军，聚集在一起用箭射击他们，使得竹席无法铺上。冯延鲁说："福州城不投降的原因，就是依赖这批援军。现在双方相持不战，只会把我们的军队拖疲。不如让他们登上岸来，然后将他们全部消灭，那么福州城不需攻打就会自动投降了。"偏将孟坚说："吴越兵来到这里，不能前进，也不能后退，想求拼一死战而没有机会。若让他们登上岸来，他们一定会跟我们拼死战斗，他们的劲头一定锐不可当，又怎么能将他们消灭掉呢？"冯延鲁不听，说："我自己去攻打他们。"吴越兵上岸以后，大声喊叫，奋勇拼杀，冯延鲁抵挡不住，丢掉部众逃走，孟坚战死。吴越兵乘胜前进，福州城里的士兵也出城来，一起夹攻，把唐军打得大败。城南的各路唐军都逃走，吴越兵追击。王崇文率领三百名牙兵阻挡追兵，各军在王崇文的后面列阵，追赶的士兵这才回去。

有人说吴越军将要放弃福州，强迫李达率领的部众一起回钱塘。东南守将刘洪进等人把这个消息告诉王建封，并且建议让他们全部出城后，再夺取城池。留从效不愿意福州被平定，王建封也怨恨陈觉等人专权蛮横，于是就说："我们的军队被打败了，怎么能跟人家争夺城池！"当天晚上，焚烧营垒逃走，城北各军也相继溃散。冯延鲁抽出自己身上的佩刀自杀，随身侍卫的官吏救了冯延鲁，没有死。南唐兵一共死了两万多人，丢弃军用物资和器械几十万件，国库因此而消耗殆尽。

余安率兵进入福州，李达把自己的部众全部交给余安。

留从效带兵回泉州，对南唐守将说："泉州与福州世世代代都是仇敌，南面靠近充满瘴疠之气的岭南和大海，地势险峻，土地贫瘠。近几年来，屡次爆发战争，农耕和蚕桑事业荒废，老百姓一年到头都要交纳赋税，他们的生活勉强只能自足，怎么能有劳大军长久地戍守在这里！"于是摆设酒席，为他们饯行。南唐守将无可奈何，只好带兵回去。南唐主拿他没有办法，只好给留从效加官为检校太傅。

（以上为第九段，写南唐兵败福州，吴越据有闽地。）

三月十七日壬寅，契丹主从大梁出发，后晋文武各部官员跟随的有几千人，各军的官吏和士兵又有几千人，宫女、宦官几百人，把府库所藏的物资全部载运同行，所留下来的，只是一些乐器、仪仗而已。晚上，住在赤冈，契丹主看见村落都空旷无人，命令有关官员发布几百通公告，要求各地招抚百姓，然而仍然没有禁止胡兵的抢劫行为。三月二十一日丙午，契丹主从白马渡黄河，对宣徽使高勋说："我在本土的时候，以射箭打猎为乐，到了这里，令人愁闷不安，现在能够回去，就是死了，也没有什么遗憾了。"

后蜀孙汉韶率领两万军队攻打凤州，驻军固镇，分派一部分兵力控制散关，以切断救援的通路。

张筠、余安都回到钱塘，吴越王钱弘佐派遣东南安抚使鲍脩让率兵戍守福州，任命东府安抚使钱弘倧为丞相。

三月二十五日庚戌，命后汉高祖的弟弟北京马步都指挥使刘崇代理太原尹，治理太原府的事务。

三月二十六日辛亥，契丹主将攻打相州，梁晖表示愿意投降；契丹主赦免他的罪，并且答应任命他为相州防御使，梁晖怀疑其中有诈，又登城设防抵抗。夏季，四月初四日己未，天还没亮，契丹主命令胡、汉各军急速攻打相州，到了吃早饭的时候，攻下相州，将城里的男人全部杀掉，赶着妇女跟他们一起向北走。胡人将婴孩抛向空中，然后用刀尖去接，以此来取乐。契丹主留下高唐英防守相州。高唐英巡视城里，幸存下来的百姓，男女合起来，才七百多人。后来节度使王继弘收集埋葬城区里的尸骨，总共达十多万具。

有人告发磁州刺史李穀图谋献出磁州，归附后汉，契丹主把他抓来责问，李穀不承认，契丹主把手伸进车里，好像要拿出他所得到的文书证据似的。李穀知道这是假的，就向他请求说："如果真有证据，请拿出来让大家看一看。"契丹主问了六次，李穀的口气神情，丝毫不屈服，契丹主这才放了他。

后汉高祖命堂弟北京马军都指挥使刘信兼任义成节度使，充当侍卫马军都指挥使，武节都指挥使史弘肇兼任忠武节度使，充当步军都指挥使，右都押牙杨邠代理枢密使，蕃汉兵马都孔目官郭威代理副枢密使，两使都孔目官南乐人王章代理三司使。

四月初八日癸亥，立魏国夫人李氏为皇后。

契丹主看见所经过的城市都已变成荒丘和废墟，对蕃汉大臣们说："导致中原到这种地步，都是燕王赵延寿的罪过。"又回过头来对张砺说："你也同样出了力。"

（以上为第十段，写契丹主北还，一路屠城滥杀，千里沃野一片荒残。）

四月初九日甲子，后汉高祖任命河东节度判官长安人苏逢吉、观察判官苏禹珪为中书侍郎、同平章事。苏禹珪是密州人。

振武节度使、府州团练使折从远入朝，改名为折从阮，在府州设置永安军，任命折从阮为永安节度使。又任命河东左都押牙刘铢为河阳节度使。刘铢是陕州人。

契丹昭义节度使耿崇美驻兵泽州，打算进攻潞州。四月初十日乙丑，诏命史弘肇率领一万名步兵和骑兵去援救潞州。

四月十一日丙寅，任命王守恩为昭义节度使，高允权为彰武节度使，又任命岢岚军使郑谦为忻州刺史兼任彰国节度使，又兼忻、代二州义军都部署。四月十二日丁卯，任命缘河巡检使阎万进为岚州刺史兼任振武节度使，又兼岚、宪二州义军都制置使。后汉高祖听说契丹回到北方去，想占有河南，所以命史弘肇为先头部队，又派遣阎万进出兵到北方，以分散契丹的兵力。阎万进是并州人。

契丹主动用几十艘船只，运载后晋的铠甲兵器，将从汴州逆黄河而上，返回国内，命令宁国都虞候榆次人武行德率领一千多人护送。到达河阴后，武行德跟将士们商议说："我们现在被契丹所控制，将要远离家乡。人总会有一死，怎么能做他乡之鬼呢！胡虏势必不能长久留在中原，不如我们共同驱逐他们的同党，坚守河阳，以等待天命所归的天子，再去归附他，这难道不是长远打算吗！"众人认为这话很对。武行德就把所运载的铠甲和武器交给部众，一起杀死契丹的监军使。正好这时契丹的河阳节度使崔廷勋带兵护送耿崇美前往潞州，武行德于是趁着州城空虚的机会攻占河阳，众人推举武行德为河阳都部署。武行德派遣他的弟弟武行友带着封在蜡丸中的表章，抄小路前往晋阳。

契丹派遣武定节度使方太到洛阳去巡视考察，到达郑州。郑州驻有守兵，他们一起强迫方太为郑王。后梁皇室后裔密王朱乙，为了逃避祸乱去当和尚，嵩山的盗贼首领张遇抓住了朱乙，立朱乙为天子，把嵩岳庙神像上的龙袍和冠冕取下来，给朱乙穿上，率领一万多人袭击郑州，方太击退了他们。方太考虑到契丹势力还很强大，恐怕事情不能成功，于是劝导守兵，打算带他们一起投奔洛阳。众人不听，方太自己从西门逃走，奔向洛阳。守兵在方太跑掉以后，反而在契丹人面前诬陷方太，说是方太逼迫他们作乱。方太派儿子方师朗主动去向契丹解释，契丹将领麻荅将他杀掉，方太没有办法表明自己的心意。刚好这时各方盗贼攻打洛阳，契丹留守刘晞放弃州城，逃奔许州，方太就进入洛阳的府署执行留守的职务，和巡检使潘环一道反击盗贼，将他们打退。张遇杀了朱乙，请求投降。伊阙的盗贼首领自称为天子，在洛阳城南的祭坛上向部众宣誓，将要进入洛阳。方太迎头痛击，将他们赶走。

方太想主动归附晋阳，武行德派人诱骗他说："我只是一个军中的小校。您以前曾经镇守过这里，现在我把河阳的首领位置让出来，等待您。"方太相信了他的话，到了河阳，被武行德杀掉。

萧翰派遣高谟翰援助并护送刘晞从许州回洛阳，刘晞怀疑是潘环聚结部众驱逐自己，就让高谟翰把潘环杀掉。

四月十三日戊辰，武行友到达晋阳。

四月十五日庚午，史弘肇奏报说派遣先锋将马诲袭击契丹，斩首一千多级。当时，耿崇美、崔廷勋到达泽州，听说史弘肇的部队已经进了潞州，不敢前进，领兵向南走。史弘肇派遣马诲前去追击，将他们打败。耿崇美、崔廷勋和奚王拽剌退兵防守怀州。

四月十六日辛未，后汉高祖任命武行德为河阳节度使。

契丹主得知河阳发生变乱的消息，叹息说："我有三个错误，天下背叛我是应该的！向各地征敛钱财，这是第一个错误；叫契丹的士兵'打草谷'，这是第二个错误；不及早下令各节度使回到自己所镇守的藩镇去，这是第三个错误。"

（以上为第十一段，写各地军民反抗契丹，契丹主慨叹有三失：搜刮民众，一失；放纵胡骑抢掠，二失；不早遣汉人节度使还镇，三失。）

南唐主认为假传圣旨以致军事失败，都是陈觉和冯延鲁的罪过，四月十七日壬申，下诏赦免其他将领的罪过，商议要杀掉陈、冯二人，以向全国上下谢罪。御史中丞江文蔚在南唐主面前上奏弹劾冯延己、魏岑说："陛下即位以来，所信任的人，只有冯延己、冯延鲁、魏岑和陈觉等四人而已。他们都阴险狡诈，玩弄权术，蒙蔽皇上耳目，排斥忠良，任用相互勾结的小人，向皇上劝谏力争的人被驱逐，私下议论的人被处刑，上下相互包庇，使百姓敢怒不敢言，在路上相遇，只好用眼色来示意。现在陈觉和冯延鲁虽然伏法，但是冯延己和魏岑还在。根部没有铲除，枝干还会再生。同样的罪，受到不同的处罚，人心将会感到疑惑。"又说："皇上所看见所听见的就依仗那么几个人，虽然每天都能见到大臣们，但是最后还是陷于孤立。"又说："在外任职的人掌握兵权，在朝廷任职的人专断国事。"又说："魏岑、陈觉、冯延鲁等人之间，违离不和，不断地互相扯皮争斗。一个向前，另一个就退后；一个向东，另一个就向西。天生的各种材质，是国家的各种财富，都反而成了小人们争权妄动的工具。"又说："出征讨伐的大权，由魏岑随便决定；国家府库库藏的取用，取决于魏岑的一句话。"南唐主认为江文蔚所说的话太过分，有些恼怒，把江文蔚贬为江州司士参军。将陈觉、冯延鲁囚禁起来，解送到金陵去。宋齐丘由于曾经推荐陈觉出使福州，上表等待被治罪。

南唐主下诏，将陈觉流放到蕲州，冯延鲁流放到舒州。知制诰会稽人徐铉、史馆修撰韩熙载上疏说："陈觉、冯延鲁罪大恶极，死有余辜，但宋齐丘、冯延己却替他们讲情，所以陛下赦免了他们。擅自兴兵的人不加以治罪，那么边疆上就会有制造事端的人了；丧失军队的人让他活着，那么行军作战中就没有以死效忠的人了。请公开处死陈觉和冯延鲁，以重振军威。"南唐主不同意。

中书侍郎、同平章事冯延己被罢官为太弟少保，贬魏岑为太子洗马。

韩熙载屡次上奏说：宋齐丘的党羽一定会起来作乱。宋齐丘则上奏弹劾韩熙载嗜好喝酒，肆意妄为，于是贬韩熙载为和州司士参军。

（以上为第十二段，写南唐主裁制群小，同时又贬抑进言直臣，猜忌一方势盛则裁抑以平衡之。）

四月二十日乙亥，凤州防御使石奉頵以凤州投降后蜀。石奉頵是后晋宗室的亲属。

契丹主到了临城，生起病来；到达栾城时，病情加重、因发高烧很痛苦，臣属便在契丹主胸腹和手脚上覆盖上冰块，还让他吃冰。四月二十一日丙子，契丹主到杀胡林就死了。契丹人剖开他的肚子，塞进几斗盐巴，用车装着尸体运回北方，晋人称之为“帝羓”。

赵延寿痛恨契丹主违约没有扶植自己当皇帝，对别人说：“我不再进入龙沙了。”当天就领兵进入恒州。契丹永康王兀欲以及南北二王，各自率领自己的部众也跟着相继进入。赵延寿想拒绝他们，又恐怕失去大量的援助，只好让他们进去。

当时契丹各将领已经秘密议定尊奉兀欲为契丹主，兀欲登上鼓角楼接受叔父和兄弟们的拜贺。赵延寿还不知道这件事，自称接受契丹主的遗诏，代理南朝的军国大事，于是颁下命令，通告各地，赵延寿供给兀欲的俸禄和其他将领一样，兀欲很恨赵延寿。恒州各城门的锁和钥匙以及仓库的出纳，兀欲都亲自掌管。赵延寿派人去要那些钥匙，兀欲不给。

契丹主的遗体送回到国内，述律太后没有哭，说：“等到各部落恢复得像以前那样团结，再来安葬你。”

后汉高祖从寿阳回来，留下一千人戍守承天军。守兵听说契丹回北方去了，便不再防备。契丹前来偷袭，守兵惊慌溃散。契丹焚烧他们的城邑，一天之中，警报一百多起。后汉高祖说：“这是胡虏将要逃走，故意虚张声势。”派遣亲近将领叶仁鲁率领三千名步兵和骑兵奔赴承天军。正好这时契丹军出外抢劫，叶仁鲁乘虚而入，大败契丹军。四月二十二日丁丑，又夺回承天军。

冀州人杀掉契丹刺史何行通，推举牢城指挥使张廷翰治理州府的事务。张廷翰是冀州人，符习的外甥。

有人劝赵延寿说：“契丹各重要官员连日来聚会商议，这里面一定会有变故。现在这里的汉兵不下一万人，不如赶在他们之前采取行动。”赵延寿犹豫不决。四月二十七日壬午，赵延寿下令，下个月初一的那天，在待贤馆举行仪式，接受文武百官的朝贺。仪式是：宰相、枢密使在阶上朝拜，节度使以下的官员在阶下朝拜。李崧认为胡虏的意图不明，形势难以预料，再三劝说赵延寿不要举行这个典礼，赵延寿这才作罢。

（以上为第十三段，写契丹主死于北还途中。赵延寿矫诏权知南朝军国事。）

【点评】

本卷点评张彦泽之死、赵延寿黄粱梦破灭、南唐主坐失北进中原之良机三件史事。

张彦泽之死。张彦泽，突厥人，为人剽悍残忍，暴虐成性。因与后晋高祖石敬瑭联姻，恃宠为恶肆无忌惮。张彦泽因怒其子，嘱其掌书记张式写奏章请诛杀其子，张式不肯写无理奏章，张彦泽毒杀张式，剖心决口，断手足而斩之。张彦泽镇泾州，残害泾人，大体如此。张式之父张铎诣阙诉冤，邠州节度使王周又上奏张彦泽不法之事二十六桩，以及泾人遭害情由。公卿大臣连章上奏请诛张彦泽，石敬瑭姑息不忍，给张式之父张铎、张式之弟张守贞、张式之子张希范皆授官，免泾州民税及杂役一年，下罪己诏以为张彦泽请命。后晋之君臣，君不像君，臣不像臣，全无体统。开运三年，张彦泽为马军都排阵使，随杜重威投降契丹，摇身一变，打着"赤心为主"的旗号为先锋，入大梁清宫，纵兵大掠，都城为之一空。张彦泽掠取财物，堆积如山。又以私怨诛杀閤门使高勋的叔父及高勋之弟，把尸首摆在大门口，士民见之，不寒而栗。高勋及京都士民，向契丹主耶律德光控诉遭张彦泽之祸。张彦泽自认为有功于契丹，日夜纵酒为乐。耶律德光询问百官，百官皆曰"彦泽当死"。契丹主命斩张彦泽于闹市，高勋监斩，剖彦泽之心以祭冤死者，士民争相打破张彦泽之头，取其脑髓，脔其肉，以解心头之恨。张彦泽，衣冠禽兽不足论。石敬瑭纵之为恶，而契丹主耶律德光蛮夷之主，却不为张彦泽"赤心为主"所迷惑，诛杀张彦泽以收民心。张彦泽之生死，如同一面镜子，照出石敬瑭的嘴脸不若蛮夷之主。石氏父子为君，举国之民皆为之蒙羞。

赵延寿黄粱梦破灭。契丹主耶律德光许诺赵延寿破晋之后立为中原皇帝。耶律德光召问投降后晋的百官，谁可为帝。百官奉承曰："天无二日，夷夏之心，皆愿推戴皇帝。"耶律德光于是自领中原皇帝。赵延寿仍不甘心，乞为皇太子。耶律德光说："燕王赵延寿要吃我身上的肉，我可以给他。要当皇太子可不行，中原传统，只有皇帝的亲儿子才可当皇太子，燕王怎么有这等妄想。"至此，赵延寿想做儿皇帝的黄粱美梦破灭。到了夏天，契丹主难耐中土炎热，此时刘知远称帝于太原，耶律德光北还，一路所过，城邑皆为废墟。耶律德光把契丹人的暴行全都推到汉奸赵延寿身上，对蕃汉百官说："祸害老百姓的都是赵延寿的功劳。"耶律德光固然无耻，而蔑视汉奸的心意却溢于言表。无论中外之主，没有一个人喜欢叛臣贼子。而卖国贼子，既叛主，又卖国，是双重的背叛，要想赢得尊敬，亦是一场白日梦。赵延寿的下场，可为殷鉴！

南唐主坐失北进中原之良机。五代时，中朝之外的周边十国，只有江淮之间的南唐堪称大国。当契丹灭后晋时，正值南唐第二代国主李璟即位后的第四年，正与吴越国交兵争闽国的控制权而难解难分。南唐史馆修撰韩熙载上疏，劝李璟北进，借北方士民之力，驱逐契丹，夺取中原，统一中国，恢复大唐基业。如果契丹退走，中原有新皇帝，不会有进取的机会。李璟同其父李昪，皆继承杨行密、徐温保境安民的国策，不思进取，丧失了北进中原的良机。乱世纷争，不进则退，机会之来，稍纵即逝。东汉末刘表据有荆州，帐下雄兵十万，只图保境，不思进取，一次又一次地丧失了北进的机会，结果坐以待毙。南唐北进，未必是刘知远的对手，而刘知远不救晋室之危，阴图异志，坐视中原之民遭涂炭，若此时南唐北进，解中原之民于倒悬，未必没有机会。即使没有成功，但也无覆国的危险。当时南唐四围，皆无强手，挥师北进，驱逐鞑虏，义正气盛，有机会则进，无机会则退。契丹灭后晋，是天赐南唐的一次大好机会。机会丧失，士民之气亦消，等到宋太祖南进，只能拱手称臣。

资治通鉴（白话本） 卷第二百八十七

后汉纪二

后汉高祖天福十二年至乾祐元年（公元 947）

【起强圉协洽（丁未，公元 947 年）五月，尽著雍涒滩（戊申，公元 948 年）二月，不满一年】

【大事提要】

本卷记事起于公元 947 年五月，讫于公元 948 年二月，凡九个月史事。当后汉高祖天福十二年五月至乾祐元年二月。此时期中原王朝又一次易主，刘知远起兵太原，逐走契丹，建立后汉，史称高祖，译文中称“后汉高祖”，以与“西汉高祖”刘邦相区别。契丹永康王兀欲，讳阮，即耶律阮，小字兀欲，太宗耶律德光之兄子。太宗视兀欲为己子，兀欲从太宗伐晋，封永康王。太宗耶律德光死于北还归途之栾城，兀欲用诡计在镇阳即皇帝位于柩前。辽太后萧氏发兵抗击兀欲返国，兀欲打败太后之兵，回国正位，是为辽世宗。后汉高祖刘知远抚定中原，河北诸镇驱赶契丹人，形势一片大好。可惜刘知远气识狭小，不容后唐明宗之子李从益母子，犯杀降大忌，又信用苏逢吉、史弘肇等贪残暴虐之臣，又滥杀幽州无辜士兵一千五百人，非仁也；诱骗张琏而诛之，非信也；杜重威罪大恶极而赦之，非刑也。司马光评论说，刘知远有仁、信、刑三失，是以国运不久。蜀兵犯凤翔，吴越国发生政变，钱弘俶取代钱弘倧为国主。荆南、南唐、南汉诸小国均政治腐败，无贤臣任政。

高祖睿文圣武昭肃孝皇帝中

后汉高祖天福十二年（丁未，公元 947 年）

五月初一日乙酉，永康王兀欲召请赵延寿及张砺、和凝、李崧、冯道等人在他所住的馆舍饮酒。兀欲的妻子向来都把赵延寿当兄长对待，兀欲从容地对赵延寿说：“妹妹从契丹来，难道不想见见她吗？”赵延寿很高兴地跟他一起进去。过了好一会儿，兀欲出来，对张砺等人说：“燕王图谋反叛，刚才已经把他囚禁起来了。”兀欲又说：“先帝在汴梁的时候，留给我一个计划，答应由我主持南朝的军国政事。最近临终的时候，没有其他遗诏。而燕王擅自主持南朝的军国大事，难道有这样的道理吗？”兀欲下令：“赵延寿的亲信党羽全都不加追问。”隔了一天，兀欲到待贤馆接受蕃汉百官的拜见祝贺，他笑着对张砺等人说：“燕王假如真的在这里举行这种礼仪，我就用铁甲骑兵将他包围，你们各位也就不能幸免了。”

几天以后，兀欲在恒州府署召集蕃汉大臣，宣布契丹主的遗诏。遗诏大意说：“永康王是大圣皇帝的嫡孙，人皇王的长子，太后极其钟爱，大家从感情上都归向他，可以在中京即皇帝位。”于是开始为契丹主举行丧礼，穿起丧服。不久又换上吉服接见群臣，不再举行丧礼，朝廷歌唱吹奏的声音在州署内一直没有停止。

（以上为第一段，写契丹永康王兀欲用诡计即皇帝位。）

五月初七日辛巳［辛卯］任命绛州防御使王晏为建雄节度使。

后汉高祖召集大臣们在朝廷商议进取中原的策略，众将都建议从井陉出兵，攻取镇州和魏州，先平定河北，河南就自然会拱手臣服。后汉高祖则想从石会关出兵，直奔上党。郭威说：“胡虏主虽然死了，可是他的部众还很强盛，各自占据坚固的城池。我们出兵河北，兵力少道路曲折，周围没有接应援助。如果胡虏们联合起来进攻我军，那么我们前进，他们在前面挡住去路；我们后退，他们又在后面拦截；运送粮草的道路也会被断绝，这是危险的一条路。上党山路险峻阻塞，粮食缺乏，百姓穷困，无法供应军队，也不可以走。近来陕州和晋州两个藩镇相继归附，领兵向这个地方走，可以万无一失，不出二十天，洛阳、大梁就可以平定了。”后汉高祖说：“你说得很对。”苏逢吉等人说：“史弘肇的大军已经屯驻上党，胡虏相继逃走，不如从天井关出兵，直达孟津最为便利。”主管天文的官员奏道：“太岁星在午的位置，不利于南行，应该经由晋州和绛州抵达陕州。”后汉高祖听从了这个建议。五月初七日辛卯，后汉高祖下诏于五月十二日丙申从太原出发，通告各道。

五月初十日［甲午］任命太原尹刘崇为太原留守，任命赵州刺史李存瓌为副留守，河东幕僚真定人李骧为少尹，牙将太原人蔚进为马步指挥使来辅佐刘崇。李存瓌是后唐庄宗的堂弟。

这一天，刘晞放弃洛阳逃奔大梁。

（以上为第二段，写刘知远起兵晋阳。）

武安节度副使、天策府都尉兼任镇南节度使马希广，是楚国文昭王马希范的同母弟弟，性情谨慎温顺，马希范喜欢他，让他处理内外诸司的事务。五月初八日壬辰晚上，马希范去世，将帅幕僚商议继位的人选。都指挥使张少敌、都押牙袁友恭认为武平节度使兼主持永州事务的马希萼，在马希范几个弟弟中年纪最大，主张立马希萼；长直都指挥使刘彦瑫，天策府学士李弘皋、邓懿文，小门使杨涤都主张立马希广。张少敌说：“马希萼年纪大而性情刚烈，一定不肯位居马希广之下，这是很明显的。如果一定要立马希广，那就应当想出一个长远的计策来控制马希萼，使他服服帖帖才行；否则，国家就危险了。”刘彦瑫等人不同意。天策府学士拓跋恒说：“三十五郎马希广虽然处理军府的政事，可是三十郎马希萼年纪居长，请派遣使者用礼仪要他表示谦让。否则，一定会引起争端。”刘彦瑫等人都说：“现在军政大权在自己手里，上天赐予而不取，让别人得到，今后我们这些人在哪里安身呢！”马希广怯懦软弱，自己不能决断。五月十一日乙未，刘彦瑫等人声称奉马希范的遗命，共同拥立马希广。张少敌退朝后叹息说：“祸患恐怕就从此开始了吧！”与拓跋恒都推说有病不出门。

五月十二日丙申，后汉高祖从太原出发，经阴地关向晋州、绛州前进。

五月十三日丁酉，史弘肇奏报攻克泽州。当初，史弘肇攻打泽州，泽州刺史翟令奇坚持防守，攻不下来。后汉高祖认为是史弘肇兵力太少，想召他回来。苏逢吉、杨邠说：“现在陕州、晋州、河阳都已经归附我们，崔廷勋、耿崇美早晚要逃走；如果召回史弘肇，那么河南的人心就会动摇，胡虏的势力又会强盛起来了。”后汉高祖没有做出决定，派人去征求史弘肇的意见。史弘肇说：“军队已经到了这里，势如破竹，只能前进，不能后退。”他的意见跟苏逢吉等人所说的一致，后汉高祖这才听从他们的意见。史弘肇派遣部将李万超去游说翟令奇，翟令奇便投降了，史弘肇命李万超暂时代理泽州事务。

崔廷勋、耿崇美、奚王拽剌联合兵力进逼河阳，张遇率领几千名部众援救，两军在南阪交战，张遇战败而死。武行德出战，也战败，便关闭城门防守。拽剌想要攻城，崔廷勋说：“现在契丹军队已经离去，得到这座城池有什么用！而且杀害一个人都还觉得可惜，何况是一城人呢！”听说史弘肇已经攻取泽州，于是放弃河阳，退兵防守怀州。史弘肇将要到达怀州，崔廷勋等人率领部众向北逃走，经过卫州，大肆抢掠后离去。契丹在河南的军队相继逃回北方，史弘肇领兵与武行德会合。

史弘肇为人深沉刚毅，沉默寡言，统帅部众严明而整齐，将校稍微不听从命令，立刻就被他捶打而死；士兵经过的地方，凡是侵害百姓田地和把马系在树上的，一律斩首。军中人人恐惧，没有一个敢违反命令，所以攻无不克，所向无敌。后汉高祖从晋阳平平安安地进入洛阳和大梁，兵不血刃，这些都是史弘肇的功劳。后汉高祖因此倚重他，喜欢他。

五月十七日辛丑，后汉高祖到达霍邑，派遣使者劝谕河中节度使赵匡赞，并且把契丹囚禁他父亲赵延寿的消息告诉他。

（以上为第三段，写楚国马希广嗣位，侵边之契丹兵北遁。）

滋德宫有五十多个宫人，萧翰想抢过来，宦官张环不肯给。萧翰就砸毁门锁，抢走宫人，将张环抓起来，用烧红的铁块烙张环，使张环腹部烧烂而死。

当初，萧翰听说后汉高祖率兵南下，想回到北方去，又担心中原无主，一定会大乱，自己不能从容离去。当时后唐明宗的儿子许王李从益与王淑妃在洛阳，萧翰派高谟翰去迎接他们，假称契丹主的命令，命李从益主持南朝军政大事，召自己前往恒州。王淑妃、李从益躲藏在后唐明宗的陵墓徽陵的祖庙里，不得已才出来。到了大梁，萧翰立李从益为皇帝，率领各酋长向他下拜。又任命礼部尚书王松、御史中丞赵远为宰相，前任宣徽使甄城人翟光邺为枢密使，左金吾大将军王景崇为宣徽使，任命北来指挥使刘祚代理侍卫亲军都指挥使，充任在京巡检。王松是王徽的儿子。

百官拜见王淑妃，王淑妃哭着说："我们母子二人这样孤单弱小，却被各位所拥戴，这是害我们家啊！"萧翰留下一千名燕兵防守各城门，为李从益担任警卫。五月十八日壬寅，萧翰及刘晞辞行，李从益在城北郊外为他们饯行。李从益派遣使者到宋州召请高行周，到河阳召请武行德，结果都不来。王淑妃害怕，召集大臣商量说："我们母子被萧翰逼迫，本当不免一死。你们大家没有罪，应该尽早迎接新的君主，各自谋求平安，不要以我们母子两人为念了！"大家被她的话所感动，都不忍心背叛她而离开。有人说："现在集合各营的士兵，不下五千人，跟燕兵合力坚守一个月，北方契丹的救兵一定会到来。"王淑妃说："我们母子二人是亡国的遗民，怎么敢跟人家争夺天下！不幸落到这种地步，死生只有任人家决定。如果新的君主体察清楚，当会知道我们没有对不起人的地方。现在如果再作别的打算，就会祸害连累到其他人，全城生灵涂炭，最终有什么好处呢！"大家还是想防守抵抗，三司使文安人刘审交说："我是燕人，难道不为燕兵考虑！但是事情有无可奈何的时候。现在城中处在大乱之后，官府和民间都已经穷尽，留下的百姓没有多少，如果再被包围一个月，那就没有活人了。希望大家不要再说了，一切都遵从太妃的安排。"于是采用赵远、翟光邺的计策，李从益改称梁王，主持军国政事。派遣使者奉表称臣，迎接后汉高祖，请后汉高祖早日前往京师，并且出宫住到私宅里。

五月二十日甲辰，后汉高祖到达晋州。

契丹主兀欲鉴于耶律德光有儿子在国内，自己是以侄子的身份承袭帝位，又没有述律太后的命令，擅自即位，所以内心感到不安。

当初，契丹主阿保机死在勃海，述律太后杀酋长和众将共几百人。契丹主德光又死在国境之外，酋长、众将怕死，于是打算尊奉契丹主兀欲统领军队北上回契丹。

契丹主任命安国节度使麻荅为中京留守，前任武州刺史高奉明为安国节度使。后晋文武官员和士兵全部留在恒州，只命翰林学士徐台符、李澣以及后宫宫人、宦官、教坊的乐师跟随自己。五月二十一日乙巳，从真定出发。

后汉高祖即位的时候，绛州刺史李从朗和契丹将领成霸卿等人抗命，后汉高祖派遣西南面招讨使、护国节度使白文珂攻打他们，没有攻下。后汉高祖到达城下，命令各军四面布阵而不攻打，用利害关系来劝导他。五月二十四日戊申，李从朗率城投降。后汉高祖命令亲信的将领分别把守各门，士兵一个也不许进城。任命偏将薛琼为防御使。

五月二十七日辛亥，后汉高祖抵达陕州，赵晖亲自牵着皇帝的马匹进城。五月二十八日壬子，到达石壕，大梁百姓有前来迎接的。

六月初一日甲寅，萧翰到达恒州，和麻荅一起带领铁甲骑兵包围张砺的住宅。张砺正生病躺在床上，出来见他们，萧翰数落他说："你为什么对先帝说胡人不可以做节度使？还有，我是宣武节度使，而且又是国舅，你在中书省竟敢用堂帖处置我！还有，先帝让我防守汴州，留我住在宫中，你又认为不行。还有，在先帝面前中伤我和解里，说解里喜欢掠夺人家的财物，说我喜欢掠夺别人的女子。今天我一定要杀你！"下令把张砺锁拿起来。张砺大声说："这些都是国家的根本，我不过说了实话。要杀就杀，为什么还要锁拿起来！"麻荅认为大臣不可以擅自杀人，尽力解救、阻止，萧翰这才放了张砺。当晚，张砺气愤而死。

崔廷勋见到麻荅，快步跑上前去下拜，起来后，又跪着献酒，麻荅端坐着接受了。

六月初二日乙卯，后汉高祖到达新安，留守西京的官员都来迎接。

吴越忠献王钱弘佐去世。遗命任命丞相钱弘倧为镇海、镇东节度使兼侍中。

六月初三日丙辰，后汉高祖到达洛阳，进入并住在宫中，汴州文武百官奉表前来迎接。后汉高祖下诏让那些接受契丹任命的人都不必疑虑，把所有的任命文书收集起来烧掉。赵远改名为赵上交。

后汉高祖命令郑州防御使郭从义先到大梁清理宫殿，秘密命令他杀掉李从益和王淑妃。王淑妃将死的时候，说："我的儿子是被契丹立为皇帝的，有什么罪要被处死！为什么不留下他，让他在每年寒食节的时候，有一碗麦饭祭撒在明宗的陵墓前呢！"听到的人都流下了泪来。

（以上为第四段，写后唐明宗之子李从益和其母为乱世所不容的悲剧命运。）

六月初五日戊午，后汉高祖从洛阳出发。枢密院吏魏仁浦从契丹逃回来，在巩县进见后汉高祖。郭威问魏仁浦契丹的兵力及前代的事情，魏仁浦博闻强记，精细敏锐，郭威因此亲近信任他。魏仁浦是卫州人。

六月初八日辛酉，汴州文武百官窦贞固等人在荥阳迎接后汉高祖。六月十一日甲子，后汉高祖到达大梁，后晋藩镇相继前来投降。

六月十三日丙寅，吴越王钱弘倧继承王位。

六月十五日戊辰，后汉高祖下诏实行大赦。凡是契丹所任命的节度使，下至将领官吏，各自安守职位，不再变更。又改汴州为东京，改国号为汉，依旧用"天福"年号。后汉高祖说："我不忍心忘记晋国。"恢复青州、襄州、汝州三州节度使。六月十九日壬申，任命太原留守刘崇为河东节度使、同平章事。

契丹述律太后听说契丹主自立为皇帝，非常恼怒，发兵抵抗契丹主。契丹主任命伟王为前锋，两军在石桥相遇。当初，后晋的侍卫马军都指挥使李彦韬随从后晋主向北迁移，隶属在述律太后的部下，太后任命他为排阵使。李彦韬迎接伟王，向他投降，太后的军队因此大败。契丹主把太后幽禁在阿保机的陵墓。改年号为天禄，自称天授皇帝，任命高勋为枢密使。

契丹主仰慕华夏风俗，任用很多后晋大臣，而自己沉湎于酒色，轻视怠慢各部落的酋长，因此国人不归附，各部落屡次叛乱，便兴兵讨伐，所以几年内没有顾得上南下侵犯。

当初，契丹耶律德光命令奉国都指挥使南宫人王继弘、都虞候樊晖率领各自统领的士兵戍守相州，彰德节度使高唐英对待他们很好。守兵没有铠甲兵器，高唐英供给他们铠甲兵器，像亲戚一样倚重、信任他们。高唐英听说后汉高祖南下，率领藩镇请求投降；派去的使者还没有回来，王继弘和樊晖就杀掉了高唐英。王继弘自称留后，派遣使者去报告说高唐英反复无常，后汉高祖下诏任命王继弘为彰德留后。六月十七日庚辰，任命樊晖为磁州刺史。

安国节度使高奉明听说高唐英被杀，心里恐惧不安，向麻荅请求任命马步都指挥使刘铎为节度副使，主持军府的事务，自己回恒州。

后汉高祖派遣使者通告荆南。高从诲上表祝贺，并且要求得到郢州，后汉高祖不同意；等到后汉高祖派遣的加恩使者来到的时候，高从诲拒绝接受。

南唐主听说契丹主耶律德光去世，萧翰放弃大梁逃回北方，颁布诏书说："我们眷念中原，那是本朝的故土。"任命左右卫圣统军、忠武节度使李金全为北面行营招讨使，商议进取北方。听说后汉高祖已经进入大梁，于是不敢出兵。

秋季，七月十一日甲午，任命马希广为天策上将军、武安节度使、江南诸道都统，兼中书令，封楚王。

有人传言说赵延寿已经死了。郭威对后汉高祖说："赵匡赞是契丹所任命的，现今还在河中，应该派遣使者前往吊唁祭祀，乘机起用他，并调换镇所。他已经无家可归，又无国可回，一定会感恩而接受任命的。"后汉高祖同意他的建议。刚好邺都留守、天雄节度使兼中书令杜重威，天平节度使兼侍中李守贞都上表归顺。杜重威并请求调到其他的藩镇。归德节度使兼中书令高行周入朝。七月十三日丙申，调杜重威为归德节度使，命高行周代替他；任命李守贞为护国节度使，加兼中书令；调护国节度使赵匡赞为晋昌节度使。过了两年，赵延寿才死在契丹。

吴越王钱弘倧任命他的弟弟台州刺史钱弘俶共同参与相府的事务。

李达命他的弟弟李通主持福州留后的事务，自己到钱塘进见吴越王钱弘倧，钱弘倧秉承皇帝命令加李达兼侍中，改他的名字为李孺赟。不久，李孺赟既后悔又恐惧，用二十多株金竹笋和各种宝物贿赂内牙统军使胡进思，请求让他回福州。胡进思替他请求，钱弘倧答应了他。

（以上为第五段，写契丹主兀欲返国正位，是为辽世宗。后汉高祖刘知远抚定中原。）

杜重威认为自己曾经归附契丹，背叛过中原王朝，内心常常感到疑虑害怕；等到调换藩镇的制令下来，他又拒不接受，让他的儿子杜弘璲到麻荅那里做人质，以求得麻荅的援助。赵延寿有幽州的两千亲兵在恒州，由指挥使张琏率领，杜重威请求派他们来防守魏州；麻荅派遣他的部将杨衮率领契丹兵一千五百人和幽州兵前往魏州。闰七月十八日庚午，后汉高祖下诏削夺杜重威的官职爵位，任命高行周为招讨使，镇宁节度使慕容彦超为副招讨使，讨伐杜重威。

闰七月十九日辛未，杨邠、郭威、王章都免除代理改为正使。当时正当兵荒马乱之后，国家和民间都资财空乏，北方来的士兵和后晋朝廷的士兵合起来，数量陡然增加好几倍。王章建议后汉高祖取消不急迫的事务，节省无益的费用来供给军队，费用才能够充足。

闰七月二十八日庚辰，后汉高祖下制书建立宗庙。太祖高皇帝刘邦和世祖光武帝刘秀，都永远不变动。又建立四代宗庙，追尊谥号。一共立了六庙。

麻荅贪婪狡猾残忍，民间凡是有珍贵的财宝、美貌的妇女，一定要抢夺过来。又捕捉村民，诬陷他们是盗贼，剥脸皮、挖眼珠、砍手、用火烧烤致死，想以此来威吓民众。麻荅把刑具随身带着，居室周围悬挂着人肝、人胆，以及手、脚，他在里面饮食起居，谈笑自如。出入有时身穿黄颜色的衣服，乘坐皇帝坐的车子，使用天子用的器物，他说："这些事汉人认为不可，可是在我国是没有什么忌讳的。"又因为宰相人员不足，于是发公文命冯道兼管弘文馆，李崧兼管史馆，和凝兼管集贤院，刘昫兼管中书，僭越狂妄到了如此地步。然而如果契丹有人犯法，麻荅也不加宽容，所以市中店铺没有受到骚扰。麻荅常担心汉人逃走，对守门的人说："汉人如果有窥探城门的，就砍掉他的头来见我。"

麻荅派遣使者到洺州督运粮草，洺州防御使薛怀让听说后汉高祖进入大梁，杀掉了麻荅派来的使者，率领全州投降。后汉高祖派遣郭从义率领一万人马与薛怀让会合，一起在邢州攻打刘铎，没有攻下。刘铎向麻荅请求援兵，麻荅派遣他的部将杨安以及前任义武节度使李殷，率领一千名骑兵前往洺州攻打薛怀让。薛怀让据城固守，杨安等人放任士兵在邢、洺二州境内大肆抢劫。

契丹留在恒州的兵力不到两千人，麻荅命令有关官员供给一万四千人的粮饷，把多出来的部分收归自己所有。麻荅常猜疑汉兵，并且认为他们没什么用途，就逐渐裁减，又减少他们的粮饷来供给胡兵；众人心里感到怨恨愤怒，听说后汉高祖进人大梁，都有南下归附的想法。前任颍州防御使何福进、控鹤指挥使太原人李荣，暗中联络军中的几十名壮士，谋划攻打契丹，然而又害怕契丹势力还强大，犹豫没有发动。正好这时杨衮、杨安等人率兵出征，契丹留在恒州的兵力只有八百人，何福进等人于是决定按照计划行事，相约以佛寺敲钟为信号。

闰七月二十九日辛巳，契丹主兀欲派遣骑兵到恒州，召请前任威胜节度使兼中书令冯道、枢密使李崧、左仆射和凝等人，一起安葬前契丹主耶律德光于木叶山。冯道等人还没有出发，吃饭的时候，寺庙的钟声响起来。汉兵夺取契丹守门人的武器攻击契丹，杀死十几个人，趁机冲进府中。李荣先占领军械库，召集所有的汉兵和市民，把铠甲兵器发给他们，纵火焚烧府署，和契丹交战。李荣召请汉人众将合力作战，护圣左厢都指挥使、恩州团练使白再荣迟疑不定，躲在偏室里，军吏用佩刀划破帘幕，拉住他的手臂，白再荣不得已而跟军吏走。众将相继来到，烟火四处兴起，喧哗呼叫声震动大地。麻荅等人大为吃惊，装上宝物，带着家属，逃到北城防守。汉兵缺乏统一的指挥，贪婪狡猾的人趁着混乱的机会抢劫，懦弱胆怯的人趁机逃窜躲藏。八月初一日壬午，契丹从北门进城，势力又振作起来，汉人百姓死了两千多人。前任磁州刺史李穀担心事情不能成功，请冯道、李崧、和凝到阵前慰问劝勉士兵，士兵看到冯道等人到来，各自争相奋力。正好这时天色已晚，有几千名村民在城外鼓噪呼喊，要夺取契丹的宝货、妇女，契丹人害怕而向北逃走，麻荅、刘晞、崔廷勋都逃奔定州，和义武节度使邪律忠会合。邪律忠就是邪律郎五。

（以上为第六段，写河北诸镇驱赶契丹人。）

冯道等人四处安抚军民，众人推举冯道为节度使。冯道说："我是个书生，只适合奏报事情而已，应该从众位将领中推选一位为留后。"当时李荣功劳最多，而白再荣地位在他之上，于是就由白再荣暂时代理留后事务，把详细的情形奏报后汉高祖，并且请求派兵援助。后汉高祖派遣左飞龙使李彦从带兵前往。

白再荣贪婪愚昧，猜忌众将。奉国军主华池人王饶害怕被白再荣吞并，假说脚有病，占据江门楼，严密部署军队防守。司天监赵延乂和他们二人都很友善，往来于两人之间劝解，两人才和解。

白再荣认为李崧、和凝长时间担任宰相，家里一定很富有，就派遣士兵包围他们的府第，要求赏赐，李崧、和凝各自拿出家财给他们，白再荣又想杀李崧、和凝灭口。李穀去见白再荣，责备白再荣说："国家灭亡，君主受辱，你们手握兵权不救援。现在只驱逐一个麻荅，光镇州的民众就死了将近三千人，难道是靠你一个人的力量吗？刚刚才死里逃生，马上就想杀死宰相，新天子如果追问你擅自杀人的罪过，你将用什么话来回答呢？"白再荣害怕就住手了。白再荣又打算征收百姓的钱财来供给军队，李穀极力劝阻，他才停止。汉人曾经替麻荅做过事的，白再荣都把他们囚禁起来索取财物，恒州人因为白再荣贪婪暴虐，称他为“白麻荅”。

杨衮到达邢州，听说麻荅被赶走，当天就返回北方，杨安也逃走了；李殷率领部众前来投降。

八月初九日庚寅，任命薛怀让为安国节度使。刘铎听说麻荅逃走，率领邢州投降。薛怀让假称巡视检查，领兵前往邢州，刘铎打开城门让他进去，薛怀让杀掉刘铎，上报朝廷说是收复了邢州。朝廷知道真相而不加追究。

八月初十日辛卯，又把恒州顺国军改为镇州成德军。

八月十四日乙未，后汉高祖任命白再荣为成德留后。一年后，才任命何福进为曹州防御使，李荣为博州刺史。

后汉高祖敕令：“盗贼不论赃物多少，一律处以死刑。”当时四方盗贼众多，朝廷很担忧，所以加重处罚盗贼的刑法，同时分别命令使者到各处去捕捉。苏逢吉亲自草拟诏书，大致内容是：“接应盗贼的，连带他的四周邻居以及同保的人，都全族处斩。”大家认为：“盗贼尚且不可以灭族，何况是邻居同保人呢！”苏逢吉再三争辩，不得已，只删掉“全族”两字。因此，缉捕盗贼的使者张令柔杀掉平阴县十七村的百姓。

苏逢吉为人，用法严厉，喜欢杀人。在河东幕府的时候，后汉高祖曾经命他清理狱囚来求福，苏逢吉杀掉所有的囚犯来向后汉高祖复命。等到当了宰相，朝廷初创，后汉高祖把全部军事事务交给杨邠、郭威，各部的事务交给苏逢吉和苏禹珪两位宰相处理。两位宰相处理事务都出自自己的想法，不拘泥于旧有的制度；虽然事情没有积压耽误，但是对事情的取舍，对人物的升降，只凭自己的好恶。后汉高祖正依赖信任他们，没有人敢说话。苏逢吉尤其贪婪狡诈，公开地索求财货，毫无顾忌。他的继母去世，他不为她服丧；他的庶兄从外面回来，没有告诉苏逢吉就去见侄子们，苏逢吉很生气，秘密告诉郭威，借口其他事由杖杀了庶兄。

（以上为第七段，写节镇白再荣和宰臣苏逢吉贪酷。）

楚王马希广的异母弟弟天策左司马马希崇，生性狡诈阴险，暗中写信给哥哥马希萼，说刘彦瑫违背先王的遗命，废黜年长的哥哥，拥立年少的弟弟，以此来激怒马希萼。

马希萼从永州前来奔丧，八月二十四日乙巳，抵达跌石。刘彦瑫禀告马希广请派遣侍从都指挥使周廷诲等人率领水军前去迎接，命永州将士全部脱下铠甲进入，安置马希萼住在碧湘宫，并且要他就在住的地方服丧，不让他进宫去见马希广。马希萼要求回朗州，周廷诲劝马希广杀掉他。马希广说：“我怎么忍心杀自己的哥哥，宁愿把潭州和朗州分开各自治理也不想这样干。”于是送给马希萼丰厚的礼物，送马希萼回朗州。马希崇常常替马希萼打探马希广的言论行动，全部都告诉马希萼，相约做城中的内应。

契丹灭亡后晋以后，驱赶两万匹战马回到他们国内。到了这时，汉兵缺乏马匹，后汉高祖下诏命令到河南各道没被抢劫过的地方去购买士民的马匹。

后汉高祖下制令任命钱弘倧为东南兵马都元帅，镇海、镇东节度使兼中书令，吴越王。

高从诲听说杜重威反叛，就调发几千名水军袭击襄州，山南东道节度使安审琦把他击退了。高从诲又进攻郢州，郢州刺史尹实将他打得大败。于是跟后汉断绝关系，归附南唐、后蜀。

当初，荆南介于湖南、岭南、福建之间，土地狭窄，兵力薄弱，在武信王高季兴的时候，各道入贡朝廷过境的钱财，常常被他抢夺。等到各道写信去责备他，或者出兵去讨伐他时，他才不得已把财物送回，一点也不感到惭愧。等到高从诲继位，后唐、后晋、契丹、后汉先后占据中原，南汉、闽、吴、蜀都称帝，高从诲贪图各国的赏赐，无论对哪一国都称臣。各国都看不起高从诲，称他为“高无赖”。

南唐主任命太傅兼中书令宋齐丘为镇南节度使。

南汉主害怕弟弟们和自己的儿子争夺天下，就杀掉齐王刘弘弼、贵王刘弘道、定王刘弘益、辨王刘弘济、同王刘弘简、益王刘弘建、恩王刘弘伟、宜王刘弘照，同时把他们家中的男子全部杀掉，女子纳入后宫。南汉主建造了一千多间离宫，用珠宝装饰，设置镬汤、铁床、剖挖酷刑，号称“生地狱”。有一次喝醉了，开玩笑地把一只瓜放在乐工的脖子上去试剑，就这样砍下了乐工的头。

（以上为第八段，写南方割据小国楚、荆南、南唐、南汉等国史事。）

当初，后汉高祖和吏部尚书窦贞固一同侍奉后晋高祖，一向互相了解敬重。后汉高祖即位以后，想让窦贞固当宰相，问苏逢吉说：“下一个，谁可以当宰相？”苏逢吉跟翰林学士李涛很要好，就推荐李涛，说：“以前李涛请求杀掉张彦泽，陛下那时在太原，曾经对李涛很推重，他可以任宰相。”

恰好这时，高行周、慕容彦超一起在邺都讨伐杜重威，慕容彦超想要加紧攻城，高行周想延缓进攻，等待对方自行崩溃。高行周的女儿是杜重威的儿媳，慕容彦超扬言说：“高行周因为女儿的缘故，怜惜贼臣，不肯进攻。”因此两位将领不和。后汉高祖怕引起其他变故，想亲自率兵攻打杜重威，但是还没有最后下决心。李涛上疏建议后汉高祖亲征。后汉高祖非常高兴，认为李涛有宰相的才器。九月二十三日甲戌，加苏逢吉为左仆射兼门下侍郎，苏禹珪为右仆射兼中书侍郎，窦贞固为司空兼门下侍郎，李涛为户部尚书兼中书侍郎，并为同平章事。

九月二十七日戊寅，后汉高祖下诏亲临澶州和魏州犒劳军队，任命皇子刘承训为东京留守。

冯道、李崧、和凝从镇州回来。九月二十八日己卯，任命李崧为太子太傅，和凝为太子太保。

九月二十九日庚辰，后汉高祖从大梁出发。

晋昌节度使赵匡赞担心最终还是不能被朝廷所宽容，冬季，十月，派遣使者去向后蜀投降，请求后蜀从终南山路出兵接应救援。

十月十七日戊戌，后汉高祖抵达邺都城下，住在高行周的军营里。高行周对后汉高祖说："城里粮食还没吃完，急于进攻，白白地损失士兵，不容易攻下。不如拖延时间，等到他们粮食吃光了，自然会崩溃。"后汉高祖赞同这一主张。慕容彦超屡次借事端欺侮高行周，高行周向执政大臣哭诉自己好比被人捧粪土塞进嘴里而不敢言，苏逢吉、杨邠秘密地把这些情况报告后汉高祖。后汉高祖深知慕容彦超不对，但还是让苏逢吉和杨邠去劝解他们；又把慕容彦超叫到帐中来教训一顿，并且要他到高行周那里去谢罪。

杜重威声称后汉高祖一到，他就立即投降。后汉高祖派遣给事中陈观前去宣布后汉高祖的旨意，杜重威又关闭城门拒绝使者。城里的粮食渐渐地吃完了，将士有很多出来投降的。慕容彦超再三请求攻城，后汉高祖同意了。十月二十五日丙午，后汉高祖亲自指挥众将攻城，从寅时到辰时，士兵受伤的有一万多人，死亡的一千多人，还是没有攻下来，就停止了攻城。慕容彦超这才不敢再说攻城。

当初，契丹留下一千五百名幽州兵戍守大梁。后汉高祖进入大梁的时候，有人报告后汉高祖说幽州兵将要作乱，后汉高祖把他们全都杀死在繁台下。等到这次包围邺都，张琏率领两千名幽州兵帮助杜重威防守抵抗，后汉高祖屡次派人去向他们招抚劝告，保证不杀他们。张琏说："繁台的士兵，究竟有什么罪而被杀戮？现在防守此地，我们只是期望死罢了。"因此邺城久攻不下。十一月初六日丙辰，内殿直韩训进献攻城的器具，后汉高祖说："城池所依赖的，只是众人的心。众人的心如果涣散，城池就不能保，要这些器具干什么！"

杜重威背叛的时候，观察判官金乡人王敏屡次哭着劝阻他，杜重威不听。到这时粮食吃完兵力用尽，十一月二十四日甲戌，杜重威派遣王敏奉表出城投降。十一月二十五日乙亥，杜重威的儿子杜弘琏前来进见；十一月二十六日丙子，杜重威的妻子石氏前来进见，石氏就是后晋的宋国长公主，后汉高祖又送她进城。十一月二十七日丁丑，杜重威开门投降，城里饿死的人已达到十之七八，幸存的人也都瘦得不成人样。张琏事先要求朝廷许下誓言，后汉高祖下诏承诺让他们回到自己家乡去。等到他们出城投降后，便杀了张琏等将校几十人；释放了士兵，听任他们向北回家。这些士兵将要走出魏州州境的时候，大肆抢劫一番才离去。

郭威建议杀掉杜重威的牙将一百多人，并没收杜重威的家财来奖赏战士，后汉高祖同意了。后汉高祖任命杜重威为太傅兼中书令、楚国公。杜重威每次出入，路上的行人常常向杜重威丢石头瓦块骂他。

臣司马光说：后汉高祖杀死一千五百名无辜的幽州兵，这是不仁；引诱张琏投降而把他杀掉，这是不信；杜重威罪恶大而赦免他，这是用刑不当。仁用来团结众人，信用来推行政令，刑用来惩罚奸邪。失去这三者，还靠什么来维持国家！他的皇位不能延续长久，有原因的啊！

（以上为第九段，写后汉高祖刘知远仁、信、刑三失，是以后汉国祚不久。）

高行周因为慕容彦超在澶州，所以再三推辞不要镇守邺都。十一月二十九日己卯，后汉高祖任命忠武节度使史弘肇遥领归德节度使兼侍卫马步都指挥使，义成节度使刘信遥领忠武节度使兼侍卫马步副都指挥使，调任慕容彦超为天平节度使，一起加官同平章事。

吴越王钱弘倧大举检阅水军，赏赐比以前多出一倍。胡进思极力劝谏，钱弘倧发怒，把笔扔到水中，说："我的钱财和士兵共享，有什么多少的限制呢！"

十二月初六日丙戌，后汉高祖从邺都出发。

后蜀主派遣雄武都押牙吴崇恽，带着枢密使王处回的信去招降凤翔节度使侯益。十二月初十日庚寅，任命山南西道节度使兼中书令张虔钊为北面行营招讨安抚使，雄武节度使何重建为副使，宣徽使韩保贞为都虞候，一共率兵五万，张虔钊从散关出兵，何重建从陇州出兵，进攻凤翔；奉銮肃卫都虞候李廷珪率兵二万从子午谷出兵，来救长安。各军从成都出发，旌旗延续几十里。

十二月十一日辛卯，皇子开封尹刘承训去世。刘承训为人孝顺友爱、忠诚厚道，通晓政事，人人都为他的死而惋惜。

十二月十三日癸巳，后汉高祖回到大梁。

威武节度使李孺赟与吴越守将鲍脩让不和，打算偷袭攻杀鲍脩让，再以福州投降南唐。鲍脩让察觉，领兵攻打福州府署，这天，杀掉李孺赟，灭了李孺赟的全族。

十二月十五日乙未，追立皇子刘承训为魏王。

侯益请求归降后蜀，让吴崇恽带着兵籍、粮账向西返回，与赵匡赞一起上表请求出兵平定关中。

十二月二十九日己酉，鲍脩让送李孺赟的首级到钱塘，吴越王钱弘倧任命丞相山阴人吴程主持威武节度的事务。

吴越王钱弘倧性情刚强严厉，愤恨忠献王钱弘佐容忍姑息众将，政令不出于自己，等到他即位，诛杀杭州、越州玩法作奸的三名官吏。

内牙统军使胡进思倚仗迎立钱弘倧为国君的功劳，干预政事；钱弘倧厌恶他，想让他外出去管领一个州，胡进思不答应。胡进思有什么打算建议，钱弘倧就多次当面斥责他。胡进思回到家里，设置忠献王钱弘佐的灵位，披头散发地痛哭。百姓有杀牛的，官吏查问后，拿来别人所卖的牛肉将近一千斤。钱弘倧问胡进思："牛大的有多少肉？"回答说："不超过三百斤。"钱弘倧说："那么官吏是乱说的了！"命令胡进思治官吏的罪。胡进思拜贺吴越王的英明。钱弘倧问他说："你怎么知道得这么清楚？"胡进思局促不安地回答说："我以前还没有从军的时候，也曾经干过这种行业。"胡进思认为钱弘倧知道自己以前的职业，故意侮辱自己，所以更加痛恨愤怒。胡进思建议派李孺赟回福州，等到李孺赟反叛，钱弘倧责备他，胡进思更加内心不安。

钱弘倧与内牙指挥使何承训合谋驱逐胡进思，又和内都监使水丘昭券商议，水丘昭券认为胡进思党羽强大，难以制服，不如宽容胡进思，钱弘倧犹豫不决。何承训害怕事情泄露，反而把合谋的事情告诉胡进思。

十二月三十日庚戌，钱弘倧晚上宴请将领官吏，胡进思怀疑这是要谋害自己，就和他的党羽谋划作乱，率领一百名亲兵，身穿军服、手拿武器，进入天策堂见钱弘倧，胡进思说："老奴我没有罪，大王为什么要谋害我？"钱弘倧呵斥胡进思，胡进思不退，左右拿兵器的人都很愤怒。钱弘倧却因为事发突然，惊愕得说不出话来，快步跑进义和院。胡进思锁上义和院的门，假传王命，告示中外说："因为突然中风，传位给同参相府事钱弘俶。"胡进思于是率领众将到私宅去迎接钱弘俶，并且召请丞相元德昭。元德昭来了以后，站在帘外不肯下拜，说："等着进见新君主。"胡进思赶紧出来掀起帘子，元德昭才下拜。

胡进思假称钱弘倧的命令，秉承制度任命钱弘俶为镇海、镇东节度使兼侍中。钱弘俶说："要能保全我的哥哥，我才敢接受制命；不然的话，我将避路让贤。"胡进思答应了钱弘俶。钱弘俶开始处理政事。

胡进思杀掉了水丘昭券和进侍鹿光铉。鹿光铉是钱弘倧的舅舅。胡进思的妻子说："其他的人还可杀，水丘昭券是个君子，怎么能杀害他！"

这一年，南唐主任命羽林大将军王延政为安化节度使、鄱阳王，镇守饶州。

（以上为第十段，写后蜀进犯凤翔，吴越发生政变。）

后汉高祖乾祐元年（戊申，公元948年）

春季，正月初五日乙卯，朝廷实行大赦，改年号为乾祐。

后汉高祖因为赵匡赞、侯益和后蜀军队联合入侵，很担忧。正遇上回鹘入朝进贡，诉说被党项所拦阻，请求朝廷发兵接应。后汉高祖诏命左卫大将军王景崇、将军齐藏珍率领禁卫军几千人赶赴接应，乘此机会命令他们夺取关西。

晋昌节度判官李恕，长期在赵延寿的幕府中，赵延寿让他辅佐赵匡赞。赵匡赞将要入后蜀，李恕劝谏他说：“燕王归附契丹，难道是自己愿意的吗！现在汉家刚刚得到天下，正致力于招致安抚，如果谢罪回归朝廷，一定能够保全富贵。入蜀不是万全之计。‘牛马蹄印里的水，容纳不了一尺长的鲤鱼’，您一定会后悔的。”赵匡赞就派遣李恕奉表请求入朝。王景崇等人还没有启程，而李恕已经到了大梁，后汉高祖问李恕：“赵匡赞为什么要归附蜀国？”李恕回答说：“赵匡赞自己认为身受胡虏的官职，父亲又在胡虏朝廷，恐怕陛下不能明察，所以归附蜀国求得苟且免于一死罢了。臣认为国家一定会存恤安抚，所以派臣来请求陛下的哀怜。”后汉高祖说：“赵匡赞父子本来就是我们的人，不幸陷身于胡虏。现在赵延寿刚刚陷落在胡人所设的陷阱里，我怎么忍心再加害赵匡赞呢！”当即答应他入朝。侯益也请求参加二月初四日的圣寿节，给后汉高祖祝寿。王景崇等人将要出发，后汉高祖召他们到卧室，命令他们说：“赵匡赞和侯益的心，都还不知道。你们到了那里，他们如果已经入朝，就不必过问；如果还拖延观望，那么就见机行事。”

正月初九日己未，后汉高祖改名为暠。

后汉高祖任命前任威胜节度使冯道为太师。

正月十二日壬戌，吴越王钱弘倧把前王钱弘佐迁到衣锦军的私宅，派遣匡武都头薛温率领亲兵护卫钱弘佐。钱弘倧秘密告诫薛温说：“如果有不同寻常的处置，都不是我的意思，你要拼命地阻挡。”

后汉高祖自从魏王刘承训去世之后，悲痛过度，正月十四日甲子，开始生病。

赵匡赞不等李恕回来复命，就已经离开了长安，正月二十六日丙子，入朝拜见后汉高祖。

王景崇等人到达长安，听说蜀军已经进入秦川，由于兵力少，就征调该道的兵力以及赵匡赞的牙兵一千多人一起抵抗蜀军。王景崇担心赵匡赞的牙兵逃走，想在他们的脸上刺字，稍稍透露出了一点风声；军校赵思绾首先请求在自己脸上刺字来统率部下，王景崇很高兴。齐藏珍私下对王景崇说：“赵思绾凶狠残暴，难以控制，不如杀掉他。”王景崇不听从。赵思绾是魏州人。

后蜀李廷珪将要到长安的时候，听说赵匡赞已经入朝，想领兵回去，王景崇在半路拦截住他，在子午谷打败李廷珪。张虔钊到达宝鸡，众将意见不一致，按兵不动。侯益听说李廷珪向西返回，就关闭营门抵抗后蜀军队；张虔钊势力孤单，率领军队连夜逃走。王景崇率领凤翔、陇州、邠州、泾州、鄜州、坊州的军队追赶，在散关大败后蜀军队，俘虏将帅士卒四百人。

正月二十七日丁丑，后汉高祖病情加重。杨邠嫉恨侍卫马军都指挥使、忠武节度使刘信，立即派遣他回自己的镇所。刘信不能向后汉高祖辞行，泪流如雨而离去。

后汉高祖召请苏逢吉、杨邠、史弘肇、郭威等人进宫接受临终遗命，说：“我气息微弱，不能多说话。承佑年幼弱小，以后的事就委托给诸位了。”又说：“要好好地防备杜重威。”当天，后汉高祖在万岁殿去世，苏逢吉等人秘不发丧。

正月三十日庚辰，传下诏书，说：“杜重威父子，趁朕小病，诽谤非议，动摇人心，连同他的儿子弘璋、弘琏、弘璨一起斩首。晋室公主以及内外亲族，一概不加追究。”把杜重威陈尸于市，市人争吃他的肉，官吏无法禁止，一会儿就吃光了。

二月初一日辛巳，立皇子左卫大将军、大内都点检刘承祐为周王、同平章事。不久，发布丧事，宣布遗诏，命周王即皇帝位。当时刘承祐十八岁。

后蜀韩保贞、庞福诚领兵从陇州返回，约何重建一起西行。当天，韩保贞等人到达秦州，分别派遣士兵把守各个城门和主要的通路，何重建于是归附后蜀。

二月初七日丁亥，尊皇后为皇太后。

朝廷知道成德留后白再荣不是当将帅的料子，二月初十日庚寅，任命前任建雄留后刘在明代替他。

二月十三日癸巳，朝廷实行大赦。

（以上为第十一段，写后汉大败蜀兵，后汉高祖驾崩，次子刘承祐嗣位，是为隐帝。）

吴越内牙指挥使何承训又请求杀掉胡进思和他的党羽。吴越王钱弘俶痛恨他反复无常，而且害怕招来祸患，二月十五日乙未，抓住何承训，将他斩首。

胡进思屡次请求杀掉被废的吴越王钱弘倧，以断绝后患，钱弘俶不允许。胡进思假托王命，秘密让薛温杀害钱弘倧。薛温说：“我奉命守卫，没有听说过这样的话，不敢妄自下手。”胡进思于是在晚上派遣他的党羽方安等两人翻墙而入，钱弘倧关门抵挡，大声呼喊救命。薛温听到，率领部众冲进去，在院子中打死方安等人。薛温入朝禀报钱弘俶，钱弘俶大为吃惊，说：“保全我的哥哥，是你的功劳。”

钱弘俶害怕、嫉恨胡进思，常常委屈自己，对胡进思低三下四。胡进思内心也感到忧愁恐惧，不久，背上毒疮发作而死。钱弘倧因此得以保全。

朝廷下诏任命王景崇兼任凤翔巡检使。王景崇领兵到达凤翔，侯益还没有启程。王景崇派禁卫军分别把守各个城门。有人劝说王景崇杀掉侯益，王景崇认为自己接受了先帝的密旨，继位的君主还不知道，或许会被怀疑为擅自杀人，因而犹豫不决。侯益听说，不和王景崇告别就走了，王景崇很后悔，气得自己骂自己。二月十八日戊戌，侯益入朝，后汉隐帝问：“为什么要招来蜀军？”回答说：“臣是想引诱他们来而杀掉他们。”后汉隐帝微微地笑了笑。

后蜀张虔钊恨自己没有功劳，二月二十三日癸卯，到达兴州，羞愧愤恨而死。

侍卫马步都指挥使、同平章事史弘肇遭逢母亲去世，没过几天，就又上朝参政。

（以上为第十二段，写吴越国主钱弘俶友爱兄弟。）

【点评】

本卷点评后唐明宗之子李从益母子为乱世所不容、河北诸镇驱赶契丹人、司马光论刘知远治国三失。

后唐明宗之子李从益母子为乱世所不容。后唐灭亡，明宗之子许王李从益与其母王淑妃守陵洛阳，闭门不出，与世无争。突然间，天降馅饼，契丹北还，不甘心刘知远从容进大梁，于是策立一个傀儡皇帝来抗衡刘知远，至少迟滞刘知远的追击。李从益被选中为傀儡皇帝。李从益拒不从命，藏匿在明宗寝殿之中被使者绑架至大梁，强立为帝。百官谒见王淑妃，王淑妃泣对众官说："我母子单弱，众卿推戴我的儿子，不是为福，实为灾祸。"王淑妃明白大体，天不会降馅饼，这送上门的皇帝是无妄之灾。王淑妃与百官计议，李从益去帝号，只称梁王，权知军国事务，遣使奉表称臣于刘知远，请新皇帝早早到京，梁王母子仍回自家去守陵。刘知远气度褊狭，竟然不容孤儿寡母活命，命郑州防御使郭从先入大梁清宫，密令杀害李从益及王淑妃。王淑妃临死前对郭从先说："我的儿子是契丹人强立，有什么罪过？为何不留下他在每年的寒食节给明宗皇帝送一碗麦米饭呢！"听到的人没有一个不流泪的。

河北诸镇驱赶契丹人。留镇恒州的契丹将麻荅，贪猾残忍，劫掠民间珍宝妇女，捕杀村民，诬为盗贼，割脸挖眼，剖尸悬挂人肝、人胆、手脚肢体于车上，用以恫吓民众，残暴之状，目不忍睹。恒州军民奋起反抗，邢、洺等州守将亦举州反正，驱赶契丹，麻荅等人仓皇遁逃。河北州县易旗归汉，契丹人的肆虐，恰恰是为刘知远开辟了道路。

司马光论刘知远治国三失。契丹北还，留幽州兵一千五百人守大梁，幽州兵随从梁王李从益投降刘知远。刘知远入都大梁，不仅密令杀害李从益母子，还借口幽州兵将反叛，将一千五百幽州兵将全部杀死。反复之臣杜重威闻听消息，在邺都叛变，幽州将张琏率领二千幽州兵助杜重威留守邺都，刘知远发重兵往讨，久攻不克。刘知远下诏亲征，丧师万余，仍未攻克。刘知远又诱降张琏，下诏不死，许以归乡里。等到杜重威和张琏投降后，刘知远爽约，杀张琏及亲将数十人，而罪大恶极又反复无常的杜重威，刘知远以许其不死为由，任用为太傅兼中书令楚国公。杜重威出入朝廷，路人见之，无不诟骂，还随手拾起破瓦碎石投掷，如此小人，刘知远却信任之。司马光情不自禁评论说："后汉高祖杀戮幽州无辜将士一千五百人，是不仁道；诱骗杀死张琏，是不诚信；杜重威罪大恶极而赦免，是用刑不当。仁是用来团结民众，信是用来推行政令，刑是用来惩治奸邪，这三样东西全都丧失，还靠什么事维系国家呢？后汉国运不长，应当的啊！"刘知远称帝，两年后死亡；儿子继位，两年后亡国。后汉立国四年即亡，是中国历史上最短命的一个朝代。刘知远没有像石敬瑭那样向契丹人称儿皇帝，而是从契丹人手中捡了一个漏，没有及身亡国，算是便宜了他。

资治通鉴（白话本） 卷第二百八十八

后汉纪三

后汉高祖乾祐元年至后汉隐帝乾祐二年（公元948—公元949）

【起著雍涒滩（戊申，公元948年）三月，尽屠维作噩（己酉，公元949年），凡一年有奇】

【大事提要】

本卷记事起于公元948年三月，讫于公元949年，凡一年又十个月。当后汉隐帝乾祐元年三月至乾祐二年。乾祐元年，后汉高祖刘知远崩殂，次子刘承祐嗣位，是为隐帝。隐帝年少轻佻，无威略。永兴小校赵思绾随王景崇西征后蜀，从凤翔返镇途中据守长安，联结河中李守贞与凤翔李景崇反叛后汉，史称三镇叛汉。后汉枢密使郭威奉命征讨，平定三叛，有大功于汉，然而跋扈不臣，以个人小忿，擅自更易节镇主帅，隐帝不问，标志朝纲堕坏。后蜀主昏庸，权奸当路。南汉与楚国交兵。吴越王奖励垦荒，境内无弃田。

高祖睿文圣武昭肃孝皇帝下

后汉高祖乾祐元年（戊申，公元948年）

三月初七日丙辰，史弘肇起用复职，加官兼任侍中。

侯益家里钱财很多，重重地贿赂执政大臣和史弘肇等人，因此大臣们争相称赞侯益。三月十七日丙寅，任命侯益兼任中书令，代理开封尹。

朝廷改广晋府为大名府，晋昌军为永兴军。

侯益在朝中极力毁谤王景崇，说他放肆蛮横。王景崇听说侯益代理开封尹，便知道事情已经起了变化，内心感到不安，并且怨恨朝廷。正赶上后汉隐帝诏命派遣供奉官王益前往凤翔，征召赵匡赞的牙兵到京城，赵思绾等人很害怕，王景崇便趁机用言语激他们。赵思绾在路上对他的党羽常彦卿说：“小太尉赵匡赞已经落入他们的手中，我们这些人到了京师，只有一起送死，怎么办？”常彦卿说：“随机应变，你就不必再说了。”

三月二十四日癸酉，他们到达长安，永兴节度副使安友规、巡检乔守温出城迎接王益，在客亭设置酒宴。赵思绾走上前去说：“壕寨使已经在城东预定了馆舍，现在将士们的家属都在城里，想各自进城带领家属到城东去住。”安友规等人认为赵思缩说得对。当时赵思绾等人都没有铠甲兵器，等到他们进了西门以后，有一个本州的军官坐在门边，赵思绾迅速夺下他的剑，把他杀死。赵思绾的部众趁机大声鼓噪，手拿白木棒，杀死守门的十多人，分别由他的党羽把守各个城门。赵思绾进入府署中，打开武器库，取出铠甲兵器发给部众。安友规等人全都逃走。赵思绾于是占据州城，召集城内的少年，一共有四千多人，修筑城壕，整修城楼和地上的矮墙，十天之间，一切战斗和防守的器具都准备好了。

王景崇暗示凤翔的官吏和百姓上表向皇帝推荐，让自己主持军府的事务，朝廷对此感到担忧。三月二十五日甲戌，调任静难节度使王守恩为永兴节度使，调任保义节度使赵晖为凤翔节度使，一起都为同平章事。任命王景崇为邠州留后，命他就近去赴任。

虢州的伶人靖边庭杀掉团练使田令方，强行驱赶本州的百姓，投奔赵思绾。走到潼关，潼关守将出兵攻击，他的部众全部溃散。

当初，契丹主向北返回，走到定州，任命义武节度副使邪律忠为节度使，调任前任节度使孙方简为大同节度使。孙方简怨恨气愤，而且怕入朝后被契丹扣留，所以推迟拖延，不肯接受命令，率领他的部众三千人保守狼山旧寨，控制把守险要的地方。契丹进攻他，没有攻下。不久，孙方简派遣使者前来表示愿意归降，后汉隐帝恢复他旧有的官职，来抵御契丹。

邪律忠听说邺都已经平定，常常害怕汉人发生变乱。后汉隐帝下诏任命成德留后刘在明为幽州道马步都部署，命他出兵夺取定州。刘在明还没有出发，邪律忠和麻荅等人在定州烧杀抢劫，驱赶所有的人，放弃州城向北而去。孙方简率领他的部众几百人从狼山回来，占据定州，又上奏请求任命他的弟弟孙行友为易州刺史，孙方遇为泰州刺史。每当契丹入边侵扰，兄弟奔走救援，契丹对他们很害怕。于是后晋末沦陷于契丹的州县，又都为后汉所有了。

三月二十七日丙子，后汉隐帝任命刘在明为成德节度使。

麻荅回到契丹国内，契丹主责备他失守州城。麻荅不服气，说："这只是由于朝廷任用汉人官员，才招致这样的祸乱罢了。"契丹主将麻荅毒死。

苏逢吉等人任宰相，升迁起用很多官吏。杨邠认为这是白白地浪费国家的钱财，在奏章中大多加以抑制，苏逢吉等人不高兴。

中书侍郎兼户部尚书、同平章事李涛上疏说："现在关西动荡不安，抵御外部入侵是当务之急。两位枢密使都是帮助先帝建立基业的功臣，官位虽然显贵，但是家境并不富有，应该授给他们重要的大藩镇。枢密机要的事务就在陛下的眼前，很容易处理决定、苏逢吉和苏禹珪从先帝时候起就开始任职，都可以委托。"杨邠、郭威听说这件事，去见太后，向她哭诉说："臣等跟随先帝起于艰难之中，现在天子听信别人的话，想把我们弃置在外。何况关西刚刚有变乱，臣等怎么忍心自己贪图安逸，不顾国家呢？如果臣等一定不称职，请求留任到先帝下葬以后。”太后很生气，拿这件事去责问后汉隐帝，说：“国家有功劳的旧臣，怎么能听信别人的话而把他们赶走！”后汉隐帝说：“这是宰相所说的。”因而责问宰相。李涛说：“这份奏疏是我独自一人草拟的，其他的人没有参与。”三月二十八日丁丑，罢免李涛的官职，勒令他回家。

这一天，邠州、泾州、同州、华州这四个藩镇都向朝廷奏报，说护国节度使兼中书令李守贞和永兴、凤翔两地一起反叛。

起初，李守贞听说杜重威被处死，心里感到害怕，暗中就有反叛的念头。他自认为在后晋时曾经当过上将，立有战功，向来喜欢施恩于人，深得士兵人心。后汉建立时间不长，天子年纪小，刚刚即位，执政大臣都是晚辈，因此就有轻视朝廷的想法。于是招收亡命之徒，豢养敢死之士，修筑城池，整修铠甲武器，日夜不停。派遣使者暗地抄小路带着用蜡丸封装的密信去勾结契丹，屡次被守边的官吏抓获。

浚仪人赵修己，向来擅长术数，自从李守贞镇守滑州，赵修己就被任命为司户参军，屡次跟随李守贞调换藩镇，赵修己对李守贞说：“时运不佳，不要轻举妄动！”先后痛切地劝谏不止一次，李守贞不听，于是赵修己就称病回到家乡。有个僧人叫总伦，用妖术取悦李守贞，说李守贞一定会当天子，李守贞信以为真。李守贞又曾经和将吏僚属聚会设置酒宴，拿弓箭指着《舐掌虎图》说：“我如果有不同寻常的福分，一定会射中老虎的舌头。”一发箭果然射中，左右的人都向他祝贺。李守贞更加自负。

正好这时赵思绾占据长安，奉表进献御衣给李守贞。李守贞自以为天道和人心相契合，于是自称秦王。派遣他部下猛将平陆人王继勋率兵据守潼关，任命赵思绾为晋昌节度使。

同州距离河中最近，匡国节度使张彦威常常监视李守贞的所作所为，上奏请求朝廷预先做好准备。后汉隐帝诏命滑州马军都指挥使罗金山带领所部兵戍守同州；所以李守贞起兵的时候，同州没有被他吞并。罗金山是云州人。

（以上为第一段，写赵思绾据长安城，联合河中李守贞、凤翔王景崇反叛后汉。）

定难节度使李彝殷发兵屯驻边境，上表说：“三年以前，羌族唆毋杀掉绥州刺史李仁裕，背叛离开朝廷，请讨伐他。”庆州上奏说：“请求增加兵力以作防备。”后汉隐帝下诏说由于主管天象的官员认为今年不利于先发兵，劝谕他们停止。

夏季，四月初二日辛巳，陕州都监王玉奏报攻克收复了潼关。

后汉隐帝和左右的人商议，由于太后恼怒李涛挑拨离间，想再进用两位枢密使，以表示上次发生的事并不是皇帝的意思。左右的人也恨二苏专权，想削夺他们的权力，都劝隐帝这样干。四月初三日壬午，隐帝下制书任命枢密使杨邠为中书侍郎兼吏部尚书、同平章事，枢密使照旧；任命副枢密使郭威为枢密使；又为三司使王章加官同平章事。

凡是中书省任命官职，各部门奏报事情，后汉隐帝都委托杨邠斟酌处理。从此三位宰相拱手无事，政事完全决定于杨邠。事情如果有未经杨邠认可的，就没有人敢施行，政事因此堆积滞留。三位宰相每次拟议进用人员，如果不是出于杨邠的意思，即使是主簿、县尉这样的官职也不肯给。杨邠向来不喜欢书生，常常说："国家府库充实，甲兵强盛，才是当务之急。至于文章礼乐，哪里值得放在心上！"杨邠既痛恨二苏排挤自己，又认为他们任命官吏太滥，被众人所指责，想要矫正这些弊端，因此任命官员就很难了，士大夫往往有从后汉兴起一直到灭亡从没有被任命过一回的，凡是因为祖先功勋而得官以及由百司入仕的，全部罢免。这固然是由于杨邠的愚昧，可是当时的人也埋怨是因为二苏的不公平所造成的。

后汉隐帝任命镇宁节度使郭从义充任永兴行营都部署，率领侍卫兵讨伐赵思绾。四月初九日戊子，任命保义节度使白文珂为河中行营都部署，内客省使王峻为都监。四月十二日辛卯，削夺李守贞的官爵，命令白文珂等人联合兵力讨伐李守贞。四月十六日乙未，任命宁江节度使、侍卫步军都指挥使尚洪迁为西面行营都虞候。

王景崇拖延时间不到邠州上任，集合检阅凤翔的壮丁，假说要讨伐赵思绾，还发公文给邠州，要邠州准备会师讨伐。

契丹主到达辽阳，后晋主和太后、皇后都去拜见契丹主。有一个叫禅奴利的人，是契丹主妻子的哥哥，听说后晋主有一个女儿还没有出嫁，就去见后晋主，请求把女儿嫁给他；后晋主以年纪还小来推辞。过了几天，契丹主派人骑马把他的女儿强夺而去，赐给了禅奴利。

王景崇写信给后蜀凤州刺史徐彦，请求互通贸易。壬戌这一天，后蜀主命徐彦回信招他投降。

契丹主把后晋翰林学士徐台符扣留在幽州，徐台符逃了回来。

五月二十七日乙亥，滑州奏报黄河在鱼池决口。

六月初一日戊寅，发生日食。

六月初四日辛巳，后汉隐帝任命奉国左厢都虞候刘词充任河中行营马步都虞候。

六月初八日乙酉，王景崇派遣使者请求投降后蜀，同时也接受李守贞授给的官爵。

高从诲与后汉断绝往来以后，北方的商人旅客不到荆南，境内贫乏穷困，于是派遣使者上表谢罪，并请求让他履行进贡的职责；后汉隐帝下诏派遣使者去安抚慰问。

西面行营都虞候尚洪迁攻打长安，受重伤而死。

秋季，七月，后汉隐帝任命工部侍郎李榖充任西南面行营都转运使。

七月十三日庚申，枢密使郭威加官同平章事。

（以上为第二段，写后汉枢密使、同平章事杨邠专权。）

后蜀司空兼中书侍郎、同平章事张业，生性豪华奢侈，强行购买别人的田园房屋，在私宅里窝藏逃亡的人，设置私人监牢，关押欠债的人，有被关押多年以致死在监狱里的。他的儿子检校左仆射张继昭，喜欢击剑，曾经与僧人归信一起去寻访善于击剑的人。右匡圣都指挥使孙汉韶与张业有仇怨，密告张业、张继昭图谋造反；翰林承旨李昊、奉圣控鹤马步都指挥使安思谦又趁机诬陷他们。七月十七日甲子，张业入朝，后蜀主命令壮士在都堂上将他打死，下诏公布他的罪行，没收他的家产。

枢密使、保宁节度使兼侍中王处回，也专横弄权，贪婪骄纵，出卖官爵，收受贿赂而减免罪犯的刑罚，四方所进献的财货宝物，都先送到王处回那里，再送到宫内的府库，家财达到亿万。他的儿子王德钧，也骄奢蛮横。张业死了以后，后蜀主不忍心杀王处回，听任他回家。王处回惊慌恐惧，辞去官位，后蜀主任命他为武德节度使兼中书令。

后蜀主想任命普丰库使高延昭、茶酒库使王昭远为枢密使，由于他们的名声和地位向来很低，于是任命他们为通奏使，主持枢密院的事务。王昭远是成都人，小时候以僧童的身份跟随他的师父进入都府，后蜀高祖喜爱王昭远敏捷聪慧，让王昭远留在后蜀主的身边供事。到了这个时候，把机要事务委托给王昭远，府库的金钱布帛，听任他取用，不再计算。

七月二十一日戊辰，后汉隐帝任命郭从义为永兴节度使，白文珂兼理河中行府的事务。

后蜀主任命翰林承旨、尚书左丞李昊为门下侍郎兼户部尚书，翰林学士、兵部侍郎徐光溥为中书侍郎兼礼部尚书，都为同平章事。

后蜀安思谦图谋把旧将全部排挤掉，又诬陷卫圣都指挥使兼中书令赵廷隐谋反，想取代赵廷隐的位置，夜晚发兵包围赵廷隐的住宅。正好这时山南西道节度使李廷珪入朝，极力陈说赵廷隐无罪，才得到赦免。赵廷隐于是称病，再三请求解除军职；七月二十七日甲戌，后蜀主答应了赵廷隐。

凤翔节度使赵晖到达长安；七月二十八日乙亥，上表奏称王景崇谋反的迹象越来越明显，请求进兵攻打王景崇。

当初，后汉高祖镇守河东，后汉隐帝的弟弟刘崇任马步都指挥使，和蕃汉都孔目官郭威争夺权力，从而有仇怨。等到郭威掌权，刘崇感到担忧。节度判官郑珙劝刘崇作保全自己的打算，刘崇听从郑珙的建议。郑珙是青州人。八月初四日庚辰，刘崇上表招募四个指挥的兵力，从此招募勇士，招收亡命之徒，修治铠甲武器，充实府库，停止上交给朝廷的财物赋税，都以防御契丹为名义；朝廷的诏令，多不听从。

（以上为第三段，写后蜀主昏庸，权奸当路。后汉高祖弟刘崇图谋割据河东。）

自从河中、永兴、凤翔三个藩镇对抗朝廷的命令以来，朝廷相继派遣将领去讨伐他们。昭义节度使常思驻守潼关，白文珂驻守同州，赵晖驻守咸阳。只有郭从义、王峻二人靠近长安设置栅栏，但是二人相互憎恨，像水火一样不能相容，从春天到秋天，都互相观望不肯出战。后汉隐帝对此很担忧，想派遣一位朝廷重臣前去临阵督战。八月初六日壬午，任命郭威为西面军前招慰安抚使，各军都受郭威的调度指挥。

郭威将要启程，向太师冯道询问计策。冯道说："李守贞自己以为是老资格的将领，士卒都归附他。希望您不要吝惜公家的财物，拿来赏赐士卒，这样就夺走了他所依赖的东西了。"郭威听从了冯道的建议。从此人心开始归附于郭威了。

后汉隐帝下诏命令白文珂赶赴河中，赵晖赶赴凤翔。

八月初八日甲申，后蜀主任命赵廷隐为太傅，赐爵为宋王，国家有重要事情，亲自到他的府第去询问。

八月十二日戊子，后蜀改凤翔为岐阳军；八月十三日己丑，任命王景崇为岐阳节度使、同平章事。

八月十九日乙未，后汉任命钱弘俶为东南兵马都元帅、镇海镇东节度使兼中书令、吴越国王。

郭威和众将商议攻打讨伐的计策，众将主张先攻取长安、凤翔。镇国节度使扈从珂说："如今三个叛臣联合起来，推举李守贞为首领，李守贞败亡，那么其他两个藩镇就不攻自破了。如果舍近攻远，万一王景崇、赵思绾在我们的前面抵抗，李守贞在我们的后面牵制，这是危险的做法。"郭威认为扈从珂说得对。于是郭威从陕州，白文珂和宁江节度使、侍卫步军都指挥使刘词从同州，常思从潼关，三路一起进攻河中。郭威抚慰爱护士卒，和他们同甘共苦，稍有一点小功劳就奖赏他们，稍微受点伤，常常亲自去看望他们；士人不论贤能与否，如果有什么建议，他都和颜悦色地接受；士兵有什么违背冒犯，他不生气；犯了小错，他不责备。因此将帅士卒都归附郭威。

起初，李守贞认为禁军都曾经在自己的统领之下，受过自己的恩惠，而且士卒向来骄纵，苦于后汉法律的苛严，所以自以为一到禁军就会在城门恭敬地迎接他，可以静坐着等待。可是士卒们刚刚接受郭威的赏赐，都忘记了李守贞的旧恩。八月二十三日己亥，士卒们到达城下，高举旗帜，猛击战鼓，情绪高涨，辱骂喧闹。李守贞见了大惊失色。

白文珂攻克西关城，在黄河西岸扎营，常思在城南扎营，郭威在城西扎营。不久，郭威因为常思没有将帅的才能，派遣他先回到自己的镇所。

众将想要赶紧攻城，郭威说："李守贞是前朝的老将，勇猛善战，好施恩惠，屡次建立战功；城池又面临大河，城楼护墙完好坚固，不可轻视。而且他们倚靠城池作战，我们在城下仰面进攻，这和带领士卒投进开水和烈火中有什么两样呢！勇气有盛有衰，进攻有缓有急，时机有适宜有不宜，事情有先有后。不如暂且设置包围圈来防守，使其通往外界的通道都被断绝。我们擦洗兵器，放牧战马，安闲地享用后方转送来的东西，穿暖吃饱还有余。等到城中粮食吃完，公家和私人的财物都用完，然后一面推进云梯冲车进逼他们，一面飞传檄文招降他们。他们的将士各自脱身逃亡，父子尚且不能相互保护，何况是乌合之众呢！赵思绾、王景崇只要分一部分兵力牵制住他们，不值得忧虑。"于是征发各州民夫两万多人，让白文珂等人率领，挖掘长长的壕沟，修筑相连的城堡，排列队伍把城包围起来。郭威又对众将说："李守贞过去畏惧高祖，不敢过于猖狂；他认为我们从太原崛起，事业功绩还不显赫，有轻视我们的想法，所以才敢反叛。正应该用静来制服他。"于是收起军旗，停止击鼓，只沿着河岸设置火铺，延续几十里，派步兵轮番防守。派遣水军驾小船靠在岸边，敌人有偷偷进出的，没有一个不被抓获。于是李守贞就像坐困在网中一样了。

（以上为第四段，写后汉郭威围困李守贞于河中。）

后蜀武德节度使兼中书令王处回请求告老辞职，八月二十五日辛丑，以太子太傅的身份退休。

南汉主派遣知制诰宣化人锺允章向楚国求婚，楚王马希广不答应。南汉主发怒，问锺允章说："马希广还能筹划处理南方的事情吗？"回答说："马氏兄弟正忙于你死我活的争斗，怎么能危害我们！"南汉主说："好！马希广懦弱而且吝啬，他的士兵很久没有打过仗了，这正是我们图谋进取的好时候啊。"

武平节度使马希萼请求和楚王马希广分开，各自尽朝贡的职责，请朝廷另外给他加封官爵。马希广采纳天策府内都押牙欧弘练、进奏官张仲荀的计策，重重地贿赂执政大臣，使执政大臣拒绝马希萼的请求。九月初七日壬子，后汉隐帝赐给马希萼和楚王马希广诏书，劝谕他们"兄弟应该和睦相处，凡是马希萼所进贡的东西，应当和马希广的东西附在一起上奏"。马希萼不听从。

后蜀军队增援王景崇，驻扎在散关，赵晖派遣都监李彦从袭击他们，大败后蜀军队，后蜀军队逃走。

后蜀主因为张业、王处回执掌政权，很多事情的处理自己都不知道，九月十四日己未，开始设置匦函，后来改为献纳函。

王景崇把侯益的家属七十多人全部杀掉，侯益的儿子前任天平行军司马侯仁矩事前在外面，得以免于一死。九月十五日庚申，后汉隐帝任命侯仁矩为隰州刺史。侯仁矩的儿子侯延广，还是个婴儿，乳母刘氏用自己的儿子去替换他，抱着侯延广逃走，靠讨饭到达大梁，回到侯益的家里。

李守贞屡次出兵想冲出包围圈，都失败而退回；派人带着用蜡丸封装的密信向唐、蜀、契丹求救，全都被巡逻的士兵所抓获。城中的粮食将要吃完，饿死的人一天比一天多。李守贞忧形于色，把总伦找来质问，总伦说："大王将会做天子，别人不能夺走。但是这里分野有灾难，等到磨难将尽，只剩下一人一马的时候，就是大王乘时崛起的时候了。"李守贞仍然信以为真。

冬季，十月，王景崇派遣儿子王德让，赵思绾派遣儿子赵怀义，前往成都进见后蜀主。

十月初三日戊寅，王景崇派兵出西门，赵晖将他打败，于是夺取西关城。王景崇退守大城。赵晖挖掘壕沟来包围他，屡次挑战，王景崇不出来。赵晖暗中派遣一千多人穿着铠甲，拿着武器，仿照后蜀军队的旗帜，沿着南山而下，命令各军扬言说："蜀兵到了。"王景崇果然派出几千人马出城迎接。赵晖埋设伏兵突然出击，把几千人马全部消灭。从此之后，王景崇再也不敢出来。

后蜀主派遣山南西道节度使安思谦率兵救援凤翔，左仆射兼门下侍郎、同平章事毋昭裔上疏劝谏说："臣以为后唐庄宗皇帝贪图向西征伐，前蜀主一心想要向北方发展，所有在朝廷的臣子都上疏劝谏，可是他们根本都不接受，最后有什么成就！就这两个朝代的事，可以作为借鉴！"后蜀主不听，又派遣雄武节度使韩保贞领兵从汧阳进发，来分散后汉军队的势力。

王景崇派遣前任义成节度使酸枣人李彦舜等人迎接后蜀军队。十月二十一日丙申，安思谦驻守宝鸡以西，后汉军队驻守宝鸡。安思谦派遣眉州刺史申贵率兵两千赶赴模壁，在竹林中埋设伏兵。十月二十二日丁酉早晨，申贵率领几百名士兵逼近宝鸡，并摆开阵势，后汉军队追逐他们，遇到伏兵被打败，后蜀军队乘胜向北进攻，攻破宝鸡寨。后蜀军队离开以后，后汉军队又进入宝鸡。十月二十四日己亥，安思谦进兵屯驻渭水，后汉增兵五千戍守宝鸡。安思谦害怕，对部众说："我们粮食少，敌人强大，应该以后另做打算。"十月二十六日辛丑，退兵驻守凤州，不久，回到兴元。申贵是潞州人。

（以上为第五段，写李守贞困守河中坐以待毙，王景崇引蜀兵为援苟延残喘。）

荆南节度使南平文献王高从诲卧床病重，命令他的儿子节度副使高保融兼理内外兵马事务。十月二十八日癸卯，高从诲去世；由高保融兼任留后。

彰武节度使高允权和定难节度使李彝殷有仇怨。李守贞秘密向李彝殷求救，李彝殷发兵屯驻延州、丹州边境上，后来听说官军包围河中，于是退回。十月二十九日甲辰，高允权把这件事奏报朝廷，李彝殷也亲自为这件事申诉，朝廷让他们两人和解。

当初，后汉高祖进入大梁，太师冯道、太子太傅李崧都还在真定，后汉高祖把冯道的宅第赐给苏禹珪，把李崧的宅第赐给苏逢吉。李崧宅第中所埋藏的东西以及在洛阳的其他园林田庄，全部归苏逢吉占有。等到李崧归顺朝廷，自认为处境孤立危险，因此侍奉后汉权臣，常常心存忧惧，谦让谨慎，大多称病不出门。而他的两个弟弟李屿、李巆，和苏逢吉的子弟都是朝廷的官员，时常在喝酒以后口出怨言，说“夺走我的住宅、家产”。苏逢吉因此痛恨他们。不久，李崧把在两京房子的房契献给苏逢吉，苏逢吉更加不高兴。翰林学士陶穀，先前被李崧引荐进用，现在又跟着别人来诬陷他。

后汉的法律已经很严酷，而侍卫都指挥使史弘肇尤其残忍，他宠信任用孔目官解晖，凡是被关进军中监狱的人，随他任意罗织罪名，没有不被迫认罪的。李守贞、王景崇、赵思绾三个叛臣联兵以后，群情震动，民间有的人散布谣言，引起惊慌恐惧。史弘肇掌管禁军，巡逻京城，抓到犯罪的人，不问罪过轻重，在法律上应该怎么处理，都一律不经请示，擅自处死；有的撕烂嘴巴，截断筋骨，砍断小腿，没有一天停止过。虽然奸人盗贼因此而销声匿迹，但是冤屈死的人也很多，没有一个敢争辩申诉的。

李屿的仆人葛延遇，替李屿贩卖东西，多次欺骗隐瞒，李屿鞭打他，逼他交出所欠的东西，催促得很急。葛延遇和苏逢吉的仆人李澄，商议向上报告说李屿图谋造反。苏逢吉听说这个事就诱导他们。于是召请李崧到家里，把他抓起来，送到侍卫狱。李屿自己诬陷说：“与哥哥李崧、弟弟李巆、外甥王凝以及僮仆一共二十人，谋划乘先帝的灵柩发运的时候，放火焚烧京城，起来造反；又派人携带蜡丸密信到河中城，勾结李守贞；又派人召请契丹兵。”等到定案的案卷呈递上去，苏逢吉拿笔把“二十”改成“五十”。十一月初九日甲寅，后汉隐帝下诏诛杀李崧兄弟、家属以及供词所牵连到的人，都暴尸街头，同时重赏葛延遇等人，当时的人无不认为他们是冤枉的。从此士民家里都害怕仆人，往往被仆人要挟控制。

有一天，秘书郎真定人李昉去拜见陶穀，陶穀说：“您和李侍中的关系是近是远？”李昉说：“他是我的族叔父。”陶穀说：“李氏的灾祸，我出了力。”李昉听了这句话，吓得冒出汗来。陶穀是邠州人，本来姓唐，因为避后晋高祖石敬瑭的讳而改姓。

史弘肇尤其痛恨文人，常常说：“这帮人轻视人，让人难以忍受，常称我们这些人是兵卒。”史弘肇兼任归德节度使，委托亲信的官吏杨乙替他收取军府所应取的财物。杨乙依仗权势，骄纵蛮横，整个境内畏惧他如同畏惧史弘肇一样。节度副使以下的官吏，远远望见他要施礼表示恭敬，杨乙都把他们当下人看待，每月征敛钱财万缗交给史弘肇，士民们都受不了这种苦。

当初，沈丘人舒元、嵩山道士杨讷，都以游客的身份谒见李守贞，以求得任用。李守贞被后汉所包围，便派遣舒元改姓朱，杨讷改姓李，名叫平，奉持表章从小路去向南唐请求救兵。南唐谏议大夫查文徽、兵部侍郎魏岑请求出兵救援。

南唐主命令北面行营招讨使李金全率兵救援河中，命令清淮节度使刘彦贞做他的副手，查文徽为监军使，魏岑为沿淮巡检使，驻兵在沂州境内。李金全和众将正一起吃饭，巡逻侦察的骑兵报告说有几百名后汉兵在涧水北岸，都很疲惫衰弱，请求袭击他们，李金全下令说："敢说渡过涧水的人斩首！"等到傍晚，伏兵四起，鸣金击鼓声远传十几里，李金全说："刚才可以和他们交战吗？"当时唐兵厌战，没有一个有斗志，又因为河中路途遥远，势力不能顾及。十一月二十一日丙寅，唐军退守海州。

唐主致信给后汉隐帝谢罪，请求恢复通商，并且请求赦免李守贞，朝廷不作答复。

十一月二十七日壬申，将睿文圣武昭肃孝皇帝安葬在睿陵，庙号为高祖。

十二月初三日丁丑，后汉隐帝任命高保融为荆南节度使、同平章事。

（以上为第六段，写辅臣苏逢吉、节镇史弘肇贪残暴虐。南唐主兵救李守贞败还。）

十二月初七日辛巳，南汉主任命内常侍吴怀恩为开府仪同三司、西北面招讨使，率兵攻打楚国，进攻贺州。楚王马希广派遣决胜指挥使徐知新等人率兵五千前去救援。还没有到，南汉人已经攻取了贺州，在城外挖一口大陷阱，覆盖竹帘，加上泥土，下面设置机关，从壕沟里挖地道直通陷阱。徐知新等人赶到，领兵攻城，南汉派人从地道中发动机关，楚兵全部掉进陷阱里。南汉接着出兵攻击，楚兵死的人以千计。徐知新等人逃回，马希广将他斩首。南汉军队又攻陷了昭州。

王景崇屡次上表向后蜀告急，后蜀主命令安思谦再次出兵去救援。十二月初八日壬午，安思谦从兴元领兵驻守凤州，请求先运送粮食四十万斛，才可以出境。后蜀主说："看安思谦的意思，怎么能肯为朕进取！"但仍然拨出兴州、兴元的米粮几万斛送给安思谦。

十二月十四日戊子，安思谦进兵驻守散关，派遣马步使高彦俦、眉州刺史申贵进攻后汉箭筈安都寨，攻下了它。十二月十六日庚寅，安思谦在玉女潭打败后汉军队，后汉军队退守宝鸡，安思谦进兵驻守模壁。韩保贞从新关出兵，十二月十八日壬辰，驻扎在陇州神前，后汉军队不出战，韩保贞也不敢前进。

赵晖向郭威告急，郭威亲自前往救援。当时李守贞派遣副使周光逊，副将王继勋、聂知遇防守城西，郭威告诫白文珂、刘词说："贼兵如果不能突围，最后终究会被我们抓获；万一能够突围，那么我们就不能再留在这里。成败的关键，就在于此。敌人勇猛精锐的部队，都在城西，我走了以后，他们必定要来突围，你们要谨慎地防备他们！”郭威到了华州，听说后蜀军队因为粮食吃完而退走，郭威就返回了。韩保贞听说安思谦退走，也退守弓川寨。

后蜀中书侍郎兼礼部尚书、同平章事徐光溥，因为用有关情爱的话语挑逗前蜀安康长公主，十二月二十三日丁酉，被罢免宰相职务，只担任原来的官职。

（以上为第七段，写南汉与楚国交兵。后蜀主再次出兵救援王景崇。）

隐皇帝上

后汉隐帝乾祐二年（己酉，公元 949 年）

春季，正月初一日乙巳，实行大赦。

郭威将要到河中，白文珂出城迎接。

正月初四日戊申夜晚，李守贞派遣王继勋等人率领精兵一千多人，沿着黄河向南进发，袭击后汉军队的营寨，在河坡岸上凿挖坎阶而登上去，于是进入营寨，放火焚烧，大声呼喊。后汉军中仓皇失措。刘词神色自如，下令说：“小小盗贼不值得惊慌。”率领部众反击。客省使阎晋卿说：“贼兵的铠甲上面都有黄纸，被火一照，很容易辨认；可是众人都没有斗志，又有什么办法！”副将李韬说：“哪有没事时吃君主的俸禄，遇有危急却不拼死作战呢！”拿起长矛率先前进，众人跟着他。河中军队退却逃走，死了七百人，王继勋受重伤，勉强得以脱身。正月初五日己酉，郭威到达，刘词迎向马头请罪。郭威重重地奖赏他，说：“我所担忧的正是在这里。没有兄弟的勇猛作战，几乎被敌人所嗤笑。然而敌人的伎俩恐怕也就只是这些了。”阎晋卿是忻州人。

李守贞将要攻击河西营寨的时候，先派人出城到村庄里卖酒，有时候赊账，不向别人要钱，巡逻的后汉骑兵大多喝醉，因此河中兵得以偷偷地混入营寨，营寨几乎失守。郭威于是下令：“将士除非是犒赏饮宴，不得私下喝酒！”郭威所喜欢的将领李审，早上喝了少量的酒，郭威生气地说：“你是我的部下，却首先违反军令，教我怎么统一部众！”立即将李审斩首示众。

正月初十日甲寅，后蜀安思谦退兵驻守凤州，上表等待治罪，后蜀主放过此事不追问。

后汉隐帝下诏将静州隶属于定难军，二月，辛未这一天，李彝殷上表谢恩。李彝殷因为中原多事，所以有轻视傲慢的心理，每当藩镇有叛乱的，他常常暗中帮助，并以此希望得到丰厚的贿赂。朝廷知道这些事，也仍然用恩惠来笼络李彝殷。

淮北的许多盗贼请求听命于南唐，南唐主派遣神卫都虞候皇甫晖等人率兵一万从海州、泗州出发，去招抚接纳他们。蒙城守将咸师朗等人向皇甫晖投降；徐州将领成德钦在峒峿镇大败南唐军队，俘虏斩首六百人，皇甫晖等人领兵退回。

后晋李太后去见契丹主，请求在靠近汉人城寨的旁边，给一块田地来耕种养蚕，养活自己。契丹主答应了她，并且连同后晋主一起迁到建州。还没到建州，安太妃就死在路上。她的遗嘱说："一定要把我的遗体火化，把骨灰撒向南方，这样魂魄也许可以回到汉室。"到了建州以后，得到田地五十多顷，后晋主命令随从人员在田里耕种来供应食物。不久，述律王派遣骑兵抢走后晋主宠爱的姬妾赵氏、聂氏。述律王是契丹主耶律德光的儿子。

三月十六日己未，后汉隐帝任命归德牙内指挥使史德珫兼任忠州刺史。史德珫是史弘肇的儿子，很喜欢读书，常常不喜欢他父亲的所作所为。有一个举人在贡院门前呼喊喧闹，苏逢吉命人把举人抓起来送到侍卫司，想把那举人痛打一顿，再在那举人脸上刺字。史德珫对父亲说："读书人无礼，自然有台府处置，并不属于军中的事务。这只是公卿大臣在彰显大人的过失罢了。"史弘肇认为史德珫说得非常对，就立即打开镣铐，把那举人放回去。

楚国将领徐进在风阳山打败蛮人，斩首五千级。

夏季，四月初九日壬午，太白星在白天出现，百姓有仰面观看的，被巡逻的士兵抓住，史弘肇将他们腰斩。

河中城里粮食即将吃完，百姓饿死的有十之五六。四月三十日癸卯，李守贞出兵五千多人，携带梯桥，分五路进攻包围圈的西北角。郭威派遣都监吴虔裕领兵拦截，河中兵战败逃走，被杀伤一大半，他们的进攻器具也被夺走。五月初三日丙午，李守贞再次出兵，后汉军队又把他们打败，擒获他们的将领魏延朗、郑宾。五月初九日壬子，周光逊、王继勋、聂知遇率领他们的部众一千多人前来投降，李守贞的将士前来投降的接连不断，郭威乘他们分崩离乱，五月十七日庚申，督率各军发起全面进攻。

赵思绾喜欢吃人肝，曾经当面把一个人的肝挖出来，切细吃了，吃完后，那人还没有死。赵思绾还喜欢用酒吞人胆，他对人说："把这个吞下一千个，就胆大无敌了。"长安城里的粮食吃完以后，就拿妇女、小孩充当军粮，每天计算着数量供给。每次犒赏军队，就屠杀几百人，跟烹煮羊猪一样。赵思绾计谋用尽，不知道怎么办。郭从义派人来诱降赵思绾。

当初，赵思绾年轻的时候，请求为退休的左骁卫上将军李肃当仆人，李肃不肯接受，说："这个人目光邪乱，而且言语荒诞，以后一定是个叛臣。"李肃的妻子张氏，是张全义的女儿，说："您现在拒绝赵思绾，以后将成为祸患。"于是赠送他丰厚的金帛。等到赵思绾占据长安以后，李肃闲居在城里，赵思绾几次前去见李肃，仍然按照以前的礼节向李肃行礼。李肃说："这个家伙屡次前来，将会玷污我。"想要自杀。李肃的妻子说："何不劝他归顺朝廷！"正赶上赵思绾向李肃请教保全自己的计策，李肃于是和判官程让能劝赵思绾说："您本来就和国家没有仇怨，只是担心获罪而已。现在国家三路用兵，都没功劳，倘若您在这个时候回心转意，改变想法，朝廷一定喜欢，自然不会失去富贵。比起坐而待毙的情形来，哪一种好呢！"赵思绾听从了他们的劝说，派遣使者到京城去请求投降。五月二十二日乙丑，朝廷任命赵思绾为华州留后，都指挥使常彦卿为虢州刺史，命令他们就近去赴任。

吴越内牙都指挥使钭滔，是胡进思的党羽，有人告发钭滔图谋造反，口供牵连到丞相钱弘亿。吴越王钱弘俶不愿意彻底追究，只把钭滔贬到处州。

六月初一日癸酉，发生日食。

秋季，七月初三日甲辰，赵思绾脱下铠甲出城接受后汉隐帝的诏书，郭从义派兵把守南门，又把赵思绾送回城里。赵思绾请求要他的牙兵和铠甲武器，郭从义也给了他。但是赵思绾拖延时间，在城里征敛财货，再三改变启程的日期。郭从义等对赵思绾产生了怀疑，秘密地报告郭威，请求采取措施对付赵思绾，郭威同意。七月十一日壬子，郭从义和都监、宣徽南院使王峻骑着马慢步进城，住在馆舍，召请赵思绾一起喝酒，为他饯行话别，趁机把赵思绾抓起来，连同常彦卿和他的父亲兄弟、心腹部众一共三百人，都在街市上斩首。

七月十三日甲寅，郭威进攻河中，攻克外城。李守贞收拾残部，退守里面的子城。众将请求赶快进攻他，郭威说："鸟一旦走投无路，也会啄人，何况是一支军队呢！把水舀干了再去抓鱼，何必要那么性急！"

七月二十一日壬戌，李守贞和他的妻子及儿子李崇勋等人自焚而死，郭威进城，抓住李守贞的儿子李崇玉等人以及李守贞所任命的宰相靖峰、孙愿，枢密使刘芮，国师总伦等人，押送到大梁，全部斩首后暴尸街头。征召赵修已为翰林天文。

郭威查阅李守贞的公文书信，得到朝廷执政大臣以及藩镇官员与李守贞往来勾结的书信，言辞背离叛逆。郭威想要奏报，秘书郎榆次人王溥劝谏说："鬼怪乘黑夜才争相出现，一见到阳光，自然就会消失。希望把这些全部烧掉，来安定那些反复无常的人。"郭威听从了他的建议。

（以上为第八段，写后汉平定李守贞、赵思绾。）

三个叛臣既已平定，后汉隐帝逐渐骄奢放纵，与左右的人随意地亲近在一起玩耍。飞龙使瑕丘人后匡赞、茶酒使太原人郭允明靠巴结讨好而得到皇帝的宠信，后汉隐帝喜欢和他们说隐语、丑话，太后屡次告诫后汉隐帝，后汉隐帝也不在意。七月二十二日癸亥，太常卿张昭进言说："应该亲近儒臣，讲习经义。"后汉隐帝不听。张昭就是张昭远，因为避高祖的名讳而改名。

七月二十七日戊辰，为永兴节度使郭从义加官同平章事，调任镇国节度使扈从珂为护国节度使，任命河中行营马步都虞候刘词为镇国节度使。

南唐主又提拔任用魏岑。吏部郎中会稽人锺谟、尚书员外郎李德明最初是靠善辩、聪明而得宠，参与国家政事；两个人都倚仗皇帝的恩宠而轻浮骄躁，虽然不和魏岑结党，但是国中人都痛恨他们。户部员外郎范冲敏性情谨慎耿直，便让天威都虞候王建封上书，一一指责当权者的过错，请求提拔任用正直的人。南唐主认为王建封是武臣，只掌管军队，不应该干预国家政事，非常恼怒，把王建封流放池州，还没有到池州，又把王建封杀掉，范冲敏被斩首示众。

南唐主听说河中被攻破，就任命朱元为驾部员外郎，待诏文理院李平为尚书员外郎。

吴越王钱弘俶任命丞相钱弘亿兼任明州地方官。

西京留守、同平章事王守恩，性情贪婪鄙陋，专门聚敛财货。丧车不送钱不准出城，下到清扫厕所和行乞的人，都不免要交税。有时候还让手下的人去偷别人的钱财。有钱的人家娶媳妇，王守恩和几个艺人前去做客，得到几锭银子才回来。

八月十三日甲申，郭威从河中返回，途经洛阳；王守恩倚仗自己位兼将相，便坐着轿子前去迎接。郭威不高兴，认为王守恩怠慢自己，推说正在沐浴，不见王守恩，立即草拟帖子，任命保义节度使、同平章事白文珂取代王守恩为西京留守，白文珂不敢违抗。王守恩还坐在客位上，小吏告诉王守恩说："新任的留守已经在留守府任职了！"王守恩大为吃惊，狼狈而回，看到家属几百人，已经被赶出府门，站在大街上了。朝廷没有过问这件事，任命白文珂兼任侍中，充任西京留守。

欧阳修评论说：自古以来，混乱灭亡的国家，一定是先破坏了法令制度，然后乱事才跟随而来，这是势所必然的，五代的时候正是这样。白文珂、王守恩都是后汉大臣，然而后周太祖郭威用一张枢密使的帖子就更换了他们的职位，就像更换卫兵一样。当时后周太祖并没有无视君主的野心，但所做出来的事却是这样，大概是因为已经习以为常，所以白文珂不敢违背，王守恩也不敢抗拒。后周太祖毫不迟疑地这样干，而后汉的君臣也置之不问，这难道不是因为国家的法律制度败坏混乱到了极点，才会出现这种情况吗！所以善于为天下考虑的人，不敢忽略细微的事情，而常常防微杜渐，这些能不引为借鉴吗？

王守恩到了大梁，恐怕会获罪，便到处进贡，重重地贿赂有权势的人。朝廷也因为王守恩首先率潞州归降后汉，所以宽恕了王守恩，只诛杀了几个在王守恩手下当事的人而已。

（以上为第九段，写郭威擅权，更易节镇，标志朝纲法纪败坏，受到欧阳修的批评。）

马希萼把朗州的丁壮全部征调来当乡兵，创立军号为静江军，建造七百艘战舰，准备攻打潭州。马希萼的妻子苑氏劝谏他说："兄弟互相进攻，不论胜败，都会被人嗤笑。"马希萼不听，领兵直奔长沙。

马希广听到这个消息，说："朗州，那是我的哥哥，不能和他争斗，只应当把国家让给他就是了。"刘彦瑫、李弘皋极力抗辩，认为不能这样做。马希广于是任命岳州刺史王赟为都部署战棹指挥使，派刘彦瑫为监军。八月十八日乙丑，在仆射洲大败马希萼，缴获战舰三百艘。王赟追赶马希萼，快要追上时，马希广派使者把王赟叫回来，说："不要伤害我的哥哥。"王赟于是领兵返回。王赟是王环的儿子。

马希萼从赤沙湖乘小船逃回朗州，苑氏哭着说："灾祸就要降临了，我不忍心看到。"跳井而死。

八月二十七日戊戌，郭威回到大梁，入朝拜见后汉隐帝，后汉隐帝慰劳郭威，赏赐给他金帛、衣服、玉带、鞍马，郭威推辞说："臣接受命令一年，只攻克一座城，哪有什么功劳！而且臣领兵在外，大凡镇守保卫京师、供应军队所需、使军粮不缺乏，都是朝中各位大臣的功劳，臣怎么敢独自接受这些赏赐！请分赏给大家吧！"朝廷又拟议加授给他藩镇，郭威推辞说："杨邠位置在臣之上，尚且没有兼领藩镇；况且国家中枢之臣不能和史弘肇相比。"九月初二日壬寅，全面赏赐宰相、枢密使、宣徽使、三司使、侍卫使等九人，和郭威一样。后汉隐帝想特别赏赐郭威，郭威推辞说："谋划战争，出自朝廷；发兵运粮，依靠藩镇；沙场作战，在于将士；把功劳只归于臣，臣怎么领受得起！"

九月初六日乙巳，郭威加官兼任侍中，史弘肇兼任中书令。九月十二日辛亥，窦贞固加官司徒，苏逢吉加官司空，苏禹珪加官左仆射，杨邠加官右仆射。大臣们议论，认为朝廷的执政大臣普遍加恩，恐怕各藩镇因为失望而有所怨恨。九月十六日乙卯，天雄节度使高行周加官兼署太师，山南东道节度使安审琦兼署太傅，泰宁节度使符彦卿兼署太保，河东节度使刘崇兼任中书令；九月二十日己未，忠武节度使刘信、天平节度使慕容彦超、平卢节度使刘铢都加官兼任侍中；九月二十二日辛酉，朔方节度使冯晖、定难节度使李彝殷都加官兼任中书令；冬季，十月初三日壬申，义武节度使孙方简、武宁节度使刘赟加官同平章事；十月十三日壬午，吴越王钱弘俶加官为尚书令，楚王马希广加官为太尉；十月十七日丙戌，荆南节度使高保融加官兼任侍中。对这件事发表议论的人认为："郭威不独揽功劳，而推让把它分给别人，这的确是一件很好的事；但是国家封爵职位，因一个人立功而被遍赐天下，不也太滥了吗！"

（以上为第十段，写后汉郭威平定三叛建功，朝廷滥施赏赐，遍及天下。）

吴越王钱弘俶招募能够开垦荒地的百姓，不征收他们的租税，因此吴越境内没有闲弃的土地。有人建议检举出百姓户籍上漏掉的男丁，以增加税收，并屡次请求由其来掌管这件事；钱弘俶命人在都城的大门杖打提此建议的人，都城中人都很高兴。

楚国静江节度使马希瞻因为哥哥马希萼、马希广互相争斗，屡次派遣使者劝谏阻止，但他们不听。马希瞻知道终究要遭灭族，不久，背上毒疮突发，十月十八日丁亥，去世。

契丹入侵河北，所过之处杀人抢劫；节度使、刺史各自环城固守。契丹的流动骑兵到达贝州和邺都的北部边境，后汉隐帝感到担忧。十月二十日己丑，派遣枢密使郭威统率众将去抵御契丹，命令宣徽使王峻作监军。

十一月，契丹听说后汉军队渡过黄河，就领兵退走。十一月十二日辛亥，郭威的军队到达邺都，命令王峻分一部分兵力赶赴镇、定二州。十一月十九日戊午，郭威到达邢州。

南唐军队渡过淮河，进攻正阳。十二月，颍州将领白福进反击，打败南唐军队。

杨邠处理政事苛刻琐细。当初，邢州人周璨任诸卫将军，因为被罢除官职，无所依靠，随从王景崇西征。王景崇叛乱，他就成为主谋人。杨邠上奏说："前朝所任命的官吏喜欢煽动藩镇大臣，应该叫他们全部到京师来。"不久，前朝官吏云集京师，每天拦住宰相的马，请求委任官职；十二月二十二日辛卯，杨邠又上奏说："前朝所任命的官吏应该分别居住在两京，以等待有缺额而补官。"漂泊无去处的人很多；杨邠再次上奏说："在路上往来通行的人，都发给通行证。"不久，负责签发证件的机构人员拥挤不堪，民情大为骚动，这才停止。

赵晖加紧进攻凤翔，周璨对王景崇说："您以前向来和蒲州、雍州互为表里，现在二镇已经被平定，蜀国的小儿不值得依靠，不如投降。"王景崇说："好！让我再仔细地想想。"

过了几天，城外的攻势变得急迫，王景崇对他的党羽说："事情已经到了穷尽的地步，我要作紧急的策划。"于是就对他的将领公孙辇、张思练说："赵晖的精锐部队大多在城北，明天五更以前，你们两人放火烧东门，假装投降，不要让敌人进城；我与周璨率领牙兵出北门冲杀赵晖的军队。即使是没有成功而死，也比束手就擒好。"二人都说："好！"

十二月二十四日癸巳，天还没亮，公孙辇、张思练焚烧东门请求投降，这时军府衙门内的火也烧了起来；二位将领派人去侦察，王景崇已经和他的家人自焚了。周璨投降。

十二月二十八日丁酉，密州刺史王万敢进攻南唐海州荻水镇，打败守军。

这个月，南汉主前往英州。

这一年，南唐泉州刺史留从效的哥哥南州副使留从愿，毒死南州刺史董思安自己取而代之。南唐主不能控制留从效，只好在泉州设置清源军，任命留从效为节度使。

（以上为第十一段，写吴越主奖励垦荒，境内无弃田。）

【点评】

本卷点评三镇叛汉、刘崇图谋割据河东、郭威擅权、吴越王钱弘俶募民垦荒、如何向百姓征税是国家大事五件史事。

三镇叛汉。三镇，指河东节度使李守贞、凤翔节度使王景崇、夺取京兆府永兴军的赵思绾，连兵叛汉，史称三镇叛汉。李守贞，河阳人，为后晋高祖石敬瑭牙将，官至河东节度使。后晋出帝时，李守贞与杜重威以兵降契丹，后晋亡。刘知远建后汉，李守贞来朝，仍被署为河东节度使。刘知远死后，后汉隐帝即位，杀杜重威，李守贞心不自安，而举兵反。王景崇，邢州人，后唐明宗镇邢州时为牙将，入晋官至左金吾卫大将军，心常怏怏自认为未尽其用。后晋亡后，王景崇厚赂契丹人求高官未果，就盗取国家库金往投刘知远，官至凤翔节度使。赵思绾，魏州人，为赵延寿之子赵匡赞部属。契丹灭后晋，赵匡赞为河中节度使，赵思绾为牙将。入汉，刘知远改任赵匡赞为永兴军节度使。赵匡赞入朝，后汉高祖刘知远留而不遣，赵思绾疑惧不安。原凤翔节度使侯益与河中节度使赵匡赞，皆为契丹人所署。赵匡赞入朝，侯益迟留。刘知远任命王景崇为凤翔节度使取代侯益，授命王景崇可便宜从事。王景崇没有便宜从事杀侯益，纵之东归，刘知远任用侯益为开封尹，侯益进谗说王景崇的坏话，王景崇闻知，心不自安，后悔没有杀侯益。刘知远又征召赵思绾入朝，赵思绾抗命，以永兴军之众首先反叛朝廷，接着王景崇、李守贞也举兵反叛。赵思绾、王景崇共推李守贞为秦王，奉以为主，三镇连兵，连引后蜀、南唐，以及契丹之兵攻击后汉，一时声势盛大。刘知远调兵遣将，经过两年多的征战，到后汉隐帝即位，三镇才被讨平。三镇之叛，固然是李守贞、王景崇、赵思绾三人凶险，亦是刘知远所逼。三人为旧朝之将，李守贞狂妄，王景崇奸险，赵思绾残暴，因手握兵权，在五代乱世的时局下容易反叛，但他们已经降汉，由于后汉高祖刘知远仁、信、刑皆失，赏罚不当导致三镇联合反叛。刘知远不诛杜重威，临终嘱隐帝严防杜重威，隐帝诛杜重威而逼反李守贞，这是用刑不当。杜重威当诛时不诛，猜忌时妄杀，兔死狐悲，李守贞安得不叛。侯益，伪署节镇，拒命不朝，王景崇兵临之，无奈投降，不诛已过，又重用之，是以逼反王景崇。赵匡赞入朝，已归服，高祖留而不遣，又征赵思绾入朝，困兽犹斗，何况手握兵权的赵思绾。三镇之叛的主因，是刘知远治国无方的经典案例，又一次验证了司马光的评论。刘知远失仁、失信、失刑，汉祚不延，不是很正常的吗！

刘崇图谋割据河东。刘崇，后汉高祖刘知远同母弟，初名崇，后更名旻。刘知远事晋为河东节度使，镇太原，任用刘崇为马步都指挥使，郭威为蕃汉都孔目，即侍卫都虞候。郭威粗通兵法，善战，为刘知远所亲爱，凡重大战役，都有郭威参加。刘知远即皇帝位，任用刘崇为太原尹、北京留守、同中书门下平章事，领大镇；任用郭威为枢密副使，掌兵权。刘崇、郭威是刘知远的左右手，两人为争宠而产生矛盾。刘知远临终，将隐帝刘承祐托孤于郭威和史弘肇。隐帝即位，晋升郭威为枢密使，刘崇心不自安，与判官郑珙谋自安之术。郑珙建言，刘崇扩军，建立四部指挥使，自选勇士，招纳亡命，打造兵器，储备粮秣，停止上贡朝廷的财赋，理由是防御契丹，名正言顺。等到郭威称帝，建立后周，刘崇也称帝于太原，建立北汉政权。刘崇本为自安，强兵足民，做好了割据河东的基础，没有预料到郭威称帝，所以后汉隐帝死，刘崇没有举兵入梁。郭威忌刘崇之势，假借拥立刘崇之子武宁军节度使刘赟为嗣，还装模作样地派大臣冯道迎请刘赟于徐州，用以麻痹刘崇。当郭威在大梁站稳脚跟后，翻脸露出庐山真面目，诛刘赟，称帝建后周，刘崇建北汉也就在情理之中。

郭威擅权。郭威，刑州尧山人，行伍出身，有勇力，使酒好斗，性粗豪，略通兵法，善战，深为刘知远所爱。隐帝立，郭威平定三镇叛乱，建立盖世之功，更是目中无人。郭威从河中还师，路过洛阳。洛阳西京留守、同平章事王守恩自认为位兼将相，坐着轿子慢吞吞地出城郊迎。郭威震怒，认为王守恩看不起他，拒绝与王守恩相见，推辞说在洗澡。郭威立即发出枢密使的帖子，命令保义节度使、同平章事白文珂取代王守恩为西京留守，派兵驱赶王守恩家人出府。这时王守恩还等在客位上等着郭威接见。王守恩的部属来报告，说："新任留守上任了。"王守恩狼狈回府，走到大街上，已看到家人被赶出，都在大街上等候王守恩。王守恩不敢责问郭威，赶紧回朝报告，后汉隐帝置之不理，还正式下达了任命白文珂兼侍中，充任西京留守的诏书。

大臣任免，要通过宰相推荐，皇帝批准，中书令下达，而郭威竟然用枢密使的帖子，随意更换大臣，如同指使部属兵卒。这时候的郭威，未必就有篡位之心，但他擅权逾制，已凌驾在国家之上，比皇帝还皇帝。皇帝更易大臣，还要征询三公九卿的意见，至少过场也是要做的。王守恩贪污受贿，郭威不闻不问，认为冒犯自己，就大张挞伐。其实王守恩不敢，只是一场误会，瞬间驱赶，如此擅权，古今少有。故欧阳修说："自古乱亡之国，一定是先从法律制度的破坏开始，五代乱世，就是这样的情况。习惯成自然，郭威的所作所为，自己没有意识到，汉廷君臣也认为是常事，这简直是纲纪被破坏到不可收拾的地步了。"其后，郭威篡汉，也就是冰冻三尺，非一日之寒了。

吴越王钱弘俶募民垦荒。吴越王钱弘俶悬赏招募种田能手开垦荒地，不收赋税，因此吴越国境内没有荒地。有人建议悬赏揭发隐瞒成丁男子户籍的人，把他们检举出来，可以增加国家赋税的收入。提建议的人还自告奋勇，说他十分胜任这一工作。吴越王十分反感提建议的人，把这个人放在城门口鞭打。这事影响很大，吴越国都的人一传十，十传百，十分高兴。

如何向百姓征税是国家大事。五代十国时期，各国征税的情况史事记载不详。春秋时鲁国初税亩，已按田亩征税。汉朝实施地亩税和人头税两种制度，地亩征税，三十税一，称为科税，按成丁男子征税，每人每年一百二十文叫赋。从吴越王钱弘俶募民垦荒不交税，以及鞭打要检括户口增加赋税的人两件事情来看，吴越国实行田税加人头税的两种征税办法。垦荒不征税，说明熟田有脱，检括遗漏丁男以增加国家税收，说明吴越国家有人头税。吴越王钱弘俶的做法是减轻人民负担的措施，所以国人很高兴。垦荒不加税，国境内无荒田，这样增加了生产，藏富于民，民富则国强，钱弘俶的善政值得肯定。

王夫之批评南唐只按田地肥瘠征税，肥田多征税，瘠田少征税。当时战乱频仍，国用不足，时常加税，一次又一次按田亩肥瘠加征，勤劳种地的人交纳没完没了的税，以至于抛荒不种地，让肥田变瘠田，变荒田。王夫之认为按田亩肥瘠征税，则有田不如无田，有良田不如瘠田，是在奖励懒惰之民，王夫之主张只按丁口征税，他说："夫有民不役，而役以田，则等于无民。"（《读通鉴论》卷三十）这也未免极端。只按丁口征税，那么拥有良田万亩的大户无税，无立锥之地的贫民有税，当然更不公平。古代国家收入，主要依靠农业，合理的办法，对国家贡献和义务，应当是有钱出钱，有力出力，按地亩征税，按人丁出役，最为公平。吴越国征税既按地亩，又按人丁，奖励垦荒不加税，遗漏户口不细究，水清无大鱼，藏富于民，于民于国皆有利，所以是善政，应予以肯定。

后汉纪四

后汉隐帝乾祐三年（公元950）

【上章阉茂（庚戌，公元950年），一年】

【大事提要】

本卷记载一年史事，公元950年，当后汉隐帝乾祐三年。此一年间，中原又一次发生政权更迭，后汉灭亡，后周建立。后汉隐帝行事乖张，年仅二十，血性用事，群小离间，突然间诛杀枢密使杨邠、中书令史弘肇、三司使王章，举朝惊骇，逼反郭威。隐帝亲征，为乱兵所杀。后汉立国短暂，根基不稳，郭威宿将，兵权在握，制造兵变，拥立自己称帝，后来赵匡胤依样画葫芦，制造陈桥兵变夺取后周政权，郭威非始料所及。南唐主闻中原三叛悉平，亦罢兵停止北上。楚国内讧，兄弟交兵，马希萼破长沙，杀马希广而自立。

隐皇帝下

后汉隐帝乾祐三年（庚戌，公元950年）

春季，正月初九日丁未，凤翔节度使赵晖兼任侍中。

密州刺史王万敢请求增兵攻打南唐。后汉隐帝下诏任命前任沂州刺史郭琼为东路行营都部署，率领禁卫军和齐州军队前往。

郭威请求率领军队北上进逼契丹边境，后汉隐帝下诏阻止。

正月二十八日丙寅，朝廷派使者到河中、凤翔去收埋战死将士和饿死百姓的尸骨，当时有僧人已经聚集二十万具尸骨。

南唐主听说后汉军队完全平息了三镇的叛乱，这才罢免李金全的北面行营招讨使。

南唐清淮节度使刘彦贞大量搜刮百姓的钱财以贿赂权贵，权贵争相称赞他。他在寿州已经任职好多年，担心被人代替，想借紧急情况来巩固自己的位置，就上奏谎称后汉军队将要大规模地南下征伐。二月，南唐主任命东都留守燕王李弘冀为润、宣二州大都督，镇守润州；宁国节度使周宗为东都留守。

朝廷想调换各藩镇节度使，恰逢他们请求前来参加嘉庆节庆贺皇上的生日，就答应了他们。

二月十六日甲申，郭威巡视北方边境回到京师。

有的福州人到建州向南唐永安留后查文徽报告，说吴越军队已经弃城而去，请查文徽去当主帅。查文徽相信了，派遣剑州刺史陈诲率领水军顺闽江而下，查文徽自己率领步兵和骑兵在后面。正遇上下大雨，江水上涨，陈诲一夜行船七百里，到达福州城下，打败福州军队，抓获他们的将领马先进等人。二月二十二日庚寅，查文徽到达福州，吴越知威武军吴程假装派遣几百人出城迎接。陈诲说："闽人大多狡诈，不能够轻信他们，应该安下营寨，慢慢再作打算。"查文徽说："迟疑就会发生变化，不如乘机占据他们的州城。"于是领兵直进陈诲整顿好部众，击鼓前进，在闽江边停下来。查文徽没有防备，吴程领兵出击，南唐军队大败，查文徽掉下马来，被福州人抓住，士卒死亡上万人。陈诲保全军队回到剑州。吴程将查文徽押送到钱塘，吴越王钱弘俶把查文徽作为战利品献给祖庙，然后放了查文徽。

二月十九日丁亥，汝州奏报防御使刘审交去世。官吏和百姓到朝廷上书，因为刘审交有仁政，请求把刘审交留在汝州安葬，以便能够侍奉他的坟墓，后汉隐帝下诏准许。汝州人聚集在一起痛哭而安葬了刘审交，为刘审交建立祠堂，每年按时祭祀刘审交。太师冯道说："我曾经做过刘君的僚属，看他治理政事，没有什么过人的地方，并不是能够减少百姓的赋税，免除百姓的徭役，只是推行公平、廉洁、慈爱的本心并且实行罢了。这也是大多数人所能做到的，只是其他的人没有做而刘君独自做了，所以汝州人爱戴他到了这种地步。假使天下食禄二千石的州官们都能仿效他的所作所为，还怕不能像刘君那样得民心吗！"

二月二十六日甲午，吴越丞相、昭化节度使、同平章事杜建徽去世。

二月二十七日乙未，任命前任永兴节度使赵匡赞为左骁卫上将军。

（以上为第一段，写南唐主闻中原三叛悉平，罢兵北上；查文徽南犯福州，轻敌冒进，兵败被俘。）

三月初九日丙午，嘉庆节，邺都留守高行周、天平节度使慕容彦超、泰宁节度使符彦卿、昭义节度使常思、安远节度使杨信、安国节度使薛怀让、成德节度使武行德、彰德节度使郭谨、保大留后王饶都入朝。

三月十七日甲寅，后汉隐帝下诏在高祖长陵、世祖原陵修建寝庙，按时祭祀。有关部门因为费用大，就停办了这件事。一直到国家灭亡，二陵最终没有受过一次祭奠。

三月二十五日壬戌，调高行周为天平节度使，符彦卿为平卢节度使。三月二十七日甲子，调慕容彦超为泰宁节度使。

永安节度使折从阮率全族入朝。

夏季，四月初一日戊辰，调薛怀让为匡国节度使。四月初三日庚午，调折从阮为武胜节度使。四月初五日壬申，调杨信为保大节度使，调镇国节度使刘词为安国节度使，调永清节度使王令温为安远节度使。李守贞叛乱的时候，王饶暗中和李守贞勾结，李守贞被讨平以后，大家以为王饶一定会被安置在闲散的职位。王饶入朝后，用厚礼巴结史弘肇，升任为护国节度使，听说这件事的人无不感到惊骇。

杨邠请求解除枢密使的职务，后汉隐帝派遣宫中使者去劝慰阻止。宣徽北院使吴虔裕在旁边说："枢密院是政务重地，难以长期停留，应该让后来的人轮流担任枢密使，相公想辞掉这个职位是对的。"后汉隐帝听了，不太高兴。四月十四日辛巳，任命吴虔裕为郑州防御使。

朝廷因为契丹近来入侵，横行黄河以北地区，各藩镇各自防守，没有出来抵抗的，便议定命令郭威镇守邺都，让他督领诸将来防备契丹。史弘肇想让郭威仍然兼任枢密使，苏逢吉认为没有这样的先例。史弘肇说："兼任枢密使可以根据情况见机行事，各路军队畏惧服从，号令可以顺利推行。"后汉隐帝最后采纳了史弘肇的建议。史弘肇埋怨苏逢吉提出反对意见，苏逢吉说："以内朝官节制外朝官，是合乎情理的；现在反过来以外朝官节制内朝官，那怎么可以呢！"四月十五日壬午，后汉隐帝下制书任命郭威为邺都留守、天雄节度使，仍旧担任枢密使。同时下诏命令黄河以北地区，所有军队、武器钱粮，只要见到郭威所签署的文书，都应该立即听命、供应。第二天，朝廷权贵在窦贞固的府第聚会宴饮，史弘肇举着大酒杯盯着郭威，大声地说："昨天的朝廷议论，大家的意见是何等的不同！今天特地为老弟干了这一杯！"苏逢吉、杨邠也举起酒杯说："这些都是为了国家的事情，何必值得放在心上！"史弘肇又大声说："安定国家，靠的是长枪大剑，哪里用得着毛笔！"王章说："没有毛笔，那钱财军赋从哪里来？"从此将相之间开始有了隔阂。

四月十六日癸未，撤销永安军。

四月二十五日壬辰，后汉隐帝任命左监门卫将军郭荣为贵州刺史、天雄牙内都指挥使。郭荣本姓柴，他的父亲柴守礼是郭威妻子的哥哥，郭威没有儿子时，收养郭荣为儿子。

五月初二日己亥，后汉隐帝任命府州蕃汉马步都指挥使折德扆为府州团练使。折德扆是折从阮的儿子。

五月初三日庚子，郭威向后汉隐帝告别，对后汉隐帝说："太后跟随先帝很久，经历过许多天下的事情，陛下年纪还轻，有什么事情应该先听太后的教诲而后行动。亲近忠诚正直的人，远离谄媚邪恶的人，善与恶之间，应该分辨清楚。苏逢吉、杨邠、史弘肇都是先帝的老臣，尽忠为国，希望陛下推心置腹地任用他们，一定不会有过错或者失误。至于边疆的事情，臣愿意竭尽低劣的才能，希望不要辜负皇上的任用！"后汉隐帝严肃地向郭威道谢。郭威到了邺都，由于黄河以北地区穷困破败，告诫边境将领要谨慎把守边疆，严密防备，不得外出侵扰抢劫，如果契丹入境侵犯，就采取坚壁清野的办法来对付。

五月初四日辛丑，后汉隐帝下敕书说："防御使和团练使，假若不是战争期间，不得擅自直接向朝廷奏报事情，都必须先报告观察使，由观察使斟酌后再奏报朝廷。"

五月初九日丙午，后汉隐帝任命皇弟、山南西道节度使刘承勋为开封尹，加官兼任中书令，实际上因为年纪小而没有离开朝廷赴任。

平卢节度使刘铢，贪婪暴虐，放纵横蛮；朝廷想征召他入朝，恐怕他违抗命令，就趁着朝廷在沂州、密州对南唐用兵的机会，派遣沂州刺史郭琼率兵驻守青州。刘铢内心不安，摆设酒宴召请郭琼，埋伏士兵，打算杀害郭琼。郭琼知道他的阴谋，屏退所有的随从从容赴会，全无惧色，刘铢不敢下手。郭琼趁机向他说明祸福之所在，刘铢被感动折服，等诏书一到，就立即启程。五月十三日庚戌，刘铢入朝。五月十四日辛亥，后汉隐帝任命郭琼为颍州团练使。

五月十六日癸丑，王章摆设酒宴宴请朝廷权贵，喝酒喝到畅快的时候，做手势来行酒令。史弘肇不熟悉这种玩法，客省使阎晋卿的座位挨着史弘肇，多次教他。苏逢吉嘲笑他说："身旁有个姓阎的人，何必担心被罚酒！"史弘肇的妻子阎氏，原本是酒家娼妓，史弘肇以为苏逢吉在讥笑他，非常恼怒，就用脏话骂苏逢吉，苏逢吉没有搭理。史弘肇想打他，苏逢吉起身离开。史弘肇拿剑要追杀他，杨邠哭着劝阻他说："苏公是宰相，您如果杀了他，将把天子放到哪里，希望您仔细地想一想！"史弘肇立即上马离去，杨邠和他并骑，一直送他到家里才回来。于是将相之间就像水火一样不能相容。后汉隐帝让宣徽使王峻设置酒宴来和解，也不行。苏逢吉想请求出任藩镇来避开史弘肇，不久又放弃了这种想法，说："我离开朝廷，只要史公一作处理，我便粉身碎骨了！"王章也闷闷不乐，想请求到外地为官，杨邠、史弘肇坚决劝阻王章。

闰五月，宫中多次出现怪事。闰五月二十七日癸巳，狂风大作，掀掉房屋，拔起树木，把大梁城西南的郑门门扇吹得飞起来，飞出十多步才落下来，被震死的有六七个人，平地水深一尺多。皇帝召来司天监赵延义，问他祈求免灾的办法，赵延义回答说："臣的职责在天象历法方面，求神免灾不是我所熟悉的。不过统治天下的人想要消除灾祸，没有比修行德政更重要的了。"赵延义回去以后，后汉隐帝又派遣宫中使者去问他："怎样才是修行德政？"赵延义回答说："请读《贞观政要》，并去效法它。"

六月，黄河在郑州决口。

（以上为第二段，写后汉将相不和。）

马希萼打了败仗回去以后，就写信引诱辰州、溆州和梅山的蛮人，想和他们一起进攻湖南。蛮人向来听说长沙府库的库藏很丰富，大为高兴，争着出兵前往，就进攻益阳。

楚王马希广派遣指挥使陈璠去抵抗，两军在淹溪交战，陈璠战败而死。

秋季，七月，南唐送回马先进等人给吴越，用来交换查文徽。

马希萼又派遣各地的蛮族攻打迪田，八月初三日戊戌，攻破迪田，杀死守将张延嗣。楚王马希广派遣指挥使黄处超去救援，黄处超战败而死；潭州人震惊恐慌，楚王马希广又派遣牙内指挥使崔洪琏率领七千士兵驻守在玉潭。

八月初五日庚子，后蜀主立他的弟弟孟仁毅为夔王，孟仁贽为雅王，孟仁裕为彭王，孟仁操为嘉王。八月十四日己酉，立他的儿子孟玄喆为秦王，孟玄珏为褒王。

后晋李太后在建州卧床生病，没有医药，只有和后晋主仰天呼喊哭泣，挥舞着手指骂杜重威和李守贞说："我死了都不会放过你们！"八月二十三日戊午，李太后去世。到了后周显德年间，有从契丹回来的人说："晋主和冯后身体还好，但随从人员逃回来和死亡的，则已经超过一半了。"

马希萼上表请求在京师另设一个进奏务。九月十七日辛巳，皇帝下诏，因为湖南在京师已经有了进奏务，不准许。同时赐诏给楚王马希广，劝他们兄弟敦厚和睦。

马希萼认为朝廷有意偏袒楚王马希广，发怒，派使者向南唐称藩属，请求出兵攻打楚国。南唐为马希萼加官同平章事，把当年鄂州的租税赐给马希萼，命令楚州刺史何敬洙率兵援助马希萼。冬季，十月十二日丙午，马希广派遣使者向朝廷上表告急，说："荆南、岭南、江南共同谋划，想瓜分湖南的土地，请求发兵驻守澧州，来控制江南、荆南援助朗州的道路。"

十月十三日丁未，朝廷任命吴越王钱弘俶为诸道兵马元帅。

楚王马希广因为朗州和山蛮入侵，众将屡次战败，面有忧色。刘彦瑫对马希广说："朗州兵不到一万，马不到一千，而您这里有精锐兵力十万，还担心战胜不了他们！希望能给我一万多人马，战舰一百五十艘，直接进入朗州，捉拿马希萼，以解除您的忧愁。"楚王马希广很高兴，任命刘彦瑫为战棹都指挥使、朗州行营都统。刘彦瑫进入朗州境内，父老们争相拿牛、酒来犒劳军队，说："百姓不愿跟随叛军作乱，盼望都府的军队已经很久了！"刘彦瑫重赏他们；战舰通过以后，便运来竹子木头隔断后路。这一天，马希萼派遣朗州军队和蛮人军队六千、战舰一百艘在湄州迎战，刘彦瑫乘着风势放火烧对方的战舰，但不久，风向逆转，反过来烧到自己的战舰。刘彦瑫往回跑，江上的水路已经被隔断，士卒战死和淹死的有几千人。马希广听到这个消息，哭得不知道怎么办才好。马希广平时很少颁赐奖赏，到了这时，也大量地拿出金银绢帛来取悦士兵。

有人告发天策左司马马希崇散布谣言，蛊惑众人，反叛的迹象已经很明显，请求杀掉他。马希广说："我如果亲自害死自己的弟弟，还有什么脸面在九泉之下去见先王！”

马军指挥使张晖率领军队从另外的路线进攻朗州，走到龙阳，听说刘彦瑫战败，退兵驻守益阳。马希萼又派遣指挥使朱进忠等人率三千兵急速攻打益阳。张晖欺骗他的部众说：“我带领部下出城到贼兵的背后，你们留在城里等我，然后合力夹攻他们。”张晖出城以后，就从竹头市逃回长沙。朗州兵知道益阳城里没有主帅，加速进攻，城里的九千多名士兵全部战死。

吴越王钱弘俶把查文徽交给南唐，查文徽得了哑病，以工部尚书的职位退休。

十一月初一日甲子，发生日食。

后蜀太师、中书令宋忠武王赵廷隐去世。

楚王马希广派遣他的僚属孟骈去劝马希萼说：“您忘记了父兄的仇敌，臣属于南唐，这和袁谭向曹操求救有什么两样呢！”马希萼要杀掉他。孟骈说：“古时候两军交战，使者在双方之间来往，我孟骈如果吝惜一死，怎么肯到这里来！我所说的话并不是为了潭州人，实际上是在替您考虑。”马希萼于是放了孟骈，让孟骈回去报告说：“兄弟的情义已经断绝了，不到九泉，永远不会相见了！”

朱进忠请求马希萼亲自率兵攻取潭州。十一月初八日辛未，马希萼留下他的儿子马光赞驻守朗州，发动境内全部军队赶赴长沙，自称顺天王。

后汉隐帝下诏命令侍卫步军都指挥使、宁江节度使王殷率兵驻守澶州，用来防备契丹。王殷是瀛州人。

朝廷商议出兵，任命安远节度使王令温为都部署，以救援潭州。遇上朝廷内乱，没有实行。

（以上为第三段，写楚国内讧，兄弟交恶，愈演愈烈。）

后汉隐帝自从即位以来，枢密使、右仆射、同平章事杨邠总理机要政务，枢密使兼侍中郭威主掌征讨作战，归德节度使、侍卫亲军都指挥使兼中书令史弘肇负责京师的防卫，三司使、同平章事王章掌管财赋。杨邠颇为公正忠诚，退朝以后，门上没有人私下请托，虽然不推辞四方的馈赠，但是有多余的就进献上去。史弘肇治理京城治安，路不拾遗。这时正值契丹扰乱中原之后，官府和百姓都贫穷困乏，王章收取遗漏的小利，节省开支，用来充实府库。虽然接着三个叛臣联合叛乱，用兵多年，而军队供应却没有缺乏；等到事态平息之后，除了赏赐，还有剩余，所以国家大致安定。

王章征集赋税，苛刻急促。以前的制度规定，田税每斛另外再交二升，叫作“雀鼠耗”，王章开始下令再交二斗，叫作“省耗”；以前旧钱的付出、收入都以八十钱为一“陌”，王章开始下令收入时以八十钱为一陌，付出时以七十七钱为一陌，叫作“省陌”。有违犯盐、矾和酒曲禁令的，即使只有点滴，也都处以死罪；因此百姓忧愁怨恨。王章尤其不喜欢文臣，曾经说："给他们一些筹码，也不知道如何摆弄，有什么用处！"文官的俸禄是用那些不能供军队食用的粮食给付自己的，有关官员已经抬高了其估价，王章又一再抬高。

后汉隐帝左右受宠的人逐渐掌权，太后的亲戚也干预朝政，杨邠等人屡次裁减抑制。太后有一个旧友的儿子请求补任官职，史弘肇发怒并将他斩首。武德使李业是太后的弟弟，高祖让他掌管宫内的府库，后汉隐帝即位以后，李业特别受到宠爱、信任。恰好宣徽使空缺，李业想要补缺，皇帝和太后也给执政大臣作了暗示；杨邠、史弘肇认为宫廷内使职的升迁递补有一定的次序，不能因为是外戚而越级担任，这件事才作罢。内客省使阎晋卿，按升迁次序应当担任宣徽使，却长时间没有得到委任；枢密承旨聂文进、飞龙使后匡赞、翰林茶酒使郭允明都受到皇帝的宠信，但长时间没有升官，因此都怨恨执政大臣。聂文进是并州人。刘铢免职从青州回来，长期闲散无事，一直没有委任官职，常常用手指着执政大臣骂。

后汉隐帝刚脱下了三年的丧服，就听起音乐，赐给乐官锦袍、玉带。乐官到史弘肇那里去致谢，史弘肇大怒说："士兵们戍守边疆，艰苦作战，尚且没有东西赏赐他们，你们这些人有什么功劳得到这些！"把赏赐品都夺过来，还给官府。后汉隐帝想立他所宠爱的耿夫人为皇后，杨邠认为太快；耿夫人死了以后，后汉隐帝想用皇后的礼仪来安葬她，杨邠又认为不可以。后汉隐帝的年纪渐渐大了，讨厌被大臣控制。杨邠、史弘肇曾经在后汉隐帝的面前议论政事，后汉隐帝说："仔细地考虑，不要让别人有话说！"杨邠说："陛下只管不作声，凡事有臣等在。"后汉隐帝积郁而心怀不平，左右的人就趁机在皇帝面前诬陷他们："杨邠等人专横，终将作乱。"后汉隐帝相信了这些话。后汉隐帝曾经在夜晚听到作坊里有打铁的声音，怀疑有紧急的战事，一直到天亮都没有睡着。司空、同平章事苏逢吉以前就和史弘肇有矛盾，知道李业等人怨恨史弘肇，就多次用言语来激他们。后汉隐帝于是和李业、聂文进、后匡赞、郭允明谋划诛杀杨邠等人，商议已定，进宫去禀告太后。太后说："这件事怎么可以轻举妄动！还是应该和宰相商量商量。"李业当时在旁边，说："先帝曾经说过，朝廷的大事不能同书生商量，书生懦弱胆小误人。"太后还想再说什么，后汉隐帝生气地说："国家的事情，不是闺房女人所能知道的！"拂衣而出。十一月十二日乙亥，李业等人把他们的谋划告诉了阎晋卿，阎晋卿恐怕事情不能成功，就到史弘肇家里，想把这件事报告给史弘肇，史弘肇因为其他的事情推辞不见。

十一月十三日丙子早晨，杨邠等人上朝，有几十名全副武装的士兵从广陵殿出来，将杨邠、史弘肇、王章杀死在东廊屋下。聂文进立即召请宰相、朝臣在崇元殿排列好，宣布说："杨邠等人图谋造反，已经伏法处死，与各位共同庆贺。"又召集各军将校到万岁殿庭中，后汉隐帝亲自向他们宣布了这件事，并且说："杨邠等人把朕当小孩子看待，朕现在才能够为你们做主，你们可以避免不测的忧患了！"大家都下拜称谢而退下。又召请前任各节度使、刺史等人上殿，宣布这件事，分别派遣使者率领骑兵逮捕杨邠等人的亲戚、党羽、侍从人员，全部杀掉。

史弘肇对待侍卫步军都指挥使王殷很好，杨邠等人死后，后汉隐帝派遣供奉官孟业带着密诏到澶州和邺都，命令镇宁节度使李洪义杀王殷，又命令邺都行营马军都指挥使郭崇威、步军都指挥使真定人曹威杀郭威和监军、宣徽使王峻。李洪义是李太后的弟弟。又紧急下诏征召天平节度使高行周、平卢节度使符彦卿、永兴节度使郭从义、泰宁节度使慕容彦超、匡国节度使薛怀让、郑州防御使吴虔裕、陈州刺史李穀入朝。任命苏逢吉暂时代理枢密院事务，前任平卢节度使刘铢代理开封府事务，侍卫马军都指挥使李洪建代理侍卫司事务，内侍省使阎晋卿代理侍卫马军都指挥使。李洪建是李业的哥哥。

当时朝野内外人心忧恐，苏逢吉虽然痛恨史弘肇，但是没有参与李业等人的密谋，听到这次事变，吃了一惊，私下对人说："事情发生得太急促，皇上如果有一句话问我，不至于到这个地步！"李业等人命令刘铢诛杀郭威、王峻的家属，刘铢极其残忍狠毒，婴儿小孩都没有能幸免。命令李洪建诛杀王殷的家属，李洪建只是派人把守监视，仍然供给他们食物。

（以上为第四段，写后汉隐帝行事乖张，诛杀大臣。）

十一月十四日丁丑，使者到达澶州，李洪义懦弱，担心王殷已经知道这件事，不敢动手，于是带孟业去见王殷。王殷囚禁使者，派遣副使陈光穗把密诏拿给郭威看。郭威召见枢密院吏魏仁浦，把诏书拿给他看，说："怎么办？"魏仁浦说："您是国家的大臣，功勋名声素来显赫，加上掌握强兵，据守重镇，一旦被小人们所陷害，祸患出于意料之外，这不是用言语所能解释得清楚的。现在事情已经到了这个地步，不可坐着等待。"郭威于是召集郭崇威、曹威以及众将，告诉他们杨邠等人冤屈而死以及有密诏的情况，并且说："我和杨邠等人，披荆斩棘，跟随先帝夺取天下，接受先帝托孤的重任，尽力保卫国家，现在杨邠等人已死，我还有什么心思独自活着！你们可以执行诏书的命令，取我的头去回报天子，这样大概可以不受连累。"郭崇威等人都哭着说："天子年幼，这一定是天子身边的小人们干的，如果让这一帮人得志，国家怎么能够安宁！我们愿跟随您入朝，亲自向天子申诉，扫清那些鼠辈来肃清朝廷。不可被一个使者杀死，蒙受千载恶名。"翰林天文赵修己对郭威说："你白白地送死有什么好处！不如顺从大家的心愿，领兵向南，这是上天的启示啊！"郭威于是留下他的养子郭荣镇守邺都，命令郭崇威率领骑兵为先锋，十一月十五日戊寅，自己率领大军随后。

慕容彦超正在吃饭，得到诏书，放下汤匙和筷子就入朝了；后汉隐帝把军事全部委托给他。十一月十六日己卯，吴虔裕入朝。

后汉隐帝听说郭威领兵南下，商议出兵抵抗。前任开封尹侯益说：“邺都守兵的家属都在京师，官军不可轻易出战。不如关闭城门来挫败他们的锐气，让他们的母亲、妻子登上城楼招呼他们，可以不战而使他们降服。”慕容彦超说：“侯益年老体衰，出的是胆小鬼的计策。”后汉隐帝于是派遣侯益和阎晋卿、吴虔裕、前任保大节度使张彦超率领禁卫军赶赴澶州。

这一天，郭威已经到达澶州，李洪义接纳郭威；王殷在迎接拜见郭威时，伤心痛哭，率领所统辖的士兵跟随郭威渡过黄河。后汉隐帝派遣内养鸗脱去窥探郭威，郭威抓住了他，把上奏的表章放在鸗脱的衣领里，让他回去报告后汉隐帝说：“臣昨天得到诏书，伸着脖子等死。郭崇威等人不忍心杀臣，说这些都是陛下身边贪图权势、不知满足的人诬陷臣罢了，就逼臣向南行进，到京师请罪。臣求死不得，又没有能力制止他们。臣在几天之内当可回到朝廷。陛下如果认为臣有罪，臣怎么敢逃避处罚！如果确实有诬陷臣的人，希望把他抓起来，交到军前，以大快人心，臣岂敢不安抚晓谕各军，退回邺都！”

十一月十七日庚辰，郭威赶赴滑州。十一月十八日辛巳，义成节度使宋延渥迎接，向郭威投降。宋延渥是洛阳人，他的妻子是后晋高祖的女儿永宁公主。郭威取出滑州府库的财物犒劳将士，并且告知他们说：“听说侯令公已经督率各军从南面而来，现在如果遇到他，与他交战就违背了入朝的本意，不战就会被他所杀。我想成全你们的功名，不如奉行先前的诏书，我死而没有遗恨！”大家都说：“国家辜负了您，您没有辜负国家；所以才万众争先前进，就像报私仇一样，侯益这些人能够有什么作为呢！”王峻对众人宣示说：“我已经得到郭公的吩咐，等到攻克京城，听任你们抢劫十天。”大家都高兴得跳跃。

（以上为第五段，写后汉隐帝滥杀，逼反郭威。）

十一月十八日辛巳，鸗脱到达大梁。此前，后汉隐帝想亲自前往澶州，听说郭威已经到了黄河边上，才作罢。后汉隐帝很有些后悔恐惧的神色，私下对窦贞固说：“近来做事也太草率了。”李业等人请求倾尽府库财物来赏赐各军，苏禹珪认为不可，李业在皇帝面前向苏禹珪下拜，说：“相公暂且为天子考虑，不要吝惜府库财物！”于是赏赐禁军每人二十缗钱，其他军队每人减半，将士在北方的，赏赐给他们的家属，让家属通家信来引诱他们。

十一月十九日壬午，郭威军队到达封丘，人心恐惧。太后哭着说：“不听李涛的话，理该要灭亡啊！”慕容彦超倚仗自己勇猛，对皇帝说：“臣看北方军队犹如一群小虫罢了，定当替陛下活捉他们的首领！”退出的时候见到聂文进，问他从北边来的军队数量和将校的姓名，颇为害怕，说：“这些是强劲的敌人，不可轻视！”皇帝又派遣左神武统军袁義、前任威胜节度使刘重进等人率领禁军与侯益等人联合驻守在赤冈。袁曮是袁象先的儿子。慕容彦超率领大军驻守七里店。

十一月二十日癸未，南、北两方军队在刘子陂相遇。后汉隐帝想亲自慰劳军队，太后说："郭威是我们家的旧臣，如果不是关系到自身的存亡，怎么会到这种地步！只要按兵不动，守在城里，快传诏书去劝谕他，观察他的志向，定有他的理由，那么君臣之礼还可以保全，千万不要轻易出去。"后汉隐帝不听。当时护卫后汉隐帝的军队士气很高，太后派遣使者告诫聂文进说："特别需要小心！"聂文进回答说："有臣在，即使有一百个郭威，也可以把他活捉来！"直到傍晚，两军没有交战，后汉隐帝回宫。慕容彦超甩大话说："陛下明天如果宫中没有什么事情，希望再出城来，观看臣大破贼兵。臣不必和他们交战，只需吆喝驱散他们，就可以使他们返回营地了！"

十一月二十一日甲申，后汉隐帝想再次出城，太后极力阻止他，后汉隐帝不答应。摆好阵势以后，郭威训诫他的部众说："我是来诛灭那帮小人的，并不敢对抗天子，千万不要先动手。"过了好一会儿，慕容彦超率领轻骑兵向前进攻，郭崇威与前任博州刺史李荣率领骑兵去抵挡。慕容彦超的战马摔倒，差一点被活捉。幕容彦超领兵后退，部下死亡一百多人，于是各军丧失士气，渐渐开始向北军投降。侯益、吴虔裕、张彦超、袁曮、刘重进都暗中去拜见郭威，郭威分别遣送他们回营，又对宋延渥说："天子正面临危急，您是天子的近亲，应该率领牙帐卫兵去保卫天子，并且附带启奏陛下，希望陛下趁空亲临臣下的军营。"宋延渥还没有走到皇帝的营帐，乱兵纷乱如云，不敢前进而退回。到了傍晚，南方军队大多归顺北方军队。慕容彦超和他部下的十几名骑兵逃回兖州。

当晚，后汉隐帝只和三位宰相以及随从的几十名官员住宿在七里寨，其余的全部逃走溃散。十一月二十二日乙酉早晨，郭威远远望见天子的旌旗在高坡上，便下马脱下头盔，前往跟随，到了那里，后汉隐帝已经走了。后汉隐帝赶着马，将要回宫，走到玄化门，刘铢在城门上，问后汉隐帝左右的人说："兵马都在哪里？"就射杀后汉隐帝左右的人。后汉隐帝回转马头，往西北走到赵村，追兵已经赶上，后汉隐帝下马进到一个百姓的家里，被乱兵所杀。苏逢吉、阎晋卿、郭允明都自杀了；聂文进急忙逃跑，军士追上，把他杀死。李业逃奔陕州，后匡赞逃奔兖州。郭威听说后汉隐帝遇害，悲痛地号哭说："这是老夫的罪过啊！"

郭威到了玄化门，刘铢向城外射击，箭如雨下。郭威从迎春门进城，回到自己的家，派遣前任曹州防御使何福进率兵防守明德门。各军大肆抢掠，整个晚上烟火四起。

军士进入前任义成节度使白再荣的住宅，抓住白再荣，抢尽他的财物，然后上前对他说："我们曾经在你的帐下奔走，一旦无礼到这种地步，有什么面目再见到你！"于是砍下白再荣的头而离去。

吏部侍郎张允，家财数以万计，但是生性吝啬，对他的妻子也不信任，常常把全部钥匙系在自己的衣服里面，走起路来像佩玉叮当作响。当天晚上，张允躲藏在佛殿的天花板上，上去的人越来越多，木板毁坏而掉了下来，军士抢走他身上的衣服，张允于是因受冻而死。

当初，作坊使贾延徽受到后汉隐帝的宠信，他和魏仁浦是邻居，想吞并魏仁浦的房屋来扩充自己的住宅，多次在后汉隐帝面前说魏仁浦的坏话，几乎使魏仁浦遭受杀身之祸。到了这时，有人抓到贾延徽，把他交给魏仁浦，魏仁浦谢绝说："趁着变乱而报仇，是我所不做的！"郭威听说这件事，更加看重魏仁浦。

右千牛卫大将军枣强人赵凤说："郭侍中起兵，只是想诛杀天子身边的恶人以安定国家罢了；而鼠辈竟然这样做，乃是强盗，哪里是郭侍中的本意呢！"手持弓箭，坐在胡床上，守在里巷门口，抢劫的士兵一到，就射杀他们，里巷依赖赵凤而得以保全。

十一月二十三日丙戌，抓获刘铢、李洪建，囚禁他们。刘铢对他的妻子说："我死了以后，你将会做别人的奴婢吗？"妻子回答说："凭你的所作所为，当然是这样的！"

王殷、郭崇威对郭威说："如果不制止抢劫，到今天晚上就只剩下一座空城了。"郭威于是命令众将各自禁止自己的部下抢劫，不听从就斩首；到了黄昏，才安定下来。

（以上第六段，写郭威犯阙，后汉隐帝为乱军所杀。）

窦贞固、苏禹珪从七里寨逃回来，郭威派人去访寻，找到了他们，不久恢复他们的职位。窦贞固当宰相时，正逢杨邠、史弘肇玩弄职权，李业等人作乱，他只是以持重的态度处于两者之间，保全自己。

郭威命令有关部门把隐帝的棺木迁到西宫。有人建议依照三国魏高贵乡公的先例，用公礼来安葬，郭威不同意，说："紧急的时候，我不能保卫天子，罪过已经很大了，怎么还敢贬低国君呢！"

太师冯道率领百官拜见郭威，郭威见到冯道，仍然向他下拜，冯道像平时一样接受他的拜礼，慢慢地说："侍中这一路真不容易！"

十一月二十四日丁亥，郭威率领百官到明德门向太后问候请安，并且上奏说："军国事大，请早立嗣位的君主。"太后下诏令说："郭允明叛逆杀君，君位不可没有君主。河东节度使刘崇、忠武节度使刘信，都是高祖的弟弟；武宁节度使刘赟、开封尹刘勋，是高祖的儿子，就让百官商议选择适当的人选吧。"刘赟是刘崇的儿子，高祖喜爱他，把他看作自己的儿子来收养。郭威、王峻到万岁宫进见太后，请求立刘勋为帝。太后说："刘勋长期虚弱生病，不能起床。"郭威出来告诉各位将领。众将请求看刘勋一下，太后让左右的人把卧榻抬出来给众人看，众将才相信。于是郭威和王峻商议改立刘赟。十一月二十六日己丑，郭威带领百官上表，请求让刘赟继承帝位。太后下诏令，命令有关部门选择日期，准备天子的车驾，迎接刘赟即皇帝位。郭威上奏，请求派遣太师冯道和枢密直学士王度、秘书监赵上交到徐州去奉迎刘赟。

郭威在讨伐三镇叛乱时，每次看到朝廷的诏书，处理军事事务切合实际，就问使者："是谁在草拟诏书？"使者回答说是翰林学士范质。郭威说："这是当宰相的人才啊。"进城以后，查访找到了范质，非常高兴。当时下着大雪，郭威脱下自己所穿的紫色袍服给他穿上，让他草拟太后的诏令以及迎立新君的礼仪制度。在匆忙之中，讨论写定，都很合适。

当初，后汉隐帝派遣供奉官押班阳曲人张永德送皇帝生日所回赐的礼物给昭义节度使常思。张永德是郭威的女婿。正遇上杨邠等人被杀，后汉隐帝秘密下诏，命令常思杀掉张永德。常思向来听说郭威有很多奇异的才能，就把张永德囚禁起来，以观望事态的变化。等到郭威攻克大梁，常思就释放张永德，并向张永德谢罪。

十一月二十七日庚寅，郭威率领百官向太后进言说："等到皇帝到达京城，行程需要十天。在这期间，请太后临朝听政。"

（以上为第七段，写郭威奏请太后临朝。）

先前，马希萼派遣蛮人军队围攻玉潭，朱进忠领兵和他会合；崔洪琏兵败，逃回长沙。马希萼领兵继续前进，攻打岳州，岳州刺史王赟抵抗，五日不能攻下。马希萼派人对王赟说："你不是马氏的臣子吧？不事奉我，难道想要事奉别的国家吗？做人家的臣子而心怀二心，岂不是污辱了自己的先人吗！"王赟说："我的父亲王环是先王的将领，六次打败淮南的军队。现在大王兄弟互不相容，我常常担心淮南坐收你们两败俱伤的好处。如果有一天我臣事淮南，那的确是污辱祖先了！大王如果能够捐弃前嫌，停止用兵，兄弟像当初一样和睦，我怎敢不尽忠效死，来事奉大王兄弟，又岂敢怀有二心呢？"马希萼感到惭愧，领兵离开。十一月二十八日辛卯，马希萼抵达湘阴，放火抢劫而过。到了长沙，驻扎在湘西，步兵和蛮兵驻扎在岳麓，朱进忠从玉潭领兵和他会合。

马希广派遣刘彦瑫召令水军指挥使许可琼率领五百艘战舰进守城区北渡口，一直连接到城南渡口，任命马希崇为监军；又派遣马军指挥使李彦温率领骑兵以守驼口，控制通往湘阴的道路；步军指挥使韩礼率领二千人驻守杨柳桥，控制并阻拦道路。许可琼是许德勋的儿子。

十一月二十九日壬辰，太后开始临朝听政，任命王峻为枢密使，袁巆为宣徽南院使，王殷为侍卫马步军都指挥使，郭崇威为侍卫马军都指挥使，曹威为侍卫步军都指挥使，陈州刺史李榖暂时兼管三司。

刘铢、李洪建及他们的党羽都在街市上被斩首，他们的家属却被赦免了。郭威对公卿说："刘铢屠杀我的家属，我又屠杀他的家属，怨仇反复，哪有终结的时候呢！"因此这几家都获得赦免。王殷屡次替李洪建求情，请求免他一死，郭威不允许。

后匡赞到达兖州，慕容彦超把他抓起来，送往朝廷。李业到达陕州，他的哥哥保义节度使李洪信不敢把他藏在家里。李业带着钱财逃往晋阳，到了绛州，盗贼把李业杀死，并抢走了他的钱财。

后蜀施州刺史田行皋投奔荆南。高保融说："他背叛蜀国，又怎么肯对我们尽忠呢？"把他抓起来，送还后蜀，被处以死刑。

镇州、邢州上奏说："契丹主率领几万骑兵入侵，攻打内丘，五天没有攻下，死伤很多。有五百名守兵叛变，策应契丹，引导契丹入城屠杀居民，又攻陷饶阳。"太后敕令郭威率领大军去攻击契丹，国事暂且委托给窦贞固、苏禹珪、王峻，军事委托给王殷。十二月初一日甲午，郭威从大梁出发。

十二月初四日丁酉，朝廷任命翰林学士、户部侍郎范质为枢密副使。

当初，蛮人酋长彭师暠向楚国投降，楚国人讨厌他粗犷率直，只有楚王马希广怜爱他，任命他为强弩指挥使，兼领辰州刺史。彭师暠常常想要为马希广效忠而死。等到朱进忠与蛮兵会合共七千多人到达长沙，驻扎在湘江西，彭师暠登城瞭望敌军，对马希广说："朗州人因为突然获胜而骄傲，又同蛮兵混杂在一起，很容易被攻破。希望给我三千名步兵，从巴溪渡过湘江，从岳麓的后面绕过去，到湘水以西，命令许可琼用战舰渡江，前后夹攻，一定可以打败他。前锋部队失败，那么他的大队人马自然不敢轻率地前进了。"马希广打算听从他的建议。当时马希萼已经派遣密使以厚利引诱许可琼，答应和他共同瓜分统治湖南，许可琼有了异心，就对马希广说："彭师暠和梅山各蛮人部都是同一族类，怎么可以相信呢！我许可琼世代为楚国的将领，一定不会辜负大王，马希萼最终能有什么作为！"马希广于是停止采用彭师暠的计策。

不久马希萼率领战舰四百艘停泊在湘江西岸。马希广命令各位将帅都受许可琼的调度，每天赏赐许可琼五百两银子，马希广多次到他的营帐去筹划军事。许可琼常常关闭营垒，不让士兵们知道朗州军队的进退情况，马希广赞叹地说："真正的将军啊！我还担忧什么呢！"许可琼有时候晚上乘坐单只小船假称巡视江面，与马希萼在湘江西岸会面，相约做他的内应。一天早晨，彭师暠遇见许可琼，瞪大眼睛呵斥他，拂衣进见马希广说："许可琼将要背叛国家，人人都知道，请赶快把他除掉，不要留下后患。"马希广说："许可琼是许侍中的儿子，怎么会有这样的事呢！"彭师暠退出，叹息说："大王仁慈而不果断，败亡就要到来了！"

潭州下大雪，平地积雪四尺，潭州、朗州两军长期不能交战。马希广相信巫师与僧人的话，在江面上塑造鬼像，举着手来使朗州军退兵；又在高楼上制作了一个大鬼像，手指着湘江西岸，怒目而视；又命令僧人们日夜诵经，马希广自己穿上僧人的服装，向鬼像膜拜求福。

十二月十一日甲辰，朗州步军指挥使武陵人何敬真等人率领蛮兵三千人在杨柳桥列阵，何敬真望见韩礼的军营旌旗杂乱，说："他们的部众已经害怕，容易攻破。"朗州人雷晖穿着潭州兵的服装，偷偷地进入韩礼的营寨，拿剑刺杀韩礼，没有刺中，军中惊慌扰乱。何敬真等人趁他们混乱的时候进攻，韩礼的军队被打得大败，韩礼受伤逃走，回到家就死了。于是朗州兵从水陆两路猛攻长沙，步军指挥使吴宏、小门使杨涤互相勉励说："以死报国，这是时候了！"各自领兵出城作战。吴宏从清泰门出，交战不利；杨涤从长乐门出，从辰时战到午时，朗州兵稍稍后退；许可琼、刘彦瑫止住军队，不去救援。杨涤的士兵饥饿疲乏，退回来吃饭；彭师暠在城东北角作战。蛮兵从城东面放火，城上的人招呼许可琼的军队救援城内。许可琼率领全军向马希萼投降，长沙就此陷落。朗州兵和蛮兵大抢三天，杀害官吏百姓，焚烧房舍，从武穆王以来所营建的宫殿房室，全部化为灰烬，所存积的宝物财货，全部落入蛮人部族。李彦温望见长沙城中起火，从驼口领兵去救援，朗州人已经占领城池抵抗作战。李彦温进攻清泰门，没有攻下，和刘彦瑫各自率领一千多人护卫着文昭王和马希广的几个儿子直奔袁州，最后投奔南唐。张晖向马希萼投降。左司马马希崇率将领和官吏们去见马希萼，劝马希萼即王位。吴宏作战鲜血沾满袍袖，见到马希萼说："不幸被许可琼所贻误，今日死了，也不会愧对先王了！"彭师暠把长矛扔到地上，大声叫着请杀死他。马希萼感叹地说："真是铁石一样的人啊！"都没有杀掉他们。

十二月十二日乙巳，马希崇迎接马希萼入府治理政事，关闭城门，分头搜捕马希广和掌书记李弘皋、他的弟弟李弘节、都军判官唐昭胤以及邓懿文、杨涤等人，一一抓获他们。马希萼对马希广说："继承父兄的大业，难道没有长幼之分吗？"马希广说："我是被将领们推举，被朝廷任命罢了。"马希萼把他们都囚禁起来。十二月十三日丙午，马希萼命令内外巡检侍卫指挥使刘宾禁止士兵纵火抢劫。

十二月十四日丁未，马希萼自称天策上将军，武安、武平、静江、宁远等军节度使，楚王。任命马希崇为节度副使，兼管军府事务；湖南的重要职位，全部任命朗州人担任。将李弘皋、李弘节、唐昭胤、杨涤等人剁成碎块，供大家吃；在街市上将邓懿文斩首。十二月十五日戊申，马希萼对将领官吏们说："马希广是个懦夫，只是被左右的人所控制罢了，我想让他活命，可以吗？"众将都不回答。朱进忠曾经被马希广鞭打过，回答说："大王经过三年浴血奋战，才得到长沙。一国不容两主。留下他，您以后必定要后悔。"十二月十五日戊申，赐马希广自杀。马希广临刑的时候，还在诵读佛经。彭师暠把他葬在浏阳门外。

（以上为第八段，写马希萼破长沙，杀楚主马希广而自立。）

武宁节度使刘赟留下右都押牙巩延美、元从都教练使杨温防守徐州，与冯道等人一同从西而来，在路上的仪仗和侍卫，都像当王的一样，左右的人呼万岁。郭威到达滑州，停留了几天，刘赟派遣使者慰劳。众将在接受赏赐命令的时候，彼此环顾不下拜，私下相互说："我们攻陷京城，屠杀官吏百姓，罪过太大了。如果刘氏再被立为皇帝，我们还会有子孙后代吗！"十二月十六日己酉，郭威听说这件事，立即领兵前进，赶赴澶州。十二月十八日辛亥，派遣苏禹珪到宋州迎接继位的君主。

楚王马希萼任命自己的儿子马光赞为武平留后，任命何敬真为朗州牙内都指挥使，领兵戍守。马希萼召请拓跋恒，想任用他，拓跋恒推说有病不出。

十二月十九日壬子，郭威渡过黄河，晚上住在澶州客舍里。十二月二十日癸丑早晨，将要出发时，将士几千人忽然大声喧哗，郭威命令关上房门，将士翻墙爬上房顶进入房内说："天子必须由侍中自己来做，将士们已经和刘氏结下怨仇，不可立他们为君！"有人撕裂黄旗，披在郭威身上，一起扶抱着他，高呼万岁，声音震动天地，簇拥着郭威向南走。郭威于是向太后上笺表，请求敬奉刘氏的宗庙，事奉太后为母亲。十二月二十三日丙辰，到达韦城，颁布文告，安抚晓谕大梁士民：于昨天离开黄河岸边，一路上秋毫无犯，不要有担忧疑虑。十二月二十五日戊午，郭威抵达七里店，窦贞固率领百官出城迎接拜见，并趁机劝郭威即皇帝位。郭威在皋门村扎营。

武宁节度使刘赟已经到达宋州，王峻、王殷听说澶州军队哗变，派遣侍卫马军都指挥使郭崇威率领七百名骑兵前去阻挡刘赟，又派遣前任申州刺史马铎率兵前往许州巡察。郭崇威忽然到达宋州，在府门外列阵，刘赟大为吃惊，关上府门，登楼责问郭崇威。郭崇威说："澶州军队哗变，郭公怕陛下不清楚，所以派遣崇威来保卫陛下，没有其他的意思。"刘赟召见郭崇威，郭崇威不敢进去。冯道出来和郭崇威谈话，郭崇威这才登上楼去，刘赟抓住郭崇威的手哭泣，郭崇威转达郭威的意思来安慰刘赟。

过了一会儿，郭崇威出来。当时护圣指挥使张令超率领所辖部队替刘赟担任保卫，徐州判官董裔劝刘赟说："观察郭崇威的举止，一定有反叛的图谋。路上都说郭威已经称帝，而陛下深入不停，恐怕祸患就要降临了！请求赶快召见张令超，向他分析说明祸福利害，让他晚上用兵劫持郭崇威，夺取他的兵权。次日，夺取睢阳的金钱布帛，招募士兵，向北投奔晋阳。他们刚刚平定京城，没有时间追赶我们，这是上策啊！"刘赟犹豫不决。当天晚上，郭崇威暗中引诱张令超，张令超率领部众归降。刘赟大为惊恐。

郭威写信给刘赟，说自己是被众军所逼迫；召请冯道先回京师，留下赵上交、王度服侍。冯道辞行，刘赟说："寡人这次前来所依靠的，在于您是三十年的老宰相，所以没有疑虑。现在郭崇威夺走了我的卫兵，事情已经危急了，您有什么计策？”冯道沉默不语。客将贾贞多次注视冯道，想要杀他。刘赟说：“你们不要太草率，这不关冯公的事。”郭崇威把刘赟迁到府外馆舍，杀掉他的心腹董裔、贾贞等几人。

十二月二十六日己未，太后下诏命废黜刘赟为湘阴公。

马铎领兵进入许州，刘信惊慌害怕而自杀。

十二月二十七日庚申，太后下诏命任命侍中郭威监理国事。百官藩镇相继上表劝郭威即帝位。十二月二十九日壬戌晚上，郭威营中有步兵将校喝醉了，扬言说以前澶州骑兵扶立郭威为帝，现在步兵也要扶立天子，郭威将他斩首。

南汉主任命宫人卢琼仙、黄琼芝为女侍中，穿着朝服冠带，参与决策政事。朝廷的宗室和有功劳的旧臣，几乎被杀尽，只有宦官林延遇等人当权。

（以上为第九段，写郭威制造兵变，让士卒拥立自己称帝。）

【点评】

本卷点评楚国内讧、后汉隐帝滥杀大臣、郭威代汉三件史事。

楚国内讧。楚国，指湖南地，都长沙，为马殷所建。马殷，字霸图，许州鄢陵人。马殷原为孙儒裨将。孙儒、刘建峰均是蔡州秦宗权部属。唐末，秦宗权割据淮西，一度称帝。秦宗权遣孙儒、刘建峰入淮南与杨行密征战，孙儒兵败死。刘建峰、马殷领残部流动作战，进入湖南，杀潭州刺史邓处讷，唐僖宗授刘建峰为湖南节度使，授马殷为马步军都指挥使。后刘建峰为部属所杀，众将推马殷为主，唐昭宗授马殷为潭州刺史，时在乾宁三年（公元 896 年）。马殷四出略地，占有湖南全境。乾宁四年（公元 897 年），唐昭宗授马殷武安军节度使。入梁，后梁太祖朱温拜马殷为侍中兼中书令，封楚王。

马殷建立楚国，自铸铁钱，开发地方特产茶叶与周边贸易，获利十倍。由是，马殷兵强马壮，多次打败淮南杨行密进犯之军，与北边的荆南割据者高季兴、南边岭南割据者刘龑保持和睦关系。入后唐，明宗封马殷为楚国王。马殷承制，自署官属。长兴元年（公元 930 年）卒，享年 79 岁。后唐明宗下诏，谥为武穆王。

马殷自唐昭宗乾宁四年据有湖南，到后唐明宗长兴元年，雄踞一方长达三十三年。

马殷诸夫人所生有子十余人，嫡子马希振长而贤，母不受宠未得立。次子马希声母袁夫人有美色专宠，希声得立为嗣。马殷嘱命兄终弟及。第三子马希范与马希声同日生，在诸子中为长，马希声卒后马希范立。希范死后，同母弟马希广立。郎州节度使马希萼，年长于马希广，不服马希广，于公元 949 年起兵争位，与马希广争战三年，破长沙，杀吏民，焚庐舍，马殷立国以来所建造的宫室，尽为灰烬。马希萼诛杀马希广，希广诸子及残部一千余人投奔南唐。马希萼血战从弟手中夺取政权，没有安睡几天，另一弟马希崇起而与马希萼争位，援引南唐兵入楚。唐将边镐在公元951年十月入长沙。十一月初三日，边镐迫令马希崇及其族人一千余口登舟赴金陵，离别者，送行者，全都号啕大哭，响震川谷。马希崇向边镐乞求留在长沙为民，边镐奚落说："我南唐与马氏为世仇近六十年，从来没想到灭亡你的国家。是你们兄弟不争气，相互仇杀，才落得这样的下场。是你走投无路自愿归服，如果不赶快上路，恐怕没机会上路了。"权力之争，宁亡于仇，不容于兄弟。权势扭曲人性，利益使人智昏，马氏兄弟的内讧，是又一生动的案例。

后汉隐帝滥杀大臣。后汉隐帝刘承祐，后汉高祖刘知远次子。刘知远有三子。长子刘承训，早年夭折，第三子刘承勋，患病瘫卧在床。刘知远病死，继承人在儿子中只有刘承祐了，年十七岁。刘知远遗命郭威、杨邠、史弘肇、苏逢吉、王章诸大臣辅政。郭威为枢密使，首辅大臣，其余辅臣，皆为同中书门下平章事。郭威权势最高，其次史弘肇，其次苏逢吉、杨邠，王章又次之，个个尽显其能，都是辅孤大臣，互不相让。武将以史弘肇为代表，文官以苏逢吉为代表，两人水火不容。后汉隐帝刘承祐，年小心气高，顽劣无比，目无尊长，连生母太后都敢顶撞。小皇帝的权力欲一天天膨胀，忿怨辅臣的情绪一天天高涨。周围四大奸佞小人李业、聂文进、后赞、郭允明在后汉隐帝耳边整日吹邪风，小皇帝对辅臣的积怨日益加重。李业，后汉隐帝之舅，是皇亲国戚，关系本就特殊。聂文进是一个仗势欺人，献媚取宠的小人，军卒出身，官至枢密院承旨，是郭威的亲信。郭威出镇邺都，安插聂文进在宫中为耳目，聂文进却背叛郭威，一头栽到后汉隐帝怀中，一切邪谋诏书，皆聂文进所为。后赞，后汉高祖刘知远牙将，官至飞龙使，不满杨邠等执政裁制，久久没有升官而怨恨。郭允明，刘知远的役童，官至飞龙使。四人轮番伴随后汉隐帝，不让其他人靠近，以免自己的丑行暴露。诸执政大臣既固执，又狂傲，办事没有灵活性，连太后的面子也不给，也是取祸的一个原因。后汉隐帝初除三年丧服，好不容易听一次音乐，一时高兴，赏赐伶人锦袍、玉带，史弘肇夺回去，还恶狠狠地说："士卒守边苦战，还没有得到赏赐，你们这班人安得这些赐物！"俗话说，打狗还看主人面，史弘肇置皇帝颜面于何地。太后朋友的一个儿子想在军中谋一个职位，史弘肇不听就是了，竟一怒之下杀了这个请托的人，实属过分。宣徽使空位，李业想谋求这个职位，太后与隐帝都出面说情，史弘肇认为按资历还轮不到李业，又驳了太后、隐帝的颜面。有一天，后汉隐帝与诸执政议论一件事情，后汉隐帝说："这件事要慎重地办，不要留下受人挑剔的把柄。"杨邠接茬说："陛下不要发表意见，有我们大臣在。"后汉隐帝忍无可忍了。苏逢吉从中煽火，四小丑诬告诸执政要谋反。后汉隐帝决心起大狱，诛大臣。商定以后，后汉隐帝向太后报告，太后说："这事要慎重。"后汉隐帝发怒说："国家大事，女人有什么见识！"拂袖而出。

后汉隐帝乾祐三年（公元950年）十一月十三日丙子早晨，大臣入朝，后汉隐帝埋伏甲士在宫中，杀史弘肇、杨邠、王章，骇人听闻。诸大臣的亲属、党羽、侍从尽行诛杀。后汉隐帝又下诏要诛杀手握重兵在外的郭威等人，逼反郭威，称兵犯阙。后汉隐帝出都劳军，官军大溃。隐帝还宫，至玄化门，守门将不纳，隐帝策马逃入民居，为乱兵所杀。一说为郭允明所弑。

后汉隐帝滥诛大臣，是各种矛盾的总爆发。将相矛盾、权臣与帝权的矛盾、执政与奸佞的矛盾。后汉隐帝年方二十，轻率举事，以卵击石，简直就是一场闹剧。这场闹剧，既要了命，又葬送了国家。

郭威代汉。郭威帅众入都，太师冯道率百官谒见郭威。郭威见太师，按常礼拜之，冯道公然接受，言于郭威曰："郭侍中这次来京很是劳苦吧。"郭威想象的百官劝进的场面没有出现，直接称帝的条件尚不成熟。郭威上表，太后临朝，议立嗣君。后汉高祖刘知远有两弟：刘崇、刘信。刘崇，亲弟，为河东节度使，镇守太原，对郭威早有防范，守大镇，兵强马壮。刘信，刘知远堂弟，无才无识，为许州刺史。刘崇子刘赟，刘知远爱之，养以为子，时任徐州节度使，有相当实力。郭威请立刘赟为嗣，赟实为刘崇之子，立赟，稳定刘崇，又调虎离山，使刘赟北上就位，离开徐州，真是一箭双雕。果然奏效，刘崇在太原按兵不动，刘赟北上，郭威派出高规格使团，由太师冯道率领百官迎接刘赟，而派亲将郭崇威以兵相随。接着传来北方警报，契丹入寇，以太后诏，郭威率领大军征讨。郭威行军至澶州，十二月二十日癸丑，军士哗变，数千将士高声呐喊，说："皇帝要由郭侍中亲自来当，将士们已经与刘家结下仇怨，不可以立刘家的人当皇帝。"有的士兵扯下黄旗披在郭威身上权作黄袍。这时万岁之声，震响大地。郭威率军南返，上表太后，请事为母亲。随后郭崇威在宋州杀了刘赟，又派人到许州杀了刘信。于是郭威称帝，建立后周，取代后汉。郭威的导演十分卓绝。但后周的天下也不长久。郭威的部将赵匡胤看在眼里，仅仅十年后，赵匡胤如法炮制，发动陈桥兵变，夺了后周的政权。

后周纪一

后周太祖广顺元年至二年（公元951—公元952）

【起重光大渊献（辛亥，公元951年），尽玄黓困敦（壬子，公元952年）八月，凡一年有奇】

【大事提要】

本卷记事起于公元951年，讫于公元952年八月，凡一年又八个月。当后周太祖广顺元年至二年八月。郭威受禅代汉建立后周，史称太祖。后周太祖识人任贤，礼葬隐帝，和好南唐，不禁两国边民往来。泰宁节度使慕容彦超反叛，御驾亲征，立即扑灭，两败契丹南犯，巩固了后周政权。刘崇即位于晋阳，史称北汉。刘崇效石敬瑭之所为，向契丹主称儿皇帝，乞册命，引援契丹，一年之内两度南犯。因投靠契丹，不得人心，皆大败而逃。北汉之民，内供军国，外奉契丹，民甚苦之。楚国马希萼得志，荒淫暴虐，失士众心，遭遇南唐与南汉夹击，举国沦丧。南唐尽有湖南，楚岭南之地为南汉所有。南唐中主李璟爱好文学，重用文学之士，冯延己等轻浮文人用事，贤人隐，小人进，诸将不武。南唐侥幸得湖南，不知恤民，大肆抢掠楚国财物，加重赋役，湖南民众大失所望。

太祖圣神恭肃文孝皇帝上

后周太祖广顺元年（辛亥，公元951年）

春季，正月初五日丁卯，后汉太后下诰令，授给监国郭威符印玺宝，即皇帝位。监国从皋门进入皇宫，在崇元殿即位，颁布制书说：“朕是周室的后裔，虢叔的后代，国号应该叫周。”改年号，大赦天下。杨邠、史弘肇、王章等人都追赠给官职，官府为他们安葬，多次访寻他们的子孙，叙官任用。所有仓场、库务掌管出纳的官吏，不得收取斗余、称耗；以前所规定要缴纳的赋税以外的物资，全部罢除。犯了偷盗罪和奸淫罪的人，都依照后晋天福元年以前的刑法条文处理；犯罪的人如果不是谋反叛逆，不得株连亲族，没收家产。后唐庄宗、明宗及后晋高祖的陵墓分别安排守陵的人十户，后汉高祖陵墓的官吏、宫人，一年四季的祭祀以及守陵的户数，一律照旧。当初，唐室衰败，多盗贼，不用原定的法律条文，另外制订严厉的刑法，偷盗财物达三匹绢帛的，处以死刑；后晋天福年间，增加到五匹。奸淫有夫之妇，不论是强奸、通奸，男女都一律处以死刑。后汉的法律，窃盗一钱以上的都处死刑；而且罪行不是谋反叛逆的，往往诛灭全族，没收家产。所以后周太祖即位以后，首先革除这种弊端。

当初，杨邠因为功臣、国戚担任藩镇长官而不熟悉政务，于是用三司军将补任都押牙、孔目官、内知客。这些人仗着自己是由皇帝任命的，大多专横，节度使不能控制；到这时全部废除。

后周太祖命令史弘肇的亲信上党人李崇矩访寻史弘肇的亲族，李崇矩说："史弘肇的弟弟史弘福现在还在。"当初，史弘肇指派李崇矩掌管他家产的账簿，因此李崇矩得到他家全部财产，都交给了史弘福。后周太祖看重李崇矩的贤德，让他隶属在皇子郭荣的帐下。

正月初六日戊辰，任命前任复州防御使王彦超代理武宁节度使。

后汉李太后搬到西宫住，正月初七日己巳，上尊号称昭圣皇太后。

开封尹兼中书令刘勋去世。

正月十一日癸酉，王峻加官同平章事。

命令卫尉刘皞主办后汉隐帝的丧事。

当初，河东节度使兼中书令刘崇听说后汉隐帝遇害，准备起兵南下，后来听说迎立湘阴公刘赟，这才停止，说："我的儿子做皇帝，我还求什么呢！"太原少尹李骧暗中劝刘崇说："观察郭威的心思，最后还是想自己当皇帝，您不如快速领兵越过太行山，占据孟津，等到徐州相公即位，然后回镇，这样郭公就不敢动了；不然的话，将会被人出卖。"刘崇发怒说："腐儒！想离间我们父子的关系！"命令左右将他拉出去斩首。李骧大喊说："我怀有经世济民的才能，却在替愚昧的人谋划事情，死了固然心甘情愿！家里还有年老的妻子，愿跟她一起死。"刘崇把李骧连同他的妻子一起杀掉，并且向朝廷奏报，表示没有二心。等到刘赟被废黜，刘崇这才派遣使者请求让刘赟回晋阳。后周太祖下诏回答说："湘阴公近在宋州，现在正取道回京师，一定会让他得到一个适当的位置，您不要为此事担忧。您如果能同心协力辅佐朝廷，应当加封王爵，永远镇守河东。"

巩廷美、杨温听到湘阴公刘赟失去帝位，尊奉刘赟的妃子董氏占据徐州坚守，以等待河东的援兵。后周太祖让刘赟写信劝谕他们。巩廷美、杨温想要投降但又怕死，后周太祖又写信给刘赟说："想到这些人对主人竭尽忠心，就值得赏赐他们的忠义，哪有什么理由责备他们有过失？等到新节度使进城，应当各自授官刺史，您可以再用亲笔信向他们详细说明这一点。"

契丹进攻内丘，死伤很多，又正值发生月食，军队出现很多怪异的事情，契丹主害怕，不敢深入，领兵回国，派遣使者向后汉求和。恰逢后汉灭亡，安国节度使刘词送契丹使者到大梁，后周太祖派遣左千牛卫将军朱宪回访契丹，并且说明改朝换代的缘由，送给他们金器、玉带。

后周太祖以邺都镇抚黄河以北，控制契丹，打算派心腹去镇守。正月十三日乙亥，任命宁江节度使、侍卫亲军都指挥使王殷为邺都留守、天雄节度使、同平章事，照旧兼领侍卫亲军，仍然带着侍卫司的随从去镇所就任。

正月十四日丙子，后周太祖率领百官到西宫，为后汉隐帝发丧，穿丧服，完全依照天子的礼仪。

慕容彦超派遣使者入朝进贡，后周太祖担心他会疑虑恐惧，赐诏书安慰他，说："现在令兄的事，已经到了这个地步，不必多说，希望老弟扶持，共同安抚广大百姓。"

（以上为第一段，写郭威受禅代汉，建立后周，史称后周太祖。）

正月十六日戊寅，在宋州杀掉湘阴公刘赟。

当天，刘崇在晋阳即皇帝位，仍然用乾祐年号，拥有并、汾、忻、代、岚、宪、隆、蔚、沁、辽、麟、石共十二州之地。任命节度判官郑珙为中书侍郎，观察判官荥阳人赵华为户部侍郎，都为同平章事。任命次子刘承钧为侍卫亲军都指挥使、太原尹，任命节度副使李存瓌为代州防御使，副将武安人张元徽为马步军都指挥使，陈光裕为宣徽使。

北汉主对李存瓌、张元徽说："朕因为高祖的基业一朝垮掉，所以今天的位号，是不得已才称的；不过我是什么天子，你们又是什么节度使呢！"因此不建立宗庙，祭祀时就像百姓家里一样，宰相每个月的俸禄只有一百缗，节度使只有三十缗，其他的官吏只有微薄的供给而已，所以他的国内很少有廉洁的官吏。

客省使河南人李光美曾经做过直省官，对朝廷旧事很熟悉，北汉的朝廷制度，都出自李光美之手。

北汉主听说湘阴公刘赟死了，哭着说："我不听忠臣的话，以致落到这种地步！"为李骧建立祠堂，按节令祭祀。

正月十七日己卯，任命太师冯道为中书令，窦贞固加官侍中，苏禹珪加官司空。

王彦超上奏请派遣使者携带敕书到徐州，巩廷美等人犹豫不肯打开城门，后周太祖诏命进兵攻打他。

后周太祖对王峻说："朕出身于贫寒微贱之家，饱尝艰辛困苦，遭遇时世的丧亡祸乱，一时间做了帝王，岂敢自己有丰厚的供养让百姓困苦呢？"命令王峻清理四方所进贡的珍美食物，正月十八日庚辰，下诏全部停止。诏书大略说："所奉养的只是朕一人，而受损害的却遍及百姓。"又说："贡品储存在官府里，确实是没有用的东西。"又下诏说："朕生长在军队中，不接近学问，不懂得治理天下的道理。文武官员如果有利国利民的方法，各自用密封的奏章告诉我，都应该直接陈述事实，不要讲究辞藻。”后周太祖把苏逢吉的宅第赐给王峻，王峻说：“这座宅第是苏逢吉之所以诛灭李崧家族的原因啊！”推辞不去居住。

当初，契丹主返回北方，横海节度使潘聿撚丢弃自己的藩镇，跟随契丹主，契丹主任命潘聿撚为西南路招讨使。等到北汉主称帝，契丹主命潘聿撚给刘承钧写信；北汉主指使刘承钧回信，说：“本朝已经沦陷灭亡，我继承帝位，想遵循晋的先例，向北朝求援。”契丹主非常高兴。北汉主发兵驻守阴地、黄泽、团柏；正月二十五日丁亥，任命刘承钧为招讨使，与副招讨使白从晖、都监李存瓌率领步兵和骑兵一万人进攻晋州。白从晖是吐谷浑人。

郭崇威改名为郭崇，曹威改名为曹英。

二月初五日丁酉，任命皇子天雄牙内都指挥使郭荣为镇宁节度使，挑选朝廷中的士人做他的幕僚助手，任命侍御史王敏为节度判官，右补阙崔颂为观察判官，校书郎王朴为掌书记。崔颂是崔协的儿子；王朴是东平人。

二月初六日戊戌，北汉军队分五路进攻晋州，节度使王晏关闭城门不出战。刘承钧认为他胆小，便让士兵像蚂蚁一样群集登上城墙；王晏预设的伏兵奋力迎击，北汉兵死伤一千多人。刘承钧派遣副兵马使安元宝焚烧晋州西城，安元宝前来投降。刘承钧就调转军队进攻隰州，二月十一日癸卯，隰州刺史许迁派遣步军都指挥使孙继业在长寿村迎击北汉兵，抓获他们的将领程筠等人，杀掉他们。不久，北汉军攻打隰州城，接连几天攻不下来，死伤很多，于是撤离。许迁是郓州人。

（以上为第二段，写郭威杀湘阴公刘赟于宋州，刘崇即位于晋阳，史称北汉。刘崇勾结契丹，发兵五道南下攻晋州，不胜而还。）

二月十二日甲辰，楚王马希萼派遣掌书记刘光辅向南唐进贡。

后周太祖把后汉宫中的几十件珍宝玉器全部拿出来，在朝廷上砸碎，说：“凡是做帝王的，哪里用得着这些东西！听说后汉隐帝每天跟他所宠爱的人在宫禁中玩乐，珍宝古玩不离身边。这些事情离我们不远，应该引为鉴戒。”于是劝诫左右的人，从今以后，凡是珍贵华美、赏心悦目的东西，不得带入宫廷。

二月十五日丁未，契丹主派遣他的臣子袅骨支跟朱宠一同前来，祝贺后周太祖即位。

二月十六日戊申，敕令前朝所任命的官吏，各自按自己的方便，居住两京以外的州县。

陈思让还没有到达湖南，马希萼已经攻克长沙；陈思让只得停下来驻守郢州，朝廷下敕书召他回来。

二月二十五日丁巳，朝廷派遣尚书左丞田敏出使契丹。北汉主派遣通事舍人李𧦬出使契丹，请求出兵援助。

后周太祖下诏，泰宁节度使幕容彦超加官中书令，派遣翰林学士鱼崇谅到兖州宣布这项任命。鱼崇谅，就是鱼崇远。慕容彦超上表谢恩。三月初一日壬戌，后周太祖下诏答复他说："前不久，由于前朝丧失德政，年少的国君听信谗言，匆忙之中，征召你赶紧赴朝廷，你就快速接受命令，仅过了两天就到了京城。解救国家的危难而不顾自身，听到君主的召唤而不等驾车就动身。等到上天灭亡汉室的国运，军队在大梁郊外逃散，投降的将领，覆败的军队，一个接一个地前来，你却立即调转马头，直接返回兖州。为了国君，为了时势，有始有终。真是所谓在危难时才看出忠臣的节操，在大风中才知道劲草的心性，倘若做臣子的人都能如此，那么执掌国家的人，谁不想任用！你所说的朕从前沦落河东的时候，以及在大梁郊外平定祸乱的时候，因为没有接到指示，你也就没有派人到我的驻地。再说，侍奉君主的方式，何必要这样！如果对汉室三心二意，又怎么肯对周室效忠不二呢？因此而产生恐惧，不是太过分了吗？只要你全力全心安抚百姓，体恤国家，事奉我像事奉以前的君主一样，不但黎民百姓获得平安，而且国家也依赖于此。朝廷只想稳固你对群臣的表率作用，从没有想到要撤换你的位置。这些都是发自内心的真诚，话就全部说到这里。"

（以上为第三段，写后周太祖下特旨安抚泰宁节度使慕容彦超。）

南唐任命楚王马希萼为天策上将军，武安、武平、静江、宁远节度使兼中书令，楚王；命右仆射孙忌、客省使姚凤为册礼使。

三月初五日丙寅，派遣前任淄州刺史陈思让率兵戍守磁州，控制黄泽关道路。

楚王马希萼既然已经得志，经常想起往日的仇怨，毫无节制地杀戮，日夜狂欢，荒淫无度，把军府的事务全部交给马希崇。马希崇又多私心，使得政事刑罚混乱。官府仓库已经被乱兵抢夺一空，只好靠搜刮民财来赏赐士兵，甚至有时封住百姓的家门而夺取财物，士兵还因为赏赐不均而怨恨；即使是跟随马希萼一起来的朗州以前的将领和僚佐，也都不高兴，有离异之心。

刘光辅前往南唐进贡，南唐主待他优厚。刘光辅偷偷地告诉南唐主说："湖南百姓疲乏，君主骄傲，可以夺取。"南唐主于是任命营屯都虞候边镐为信州刺史，率兵驻守袁州，暗中谋划进兵夺取湖南。

小门使谢彦颙，本是马希萼的家奴，靠男色而受到马希萼的宠信，以至于跟马希萼的妻妾混坐，依仗恩宠而专横。他常常并肩相随马希崇行走，有时还拍马希崇的背，马希崇很恨他。依照旧例，军府宴会，小门使拿着兵器站在门外；马希萼却让谢彦颙一起坐，有时候还坐在众将的上位，众将都感到耻辱。

马希萼因为军府的房舍焚烧殆尽，命令朗州静江指挥使王逵、副指挥使周行逢率领所管辖的一千多名士卒去修建，承担的工作很苦，又没有犒劳和赏赐，士卒们都怨恨，私下说："只有罪囚免除死刑以后才罚作苦工。我们跟随大王出生入死夺取湖南，有什么罪而被当作罪囚来做苦工！况且大王整天饮酒唱歌，哪里知道我们的劳苦呢！"王逵、周行逢听到了这些话，相互说："大家的怨恨深了，不早作打算，灾祸就会落到我们头上。"三月十一日壬申早晨，王逵、周行逢率领他们的部众，每人拿着长柄斧头、白木棒，逃回朗州。当时马希萼酒醉还没有醒，左右的人不敢向他报告；三月十二日癸酉，才向他报告。马希萼派遣湖南指挥使唐师翥率领一千多人去追赶他们，没有追上，一直追到朗州。王逵等人趁他们疲乏，埋伏士卒迎头出击，追兵几乎全部战死或受伤，唐师翥脱身逃回。

王逵等人废黜朗州留后马光赞，改由马希萼哥哥的儿子马光惠主持朗州的事务。马光惠是马希振的儿子。不久，尊奉马光惠为节度使，王逵等人与何敬真以及诸军指挥使张倣共同参与处理军府的事务。马希萼把详情报告给南唐，南唐主派遣使者用丰厚的赏赐招抚劝谕王逵。王逵等人收下赏赐，放回使者，没有回答南唐主的诏令，南唐也不敢追问。

王彦超奏报攻克徐州，杀死巩廷美等人。

北汉李瞽到了契丹，契丹主派遣拽剌梅里回访北汉。

三月十五日丙子，后周太祖下敕令说："朝廷与唐国本来没有仇怨，淮河沿岸的各军镇，各自防守自己的疆域，不得放纵士兵百姓擅自进入唐国境内；不得禁止商人和旅客往来。"

（以上为第四段，写楚主马希萼得志，荒淫暴虐，杀戮无度，大失士众心。后周平定徐州。）

三月十八日己卯，潞州送来涉县所抓获的北汉将领以及士兵二百六十多人，朝廷赐给他们衣衫、裤子、头巾、鞋子，遣送回去。

加封吴越王钱弘俶为诸道兵马都元帅。

夏季，四月初一日壬辰，靠近淮河的州镇上奏说："淮南的饥民渡过淮河买米，不敢禁止。"后周太祖下诏说："他们那边的百姓，跟我们这边的百姓有什么区别呢！应当下令州县的渡口、哨所不得禁止。"

后蜀通奏使高延昭坚决推辞主持枢密院事务，四月十六日丁未，任命前任云安榷盐使太原人伊审徵为通奏使，主持枢密院事务。伊审徵是后蜀高祖的妹妹褒国公主的儿子，从小与后蜀主亲近，等到他主持枢密院以后，政事不论大小，后蜀主都要征求他的意见。伊审徵也以经国济民为己任，但他贪婪奢侈，奸诈邪恶，与王昭远相互勾结，后蜀因此逐渐衰败。

吴越王钱弘俶把被废黜的前王钱弘倧迁到东府居住，为钱弘倧建造宫室，修治花园，使他快乐，四季供应馈赠很丰厚。

契丹主派遣使者到北汉，告诉他们后周使者田敏前来，约定每年送钱十万缗给契丹。北汉主派遣郑珙用丰厚的钱财答谢契丹，自称“侄皇帝送信给叔父天授皇帝”，请求举行册封典礼。

五月初八日己巳，后周太祖派遣左金吾将军姚汉英等人出使契丹，契丹留下他们。

五月初十日辛未，北汉礼部侍郎、同平章事郑珙死在契丹。

五月十三日甲戌，义武节度使孙方简避皇帝之父的名讳，改名为孙方谏。

定难节度使李彝殷派遣使者持奉表章到北汉。

（以上为第五段，写后周和好南唐，不禁两国边民来往，后蜀主荒怠政事，吴越王钱弘俶厚待前废主钱弘倧。）

六月二十一日辛亥，后周太祖任命枢密使、同平章事王峻为左仆射兼门下侍郎，枢密副使、兵部侍郎范质和户部侍郎、判三司李榖为中书侍郎，都为同平章事，李榖仍兼领三司。司徒兼侍中窦贞固，司空兼中书侍郎、同平章事苏禹珪，都解除宰相职务，只担任原来的职务。六月二十三日癸丑，范质参与主持枢密院的事务。六月二十七日丁巳，任命宣徽北院使翟光邺兼任枢密副使。

当初，后周太祖讨伐河中，已为众望所归。李榖当时为转运使，后周太祖多次用委婉的言语打动他，李榖只是用人臣应该尽到臣节来回答。后周太祖因此认为他贤德，即位以后，首先任用他为宰相。当时国家刚刚建立，四方多事，王峻日夜尽心，知道的事没有不去做的，对军事上的谋划，补益很多。范质精明敏捷，博闻强记，严格遵守法律制度。李榖沉着坚毅，有度量，有胆略，在后周太祖面前议论政事，言辞气概慷慨激昂，善于用比喻来启发后周太祖的主意。

武平节度使马光惠，愚昧懦弱，嗜好饮酒，不能折服众将。王逵、周行逢、何敬真商议，认为辰州刺史庐陵人刘言勇猛，很得蛮夷的人心，想迎接他来当节度副使。刘言知道王逵等人难以驾驭，说：“如果不去，他们将会攻打我。”于是单人独骑前往朗州。到了朗州以后，众将罢黜马光惠，把他送交给南唐；推举刘言代理武平留后，上表向南唐请求颁赐旌旗和符节，南唐没答应。刘言同时也向后周称臣。

吴越王钱弘俶由于前任内外马步都弘军使钱仁俊无罪，恢复他的官爵。

契丹派遣燕王述轧等人册命北汉主为大汉神武皇帝，妃子为皇后。北汉主改名为刘旻。

秋季，七月，北汉主派遣翰林学士博兴人卫融等人到契丹，答谢册命礼，并且请求出兵。

八月，壬戌日，把后汉隐帝安葬在颖陵。

义武节度使孙方谏入朝。八月二十三日壬子，调孙方谏为镇国节度使，任命他的弟弟易州刺史孙行友为义武留后。又调建雄节度使王晏镇守徐州，任命武宁节度使王彦超替代他。

八月二十九日戊午，后周太祖追立已故夫人柴氏为皇后。

九月，北汉主派遣招讨使李存瓌率兵从团柏入侵。契丹主想率兵与他会合，和酋长们在九十九泉商议。各部都不想南侵，契丹主强迫他们参加。九月初四日癸亥，契丹军队行进到新州西面的火神淀，燕王述轧和伟王的儿子太宁王沤僧发动叛乱，弑杀契丹主而拥立述轧。契丹主德光的儿子齐王述律逃入南山，各部拥戴述律来进攻述轧、沤僧，杀死了他们，吞并他们的宗族和党羽。立述律为皇帝，改年号为应历。从火神淀进入幽州，派遣使者向北汉报告，北汉主派遣枢密直学士上党人王得中到契丹，祝贺述律即皇帝位，仍旧把契丹主当叔父来侍奉，请求契丹出兵攻打晋州。

契丹主年纪小，喜欢游戏，不亲自处理国事；每天晚上都要畅饮，直到天亮才睡，中午才起床，国人称他为“睡王”。后来改名为明。

（以上为第六段，写后周太祖识人任贤，政治粗安，礼葬后汉隐帝。契丹主册命刘崇为北汉皇帝，违众南侵，为部属所杀，述律继位，是为辽穆宗。）

九月十三日壬申，后蜀任命吏部尚书、御史中丞范仁恕为中书侍郎兼吏部尚书、同平章事。

楚王马希萼攻下长沙以后，不奖赏许可琼，疑心许可琼会怨恨，便将他外调为蒙州刺史。派遣马步都指挥使徐威、左右军马步使陈敬迁、水军都指挥使鲁公绾、牙内侍卫指挥使陆孟俊率领所部军队在城西北扎营，用以防备朗州军队。马希萼不体恤安抚这些服役的将士，将士们都埋怨愤怒，谋划叛乱。马希崇知道了他们的阴谋，九月十九日戊寅，马希萼宴请将帅和官吏，徐威等人不参加，马希崇也推辞有病而不来。徐威等派人先赶十几匹踢人咬人的马冲入府内，自己率领部下手拿斧头、白木棒，声称说是要系马，突然闯到席位上，四处打人，跌倒的人满地都是。马希萼翻墙逃跑，徐威等人抓住囚禁他；抓到谢彦颙，从头到脚把他剁成碎块。立马希崇为武安留后，放任士兵大肆抢劫。把马希萼幽禁在衡山县。

刘言听说马希崇被拥立为武安留后，派兵直奔潭州，声称讨伐马希崇篡位夺权的罪行，九月二十三日壬午，驻扎在益阳的西面。马希崇害怕，九月二十四日癸未，派兵二千人抵抗刘言，又派遣使者到朗州求和，请求做刘言的友好邻镇。掌书记桂林人李观象劝刘言说：“马希萼的旧将和僚属还在长沙，这些人一定不愿与您为邻；不如先传送文告给马希崇，要他取这些人的首级，然后谋划夺取湖南，可以兼并占有湖南。”刘言听从了他的建议。马希崇害怕刘言，就砍下了都军判官杨仲敏、掌书记刘光辅、牙内指挥使魏师进、都押牙黄勍等十几个人的头颅，派前任辰阳县令李翊带着送到朗州。到朗州的时候，人头已经腐烂，刘言与王逵等人都认为不是杨仲敏等人的首级，愤怒地责备李翊。李翊恐惧而自杀。

马希崇继位以后，也同样地狂饮，荒淫无度，处理政事不公平，言语大多虚假狂妄，国中人不归附他。

当初，马希萼进入长沙，彭师嵩虽然免于一死，还是背上受杖刑，废黜为民。马希崇认为彭师嵩一定会怨恨马希萼，派彭师嵩把马希萼送到衡山，实际上是想让彭师嵩杀掉他。彭师嵩说："想要让我做弑国君的人吗！"侍奉马希萼更加恭敬。九月二十七日丙戌，马希萼被送到衡山，衡山指挥使廖偃是廖匡图的儿子，和他的叔父节度巡官廖匡凝商议说："我们家世代蒙受马氏的恩惠，现在马希萼年长而被罢黜，一定不能避免灾祸，我们何不一起辅佐他！"于是率领佃户以及乡里百姓编成军队，和彭师嵩共同拥立马希萼为衡山王，以县衙为临时王府，设置栅栏，隔断湘江，用竹子编造战舰，任命彭师嵩为武清节度使，召募部众，几天以后，部众达一万多人，州县多响应他们。派遣判官刘虚己向南唐求救。

徐威等人见了马希崇的所作所为，知道一定不会成功，又害怕朗州、衡山两方面的压力，担心一旦马希崇失败灭亡，一起遭受祸乱，想杀掉马希崇来解脱自己。马希崇稍稍觉察了这件事，大为恐惧，秘密派遣将领范守牧持表章向南唐请求援兵。南唐主命令边镐率领一万士兵从袁州向西直奔长沙。

冬季，十月初三日辛卯，潞州巡检陈思让在虒亭打败北汉军队。

南唐边镐领兵进入醴陵。十月初五日癸巳，楚王马希崇派遣使者犒劳军队。十月十四日壬寅，派遣天策府学士拓跋恒奉持笺表到边镐那里请求投降。拓跋恒叹息说："我长久不死，竟然替这个小子送投降书！"十月十五日癸卯，马希崇率领弟弟侄儿们迎接边镐，望着远处的尘土便下拜，边镐下马宣读诏书，慰劳他们。十月十六日甲辰，马希崇等人跟随边镐进城，边镐住在浏阳门楼，湖南的将帅和官吏全部前来道贺，边镐重赏他们。当时湖南正闹饥荒，边镐大量散发马氏仓库里的粟米赈济百姓，楚人非常喜悦。

（以上为第七段，写楚国内乱未已，南唐乘势进攻湖南。）

契丹派遣彰国节度使萧禹阙率领奚族和契丹兵五万人，会合北汉军队入侵，北汉主亲自率领两万人从阴地关侵入晋州。十月十九日丁未，驻扎在城北，在城的三面设置营寨，日夜进攻，流动部队深入到了绛州。当时王晏已经离开藩镇，王彦超又还没有来，巡检使王万敢临时主持晋州的事务，与龙捷都指挥使史彦超、虎捷指挥使何徽共同抵抗北汉军队。史彦超是云州人。

十月二十五日癸丑，南唐武昌节度使刘仁赡率领二百艘战舰攻取岳州，安抚接纳投降归顺的士兵和百姓，使楚人竟然忘记他们的国家灭亡了。刘仁赡是刘金的儿子。

南唐文武百官共同庆贺平定湖南，起居郎高远说：“我们乘楚国内乱，很容易夺取它。观察众将的才能，只怕守住就困难了！”高远是幽州人。以司徒官衔退休的李建勋说：“灾祸恐怕就要从这里开始了吧！”

南唐主从即位以来，从没亲自祭祀过天地宗庙，礼官就这件事来向他请示，南唐主说：“等到天下成为一家，再感谢天地祖宗。”这次一举夺取楚国之后，南唐主认为其他各国不用花大力气，便可平定。魏岑陪着南唐主饮宴时说：“臣小时候游览元城，喜欢那里的风土人情。等到陛下平定中原以后，请让我做魏博节度使。”南唐主答应了他，魏岑连忙下拜称谢。南唐君主的骄傲和臣子的谄媚到了这种地步。

马希萼希望南唐人立自己为潭州的主帅，可是潭州人讨厌马希萼，共同请求边镐为主帅，南唐主于是任命边镐为武安节度使。

王峻有个老熟人叫申师厚，曾经当过兖州牙将，后来丢了官，饥寒交迫，在路上看见王峻的马，就下拜谒见。正好这时凉州留后折逋嘉施上表朝廷请求任命主帅，后周太祖认为那个地方太偏远，没有人愿意去，便在东宫率府的供奉官中招募愿意去的人，过了一个多月，还没有人应召，王峻就向后周太祖推荐申师厚。十月二十九日丁巳，任命申师厚为河西节度使。

南唐边镐催促马希崇率领他的族人入朝，马氏族人聚在一起相对哭泣，想重重贿赂边镐，上奏请求留在长沙居住。边镐微微地笑了笑说：“国家跟你们家世代为仇，将近六十年了，然而从来未曾有窥视你们国家的意思。现在你们兄弟互相争斗，窘迫艰难自动归降，如果再三心二意，恐怕会产生无法预测的忧患。”马希崇无话可答。十一月初三日辛酉，马希崇与宗族以及将帅僚属一千多人号啕痛哭地上船，送行的人也都哭泣，哭声震动江河山谷。

后周太祖由于北汉、契丹的军队还在晋州，十一月初六日甲子，任命王峻为行营都部署，率兵救援晋州，诏命各军都受王峻指挥调度，听任他随机处理事情，由他自行选择将领和官吏。十一月初七日乙丑，王峻启程，后周太祖亲自到大梁城西为他饯行。

楚国静江节度副使、知桂州马希隐，是武穆王马殷的小儿子。楚王马希广、马希萼兄弟争夺王位的时候，南汉主任命内侍吴怀恩为西北招讨使，率兵驻守在边境上，等待时机，暗中谋划进攻夺取楚国。马希广派遣指挥使彭彦晖率兵驻守龙峒来防备他。马希萼从衡山派使者任命彭彦晖为桂州都监、在城外内巡检使、判军府事。马希隐厌恶彭彦晖，暗中派人告诉蒙州刺史许可琼。许可琼正害怕南汉的威逼，立即放弃蒙州，引兵直奔桂州，与彭彦晖在城中交战。彭彦晖战败，逃奔衡山，许可琼留驻桂州。吴怀恩占据蒙州，进兵攻打抢劫，桂管受到严重骚扰，马希隐、许可琼不知道怎么办，只是坐在一起喝酒，相对哭泣。

南汉主给马希隐写信，说：“武穆王拥有整个楚国，富强安宁达五十多年。正是由于三十五舅马希广和三十舅马希萼兄弟同室操戈，自相残杀，拿着先人的基业，向仇人称臣。如今听说南唐的军队已经占据长沙，我私下估计桂林也会相继被南唐夺取。本朝与你们世世代代都是友好的国家，又有婚姻的关系，看到这种倾覆危险的局面，岂能忍心不去救援！已经发动大军水陆并进，一定让你永远拥有实权，长久占据一方。”马希隐得到书信，与部属们商议投降南汉，支使潘玄珪认为不可。十一月初八日丙寅，吴怀恩领兵突然到达城下，马希隐、许可琼率领部众，晚上一路斩杀逃奔全州，桂州就此溃散。吴怀恩乘机率兵平定宜州、连州、梧州、严州、富州、昭州、柳州、龚州、象州等地，南汉从此占有岭南全部之地。

十一月十三日辛未，南唐边镐派遣先锋指挥使李承戬率兵到衡山，催促马希萼入朝。十一月二十二日庚辰，马希萼和将帅僚属士兵一万多人从潭州东下。

（以上为第八段，写北汉主引援契丹，再次南下攻后周晋州。南汉乘势夺取楚国岭南之地。）

王峻在陕州停留十天。后周太祖因为北汉进攻晋州紧急，担心晋州不能防守，商议亲自率军从泽州路与王峻会师解救晋州，并且派遣使者去告诉王峻。十二月初一日戊子，后周太祖下诏在三日率兵西征。使者到了陕州，王峻通过使者告诉后周太祖说：“晋州城池坚固，不容易攻下；刘崇的军队现在锐气正旺，不能和他相争。臣之所以驻兵不进，只是等待他们士气衰败罢了，不是臣下胆小。陛下刚刚即位，不宜轻举妄动。如果陛下从汜水出兵，那么慕容彦超领兵进入大梁，大事就完了！”后周太祖听了这话，自己用手拉耳朵说：“差点败坏了我的大事！”十二月初三日庚寅，敕命停止亲征。

当初，泰宁节度使兼中书令慕容彦超听说徐州被平定，疑虑恐惧加重，于是招收亡命之徒，积聚粮草，暗地用书信勾结北汉，官吏截获他的书信而报告朝廷。慕容彦超又派人假扮成商人去向南唐请求援兵。后周太祖派遣通事舍人郑好谦前去表达劝谕的意思，跟他立下誓约。慕容彦超内心更加不安，多次派遣都押牙郑麟到京城，表面上假装表达诚意，实际上是来打探机密，又献上天平节度使高行周的信，信中说的都是些毁谤朝廷以及和慕容彦超相互勾结的话。后周太祖笑了笑说：“这是慕容彦超的欺诈！”把那些信拿给高行周看，高行周上表感谢后周太祖的恩德。不久，慕容彦超反叛的迹象日益暴露。十二月初九日丙申，后周太祖派遣阁门使张凝率兵前往郓州巡视检查以防备慕容彦超。

十二月十三日庚子，王峻到达绛州；十二月十八日乙巳，率兵直奔晋州。晋州南面有蒙阬，地势最为险要，王峻担心北汉兵占据它，这天，听说先头部队已经过蒙阬，高兴地说：“我的事情成功了！”

慕容彦超上奏请求入朝，后周太祖知道那是假的，立即答应他；不久慕容彦超又说境内多盗贼，不敢离开镇所。

北汉主攻打晋州，很久没能攻克。这时正遇上下大雪，百姓们聚集保护山寨，野外没有抢夺的东西，军队缺乏粮食。契丹军队想回去，听说王峻到达蒙阬，就焚烧营寨连夜逃走。王峻进入晋州，众将请求立即追赶契丹军队，王峻犹豫不决。第二天，才派遣行营马军都指挥使仇弘超、都排阵使药元福、左厢排阵使陈思让、康延沼率领骑兵去追赶，在霍邑追上，放开军队奋力攻击，北汉兵坠落悬崖深谷而死的很多。霍邑道路狭窄，康延沼怯懦害怕，不敢紧追，因此北汉军队得以渡河。药元福说："刘崇出动所有的军队，挟持胡人骑兵前来，志在吞并晋州和绛州，现在士气低落，力量疲乏，狼狈逃走，不趁机消灭他，一定会成为后患。"众将不想前进，王峻又派使者去阻止，于是返回。等到契丹到达晋阳，士卒战马损失十之三四；萧禹厥因为没有功劳而感到耻辱，就把一名大酋长钉在街市上，过了十几天才斩首。北汉主开始打消南下进攻的念头。北汉土地贫瘠，百姓贫穷，对内要供应军队和国家，对外要供奉契丹，赋税繁多，徭役沉重，民不聊生；逃入后周境内的人很多。

（以上为第九段，写泰宁节度使慕容彦超蓄谋反叛，北汉主与契丹兵败晋州。北汉百姓内供军国，外奉契丹，苦不堪言。）

南唐主任命镇海节度使兼中书令宋齐丘为太傅；任命马希萼为江南西道观察使，镇守洪州，仍旧赐爵位为楚王；任命马希崇为永泰节度使，镇守舒州。湖南的将帅官吏，职位较高的拜官刺史、将军、卿监，职位较低的，也依次拜官。南唐主嘉奖廖偃、彭师暠的忠诚，任命廖偃为左殿直军使、莱州刺史，彭师暠为殿直都虞候，赏赐非常丰厚。湖南刺史都到南唐入朝称臣，只有永州刺史王赟最后到，南唐主用毒药杀死他。

南汉主派遣内侍省丞潘崇彻、将军谢贯率兵攻打郴州，南唐边镐发兵救援。潘崇彻在义章打败南唐军队，于是夺取郴州。边镐请求任命全州、道州两州刺史以防备南汉。十二月二十九日丙辰，南唐主任命廖偃为道州刺史，任命黑云指挥使张峦主持全州的事务。

这一年，南唐主任命安化节度使鄱阳王王延政为山南西道节度使，又赐爵为光山王。

当初，蒙城守将咸师朗率领部下向南唐投降；南唐主把他的军队改编为奉节都，随从边镐平定湖南。南唐全部没收湖南的金银绢帛、珍宝古玩、仓库粮食以及好的船只战舰、亭台馆所、花草果木等，都转移到金陵；又派遣都官郎中杨继勋等人征收湖南的租赋来供养守军。杨继勋等人尽量加重征收，湖南人大失所望。行营粮料使王绍颜减少士兵的粮饷和赏赐，奉节指挥使孙朗、曹进愤怒地说："过去我们跟随咸公投降唐国，唐国对待我们哪里像今天对湖南将士这样优厚呢！现在有功劳不增加俸禄和赏赐，反而减少，不如杀掉王绍颜和边镐，占据湖南，归附中原，就可以获取富贵！”

（以上为第十段，写南唐主掠夺楚国财物，又加重赋役，湖南人大失所望。）

后周太祖广顺二年（壬子，公元952年）

春季，正月初三日庚申夜晚，孙朗、曹进率领他们的部众发动叛乱，捆干草暗地焚烧军府大门，火没有燃烧；边镐察觉了此事，派兵格斗，并且命人击鼓吹号，孙朗、曹进等人以为天就要亮了，冲杀出关逃奔朗州。王逵问孙朗说：“我从前跟随武穆王，与淮南作战多次取胜，淮南兵容易对付。现在想用朗州的军队再次夺取湖南，可以吗？”孙朗说：“我在金陵好多年，全面了解唐国的政事，朝廷没有贤臣，军队没有良将，忠贞和奸佞没有区别，赏罚不合理，像这样，能够保存国家已经是幸运了，哪里还有余力去管别人的事！我请求做你的前锋，夺取湖南就像捡小草一样！”王逵很高兴，厚待他。

正月初五日壬戌，朝廷征发开封府民夫五万人修筑大梁城，十天后停止。

慕容彦超征发地方兵进城，引泗水注入壕沟中，做攻战防守的准备；又把很多旗帜发给各镇的将领，命令他们招募各地的盗贼，抢劫邻近地区，被抢劫的地方都上奏慕容彦超反叛的情况。正月初七日甲子，后周太祖敕令沂州和密州两州不再隶属于泰宁军。任命侍卫步军都指挥使、昭武节度使曹英为都部署，讨伐慕容彦超，齐州防御使史延超为副部署，皇城使河内人向训为都监，陈州防御使药元福为行营马步都虞候。后周太祖考虑到药元福是老将，所以命令曹英、向训不得用军礼来见他，两人都像对待父亲那样对待他。

南唐主发动五千兵马驻扎在下邳，增援慕容彦超；听说周军将要到来，便退兵驻守沭阳。徐州巡检使张令彬向他们进攻，大败唐军，杀死和淹死的有一千多人，俘获他们的将领燕敬权。

当初，慕容彦超因为后周刚建立，认为容易动摇，所以从北边招引北汉和契丹，南边引诱南唐人，让他们侵扰边境，希望朝廷疲于奔命，无暇他顾，然后乘机动手。等到北汉和契丹从晋州逃回北方，南唐军队在沭阳战败，慕容彦超的势力于是受阻。

永兴节度使李洪信，自以为是汉室的近亲，内心感到不安，城中的士兵不满一千人，王峻在陕州的时候，以援救晋州为名，征调了其中几百名士兵。等到北汉军队逃走，朝廷派遣一千多名禁兵戍守长安；李洪信害怕，于是入朝。

正月十五日壬申，王峻从晋州回来，入朝拜见后周太祖。

曹英等人到达兖州，布置包围圈。慕容彦超多次出战，药元福都把他打败了，慕容彦超不敢出来。十多天以后，包围圈合围，于是进攻。

当初，慕容彦超将要反叛的时候，判官崔周度劝谏说：“鲁地是诗书之国，自从伯禽以来虽然不能称霸诸侯，但是用礼义自守，可以长久。您对国家没有私恨，为什么自己多疑！况且皇上开导劝谕非常尽力，如果撤除守备，归附投诚，就可以坐享泰山一般的安定生活了。难道没有看见杜重威、安从进、李守贞最后成了什么样吗！”慕容彦超很生气。等到官军围城，慕容彦超搜刮士民的钱财来供给军队，因为隐匿财物而处死的人很多。前任陕州司马阎弘鲁，是阎宝的儿子，畏惧慕容彦超的残暴，把全部家产献出来，慕容彦超还是认为他有所隐匿，命令崔周度搜查他的家，崔周度对阎弘鲁说：“您的死生，关键在于财物的多少，应该不要有所吝惜。”阎弘鲁哭着给他的妻妾下拜说：“把所有的东西拿出来救我的命。”妻妾们都说：“全都拿光了！”崔周度把情形报告慕容彦超，慕容彦超不相信，逮捕阎弘鲁夫妇，关在牢里。有一个奶妈在泥土中扒到一个金镯子，献给慕容彦超，希望以此赎回她的主人。慕容彦超说：“所隐匿的一定还很多。”拷打阎弘鲁夫妇，把他们打得肌肉溃烂而死。又认为崔周度袒护阎弘鲁，把他在街市上斩首。

北汉派军队侵犯府州，防御使折德扆打败他们，杀死二千多人。二月十四日庚子，折德扆奏报攻下北汉的岢岚军，派兵戍守。

（以上为第十一段，写泰宁节度使慕容彦超反叛，引南唐为援，后周太祖发兵征讨，围困兖州。）

二月十八日甲辰，后周太祖释放燕敬权等人，让他们回南唐，对南唐主说：“叛逆的臣子，是天下所共同痛恨的，没想到唐主竟然扶助他们，该不会是失策吧！”南唐主大为惭愧，把从前所得到的中原人都礼貌地送回了。南唐议论政事的人仍然进献攻取中原的计策，中书舍人韩熙载说：“郭氏立国虽然时间不长，但统治已经很稳固，我们的军队轻易出动，必定有害无益。”

南唐自从烈祖以来，常常派遣使者过海去与契丹勾结，想和契丹共同控制中原，又互相赠送礼物，相约为兄弟。然而契丹贪图他的财物，仅用一些空话与他往来，实际上不被南唐所用。

南唐主爱好文学，所以韩熙载和冯延己、冯延鲁、江文蔚、潘佑、徐铉等人都得到好的官职。潘佑是幽州人。当时，南唐的艺文礼乐比起其他国家来最为兴盛，然而没有举办科举考试，多数是因为上书谈论国事而得到授职。到了这时，才命令翰林学士江文蔚主持科举考试，进士有庐陵人王克贞等三人考中。南唐主问江文蔚：“卿选拔士人，比起前朝来怎么样？”回答说：“前朝公开的选拔和私下的请托各占一半，臣专任此事一心为公！”南唐主很高兴。中书舍人张纬，是前朝进士，听到江文蔚这些话而怀恨在心。当时执政的大臣都没有经过科举考试，他们相互阻挠诋毁，竟然导致停止科举选士。

三月十二日戊辰，任命内客省使、恩州团练使晋阳人郑仁诲为枢密副使。

三月十八日甲戌，改威胜军为武胜军。

南唐主任命太弟太保、昭义节度使冯延己为左仆射，前任镇海节度使徐景运为中书侍郎，和右仆射孙晟都为同平章事。宣读制书后，户部尚书常梦锡在大庭广众之中大声说："白麻制书很好，只是比不上江文蔚的奏疏罢了！"孙晟向来看不起冯延己，对别人说："金杯玉碗，竟然装了狗屎啊！"

冯延己对南唐主说："陛下亲自处理众多的事务，所以宰相不能够尽他们的才能，这是治国之道所以没能实现的原因啊！"南唐主于是把所有的政事都委托给他，他上奏就认可。后来，冯延己不能勤理政事，文书都依赖小吏写成，军事则委托给边境的将帅，不久，政事更加得不到治理，南唐主才又亲自处理。

大理卿萧俨讨厌冯延己的为人，多次上疏攻击他。刚好这时萧俨因为犯了错判人死罪的过错，锺谟、李德明一帮人一定要杀掉萧俨。冯延己说："萧俨误杀一个妇人，诸君就认为应当处死。萧俨是九卿之一，难道可以误杀吗？"独自上言说："萧俨向来有着正直的名声，现在他所判的犯人正好已经遇到赦免，应当从宽饶恕他的过失。"萧俨因此得以免死；人们也因此称道冯延己。

徐景运不久罢免了职务而任太子少傅。

夏季，四月初一日丙戌，发生日食。

后周太祖因为曹英等人迟迟没有攻下兖州，四月三十日乙卯，下诏亲征，命李榖代理东京留守兼判开封府，郑仁诲代理大内都巡检，又任命侍卫马军都指挥使郭崇充任在京都巡检。

南唐主攻下湖南以后，派他的将领李建期驻守益阳，以谋取朗州；任命主持全州事务的张峦兼任桂州招讨使，以谋取桂州，经过很久，没有功绩。南唐主对冯延己和孙晟说："楚人指望我可以让他们休养生息，我没有抚慰他们的创伤，反而滥用民力，这不符合他们期待复苏的愿望；我想停止桂林的战役，收回益阳的守兵，把权力交给刘言，怎么样？"孙晟认为应该这样。冯延己说："我们派出偏将平定湖南，远近震动，一旦丧失所得到地方的三分之二，别人将轻视我们。请委派边境的将领观察形势再定。"南唐主于是派遣统军使侯训率领五千名士兵从吉州那条路直奔全州，与张峦联合兵力攻打桂州。南汉在山谷中埋伏军队，张峦等人刚到城下，很疲乏，突然伏兵四起，城里又出兵夹攻，南唐军队大败，侯训战死，张峦收拾散兵几百人逃回全州。

（以上为第十二段，写南唐主好文学，多用冯延己等文士为大臣，互相轻视。南唐争桂州，为南汉所败。）

五月初五日庚申，后周太祖从大梁出发；五月十三日戊辰，到达兖州。五月十四日己巳，后周太祖派人劝说招抚慕容彦超，城上的人出言不逊；五月十五日庚午，命令各军进攻。

在先前，方士欺骗慕容彦超说："镇星现在正运行到角、亢二星宿。角、亢二星宿的分野就是兖州，星宿对应的下面有福气。"慕容彦超就建立祠堂而祈祷，命令民间都要树立黄色的旗帜。慕容彦超生性贪婪吝啬，官军攻城紧急，他仍然埋藏珍宝，因此没人有斗志，将领和士兵相继有出城投降的。五月二十日乙亥，官军攻陷兖州城，慕容彦超正在镇星祠堂祈祷，然后率领部众奋力战斗，没有取胜，于是烧掉镇星祠堂，和他的妻子一起投井而死。他的儿子慕容继勋出逃，被追上抓获，杀死。官军大肆抢掠，城中死亡的将近一万人。当初，慕容彦超将要谋反的时候，招募各地的盗贼安置在自己的帐下，到来的人有两千多名，都是一些山林粗犷强悍之人，竟然没有被使用。

后周太祖想杀掉兖州的全部将领和官吏，翰林学士窦仪去见冯道、范质，和他们一起禀告后周太祖说："那些人都只是胁从罢了。"于是赦免他们。五月二十二日丁丑，任命端明殿学士颜衎暂时主持兖州的事务，在兖州管辖区内实行大赦，逃亡藏匿的慕容彦超的同党，在一个月之内听任自首，以前已经被处死的人，赦免他们的亲戚。五月二十八日癸未，把泰宁军降为防御州。

南唐以司徒退休的李建勋去世，临死时，告诫他的家人说："时局已经到了这种地步，我能够好死已经是幸运了！不要筑坟树碑，让别人在上面耕种，免得以后成为挖掘的目标。"到后来江南灭亡的时候，各个权贵之家高大的坟墓没有不被挖掘的，只有李建勋的坟墓没有人知道在什么地方。

六月初一日乙酉，后周太祖前往曲阜，拜谒孔子庙。献上祭品以后，将要下拜，左右的人说："孔子只是一个陪臣，不应当以天子的身份向他下拜。"后周太祖说："孔子是百代帝师，怎敢不尊敬他呢！"说完向孔子下拜。又拜孔子墓，命令整修孔子祠，禁止在孔林打柴采草。访寻孔子、颜渊的后代，任命为曲阜县令、主簿。六月初二日丙戌，后周太祖从兖州出发。

六月十一日乙未，吴越顺德太夫人吴氏去世。

（以上为第十三段，写后周太祖亲征，平定慕容彦超之乱，祭祀孔子。）

六月十三日丁酉，后蜀大水进入成都，淹没一千多家，淹死五千多人，冲坏太庙四室。六月十四日戊戌，后蜀实行大赦，赈济遭受水灾的人家。

六月十五日己亥，后周太祖回到大梁。

朔方节度使兼中书令陈留王冯晖去世，他的儿子牙内都虞候冯继业杀掉哥哥冯继勋，自己主持军府的事务。

太子宾客李涛的弟弟李澣，在契丹任勤政殿学士，与幽州节度使萧海真友好。萧海真是契丹主兀欲妻子的弟弟。李澣劝说萧海真归附后周，萧海真欣然答应。李澣用定州间谍田重霸持送绢表奏报朝廷，并且写信给李涛，说："契丹主年少愚昧，只饮宴游玩，没有远大的志向，不能与他的前人相比，朝廷如果能够用兵，一定能够取胜；不然的话，与他讲和，也一定可以。这两种方法都只有赶快才有利，估计契丹的情况形势，以后终究不能出力援助河东的汉国了。"六月十八日壬寅，田重霸到大梁，正逢碰上中原多事，结果没有采取李澣的计策。

六月二十七日辛亥，任命冯继业为朔方留后。

枢密使王峻，性情轻浮急躁，多计谋，嗜好权力，喜欢别人附和他，把治理天下作为自己的责任。每次论议政事，后周太祖听从他就高兴；有的时候不同意，就恼怒怨恨，往往说一些不恭敬的话。后周太祖因为他是旧臣，并且有辅佐自己创立帝业的功劳，又一向知道他的为人，所以常常宽容他。王峻年纪比后周太祖大，后周太祖即位后，仍然以兄长来称呼他，或者称他的字，王峻因此更加骄横。枢密副使郑仁诲、皇城使向训、恩州团练使李重进，都是后周太祖在藩镇时候的心腹将佐，后周太祖即位以后，渐渐提拔任用。王峻嫉妒他们，多次上表称病，请求解除枢密使的职务，来试探后周太祖的心意。后周太祖多次派遣左右的人谆谆劝慰，王峻回答使者语气严厉，又写信给各道节度使求得保举。各道节度使分别献上保举王峻的信给后周太祖，后周太祖惊骇了很久，又派遣左右去慰问劝勉他，让他任职，并且说："卿倘若不来，朕将亲自前往。"王峻还是不来。后周太祖知道枢密直学士陈观与王峻友善，便命令他前去宣示后周太祖的旨意，陈观说："陛下只要声称说要亲临他的府第，王峻一定不敢不来。"秋季，七月，戊子日，王峻入朝，后周太祖慰劳他，让他任职处理政事。李重进是沧州人，他的母亲就是后周太祖的妹妹福庆长公主。

李穀跌倒，伤了右臂，休假一个多月。后周太祖因为李穀所从事的工作很繁重，便催促他入朝，李穀以不能趋走跪拜而推辞。八月初九日癸巳，诏命李穀免去上朝参拜，只要他治理政事。

后蜀工部尚书、判武德军郭延钧对监押王承丕无礼，王承丕图谋发动叛乱。八月十八日辛丑，左奉圣都指挥使安次人孙钦，刚要率领他部下士兵戍守边境，去向王承丕辞行；王承丕邀请他一起去见军府长官郭延钧；孙钦不知道他的阴谋，跟随他去。王承丕到了以后，就下令左右的人击杀郭延钧，屠杀他的全家，声称是奉诏命处理军府的事情，随即打开府库赏赐士兵，放出关押的囚犯，调他们去戍守。将帅和官吏全部都集合在一起，孙钦对王承丕说："现在郭延钧已经服罪，您应当拿出诏书来给大家看。"王承丕说："我能够使您富贵，您就不必问诏书了。"孙钦这才知道王承丕谋反，因而欺骗他说："现在内外没有安定，我请求率领我部下的士兵为您巡察。"随即跃上马就出去了，王承丕连忙呼喊，孙钦不停止。孙钦回到军营，告诉他的部众，率领他们进入府中，攻击王承丕。王承丕左右的人想抵抗，孙钦大声呵斥他们，左右的人都丢弃武器逃走。于是抓住王承丕，杀掉他和他的亲党，把首级传送成都。

天平节度使、守中书令高行周去世。高行周勇猛而且深明大义，功劳高而不骄傲，驱马面对敌人，叱咤风云；平常居家与宾客慕僚饮宴聚会，和颜悦色，平易近人。人们因此而敬重他。

八月二十日癸卯，后蜀主派遣客省使赵季札前往梓州，慰问安抚官吏和百姓。

后汉的法律规定，凡是贩卖私盐、私造酒曲的人，不论数量多少，一律处死。郑州有一名百姓因为交纳屋税而向官府领取食盐，经过州城，官吏以为是私盐，把他抓起来杀掉；他的妻子替他申诉冤情。八月三十日癸丑，开始颁布诏命，犯走私食盐、酒曲罪的人依照数量多少而定出轻重不同的刑罚。

（以上为第十四段，写后周枢密使王峻恃功跋扈。后蜀武德军监押王承丕用诈计杀节镇，为左奉圣都指挥使孙钦所诛。）

【点评】

本卷点评后周太祖识人任贤、李崇矩仁厚、北汉民苦楚三件史事。

后周太祖识人任贤。郭威代汉，礼葬后汉隐帝，平反被害后汉大臣，国葬史弘肇、杨邠、王章等，又寻访各家幸存子孙录用之。宽待仇家，不泄私愤。刘铢贪婪酷虐，非汉室忠臣。杀灭郭威全家。刘铢被捕，郭威责问，刘铢答曰："我刘铢为汉家诛杀叛逆的家族，没有计较后果。"郭威怒杀刘铢，但不问其妻子，说："刘铢杀我全家，我再杀刘铢的全家，冤冤相报，何时是尽头。"表现了郭威的帝王器度。识人与任贤，郭威在五代之君中更是高人一筹。当郭威在讨灭李守贞等三镇之叛时，看到朝廷的诏书以及处分军事方略都十分得体。郭威询问使者，得知出自翰林学士范质之手，郭威说："这个人是当宰相的人才。"郭威入京，找到了范质，非常高兴，当时漫天大雪，郭威立即解下自身的紫袍披到范质身上。郭威即位后，任用王峻为枢密使、同平章事兼左仆射门下侍郎；范质为兵部侍郎，参知枢密院事；李穀判三司为中书侍郎，参知枢密院事，并同平章事；窦贞固为司徒兼侍中；苏禹珪为司空兼中书侍郎并同平章事，诸人皆一时之选。当时国家新造，四方多故，后周君臣协力，很快步入正轨。慕容彦超反叛，郭威亲征，及时平灭，又两败刘崇连引的契丹南犯。郭威和好南唐，不禁两国边民来往，集中全力打击北汉及契丹，巩固政权，后周在五代中是治理得最有条理的朝代，郭威算得上是乱世中的明君。

李崇矩仁厚。李崇矩，上党人，史弘肇故人亲吏，掌管史弘肇的家产和账簿。史弘肇死后，李崇矩得到了史弘肇的全部家产。郭威称帝，平反史弘肇等人的冤案，并派李崇矩寻访史弘肇的亲族。李崇矩说："史弘肇的弟弟史弘福还活着。"史弘福得以重见天日。李崇矩把他得到的史弘肇的全都家产完璧归赵，移交给了史弘福。

后周太祖郭威十分称赞李崇矩的高贵品德，特地把李崇矩安排在皇太子柴荣府中为皇太子的宾客和导师，让李崇矩的仁厚品德影响皇太子。五代乱世，弱肉强食成为普遍的现象，人与人之间道德底线衰颓，无官不贪，在这种社会生态中，李崇矩的仁厚品德无比崇高，不仅赢得了一国之君后周太祖的尊重，而且还赢得了大史学家司马光的大书一笔。

北汉民苦楚。公元 951 年，刘崇即帝位于晋阳，建立了北汉，拥有河东十二州之地。刘崇不建宗庙，祭祀祖先用平民礼，宰相月俸仅百缗，节度使才三十缗，君臣节俭，表示出卧薪尝胆、报仇雪耻的决心。刘崇效法石敬瑭，向契丹称侄皇帝，连引契丹兵南犯。公元 951 年，刘崇两次与契丹人大举进攻后周，而结纳契丹，不得人心，两次都大败而回。北汉每年向契丹输钱十万缗，厚赂打点契丹权贵未计在内。北汉土地，本来就贫瘠，民众艰辛，内供军国，外奉契丹，所以赋役繁重。北汉官俸过低，十官九贪，加重民众的负担。北汉民苦楚，陷于水深火热之中，史称“民不聊生，逃入周境者甚众”。

资治通鉴（白话本） 卷第二百九十一

后周纪二

后周太祖广顺二年至显德元年（公元952—公元954）

【起玄默困敦（壬子，公元952年）九月，尽阏逢摄提格（甲寅，公元954年）四月，凡一年有奇】

【大事提要】

本卷记事起于公元952年九月，讫于公元954年四月，凡一年又八个月。当后周太祖广顺二年九月至显德元年四月。后周太祖减轻赋役，废军屯，以地赐民，贬逐跋扈之臣王峻，抱病祀南郊，临终遗命薄葬，不失明主风采。养子柴荣嗣位，史称后周世宗。北汉主刘崇趁后周国丧而南侵，后周世宗御众亲征。高平之战，后周世宗大破北汉兵，刘崇狼狈逃窜，后周世宗乘胜兵围晋阳。是役也，赵匡胤作战，一马当先，初露头角。楚国旧将刘言、王逵逐走南唐兵，尽复楚国之旧境，只有郴、连两州落入南汉。湖南局势恢复，王逵杀刘言，称藩于后周。

太祖圣神恭肃文武孝皇帝中

后周太祖广顺二年（壬子，公元952年）

九月初一日甲寅，吴越丞相裴坚去世。命台州刺史吴延福共同参与丞相府事务。

九月十七日庚午，敕令北方边境的官吏百姓不得进入契丹境内抢夺人口财物。

契丹将领高谟翰利用芦苇编的筏子渡过胡卢河入侵，到达冀州；成德节度使何福进派遣龙捷都指挥使刘诚诲等人驻守贝州来抵抗他。契丹听到这个消息，马上领兵向北渡过胡卢河。被俘虏的冀州丁壮几百人，望见官兵，争相呼喊喧闹，想攻击契丹，官府军队不敢响应，契丹把他们全部杀掉。

后蜀山南西道节度使李廷珪奏报后周人在关中集结军队，请求增兵防备。后蜀主派遣奉銮肃卫都虞候赵进率兵直奔利州；不久听说后周人集结军队是为了防备北汉，于是率兵回去。

南唐武安节度使边镐昏庸懦弱，优柔寡断，在湖南，政出多门，不符合民众的心愿。吉水人欧阳广上书说：“边镐没有做将帅的才能，必定会丧失湖南，应该另外选择有才能的主帅，增加军队来挽救失败。”没有报告上去。

南唐命令边镐筹划治理朗州，有从朗州来的人，大多说刘言对朝廷忠诚顺服，边镐因此不作防备。南唐主征召刘言入朝，刘言不去，对王逵说：“唐国必定会讨伐我，怎么办？”王逵说：“武陵依仗长江、洞庭湖的险要，全副武装的士兵几万人，怎么能拱手受别人控制！边镐安抚治理无方，士民不愿意归附，可以一战就擒获他。”刘言犹豫不决，周行逢说：“机密之事贵在迅速，缓慢一点对方就有了防备，不可谋取了。”刘言于是任命王逵、周行逢以及牙将何敬真、张仿、蒲公益、朱全琇、宇文琼、彭万和、潘叔嗣、张文表十个人都为指挥使，部署发兵。潘叔嗣、张文表都是朗州人。周行逢擅长谋划，张文表善于作战，潘叔嗣果断勇敢，三个人常常互相配合而成功，感情融洽，非常亲密。

众将想召请溆州酋长苻彦通来援助，周行逢说：“蛮人贪婪而不讲信义，前年跟随马希萼进入潭州，放火抢劫，不留一物。我们的军队是为了正义，所向无敌，何必用这些人，让他们残害百姓呢！”于是停止这件事。然而又怕苻彦通成为后患，因为蛮人酋长土团都指挥使刘瑫为众蛮人所畏服，所以补授他为西境镇遏使来防备苻彦通。

冬季，十月，王逵等人率兵分路直奔长沙，任命孙朗、曹进为先锋使，边镐派遣指挥使郭再诚等人率兵驻守益阳来抵抗。十月初五日戊子，王逵等人攻克沅江，抓获都监刘承遇，副将李师德率领部众五百人投降。十月初九日壬辰，王逵等人命令军士用小船遮住自己前进，直趋益阳，从四面砍破营寨而入，于是攻克益阳，攻杀守兵两千人。边镐向南唐告急。十月十一日甲午，王逵等人攻克桥口和湘阴；十月十二日乙未，到达潭州，边镐环城自守。救兵还没有到来，城里士兵又少，十月十三日丙申晚上，边镐弃城逃走，官吏百姓全部溃散。醴陵门的桥断裂，死的有一万多人。道州刺史廖偃被乱兵杀死。十月十四日丁酉早晨，王逵进城，自称武安节度副使、权知军府事，任命何敬真为行军司马。派遣何敬真等人去追赶边镐，没有追上，斩首五百人。蒲公益进攻岳州，南唐岳州刺史宋德权逃走，刘言任命蒲公益代理主持岳州事务。南唐防守湖南各州的将领，听说长沙陷落，相继逃走。刘言收复马氏岭北的全部旧地，只有郴、连两州落入南汉。

契丹瀛州、莫州、幽州发生大水，几十万流民进入边塞散居河北，契丹的州县也不加禁止。后周太祖下诏命令各地救济安顿流民，中原的百姓以前被抢去的，得以回来的有十之五六。

（以上为第一段，写楚国旧将刘言、王逵逐走南唐兵，尽复楚国之旧境，唯有郴、连两州落入南汉。）

十月二十四日丁未，李毂因为手臂有病，长久没有治好，三次上表辞职，后周太祖派遣宫中使者去向他传达旨意说：“卿所执掌的事务，至为重要，朕难于找到合适的人，倘若事情能够办好，何必要上朝参拜！朕现在在便殿等待卿，卿可以马上进宫进见。”李縠在金祥殿进见后周太祖，当面陈述自己的诚意，后周太祖不准。李縠不得已又治理政事。李縠不能拿笔，后周太祖下诏因为三司事务繁忙，命刻图章来使用。

十月二十八日辛亥，后周太祖敕令：“百姓如果有诉讼，必定先经过县、州及观察使处理决断，如果不公正，才可以向台省上诉。有的人自己不能写诉状，请他人书写的，必须写明代笔者的姓名和住址。如果没有他人可请为代笔的，可以只拿白纸起诉。所诉讼的必须是自己的事，不得挟带私情而为他人诉讼。”

庆州刺史郭彦钦生性贪婪。党项野鸡族有许多羊、马，郭彦钦故意侵扰他们以索取贿赂。野鸡族于是反叛，抢劫商队；后周太祖命令宁、环二州联合兵力讨伐他们。

刘言派遣使者来报告，说：“湖南世代事奉朝廷，不幸被相邻的敌国攻陷，臣虽然没有遵奉诏命，但是集合义兵，已经平定旧有的土地。”

南唐主削夺边镐的官爵，流放到饶州。当初，边镐以都虞候的职位跟随查文徽攻下建州，所有俘获的人全都保全了性命，建州人称他为“边佛子”；等到攻克潭州，街市上的店铺都没有惊动改变，潭州人称他为“边菩萨”；后来，当了节度使，政事没有法度，只是每天摆设供品，大修佛事，潭州人失望，便称他为“边和尚”了。

左仆射同平章事冯延己、右仆射同平章事孙晟上表请罪；南唐主都不追问。孙晟陈述请罪不止，才和冯延己都被罢免宰相的职务，只担任原有的官职。

南唐主因为连年出兵无功，于是议论停止用兵，让百姓休养生息。有人说：“希望陛下几十年不要用兵，就可以达到小康了！”南唐主说：“我将终身不用兵，何止几十年呢！”南唐主想起欧阳广所说的话，任命他为本县县令。

（以上为第二段，写南唐边镐非将帅才，丢失湖南，冯延己等引咎辞相位。）

十一月十九日辛未，调任保义节度使折从阮为静难节度使，讨伐野鸡族。

十一月二十一日癸酉，后周太祖敕令：“规定每年民间所缴纳的牛皮，减免三分之二；每十顷田，只征收一张牛皮，其余的任由百姓自己使用或者买卖，但禁止卖给敌国。”在此之前，战乱以来，禁止百姓私自买卖牛皮，全部要交给官府接受偿值。后唐明宗时，官府只用盐作为补偿；后晋天福年间，连盐也不给予。后汉法令，私自贩卖牛皮一寸的就处死，然而民间的日常用度实在不可缺少。后周太祖向来知道其中的弊害，到了这时，李縠建议，把收缴的牛皮平均摊到田亩中，公私都方便。

十二月初四日丙戌，黄河在郑州、滑州决口，后周太祖派遣使者巡视，并抢修堵塞决口。

十二月十二日甲午，前任静难节度使侯章进献买宴的绢布一千匹，银子五百两。后周太祖不接受，说：“诸侯入朝进见天子，天子应该设酒宴犒劳，岂能等人买呢！

从今以后像这样的进贡都不接受。”

王逵率领军队和洞蛮五万人进攻郴州，南汉将领潘崇彻去救援，两军在蠔石相遇。潘崇彻登高眺望湖南兵，说：“疲乏而不整齐，可以攻破。”纵兵出击，大败湖南军队，倒伏的尸体遍布八十里路。

翰林学士徐台符请求诛杀诬告李崧的葛延遇和李澄。冯道认为多次经过赦免，不允许。王峻赞许徐台符的行为，向后周太祖禀告。十二月二十一日癸卯，逮捕葛延遇、李澄，杀掉他们。

刘言上表说潭州残破，请求把节度使的府署迁移到朗州，并且请求进贡、卖茶，都按照马氏的旧例，后周太祖答应了他。

南唐江西观察使楚王马希萼入朝，南唐主留住他。几年之后，马希萼在金陵去世，谥号为恭孝。

当初，麟州土豪杨信自命为刺史，接受后周的命令。杨信死后，他的儿子杨重训继位，带着州城向北汉投降。到了这个时候，被众多羌人包围，又投诚归附后周，向夏、府二州求救。

（以上为第三段，写后周太祖减轻赋役，南唐遣使入朝。）

后周太祖广顺三年（癸丑，公元 953 年）

春季，正月初五日丙辰，任命武平留后刘言为武平节度使，制置武安、静江等军事，同平章事；任命王逵为武安节度使，何敬真为静江节度使，周行逢为武安行军司马。

后周太祖下诏给折从阮：“野鸡族能够改过的，就授给官职，赏赐金帛财物，不然就进兵讨伐。”正月十一日壬戌，折从阮上奏：“除酋长李万全等人接受诏命立有誓约以外，其他人还不服，正在讨伐他们。”

前朝屯田都在边境，让戍守的士兵耕种。唐朝末年，中原驻守军队，所在之处都设置营田来耕种，其后又招募高门大户让他们交纳租税，土地由他们租出去，户部另外设置官署总管，不隶属于州县，有的农户家男子多而没有徭役，有的收容庇护奸邪盗贼，州县不能追问。后梁太祖攻打淮南，抢夺得到的牛以千万来计算，供给东南各州的农民，让他们每年缴纳租税。从此之后，经过几十年，牛死而租税没有免除，百姓深受其苦。后周太祖向来知道其中的弊端，正好这时閤门使、知青州张凝上奏对国家有利的事务，请求废除营田机构，李穀也这样说。正月十四日乙丑，后周太祖敕令：“废除户部的全部营田官署，把耕种营田的人隶属州县。田地、房舍、耕牛、农具，一起赐给现在耕种的人作为永久产业，废除全部的租牛税。”这一年，户部登记的户口增加了三万户。百姓得到这些田产作为永久的产业，才敢开始修整房屋，栽种树木，获取地利比以前增加几倍。有人说：“营田中有肥沃富饶的，不如把它卖掉，可以获得几十万缗的钱来资助国家。”后周太祖说：“利益在于百姓，如同在国家一样，朕要这些钱干什么！”

莱州刺史叶仁鲁是后周太祖的旧吏，因为犯了贪污一万五千匹绢、一千缗钱的罪，正月十九日庚午，被赐死罪。后周太祖派遣宫中使者赐给他酒和食物，说：“你自己触犯国法，我也没有办法！必当会抚恤你的母亲。”叶仁鲁感动得流泪。

后周太祖忧心黄河决口的事，王峻自己请求前往巡视，后周太祖同意。镇宁节度使郭荣多次请求入朝，王峻嫉妒他的名声和才能，常常阻止他。闰正月，郭荣又请求入朝，正好这时王峻在黄河边上巡视，后周太祖就答应了郭荣。

契丹入侵定州，包围义丰军，定和都指挥使杨弘裕晚上袭击契丹的营地，俘获大批契丹士兵，契丹人逃走。契丹又侵犯镇州，镇州军队击败赶走他们。

闰正月十五日丙申，镇宁节度使郭荣入朝。原李守贞的骑士马全义跟随郭荣入朝，后周太祖召见马全义，任命他为殿前指挥使，对左右的人说：“马全义忠于他所事奉的人，以前在河中的时候，多次挫败我的军队，你们应该效仿他。”王峻听说郭荣入朝，急忙从黄河边赶回，闰正月十七日戊戌，到达大梁。

（以上为第四段，写后周太祖废军屯，以地赐民，镇宁节度使柴荣入朝。）

彰武节度使高允权去世，他的儿子牙内指挥使高绍基图谋承袭父亲的职位，假称高允权病重，上表自己主持军府的事务。观察判官李彬恳切劝谏，高绍基发怒，将他斩首，辛巳日，向朝廷报告说李彬谋反。

王峻再三地请求兼领藩镇，后周太祖不得已，任命他兼任平卢节度使。

高绍基多次奏报强虏侵犯边境，希望能够承袭他父亲的职位。后周太祖派遣六宅使张仁谦到延州巡视检查，高绍基不能隐瞒，才替父亲发丧。

闰正月二十七日戊申，折从阮奏报降服野鸡二十一部族。

南唐布衣邵棠上言说：“近来游览淮河一带，听说周国的君主谦恭节俭，推行德政。我们的军队新近在潭州和朗州失败，恐怕周国有南征的意图，应当作好防备。”

当初，王逵攻取了潭州，任命指挥使何敬真为静江节度副使，朱全琇为武安节度副使，张文表为武平节度副使，周行逢为武安行军司马。何敬真和朱全琇各自设置牙兵，与王逵分厅处理政事，官吏百姓不知道该听谁的。每当聚会宴饮的时候，众将酗酒任性，意气闹事，纷乱得像市场一样，没有上下之分，只有周行逢、张文表事奉王逵非常恭敬，王逵亲近喜欢他们。何敬真与王逵不和，辞别回到朗州，但又不能事奉刘言，就和朱全琇一起图谋发动叛乱。刘言向来顾忌王逵的强大，怀疑王逵派何敬真来刺探自己，将要讨伐王逵。王逵听到这个消息，非常害怕。周行逢说：“刘言向来不和我们同心，何敬真、朱全琇以在您的手下为耻，你应该早作打算。”王逵高兴地说：“和您一起铲除凶党，共同治理潭州、朗州，还担心什么！”

正好这时南汉入侵全州、道州、永州，周行逢请求："让我亲自到朗州游说刘言，派遣何敬真、朱全琇向南讨伐南汉，等他们到达长沙，设计来捉拿他们，如同手掌里的东西一样。"王逵听从他的建议。周行逢到了朗州，刘言任命何敬真为南面行营招讨使，朱全琇为先锋使，率领一百多名牙兵会合潭州兵，抵御南汉。二人到达长沙，王逵出城到郊外迎接，相见很愉快，接连几天设宴饮酒，多用美貌妓女来引诱他们，何敬真因此停留不再前进。朗州指挥使李仲迁部下的士兵三千人长期戍守潭州，何敬真让他们先出发，直奔大庾岭以北。都头符会等人因为士兵们想回家，劫持李仲迁擅自回朗州。王逵趁何敬真酒醉的时候，让人假装成刘言的使者，指责何敬真："南方的敌寇深入边境进犯，不赶紧去防御抵抗，而只是玩乐饮酒，太师命令把您铐起来押回西边的军府去。"就把他逮捕，关入狱中。朱全琇逃走，派遣士兵追捕他。二月初一日辛亥，斩杀何敬真以示众。不久，又抓到朱全琇和他的党羽十几人，全部斩首。

二月初三日癸丑，镇宁节度使郭荣返回澶州。

当初，契丹主耶律德光返回北方，将后晋传国宝随身带着。到了这个时候，又用玉制作两个传国宝。

王逵派遣使者把斩杀何敬真的事告知刘言。刘言不得已，二月初十日庚申，斩杀符会等几个人。

枢密使、平卢节度使、同平章事王峻，晚年更加狂躁，上奏请求任用端明殿学士颜衎、枢密直学士陈观来代替范质、李穀为宰相，后周太祖说："任免宰相，不可仓促行事，让朕再考虑考虑。"王峻极力陈述他的意见，言语越来越不恭逊；太阳已快到正中午，后周太祖还没有吃饭，王峻还争论不休，后周太祖说："现在正是寒食节，等到休假结束，就按卿上奏的去办理。"王峻这才退下。

二月十三日癸亥，后周太祖紧急召请宰相、枢密使入朝，把王峻幽禁在别的地方。后周太祖见到冯道等人，流泪说："王峻欺朕太甚，想赶走所有的大臣，剪除朕的左右辅佐。朕只有一个儿子，王峻专门从中阻拦，不让他入朝，临时让他进京，王峻已经心怀怨恨。岂有已经主掌枢密院，又兼任宰相，还要兼领重要藩镇的道理！看他的志向，永远不会得到满足。无视君主到了这种地步，谁能够忍受！"二月十四日甲子，贬王峻为商州司马，制书的内容大略说："把群臣看作砧板上的肉，把天子当作无知的小孩。"后周太祖担心邺都留守王殷内心感到不安，命王殷的儿子尚食使王承诲到王殷那里，告诉他王峻获罪的情形。王峻到了商州，得了腹泻病，后周太祖还怜悯他，命王峻的妻子前去探望他，王峻不久就死了。

（以上为第五段，写武安节度使王逵清除异己。后周枢密使、同平章事王峻居功跋扈遭贬逐，忧愤而死。）

后周太祖命令折从阮分兵驻守延州，高绍基开始害怕，多次对朝廷有所进贡。又命令供奉官张怀贞率领禁兵两指挥驻守鄜州、延州，高绍基于是把军府的事全部交给副使张匡图。二月二十四日甲戌，任命客省使向训暂时主持延州事务。

三月初五日甲申，任命镇宁节度使郭荣为开封尹、晋王。三月初七日丙戌，任命枢密副使郑仁诲为镇宁节度使。

当初，杀牛族和野鸡族有仇恨，听说官军讨伐野鸡族，杀牛族输送粮饷，迎奉官军，官军贪图他们的财货牲畜而抢劫他们。杀牛族造反，与野鸡族合作，在包山打败宁州刺史张建武。后周太祖因为郭彦钦骚扰各地的胡人，致使他们叛乱，把郭彦钦革职在家。

当初，解州刺史浚仪人郭元昭和榷盐使李温玉有仇怨，李温玉的女婿魏仁浦为枢密主事，郭元昭怀疑魏仁浦包庇李温玉；正好这时李守贞造反，李温玉有个儿子在河中，郭元昭拘捕关押李温玉，上奏说他反叛朝廷，事情牵连到魏仁浦。后周太祖当时任枢密使，知道这是诬告，便把这事放在一边，不加追问。到了这个时候，魏仁浦任枢密承旨，郭元昭调职回来，非常害怕，经过洛阳，把这件事告诉魏仁浦的弟弟魏仁涤。魏仁涤说："我哥哥平生不跟别人结仇，怎么肯因为私人仇怨而害您呢！"回到京师以后，三月初八日丁亥，魏仁浦报告后周太祖，任命郭元昭为庆州刺史。

三月初十日己丑，任命棣州团练太原人王仁镐为宣徽北院使兼枢密副使。

南唐主又任命左仆射冯延己为同平章事。

周行逢憎恶武平节度副使张仿，对王逵说："何敬真是张仿的亲戚，临刑的时候把后事托给张仿，您应该防备他。"夏季，四月十一日庚申，王逵召请张仿饮酒，酒醉后把他杀掉。

四月十七日丙寅，归德节度使兼侍中常思入朝；四月十九日戊辰，调任平卢节度使。常思将要启程时上奏说："臣在宋州，在民间贷有四万多两丝的债，谨把这些献给皇上，请到时候征收。"后周太祖点头答应他。五月初九日丁亥，在宋州公布文告，凡是常思所贷放的债，全部免除。常思也不感到愧疚。

自从唐朝末年以来，各地的学校废弃殆尽。后蜀毋昭裔拿出私人财产一百万营办学馆，并且请求刻板印刷九经，后蜀主听从了建议。因此蜀地的文化教育又兴盛起来。

六月初四日壬子，沧州奏报契丹知卢台军事范阳人张藏英前来投降。

当初，后唐明宗的时候，宰相冯道、李愚建议命判国子监田敏校订九经，刻版印刷出售，朝廷听从了建议。六月初九日丁巳，刻印完成，献给朝廷。因此，虽然是乱世，九经仍然流传很广。

（以上为第六段，写后蜀雕版印刷九经，大行于世。）

王逵任命周行逢主持潭州事务，自己率兵袭击朗州，攻克朗州，杀掉指挥使郑珓，抓获武平节度使、同平章事刘言，把刘言囚禁在客馆。

秋季，七月，王殷再三上奏请求入朝，后周太祖怀疑他没有诚心，派使者阻止他。

南唐大旱，井水、泉水干涸，淮河可以徒步走过，饥民渡过淮河而到北方去的连续不断，濠州、寿州发兵阻拦他们，百姓和士兵争斗而向北方迁来。后周太祖听到这件事，说："他们和我们的百姓是一样的，让他们过淮河买米。"南唐人于是修筑仓库，买米来供应军队。八月十二日己未，后周太祖下诏：南唐百姓用人力和牲畜来拉米的，听任他们，用车船来运载粮食的就不要卖给他们。

王逵派遣使者上表，诬告说："刘言图谋以朗州归降唐国，又想进攻潭州；刘言的部众不听他的命令，把他废黜而囚禁起来。臣下已经到达朗州安抚军府完毕。"并且请求把节度使的军府治所又迁移到潭州。八月二十七日甲戌，后周太祖派遣通事舍人翟光裔亲自到湖南宣旨安抚，答应王逵的请求。王逵回到长沙，任命周行逢主持朗州事务，又派遣潘叔嗣在朗州杀掉刘言。

九月二十二日己亥，武成节度使白重赞奏报已经堵塞黄河决口。

契丹入侵乐寿，齐州守兵右保宁都头刘汉章杀死都监杜延熙，谋划响应契丹，没有成功，连同他的党羽被处死。

南汉主立他的儿子刘继兴为卫王，刘璇兴为桂王，刘庆兴为荆王，刘保兴为祯王，刘崇兴为梅王。

（以上为第七段，写武安节度使王逵攻杀武平军节度使刘言。南汉主封诸子为王。）

东起青州、徐州，南到安州、复州，西到丹州、慈州，北到贝州、镇州，都发生大水。

后周太祖从入秋以来患了手足麻木病，影响到饮食和行走，术士说应该散发财物才能消除病痛。后周太祖想到南郊去祭祀天地，又因为从后梁以来，祭祀天地常在洛阳举行，因此迟疑不定。执政官员说："天子建都的地方就可以祭祀百神，何必要在洛阳！"于是开始修建圜丘、社稷坛，在大梁建造太庙。九月十六日癸亥，派遣冯道到洛阳迎奉太庙的社稷神主牌位。

南汉实行大赦。

冬季，十一月十三日己丑，太常请求依照洛阳修建四郊各坛，后周太祖同意。十二月初一日丁未，神主牌位到大梁，后周太祖到西郊迎接，供在太庙祭祀。

邺都留守、天雄节度使兼侍卫亲军都指挥使、同平章事王殷依仗有功，专断蛮横，凡是河北藩镇的戍守军队应该由朝廷用敕书来处理的，王殷则用普通公文发布实行，又大量搜刮百姓的钱财。后周太祖听了很不高兴，派人对他说：“卿和国家同为一体，邺都的库藏很丰富，卿要用就去拿，何必担心没有钱！”成德节度使何福进向来憎恨王殷，十一月十八日甲子，何福进入朝，暗地把王殷的一些秘密事报告给后周太祖，后周太祖因此怀疑王殷。十一月十九日乙丑，王殷入朝，后周太祖下诏留王殷充任京城内外巡检。

十一月二十二日戊辰，府州防御使折德扆奏报，称北汉将领乔赟入侵，把他击退。

王殷每次出入，随从的人常常有几百人。王殷请求酌量供给铠甲兵器作为巡逻之用，后周太祖感到为难。当时后周太祖身体不大好，将要举行祭祀天地的典礼，而王殷挟持威震君主之势留在后周太祖左右，众人嫉恨他。十二月二十六日壬申，后周太祖支撑带病的身体坐在滋德殿，王殷进殿问安，就此把他抓起来。颁布制书妄称王殷阴谋在郊祀日那天发动叛乱，把他流放到登州，等他出城，就杀了他。命令镇宁节度使郑仁诲到邺都去安抚；郑仁诲贪图王殷的家产，擅自杀了王殷的儿子，把他的家属迁到登州。

南唐祠部郎中、知制诰徐铉上言，贡举制度刚刚设立，不应该马上停止，于是又恢复实行。

在先前，楚州刺史田敬洙请求修整白水塘灌溉田地，以充实边疆，冯延己认为有利。李德明因而建议大量开垦荒地作为屯田，修复各地已经废弃的水渠池塘。官吏因此而侵扰百姓，大量征用民力，夺取很多民田，百姓怨恨，无处诉说。徐铉把这种情形告诉南唐主，南唐主命令徐铉检查巡视，徐铉没收侵吞的民田归还原主。有人中伤徐铉说他擅自作威作福，南唐主发怒，将徐铉流放舒州。这样白水塘终究没有能够整修完成。

南唐主又命令少府监冯延鲁巡视安抚各州，右拾遗徐锴上表说冯延鲁没有才能，却犯了很多罪，举止轻浮浅薄，不适合奉命出使。南唐主怒，贬徐锴为校书郎、分司东都。徐锴是徐铉的弟弟。

道州盘容洞蛮的酋长盘崇聚集部众，自称盘容州都统，多次入侵郴州、道州。

十一月二十九日乙亥，后周太祖祭祀太庙，穿戴衮衣冠冕，由左右的人搀扶着登上阶梯，才到一室，斟酒上献，低着头不能下拜而退下，命令晋王郭荣完成祭礼。当天晚上，后周太祖住在南郊，病情加重，几乎没救了，夜半时候稍稍好一点。

（以上为第八段，写邺都留守王殷恃功专横，以谋乱被诛。后周太祖抱病郊祀。）

后周太祖显德元年（甲寅，公元954年）

春季，正月初一日丙子，后周太祖到圜丘祭天，只能瞻仰表示敬意而已，进酒、奠币都由有关官员代替进行。大赦天下，改年号为显德。准许后蜀主在边境通商。

正月初三日戊寅，撤销邺都，只保留天雄军。

正月初五日庚辰，晋王郭荣加官兼侍中，判内外兵马事。当时群臣很少能够见到后周太祖，朝廷内外感到恐惧，听说晋王掌握兵权，人心稍稍安定。

军士中有流言说祭天时的赏赐比后唐明宗时候的少，后周太祖听说了，正月初七日壬午，召集各将领到寝殿，责备他们说："朕自从即位以来，穿得很差，吃得很简单，专门想要供应军队。府库的积蓄，四方的贡献，除了供应军队，很少有剩余，你们难道不知道！现在竟然纵容凶恶之徒散布谣言，不顾惜人主的勤俭，体察国家的贫乏，又不想想自己有什么功劳而接受赏赐，只知道抱怨，你们心里安吗！"众将都惶恐谢罪，退出，搜寻出散布谣言的人杀掉，流言才平息。

当初，后周太祖在邺都的时候，特别喜爱小吏曹翰的才能，让他事奉晋王郭荣；郭荣镇守澶州，任命他为牙将。郭荣入朝任开封尹，没有立刻召用曹翰，曹翰自己前来了，郭荣感到奇怪。曹翰请求私下进言说："大王是国家的继位君主，现在皇上卧病，大王应当入宫侍奉看病吃药，怎么还在外面处理事情呢！"郭荣听懂了他的意思，当天就住在宫里。正月十一日丙戌，后周太祖病情加重，各部门办理的琐细小事，都停止上奏；如果有大事，则由晋王郭荣禀告后周太祖，经后周太祖认可后再宣布施行。

任命镇宁节度使郑仁诲为枢密使、同平章事。

正月十三日戊子，任命义武留后孙行友、保义留后韩通、朔方留后冯继业都为节度使。韩通是太原人。

后周太祖多次告诫晋王郭荣说："从前我西征的时候，看到唐朝十八座陵墓没有不被挖掘的。这没有其他的原因，只是因为多藏了金玉的缘故。我死了以后，定要给我穿用纸做的衣服，用瓦棺收殓尸体；迅速安葬，不要在宫中久留；墓穴里不要用石头，用砖来代替；工匠和服劳役的人都由官府出资雇用，不要麻烦百姓；安葬完毕，召募陵墓附近的百姓三十户，免除他们的各种徭役，让他们看守陵墓；不要修建地下宫殿，不要设置守陵宫人，不要制作石羊、石虎、石人、石马，只刻一面石碑立在陵墓前面，上面刻道：'周天子平生爱好俭约，临终命令使用纸衣、瓦棺，继位的天子不敢违背。'你如果违背我的话，我将不施福给你！"又说："李洪义应当授予他节钺，不要让魏仁浦离开枢密院。"

正月十五日庚寅，诏命前任登州刺史周训等人堵塞黄河的决口。在此之前，黄河在灵河、鱼池、酸枣、阳武、常乐驿、河阴、六明镇、原武决口，共八个口。到了这时，分别派遣使者去堵塞。

后周太祖命令赶紧草拟制书，任命端明殿学士、户部侍郎王溥为中书侍郎、同平章事。正月十七日壬辰，宣读制书完毕，左右的人把这件事告诉后周太祖，后周太祖说："我没有遗憾了！"任命枢密副使王仁镐为永兴军节度使，任命殿前都指挥使李重进兼任武信节度使，马军都指挥使樊爱能兼任武定节度使，步军都指挥使何徽兼任昭武节度使。李重进的年纪比晋王郭荣大，后周太祖召他入宫，把后事托付给他，又命李重进拜见郭荣，以确定君臣的名分。当天，后周太祖在滋德殿去世，保守秘密不发丧。正月二十日乙未，宣布遗制。正月二十一日丙申，晋王郭荣即位为帝。

当初，静海节度使吴权去世，儿子吴昌岌继立；吴昌岌去世，弟弟吴昌文继立。这个月，开始向南汉请求给予任职的命令，南汉任命吴昌文为静海节度使兼安南都护。

（以上为第九段，写后周太祖驾崩，临终调整人事，遗命薄葬。晋王柴荣即位，史称后周世宗。）

北汉主听说后周太祖去世，很高兴，图谋大举入侵，派遣使者到契丹请求出兵。二月，契丹派遣武定节度使、政事令杨衮率领一万多名骑兵前往晋阳。北汉主亲自率兵三万，任命义成节度使白从晖为行军都部署，武宁节度使张元徽为前锋都指挥使，和契丹军队一起从团柏向南直奔潞州。

后蜀左匡圣马步都指挥使、保宁节度使安思谦进谗言杀掉张业，废黜赵廷隐，蜀人都痛恨他。后蜀主让他率兵去救援王景崇，安思谦逗留观望没有功劳，内心惭愧恐惧，自己感到不安。自从张业被杀以后，宫门的守卫更加严密，安思谦以为这是怀疑自己，说话多不恭逊。安思谦掌管京城警卫，多次杀士兵来树立自己的威信。后蜀主查阅卫兵名册，有年纪还轻而被安思谦所斥退的，就又把他们留在名册中，安思谦把他们杀掉，后蜀主愤愤不平。安思谦有三个儿子：安扆、安嗣、安裔，仰仗父亲的权势，残暴蛮横，成为国中人的祸患。翰林使王藻屡次上奏说安思谦满怀怨恨，将要谋反。二月十八日丁巳，安思谦入朝，后蜀主命令壮士击杀他和他的三个儿子。王藻也因为犯有擅自启拆边境奏报的罪，一起被杀。

北汉军驻守梁侯驿。昭义节度使李筠派遣他的部将穆令均率领步兵和骑兵两千人迎战，李筠自己率领大军在太平驿扎营。张元徽和穆令均交战，假装打不过他而逃跑。穆令均追赶他，伏兵突然出击，杀死穆令均，俘虏和斩杀士兵一千多人。李筠逃回上党，环城自守。李筠，就是李荣，为避后周世宗的讳而改名。

后周世宗听说北汉主入侵，想要亲自带兵去抵抗，大臣们都说："刘崇自从平阳逃走以来，势力缩小，士气沮丧，必定不敢亲自前来，陛下刚刚即位，做皇帝的时间还不长，人心容易动摇，不宜轻易出动，应该命令将领去抵抗。"后周世宗说："刘崇庆幸我国大丧，轻视朕年轻，又刚刚即位，有吞并天下之心，这次一定亲自前来，朕不可不去。"冯道再三争辩，后周世宗说："从前唐太宗平定天下，未尝不亲自出征，朕怎么敢偷安！"冯道说："不知道陛下是否能成为唐太宗呢？"后周世宗说："以我兵力的强大，打败刘崇就像大山压碎鸡蛋一样罢了！"冯道说："不知道陛下是否能成为大山呢？”后周世宗不高兴。只有王溥劝后周世宗亲征，后周世宗听从他。

三月初一日乙亥，后蜀主为捧圣、控鹤都指挥使兼中书令孙汉韶加官武信节度使，赐爵乐安郡王，解除他的军职。后蜀主鉴于安思谦跋扈的教训，命令山南西道节度使李廷珪等十人分别统领禁兵。

北汉乘胜进逼潞州。三月初三日丁丑，后周世宗诏命天雄节度使符彦卿领兵从磁州固镇出发到北汉军的背后，任命镇宁节度使郭崇做他的副手；又诏命河中节度使王彦超领兵从晋州东北截击北汉军，任命保义节度使韩通做他的副手；又命令马军都指挥使、宁江节度使樊爱能，步军都指挥使、清淮节度使何徽，义成节度使白重赞，郑州防御使史彦超，前任耀州团练使符彦能率兵先赴泽州，由宣徽使向训担任监军。白重赞是宪州人。

三月初七日辛巳，实行大赦。

三月初九日癸未，后周世宗命令冯道奉送先帝的灵柩前往陵墓，任命郑仁诲为东京留守。

三月十一日乙酉，后周世宗从大梁出发；三月十六日庚寅，到达怀州。后周世宗想日夜兼程加速前进，控鹤都指挥使真定人赵晁私下对通事舍人郑好谦说：“敌人气势正旺盛，应该保持稳重来挫败他。”郑好谦告诉了后周世宗，后周世宗生气地说：“你怎么会说这些话！一定是被别人所指使，你说出那个人来就活命，不然一定叫你死。”郑好谦从实回答，后周世宗命令将他连同赵晁一起关押在怀州监狱。三月十八日壬辰，后周世宗经过泽州，住宿在州城东北。

（以上为第十段，写北汉主刘崇因后周国丧南侵，后周世宗柴荣御众北伐。）

北汉主不知道后周世宗前来，经过潞州不进攻，领兵向南，当天晚上驻扎在高平的南面。三月十九日癸巳，前锋部队和北汉军遭遇，发动进攻，北汉军后退；后周世宗担心他们逃走，督促各军急速前进。北汉主率领中军在巴公原列阵，张元徽驻扎在他的东边，杨衮驻扎在他的西边，部众十分严肃整齐。当时河阳节度使刘词率领后军还没有到达，大家心里感到恐惧害怕，而后周世宗的意志越发坚定，命令白重赞与侍卫马步都虞候李重进率领左军在西面，樊爱能、何徽率领右军在东面，向训、史彦超率领精锐的骑兵居中央，殿前都指挥使张永德率领禁兵保卫后周世宗。后周世宗骑着披甲的战马亲自督战。

北汉主看到后周军队人数少，后悔请求契丹出兵，对众将说：“我只用自己的汉兵就可以打败他们，何必要契丹！今天不止要战胜后周军队，还要使契丹心服。”众将都认为是这样。杨衮策马向前眺望后周军队，退回来后对北汉主说：“这是劲敌啊！不可轻率前进！”北汉主飞动两颊的胡子说：“机不可失，请你不要再说了，试看我与他们交战。”杨衮默然不高兴。当时东北风正大，一会儿忽然转成南风。北汉副枢密使王延嗣派司天监李义报告北汉主说：“时机可以作战了！”北汉主听从。枢密直学士王得中勒住北汉主的马头劝谏说：“李义该斩首！风势像这样，哪里是帮助我们的呢！”北汉主说：“我的主意已定，老书生不要乱说，再说就要杀你！”指挥东军先向前进，张元徽率领一千名骑兵攻击后周右军。

交战不久，樊爱能、何徽率领骑兵首先逃走，右军溃散，步兵一千多人脱下盔甲，呼喊万岁，向北汉投降。后周世宗看到军队情形危急，亲自率领步兵冒着箭矢、飞石督战。太祖皇帝（即赵匡胤）当时为警卫将领，对同伴们说：“主上如此危急，我们怎么敢不拼出性命！”又对张永德说：“贼士兵气骄傲，奋力作战可以打败他们！您部下有很多能用左手射箭的人，请领兵登上高地作为左翼部队，我领兵为右翼攻击敌军。国家安危，在此一举！”张永德听从他的话，各率两千人向前作战。赵匡胤身先士卒，驰马向北汉军队冲锋，士卒拼死奋战，无不以一当百，北汉军队溃败。内殿直夏津人马仁瑀对众人说：“让天子受到攻击，还要我们这些人干什么！”跃马拉弓，大声呼喊，一连射死几十个人，士气更加振奋。殿前右番行首马全义对后周世宗说：“贼兵的气势已经到尽头，将要被我们擒获，希望陛下勒住缰绳不动，慢慢地观看众将打败他们。”接着率领几百名骑兵前进，深入敌阵。

北汉主知道后周世宗亲自临阵，就奖赏张元徽，催促他乘胜进军。张元徽到阵前巡视，马倒下了，被后周军队杀死。张元徽是北汉的勇将，北汉军因此而丧失士气。当时南风越来越大，后周士兵争相奋战，北汉军大败，北汉主亲自举起红旗来收兵，但不能制止士兵的败退。杨衮畏惧周军的强大，不敢救援，而且痛恨北汉主所说的话，保全军队退走。

樊爱能、何徽带领几千名骑兵向南逃跑，拉弓露刀，抢夺军用物资，运送的人惊慌逃走，跑失、死亡的人很多。后周世宗派遣亲近的大臣和军校追上去，劝告他们停止，没有人肯接受后周世宗的命令，使者有的被军士所杀，扬言说：“契丹军队大批来到，官军打了败仗，其余的士兵已经投降胡虏了。”刘词在路上碰到樊爱能等人，樊爱能等人要他停下来，刘词不听，领兵向北。当时北汉主还有残余的部众一万多人，凭着涧水列阵。傍晚，刘词到达，又和各军攻击北汉军，北汉军又败。周军杀死王延嗣，追到高平，僵尸布满山谷，丢弃的御用物品和辎重、器械、各种牲畜数都数不尽。

当天晚上，后周世宗在野外宿营，抓到投降敌人的步兵，全部杀掉。樊爱能等人听说后周军队大胜，和士兵们又陆续回来，有的直到天亮还没有到。三月二十日甲午，后周世宗在高平整休军队，挑选北汉投降过来的士兵几千人组成效顺指挥，命前任武胜行军司马唐景思率领，让他们戍守淮上，其余两千多人赐给路费衣服，遣放回北汉。李毅被乱兵所逼迫，潜逃到山谷中，几天以后才出来。三月二十三日丁酉，后周世宗到达潞州。

北汉主从高平起，穿着粗布，戴着斗笠，骑着契丹赠送的黄骝马，率领一百多名骑兵，经由雕窠岭往回逃。晚上迷路，抓住村民当向导，错误地向晋州走去，走了一百多里路才发觉，于是杀掉向导。日夜向北走，每到一个地方，得到食物还没有拿起筷子，有人传说周军追来，就慌慌忙忙地逃走了。北汉主年老力疲，伏在马上，日夜不停地奔跑，几乎不能支撑，勉勉强强地得以回到晋阳。

后周世宗想杀掉樊爱能等人以整肃军中政令，犹豫不决。三月二十五日己亥，后周世宗白天躺在行宫的帐篷中，张永德在旁边侍候，后周世宗拿这件事来征询他的意见，张永德回答说："樊爱能等人一向没有立大功，不合格地接受节钺，望见敌人首先逃走，即使处死也不能抵偿责任。况且陛下正想平定天下，如果不能确立军法，虽然有勇猛的士兵，百万的部众，但又怎么能够任用他们！"后周世宗把枕头扔到地上，大声说好。立即收捕樊爱能、何徽以及他们的部下军使以上的一共七十多人，斥责他们说："你们这些人都是历经几朝的老将，不是不能作战；现在所以望风而逃，没有其他的原因，只是想把朕当作稀有的货物卖给刘崇罢了！"将他们全部斩首。后周世宗因为何徽以前防守晋州有功，想要免他一死，后来又认为军法不可以废弃，于是连同他一起杀掉，而赐给车子把他的尸首送回安葬。从此，骄傲的将帅、懒惰的士兵才开始知道害怕，不再实行迁就宽容的政令了。

三月二十六日庚子，后周世宗奖赏高平战役中的功劳，任命李重进兼任忠武节度使，向训兼任义成节度使，张永德兼任武信节度使，史彦超为镇国节度使。张永德极力称赞赵匡胤的机智勇敢，后周世宗提拔赵匡胤为殿前都虞候，兼任严州刺史，任命马仁瑀为控鹤弓箭直指挥使，马全乂为散员指挥使；其余的将领军官升官、任职的共有几十人，士兵有从行伍中间提升为军主、厢主的。解除对赵晁的囚禁。

（以上为第十一段，写高平之战后周世宗大败北汉主，整肃军纪。赵匡胤初露头角。）

北汉收容溃散的士兵，修治战甲兵器，加固城墙壕沟以防备后周。杨衮率领他的部众向北屯驻代州，北汉主派遣王得中护送杨衮，顺便向契丹求救。契丹主派遣王得中回来报告，答应发兵救援晋阳。

三月二十八日壬寅，任命符彦卿为河东行营都部署兼知太原行府事，命令郭崇做他的副手，向训为都监，李重进为马步都虞候，史彦超为先锋都指挥使，率领步兵和骑兵两万人从潞州出发；又诏命王彦超、韩通从阴地关进入，与符彦卿会师前进，又任命刘词为随驾部署，保大节度使白重赞为副部署。

原后汉昭圣皇太后李氏在西宫去世。

夏季，四月，北汉盂县投降。符彦卿在晋阳城下驻军，王彦超攻打汾州，北汉防御使董希颜投降。后周世宗派遣莱州防御使康延沼攻打辽州，密州防御使田琼攻打沁州，都没有攻下。供备库副使太原人李谦溥单人匹马去劝说辽州刺史张汉超，张汉超立即投降。

四月十二日乙卯，将圣神恭肃文武孝皇帝安葬在嵩陵，庙号太祖。

南汉主任命高王刘弘邈为雄武节度使，镇守邕州。刘弘邈因为齐王和镇王相继死在邕州，坚决推辞，请求担任京城警卫；南汉主不准许。刘弘邈到了镇所，将政事交给手下官吏，自己每天饮酒，祈祷鬼神。有人上书诬告刘弘邈图谋发动叛乱。四月十五日戊午，南汉主派遣甘泉宫使林延遇赐给毒酒，把刘弘邈毒死了。

当初，后周世宗派遣符彦卿等人北征，只是想在晋阳城下炫耀兵力，没有打算攻占。等到大军进入北汉境内后，当地的百姓争相拿着食物来迎接周军，哭诉刘氏赋税和徭役的繁重，愿意供应军队所需，帮助攻打晋阳，北汉的州县相继有投降的。后周世宗听到这些情况，开始有了兼并北汉的意思，便派遣使者前去与众将商议，众将都说"粮草不足，请暂且回师，以等待时机再发兵"。后周世宗不听。不久各路军队几十万人聚集在太原城下，军士不免抢劫，北汉民众失望，渐渐地退守山谷以保全自己。后周世宗听说了这事，派人飞快地传送诏书，禁止抢劫，安抚农民，只征收今年的租税，并且招募百姓缴纳粮食，依据数量多少授给不同的官职，又征发泽州、潞州、晋州、绛州、慈州、隰州以及山东路近方便的各州的百姓运送粮食供应军队。四月十六日己未，派遣李穀到太原核算各地输送的粮草。

（以上为第十二段，写后周世宗乘胜大举北伐，围攻晋阳。）

四月十七日庚申，太师、中书令瀛文懿王冯道去世。冯道少年时候以孝顺恭谨而著名，后唐庄宗时开始富贵显达，从此历朝不离将帅、宰相、三公、三师的职位，为人清静俭约，宽容大度，别人不能推测他的喜怒，滑稽多智，随世浮沉，以求见容于世。他曾经写作《长乐老叙》，自述历朝受荣宠礼遇的情形。当时的人往往用有德行雅量来推崇他。

欧阳修评论说："礼、义、廉、耻，是国家的四大纲要；这四大纲要不伸张，国家就会灭亡。"礼义，是统治人民的根本法则；廉耻，是树立人格的基本节操。况且身为大臣而没有廉耻，天下哪有不乱，国家哪有不亡的呢！我读冯道的《长乐老叙》，看他自述以为很荣耀，真可谓是没有廉耻的人了，那么天下国家的情形也就从而可知了。

我在五代这段历史中找到三位保全节操的人，十五位为国事而死的人，都是些武夫战卒，难道在文人中间果真没有那样的人吗？该不是那些节操高尚的士人，痛恨时世的混乱，看轻当世而不肯出仕？或者是君主没有充分顾惜，不能招致他们来呢?

我曾经听说五代时有个叫王凝的人，家住青州、齐州之间，任虢州司户参军，因病死在任上。王凝家里一向贫穷，一个孩子年纪还小，他的妻子李氏，带着他的遗骸回来，向东经过开封，要在旅馆停宿，主人不接纳。李氏看天色已晚，不肯离去，主人拉她的手臂让她出去。李氏仰天痛哭说:“我作为妇人，不能守节，而使这只手臂被人抓啊！”立即拿起斧头，砍掉自己的手臂，看见的人都为她叹息流泪。开封尹听说这件事，把这件事报告朝廷，优厚地抚恤李氏，鞭打那个店主人。唉！士人不自己珍惜自身而忍受耻辱，苟且偷生的，听到李氏的风节，应当稍稍知道惭愧了吧！

臣司马光说：天地设立方位，圣人作为准则，用来制定礼仪，建立法度，家内有夫妇，家外有君臣。妇人随从丈夫，终身不变；臣子事奉君主，至死没有二心；这是做人之道的最大伦常。如果废弃了伦常，祸乱就没有比这更大的！范质称赞冯道道德深厚，研习古道，才识广博，度量宏大，虽然经历朝代变更，别人没有闲言，像一座大山屹立，不可动摇。臣的愚见认为，守正的女子不跟从两个丈夫，忠诚的臣子不事奉两个君主。女子不正派，即使如花的容貌再美丽，纺织的手工再灵巧，也称不上贤惠了；作为臣子而不忠诚，即使才智再高，政绩再好，也不值得看重了。为什么呢？因为大节已经亏损了的缘故。冯道任宰相，经历过五个朝代、八姓君主，就像在旅馆里观看经过的旅客，早晨还是仇敌，傍晚就成为君臣，更换面孔，变化腔调，一点也不觉得惭愧。大节像这个样子，即使有一点小善，哪里值得称道呢！

有人认为自从唐室灭亡以后，群雄奋力相争，帝王的兴盛衰亡，长的十几年，短的三四年，即使有忠诚多智的人，又能怎么样呢？当时那个时候，丧失为臣节操的不止冯道一个人，怎么可以单独指责冯道呢！臣的愚见认为忠臣忧心公事如同家事，遇到危难要勇于献出生命，君主有过失要坚决劝谏、据理力争，国家衰败灭亡要至死守节。明智之士，国家有道就出来，国家无道就隐居，或者在山林中隐藏自己的踪迹，或者做小吏而悠然自得。现在冯道，论尊贵荣宠则在三师之上，论权力职位则居诸宰相之首，国家存在就拱手沉默，随波逐流，窃据高位，白拿俸禄；国家灭亡便图谋保全性命，苟且免死，拜见迎接新君，供奉他即帝位。君主兴起灭亡，一个接一个，而冯道则富贵依旧，这乃是奸臣之最，怎么可以和其他的人相提并论呢！有人说冯道能够在乱世中保全自身，远离祸害，这也算是贤能了。臣认为君子只有牺牲生命以保全仁义，不能为了求生存而危害仁义，怎么能专门以保全自身远离祸害为贤能呢！那么盗跖生病而死，而子路则被剁成肉酱，到底谁才是贤能呢?

然而这不只是冯道的过错，当时的君主也有责任。为什么呢？不正派的女子，中等的男子都羞于娶她为妻；不忠贞的人，中等的君主都羞于用他为臣。冯道做前朝宰相，说他忠诚则背叛君主事奉仇敌，说他智慧则国家变成废墟；后来的君主不诛杀他，不遗弃他，仍然又任命他为宰相，他又怎么肯向我尽忠从而让自己派上用场呢！所以说，这不只是冯道的过错，当时的君主也有责任。

（以上为第十三段，写欧阳修、司马光论人臣之节。）

四月十八日辛酉，符彦卿奏报北汉宪州刺史太原人韩光愿、岚州刺史郭言都率州城投降。

当初，符彦卿有一个女儿嫁给李守贞的儿子李崇训，看相的人说她富贵，将成为天下的国母。李守贞高兴地说："我的儿媳妇都能当天下的国母，何况是我！"于是坚定了反叛的想法。等到李守贞失败，李崇训先用刀杀死他的弟弟和妹妹，下一个就要轮到符氏。符氏躲藏在帷帐里面，李崇训仓促之间找不到她，就自杀了。乱兵进来以后，符氏安然地坐在堂上，叱责乱兵说："我的父亲和郭公为兄弟，你们不得无礼！"赵匡胤派遣使者把她送回给符彦卿。等到后周世宗镇守澶州，赵匡胤为后周世宗娶符氏为妻。四月十九日壬戌，立为皇后。皇后性情温和贤惠，而又聪明果断，后周世宗很看重她。

王彦超、韩通攻打石州，攻克下来，抓获石州刺史安彦进。四月二十日癸亥，沁州刺史李廷诲投降。四月二十七日庚午，后周世宗从潞州出发，直奔晋阳。四月三十日癸酉，北汉忻州监军李勍杀死刺史赵皋和契丹通事杨耨姑，率州城投降。朝廷任命李勍为忻州刺史。

王逵上表请求再把节度使的治所迁到朗州。

（以上为第十四段，写后周世宗符皇后的人生经历。）

【点评】

本卷点评后周太祖废屯田、版刻九经行于世、不倒翁冯道三件史事。

后周太祖废屯田。东汉末战乱，破坏了生产力，魏蜀吴三国都实行屯田恢复生产，积聚国力，取得了很大的成功。曹魏屯田最早，规模最大。曹操屯田令说："夫定国之术，在于强兵足食，秦人以急农兼天下，孝武以屯田定西域，此先代之良式也。"自汉武屯田以来，各代大都在边境地区实行军屯，士兵战时打仗，平时耕地。曹操大规模屯田在内部腹地，最早屯田在许下，主要形式为民屯。屯民按军事编制，土地、牛、耕具、种子，由官府供给，管理机构为典农中郎将和屯田都尉，不隶属地方。收获物过半交纳国家。屯民没有自由，如同农奴。当战乱制造的流民一无所有，他们在死亡线上挣扎，能够获得一块土地进行生产，得以生存，是很高兴的。因此屯田之初，产量很高，因为屯民有生产积极性。屯田解决军粮，支持战争，可以称之为古代的战时经济。随着生产的恢复，国家政治稳定，战争减少，或没有了战争，出现和平环境，处于农奴地位的屯民就没有了生产积极性。屯民集中营式的劳作不符人情，不符历史进步，必然要瓦解，公元 264 年，司马氏篡魏，为了争取民心，废除了屯田。

唐朝末年，长年累月的战乱，制造了大批流民和荒地。中原驻守的军队，所在之处都设置营田来耕种，属军屯。其后招募高门大户来承包营田，农民租种，向国家纳租赋，已是民屯形式。户部另设管理机构管理营田，不属地方。营田大户收容庇护奸邪盗贼，州县不能过问，租地的农户男子没有徭役，加重了户籍民的负担。后梁太祖攻淮南，抢掠淮南民耕牛以万计，供给营田民租用，几十年后，牛死了而牛租不免，百姓深受其害。后周太祖郭威征战四方，一向知道其中弊端。广顺三年（公元 953 年），后周太祖宣布废除营田，把耕种营田的人重新编入户籍，由地方管理。田地、房舍、耕牛、农具，全部赐给耕作人为永久的产业，废除全部租牛税。这一年，周境户口增加了三万户。耕户民得到了永业田，于是修整房屋，栽种树木，精耕细作，亩产量增加了好几倍。有人建议，把肥沃的营田出卖，可以获得几十万缗的钱来充实国库。后周太祖说："利益归百姓，如同藏在国家。"懂得藏富于民，民富而国强的帝王，是政治境界最高的帝王。后周太祖废屯田，惩贪官，薄民赋，是五代时难得的一位开明之君。

版刻九经行于世。我国雕版印刷术发明于唐初，雕版图书始于五代冯道主持的版刻五经，又称版刻九经。五经为《易》、《礼》、《诗》、《书》、《春秋》。礼有《周礼》、《仪礼》、《礼记》，又称三礼，春秋有《左氏传》、《公羊传》、《穀梁传》，又称春秋三传。是以合而为五经，分而为九经。后唐明宗长兴三年（公元 932 年），冯道任宰相，倡议在国子监校定九经，版刻印刷传于世。这项学术大工程，历经后唐、后晋、后汉、后周四朝，至后周广顺三年（公元 953 年）完成，历时二十三年。学术界称为五代监本。从此，雕版书大行于世，官印书在此后的历朝历代大规模展开。冯道历任五朝唐、晋、汉、周及契丹宰相、太师，能在频繁改朝换代的乱世，完成这一学术工程，是一个奇迹，在学术上，推动雕版图书的发展与普及，意义重大。

不倒翁冯道。冯道，字可道，五代时大臣。瀛州景城（今河北沧州西北）人。少好学，奉亲至孝。冯道初事刘守光为参军，守光败，事晋王李存勖河东监军张承业为巡官。张承业以冯道长于文学推荐于晋王，为河东掌书记。从此，冯道飞黄腾达，历仕后唐、后晋、后汉、后周，以及契丹主耶律德光，历经四朝、五姓、十皇帝，成为乱世之中的一位不倒翁。所事十皇帝为：后唐庄宗、明宗 、愍帝、废帝；

后晋高祖、出帝；戎王耶律德光；后汉高祖；后周太祖、世宗。十帝共有八姓。冯道在后唐历任集贤殿弘文馆大学士、司空等职。归晋任司徒、中书令。契丹灭晋，任戎主太傅。后汉时任太师。入周任太师兼中书令，终官后周太祖山陵使。公元954年卒，享年七十三岁。当时人都尊仰冯道为元老，叹其与孔子同寿，喜为之延誉。冯道自号长乐老。

人生乱世或处于昏暴之朝，往往朝不保夕，而冯道处乱世，历五朝八姓事十君，为相二十余年不倒而安如泰山，在中国古代史上是一个奇迹。冯道明哲保身的处世之道有过人之处，亦有不为人齿之处。其过人者有三。其一，生性宽厚，冯道不与任何人结怨，他没有损人害人的记录，力所能及，以救人为己任。诸将掳掠美女奉献给冯道，冯道阳受之，而阴遣送回家。其二，冯道大富大贵，而生活俭约，不事张扬。其三，持重，遇事临危不惧，往往化险为夷。史臣曰："道之屡行，郁有古人之风；道之宇量，深得大臣之体。"（《旧五代史·冯道传》史臣曰）其不为人齿者，谓冯道不忠。一女事二夫，人之不幸，何况冯道事五朝、相十帝。王夫之《读通鉴论》诛其心曰："李存勖之灭梁而骄，狎倡优、吝粮赐也，而道不言；忌郭崇韬，激蜀兵以反，而道不言；李从珂挑石敬瑭以速祸，而道不言；石重贵不量力固本以亟与虏争，而道不言；刘承祐狎群小、杀大臣，而道不言；数十年民之憔悴于虐政，流离死亡以濒尽，而道不言；其或言也，则摘小疵以示直，听则居功，不听而终免于斥逐，视人国之存亡，若浮云之聚散，真所谓谗谄而谀之臣也。"从尽忠尽节立场看，王夫之的评论，十分中肯。冯道从不犯颜直谏，对昏君暴主，只说一些不痛不痒的话，以尽臣直，事关国家安危，黎民疾苦，昏暴之主不听，冯道则不言。试问，桀纣之主，自己不爱江山，纵有十比干，无如之何。刘守光、唐废帝、后晋出帝、刘承祚之流，是扶不起的阿斗，冯道委曲求全，以求自保，无可厚非。王夫之认为冯道是一个伪君子，"真所谓谗谄面谀之臣"，此语似过也。冯道没有谗谄之行，而尽力做一些善事。例如冯道建言雕版五经，说契丹主耶律德光为当今救民活佛，史称"人皆以谓契丹不夷灭中国之人者，赖道一言之善也"（《新五代史·冯道传》）。冯道处乱世，以他不倒翁的持重大臣身份，做了一些好事，还是值得肯定的。

资治通鉴（白话本） 卷第二百九十二

后周纪三

后周太祖显德元年至后周世宗显德三年（公元954—公元956）

【起阏逢摄提格（甲寅，公元954年）五月，尽柔兆执徐（丙辰，公元956年）二月，凡一年有奇】

【大事提要】

本卷记事起于公元954年五月，讫于公元956年二月，凡一年又十个月。当后周太祖显德元年五月至后周世宗显德三年二月。契丹主发兵救北汉，后周世宗不胜退军。后周世宗锐意兴革，实行多项强国政治。其一，整训禁军，沙汰羸弱；其二，清盗贼，重民生；其三，塞黄河决口，使民安居；其四，下诏荐贤、求言，比部郎中王朴献统一之策，被升职为左谏议大夫；其五，裁撤佛寺三万余所，只留二千余所，十之八九被裁拆；其六，毁铜佛像，以之制钱，废无用为有用。司马光称赞后周世宗是五代时最有民望的仁明之君。后周兵西征，夺取后蜀秦、凤、阶、成四州。后周世宗对新区民众，只收正税，一切苛细，全部废除。北方稳固，后周世宗立即挥师南指，兵伐南唐，第一次亲征淮南。湖南、吴越奉命夹击南唐。周师进展顺利。突然间湖南兵变，王逵被杀，后周失去了攻唐的侧翼。

太祖圣神恭肃文武孝皇帝下

后周太祖显德元年（甲寅，公元954年）

五月初一日甲戌，王逵从潭州迁到朗州，任命周行逢主持潭州事务，任命潘叔嗣为岳州团练使。

五月初三日丙子，后周世宗到达晋阳城下，军队的旗帜环绕晋阳城长达四十里。杨衮怀疑北汉代州防御使郑处谦暗地勾结后周，召请郑处谦商量军事，想解决掉郑处谦。郑处谦知道杨衮的企图，没有去。杨衮派遣几十名胡人骑兵看守城门，郑处谦杀掉守兵，就此关闭城门，抵抗杨衮。杨衮逃回契丹。契丹主恼怒他没有功劳，把他囚禁起来。郑处谦率州城来投降。五月初四日丁丑，后周在代州设置静塞军，任命郑处谦为节度使。

契丹几千名骑兵驻守在忻州和代州之间，作为北汉的援军。五月初七日庚辰，派遣符彦卿等人率领一万多名步兵和骑兵攻打契丹；符彦卿进入忻州，契丹退兵忻口。

五月十四日丁亥，后周在汾州设置宁化军，将石、沁两州隶属于宁化军。

代州将领桑珪、解文遇杀掉郑处谦，诬奏说他暗中勾结契丹。

符彦卿上奏请求增兵，五月二十日癸巳，后周世宗派遣李筠、张永德率兵三千赶去。契丹的游动骑兵时常到忻州城下，五月二十三日丙申，符彦卿和众将列阵等待他们。史彦超率领二十名骑兵为前锋，与契丹相遇，和他交战，李筠领兵增援，杀死契丹军两千人。史彦超依仗勇力，轻敌前进，距离大军越来越远，寡不敌众，被契丹军杀死，李筠幸免一死，后周兵死伤很多。符彦卿退守忻州，不久领兵回晋阳。

府州防御使折德扆率领州兵来朝见后周世宗。五月二十八日辛丑，后周又在府州设置永安军，任命折德扆为节度使。

当时大量征发士兵和民夫，东自怀州、孟州，西到蒲州、陕州，用来攻打晋阳，没有攻下。正好这时长时间下雨，士卒疲劳生病，于是商议率兵退回。

当初，王得中从契丹回来，恰好遇到周军包围晋阳，便停下留在代州。等到桑珪杀掉郑处谦，便囚禁王得中，把他送到周军中，后周世宗放了他，赐给他玉带、马匹，问他说："胡人军队什么时候会到？"王得中说："臣只是受命送杨衮，没有提其他要求。"有人对王得中说："契丹答应您发兵，您不照实告知，契丹军队立即到达，您能够没有危险吗？"王得中叹息说："我吃刘氏的俸禄，有老母在包围之中，如果告知实情，周人一定发兵据守险要的地方来抵抗契丹。这样，家和国两亡，我独自活着有什么用！不如牺牲自身来保全家和国，所得到的多了！"［六月］初二日甲辰，后周世宗因为王得中欺骗蒙蔽，绞杀了他。

六月初三日乙巳，后周世宗从晋阳出发。匡国节度使药元福对后周世宗说："进军容易，退军困难。"后周世宗说："朕把这一切委托给你。"药元福于是统率军队排成阵势断后。北汉果然出兵追踪，药元福打败他们。然而军队返回匆忙仓促，几十万的粮草在晋阳城下，都被焚毁丢弃。军中流传谣言相互惊扰，有的互相抢劫，军用物资损失无法计算。所得到的北汉州县，后周所设置的刺史等都弃城逃走，只有代州桑珪既已背叛北汉，又不敢归顺后周，只好环城自守，北汉派遣军队攻占代州。

（以上为第一段，写契丹救北汉，后周世宗从晋阳败归。）

六月十三日乙酉［乙卯］，后周世宗到达潞州；六月二十二日甲子，到达郑州；六月二十四日丙寅，拜谒嵩陵；六月二十八日庚午，到达大梁。

后周世宗力排众议攻破北汉，从此政事不论大小都亲自决定，百官只是从后周世宗那里接受命令而已。河南府推官高锡上书劝谏，认为："四海的广大，政务的繁多，即使是尧舜也不能单独治理，必定要选拔人才而任用他们。现在陛下全部亲自处理，天下人不认为陛下聪明睿智，足以兼任百官的职责，都说陛下器量狭隘、猜忌怀疑，完全不信任群臣！不如选拔能够知人善任、公正无私的人来任宰相，能够爱护百姓、善理诉讼的人来当太守县令，能够增加财富、丰足衣食的人来执掌金钱粮食，能够推究人情、遵守法令的人来掌管刑罚狱政，陛下只要在朝堂垂衣拱手，看他们的功过而赏罚他们，天下何愁不能治好！何必降低君主的尊严而代替臣子的职责，委屈高贵的地位而亲自办理低贱的事情，这岂不是失去了为政的根本吗！”后周世宗不听从。高锡是河中人。

北汉主忧愁愤恨而生病，把国事全部委托给他的儿子侍卫都指挥使刘承钧。

河西节度使申师厚不等接到诏令，擅自离开镇所进京入朝，任命他的儿子为留后。秋季，七月初一日癸酉，后周世宗斥责他，授给他率府副率的职务。

七月初五日丁丑，加授吴越王钱弘俶为天下兵马都元帅。

七月二十一日癸巳，门下侍郎、同平章事范质加官守司徒，任命枢密直学士、工部侍郎长山人景范为中书侍郎、同平章事、判三司。枢密使、同平章事郑仁诲加官兼任侍中。七月二十三日乙未，任命枢密副使魏仁浦为枢密使。范质既已担任司徒，原任司徒窦贞固回洛阳去，河南府和洛阳县把他当平民看待，租税徭役都不免除。窦贞固向留守向训诉说，向训不听他的。

当初，后周世宗和北汉主在高平对抗，命令前任泽州刺史李彦崇率兵把守江猪岭，挡住北汉主的归路。李彦崇听说樊爱能等人向南逃走，便率兵退回来，北汉主果然从那条路逃走。八月初八日己酉，贬李彦崇为率府副率。

八月二十八日己巳，废除镇国军。

当初，太祖因为建雄节度使王晏有抵抗北汉的功劳，他的家乡在滕县，所以调任王晏为武宁节度使。王晏年轻时候曾经做过强盗，到达镇所以后，召集所有的旧党，赠送他们金帛、鞍马，对他们说：“我们家乡向来以强盗多而闻名，以前我和各位都曾干过，我想后来的人没有能超过各位的。请各位替我转告其他的强盗，请他们不要再做强盗，再做的人我一定灭他的全族！”于是整个境内清静安宁。九月，徐州人请求为王晏树立衣锦碑；朝廷准许。

冬季，十月初三日甲辰，左羽林大将军孟汉卿因为交纳藁税时，场院税官侵扰百姓，多取正税以外的“耗余”，被赐死。有关官员上奏说孟汉卿的罪还不至于处死；后周世宗说：“朕知道这些，不过想借此警戒大家罢了。”

十月初八日己酉，废除安远、永清军。

（以上为第二段，写后周世宗精明强干，事无巨细，大权独揽。惩奖鲜明。）

当初，宫禁的警卫士兵，历朝相互沿袭，一味地宽容迁就，不愿检查挑选，恐怕伤了人情，因此年老体衰的士兵占大多数。这些人只会傲慢不顺，不听从朝廷的命令，实际上不能被朝廷任用，每次遇到大敌，不是逃走，就是投降，前朝之所以亡国，大多数是由于这个原因。后周世宗通过高平之战，才知道其中的弊端，十月二十二日癸亥，后周世宗对侍从的大臣们说："大凡军队求精不求多，现在一百个农夫养不起一名全副武装的士兵，为什么要搜刮百姓的血汗，来养活这些没有用的东西呢！况且勇健和懦弱不加区分，用什么去激励众人呢！"于是下令全面挑选检查各军，精锐的提升到上军，体弱的裁员退走。又因为勇猛的士兵大多为藩镇所蓄养，所以诏命招募天下壮士，全部送到京城，命令赵匡胤挑选其中特别好的组成殿前各班，其他骑兵和步兵各军，分别命令将帅挑选。因此士兵精明强干，近代没有哪一个能与此相比，征伐四方，所到之处都获胜利，这都是挑选训练士兵的效果。

十月二十七日戊辰，后周世宗对侍从的大臣说："各道盗贼很多，讨伐捕捉而不能绝迹，这大概是由于历朝分别派使者到各地去巡视检查，致使藩镇节度使、州县官员都不尽力。应该全部召回使臣，把捕捉盗贼的工作专门委托给藩镇、州县，要求他们肃清强盗。"

黄河从杨刘到博州一百二十里，连年向东溃堤，分成两条支流，汇聚成大泽，弥漫几百里；又向东北冲坏旧堤而流出去，灌淹齐、棣、淄各州，直到海滨，漂走淹没民田房舍无法计算，流民靠采摘菰米、稗子和捕鱼来充食，朝廷屡次派遣使者都不能堵塞。十一月二十八日戊戌，后周世宗派遣李穀到澶州、郓州、齐州去审查巡视堤防的堵塞情况，李穀征发役徒六万人，三十天就完全堵塞。

北汉主病重，命令他的儿子刘承钧代理国事，不久去世。北汉派遣使者向契丹报丧。契丹派遣骠骑大将军、知内侍省事刘承训册命刘承钧为皇帝，改名为刘钧。北汉孝和帝刘钧性情孝顺恭谨，继位以来，勤于治理政事，爱护百姓，礼遇士人，境内大体安定。他每次上表给契丹主都自称"男"；契丹主赐给他诏书，称他为"儿皇帝"。

（以上为第三段，写后周世宗整训禁军，沙汰羸弱，清盗贼，堵黄河决口，关心民生。北汉主刘钧效石敬瑭，向契丹称儿皇帝。）

马希萼率领各部蛮人攻破长沙时，库府中几代积蓄的财物，都被溆州蛮人酋长苻彦通抢去，苻彦通因此富强，在溪洞间自称为王。王逵得到湖南以后，想要派遣使者招抚他，便招募能够前去的人，他的部将王虔朗请求前去。王虔朗到了以后，苻彦通带着众多的侍卫接见他，态度神情十分傲慢。王虔朗大声地斥责苻彦通说："足下自称是苻秦的后代，应该知晓礼义，与蛮人有别。从前马氏在湖南，足下的祖父、父亲都北面称臣而事奉马氏；现在王公全部得到马氏之地，足下不早一点去请求结盟，反而要他的使者先来，又不用礼节来接待使者，你以后难道不后悔吗！”苻彦通惭愧害怕，站起身来，握着王虔朗的手向他道歉。王虔朗知道他可以说动，就劝他说：“溪洞这些地方，隋唐的时候都是州县，记载在图册书籍中。现在足下上没有天子的诏书，下没有节度使府的命令，虽然自己在山谷之间称王，只不过是蛮夷中的一个酋长而已！不如去掉王的称号，自动归顺王公，王公一定用天子的命令授给足下节度使的职务，与中原的侯伯等同，岂不尊贵荣耀吗！”苻彦通非常高兴，当天就去掉王号，通过王虔朗进献几只铜鼓给王逵。王逵说：“王虔朗的一句话胜过几万军队，的确是国中的人才啊！”于是以天子的制命，任命苻彦通为黔中节度使；任命王虔朗为都指挥使，参与湖南都府的政事。

王逵担心西界镇遏使、锦州刺史刘瑫会成为边境的祸患，上表请求朝廷任命刘瑫为镇南节度副使，充任西界都招讨使。

这一年，湖南发生大饥荒，百姓吃草木的果实；武清节度使、知潭州事周行逢打开仓库救济灾民，救活很多人。周行逢出身贫贱，了解民间的疾苦，励精图治，严正无私，征召任用部属，都选取廉洁公正的人，规约简单切要，他对自己的奉养很俭约。有人笑他说太节俭，周行逢说：“马氏父子极尽奢侈浪费，不体恤百姓，现在他的子孙向人讨饭，又值得效法吗！”

（以上为第四段，写湖南王逵抚定溪洞蛮夷，周行逢开仓赈济饥民。）

世宗睿武孝文皇帝上

后周太祖显德二年（乙卯，公元 955 年）

春季，正月初十日庚辰，后周世宗因为水路运粮从后晋、后汉以来不给报销运输损耗，运粮的官吏很多因为亏欠而被处死，所以下诏从今以后每斛可以给损耗一斗。

定难节度使李彝兴因为折德扆也当了节度使，与自己地位相等，感到耻辱，于是堵塞道路，不与后周来往。正月十三日癸未，后周世宗和宰相商议，宰相回答说：“夏州是边疆的重镇，朝廷向来都从优宽待；府州偏僻狭小，得到或失去都不关轻重。应该先暂时安抚李彝兴，以顾全大局。”后周世宗说：“折德扆多年以来，尽忠朝廷，努力作战，以抵抗刘氏，怎么能一下子抛弃他！况且夏州只产羊马，买卖其他货物全赖中原，我们如果断绝与李彝兴的关系，他还有什么能耐！”于是后周世宗就派遣供奉官齐藏珍带着诏书去责问李彝兴。李彝兴惊慌害怕，道歉认罪。

正月十八日戊子，后蜀在凤州设置威武军。

正月二十一日辛卯，朝廷开始命令翰林学士、中书和门下两省官员推举县令、录事参军。任命官职的时候，同时签署推举人的姓名，如果所推举的人因贪污污秽而丢官，连同推举人一起都要定罪。

契丹从后晋、后汉以来多次侵犯河北，轻装的骑兵深入境内，没有屏障的阻隔，郊区野外的百姓往往陷入遭受抢劫杀戮的困境。议论国事的人说深州和冀州之间有一条胡卢河，横亘几百里，可以疏通河道限制契丹的奔驰冲突。当月，后周世宗诏命忠武节度使王彦超、彰信节度使韩通率领士兵民夫疏通胡卢河，在李晏口筑城，留下部队戍守。后周世宗召见德州刺史张藏英，向他询问防备边疆的对策。张藏英详细地陈述地形要害，请求设置戍守的军队，招募边境百姓中勇猛的人，给予优厚的供给；他自己请求率领他们，随机应变，讨伐进攻契丹骑兵。后周世宗完全听从他的建议，任命张藏英为沿边巡检招收都指挥使。张藏英到任几个月，招募到一千多人。王彦超等人巡视疏通河道的工程，曾经被契丹所包围。张藏英率领所招募来的士兵飞奔出击，大败契丹军队。从此契丹不敢渡过胡卢河，胡卢河以南的百姓才得到休养生息。

二月初一日庚子，日食。

后蜀夔恭孝王孟仁毅去世。

二月二十三日壬戌，后周世宗诏命群臣尽情地陈述朝廷的得失，诏书大致说："朕对于各位卿大夫，无法全部知道才能，无法全部认识面孔；如果不收集大家的言论从而观察大家的行为，明白大家的意见从而观察大家的忠诚，那么凭什么能够看出各自才略的高低，了解任用的是否得当！如果大家说了而我听不进，那么罪过实在在我的身上；如果大家不按我的要求而默不作声，那么过错将归于谁呢！"

南唐主任命中书侍郎、知尚书省严续为门下侍郎、同平章事。

（以上为第五段，写后周世宗下诏荐贤、求言，抗击契丹侵扰河北的游骑。）

三月初二日辛未，后周在李晏口设置静安军。

后周世宗常常为唐僖宗广明以来中原版图一天比一天缩小而愤慨，等到高平之战胜利以后，慨然有平定天下的志向。正好这时秦州的百姓有人亲自到大梁进献计策，请求恢复旧有疆域，后周世宗采纳了他的意见。

后蜀主听说这个消息，便派遣客省使赵季札巡视边疆的守备情况。赵季札向来以文武才略自许，出使回来，上奏说："雄武节度使韩继勋、凤州刺史王万迪都不是将帅之才，不足以抵御大敌。"后蜀主问道："谁可以前往？"赵季札请求亲自前去。三月二十七日丙申，后蜀主任命赵季札为雄武监军使，并调京城警卫的精锐部队一千人作为他的部属。

后周世宗因为大梁城里拥挤，夏季，四月十二日乙卯，下诏扩展外城，先立下标志，等到当年冬天农闲时动工修筑；农事开始就停止，等到第二年冬天再施工，逐步完工。并且下令，从今以后，埋葬死人都必须出城，距离所立的标志七里之外，标志以内的地方，等到朝廷分别规划出街道、仓场、营房官舍之后，其余地方听任百姓随便盖房。

四月十三日丙辰，后蜀主命令知枢密院王昭远检查巡视北方边境上的城池要塞、甲兵。

后周世宗对宰相说："朕常常考虑使国家强盛的方法，没有得到其中的要领，吃饭睡觉时都不能忘记。另外从唐晋以后，吴地、蜀地、幽州、并州等地都被隔断了政令和教化，没有能够统一，应该命令左右亲近的大臣撰写《为君难为臣不易论》以及《开边策》各一篇，朕将一一浏览。"

比部郎中王朴进献计策，认为："中原丧失吴地、蜀地、幽州、并州，全都是由于丧失道义。现在首先必须考察之所以丧失土地的原因，然后就知晓收取失地的办法。最初丧失土地，没有不是因为君主昏庸、臣子奸邪，士兵骄横、百姓困穷，奸邪朋党在朝内势力强盛，将帅在外横行霸道，由小到大，积微成著的。现在想要收取失地，不过颠倒这些做法就是了。进用贤人斥退小人，这是搜罗人才的方法；恩及穷困，讲求诚信，这是结交人心的方法；赏赐功劳，惩罚罪过，这是要大家尽力的方法；去除奢侈，节约费用，这是增加财富的方法；按时使用民力，减少赋税，这是使百姓富足的方法。等到大量的人才已经聚集，国家政事已经治理，财富用度已经充足，士人百姓已经亲附，然后推举而任用他们，功业没有不成功的了！对方的百姓看到我们有必然取胜的趋势，那么知道其中情形的人就愿意当间谍，了解他们山川形势的人就愿意做向导，民心已经归附，上天的意志必然顺从了。

"大凡进攻夺取的道理，一定要先对付容易的地方。唐与我们相接的边境接近两千里，看情况很容易扰乱对方。扰乱对方应当从没有防备的地方开始，他们防备东面，我们就扰乱西面，他们防备西面，我们就扰乱东面，他们一定奔跑救援。在奔跑救援当中，可以知道他们的虚实强弱，然后就避实击虚，避强击弱。不需大举出兵，暂且用少量的部队去扰乱他们。南方人懦弱胆怯，听到有小小的警报，一定会发动所有的军队去救援。军队频繁出动，就会使得百姓疲乏，财用枯竭，如果不出动所有的军队，那么我们就可以乘着空虚而夺取土地。这样，长江以北的各州将全部归我们所有。得到长江以北以后，就利用他们的百姓，实行我们的计划，长江以南也容易夺取了。得到长江以南，那么岭南、巴蜀就可以用传递檄文而平定。南方既已平定，那么燕地一定望风归附。如果它不来归附；便调动军队进攻，就可以像卷席子那样平定了。只有河东是一定要拼死对抗的敌人，不可用恩惠信义来诱导，应当以强大的兵力制服他。然而他们自从高平战败以后，力量衰竭，士气沮丧，一定不能成为边境的祸患，应该暂且把河东放在后面考虑，等到天下已经平定，然后等待时机，一举就可以擒获。现在士卒精练，战甲兵器都有准备，部众畏服军法，众将尽力效劳，一年以后可以出兵，应当从夏秋开始就蓄积粮草，充实边塞了。”

后周世宗欣喜地采纳了他的计策。当时群臣大多墨守成规，苟且偷生，所回答的策略很少有可取的，只有王朴神情峻严，气势刚强，有谋略，有决断，凡是有所谋划，都符合后周世宗的心意，后周世宗因此看重他的器度和见识。不久，升任他为左谏议大夫，知开封府事。

（以上为第六段，写比部郎中王朴献统一治安之策，被升职为左谏议大夫。）

后周世宗计划夺取秦州和凤州，寻求可以统领军队的人。王溥推荐宣徽南院使、镇安节度使向训。后周世宗命令向训与凤翔节度使王景、客省使高唐人昝居润同行。五月初一日戊辰，王景从散关出兵直奔秦州。

敕令天下寺院，没有朝廷敕赐寺额的，全部废除。禁止私下剃度僧人和尼姑，凡是想出家的人一定要得到祖父母、父母、伯叔的同意。只有东京、西京、大名府、京兆府、青州等地可以设置传戒的戒坛。禁止和尚舍身、断手足、炼指、挂灯、带钳这一类惑乱社会风俗的习俗。命令东西两京和各州每年编制僧人的名册，如果有死亡、还俗的，都随时注销。当年，天下寺院保留下来的共二千六百九十四座，被废除的共三万零三百三十六座，现有的僧人共四万二千四百四十四人，尼姑共一万八千七百五十六人。

王景攻下黄牛等八个营寨。五月十一日戊寅，后蜀主任命捧圣控鹤都指挥使、保宁节度使李廷珪为北路行营都统，左卫圣步军都指挥使高彦俦为招讨使，武宁节度使吕彦珂为副招讨使，客省使赵崇韬为都监。

后蜀赵季札到了德阳，听说后周军队入境，害怕不敢前进，上书请求解除守边的任务回京师奏报情况，先遣送携带的东西和妓女侍妾向西返回。五月二十日丁亥，单人匹马奔入成都，众人以为他是战败逃回来，没有不震动惊恐的。后蜀主问他军机事务，他都不能回答。后蜀主发怒，把他囚禁在御史台，五月二十七日庚午［甲午］，在崇礼门将他斩首。

六月初三日庚子，后周世宗亲自在内苑审查囚徒的档案。有一个汝州的百姓名叫马遇，父亲和弟弟都被官吏冤屈致死，多次经过复审，自己不能申明，后周世宗亲自问讯，才得到事情的真相，人们认为后周世宗神明。因此各个长官无不亲自审查诉讼案件。

六月初五日壬寅，西征的军队与后蜀李廷珪等人在威武城的东面交战，不顺利，排阵使濮州刺史胡立等人被后蜀抓获。六月初十日丁未，后蜀主派遣秘密使者前往北汉和南唐，想和他们一起出兵来制服后周，北汉主、南唐主都答应了。

六月十二日己酉，任命彰信节度使韩通充任西南行营马步军都虞候。

六月二十一日戊午，南汉主杀死祯州节度使通王刘弘政，于是南汉高祖的几个儿子都死了。

六月二十五日壬戌，后周任命枢密院承旨清河人张美为右领军大将军，权点检三司事。当初，后周世宗在澶州，张美掌管澶州隶属于三司的钱粮，后周世宗有时候私下有所要求，张美想尽办法供应满足需求。太祖知道此事，很生气，但又怕伤了后周世宗的感情，只是调任张美为濮州马步军都虞候。张美理财精明敏捷，当时很少有人赶得上他，所以后周世宗把理财的大权交给他；然而考虑到他在澶州的所作所为，终究不把他当作公正忠诚的人来看待。

秋季，七月初一日丁卯，任命王景兼任西南行营都招讨使，向训兼任行营兵马都监。宰相因为王景等人长久没有战功，粮食的运送跟不上，所以再三请求罢兵。后周世宗命赵匡胤前往观察，回来以后，说明秦、凤两州可以夺取的情形，后周世宗听从了他的意见。

（以上为第七段，写后周世宗裁撤佛寺十之八九，平反冤狱，用王溥策西征后蜀。）

八月十一日丁未，中书侍郎、同平章事景范被解除判三司的职务，不久因为父丧而免除政事。

王景等人打败后蜀军队，俘获将帅士卒三百人。八月二十三日己未，后蜀主派遣通奏使、知枢密使、武泰节度使伊审徵前往军营慰劳抚问士卒，并且督战。

后周世宗因为朝廷很久没有铸造钱币，而民间大多销毁钱币来铸造器皿和佛像，钱币越来越少。九月初一日丙寅，后周世宗敕令开始设立机构，开采铜矿铸造钱币，除天子的仪仗、军器以及佛寺道观的钟磬钹铎之类准许留用之外，其余的民间铜器、佛像，限令五十天内全部送到官府，付给相当的价钱；过了期限隐藏不交，重量在五斤以上的判死罪，不到五斤的根据数量多少判处不同的刑期。后周世宗对侍从大臣说：“你们不要因为我毁佛像而觉得疑惑。佛用善道来教人，如果有志于为善，那就是尊奉佛了。那些铜像难道就是所谓的佛吗？况且我听说佛的志向在于造福他人，即使是头颅眼睛都可以舍弃来布施他人，如果朕的身体可以救济百姓，朕也不会有所吝惜的！”

臣司马光评论说：像后周世宗，可以称得上是仁爱了，不吝惜自己的身体而爱护百姓；像后周世宗，可以称得上英明了，不因无益的东西来废弃有益的东西。

后蜀李廷珪派遣先锋都指挥使李进占据马岭寨；又派遣奇兵从斜谷出发，驻守白涧；又分别从凤州北面的唐仓镇和黄花谷出兵，断绝后周军队的运粮通道。闰九月，王景派遣副将张建雄率两千士兵抵达黄花谷，又派遣一千人直奔唐仓镇，控制后蜀兵的归路。后蜀染院使王峦率兵从唐仓镇而出，和张建雄在黄花谷交战，后蜀军队战败，逃向唐仓镇，遇到后周军队，又战败，周军俘获了王峦和他的三千将士；马岭、白涧的蜀军全都溃散，李廷珪、高彦俦等人退守青泥岭。后蜀雄武节度使兼侍中韩继勋丢弃秦州，逃回成都，观察判官赵玭献出城池投降，斜谷的援兵也崩溃了。成、阶二州全部投降，蜀地人震惊恐惧。赵玭，是澶州人。后周世宗想任用赵玭为节度使，范质再三争辩，认为不可以，于是任命他为郢州刺史。

闰九月十七日壬子，百官入朝庆贺，后周世宗举起酒杯对着王溥说："边疆战事的成功，全是你选择将帅的功劳啊！"

闰九月二十九日甲子，后周世宗和将相们在万岁殿进餐，因而说道："这两天天气很冷，朕在宫中吃珍贵的食物，深感惭愧的是对百姓没有功劳而坐享上天赐予的福禄，既然不能亲自耕种来供养自己，就只有亲自冒着矢石的危险来为百姓除害，勉强才可以自我安慰而已！"

闰九月三十日乙丑，后蜀李廷珪上表等候定罪。冬季，十月初八日壬申，伊审徵到成都请罪。

后蜀主致信给后周世宗请求讲和，自称大蜀皇帝；后周世宗恼怒他用对等的礼节，没有回答。后蜀主更加恐惧，在剑门、白帝聚集兵马粮草，作防守抵御准备，招募的士兵已经很多，费用不够，开始铸造铁钱，境内的铁器由官府专卖，百姓苦于这件事。

（以上为第八段，写后周世宗毁铜佛铸钱，废无益补有益，司马光称其为仁明之君。后周西征军大败后蜀军，夺取代、阶两州。）

南唐主性情温和柔顺，爱好文辞，而且喜欢别人奉承自己，因此献媚的臣子大多受任用，政事一天比一天混乱。攻克建州，攻破湖南以后，更加骄傲，有吞并天下的志向。李守贞、慕容彦超叛乱的时候，南唐都为此出兵，远远地声援；又派遣使者从海路联络契丹和北汉，约定共同谋取中原。正逢中原多事，后周没有时间跟他们较量。

先前，每年冬天淮河水浅干涸，南唐人常常发兵去戍守，称为"把浅"。寿州监军吴廷绍认为边疆无事，白白地浪费钱粮，便全部罢除。清淮节度使刘仁赡上表再三力争，没有成功。十一月初一日乙未，后周世宗任命李穀为淮南道前军行营都部署，兼知庐、寿等行府事，任命忠武节度使王彦超为副都部署，督领侍卫马军都指挥使韩令坤等十二位将领讨伐南唐。韩令坤是磁州武安人。

汴水从唐末就溃堤决口，从埇桥东南方起全是污泥沼泽。后周世宗谋划攻打南唐，先命令武宁节度使武行德征发民夫，沿着旧堤疏导汴水，向东流入泗水；议论的人都认为难以成功，后周世宗说："几年之后，一定会得到它的好处。"

十一月十三日丁未，后周世宗和侍从大臣谈论刑赏的事，后周世宗说："朕一定不因为发怒而处罚人，因为高兴而奖赏人。"

在先前，大梁城里的百姓侵占街道做房子，能够通行大车的街道很少，后周世宗命令把所有的街道都拉直拓宽，宽的达三十步；又命令把坟墓迁到标志以外的地方。后周世宗说："近来拓宽京城，对活人和死人的扰乱确实很多。怨恨毁谤的言语，朕自己承当，将来终究会对人有利。"

王景等人包围凤州，韩通分兵修筑固镇来断绝后蜀援兵。十一月十四日戊申，攻克凤州，活捉后蜀威武节度使王环和都监赵崇溥等将士五千人。赵崇溥绝食而死。王环是真定人。十一月二十一日乙卯，后周世宗颁布制令：在秦州、凤州、阶州、成州境内实行大赦，所俘获的后蜀将士，愿意留下来的给予优厚的俸禄赏赐，愿意离去的送给路费服装遣送西去。诏书说："为了安慰民众的情绪，避免违背事物的本性，那四州的百姓，除了夏秋二税的征收，凡是蜀人所立的各种租税徭役，全部免除。"

南唐人听说周军将到达而害怕，刘仁赡神情自如，部署军队守卫抵抗，与平常没有两样，众人的心情才稍微安定。南唐主任命神武统军刘彦贞为北面行营都部署，率兵两万直驱寿州，任命奉化节度使、同平章事皇甫晖为应援使，常州团练使姚凤为应援都监，率兵三万驻守定远。召请镇南节度使宋齐丘回金陵，谋划应付国难的计策，任命翰林承旨、户部尚书殷崇义为吏部尚书、知枢密院。

李穀等人建造浮桥，从正阳渡过淮河。十二月初十日甲戌，李穀上奏说王彦超在寿州城下打败唐军二千多人；十二月十五日己卯，又奏报先锋都指挥使白延遇在山口镇打败唐军一千多人。

十二月二十二日丙戌，枢密使兼侍中韩忠正公郑仁诲去世。后周世宗要亲自去吊丧，近臣上奏说时日不利，后周世宗说："君臣情深义重，哪里还有日期与时辰的限制！"前往哭泣，极尽哀思。

吴越王钱弘俶派遣元帅府判官陈彦禧入朝进贡，后周世宗用诏书晓谕钱弘俶，要他出兵攻打南唐。

（以上为第九段，写后周西征军取蜀秦、凤、阶、成四州，对四州之民只征正税，蜀人所立杂税悉免之。后周兵伐南唐。）

后周太祖显德三年（丙辰，公元 956 年）

春季，正月十二日丙午，任命王环为右骁卫大将军，奖赏他的不降之节。

正月初三日丁酉，李穀奏报在上窑打败南唐军队一千多人。

正月初四日戊戌，发动开封府、曹州、滑州、郑州的十多万百姓修筑大梁城的外城。

正月初六日庚子，后周世宗下诏亲征淮南，任命宣徽南院使、镇安节度使向训代理东京留守，端明殿学士王朴为副留守，彰信节度使韩通代理点检侍卫司及在京内外都巡检。命令侍卫都指挥使、归德节度使李重进率兵先赶赴正阳，河阳节度使白重赞率领三千名亲兵驻守颍上。正月初八日壬寅，后周世宗从大梁出发。

李穀进攻寿州，很久没有攻下；南唐刘彦贞率兵救援，到达来远镇，距离寿州二百里，又派遣战舰几百艘赶赴正阳，做出要进攻浮桥的态势。李穀害怕，召见将帅僚佐商议说："我们的军队不能在水上作战，假若贼兵截断浮桥，那么我们就前后受敌，全部不能回去了！不如退兵防守浮桥以等候后周世宗。"后周世宗到了圉镇，听到李穀的计谋，立刻派遣宫中使者乘驿车去阻止。后周世宗使者到达寿州，李穀已经烧掉粮草，退守正阳。正月十三日丁未，后周世宗到达陈州，立即派遣李重进领兵赶赴淮上。

正月十七日辛亥，李穀奏报："贼寇的战舰在河的中间前进，弓弩石炮不能射及，假若浮桥守不住，就会使众心动摇，一定要退兵。现在贼寇的战舰每天前进，淮河水每天上涨，假若皇上亲临前线，万一运粮的通道断绝，那危险就很难预测。希望陛下暂时留驻在陈州和颍州，等到李重进到达以后，臣下和他共同商议，估计敌人的战舰我们能够防御，浮桥能够保全，到时候立即详细上奏报告。如果我们做好战斗准备，等到春天过去，冬天到来，足以使得贼寇疲弊困乏，再攻取还不晚。"后周世宗看了奏疏，不高兴。

刘彦贞向来骄横显贵，没有才干谋略，不熟悉军事，在藩镇任职，专门做些贪污残暴的事，积聚财富以亿计，拿来贿赂权贵，因此魏岑等人争相称誉他，认为他治理百姓如同汉朝的龚遂、黄霸，用兵就像韩信、彭越，所以周军到来时，南唐主首先任用他。他的副将咸师朗等人都有勇无谋，听说李穀退兵，非常高兴，领兵直接抵达正阳，旗帜和军用物资连接几百里，刘仁赡和池州刺史张全约再三阻止。刘仁赡说："您的军队还没到，敌人就先逃走，这是畏惧您的威名啊，怎么能够采用速战的方法！万一失利，大事就完了！"刘彦贞不听。启程以后，刘仁赡说："如果遇到敌人，一定失败。”于是增加士兵登上城去，作好防备。李重进渡过淮河，在正阳的东面迎战，大败唐军，斩杀刘彦贞，活捉咸师朗等人，斩首一万多人，倒伏的尸体达三十里，缴获军用物资、器械三十多万。这时江淮一带长期平安，民众不习惯战争，刘彦贞战败以后，南唐人大为恐慌，张全约收拾残余部众逃奔寿州，刘仁赡上表荐举张全约为马步左厢都指挥使。皇甫晖、姚凤退守清流关。滁州刺史王绍颜弃城逃走。

正月十八日壬子，后周世宗到达永宁镇，对侍从大臣说：“听说寿州包围已经解除，农民大多已经回到村落，现在听到大军到来，一定会再次进城。可怜他们聚集起来会成为饿死者，应该先派遣使者去安抚，让他们各自安心从事自己的职业。”正月二十日甲寅，后周世宗到达正阳，任命李重进代替李穀为淮南道行营都招讨使，任命李穀为判寿州行府事。正月二十二日丙辰，后周世宗到达寿州城下，在淝水的北岸扎营，命令各军包围寿州，把正阳的浮桥迁到下蔡镇。正月二十三日丁巳，征发宋州、亳州、陈州、颍州、徐州、宿州、许州、蔡州等地的壮丁几十万人，攻打寿州城，昼夜不停。南唐军队一万多人把船系在淮河上，在涂山山脚下扎营。正月二十六日庚申，后周世宗命令赵匡胤去进攻唐军，赵匡胤派遣一百多名骑兵逼近他们的军营，然后假装败逃，引诱埋伏圈的士兵出来拦截，结果在涡口大败南唐军，斩杀南唐都监何延锡等人，夺取战舰五十多艘。

后周世宗下诏任命武平节度使兼中书令王逵为南面行营都统，让他进攻南唐鄂州。王逵率兵经过岳州，岳州团练使潘叔嗣准备了丰厚的酒宴来犒劳，侍候得非常恭敬。王逵左右的人贪得无厌，不满足而怨恨的人在王逵面前中伤潘叔嗣，说他图谋叛乱。王逵的神情和言词都表露出愤怒，潘叔嗣因此害怕而内心不安。

南唐主听说湖南的军队将要到来，便命令武昌节度使何敬洙把百姓迁进城里，准备作坚持防守的打算。何敬洙不听，让百姓清理地面作为战场，说：“敌人来，就和军队百姓一起死在这里！”南唐主赞许他。

二月初三日丙寅，下蔡的浮桥建成，后周世宗亲自前去视察。

（以上为第十段，写后周世宗第一次亲征南唐，前锋初战告捷。）

二月初五日戊辰，庐、寿、光、黄巡检使司超奏报在盛唐打败南唐军三千多人，抓获都监高弼等人，缴获四十多艘战舰。

后周世宗命令赵匡胤兼程行进，袭击清流关。皇甫晖等人在山下列阵，正与后周先头部队交战，赵匡胤领兵从山后出来；皇甫晖等人大为吃惊，逃入滁州，想要切断护城河桥自我防守。赵匡胤跃马指挥军队涉水而过，直到城下。皇甫晖说：“每个人各为自己的主子效力，希望等我排好阵势以后再战。”赵匡胤笑着答应了他。皇甫晖整好部众出城，赵匡胤抱着马颈突然冲进阵中去，大声呼喊道："我只要取皇甫晖，其他的人不是我的敌手！"手持长剑攻击皇甫晖，击中他的脑袋，活捉了他，并抓获姚凤，于是攻克滁州。几天以后，赵匡胤的父亲赵弘殷为马军副指挥使，领兵在半夜到达滁州城下，传令呼喊开门。赵匡胤说："父子虽然是最亲的关系，可是开关城门是国家的大事，不敢奉命。"

后周世宗派遣翰林学士窦仪清点登记滁州府库的财物，赵匡胤派亲信小吏去拿府里的绢布。窦仪说："您在刚刚攻下州城的时候，即使把所藏的东西都拿走，也没有碍难。现在既已登记为公家的东西，没有诏书的命令，是不能够得到的。"赵匡胤因此看重窦仪。后周世宗下诏任命左金吾将军马崇祚负责滁州事务。

当初，永兴节度使刘词送表推荐他的幕僚蓟州人赵普有才干，可以任用。正好这时滁州平定，范质推荐赵普为滁州军事判官，赵匡胤与他交谈，很喜欢他。当时抓到一百多名强盗，应该都处死，赵普请求先审问然后处决，结果活下来的人占十分之七八。赵匡胤更加认为他是个奇才。

赵匡胤的威望名声一天比一天大，每次临阵，一定用马腹带饰装战马，铠甲和武器都鲜明耀眼。有人说："像这样容易被敌人认出来。"赵匡胤说："我本来就是想让他们认出我！"

（以上为第十一段，写未来的宋太祖赵匡胤在征战中智勇双全，地位声望日益隆盛。）

南唐主派遣泗州牙将王知良带着书信到达徐州，说："唐皇帝奉送书信给大周皇帝，请求停止战争，重归于好，愿意以事奉兄长的礼节来事奉大周皇帝，每年输送财物来资助军费。"二月十一日甲戌，徐州把这些情况奏报后周世宗；后周世宗不作回答。二月十五日戊寅，后周世宗命令前任武胜节度使侯章等人攻打寿州的水军营寨，挖开壕沟的西北角，将壕沟的水引入淝水。

赵匡胤派遣使者献上皇甫晖等人，皇甫晖伤得很重，看到后周世宗，卧着对他说："臣下不是不忠于自己所事奉的君主，只是士卒有勇敢和怯懦的不同罢了。臣以前多次和契丹交战，未曾见到过像这样精良的士兵。"因而大力称赞赵匡胤的勇敢。后周世宗放了他，几天以后皇甫晖便去世了。

后周世宗侦察得知扬州没有防备，二月十六日己卯，命令韩令坤等人率兵前往袭击，告诫他不得残害百姓；对那里的李氏陵墓，派人与李氏的族人共同守护。

南唐主因为军队多次失败，担心灭亡，于是派遣翰林学士、户部侍郎锺谟和工部侍郎、文理院学士李德明奉表章称臣，前来请求讲和，进献御服、汤药以及金器一千两，银器五千两，缯绵二千匹，犒劳军队的牛五百头，酒二千斛。二月十九日壬午，到达寿州城下。锺谟、李德明向来能言善辩，后周世宗知道他们打算游说，便命令士兵排成强大的阵势来接见他们，说：“你们的君主自称是唐室的后裔，应该懂得礼义，和其他的国家不一样。与朕只隔着一条河从未派遣一个使者前来通好，只是过海去勾结契丹，舍弃华夏而事奉夷狄，礼义在哪里？而且你们是想向我游说让我罢兵吗？我不是战国时六国的愚昧君主，岂是你们用口舌所能改变主意的人呢！你们可以回去告诉你们的君主：赶快来见朕，向朕再三下拜谢罪，就没事了。不然的话，朕想去观光金陵城，借用你们府库的东西来犒劳军队，你们君臣该不会后悔吧！”锺谟、李德明吓得发抖，不敢说话。

吴越王钱弘俶派遣军队驻扎在边境上，等待后周的命令。苏州营田指挥使陈满对丞相吴程说：“周人军队南征，唐全国惊慌，常州没有防备，容易夺取。”正好这时南唐主有诏书安抚江阴的官吏百姓，陈满告诉吴程说：“周的诏书已经到了。”吴程为此向钱弘俶上言，请求赶快按照陈满的计策发兵。丞相元德昭说：“唐国是个大国，不可轻视。假若我们进入唐国境内，而周军不到，谁与我们合力作战？能够没有危险吗？请暂等一等。”吴程再三争辩，认为机不可失，钱弘俶终于听从了吴程的建议。二月二十日癸未，派遣吴程督领衢州刺史鲍修让、中直都指挥使罗晟直奔常州。吴程对将士们说：“元丞相不想出兵。”将士们愤怒，散布流言说要击杀元德昭。钱弘俶把元德昭隐藏在府中，下令逮捕散布流言的人，并叹息说：“将要出兵而士卒想袭击丞相，太不吉利了啊！”

二月二十二日乙酉，韩令坤突然到达扬州。天刚亮，先派白延遇率领几百名骑兵飞驰进城，城中的人没有察觉。韩令坤接着到达，南唐东都营屯使贾崇焚烧官府民房，放弃州城向南逃走。副留守工部侍郎冯延鲁剃光头发，披上僧服，躲在佛寺里，军士抓住他。韩令坤安抚慰问百姓，使他们都安居。

（以上为第十二段，写南唐主向后周世宗求和，世宗不允。）

二月二十七日庚寅，王逵奏报攻下鄂州的长山寨，抓获了他们的将领陈泽等人，献给朝廷。

二月二十八日辛卯，赵匡胤奏报南唐天长制置使耿谦投降，缴获粮草二十多万。

南唐主派遣园苑使尹延范前往泰州，把吴让皇的家族迁往润州。尹延范因为道路艰难，恐怕杨氏家族发生变乱，便把杨氏的男子六十人全部杀掉，然后回去报告，南唐主发怒，把尹延范腰斩。

韩令坤等人攻打泰州，攻占了泰州，刺史方讷逃奔金陵。

南唐主派人带着蜡丸密信向契丹求救。二月二十九日壬辰，静安军使何继筠截获密信交给朝廷。

任命给事中高防暂时代理泰州事务。

二月三十日癸巳，吴越王钱弘俶派遣上直都指挥使路彦铢攻打宣州，罗晟率领战舰驻守江阴。南唐静海制置使姚彦洪率领士兵和百姓一万人投降吴越。

潘叔嗣集合将士，告诉他们说：“我事奉王逵到了极点，如今他竟然听信谗言，对我怀疑发怒，军队回来，一定会攻击我。我不能坐着等死，你们愿意和我一起向西走吗？”众人很愤怒，请求跟他走，于是潘叔嗣率领部众向西袭击朗州。王逵听说后，就回军追赶，在武陵城外赶上，与潘叔嗣交战，王逵战败而死。

有人劝潘叔嗣就此占据朗州。潘叔嗣说：“我只是救自己的命罢了，怎么敢自立称尊，应该把朗州督府交给潭州太尉，难道他不会拿武安来安置我吗？”于是返回岳州，派遣团练判官李简率领朗州的将领官吏迎接武安节度使周行逢。众人对周行逢说：“一定要把潭州授给潘叔嗣。”周行逢说：“潘叔嗣杀主帅，罪应当灭族。可以宽恕的是，得到武陵而不占有，把他交给我罢了。如果马上起用他为节度使，天下将说我和他同谋，我拿什么来自我表白！应该暂且任命他为行军司马，等过了一年，再授给他节度使就可以了。”于是命衡州刺史莫弘万暂时主持潭州事务，自己率领部众进入朗州，自称武平、武安留后，向朝廷报告，任命潘叔嗣为行军司马。潘叔嗣发怒，称病不到任。周行逢说：“行军司马，我曾经当过，权力和节度使相等，潘叔嗣还不满意，难道想要对我图谋不轨吗！”

有人游说周行逢说：“授给潘叔嗣武安节度使来引诱他，让他到都府来接受命令，他就成了砧板上的一块肉了！”周行逢听从了这个建议。潘叔嗣将要启程时，他所亲信的人阻止他。潘叔嗣仗着自己向来用兄长的礼节事奉周行逢，相互亲善，于是毫不怀疑地启程。周行逢派遣使者迎接等候，一路上不断，到达之后，周行逢亲自出城到郊外慰劳，相互见面非常高兴。潘叔嗣进去拜见，还没有走到大厅，周行逢就派人把他抓起来，站在厅堂下，斥责他说：“你是一个小军官，没有大功劳，王逵任用你为团练使，你却突然反过来杀死主帅；我因为往日的情谊，不忍心杀你，所以任命你为行军司马，你竟敢违抗我的命令而不接受！”潘叔嗣知道自己难免一死，请求保全他的宗族。于是杀了潘叔嗣。

（以上为第十三段，写湖南兵变，后周失去了征伐南唐的侧翼。）

【点评】

本卷点评后周世宗改革、王朴献统一治安之策两件史事。

后周世宗改革。后周世宗柴荣，是后周太祖郭威圣穆皇后兄柴守礼之子，从姑长于郭威家，郭威爱其英武，于是养以为子，封晋王，继嗣郭威为帝，史称后周世宗。显德元年（公元954年）正月二十日乙未，后周世宗即位，至显德六年（公元

959 年）六月十九日辞世，享年三十九岁，在位不足六年，是一位不幸英年早逝的圣明之君。短短五年多的时间，文治武功不比历史上任何一位英武之君逊色。若天假后周世宗数年，必能统一中国。历史没有假设，就事论事，后周世宗是一位圣明的改革之君。其改革成就，范围广，政治、经济、军事全面改革，都获得了显著的成绩。政治改革大端有五：一、下诏求言，任用贤才；二、清盗贼，抚流民，使人民生活安定；三、减轻租税徭役，以纾民困；四、规范刑律，以解民忧；五、营建汴京，成为全国新的政治、经济、文化中心。经济改革最有成效者有三：一、均赋税，取消大户特权，即便历代享有免税特权的曲阜圣人后裔孔氏也要交税；二、兴修水利，塞黄河决口，既有利于交通运输，又防止水患；三、抑制寺院经济，裁汰三万三百六十所寺庙，迫使僧人大批还俗，毁铜佛以铸钱，有利于通货流通，推动工商发展。军事上，整训禁军，沙汰羸弱，节制藩镇，既增加了军队的战斗力，又基本消除了尾大不掉之势，为国家的统一奠定了基础。后周世宗还三征南唐，两度北征，弱北汉，败契丹，又西取蜀边数州之地，大长中原天子气势。司马光评论五代时有两位最为雄武的皇帝，一是后唐庄宗李存勖，以弱胜强，灭梁建唐，但后唐庄宗只会打仗，不会治国，数年间断送了江山，不圣，不贤，不明，及身而亡，是一个不成功的君主。二是后周世宗柴荣，他用兵所向无敌，为后继者奠定了统一的基础，他的改革使国家欣欣向荣，是五代时最有民望的仁明之君。司马光的评价，一点也不过分。

王朴献统一治安之策。后周世宗即位之初就下诏求言，要求群臣极言得失，命朝官大臣每人撰写《为君难为臣不易》和《平边策》各一篇，供作决策参考。比部郎中王朴献统一治安之策，切中时弊，策略得当，受到后周世宗的高度重视，付诸实行，成为后周进行政治改革和统一的基本国策。王朴的统一治安策，分为战略和战术两个部分，下面分别评说。

从战略上，王朴指出，首先找出国家四分五裂的原因，即周边群雄割据和契丹入侵的根本原因。王朴列出四条主因。一、君主昏庸；二、臣子奸邪；三、士兵骄横；四、百姓困穷。奸邪朋党在朝内恃势乱政，将帅在外横行霸道，人民困穷受害，国家怎能不四分五裂呢？统一的办法，就是要把颠倒的是非再颠倒过来，使之恢复正道。第一，君主要信用贤人，斥退小人，这是搜罗人才的办法；第二，恩及穷困，讲求诚信，这是收拾人心的办法；第三，赏赐功劳，惩罚罪过，这是要文臣武将尽力为国家做贡献的办法；第四，勤俭节用，这是增加财富的方法；第五，减少赋税，使民以时，这是让百姓富足的办法。这些都做到了，群贤满朝，国家政治上轨道，国库充实，人民亲附，再任用能人统兵征讨，大功即可告成。周边的割据势力，他们的部属民众，眼看大势已去，争相效顺立功，一定会成为我方的间谍和向导，这叫作民心归顺，天命也一定追随民心。王朴的战略思想，立足于改革政治，这叫纲举目张。后周世宗是一个志向远大又务实的皇帝，雷厉风行进行了政治改革，后周国力大增。

从战术上讲，王朴所言为用兵统一的步骤。王朴提出用兵统一，要用先易后难，先南后北的方针。具体步骤，先下江南，收岭南，次巴蜀，次幽燕，河东最后。王朴说，契丹兵强，河东北汉是周朝的死敌，这两块硬骨头最难啃，暂将放在一边。江南李唐是最大的割据国，与周疆界二千多里，是北伐的后顾之忧。首先征服唐国，则巴蜀、岭南会胆战心惊，发一封通告檄文就可以平定。征李唐，又分为两步，先吞其江北，再徐图江南。王朴之策，大体不误，后周世宗三次亲征李唐，夺了江北之地，李唐臣服而罢兵，解除了北伐后顾之忧，然后统大军亲征契丹，一举夺了三关，兵临幽州城下，契丹气馁。眼看大功告成，后周世宗不幸染病，功亏一篑。其后宋太祖统一中国的用兵方略，基本上是遵循王朴之策，基本上完成了后周世宗的未竟之功，大略是先南后北，江南悉平，然后用兵北方，灭北汉，伐契丹。宋太祖收江南，是先灭蜀后灭唐，此乃效秦灭楚、晋灭吴、隋灭陈的经验，修正了王朴策之不足。从地理言，据巴蜀顺流而下，江南不守，势理之必然，此是先易后难。当时后蜀孟氏政权不得人心，李唐尚有人气，先攻李唐，后取巴蜀，此是先难后易，因此后周世宗三次大举亲征，也未达灭唐之效，只得江北之地而已。这是王朴策之未精留下的遗憾。

后周纪四

后周世宗显德三年至四年（公元956—公元957）

【起柔兆执徐（丙辰，公元956年）三月，尽强圉大荒落（丁巳，公元957年），凡一年有奇】

【大事提要】

本卷记事起于公元956年三月，讫于公元957年，凡一年又十个月。当后周世宗显德三年三月到显德四年。此时期最大历史事件是后周与南唐两国在淮南大规模进行主力决战。南唐全线败退，丧师失地，但南唐主不愿割江北之地请和，所恃寿州屹立不动，后周世宗北还，大发诸州之民城下蔡。后周世宗第二次亲征淮南，大破南唐援兵，后周世宗北还，但南唐主屡败屡战，仍在江北抗击周军。南唐左仆射司空孙晟出使后周求和，后周世宗逼其劝说寿州南唐守将出降，孙晟激励南唐守将忠义报国，不亏臣节，不辱使命，虽死犹荣，后周世宗悔杀孙晟。后周中书舍人窦俨上疏论为政之本，大要为制礼作乐，任贤择相，沙汰冗官，治盗贼，安民生，后周世宗称善。吴越夹击南唐，攻取常州，南唐将柴克宏为名将柴再用之子，天生将才，以羸弱之兵，大败吴越劲兵，克复常州，入援寿州，卒于半道，寿州是以不救。后周世宗释蜀俘，制《刑统》，第三次亲征南唐。北汉主引契丹南犯，不胜而还。

世宗睿武孝文皇帝中

后周世宗显德三年（丙辰，公元956年）

三月初一日甲午，后周世宗巡视水边的营寨，行到淝桥，自己捡了一块石头，骑在马上拿到营寨来用作炮石，随从官员过桥的每人各带一块石头。赵匡胤乘坐牛皮船进入寿春的护城河中，城上发射连弩箭，箭像屋椽那样粗，牙将馆陶人张琼连忙用自己的身体遮挡赵匡胤，箭射中张琼的大腿，昏死过去又醒过来。箭头插进骨头里不能拔出，张琼喝下一大杯酒，让人破开骨头，把箭头取出来，流出好几升血，张琼神情脸色镇定自如。

南唐主又任命左仆射孙晟为司空，派遣他和礼部尚书王崇质奉持表章进见后周世宗，表章称："自从唐昭宗天祐年间以来，天下分崩离析，有的占据一方，有的改朝换代，臣继承先人的基业，拥有江南之地，只因为看那乌鸦还没有落脚，又从哪里依附凤凰！如今天命已有归属，天子的声威教化传遍远方。我愿意比照两浙、湖南的先例，遵照服从天子的号令，谨守土地疆域，请求免除征讨的声威，赦免臣下服从在后的罪过。从我们小国家开始，让我作天子的外臣，那么天子安抚远方的德政，谁人不敬服！”又献上黄金一千两，银子十万两，罗绮二千匹。孙晟对冯延己说：“这一次应该由左相您出使，可是倘若我推辞不去，那就会辜负先帝。”启程以后，知道不能免于一死，半夜，叹息着对王崇质说：“您家有一百多口人，应该自己作好打算。我考虑得很成熟了，决不辜负先帝的在天之灵，其他的我就一无所知了！”

南汉甘泉宫使林延遇阴狠险恶，多计谋，南汉主信任依靠他；南汉主诛灭自己的各位兄弟，都是林延遇的主意。三月初二日乙未，林延遇死了，国中人互相庆贺。林延遇病重的时候，推荐内给事龚澄枢代替自己，南汉主当天就提升龚澄枢主持承宣院和内侍省的事务。龚澄枢是番禺人。

光舒黄招安巡检使、行光州刺史何超率领安州、随州、申州、蔡州四州军队几万人攻打光州。三月初三日丙申，何超奏报南唐光州刺史张绍放弃州城逃走，都监张承翰率州众投降。

三月初四日丁酉，行舒州刺史郭令图攻取舒州，南唐蕲州将领李福杀掉知州王承巂，率部众前来投降。后周派遣六宅使齐藏珍进攻黄州。

彰武留后李彦頵生性贪婪暴虐，所统领的百姓与羌胡发动叛乱，进攻李彦頵。后周世宗召李彦頵回朝。

秦州、凤州平定的时候，后周世宗赦免所俘虏来的后蜀士兵，把他们编入军籍，跟随征伐淮南，结果他们又逃走，投降南唐。三月初十日癸卯，南唐主上表献上一百五十人；后周世宗下令将他们全部斩首。

舒州人驱逐郭令图，铁骑都指挥使洛阳人王审琦挑选轻快的骑兵晚上袭击舒州，又夺取舒州，郭令图才得以回去。

马希崇和王延政的儿子王继沂都在扬州；后周世宗下诏安抚慰问他们。

三月十三日丙午，孙晟等人到达后周世宗驻留的地方。三月十七日庚戌，后周世宗派遣宫中使者带领孙晟到寿春城下，并且让他招抚刘仁赡。刘仁赡见到孙晟，在城上身穿军服向他下拜。孙晟对刘仁赡说：“您身受国家的厚恩，不可打开城门接纳贼寇。”后周世宗听说这件事，非常愤怒。孙晟说：“臣身为宰相，怎么可以教唆节度使背叛国家呢！”后周世宗于是放过了他。

（以上为第一段，写南唐左仆射司空孙晟出使后周求和，不辱臣节，不辱使命。）

南唐主指使李德明、孙晟对后周世宗说，请求取消自己的皇帝称号，割让寿州、濠州、泗州、楚州、光州、海州六州土地，并且每年贡送黄金绢帛百万，以求罢兵。后周世宗因为淮南的土地已经一半归后周所有，诸将捷报每天传来，想要全部占领江北的土地，所以没有答应南唐主的请求。李德明见周军一天一天地推进，上奏说："唐主不知道陛下的兵力是这样的强盛，希望给臣下五天不作讨伐的宽限，让我得以回去报告唐主，献出全部江北的土地。"后周世宗这才答应了他。孙晟便奏请后周世宗派遣王崇质和李德明一同回去。后周世宗派遣供奉官安弘道送李德明等人回金陵，赐给南唐主一封信，信中大意说："即使保存南唐皇帝的称号，也不损害松柏岁寒不凋的节操！倘若你能坚定事奉大国的决心，朕终究不会把你逼入险恶境地。"又说："等到江北各郡全部割让过来，大军就立即撤退。话就说到这里，不需再反复多说；倘若不这样，请从此断绝关系。"又赐给南唐将相们书信，让他们仔细考虑了再来。南唐主又上表称谢。

李德明大为称赞后周世宗的声威德行以及军队的强大，劝南唐主割让长江以北的土地；南唐主不高兴。宋齐丘认为割让土地无济于事；李德明为人轻浮，说话大多言过其实，国中人也不相信他。枢密使陈觉、副使李徵古向来痛恨李德明和孙晟，让王崇质跟他说得不一样，趁机在南唐主面前诬陷李德明说："李德明出卖国家求取私利。"南唐主大为愤怒，在街市上将李德明斩首。

吴程攻打常州，攻破常州外城，抓获南唐常州团练使赵仁泽，解送到钱塘。赵仁泽见了吴越王钱弘俶不下拜，斥责他违背盟约。钱弘俶发怒，把他的嘴巴一直撕裂到耳朵。元德昭怜惜他的忠诚，替他敷上好药，得以不死。

（以上为第二段，写南唐主不忍割江北之地以求和于后周。吴越夹击南唐，夺取常州。）

南唐主因为吴越军队在常州，害怕他们侵犯进逼润州，又因为宣、润大都督燕王李弘冀年纪小，担心他不熟悉军事，所以征召他回金陵。部将赵铎对李弘冀说："大王是元帅，是众人心中的依靠，如果自己退回金陵，部下一定大乱。"李弘冀认为是这样，推辞而不接受征召，部署众将，作战斗防守的准备。

龙武都虞候柴克宏，是柴再用的儿子，沉默寡言，喜欢施舍人，不治家产，虽然统领宫廷警卫，但是每天和宾客下棋饮酒，未曾谈论军事，当时的人都认为他不是当将帅的材料。到了这个时候，有人说柴克宏很久没有升官，南唐主任命他为抚州刺史。柴克宏请求在军队中效命，他的母亲也上表说柴克宏有他父亲的遗风，可以任将领，如果不能胜任，甘愿和儿子一同被杀。南唐主于是任命柴克宏为右武卫将军，命令他率兵和袁州刺史陆孟俊会师救援常州。

当时南唐的精锐部队全部都在江北，柴克宏所率领的几千人都是老弱残兵，枢密使李徵古又把铠甲兵器中腐朽破烂的给柴克宏。柴克宏向李徵古诉说，李徵古傲慢地痛骂他，众人都感到愤恨不平，柴克宏却面色和悦。柴克宏到达润州，李徵古派遣使者召他回来，让神卫统军朱匡业代替柴克宏。燕王李弘冀对柴克宏说："您只管进兵作战，我自会向皇上奏报。"于是上表说凭柴克宏的才能谋略，可以成就功业，常州危在旦夕，不应中途更换主将。柴克宏领兵直接赶赴常州，李徵古又派遣使者去召他回来，柴克宏说："我算定几天内就要攻破贼兵，你来召我，一定是奸人！"命令将他斩首。使者说："我是受李枢密的命令而来的。"柴克宏说："李枢密来，我也要斩他！"

当初，鲍脩让、罗晟在福州的时候，与吴程有仇怨，到了这个时候，吴程压制他们，二人都怨恨吴程。在此之前，南唐主派遣中书舍人乔匡舜出使到吴越。三月十九日壬子，柴克宏到达常州，用布幕把船蒙起来，把全副武装的士兵隐藏在船里，声称去迎接乔匡舜。吴越巡逻的士兵报告这件事，吴程说："两国交战，使者来往于两国之间，不可妄加怀疑。"南唐士兵登上岸，直接逼近吴越的军营，罗晟不尽力作战，故意放纵南唐士兵让他们奔向吴程的营帐，吴程仅仅自己免于一死。柴克宏大破吴越军队，斩首一万级。朱匡业到达军营，柴克宏事奉他很恭谨。吴程回到钱塘，吴越王钱弘俶削夺了他的全部官职。

三月二十一日甲寅，后蜀主任命捧圣控鹤都指挥使李廷珪为左右卫圣诸军马步都指挥使，仍旧分卫圣、匡圣步骑兵为左右十个军，任命武定节度使吕彦琦等人为军使，由李廷珪总领，像当年赵廷隐的职务一样。

当初，柴克宏任宣州巡检使，刚到任的时候，城池失修，兵器用具都有破损，官吏说："自从田頵、王茂章、李遇相继叛乱以来，后来的人没有敢修治城池器具的。"柴克宏说："时代变化，事情也不同，哪有这种道理！"全部修缮完好。因此路彦铢攻他不下，听说吴程失败，三月二十二日乙卯，领兵回去。南唐主任命柴克宏为奉化节度使，柴克宏又请求率兵救援寿州，还没到达就去世了。

（以上为第三段，写南唐柴克宏有大将才，以羸兵击败吴越劲兵，收复常州。将兵救寿州，惜卒于道。）

河阳节度使白重赞因天子南征，担心北汉乘虚入侵，于是整修城池防守，并且向西京请求援兵。西京留守王晏开始不肯给予军队，又考虑到事情发生在非常时期，便亲自率兵赶赴。白重赞因为王晏没有接到诏令前来，拒不接纳他，派人对他说："您以前在陕州归服，已经立下大功，河阳区区小城，不敢烦劳您的大驾！"王晏惭愧返回。孟州和洛阳的百姓惊恐骚乱了好几天。

南唐主命令诸道兵马元帅齐王李景达率兵抵抗后周军队，任命陈觉为监军使，前任武安节度使边镐为应援都军使。中书舍人韩熙载上书说："论信任，没有比亲王更值得信任的；论重要，没有比元帅更重要的！哪里还用得上监军使！"南唐主不听。

南唐主派遣鸿胪卿潘承祐前往泉州、建州招募勇猛将士，潘承祐推荐前任永安节度使许文稹，静江指挥使陈德诚，建州人郑彦华、林仁肇。南唐主任命许文稹为西面行营应援使，郑彦华、林仁肇都为将领。林仁肇是林仁翰的弟弟。

夏季，四月初二日甲子，后周世宗任命侍卫亲军都指挥使、归德节度使李重进为庐、寿等州招讨使，任命武宁节度使武行德为濠州城下都部署。

南唐右卫将军陆孟俊从常州率兵一万多人直奔泰州，后周兵逃走，陆孟俊又收复泰州，派陈德诚戍守泰州。陆孟俊进攻扬州，驻扎在蜀冈，韩令坤放弃扬州城逃走。后周世宗派遣张永德带兵去救援，韩令坤重新进入扬州。后周世宗又派遣赵匡胤率兵驻守六合。赵匡胤下令说："扬州兵如果有经过六合的，就折断他的脚！"韩令坤这才有固守的决心。

后周世宗自从到寿春以来，命令各军日夜攻城，很长时间没有攻下；正遇上大雨，军营中水深几尺，攻城的器具和士兵们流失、死亡的很多，粮草的运送供应不上，李德明过了期限没有到来，于是商议回师。有人劝后周世宗向东临幸濠州，声称寿州已经攻下；后周世宗听从了他。四月初七日己巳，后周世宗从寿春沿着淮河向东进发；四月十三日乙亥，到达濠州。

韩令坤在扬州城东打败南唐军队，擒获陆孟俊。当初，陆孟俊废黜马希萼立马希崇的时候，诛灭原舒州刺史杨昭恽的全族而夺取他的财产。杨氏有个女儿很漂亮，陆孟俊把她献给马希崇。韩令坤进入扬州后，马希崇把杨氏送给韩令坤，韩令坤很宠爱她。这时抓获了陆孟俊，将要把他铐起来，解送到后周世宗所在的地方。杨氏站在竹帘下面，忽然捶胸痛哭，韩令坤惊讶地问她，杨氏回答说："陆孟俊从前在潭州，杀了妾家人二百口，今天遇见他，请报冤仇。"韩令坤于是就杀掉陆孟俊。

南唐齐王李景达率兵两万从瓜步渡过长江，距离六合二十多里，设置栅栏不再前进。众将想要去进攻，赵匡胤说："他们设置栅栏自己固守，这是怕我们。如今我们的部众不到两千人，倘若前去进攻，那么他们就会看出我们的兵力很少；不如等待他们来再出击，一定可以打败他们！"过了几天，南唐出兵直奔六合，赵匡胤奋力攻击，大败南唐军队，杀死和俘虏将近五千人，南唐剩下的部众还有一万多人，逃跑渡江，争着上船而淹死的很多，于是南唐的精锐士卒全部丧失了。

这次战役，士卒有不尽力作战的。赵匡胤假装督战，用剑砍那些不尽力作战的士兵的皮斗笠。第二天，检查每一个人的皮斗笠，上面有剑砍痕迹的几十人，将他们全部斩首，因此部众没有敢不拼死作战的。

先前，南唐主听说扬州失守，命令扬州的四邻州县发兵夺回扬州。四月十七日己卯，韩令坤奏报在湾头堰打败泗州兵一万多人。

四月二十四日丙戌，任命宣徽院使向训为淮南节度使兼沿江招讨使。

涡口奏报新造的浮桥建成。四月二十五日丁亥，后周世宗从濠州前往涡口。

后周世宗锐意进取，想亲自到扬州，范质等人由于军队疲惫，粮食缺少，痛哭劝谏才停止行动。

后周世宗曾恼怒翰林学士窦仪，想要杀他；范质进去救他，后周世宗远远望见范质，知道他的来意，立即起身避开他。范质抢着向前去伏在地上，叩头劝谏说："窦仪的罪还不至于死，臣作为宰相，致使陛下错杀近臣，罪都在臣的身上。"说着哭起来。后周世宗的怒气消了，就放了窦仪。

北汉在交城北山安葬神武帝，庙号世祖。

［五月初一日壬辰］将涡口改为镇淮军。

五月初五日丙申，南唐永安节度使陈诲在南台江打败福州军队，俘获斩杀一千多人。南唐主把永安军改名为忠义军。陈诲是陈德诚的父亲。

五月初七日戊戌，后周世宗留下侍卫亲军都指挥使李重进等人包围寿州，自己从涡口向北返回；五月二十四日乙卯，到达大梁。

六月十一日壬申，赦免淮南各州关押的囚犯，免除李氏不合理的徭役赋税，凡是事情有不方便百姓的，委托地方长官奏报。

（以上为第四段，写后周世宗在淮南与南唐军全线大交战，南唐军溃败，多数州城失守，但寿州屹立不动，后周世宗留军北还。）

侍卫步军都指挥使、彰信节度使李继勋在寿州城南扎营；南唐刘仁赡趁他没有防备，出兵进攻，杀死士兵几百人，烧掉他们攻城的器具。

南唐驾部员外郎朱元利用奏报事情的机会，谈论用兵策略，南唐主认为他有才能，命令他率兵收复江北各州。

秋季，七月初一日辛卯，后周世宗任命周行逢为武平节度使，处理武安、静江等军事。周行逢兼管湖湘地区后，矫正前人的弊端，留心百姓的事情，全面废除马氏的横征暴敛，贪官污吏扰乱百姓成为百姓祸害的全部革除，选择清廉公正的官吏为刺史、县令。

朗州汉民和蛮夷混杂居住，刘言、王逵的旧将大多骄傲蛮横，周行逢一律用法律来治理，没有一点宽容，众人既怨恨又害怕。有一名大将和他的党羽十多人阴谋发动叛乱，周行逢知道了这件事，便大会众将，在座位中把他抓起来，责备他说："我穿破旧的衣服，吃粗糙的饭食，充实府库，正是为了你们，为什么辜负我而造反！今天的聚会，是要和你诀别！”说完就立即将他打死，其他在座的众将都吓得双腿发抖。周行逢说：“各位没有罪，都应该自己安心。”大家高兴地喝酒而散去。

周行逢多计谋，善于察觉隐秘，将帅士卒有图谋作乱以及叛变逃亡的，周行逢一定能够事先察觉，抓获杀掉，因此他的部下对他很敬畏。然而他生性多疑而残忍，常常派人分别去秘密刺探各州的情况，其中被派往邵州的人，没有什么事情可以报告，只说刺史刘光委经常设宴饮酒。周行逢说：“刘光委屡次聚会饮酒，想要图谋我吗！”立即召他回来杀掉。亲卫指挥使、衡州刺史张文表担心获罪，请求解除兵权，回治所衡州；周行逢准许。张文表一年四季馈赠进献非常丰厚，同时很谨慎地服侍周行逢左右亲近的人，因此得以免罪。

周行逢的妻子郧国夫人邓氏，丑陋而刚强果断，善于治理生计，曾经劝谏周行逢，说他用法过于苛严，以致没有人亲近归附。周行逢愤怒地说：“你妇道人家知道什么！”邓氏不高兴，因而请求到乡村去看守田园，于是就不再回朗州府舍。周行逢屡次派人去接她，邓氏都不肯来。有一天，邓氏亲自带着僮仆来缴纳赋税，周行逢前去见她，说：“我身为节度使，夫人何必这样自找苦吃！”邓氏说：“租税是公家的东西。您身为节度使，不先缴纳赋税，凭什么去做百姓的表率！而且你难道不记得你当里正时替人家缴纳赋税来免除拷打的时候了吗？”周行逢想和她一起回府舍，邓氏不肯，说：“您诛杀太过分，我常常担心有朝一日会发生变乱，到时候乡村草房容易逃跑、躲藏。”周行逢又惭愧又恼怒，他的僚属说：“夫人的话很正确，您应该听从。”

周行逢的女婿唐德请求补任吏职，周行逢说：“你的才能不能够担任官吏，我如今对你偏私是可以的；但是如果你当官没有成绩，我不敢用法令来宽待你，那么亲戚之间的情义就断绝了。”给他耕牛、农具，遣送他回家。

周行逢年轻时候曾经犯罪而受黥刑，隶属辰州铜阬。有人劝说周行逢：“您脸上有刺字，恐怕会被朝廷的使者所嘲笑，请用药把它除掉。”周行逢说：“我听说汉朝有个黥布，并不妨碍他成为英雄，我何必为此感到羞耻呢！”

自从刘言、王逵以来，屡次起兵，将领官吏累积功劳以及所笼络的蛮夷部落首领应该得到三公散官职位的人数以千计。前任天策府学士徐仲雅，自从马希广被废以来，就闭门不出，周行逢仰慕他，任命他为节度判官。徐仲雅说：“周行逢从前在我手下做过事，我为什么要做他的幕僚！”推说生病不到任。周行逢强迫威胁，再三召请，当面交给他任职的文书，徐仲雅始终推辞不接受。周行逢发怒，把他流放到邵州，不久召回。刚好遇上周行逢的生日，各道分别派遣使者表示祝贺，周行逢脸上有骄傲的神情，对徐仲雅说：“自从我兼领武平、武安、静江三府以来，四邻也都畏服我吗？”徐仲雅说：“侍中的境内，满天都是太保，遍地都是司空，四邻怎么能不畏服！”周行逢再次把他流放到邵州，最后还是不能使他屈服。有个僧人名叫仁及，被周行逢所信任，军府的事情他都参与，也加官检校司空，娶了好几个妻子，进出的时候有人开道跟从，和王公一样。

七月二十一日辛亥，宣懿皇后符氏去世。

（以上为第五段，写湖南武平节度使周行逢多智略，然性情猜忌苛暴，不听夫人规谏。）

南唐将领朱元攻取舒州，刺史郭令图弃城逃走。李平攻取蕲州。南唐主任命朱元为舒州团练使，李平为蕲州刺史。朱元又攻取和州。

当初，南唐把茶盐强行发给百姓，而征收他们的粟米和布帛，称为“博征”，又在淮南兴办营田，百姓深受其苦；等到后周军到来，百姓争相奉送牛肉酒菜来迎接慰劳。可是后周将帅并不体恤安抚，专门抢劫，把百姓看作粪土草芥；百姓都很失望，聚集在山林水泽，修筑堡垒自己固守，拿农具当兵器，聚集纸片当铠甲，当时的人称之为“白甲军”。后周军讨伐他们，屡次被他们打败，以前所得到的南唐各州，大部分又为南唐所有。

南唐援兵驻扎在紫金山，与寿春城里的烽火互相呼应。淮南节度使向训上奏请求派广陵的军队合力攻打寿春，等到攻克寿春城，再图谋发展，后周世宗下诏同意。向训封好府库，把它交给扬州主掌府库的人，命令扬州牙将分别部署城里的巡视，秋毫无犯，扬州百姓感动欢喜，军队返回的时候，有的人背着干粮去送他们。滁州守将也弃城逃走，都领兵直奔寿春。

南唐众将领请求占据险要的地方来拦截后周军，宋齐丘说：“像这样的话，两国的仇怨就更深了。”于是命令众将各自守卫，不得擅自出兵袭击后周军。因此寿春的围困更加紧急。齐王李景达驻扎在濠州，远远地为寿州声援，军事政令都出于陈觉之手，李景达只是在纸尾署名而已，拥兵五万，没有决战的意思，将帅官吏都怕陈觉，没有敢说话的人。

八月初九日戊辰，端明殿学士王朴、司天少监王处讷撰成《显德钦天历》，进献给后周世宗。后周世宗诏命从明年开始实行。

殿前都指挥使、义成节度使张永行屯驻下蔡，南唐将领林仁肇率领水陆军救援寿春。张永德与他交战，林仁肇用船装满干柴，趁着风势，想要烧掉下蔡的浮桥，一会儿风向改变，南唐军队败退。张永德制作一条一千多尺长的铁索，在距离浮桥十几步的地方，拦腰隔断淮河水流，系上大木头，因此南唐军无法接近浮桥。

九月十七日丙午，后周世宗任命端明殿学士、左散骑常侍、权知开封府事王朴为户部侍郎，充任枢密副使。

冬季，十月十四日癸酉，李重进奏报南唐军队侵犯盛唐，铁骑都指挥使王彦昇等人击败他们，斩首三千多级。王彦昇是蜀人。

十月十七日丙子，后周世宗对侍从大臣说：“近几朝征收粮食布帛，大多不等到收获、纺织完毕。”于是诏命三司从今以后夏税在六月开始征收，秋税在十月开始征收，民间对此感到方便。

山南东道节度使、守太尉兼中书令安审琦镇守襄州十多年，到了这时入朝，授官守太师，送回镇所。启程以后，后周世宗问宰相说：“爱卿们送了他吗？”回答说：“送到城南，安审琦深深地感激皇上的恩德。”后周世宗说：“近来各朝，大多不用真诚信任对待诸侯，诸侯虽然有想要效忠尽节的，也没有途径。统治天下的人只要不失信用，怕什么诸侯不诚心归服呢！”

十月二十三日壬午，张永德奏报在下蔡打败南唐军队。这时，南唐又派水军攻打张永德，张永德命令善于游泳的人晚上潜水到南唐军队的船底下，系上铁锁，然后发兵进攻，船不能前进，也不能后退，淹死的人很多。张永德解下金带赏给善于游泳的人。

十月二十五日甲申，任命赵匡胤为定国节度使兼殿前都指挥使。赵匡胤上表推荐渭州军事判官赵普为节度推官。

张永德和李重进关系不好，张永德秘密上表说李重进有二心，后周世宗不相信。当时这两位将领各自拥有重兵，众人心里担忧恐惧。李重进有一天单人匹马前往张永德的营中，从容饮酒，对张永德说：“我与您因为是皇上的心腹有幸而都做了将帅，为什么相互猜疑如此之深呢？”张永德的疑意这才消除，众人心里也安定了。南唐主听说这件事，把一个装有密信的蜡丸送给李重进，用重利来引诱他，信中写的都是一些毁谤朝廷以及离间的话，李重进把书信上奏。

（以上为第六段，写南唐宋齐丘误国，后周侍卫亲军都指挥使李重进顾全大局，释私嫌，重公义，将士一心。）

当初，南唐使者孙晟、锺谟随从后周世宗到大梁，后周世宗待他们很优厚，每次朝会，让他们排在中书省官员的后面，时常召见，请他们喝美酒，询问南唐的情况。孙晟只说：“唐主敬畏陛下神明威武，事奉陛下决无二心。”等到得到南唐蜡丸中的书信，后周世宗大为愤怒，召见孙晟，斥责他回答不真实。孙晟神情严肃，言辞慷慨，只是请求一死而已。问他南唐国中的虚实，他默然不答。十一月十七日乙巳，后周世宗命令都承旨曹翰送孙晟到右军巡院，再拿后周世宗的意思来问他。曹翰和他喝酒，酒过几巡之后，曹翰心平气和地问他，孙晟始终不说。曹翰于是对他说：“有敕令，赐相公死。”孙晟神色和悦，索要朝服朝笏，整理衣冠，向南方下拜说："臣谨以死报国。"于是赴刑。随从的一百多人全部被杀掉，贬锺谟为耀州司马。不久后周世宗怜惜孙晟的忠诚守节，后悔杀了他，召回锺谟，任命他为卫尉少卿。

后周世宗召见华山隐士真源人陈抟，问他羽化升仙、炼金炼银的方法，陈抟回答说："陛下是天子，应当以治理天下为事，哪里用得这些呢？"十一月二十日戊申，遣送他回山，诏命州县长官常去看望慰问。

十二月十四日壬申，任命张永德为殿前都点检。

后周世宗分别派遣宫中使者征发陈州、蔡州、宋州、亳州、颍州、兖州、曹州、单州等州的民夫数万人修筑下蔡城。

这一年，南唐主诏命淮南营田损害百姓特别严重的都废除。派遣兵部郎中陈处尧携带丰厚的钱财渡海到契丹去请求援兵。契丹不能替南唐出兵，却留住陈处尧不送回。陈处尧刚强正直，能言善辩，过了很久，心中愤怒怨恨，屡次当面斥责契丹主，契丹主也不怪罪他。

后蜀陵州、荣州的獠人造反，弓箭库使赵季文讨伐平定他们。

吴越王钱弘俶搜求境内的百姓当兵，对百姓骚扰很多，判明州钱弘亿亲笔上疏痛切劝谏，吴越王停止了这件事。

（以上为第七段，写后周世宗悔杀南唐使者孙晟，大发诸州之民城下蔡。）

后周世宗显德四年（丁巳，公元957年）

春季，正月初一日己丑，北汉实行大赦，改年号为天会。任命翰林学士卫融为中书侍郎、同平章事，内客省使段恒为枢密使。

宰相屡次请求立皇子为王，后周世宗说："诸子都还年幼，况且功臣的儿子都还没有加封，而单独先封朕的儿子，能安心吗！"

周军包围寿春，连年没有攻下，城中粮食已经吃完。齐王李景达从濠州派遣应援使、永安节度使许文稹，都军使边镐，北面招讨使朱元率兵几万人，逆淮河而上，救援寿春，驻扎在紫金山，排列成十几个营寨，像成串的珠子一样，与城中的烽火早晚相呼应；又修筑甬道抵达寿春，想要运送粮食供应城里，绵延至几十里。通道将要通到寿春的时候，李重进拦腰截击，大败南唐军队，杀死南唐兵五千人，夺取南唐两个营寨。正月十九日丁未，李重进把这件事奏报后周世宗。正月二十日戊申，后周世宗下诏将于下个月临幸淮上。

刘仁赡请求由边镐守城，自己率领部众决战；齐王李景达不同意，刘仁赡忧愤愁闷而得病。他的小儿子刘崇谏晚上划船渡河到淮北，被小校抓到。刘仁赡下令将他腰斩，左右的人都不敢救，监军使周廷构在中门哭着来救他，刘仁赡不准。周廷构又派人向夫人求救，夫人说："贱妾对崇谏不是不怜爱，然而军法不可徇私，名节不可亏损。如果宽恕了他，那么刘氏就成为不忠的门第，贱妾与公有什么脸面去见将士们呢！"催促刘仁赡下令将他腰斩，然后准备丧事。将士们都感动得流泪。

议事的人认为南唐援兵势力还很强，许多人请求撤兵，后周世宗对此有点迟疑。李穀卧病在家，二月初八日丙寅，后周世宗派范质、王溥前去与他商议。李穀上疏，认为："寿春被困危急，旦夕之间可以攻破。如果皇上亲征，那么将士争相奋战，援兵震惊恐惧，城里的守军知道将要灭亡，一定可以攻下了！"后周世宗很高兴。

二月十二日庚午，后周世宗诏命有关部门另外制造祭器、祭玉等物，命令国子博士聂崇义讨论礼仪制度，画出图样。

二月十六日甲戌，后周世宗任命王朴暂时代理东京留守兼判开封府事，任命三司使张美为大内都巡检，任命侍卫都虞候韩通为京城内外都巡检。

二月十七日乙亥，后周世宗从大梁出发。在此之前，后周与南唐交战，南唐水军锐利敏捷，后周人无法抵挡，后周世宗常常以此为恨。从寿春回来以后，在大梁城西汴水岸边建造战舰，命令南唐投降的士兵教北方人水上作战，几个月以后，后周水军纵横出没，差不多胜过南唐水军。到了这个时候，后周世宗命令右骁卫大将地军王环率领水军几千人从闵河沿颍水进入淮河，南唐人见了大为吃惊。

（以上为第八段，写周师围南唐寿春，连年不下，后周世宗第二次亲征，以唐降卒编练为周军水师，南唐人见之大惊。）

二月二十七日乙酉，后周世宗到达下蔡；三月初二日己丑的晚上，后周世宗渡过淮河，抵达寿春城下。三月初三日庚寅早晨，后周世宗亲自穿上铠甲，戴上头盔，驻扎在紫金山南面，命令赵匡胤攻击南唐的先锋寨和山北的另一个营寨，全部攻破，斩杀俘虏三千多人，切断他们的甬道，因此南唐军队首尾不能相救。到了傍晚，后周世宗分兵防守各寨，返回下蔡。

南唐朱元依仗自己曾有过收复舒州、和州的功劳，常常违抗元帅的指挥命令。陈觉与朱元有仇怨，屡次上表说朱元反复无常，不可领兵。南唐主命令武昌节度使杨守忠代替朱元。杨守忠到了濠州，陈觉用齐王李景达的命令，召见朱元到濠州商议军事，准备夺去他的兵权。朱元听说这件事，很愤怒，想自杀。门下的宾客宋垍劝朱元说："大丈夫到哪里不能富贵，何必为了妻子儿女去死呢！"三月初四日辛卯晚上，朱元和先锋壕寨使朱仁裕等人率领营寨中一万多人投降；副将时厚卿不肯听从，朱元杀了他。

后周世宗担心南唐残余的部众沿着淮河向东败逃，紧急命令虎捷左厢都指挥使赵晁率数千人顺淮河而下。三月初五日壬辰早晨，后周世宗驻军赵步，众将攻击南唐紫金山的营寨，大败唐军，杀死俘获一万多人，擒获许文稹、边镐、杨守忠。残余的部众果然沿着淮河向东逃走，后周世宗从赵步率领几百名骑兵沿着北岸追赶，众将率领步兵和骑兵沿南岸追赶，水军从淮河中流而下，唐军战死、淹死和投降的将近四万人，缴获船舰、粮草、武器以十万计数。傍晚时分，后周世宗奔驰到荆山洪，距离赵步两百多里。当晚，住宿在镇淮军。癸酉日，随从的官员才到达。刘仁赡听说援兵失败，气扼于喉而叹息。

三月初七日甲午，后周征发附近州县的民夫修筑镇淮军城，建成两座城，夹着淮河，把下蔡的浮桥移到两城之间，控制濠州、寿州接应援助的通路。正遇上淮河河水上涨，南唐濠州都监彭城人郭廷谓率领水军逆淮河而上，想乘后周军没有防备的时候突然袭击，焚烧浮桥。右龙武统军赵匡赞侦察得知这些情况，埋伏军队截击，打败南唐军队。

南唐齐王李景达和陈觉都从濠州逃回金陵，只有静江指挥使陈德诚全军而还。

三月十日戊戌，任命淮南节度使向训为武宁节度使、淮南道行营都监，率兵守卫镇淮军。

三月十一日己亥，后周世宗从镇淮军再次前往下蔡。三月十三日庚子，赐给刘仁赡诏书，让他自己选择吉凶祸福。

南唐主拟议亲自督领众将抵抗后周，中书舍人乔匡舜上书恳切劝谏，南唐主认为他使众人颓丧，把他流放抚州。南唐主问神卫统军朱匡业、刘存忠防御策略，朱匡业背诵罗隐的诗说："时来天地皆同力，运去英雄不自由。"刘存忠以为朱匡业的话很对。南唐主发怒，贬朱匡业为抚州副使，把刘存忠流放到饶州。可是后来连南唐主自己也不敢到前线去。

三月十七日甲辰，后周世宗在寿春城北炫耀兵力。南唐清淮节度使兼侍中刘仁赡病得很重，不省人事。三月十九日丙午，监军使周廷构、营田副使孙羽等人以刘仁赡的名义作表书，派遣使者奉表前来投降。三月二十日丁未，后周世宗赐给刘仁赡诏书，派遣閤门使万年人张保续进城宣旨安抚，刘仁赡的儿子刘崇让又出城来谢罪。三月二十一日戊申，后周世宗大规模地陈列甲兵，在寿春城北接受投降。周廷构等人抬着刘仁赡出城，刘仁赡躺着不能起身。后周世宗慰劳赏赐他，又命他进城养病。

（以上为第九段，写周师大破南唐援兵，寿春城破。）

三月二十三日庚戌，把寿州的府治迁到下蔡，赦免州境内死罪以下的囚犯。州民受到南唐刑法处置而聚集山林的，一起召回，让他们恢复原来的职业，不追问罪行；有曾被他们杀伤的，不得报仇打官司。以前的政令有不便于百姓的，命令本州条陈上奏。三月二十四日辛亥，后周世宗任命刘仁赡为天平节度使兼中书令，制书的内容大致说："对所事奉的君主竭尽忠诚，坚守节操，没有亏欠，前代名臣，有几人能与之相比！朕讨伐叛国，得到你才算受益多多。"当天，刘仁赡去世，追赐爵位为彭城郡王。南唐主听到这个消息，也赠他为太师。后周世宗又将唐淮军改名为忠正军，来表彰刘仁赡的节操，任命右羽林统军杨信为忠正节度使、同平章事。

前许州司马韩伦，是侍卫马军都指挥使韩令坤的父亲。韩令坤兼任镇安节度使，韩伦住在陈州，干预政事，贪污违法，成为官府百姓的祸患，被人诉讼，韩令坤屡次替他哭泣求情。三月二十六日癸丑，后周世宗下诏赦免韩伦死罪，流放到沙门岛。

韩伦后来得到赦免返回，住在洛阳，与光禄卿致仕柴守礼以及当时将相王溥、王晏、王彦超等人的父亲交游相处，依仗权势，肆意横行，洛阳人怕他们，称他们为"十阿父"。后周世宗既已成了太祖的继承人，没有人敢说他是柴守礼的儿子，只是把柴守礼当作长舅来看待，给他优厚的俸禄，柴守礼未曾到过大梁；他曾经为了一点小怨恨而杀人，有关部门不敢追问，后周世宗知道也不过问。

后周世宗下诏打开寿州的府库赈济饥民。三月二十九日丙辰，后周世宗北上返回；夏季，四月十二日己巳，到达大梁。

后周世宗诏命整修永福殿，命令宦官孙延希监督这项工程。四月二十日丁丑，后周世宗到整修场所，看到役徒有削木片为勺子，在瓦片中盛饭吃的，大为生气，在街市上将孙延希斩首。

（以上为第十段，写后周世宗安抚新得淮南之民，北还京师，诛杀虐待工役的宦官孙延希。）

后周世宗攻克秦州和凤州的时候，把几千名后蜀兵编为怀恩军。四月十八日乙亥，派遣怀恩指挥使萧知远等将士八百多人向西返回后蜀。

四月二十五日壬午，李榖抱病进见后周世宗，后周世宗让他不用下拜，坐在御座的旁边。李榖恳切地请求辞去禄位，后周世宗不准。

四月二十七日甲申，后周将江南投降的士兵分编为六军、三十指挥，号称怀德军。

四月二十八日乙酉，后周世宗诏命疏通汴水，使它向北流入五丈河，从此齐鲁一带的船只都可以到达大梁。

五月十一日丁酉，任命赵匡胤兼任义成节度使。

后周世宗下诏由于法律条文的文字古奥难懂，格式、敕令烦多复杂不统一，便命令侍御史知杂事张湜等人解释，详尽编定为《刑统》。

南唐郭廷谓率领水军切断涡口的浮桥，又在定远袭击打败了武宁节度使武行德，武行德仅仅自己逃脱。南唐主任命郭廷谓为濠州团练使，充任淮水上游水陆应援使。

后蜀人大多说左右卫圣马步都指挥使、保宁节度使、同平章事李廷珪担任将领而兵败丧地，不应再主掌军事；李廷珪也自己请求罢免。六月初十日乙丑，后蜀主为李廷珪加官检校太尉，免除军职。李太后因为统领军队的人大多不是称职的人，便对后蜀主说："我从前看见后唐庄宗跨越黄河与梁朝交战，以及先帝在太原，后来平定西川、东川，众将如果没有大功，不得统领军队，所以士卒敬畏服从。如今王昭远出身仆役，伊审徵、韩保贞、赵崇韬是乳臭未干的富贵子弟，他们向来不熟悉军事，只是凭着旧日的恩宠而被安置在他人之上，平时谁人敢说，一旦边疆有事，怎么能够抵御大敌呢！依我看来，只有高彦俦是太原时的旧人，终究不会辜负你，其余的没有值得任用的。"后蜀主不能听从。

（以上为第十一段，写后周世宗释放后蜀俘虏，制《刑统》，任命赵匡胤为义成节度使。后蜀主不听嘉言，不能任用贤将。）

六月二十二日丁丑，后周世宗任命前华州刺史王祚为颍州团练使。王祚是王溥的父亲。王溥当宰相，王祚有宾客，王溥常常穿着朝服陪着在旁边站立；客人坐在席上不安，王祚说："犬子不值得为他起身。"

秋季，七月初二日丁亥，后周世宗处理定远军和寿春城南失败的事情，任命武宁节度使兼中书令武行德为左卫上将军，河阳节度使李继勋为右卫大将军。

北汉主开始设立祖宗七庙。

司空兼门下侍郎、同平章事李穀养病两年，一共九次上表请求辞去相位。八月二十一日乙亥，后周世宗下诏解除他的宰相职务，只任本官，命他每个月乘坐轿子到便殿一次，讨论政事。

后周世宗任命枢密副使、户部侍郎王朴为检校太保，充任枢密使。

怀恩军到达成都，后蜀主派遣梓州别驾胡立等八十人返回东方，并且写信道谢，请求互相通使友好。八月二十九日癸未，胡立等人到达大梁。后周世宗因为后蜀主采用对等的礼节，所以不给他回信。后蜀主听到这个消息，愤怒地说："朕做天子在南郊祭祀天地的时候，你还在当强盗，怎么敢像这样！"

九月，中书舍人窦俨上疏请求命令有关部门的官员讨论古今的礼仪，制作《大周通礼》，考订校正黄钟乐的法度标准，制作《大周正乐》。窦俨又认为："处理政事的根本，没有比选择人才更为重要的；选择人才的重要，没有比选择宰相更为重要的。自从唐朝末年以来，随便封爵赏赐，刚刚到任宰相，就兼任三公、仆射的官职。所以当他还没有得到官位的时候，就一心奔走争逐；得到官位以后，就事事逢迎沉默，只想解除机要的政务，担任崇高重要的官职，逍遥在园林亭榭之中，保护家族平安。请求命令现任宰相至尚书省六部尚书、中书省及门下省给事中、中书舍人以上，各自举荐知道的人才。如果陛下平时就知道他贤能，自然可以提拔任用；如果不知道，暂且命令他以原来的官职暂时主持政事。一年以后，考察他的职责业绩，倘若果真能够胜任，那么他的官位已经高了，则授予平章事；官位不高的，就再略加提升，照旧暂且代理政事。倘若不能称职，就解除他处理政事的职务，追究荐举者的责任。另外，在官吏的班次行列之中，有名额而无职责的占了大半，请求衡量他们的才能，授给他们外任官，让他们在实际事务中试用，回京后按照原来的官职铨叙升迁，考察他们的政绩，有才能的人提拔，无能的人罢黜。”又请求：“让盗贼互相检举告发，把所告发盗贼财产的一半赏给告发者；或者有亲戚替盗贼自首的，那就处罚盗贼的党徒同伙而赦免代为自首的盗贼。像这样，盗贼就不能聚集了。另外，新郑县的乡村组成义营，各自设立将佐，一户当盗贼，就连累一村；一户被盗窃，就怪罪他那一营的主将。每当有盗贼再现，就击鼓举火，聚集丁壮，盗贼少而百姓多，所以没有一个盗贼能逃脱。因此邻县盗贼充斥而新郑全境独自很清静。请求下令其他各县都效法新郑，这也是阻止盗贼的一种方法。此外，历朝以来，屡次颁布诏书，听任百姓多种广耕，而只缴纳旧税，等到农民已经耕种以后，官吏就丈量田亩而增税，所以百姓都怀疑害怕，而田地不再增加开辟。治理政务的先决条件，没有比注重信用更重要的了。信用如果卓著，那么田地没有不扩大的；田地扩大，粮食就增多；粮食增多，藏在民间也就等于藏在官府。”又说：“陛下南征江淮，一举而取得八州，再次亲征而平定寿春，神威所到之处，前面没有强劲的对手。如今以众击寡，以治伐乱，势必攻无不克。只是行动起来贵在迅速，那么敌国的百姓就可免于被俘虏斩杀的灾祸，我们的百姓则可停止辗转运送的困苦了。”后周世宗看过之后，认为他说得好。窦俨是窦仪的弟弟。

冬季，十月初五日戊午，后周设立贤良方正直言极谏、经学优深可为师法、详闲吏理达于教化等科。

十月初十日癸亥，北汉麟州刺史杨重训率众举城投降，朝廷任命他为麟州防御使。

十月十六日己巳，任命王朴为东京留守，听任他根据情况随机行事。任命三司使张美充任大内都点检。

（以上为第十二段，写后周中书舍人窦俨上疏论为政之本，制礼作乐、任贤择相、沙汰冗官、治盗贼以重民生，后周世宗称善。）

十月十九日壬申，后周世宗从大梁出发；十一月初四日丙戌，到达镇淮军，当夜五更，渡过淮河；十一月初五日丁亥，到达濠州城西。濠州东北十八里有个滩，南唐人在上面设置栅栏，四面环水固守，认为后周军队一定没法渡过。十一月初六日戊子，后周世宗亲自率兵攻打，命令内殿直康保裔率领全副武装士兵几百人，骑着骆驼涉水，赵匡胤率领骑兵随后跟着，于是把它攻取。李重进攻破濠州的南关城。十一月十一日癸巳，后周世宗亲自进攻濠州，王审琦攻下南唐军队的水寨。南唐人在城北停驻着几百艘战舰，又在淮河中竖起巨大的木桩来阻挡后周军队。后周世宗命令水军进攻，拔掉大木桩，烧掉战舰七十多艘，斩首二千多级，又攻下城外的羊马城，城中震惊恐惧。十一月十四日丙申夜晚，南唐濠州团练使郭廷谓上表给后周世宗说："臣的家在江南，现在如果马上投降，恐怕会被南唐诛灭全族，请求让我先派使者到金陵请命，然后出城投降。"后周世宗答应了他。十一月十九日辛丑，后周世宗听说南唐有几百艘战舰在涣水东岸，准备援救濠州，于是亲自率兵在晚上分别从水路和陆路进攻。十一月二十一日癸卯，在洞口大败唐军，斩首五千多级，投降的士兵二千多人，乘势击鼓向东进发，所到之处都一一攻克。十一月二十三日乙巳，到达泗州城下，赵匡胤先进攻泗州城南面，趁机烧毁城门，攻破水寨和月城。后周世宗坐镇在月城上督促将士攻城。

北汉主自从即位以来，忙于安抚境内，没有时间对外侵犯。这个月，契丹派遣他的大同节度使、侍中崔勋率兵来和北汉会合，准备一起入侵后周。北汉主派遣忠武节度使、同平章事李存瓌率兵与他会合，向南侵犯潞州，到达潞州城下而回。北汉主知道契丹不值得依靠，但又不敢马上和他断绝关系，便赠送崔勋很丰厚的礼物。

十二月初三日乙卯，南唐泗州守将范再遇率众举城投降，后周世宗任命范再遇为宿州团练使。后周世宗亲自到泗州城下，禁止军中割草打柴的人侵犯民田，百姓都欣悦感激，争相奉献粮草；攻克泗州以后，没有一名士兵敢擅自进城。后周世宗听说南唐几百艘战舰停泊在洞口，派遣骑兵侦察，唐军退守清口。

十二月初六日戊午，后周世宗亲自率领亲军沿淮河的北岸前进，命令赵匡胤率领步兵和骑兵沿淮河南岸前进，众将率领水军从淮河中流前进，共同追赶唐军。当时淮河两岸长久没有行人，芦苇茂密如织，又有很多泥沼沟坑，士兵们乘着胜利的气势争相跋涉前进，都忘记了劳苦。十二月初八日庚申，追上唐军，边战边进，金鼓声传到几十里之外。十二月初九日辛酉，到达楚州西北，大败南唐军队。唐军有沿着淮河向东而下的，后周世宗亲自去追赶，赵匡胤为前锋，追赶了六十里，抓获南唐保义节度使、濠泗楚海都应援使陈承昭而返回。所缴获的战舰除了烧毁、沉没的，共有三百多艘，士兵除了杀死、淹死的，共俘虏七千多人。南唐在淮河上的战舰，在这次战斗中全部被消灭了。

郭廷谓的使者从金陵回来，知道南唐无法派兵救援，便命令录事参军鄱阳人李延邹草拟降表。李延邹以忠义来责备郭廷谓，郭廷谓用兵器逼着他，李延邹把笔丢到地上说："大丈夫最终决不辜负国家而替叛臣写降表！"郭廷谓将他斩首，率众举濠州投降，后周得到士兵一万人，粮食几万斛。南唐主把官职赏赐给李延邹的儿子。

十二月初十日壬戌，后周世宗渡过淮河，到达楚州，在城西北扎营。

十二月十三日乙丑，南唐雄武军使、知涟水县事崔万迪投降。

十二月十四日丙寅，任命郭廷谓为亳州防御使。

十二月十六日戊辰，后周世宗攻打楚州，攻克月城。

十二月十八日庚午，郭廷谓在行宫拜见后周世宗，后周世宗说："朕南征以来，江南众将相继战败逃亡，只有卿能切断涡口的浮桥，攻破定远的营寨，用来报效国家的战功已经足够了。濠州是个小城，就是让李璟自己来防守，能守得住吗！"命令他率领濠州军队攻打天长。后周世宗派遣铁骑左厢都指挥使武守琦率领几百名骑兵奔赴扬州，到达高邮。南唐人把扬州的官府民房全部烧掉，赶着那里的百姓向南渡过长江。几天以后，周军到来，城中只剩下衰弱疲病的十几个人而已。十二月二十一日癸酉，武守琦将这些情况奏报。

后周世宗听说泰州没有防备，派兵袭击，十二月二十五日丁丑，攻取泰州。

南汉中书侍郎、同平章事卢膺去世。

南汉主听说南唐屡次战败，神情表露出忧愁来，派遣使者向后周进贡，但是道路在湖南被阻隔；于是建造战舰，整顿军备。后来便纵酒狂饮，说："我自己能够避免灾祸，就已经幸运了，还有什么闲暇考虑后代啊！"

南唐使者陈处尧在契丹，禀告契丹主请求南游太原，北汉主用厚礼款待他；停留了几天，北上返回，最终死在契丹。

（以上为第十三段，写后周世宗第三次亲征南唐，周师连战皆捷。北汉连引契丹南犯，不胜而还。）

【点评】

本卷点评南唐多忠臣义士、宋齐丘误国、后周世宗制《刑统》三件史事。

南唐多忠臣义士。后周世宗三次亲征南唐，全力以赴，全线进攻，南唐屡战屡败，但南唐主李璟绝不屈服，最终以和议收场。南唐主去帝号，称唐主臣服周朝，割江北之地与周，总算是保全了宗庙社稷。南唐政权奉行保境安民政策，不随群雄力争中原，国力足，民心安。南唐主李氏父子中庸，虽无善政，亦无殃民之祸；虽有奸佞，亦兼用贤才，是以将相大臣多忠臣死义之士，是以不灭。南唐忠臣，以司空孙晟、寿州节度使刘仁赡、右武卫将军柴克宏、楚州防御使张彦卿等四人最为人称道，青史留名。试分述之。

孙晟使后周，不亏臣节，不辱君命。后周显德三年（公元956年）三月，南唐主再次遣使求和于后周。司空孙晟奉命出使，礼部尚书王崇质为副使。孙晟对左丞相冯延己说："这趟差事应当由你左相出使，可是我若推辞，就对不起先帝。"启程后，孙晟对王崇质说："这次出使我已经做好了准备，绝不辜负先帝的在天之灵。你家有一百多口，考虑好该怎么办。"孙晟决心以一死捍卫国家尊严和使命。后周世宗要孙晟说出南唐虚实，孙晟拒绝不说话。周军久攻寿州不克，后周世宗派出宫中使者送孙晟到寿州城下劝降刘仁赡。刘仁赡在城楼上穿着军服向孙晟下拜。孙晟对刘仁赡坚定地说："将军深受国家厚恩，绝不要开城门接纳贼寇。"后周世宗十分震怒。孙晟说："臣身为宰相，怎么可以教唆节度使背叛国家。"后周世宗百般劝降孙晟，孙晟不从，索袍笏，整衣冠，大义凛然面对死亡，南向拜谢说："谨以死报国。"从容就义。王夫之将孙晟比作唐之颜真卿，极为中肯。

刘仁赡守寿州，大义灭子。后周世宗亲征南唐，南唐淮南州县大部陷落，寿州节度使刘仁赡坚守，岿然不动。在重围中，刘仁赡之子刘崇谏犯军禁，意欲北走周军，刘仁赡数其罪腰斩于众，是以全军感佩，誓死不降，团结如一人。周军屡攻不克，后周世宗留将困守，返回大梁。后周世宗休整后，第二次亲征南唐，周军大破南唐援军，刘仁赡扼腕叹息。此时刘仁赡卧病不省人事，寿州监军使周廷构、营田副使孙羽等作降表，寿州最终城破，江北之地尽为后周所有。刘仁赡以一旅之众，孤军守城一年有余，可与古之名将比肩。

柴克宏以弱胜强，光复常州。后周世宗攻南唐，命吴越王钱弘俶夹攻南唐，吴越夺取了南唐常州。南唐名将柴再用之子柴克宏为唐主宿卫兵龙武都虞候，自请效死行阵。其母亦上表称克宏像他父亲一样可为将，如不胜任，甘受军法赴死。柴克宏母子赴国难的行动义薄云天。当时南唐精兵都在江北，柴克宏受命为右武卫将军，只率领老弱兵数千人，光复常州，枢密使李徵古又发给破败的兵器。柴克宏口无怨言，智取常州，大破吴越军。南唐主任命柴克宏为奉化节度使，柴克宏再次请命率兵救寿州。天不假南唐，柴克宏半道病卒，英年早逝，是以寿州城破。

此外，南唐楚州守将张彦卿，一千余众，坚守孤城四十余日，全军战没，无一人生降。后周世宗连年暴众，见南唐王气犹存，亦不敢贸然过江，于是接受南唐主去帝号，称国主，举国内附，划江为界的条件，议和班师。

宋齐丘误国。有忠义，就必有奸佞。南唐不乏忠义之士，更不乏奸佞之臣，南唐未灭于后周，而后灭于宋，最终败亡的主因君昏臣奸是根本原因。南唐中主李璟、后主李煜，皆中庸之主，好文学，放纵声色，冯延己等文学之士当国，拉帮结派，歌舞升平，丧失了趁中原多务的进取机会；排斥忠良，使南唐国势日衰。两朝宰相宋齐丘，是李氏建唐的主要谋士，但不懂军事，又争权不已，大敌当前，不以保国为己任，而是留后路，思谋叛国投敌。寿州保卫战，南唐救援的各路大军云集，江北所失州县大部回归南唐。各路援军请求据险截击周军，时任南唐太傅兼中书令之宋齐丘说："如此，则怨益深。"两国交兵不是你死就是我亡，何来结怨之说。这一谬论，南唐主不能辨，诸将各保实力有了借口。宋齐丘下令诸将各自保地盘，不许擅自出击，于是寿州告急。等到周师部署停当，各个击破，打败南唐各路援军，于是寿州不守，江北之地全部沦陷于后周。枢密使陈觉、李师古皆宋齐丘之党。柴克宏抗李师古之命收复常州，保住了南唐江南的稳定，使周师止步于江水，南唐才又苟延了岁月。

后周世宗制《刑统》。南唐臣服后，后周世宗深化政治改革，让社会趋于和谐，为大举北伐契丹做准备。在刑法方面花了大力气。《册府元龟》卷九六《赦宥》记载，后周世宗要求做到"狱讼无冤，刑戮不滥"。后周世宗亲自裁决政事，执掌赏罚大权，还要求臣下提醒，他不以自己因怒而杀人，因喜而滥施赏赐。后周世宗议和南唐后，北返大梁京都，办的第一件事就是诛杀了克扣工役的亲信宦官孙延希，整肃纲纪。后周世宗对五代相沿的律、令、格、敕进行删节，再作注释和评议，详定为《大周刑统》二十一卷，颁行全国。但是任何一个封建帝王，只能做到开明，做不到公平，不可能一视同仁。许州司马韩伦，是后周世宗爱将侍卫马军都指挥使韩令坤之父，韩令坤在南伐南唐中又立有大功。韩伦有恃无恐，在陈州贪污不法，干预政事，成为公众的大害，被人告发，当死。韩令坤在后周世宗面前哭诉，韩伦被宽大免死，流放沙门岛，随后又赦免回到洛阳。后周世宗之生父柴守礼以光禄卿致仕，家居洛阳。当时将相王溥、王晏、王彦超等人的父亲，也闲居洛阳。韩伦与这帮人在洛阳结伙游宴，共十人，恃势横恣，洛阳人闻风胆寒，称他们为"十阿父"。柴守礼以小过杀人，当局不敢问责，后周世宗也装聋作哑，不予过问。后周世宗让这些权势之家的生父，闲居洛阳，给予丰厚的俸禄，不许他们在京城大梁干预政事，已经是一个开明帝王的最大底线，他们犯法、欺压小民，后周世宗就不加追究了。

资治通鉴（白话本） 卷第二百九十四

后周纪五

后周世宗显德五年至六年（公元958—公元959）

【起著雍敦牂（戊午，公元958年），尽屠维协洽（己未，公元959年），凡二年】

【大事提要】

本卷记事起于公元958年，讫于公元959年，凡二年。当后周世宗显德五年至显德六年。南唐楚州守将张彦卿，一千余众，坚守孤城四十日，全军战没，无一人生降。后周世宗连年暴众，亦不愿侥幸过江，于是接受南唐主去帝号，称国主，举国内附，划江为界。后周世宗取得南唐江北之地后班师。南唐主惩治宋齐丘之党，幽囚宋齐丘于九华山，宋齐丘自缢而死。后周世宗以一统天下，北逐胡虏为己任，稍事休整，举众北伐，亲征契丹，又分兵伐后蜀。周师士气高昂，初战节节取胜，瓦桥关以南诸州望风归降。后周世宗即将进兵幽州，不幸染病，还师大梁，随即辞世，统一之业半道而废。后周世宗在位六年，勤于政事，精力过人，征伐四方，亲历战阵，将士效命，攻必取，战必胜，声威远扬，司马光称其为英武之君。惜其天不假年，功业不就。后周世宗前三子为后汉所诛，第四子柴宗训年七岁嗣位，孤儿寡母，是以社稷不守。《资治通鉴》全书终于柴宗训继位而止，为宋太祖禅位讳也。

世宗睿武孝文皇帝下

后周世宗显德五年（戊午，公元958年）

春季，正月初三日乙酉，废除匡国军。

南唐改年号为中兴。

正月初五日丁亥，右龙武将军王汉璋奏报攻克海州。

正月初七日己丑，任命侍卫马军都指挥使韩令坤代理扬州军府事务。

后周世宗打算率领战舰从淮河进入长江，但是被北神堰阻隔，无法通过；打算开凿楚州西北的鹳水来打通进入长江的通道，便派使者去巡视。使者回来报告说地形不便于开凿，预计所需要的人工很多。后周世宗亲自前往观察，给予规划，征发楚州的民夫去疏通河道，十天就完成，所费的人工很节省，几百艘巨大战舰都可以直接到达长江。南唐人大感惊讶，认为神奇。

正月初十日壬辰，攻取静海军，开始打通前往吴越的道路。在此之前，后周世宗派遣左谏议大夫长安人尹日就等人出使吴越，告诉他们说："卿等现在去的时候，虽然乘船航海，但是等到你们回来的时候，淮南已经平定，必当从陆路返回了。"后来果然如此。

正月二十二日甲辰，后蜀右补阙章九龄进见后蜀主，说政事治理得不好，是由于有奸诈谄谀的臣子在朝廷；后蜀主问奸诈谄谀的臣子是谁，章九龄指着李昊、王昭远来回答。后蜀主发怒，认为章九龄是毁谤大臣，贬章九龄为维州录事参军。

后周军攻打楚州，超过了四十天，南唐楚州防御使张彦卿坚守而无法攻下。正月二十三日乙巳，后周世宗亲自督领众将攻城，住宿在城下。正月二十五日丁未，攻克楚州。张彦卿和都监郑昭业仍然率领部众抵抗作战，弓箭和刀剑都已经用完，张彦卿举起绳床战斗而死，他的部下一千多人到死没有一个人投降。

高保融派遣指挥使魏璘率领一百艘战船顺长江东下，和后周军队会合，讨伐南唐，到达鄂州。

正月二十八日庚戌，后蜀在果州设置永宁军，划通州隶属于它。

南唐把天长改为雄州，任命建武军使易文赟为刺史。二月初二日甲寅，易文赟率众献城投降。

二月初六日戊午，后周世宗从楚州出发；二月十五日丁卯，到达扬州，命令韩令坤征发民夫一万多人，在旧城的东南角修筑一座小城，作为治理扬州的所在地。

二月二十三日乙亥，黄州刺史司超奏报与控鹤右厢都指挥使王审琦攻打南唐舒州，擒获刺史施仁望。

二月二十四日丙子，建雄节度使真定人杨廷璋奏报在隰州城下打败北汉军队。当时隰州刺史孙议突然死亡，杨廷璋对都监、闲厩使李谦溥说："如今皇上南征，隰州没有守将，河东一定有异心。如果奏报请示朝廷，等待回复，那么这座孤城就危险了。"于是立即发公文命李谦溥代理隰州的事务，李谦溥到达隰州就整顿守备。不久，北汉军队果然到来，众将请求赶快救援，杨廷璋说："隰州城池坚固，守卫的是良将，不容易攻克。"北汉攻打州城，很久不能攻下。杨廷璋估计他们疲惫困乏，没有防备，暗中和李谦溥相约，各自招募敢死士兵一百多人，晚上袭击他们的军营。北汉军队惊慌溃散，被斩首一千多级；于是撤军离去。

（以上为第一段，写南唐楚州守将张彦卿坚守四十日抗击周师，全军败没。后周隰州守将大败北汉兵。）

三月初一日壬午，后周世宗前往泰州。

三月初六日丁亥，南唐实行大赦，改年号为交泰。

南唐皇太弟李景遂前后一共十次上表请求辞去皇位继承人，并且说："如今国家危难不能救助，请求出外就任藩镇节度使。燕王李弘冀是嫡长子，并且有军功，应该当皇位继承人，谨奏上太弟的宝册。”齐王李景达也因兵败而请求辞去元帅的职务。南唐主于是立李景遂为晋王，加官天策上将军、江南西道兵马元帅、洪州大都督、太尉、尚书令，任命李景达为浙西道元帅、润州大都督。李景达由于浙西正在用兵，再三推辞，于是改为抚州大都督。立李弘冀为太子，参与决定各种政事。李弘冀为人猜忌多疑，严厉苛刻，李景遂的左右还有没离开东宫的，立即斥退赶走。李弘冀的弟弟安定公李从嘉畏惧他，不敢参与政事，专门以经籍自娱自乐。

三月初十日辛卯，后周世宗前往迎銮镇，屡次到长江口，派遣水军攻击南唐军队，打败了他们。后周世宗听说南唐几百艘战舰停泊在东洲州，将要奔赴入海口，控制往苏州、杭州的通道，便派遣殿前都虞候慕容延钊率领步兵和骑兵，右神武统军宋延渥率领水军，顺江而下。三月十三日甲午，慕容延钊奏报在东洲州大败唐军；后周世宗派遣李重进率兵奔赴庐州。

南唐主听说后周世宗在长江岸边，担心他会渡江南下，又耻于降帝号改称藩属，于是派遣兵部侍郎陈觉奉持表章，请求传位给太子李弘冀，让他听从中原的命令。当时淮南只有庐州、舒州、蕲州、黄州没有攻下。三月十五日丙申，陈觉到达迎銮镇，看到周军强盛，报告后周世宗，请求派人渡江去取表章，献出四州的土地，划江为界，以请求后周世宗停战，言辞意思很悲哀。后周世宗说：“朕本来发兵只想取得江北之地，你的君主能够率领全国来归附，朕还要求什么呢！”陈觉下拜称谢而退下。三月十六日丁酉，陈觉请求派遣他的属下閤门承旨刘承遇前往金陵，后周世宗赐给南唐主书信，说“皇帝恭问江南国主”，安慰接纳他。

三月十七日戊戌，吴越王奏报派遣上直都指挥使、处州刺史邵可迁和秀州刺史路彦铢率领战舰四百艘、士兵一万七千多人驻守通州的南岸。

南唐主又派遣刘承遇奉持表章，自称唐国主，请求献出江北四州，每年输送进贡物品数十万。于是江北全部平定，得到十四个州，六十个县。

三月十九日庚子，后周世宗赐给南唐主书信，告诉他：“沿长江的各军以及两浙、湖南、荆南的军队都要撤回，派往攻打庐、蕲、黄三州的三路军队，也下令他们退兵到近郊之外。等到那些将士和他们的家属上了路，可派人去召请我军将校，把城邑交给他们。长江的船舰如果有需要往来的，都准许由北岸引向南岸。”三月二十日辛丑，陈觉辞别上路，后周世宗又赐给南唐主书信，告诉他不必传位给他的儿子。

三月二十一日壬寅，后周世宗从迎銮镇再次前往扬州。

三月二十二日癸卯，后周世宗诏命吴越以及荆南各军各自回到本地；赐给钱弘俶犒劳军队的布帛三万匹，高保融一万匹。

三月二十三日甲辰，后周在庐州设置保信军，任命右龙武统军赵匡赞为节度使。

三月二十五日丙午，南唐主派遣冯延己进献银、绢、钱、茶、谷等共一百万，以犒劳军队。

三月二十八日己酉，后周世宗命令宋延渥率领水军三千人逆长江而上，巡逻警戒。

三月二十九日庚戌，敕令对已故淮南节度使杨行密、已故升府节度使徐温等人的坟墓酌量分配守陵民户；其余的江南群臣的坟墓在江北的，也委托地方长官按时检查。

（以上为第二段，写南唐主举国内附称藩，南唐与后周划江为界。）

三月三十日辛亥，南唐主派遣他的临汝公徐辽代替自己前来上寿。

这个月，疏通汴口，引导黄河的水流入淮河，于是长江、淮河的船只开始通到大梁。

夏季，四月初四日乙卯，后周世宗从扬州北上返回大梁。

新建的太庙建成。四月初九日庚申，神主迎入太庙。

四月初十日辛酉晚上，钱塘城南发生火灾，延及到内城，官府民舍几乎全部烧光。四月十一日壬戌早晨，大火将要烧及镇国仓，吴越王钱弘俶长期患病，亲自勉强支撑着出来救火。大火熄灭以后，钱弘俶对左右的人说：“我的病因这场火灾而痊愈了。”众人的心才稍稍安定。

后周世宗南征的时候，契丹乘虚入侵。四月二十一日壬申，后周世宗到达大梁，命令镇宁节度使张永德率兵防备北方边疆。

五月初一日辛巳，发生日食。

后周世宗下诏犒赏慰劳南征的士兵和淮南最近归附的百姓。

五月十一日辛卯，任命赵匡胤兼任忠武节度使，调任安审琦为平卢节度使。

成德节度使郭崇进攻契丹的束城，攻下了它，以此来报复契丹的入侵。

南唐主为了避后周的名讳，改名为李景，下令取消皇帝的称号，称国主，所有天子的礼仪制度都有所贬降减损，取消年号，改用后周的年号历法，但仍向太庙报告。左仆射、同平章事冯延己罢免宰相职务为太子太傅，门下侍郎、同平章事严续免职为少傅，枢密使、兵部侍郎陈觉免去宰相职务，只保留原来的官职。

当初，冯延己用夺取中原的计策来劝说南唐主，因此受到南唐主的宠信。冯延己曾经嘲笑烈祖息兵有些拘于小节，他说：“在安陆才丧亡了几千名士兵，烈祖就为此吃不下饭叹息十天，这是乡村老农的见识和度量啊，怎么能够与他成就大事！他怎么比得上当今皇上几万军队在外面风餐露宿，而自己打球饮宴玩乐与平时没有两样，真是英明的君主啊！”冯延己和他的同党谈论，常常以天下为己任，互相唱和呼应。翰林学士常梦锡屡次上言说冯延己等人浮夸荒诞，不可听信；南唐主不听，常梦锡说：“奸臣的话听起来好像是忠言，陛下不觉悟，国家势必败亡！”等到臣服于后周，冯延己的同党相互谈论，有称后周为大朝的，常梦锡大笑说：“诸公常常想使皇上成为尧、舜，怎么今天却自居小朝廷呢！”众人默不作声。

自从南唐主归顺以后，后周世宗只是通过南唐主的使者赐给他书信，未曾派遣使者到他的国家去。五月二十九日己酉，后周世宗才命令太仆卿冯延鲁、卫尉少卿锺谟出使南唐，赐给南唐主御衣、玉带等以及犒劳军队的布帛十万匹，还有当年的《钦天历》。

刘承遇从金陵回来的时候，南唐主让陈觉禀告后周世宗，因为江南没有盐田，希望能把海陵盐监归属江南来供应军队。后周世宗说：“海陵在江北，难以让两国的官吏杂居在一起，这件事应当另作处理。”到了这时，诏命每年拨出三十万斛盐给江南，所俘虏的江南士兵，也陆续释放，让他们回去。

六月初二日壬子，昭义节度使李筠奏报攻打北汉的石会关，占领了他们的六个营寨。六月初五日乙卯，晋州奏报都监李谦溥进攻北汉，攻破孝义。

高保融派遣使者劝说后蜀主向后周称藩臣，后蜀主回答说去年曾派胡立送书信给后周但没有得到回复。

秋季，七月初七日丙戌，开始实行《大周刑统》。

后周世宗打算平均田租，七月初八日丁亥，把元稹的《均田图》普遍赐给各地。

闰七月，南唐清源节度使兼中书令留从效派遣牙将蔡仲赟穿着商人的服装，把绢表藏在皮带中间，从小路前来称臣。

南唐江西元帅晋王李景遂前往洪州的时候，因为当时正在用兵，请求派一位大臣做自己的副帅，南唐主任命枢密副使、工部侍郎李徵古为镇南节度副使。李徵古傲慢凶狠，专权恣横，李景遂虽然宽容仁厚，可是时间长了也不能忍受，常常想杀了他，自己再到有关部门去自首，被左右的人劝谏才停止。李景遂从此郁郁不乐。

太子李弘冀在东宫做了很多不法的事，南唐主发怒，曾经用击球的木棍打他说：“我应当再召回李景遂。”昭庆宫使袁从范跟从李景遂任洪州都押牙，有人在李景遂的面前说袁从范儿子的坏话，李景遂想杀了他，袁从范因此怨恨李景遂。李弘冀知道了这件事，秘密差遣袁从范毒杀李景遂；八月初二日庚辰，李景遂打球口很渴，袁从范送上饮料，李景遂喝下就死了。还没有等到收殓，尸体就腐烂了。南唐主不知道实情，追赠他为皇太弟，谥号为文成。

八月初三日辛巳，南汉中宗刘晟去世，长子卫王刘继兴继承帝位，改名为刘鋹，改年号为大宝。刘鋹十六岁，国事都由宦官玉清宫使龚澄枢和女侍中卢琼仙等人决定，御史台和三省的官员只是聊以充数而已。

八月初六日甲申，南唐开始在大梁设置进奏院。

八月十四日壬辰，后周世宗命令西上閤门使灵寿人曹彬出使吴越，赐给吴越王钱弘俶二百副骑兵用的钢铠甲，五千副步兵用的铁铠甲以及其他的武器。曹彬事情完毕便赶紧返回，不接受馈赠。吴越人乘轻快的小船追上来送给他礼物，接连好几次，曹彬说："如果终究不接受，显得我是在沽名钓誉了。"全部清点登记礼品数量，回来献给后周世宗。后周世宗说："以往奉命出使的人，索求没有满足，使得四方轻视朝廷的命令。卿能够如此，非常好；然而他们既然把这些礼物送给你，你就拿走。"曹彬才下拜接受，全部散发给亲戚熟人，家里没有留下来的。

（以上为第三段，写南唐主去帝号称国主，君臣黯然。南唐太子李弘冀忌杀前皇太弟李景遂。南汉中宗殂，长子刘继兴即位，权落宦官之手。）

八月二十三日辛丑，冯延鲁、锺谟来到南唐，南唐主亲自写表谢恩，表章大略说："天地的恩泽广厚啊，父母的恩情深厚啊，子女不感恩父母，人又怎么报答天地，只有赤诚之心，可以报答大恩大德。"又请求比照藩镇的待遇，颁赐诏书。又说："有事情让锺谟上奏，乞求让他早点返回。"南唐主又让锺谟禀报后周世宗，想传位给太子。九月初九日丁巳，后周世宗任命冯延鲁为刑部侍郎，锺谟为给事中。南唐主又派遣吏部尚书、知枢密院殷崇义前来庆贺后周世宗的寿辰。

后周世宗谋划讨伐后蜀，冬季，十月初二日己卯，任命户部侍郎高防为西南面水陆制置使，右赞善大夫李玉为判官。

十月十七日甲午，后周世宗把冯延鲁和左监门卫上将军许文稹、右千牛卫上将军边镐、卫尉卿周廷构送回南唐。南唐主因为许文稹等人都是败军之将被俘虏，所以弃置不再任用。

高保融再次送信给后蜀主，劝他向后周称臣，后蜀主召集将相商议这件事。李昊说："听从他的话就使君父受辱，违背他的话那么周军一定会到来，众将能够抵抗后周军队吗？"众将都说："凭陛下的圣明，江山的险阻坚固，怎么可以望风屈服！厉兵秣马，正是为了今日。臣等请求以死来保卫社稷！"十月二十日丁酉，后蜀主命令李昊起草回信，尽情陈辞拒绝归降。

后周世宗诏命左散骑常侍须城人艾颖等三十四人分别巡行各州，均定田租。十月二十三日庚戌，诏命各州合并乡村，一般以一百户为一团，每团设置年老的团长三人。后周世宗留心农事，用木头雕刻成耕田农夫、养蚕农妇，安置在殿庭里。

后周世宗命令武胜节度使宋延渥率领水军巡视长江。

高保融上奏，听说王师将要征伐后蜀，请求率领水军赶赴三峡，后周世宗下诏褒奖他。

十一月初四日庚戌，敕令窦俨编纂《大周通礼》、《大周正乐》。

十一月初五日辛亥，南汉把文武光明孝皇帝安葬在昭陵，庙号中宗。

十一月十九日乙丑，南唐主又派遣礼部侍郎锺谟入朝拜见后周世宗。

李玉到了长安，有人说："蜀国的归安镇在长安南面三百多里，可以袭击夺取。"李玉相信那人所说的话，发公文给永兴节度使王彦超，索求二百名士兵。王彦超认为归安的道路狭窄危险，难以攻取，李玉说："我自己奉有密诏。"王彦超不得已给他士兵。李玉率领士兵前往归安镇，十二月，后蜀归安镇遏使李承勋占据险要地势截击，斩杀李玉，他的部众全军覆没。

十二月初九日乙酉，后蜀主任命右卫圣步军都指挥使赵崇韬为北面招讨使。十二月初十日丙戌，任命奉銮肃卫都指挥使、武信节度使兼中书令孟贻业为昭武、文州都招讨使，左卫圣马军都指挥使赵思进为东面招讨使，山南西道节度使韩保贞为北面都招讨使，率兵六万，分别驻守要害地段来防备后周。

（以上为第四段，写后周世宗谋伐后蜀，后蜀主命将率兵六万分守要害。）

十二月初十日丙戌，后周世宗诏命所有各种课户和俸户一律勒令回归各自的州县，幕僚和州县官从今以后一律由官府开支俸钱和米麦。

当初，南唐太傅兼中书令楚公宋齐丘勾结很多同党，想以此巩固自己专断朝政的大权，急于进用之士争相攀附，推崇赞赏宋齐丘为国家的元老。枢密使陈觉、副使李徵古仗着宋齐丘的势力，尤为骄横傲慢。等到许文稹等人在紫金山兵败，陈觉和宋齐丘、李景达从濠州逃回来，国中人心恐惧。南唐主曾经叹息说："我的国家一下子竟到了这种地步！"因而流下眼泪。李徵古说："陛下应当整顿军队来抵抗敌人，流泪哭泣有什么用！难道是饮酒过量了吗，还是奶妈没来呢？"南唐主脸色大变，而李徵古举止自如。正好这时司天监的官员奏报："天象发生变化，人主应该避开帝位祈求消灾。"南唐主于是说："祸患灾难正多，我想放弃掉所有的政务，让我的心处于淡泊宁静之中，可以托付给谁呢？"李徵古说："宋公是缔造国家的元老，陛下如果讨厌政务，何不把整个国家交给他！"陈觉说："陛下只要深居在宫禁中，国事都交给宋公，先处理后报告，臣等时时入宫侍候陛下，谈谈释迦与老子罢了。"南唐主心中怨恨，立即命令中书舍人豫章人陈乔起草诏书实行。陈乔惊慌恐惧，请求进见，陈乔说："陛下一签署这道诏书，臣就不能再见到陛下了！"因而极力陈说这样做不行。南唐主笑着说："你也知道那样做不对吗？"于是停止这件事。因此借晋王出任藩镇的机会，任命李徵古做他的副手；陈觉从后周回来，也被免除近臣的职务。

锺谟向来与李德明友好，因为李德明的死而怨恨宋齐丘。等到他奉命出使回到南唐，对南唐主进言说："宋齐丘趁着国家危急的时候，急于谋划篡国夺位，陈觉、李徵古做他的帮手，按理不可宽容。"陈觉从后周回来的时候，假传后周世宗的命令对南唐主说："听说东南连年抗拒命令，都是宰相严续的主意，应当替我将他斩首。"南唐主知道陈觉向来与严续有仇怨，就不相信他的话。锺谟请求到后周复核这件事，南唐主于是派锺谟向后周世宗复命，上言说："长期抵抗王师，都是我的愚昧迷惑，不是严续的罪过。"后周世宗听说，大为惊讶说："果真是这样的话，那么严续乃是忠臣，朕当天下的君主，岂能让人杀忠臣呢！"锺谟回来，把这件事禀报南唐主。

南唐主打算诛杀宋齐丘等人，又派遣锺谟入朝禀告后周世宗。后周世宗认为宋齐丘等人是南唐的臣子，不置可否。十二月二十三日己亥，南唐主命令知枢密院殷崇义草拟诏书，揭露宋齐丘、陈觉、李徵古的罪恶，听任宋齐丘回到他以前隐居的九华山，官职爵位全部照旧；陈觉贬降为国子博士，安置在宣州；李徵古削夺官职爵位，赐他自杀；他们的党羽都不追究。派遣使者向后周报告。

十二月三十日丙午，后蜀主任命峡路巡检制置使高彦俦为招讨使。

平卢节度使、太师、中书令陈王安审琦的车夫安友进和安审琦一个宠妾私通，侍妾恐怕事情泄露，就和安友进谋划杀死安审琦，安友进认为不可，侍妾说："不这样的话，我必定反过来告发你。"安友进感到恐惧就听从了她的话。

（以上为第五段，写南唐主惩治宋齐丘之党。）

后周世宗显德六年（己未，公元959年）

春季，正月初七日癸丑，安审琦酒醉熟睡，侍妾取出安审琦所枕的剑，交给安友进杀死安审琦，并且把在帐下服侍的婢女全部杀死灭口。几天以后，安审琦的儿子安守忠才知道这件事，抓住安友进等人，将他们凌迟处死。

当初，有关部门将设立正式的仪仗，前一天晚上在殿庭设置悬挂的乐器，后周世宗前去观看，见钟磬只是摆在那里而没有敲打的，便问乐工，乐工都不能回答。于是命令窦俨讨论古今，考订校正雅乐。王朴一向通晓音律，后周世宗向他询问有关音乐的事。王朴上疏，认为：

"礼仪是用来约束形体的，音乐是用来陶冶心灵的；形体在外面恭顺，心灵在内部和谐，这样而天下治理得不好的从来没有过。所以朝廷在上整饬礼乐，天下万国都会有感化，对人的教化不急躁而会成功，政令不严厉而天下大治，都是由于这个道理。大抵音乐产生于人的心灵而声音形成于物体，物体的声音既已形成，又能感化人的心灵。

"从前黄帝吹九寸长的竹管，得到黄钟的正声，将它截成一半，则成为清声，把它加长一倍，则成为缓声，再增加或减少三分之一，便产生十二音律。十二个音律轮流定为宫声，便可产生七个调，成为一均。一共十二均，八十四宫调，这就齐备了。后来遇上秦朝毁灭学术，历代研习演奏音乐的人很少能够运用它。唐太宗的时候，祖孝孙、张文收考订校正大乐，有了八十四宫调。安史之乱，乐器和乐师损失十分之八九；到了黄巢之乱，完全损失，毫无遗留。当时有太常博士殷盈孙，依照《考工记》，铸造出十二枚镈钟，二百四十枚编钟。处士萧承训校订石磬，如今悬挂的就是。虽然有钟和磬的形状，但却一点没有相应的和谐，对镈钟也不问音律，只是循环敲打，编钟、编磬只是白白地挂着罢了。丝、竹、匏、土等各种乐器只有七声，名叫黄钟之宫，但留存下来的只有九支曲子。考察九支曲子，其中三支曲子合于音律，六支曲子混杂其他各种音调。音乐的荒废奇缺，没有比今天更严重的了。

“陛下武功已经卓著，开始注意礼乐，由于臣曾经学过律吕，便显示公布古今的音乐记录，命令臣点评。臣谨慎地依照古代的方法，用黑黍粒定出尺寸，长九寸、直径三分的作为黄钟之管，与现在的黄钟的声音相互应合，以此来推算，得出十二音律。因为用许多律管交替吹奏，使用和发声都不方便，于是制作律准，一共有十三长弦，长九尺，都和黄钟的声音相应合，在弦上依次设置弦枕木，调成十一个音律和黄钟清声，轮番使用七声成为一均。作为均的主音，首先是宫，其次是徵、商、羽、角、变宫、变徵。首先发出一均主音的声音，最后回归到本音的音律，七个音调重叠应和而不杂乱，于是才成为一个音调，一共八十一调。这个方法久已失传，出于臣的独自见解，请求召集百官考校得失。”

后周世宗下诏采纳王朴的建议。百官都认为是这样，于是实行。

南唐宋齐丘到了九华山，南唐主命令锁上他的住宅，在墙上挖洞供给食物。宋齐丘叹息说：“我以前献计密谋将让皇帝的全族囚禁在泰州，应该到这个地步！”于是上吊而死，谥号为丑缪。

当初，翰林学士常梦锡主持宣政院，参与机要的政务，非常痛恨宋齐丘一伙，屡次向南唐主进言说：“不除掉这些人，国家一定危险灭亡。”与冯延己、魏岑一帮人天天都有争论。过了很久，常梦锡被罢除宣政院的职务，他郁郁不得志，不再参与政事，纵情饮酒，得病而死。等到宋齐丘死了，南唐主说：“常梦锡一生都要杀掉宋齐丘，遗憾的是没有让他看到宋齐丘的死！”追赠常梦锡左仆射的官职。

（以上为第六段，写南唐宋齐丘被贬九华山，自缢而死。后周世宗正音律。）

二月初一日丙子，后周世宗命令王朴前往河阴考察巡视黄河堤防，在汴水入河口建放水闸。二月初七日壬午，命令侍卫都指挥使韩通、宣徽南院使吴延祚征发徐州、宿州、宋州、单州等州的民夫数万人疏通汴水。二月初九日甲申，命令马军都指挥使韩令坤从大梁城东引汴水进入蔡水，来打通陈州、颍州一带的运粮水路，命令步军都指挥使袁彦疏通五丈渠向东经过曹州、济州、梁山泊，来打通青州、郓州一带的运粮水路，征发京畿之内以及滑州、亳州的民夫几千人来从事这些工程。

二月十二日丁亥，开封府奏报可供征收租税的田地原为十万二千多顷，如今核查多出田地四万二千多顷；后周世宗敕令减免租税三万八千顷。派到各州的行苗使回来，所奏的多余的田地，依照这个比例来减免租税。

淮南发生饥荒，后周世宗命令把米粮借贷给百姓，有人说："百姓贫穷，恐怕不能偿还。"后周世宗说："百姓是我的子女，哪有子女遭到厄运而做父母的不去解救的道理呢！哪里能要求他们必定偿还呢！"

三月初三日庚申，枢密使王朴去世。后周世宗亲自参加他的丧礼，用玉钺敲打地面，痛哭多次，自己也控制不了情绪。王朴生性刚直而敏锐，智略才略超常，后周世宗因此怜惜他。

三月十九日甲子，后周世宗诏命因为北方的边疆还没有收复，将要亲自临幸沧州，命令义武节度使孙行友防御西山路，任命宣徽南院使吴延祚代理东京留守、判开封府事，三司使张美代理大内都部署。三月二十二日丁卯，命令侍卫亲军都虞候韩通等人率领水陆军队先出发。三月二十九日甲戌，后周世宗从大梁出发。

夏季，四月十五日庚寅，韩通奏报从沧州修治水道进入契丹境内，在乾宁军的南面设置栅栏，修补损坏的堤防，开挖排水口三十六个，于是可以通到瀛州和莫州。

四月十六日辛卯，后周世宗到达沧州，当天就率领步兵骑兵几万人从沧州出发，直奔契丹国境。河北的州县不是后周世宗所经过的地方，民间百姓都不知道这件事。四月十七日壬辰，后周世宗到达乾宁军，契丹宁州刺史王洪率众献城投降。

四月二十日乙未，后周世宗大力整治水军，分别命令诸将水陆两路同时出发，任命韩通为陆路都部署，赵匡胤为水路都部署。四月二十二日丁酉，后周世宗乘坐龙船顺流向北前进，船只前后连接几十里。四月二十四日己亥，到达独流口，逆水向西。四月二十六日辛丑，到达益津关，契丹守将终廷辉率众举城投降。

从益津关往西，水路渐渐狭窄，不能通行大船，于是弃船。四月二十七日壬寅，后周世宗登陆向西前进，住在野外，侍卫的士兵不足五百人，随从官员都很害怕。胡人骑兵成群结队地出现在他们的左右，但是不敢逼近。

四月二十八日癸卯，赵匡胤先到瓦桥关，契丹守将姚内斌率众献城投降，后周世宗进入瓦桥关。姚内斌是平州人。四月二十九日甲辰，契丹莫州刺史刘楚信率众献城投降。五月初一日乙巳，侍卫亲军都指挥使、天平节度使李重进等人才领兵陆续到达，契丹瀛州刺史高彦晖率众举城投降。高彦晖是蓟州人。于是瓦桥关以南地区全部平定。

（以上为第七段，写后周世宗北进亲征契丹，河北瓦桥关以南诸州望风归降于周。）

五月初二日丙午，后周世宗在行营宴请众将，商议夺取幽州的事情，众将认为："陛下离开京城四十二天，兵不血刃，就取得燕南之地，这是世上罕见的功绩。如今胡虏骑兵都聚集在幽州的北面，不应该深入。"后周世宗不高兴。当天，催促先锋都指挥使刘重进先出发，占据固安；后周世宗亲自到安阳水，命人建桥，碰上天色已晚，回到瓦桥住宿。当天，后周世宗身体不舒服而停止建桥。契丹主派遣使者每天奔驰七百里到晋阳，命令北汉主发兵扰乱后周的边境，听说后周世宗南下返回，方才罢兵。

五月初四日戊申，孙行友奏报攻取易州，擒获契丹易州刺史李在钦，献给朝廷，将他在军市上斩首。

五月初五日己酉，把瓦桥关改名为雄州，划出容城、归义两县隶属于它；把益津关改名为霸州，划出文安、大城两县隶属于它。征发滨州、棣州民夫几千人修筑霸州城，命令韩通监督这项工程。

五月初六日庚戌，后周世宗命令李重进率兵从土门出发，攻击北汉。

五月初七日辛亥，后周世宗任命侍卫马步都指挥使韩令坤为霸州都部署，义成节度留后陈思让为雄州部署，各自率领所部士兵戍守。

五月初八日壬子，后周世宗从雄州南下返回。

五月二十五日己巳，李重进奏报在百井打败北汉军队，斩首二千多级。

五月三十日甲戌，后周世宗回到大梁。

六月初一日乙亥，昭义节度使李筠奏报进攻北汉，夺取辽州，擒获辽州刺史张丕。

六月初二日丙子，郑州奏报黄河在原武决口，后周世宗命令宣徽南院使吴延祚征发附近州县的民夫二万多人堵塞决口。

（以上为第八段，写后周世宗欲进取幽州，因病还京。敕令堵塞黄河决口。）

南唐清源节度使留从效派遣使者入朝进贡，请求在京师设置进奏院，直接隶属于后周。朝廷下诏回复说："江南最近归服，朝廷正致力于安抚。卿长久事奉金陵，不可改变主意。如果在京师设置进奏院，与南唐抗衡，朝廷接受而拥有此地，罪过就在朕的身上。卿从边远的地方前来进贡，足以表示忠诚勤勉，努力地事奉旧日的君主，最好一切如故。这样的话，对于卿来说可以加深始终如一的情义，对于朕来说可以尽到安抚四方的义务。您是个通情达理的人，应该体谅了解朕的心意。"

南唐主派遣他的儿子纪公李从善与锺谟一起入朝进贡。后周世宗问锺谟说："江南也一样整治军队，进行战备防守吗？"锺谟回答说："既已臣事大国，不敢再这样做。"后周世宗说："不对。以往我们是仇敌，如今则已经成为一家，我和你们国家的关系已经确定，保证没有其他的忧虑。可是人生难以预料，到了后世，那么事情更加难以知晓。回去告诉你们的君主：可以趁我还在的时候加固城邦，整治甲兵，据守要害地方，为子孙着想。"锺谟返回，将这些话告诉南唐主。南唐主于是修筑金陵城，凡是各州的城池不完整坚固的，都整治修理，戍守的士兵数量少的补充增加。

臣司马光说：有人问臣：五代的帝王之中，后唐庄宗、后周世宗都号称英明勇武，这两位君主谁更贤明？臣回答他说：天子之所以能够统治天下万国，在于他能够讨伐不肯投降者，安抚弱小者，推行他的号令，统一他的法度，敦厚信用，昭明大义，用来兼爱亿万百姓。后唐庄宗灭掉梁以后，天下震动。湖南马殷派遣他的儿子马希范入朝进贡，后唐庄宗说："最近听说马氏的基业终将要被高郁所夺取，如今他有这样的儿子，高郁怎么可能夺得了呢？"高郁是马氏的重要辅佐大臣。马希范的哥哥马希声听到庄宗所说的话，最终假托他父亲的命令而杀掉了高郁。这只是街市上的做法，哪里是帝王的做法呢！后唐庄宗是一个善于作战的人，所以能够以弱小的晋国战胜强大的梁国；得了天下以后，没几年，内外叛离，没有容身的地方。这实在是因为只知道用兵的方法，而不知道治理天下道理的缘故啊。后周世宗以诚信驾驭群臣，以正义要求各国，王环因为不投降而受到奖赏，刘仁赡因为坚持防守而受到表扬，严续因为竭尽忠诚而得以生存，蜀兵因为反复无常而被杀，冯道因为丧失节操而被遗弃，张美因为私人恩惠而被疏远。江南尚未归附，就亲自冒着飞矢流石，期望必定要攻克；江南降服以后，则像对子女那样爱护，以诚意相待，知无不言，替人家作长远的打算。他那宏伟的规划，博大的胸怀，哪能与后唐庄宗同日而语呢！《尚书》上说："不偏袒，不结党，为王之道浩浩荡荡。"又说："大国敬畏他的威力，小国感念他的恩德。"后周世宗接近这上面的话了。

（以上为第九段，写后周世宗示信南唐，受到司马光的高度评价，称之为英武之君，其德"王道荡荡"。）

六月初七日辛巳，建雄节度使杨廷璋奏报进攻北汉，降服十三个堡寨。

六月初九日癸未，立皇后符氏，她是宣懿皇后的妹妹。

立皇子柴宗训为梁王，兼任左卫上将军，柴宗让为燕公，兼任左骁卫上将军。

后周世宗打算任命枢密使魏仁浦当宰相，议论的人认为魏仁浦不是从科第出身的，不可担任宰相。后周世宗说："自古以来都是任用具有文武才略的人作为辅佐，哪里全部都是从科第出身的呢！"六月初五日己丑，为王溥加官门下侍郎，与范质一起参与主持枢密院事务。任命魏仁浦为中书侍郎、同平章事，担任枢密使依旧。魏仁浦虽然身居权力核心而能够谦虚谨慎，后周世宗的性格严肃而急迫，近臣有违反后周世宗旨意的，魏仁浦常常把罪过归于自己而解救他们，所保全救活的占十之七八，所以虽然他出身于文书小吏而做官到宰相，当时的人并不认为是越位。又任命宣徽南院使吴延祚为左骁卫上将军，充任枢密使；归德节度使、侍卫亲军都虞候韩通和镇宁节度使兼殿前都点检张永德都加官同平章事，仍旧任命韩通充任侍卫亲军副都指挥使；任命赵匡胤兼任殿前都点检。

后周世宗曾经问兵部尚书张昭大臣中谁可以当宰相，张昭推荐李涛。后周世宗惊愕地说："李涛轻浮刻薄，没有大臣的风度，朕问宰相人选，而卿首先推荐他，为什么？"张昭回答说："陛下指责的都是一些小事，臣所举出的是臣子的节操。以前后晋高祖的时候，张彦泽暴虐残忍杀害无辜，李涛多次上奏请求诛杀他，认为不杀他，必定要成为国家的祸患。后汉隐帝的时候，李涛也上疏请求解除先帝的兵权。国家的安危还没有形成就能够预见，这才是真正宰相的人才啊，所以臣推荐他。"后周世宗说："卿所言很对而且很公正，但是像李涛这样的人，终究不能安置在中书省。"李涛喜欢戏谑逗趣，不修边幅，和他的弟弟李澣都以文章博学著名，虽然相互很友爱，但是常常戏谑放浪，没有长幼的规矩，后周世宗因此轻视他。

后周世宗因为翰林学士单父人王著是以前幕中的僚属，所以屡次想任用他为宰相，但是又因为他嗜好喝酒，行为不检点而作罢。

六月十九日癸巳，后周世宗病危，召见范质等人入宫接受临终遗命。后周世宗说："王著是我在藩王府邸的旧人，朕如果去世，应当任用他为宰相。"范质等人退出来，互相说："王著整天遨游醉乡，哪里配当宰相！千万不要把这些话泄露出去。"当天，后周世宗去世。

后周世宗在藩镇的时候，很注意隐匿声迹，不自我炫耀；等到即位以后，打败高平的敌寇，人们才开始佩服他的英明勇武。他统率军队，号令严明，没有人敢冒犯，攻打城池，面对敌人，箭落在他的旁边，别人都惊慌失色而后周世宗一点也不动声色；顺应时机，决定计策，出人意料之外。又勤于治理政事，各个部门的簿籍，过目不忘；举发奸邪揭露隐恶，聪睿明察犹如神明。闲暇的时候则召儒生讲读前朝史，商讨大义。禀性不爱音乐和珍宝玩物等东西，常常说太祖姑息养成王峻、王殷的罪恶，以致君臣的情分不能维持到头，所以群臣有过失就当面质问指责，服罪改过就赦免他，有功劳就重赏他。文武人才同时任用，各尽自己的才能，人们没有不既敬畏他的严明而又怀念他的恩惠的，所以能够攻破敌人，扩展土地，所向无敌。然而使用刑法太严厉，群臣职责内所办之事，稍有一点没有做好的，往往处以极刑；即使平时再有才干名望，也没有一点宽恕，不久自己也感到后悔，所以晚年逐渐放宽。当后周世宗去世的时候，远近都哀悼仰慕他。

六月二十日甲午，宣布遗诏，诏令梁王柴宗训即皇帝位，这时他年已七岁。

（以上为第十段，写赵匡胤被受命为殿前都点检。后周世宗辞世，后周世宗第四子梁王柴宗训继位，史称恭帝。）

秋季，七月十九日壬戌，任命侍卫亲军都指挥使李重进兼任淮南节度使，副都指挥使韩通兼任天平节度使，赵匡胤兼任归德节度使。任命山南东道节度使、同平章事向拱为西京留守；七月十七日庚申，向拱加官兼任侍中。向拱就是向训，因为避恭帝的讳而改名。

七月二十三日丙寅，实行大赦。

南唐主因为金陵距离后周国境只隔了一条长江，而洪州地势险要坚固，居于金陵的上游，所以召集群臣商议迁都洪州。群臣大多数不愿意迁都，只有枢密副使、给事中唐镐劝说迁都，于是命令营建豫章，使它具备都城的规模。

南唐自从在淮上用兵和割让江北之地，向后周臣服以来，每年按时要向后周进贡，府库储蓄空乏竭尽，钱币越来越少，物价上涨。礼部侍郎锺谟请求铸造大钱，以一当五十，中书舍人韩熙载请求铸造铁钱；南唐主开始都不同意，锺谟陈述请求不已，于是同意。当月，开始铸造以一当十的大钱，钱上文字为“永通泉货”，又铸造以一当二的钱，钱上文字为“唐国通宝”，与开元钱同时通行。

八月十五日戊子，后蜀主任命李昊兼任武信节度使。右补阙李起上奏说：“旧例，宰相没有兼领方镇的。”后蜀主说：“李昊家里有许多繁杂的费用，只是拿丰厚的俸禄来优待他罢了。”李起是邛州人，生性刚直，李昊曾经对他说：“以你的才能，如果能够谨慎沉默，将可以当翰林学士。”李起说：“等到我没有舌头了，我才能不说话。”

八月十七日庚寅，立皇弟柴宗让为曹王，改名为柴熙让；立柴熙谨为纪王，柴熙诲为蕲王。

九月初四日丙午，南唐太子李弘冀去世，有关官员援引他在浙西打败吴越兵的功劳定谥号为武宣。句容县尉全椒人张洎上书说：“太子的德行，主要在于孝敬，如今根据武功而确定谥号，这不符合防微杜渐、注重德行的原则。”于是改谥号为文献；提拔张洎为上元县尉。

南唐礼部侍郎、知尚书省事锺谟屡次奉命出使到后周，传达后周世宗的命令给南唐主，后周世宗和南唐主待他都很优厚。锺谟依仗这些在国内骄傲蛮横，三省的事情都要干预。

文献太子总理朝政的时候，锺谟请求兼任东宫的官职，没有得到，于是推荐他相好的人阎式为司议郎，掌管各部门的禀报上奏。李德明死的时候，唐镐参与其中的谋划，锺谟听说唐镐接受贿赂，曾经当面责问他，唐镐很害怕。锺谟和天威都虞候张峦友善，多次在私宅中屏退旁人谈到半夜。唐镐在南唐主面前诬陷锺谟说：“锺谟和张峦志趣不同，却来往非常亲密，锺谟屡次出使中原，张峦又是北方人，恐怕他们有反叛的阴谋。”又说：“永通大钱民间很多人私铸，犯法的人很多。”文献太子去世以后，南唐主想立他的同母弟弟郑王李从嘉为继承人。锺谟曾经和纪公李从善一同奉命出使到后周，彼此亲厚友善，锺谟于是对南唐主说：“从嘉德行轻浮，志气懦弱，又酷信佛教，不是当人主的材料。从善果断而持重，应该做继承人。”南唐主因此发怒，不久改封李从嘉为吴王、尚书令、知政事，居住在东宫。冬季，十月，锺谟请求张峦率领所部军队巡察都城，南唐主于是下诏公布锺谟侵越职权的罪行，贬锺谟为国子司业，流放饶州；贬张峦为宣州副使。不久，把他们都杀掉，废止永通钱。

十一月初一日壬寅，把睿武孝文皇帝安葬在庆陵，庙号为世宗。

（以上为第十一段，写赵匡胤领归德节度使。南唐主畏后周之逼，经营豫章为京城之制以备迁都。后周葬后周世宗于庆陵。）

南汉主因为中书舍人锺允章是自己当太子时的幕府僚属，所以提升他为尚书右丞、参政事，非常重用他。锺允章请求诛杀扰乱法纪的几个人来肃正朝廷纲纪，南汉主没有听从，宦官们听说而憎恨锺允章。南汉主将要在圜丘祭天，前三天，锺允章带领礼官登上祭坛，四处观察，指挥礼官设置神位，内侍监许彦真看到这些情况说：“这是要谋反啊！”立即带剑登上祭坛，锺允章斥责他。许彦真飞驰入宫，告发锺允章准备在祭天那一天发动叛乱。南汉主说：“朕对待锺允章很优厚，怎么可能有这种事呢！”玉清宫使龚澄枢、内侍监李托等人一起为这件事作证，认为许彦真的话是对的，于是收押锺允章，囚禁在含章楼下，命令宦官和礼部尚书薛用丕一起审问他。薛用丕向来和锺允章友善，告诉他一定不能免死，锺允章拉着薛用丕的手哭着说：“老夫今日就像砧板上的肉，本应该被仇人所烹煮。只恨我的两个儿子锺邕、锺昌年幼，不知道我的冤屈，等到他们长大了，请您替我告诉他们。”许彦真听说这些话，骂道：“叛贼还想让他的儿子报仇！”又禀报南汉主说：“锺允章和两个儿子同上祭坛，暗中有所祈祷。”于是将他们全部斩首。从此宦官更加专横。李托是封州人。

十一月初十日辛亥，南汉主在圜丘祭天，实行大赦。不久，任命龚澄枢为左龙虎观军容使、内太师，军队国家的事情都取决于他。凡是群臣中有才能的人以及进士第一名状头，或者谈得来的和尚道士，都先送到蚕室，然后才能提拔。也有自宫以求进用的，也有免死而宫的，因此宦官将近两万人。尊贵显赫当权的人，大多都是宦官，他们称士人为门外人，不得干预政事，结果南汉因此而亡国。

南唐将洪州改名为南昌府，建立南都，任命武清节度使何敬洙为南都留守，任命兵部尚书陈继善为南昌尹。

后周军攻打秦州和凤州的时候，后蜀国中恐惧。都官郎中徐及甫自负有才略，但是仕途不得志，暗中勾结党羽，谋划拥立前蜀高祖的孙子少府少监王令仪为君主来发动叛乱，正遇上后周军队撤退而作罢。到了这个时候，徐及甫的党羽中有向朝廷告发的，于是拘捕徐及甫，徐及甫自杀。十二月二十三日甲午，后蜀主赐王令仪自杀。

端明殿学士、兵部侍郎窦仪出使到南唐，天下大雪，南唐主想在廊檐下接受诏书。窦仪说："使者奉持诏书而来，不敢失以前的旧礼。如果怕雪打湿衣服，那么请求等待他日。"南唐主于是在庭中下拜接受诏书。

契丹主派遣他的舅舅出使到南唐，泰州团练使荆罕儒招募刺客去刺杀他。南唐官员晚上在清风驿宴请契丹使者，酒喝得正畅快的时候，契丹使者起身去解手，迟迟没有回来，前去探视，契丹使者已经掉了脑袋。从此契丹与南唐断绝关系。荆罕儒是冀州人。

（以上为第十二段，写南汉主杀贤良任宦官，弹丸小国宦者近二万人。南唐易名洪州为南昌府，建南都。）

【点评】

本卷点评后周世宗示信南唐、南唐主李璟贬逐奸佞、《资治通鉴》记事止于周恭帝即位三件史事。

后周世宗示信南唐。后周世宗南伐南唐，三次亲征，用兵三载，夺得江北之地，即议和而罢兵。后周世宗对南唐议和使者说："朕本兴师止取江北，尔主能举国内附，朕复何求。"和议成，后周世宗赐给南唐主书信慰问，说："沿长江的各支军队，以及两浙、湖南、荆南的军队都要撤走，正在围攻南唐庐州、蕲州、黄州的三支军队停止围攻，后撤到郊外，南唐三州的将士和家属回归南唐，上路后周军才来接管三州城市。长江上的南唐船只，如需往来，可以停靠在北岸。"后周世宗如所承诺，诏命吴越和荆南的军队各回本地。后周世宗没有一气灭江南，也是对王朴之策的修正，不是统一了江南以后再北向用兵契丹。契丹是中原之大敌，据有燕云十六州，居高以临中原，不逐走契丹，不收复燕云之地，则中原国防不固，两宋积贫积弱，导致蒙元入主中原，是其证也。自朱温以来，梁、唐、晋、汉，只有中原两河及关中之地，四围强敌，正如王夫之所说："守不固，兵不强，食不裕"（《读通鉴论》卷三十），则无力与契丹争胜负，石重贵之覆亡是其证也。后周世宗不是不想混一江南，由于李唐拒战坚决，人心尚固，必欲灭之，耗费时日，有误北伐契丹，所以得江北之地而停止用兵。江北之地尽归中原，周朝地广兵强，所降南唐之兵收编为六军，南唐效顺，厚奉资财以足财用，示信南唐，全境平安，北伐无后顾之忧，所以后周世宗一年后就有强力大举北伐契丹，不幸染病而功不成。其后宋太祖一统江南之后再欲北伐，连机会都没有了。后周世宗之志，重在逐契丹、收燕云，一雪中原之耻，是一位难得的雄略之主。他没有能够继汉、唐之盛，此天不佑中原也夫！

南唐主李璟贬逐奸佞。当初，冯延己以取中原之策邀宠于唐主，自谓不凡，夸夸其谈，常以天下为己任。翰林学士常梦锡多次奏言冯延己浮诞，不可信任。常梦锡说："奸言似忠，陛下不悟，国必亡矣。"等到唐主臣服于后周，南北和议成，冯延己及其党，盛称周主为大朝，常梦锡讥讽说：“诸公常常说要使皇上成为尧舜，怎么今天自甘为小朝廷呢！”南唐太傅兼中书令宋公宋齐丘多结党羽，枢密使陈觉、副使李徵古皆其党羽骨干，仗着宋齐丘的势力骄横傲慢。宋齐丘、陈觉、李徵古等误国，导致南唐兵败，割地议和，唐主叹息流泪，说：“没想到我的国家沦落到这个地步。”李徵古不仅不安慰唐主，还目无尊长地说：“陛下哭有什么用，是酒喝多了，还是找奶妈子，哭哭啼啼像啥话。”唐主脸色大变，李徵古仍有恃无恐，举止自如。这时司天监奏报：“天象变化，人主应当避开帝位祈求消灾。”唐主说：“我正想让出帝位，国家托付给谁呢？”李徵古说：“宋公是缔造国家的元老，国事可以交给他。”这时陈觉出使周朝回来，矫传周主之命诛杀主张抗击周师的宰相严续。唐主怀疑陈觉公报私仇，他知道二人一向不和。唐主没有贸然听陈觉的话，而是请示周主，陈觉借刀杀人的阴谋败露，唐主醒悟，将冯延己、宋齐丘，以及其党陈觉、李徵古悉皆贬逐，幽囚宋齐丘于九华山，宋齐丘不堪其辱，自缢而亡。这时常梦锡已死，唐主叹曰：“常梦锡劝朕除掉宋齐丘，遗憾的是他没有看到宋齐丘今天的下场。”

《资治通鉴》止于周恭帝即位。后周世宗柴荣有七子。前三子在郭威起兵时为后汉所杀。第四子柴宗训嗣位，史称恭皇帝。第五子柴熙让、第六子柴熙谨、第七子柴熙诲。恭帝即位，封三皇弟为王，熙让封曹王，熙谨封纪王，熙诲封蕲王。纪王熙谨卒于宋太祖乾德二年（公元964年），熙让、熙诲，不知所终。后周世宗显德六年（公元960年）六月十九日癸巳，后周世宗辞世，次日，即六月二十日甲午，梁王柴宗训立，年仅七岁。后周世宗病逝之前十日，才立宗训为梁王。《新五代史》载，显德七年（公元961年）春正初四月甲辰，“逊于位，宋兴”。恭帝七岁即位，在位半年后亡国。欧阳修，宋臣，不书恭帝禅位之事，及其所终，只书“逊于位，宋兴”五个字。逊，顺也，谓恭帝能顺乎天命，让出帝位，为宋讳也。薛居正仕周入宋，所修《旧五代史》记述赵匡胤发动陈桥驿兵变夺位，恭帝禅让后封郑王，建隆三年（公元962年）出周郑王于房陵，开宝六年（公元973年）周郑王殂，年二十岁。恭帝归葬于后周世宗庆陵之侧，陵曰顺陵，有司拟谥曰恭。司马光作《资治通鉴》五代史事终止于周恭帝即位，也是全书终篇，避免了周亡宋兴的记述，为宋避讳也。载述一代王朝，没有结尾，不符史例。司马光为了避宋讳，就不顾其他了。史官言事，应以实录示信，薛居正的做法，才是应当肯定的。

当然，司马光把《资治通鉴》的下限只写到五代，也避免了写宋朝当代史，少了触犯禁忌的风险。